T3-BOC-915

Neukirchener

Wissenschaftliche Monographien zum Alten und Neuen Testament

Begründet von
Günther Bornkamm und Gerhard von Rad

Herausgegeben von
Cilliers Breytenbach, Bernd Janowski,
Reinhard G. Kratz und Hermann Lichtenberger

125. Band
Günther Bornkamm
Studien zum Matthäus-Evangelium

Neukirchener Verlag

Günther Bornkamm

Studien zum Matthäus-Evangelium

Herausgegeben von Werner Zager

2009

Neukirchener Verlag

Neukirchener Verlag
Neukirchener Verlagsgesellschaft mbH, Neukirchen-Vluyn

Umschlaggestaltung: Kurt Wolff
Druckvorlage: Dorothea Zager
Gesamtherstellung: Hubert & Co., Göttingen
Printed in Germany
ISBN 978-3-7887-2365-1

Bibliografische Information der Deutschen Nationalbibliothek

Die Deutsche Nationalbibliothek verzeichnet diese Publikation in der Deutschen Nationalbibliografie; detaillierte bibliografische Daten sind im Internet über http://dnb.d-nb.de abrufbar.

Vorwort

Mit seinem kleinen Aufsatz »Die Sturmstillung im Matthäus-Evangelium« hat Günther Bornkamm im Jahr 1948 die redaktionsgeschichtliche Auslegung dieses Evangeliums begründet. Es folgten weitere Aufsätze, die er 1960 zusammen mit den beiden Dissertationen seiner Schüler Gerhard Barth und Hans Joachim Held in dem Sammelband »Überlieferung und Auslegung im Matthäusevangelium« veröffentlichte (4., erweiterte Auflage 1965, 7. Auflage 1975). Mit diesem Band eröffnete Bornkamm zugleich mit seinem Heidelberger alttestamentlichen Kollegen Gerhard von Rad die Reihe »Wissenschaftliche Monographien zum Alten und Neuen Testament« (WMANT).
Der vorliegende Band enthält im ersten Teil sämtliche sieben Aufsätze Bornkamms zum Matthäus-Evangelium – und zwar nicht nur die bereits in WMANT 1 erschienenen (»Enderwartung und Kirche im Matthäus-Evangelium«, »Die Sturmstillung im Matthäus-Evangelium«, »Der Auferstandene und der Irdische«), sondern auch die an anderen Orten publizierten (»Matthäus als Interpret der Herrenworte«, »Der Aufbau der Bergpredigt«, »Die Gegenwartsbedeutung der Bergpredigt«, »Die Binde- und Lösegewalt in der Kirche des Matthäus«).
Der zweite Teil vereinigt insgesamt acht Studien, die dem unvollendet gebliebenen, für das »Handbuch zum Neuen Testament« bestimmten Matthäus-Kommentar entnommen sind. Dabei handelt es sich um die Kommentierung folgender zentraler Matthäus-Texte: »Jesus als Messias« (Mt 1-2), »Der Wegbereiter und der Vollender« (Mt 3-4), »Jesus, der Erfüller des Gesetzes« (Mt 5,17-20 und 15,1-20), »Das Vaterunser« (Mt 6,7-15), »Jesu Vollmacht in seinen Taten« (Mt 8,1-9,34), »Die Aussendung der ersten Jünger« (Mt 9,35-11,1), »Die Gleichnisrede« (Mt 13,1-52), »Petrus bei Matthäus« (Mt 14,22-33 und 16,13-20).
Bei der Erfassung der Texte des zweiten Teils konnte ich dankenswerterweise auf Vorarbeiten von Dr. Thomas Wabel, Dr. Matthias Walter und Erhard Wiedenmann am Lehrstuhl Prof. Dr. Dr. h.c. mult. Gerd Theißen zurückgreifen. Um die Einfügung der griechischen und hebräischen Texte sowie die Anfertigung des Stellenregisters hat sich Philip Kriegeskotte verdient gemacht. Die Herstellung der Druckvorlage insgesamt hat meine liebe Frau Dorothea mit besonderer Sorgfalt und Kompetenz besorgt, wofür ihr der größte Dank gebührt.
Günther Bornkamms Tochter Prof. Dr. Aleida Assmann und ihr Mann Prof. Dr. Dr. h.c. mult. Jan Assmann übergaben mir vertrauensvoll die

Manuskripte aus dem Nachlass und förderten das Editionsprojekt, wofür ich Ihnen herzlich danke. Dass die »Studien zum Matthäus-Evangelium« von Günther Bornkamm in der Reihe »Wissenschaftliche Monographien zum Alten und Neuen Testament« erscheinen können, verdanke ich den beiden Herausgebern Prof. Dr. Cilliers Breytenbach und Prof. Dr. Hermann Lichtenberger sowie vom Neukirchener Verlag Herrn Dr. Volker Hampel.

Frankfurt am Main, im Juni 2009 Werner Zager

Inhalt

Einführung

von Werner Zager

Trat mit der formgeschichtlichen Methode unmittelbar nach dem Ersten Weltkrieg die Evangelienforschung in ein neues Stadium, so kann dies entsprechend für die redaktionsgeschichtliche Methode in der Zeit nach dem Zweiten Weltkrieg behauptet werden. Fragte die formgeschichtliche Methode nach der Bedeutung der ursprünglichen, kleinsten Einheiten der Evangelientradition, nach deren verschiedenen Stileigenschaften und deren jeweiligem »Sitz im Leben«, so richtete sich das Augenmerk der redaktionsgeschichtlichen Methode auf die Endgestalt der Evangelien und die damit verbundene Aussageabsicht.

Wenn es auch gewisse Ansätze bereits bei Martin Dibelius gab, so darf doch *Günther Bornkamm* als Begründer der redaktionsgeschichtlichen Methode für die Evangelien, insbesondere für das Matthäus-Evangelium gelten. Ohne die Bedeutung der formgeschichtlichen Methode und der mit ihrer Hilfe erzielten Ergebnisse in Frage zu stellen, plädierte er in seinem programmatischen Aufsatz »Die Sturmstillung im Matthäus-Evangelium« aus dem Jahre 1948 dafür, die einzelnen Evangelien auf die theologischen Motive ihrer Komposition hin zu untersuchen. Als gewissenhafter Exeget machte Bornkamm aber auch auf die Gefahr der Überinterpretation aufmerksam, da die Evangelisten häufig nur als Sammler der Tradition unter eher äußerlichen Gesichtspunkten fungiert hätten.

Den methodisch eingeschlagenen Weg setzte Bornkamm 1954 mit seinem Aufsatz »Matthäus als Interpret der Herrenworte« fort, in dem er das jeweilige besondere theologische Profil der synoptischen Evangelien unterstrich. Als Mittel der Evangelisten, um die eigene Theologie zum Ausdruck zu bringen, nannte er neben Komposition: Redaktion, Auswahl, Auslassung und bei Matthäus speziell die Verwendung von Schriftzitaten. Als für die Theologie des Matthäus charakteristisch zeigte er zum einen anhand der Reden in diesem Evangelium die Verklammerung von Ekklesiologie und Eschatologie auf, zum anderen arbeitete er den Zusammenhang zwischen Gesetzesauslegung und Christologie im Matthäus-Evangelium heraus.

Der ebenfalls 1954 veröffentlichte Beitrag »Die Gegenwartsbedeutung der Bergpredigt« lässt die hermeneutische Verantwortung erkennen, der sich Bornkamm als Exeget stellte. Über die historisch-kritische Exegese hinausgehend, setzte er sich mit verschiedenen Auslegungstypen der Bergpredigt konstruktiv auseinander. Worauf es in der Bergpredigt ankommt – und darin erblickte Bornkamm zugleich deren Gegenwartsbedeutung –, sei die Auslegung des Willens Gottes durch Jesus, in der sich einerseits eine Radikalisierung und andererseits eine Vereinfachung der Forderung Gottes vollziehe. Der Theologe Bornkamm verstand die Bergpredigt als Aufruf, in der Bereitschaft des Gehorsams gegenüber Gott offen für die Möglichkeiten zu sein, die dieser uns erschließt.

Was in »Matthäus als Interpret der Herrenworte« in mehr oder minder thetischer Form gesagt worden war, erhielt in dem Beitrag »Enderwartung und Kirche im Matthäus-Evangelium«, der 1956 in der Festschrift für Charles Harold Dodd erschien, seine nähere Begründung und Entfaltung. Bornkamm untersuchte hier zuerst die matthäischen Redenkompositionen hinsichtlich ihrer Verbindung von Eschatologie und Ekklesiologie. Darauf folgten Analysen zum Gesetzesverständnis des Matthäus, zu dessen Christologie und Ekklesiologie.

Bornkamms Beitrag für die Dankesgabe an Rudolf Bultmann von 1964 – »Der Auferstandene und der Irdische. Mt 28,16-20« – darf als ein Musterbeispiel redaktionsgeschichtlicher Exegese gelten, in dem er die Worte des Auferstandenen in Mt 28,18-20 als Schlüsseltext zum ganzen Evangelium interpretierte. Bornkamm zufolge habe Matthäus in einer doppelten Frontstellung gestanden: einerseits gegen das pharisäische Judentum nach der Zerstörung Jerusalems und andererseits gegen ein hellenistisches Christentum, in dem das Gesetz seine Heilsbedeutung verloren hatte. Den Skopus des matthäischen Sendungsbefehls erkannte Bornkamm darin, dass der Auferstandene die Gebote des irdischen Jesus für seine Kirche verpflichtend mache.

In seinem 1970 zuerst in englischer und dann im gleichen Jahr in deutscher Sprache in der Festschrift für Heinrich Schlier erschienenen Aufsatz »Die Binde- und Lösegewalt in der Kirche des Matthäus« stellte Bornkamm heraus, dass Matthäus mittels der Rahmung der Weisungen für die Gemeindezucht (Mt 18,15-18) durch das Gleichnis vom verlorenen Schaf und die Parabel vom unbarmherzigen Knecht das um der Reinheit der Gemeinde willen notwendige disziplinarische Verfahren nur als eine äußerste Möglichkeit betrachte. Indem Bornkamm die Heimat des Matthäus in Syrien lokalisierte – und damit im Spannungsfeld von Juden- und Heidenchristentum –, gelang es ihm, die Begründung der Kirche auf Petrus und dessen Bevollmächtigung als autoritativer Ausleger der Lehre Jesu in Mt 16,17-19 als »ideale Szene« einsichtig zu machen. Nach Bornkamms Urteil gibt es im Matthäus-Evangelium keine Konkurrenz zwischen der Lehrautorität des Petrus und der Disziplinargewalt der Gemeinde, vielmehr begründe sich diese auf die durch Petrus verbürgte Lehre Jesu.

Mit seiner 1977 auf dem General Meeting der Studiorum Novi Testamenti Societas vorgetragenen Presidential Address »Der Aufbau der Bergpredigt«, der letzten zu seinen Lebzeiten über das Matthäus-Evangelium veröffentlichten Arbeit, schlug Bornkamm gewissermaßen einen Bogen zu seinem grundlegenden Matthäus-Aufsatz von 1948. So erinnerte er zu Beginn an die Entstehung der Redaktionskritik, die auf ihre Weise die formgeschichtliche Arbeit weiterführe. Und wie rund 30 Jahre zuvor wies er auf die Gefahr hin, dass die Redaktionskritik »zu einem Experimentierfeld vager Vermutungen und Hypothesen« werden könne. Dieser durchaus realen Gefahr gelte es methodisch gegenzusteuern. Methodisch ging Bornkamm daher in seinem Vortrag so vor, dass er bei seiner Analyse des Aufbaus der Bergpredigt bei deren durchsichtig disponierten Teilen A (Mt 5,1-48) und C (Mt 7,13-29) einsetzte. Während der Eingangsteil das Himmelreich als Gottes Zuwendung und die Gerechtigkeit als das Tun des Willens Gottes thematisiere, kündige der Schlussteil das eschatologische Gericht über die charismatischen Verführer an. Angesichts der sorgfältig komponierten Teile A und C nahm Bornkamm an, dass der Evangelist auch im Teil B (Mt 6,1-7,12) so verfahren sei. Ausgehend von dessen auf matthäische Redaktion zurückzuführender Rahmung, konnte Bornkamm dann zeigen, dass es sich beim Mittelteil der Bergpredigt um ein »sinnvoll nach der Abfolge der Vaterunser-Bitten disponiertes« Ganzes handele.

Günther Bornkamms wissenschaftliche Beschäftigung mit dem Matthäus-Evangelium setzte jedoch lange vor seinem programmatischen Aufsatz aus dem Jahre 1948 ein; reicht sie doch zurück bis in die Anfänge seiner akademischen Laufbahn. So bereitete er sich im Sommer 1934 nach seiner Umsiedlung nach Königsberg auf seine Vorlesung über das Matthäus-Evangelium vor, die er nach seiner Habilitation bei Julius Schniewind im Wintersemester 1934/35 hielt. Damit ging einher, dass Bornkamm den Auftrag übernommen hatte, zum einen Erich Klostermann bei der Neubearbeitung seiner Synoptikerkommentare innerhalb der Reihe »Handbuch zum Neuen Testament« zu unterstützen und zum anderen für diese Reihe selbst einen Synoptikerband vorzubereiten. Der junge Privatdozent setzte sein zweistündiges Matthäuskolleg im darauffolgenden Sommersemester 1935 fort, in dem er Mt 9,35-11,30 sowie die Passionsgeschichte auslegte. Wenn Bornkamm in Briefen an Rudolf Bultmann[1] abwechselnd vom »Matthäuskolleg« bzw. vom »Synoptikerkolleg« sprach, dann darf dies als ein Hinweis darauf verstanden werden, dass ihm der präzise synoptische Vergleich für die Exegese des ersten kanonischen Evangeliums sehr wichtig war. Seiner Königsberger Antrittsvorlesung »Das Wort Jesu

1 Die von mir besorgte Edition des Briefwechsels Rudolf Bultmann – Günther Bornkamm erscheint 2010 im Verlag Mohr Siebeck, Tübingen.

vom Bekennen«[2], gehalten am 13. Februar 1935, lässt ebenfalls Bornkamms Interesse an den Synoptikern erkennen.

Nach dem Entzug der venia legendi hielt Bornkamm im Sommersemester 1937 an der Theologischen Schule Bethel wiederum eine Matthäus-Vorlesung, dieses Mal sogar vierstündig. Und auch nach dem Zweiten Weltkrieg las er im Sommersemester 1946 in Bethel und nach seiner Berufung nach Göttingen im Wintersemester 1946/47 über das Matthäus-Evangelium. Hinzu kam in der ersten Betheler Zeit die Beauftragung durch Bultmann mit der Abfassung eines Synoptiker-Berichts für die Theologische Rundschau, den Bornkamm aber ebenso wenig wie den übernommenen Leben-Jesu-Bericht fertigstellte.

Nicht zuletzt durch die persönlichen Lebensumstände bedingt – 1939 Schließung der Theologischen Schule Bethel, 1939–1943 Vertretung von Pfarrstellen in Ostpreußen, Münster/Westfalen und Dortmund, anschließend Kriegdienst –, ging es mit dem Synoptikerkommentar nur sehr schleppend voran. Im Mai 1946 war Bornkamm über Einleitung und erstes Kapitel noch nicht hinausgekommen. Und auch nach Übernahme der Herausgeberschaft für das »Handbuch zum Neuen Testament« im Jahre 1949 änderte sich an dieser Situation nichts grundlegend, da andere Veröffentlichungsprojekte in den Vordergrund rückten. Immerhin verfasste Bornkamm zwischen 1948 und 1977 sieben Aufsätze zum Matthäus-Evangelium, die nun im ersten Teil dieses Bandes gesammelt vorliegen. Außerdem sind noch drei Artikel über die Bergpredigt[3] und die Evangelien[4] für die dritte Aufla-

2 GÜNTHER BORNKAMM, Das Wort Jesu vom Bekennen, in: MPTh 34 (1938), S. 108-118 = ders., Geschichte und Glaube, Erster Teil. GAufs., Bd. III (BEvTh 48), München 1968, S. 25-36.

3 GÜNTHER BORNKAMM, Art. Bergpredigt I. Biblisch, in: RGG[3] 1, Tübingen 1957, Sp. 1047-1050.

4 GÜNTHER BORNKAMM, Art. Evangelien, formgeschichtlich, in: RGG[3] 2, Tübingen 1958, Sp. 749-753; DERS., Evangelien, synoptische, in: a.a.O., Sp. 753-766. – Hingewiesen sei noch auf Predigten, kleinere Arbeiten und eine Reihe von Meditationen zu verschiedenen Texten des Matthäus-Evangeliums: GÜNTHER BORNKAMM, Die Stillung des Sturms [Predigt, gehalten bei dem Gottesdienst der Theologischen Fachschaft in der Steindammer Kirche zu Königsberg bei Eröffnung des Sommersemesters am 10. April 1935, über Mt 8,23-27], in: Gottes Herrschaft. Flugschriften für die evangelische Kirche im Osten, hg. v. Günther Bornkamm u. Kurt von Grot, H. 1, Königsberg Pr. 1935, S. 7-13; DERS., Das erste Kapitel der Bergpredigt. Bibelarbeit zu Matthäus 5, in: Junge Gemeinde, Jg. 48 (1939), S. 122-125; DERS., Reminiscere. Mt 21,28-32, in: GPM 1 (1946/47), H. 3, S. 5-8; DERS., Trinitatis. Mt 28,16-20, in: GPM 1 (1946/47), H. 4, S. 3-7; DERS., 4. Sonntag nach Epiphanias. Mt 8,23-27, in: GPM 3 (1948/49), S. 56-59; DERS., Der Angelpunkt. 19. S. n. Trinitatis [Mt 9,1-8], in: Sonntagsblatt, Nr. 42 vom 15.10. 1950, S. 3; DERS., Reformationstag. Mt 5,1-12, in: GPM 4 (1949/50), S. 279-284; DERS., Nachwort zu H. Urner, Der sinkende Petrus, in: MPTh 40 (1951), S. 207-209; DERS., 21. Sonntag nach Trinitatis. Mt 10,26-39, in: GPM 6 (1951/52), S.

ge von »Die Religion in Geschichte und Gegenwart« zu nennen. Am 10. Mai 1971 endlich äußerte Bornkamm in einem Brief an Bultmann die Hoffnung, »mich ohne ausgedehnte andere Abhaltungen den längst fälligen Kommentaren zu Markus und Matthäus zuwenden zu können«[5]. Zu dieser Zeit hatte Bornkamm in Heidelberg ein Forschungsfreisemester; außerdem stand seine Emeritierung am 1. Oktober desselben Jahres in Aussicht. Während der folgenden Jahre widmete Bornkamm seine Arbeitskraft dann ganz dem Matthäuskommentar, während ihm die Kommentierung des Markus-Evangeliums sein Schüler Dieter Lührmann später abnahm[6]. Eine schwere Erkrankung in den letzten Lebensjahren verhinderte die Fertigstellung seines Kommentars zum Matthäus-Evangelium. Die noch von Bornkamm selbst abgeschlossenen Teile sollen und dürfen der Matthäus-Forschung nicht länger vorenthalten werden.

Möge das Verstehen des Matthäus-Evangeliums und seiner Botschaft durch die im zweiten Teil dieses Bandes publizierten Studien Günther Bornkamms entscheidend gefördert werden.

236-240; DERS., Wie werde ich gesund? [Mt 9,1-8], in: Postille 53, hg. v. Heinz Zahrnt, Hamburg 1953, S. 208-211; DERS., Epiphanias. Mt 3,13-17, in: GPM 9 (1954/55), S. 41-45; DERS., Vorletzter Sonntag des Kirchenjahres. Mt 25,31-46, in: GPM 9 (1954/55), S. 257-260; DERS., Drittletzter Sonntag des Kirchenjahres. Mt 12,38-42, in: GPM 13 (1958/59), S. 276-279; DERS., 3. Advent. Mt 11,2-10 (11), in: GPM 15 (1960/61), S. 13-18; DERS., Letzter Sonntag im Kirchenjahr. Mt 25,1-13, in: GPM 15 (1960/61), S. 325-330.

5 Nachlass Rudolf Bultmann, Mn 2-510, Universitätsbibliothek Tübingen.

6 DIETER LÜHRMANN, Das Markusevangelium (HNT 3), Tübingen 1987.

Erster Teil

Aufsätze

Matthäus als Interpret der Herrenworte

Ich versuche im Folgenden[1] am Beispiel des Matthäus[2] zu zeigen, dass die ersten drei Evangelisten in weit höherem Maße, als ihnen gemeinhin zugebilligt wird, nicht nur Sammler und Redaktoren, sondern Interpreten überkommener Überlieferung und ihre Evangelien Dokumente einer in jedem Fall sehr verschiedenen Theologie sind. Sind auch die Mittel, mit denen die Theologie hier zur Darstellung gebracht wird, verglichen mit Johannes, bescheiden (Komposition, Redaktion, Auswahl, Auslassung, oft geringfügig scheinende Abänderungen vorgegebener Überlieferung; bei Lukas z.B. noch sein bestimmter geographischer Aufriss und die ihm eigene Markierung heilsgeschichtlicher Epochen, bei Matthäus vor allem noch die Schriftzitate), so ist der Spielraum, den sich die Synoptiker mit Hilfe dieser Darstellungsmittel sichern, doch beträchtlich und erfordert eine Untersuchung, die nicht sofort mit überlieferungs- und formgeschichtlichen Fragen vermengt werden darf.

1. Das matthäische Verständnis der Botschaft Jesu erhellt bereits aus ihrer knappen *Zusammenfassung* 4,17, die, wie Matthäus es auch sonst konsequent tut, die Predigt Jesu und des Täufers (vgl. 3,2) einander aufs Stärkste angleicht, wobei der Evangelist den Unterschied beider jedoch dadurch zur Geltung bringt, dass er dem Täuferwort das Wegbereiterwort aus Jes 40,3 zuordnet, dagegen dem Worte Jesu das Erfüllungswort aus Jes 9,1 f. vorangehen lässt (mit absichtsvoller Änderung der Tempora: φῶς εἶδεν μέγα ..., φῶς ἀνέτειλεν).

2. *Die Reden des Matthäus.* Die großen Redekompositionen des Matthäus zeigen eine für seine Theologie sehr charakteristische durchgängige Verklammerung von Kirchengedanken und Enderwartung (vorgezeichnet schon in der Täuferrede 3,7-12). Besonders deutlich bereits in der Bergpredigt, die schon die Seligpreisungen zu einer Ta-

1 Ergänzung und nähere Begründung zu diesem hier abgekürzt wiedergegebenen Referat, das am 5. 1. 1954 in der Neutestamentlichen Sektion des Theologentages gehalten wurde, soll eine später erscheinende Arbeit bringen.

2 Für Lukas vergleiche jetzt das soeben erschienene ausgezeichnete Buch von *H. Conzelmann*, Die Mitte der Zeit. Studien zur Theologie des Lukas (BHTh 17), Tübingen 1954.

fel von »Einlassgeboten« für die Jüngerschaft ausgestaltet, den Ruf zu einer besseren Gerechtigkeit (5,20) und seine Entfaltung (bis 7,12) an sie gerichtet sein lässt und von 7,13 an der Rede eine streng eschatologische Ausrichtung gibt (7,15 ff.: Pseudoprophetie als *signum* der Endzeit, 7,21 ff.: Weltgerichtsszene; Schlussgleichnisse). Hat Q dem Matthäus in dieser Anordnung schon vorgearbeitet, so ergänzt und profiliert dieser sie doch erheblich und gibt dem Ganzen eine Art Katechismus-Charakter. Er bedient sich dabei eines schon vorgeprägten Schemas, wie der weithin parallele Aufriss der Didache zeigt. Beachte die Parallelität von Mt 5 und Did 1-6 (Einlasstora), beide beschlossen mit dem Ruf zur Vollkommenheit; es folgen beide Mal Regeln über Fasten und Gebet (Did 8 bringt hier das Vaterunser, dazu Anweisungen über Taufe und Eucharistie [unter Verwendung von Mt 7,6]); an entsprechender Stelle die Warnung vor den Pseudopropheten (Did 11-13) und der eschatologische Abschluss (Did 16).

In entsprechender Weise ist die Verklammerung von Ekklesiologie und Eschatologie erkennbar in der Missionsrede (c. 10), die von Vers 17 ab in eine allgemeine, wieder eschatologisch ausgerichtete Jüngerrede ausläuft (unter Verwendung von Sprüchen aus Mk 13 und verwandtem Gut aus Q), in der Gleichnisrede c. 13 (die Kirche nicht schon die Sammlung der Auserwählten und Gerechten, sondern ein *corpus mixtum*, das der Scheidung von Gerechten und Ungerechten im Endgericht erst entgegengeht), in der Gemeinderede c. 18 (Gericht: 18,32 ff.!), in der Matthäus-Fassung von Winzer- und Hochzeitsgleichnis (Mt 21,33 ff.; 22,1 ff.), aber auch in der Pharisäerrede (c. 23) und vollends in der apokalyptischen Rede (c. 24 und 25) bis hin zu der keineswegs nur von dem Gericht über die Heiden handelnden Gerichtsschilderung 25,31 ff.[3], die die ganze Redekomposition abschließt.

3. *Zum Verständnis der besseren Gerechtigkeit* (Gesetz und Nachfolge). Das Gesetz ist verbindlich bis Jota und Häkchen (5,18 f.). Gesetz aber gibt es – auch für Matthäus – nicht ohne Auslegung. Pharisäern und Schriftgelehrten wird darum ihr Amt nicht bestritten (23,2), aber Jesus scheidet sich und die Jünger von ihnen wegen der pharisäischen Diskrepanz zwischen Lehren und Tun (c. 23), aber auch wegen der fragwürdigen Auslegung, die sie faktisch dem Gesetz geben (15,3 ff.). Die Frage nach der rechten Auslegung, mit anderen Worten nach dem Verständnis dessen, worin sich Gesetz und Propheten zusammenfassen, wird für Matthäus zur Kardinalfrage. Alle die hierfür einschlägigen Stellen finden sich nur bei ihm (7,12; 9,13; 12,7; 22,40; 23,23).

Gut alttestamentlich-jüdisch, wenn auch in dieser Trias m.E. nicht nachweisbar, ist die Formel κρίσις, ἔλεος, πίστις (23,23). κρίσις als

3 Anders *J. Jeremias*, Die Gleichnisse Jesu, Göttingen [2]1952, S. 147 f.

richterliche Pflicht, den Armen Recht zu schaffen, spielt im Evangelium keine Rolle. ἔλεος ist ein im Evangelium reichlich ausgearbeitetes Motiv. Ein besonderes Problem stellt aber erst der πίστις-Begriff. Er meint 23,23 sicher »Treue« (gegen den in Gesetz und Propheten dokumentierten Willen Gottes).

Wie verhält sich dazu der sonstige πίστις-Begriff des Matthäus? Hier nur soviel: Matthäus entnimmt ihn christlicher Tradition: πίστις (bzw. πιστεύειν) ist das Vertrauen, das sich auf Jesu ἐξουσία richtet und seine Wunderkraft erfährt (8,10.13; 9,2.22.28 f.), ja von Jesus selbst die Verheißung der Wunderkraft empfängt (17,20; 21,21). Dieser Glaubensbegriff der christlichen Tradition ist zunächst nicht am Gesetz gewonnen, wird aber von Matthäus im Gefüge seiner von Gesetz und Enderwartung bestimmten Lehre verankert. Er interpretiert ihn – wieder nur mit Hilfe der Komposition –: 21,32 wird πιστεύειν ausdrücklich auf die von Johannes dem Täufer verkündete Lehre der Gerechtigkeit bezogen, 8,11 f. gibt er der Erzählung vom Hauptmann eine eschatologische Ausweitung und lässt seinen Glauben als das Verhalten sichtbar werden, das Anteil an der Väter-Verheißung und der künftigen βασιλεία vermittelt. Der Begriff πίστις 23,23 wird damit zur Brücke und Klammer zwischen dem, was für Matthäus als Forderung des Gesetzes und dem, was ihm aus der Bindung an Jesu Person und Lehre gültig ist.

Matthäus kann nun von zwei Seiten her das Wesen der besseren Gerechtigkeit sichtbar machen, zu der die Jüngerschaft gerufen ist: als Bindung an das Gesetz, das Jesus erfüllt (d.h. vollmächtig auslegt), wie auch als Bindung an die Person und den Weg Jesu als des Messias. Denn »Erfüllung der Gebote« und »Vollkommenheit« (der Begriff nur bei Mt 5,48; 19,21) gibt es nur in der Nachfolge Jesu (19,16 ff.). Diese aber bedeutet: Armut, Niedrigkeit, Verzicht auf weltliche Ehre, Liebe, Dienst und in allem Bereitschaft zum Leiden. Der Evangelist gestaltet darum die Erzählung von der Sturmstillung zu einem Paradigma der Nachfolge um (8,23 ff.)[4].

Matthäus fügt also in den Rahmen eines bestimmten Gesetzesverständnisses die spezifisch christlichen Motive ein, die Wesen, Glauben und Leben der Jüngerschaft kennzeichnen. So gewinnt er Legitimation und Waffe für die Auseinandersetzung der Kirche mit Israel.

4. *Zur Christologie des Matthäus.* Es ist bekannt, welche Fülle von messianischen Titeln sich bei Matthäus findet und welchen Eifer er darauf verwendet, sie alle durch die Schrift zu legitimieren. Das spezifisch matthäische Motiv seiner Christologie ist jedoch, die messianische Funktion des irdischen Jesus in seiner Gesetzesauslegung sicht-

4 Vgl. *G. Bornkamm*, Die Sturmstillung im Matthäus-Evangelium, in: WuD 1 (1948), S. 49-54 [s.u. S. 73-78].

bar werden zu lassen. Wie kein anderer macht der erste Evangelist Gebrauch von der Mosetypologie und stellt Jesu Leben und Lehre unter das Leitwort von der Erfüllung aller Gerechtigkeit (3,15), der Erfüllung des Gesetzes (5,17). Das Verhältnis Jesu zu Mose ist dabei nicht das der Antithese (wie Joh 1,17; 6,32 ff.), sondern das der Entsprechung. Auch sein vollmächtiges ἐγὼ δὲ λέγω ὑμῖν ist nicht ein auf Begründung verzichtendes Offenbarungswort (wie die johanneischen ἐγώ εἰμι-Sprüche), vielmehr legitimiert das Gesetz seine Lehre, wie die Schrift seine messianische Würde erweist.

Wie stark Gesetzesverständnis und Christologie des Matthäus koinzidieren, zeigt vor allem der von ihm wie von keinem anderen herausgearbeitete Zug der πραΰτης des Messias und seine Barmherzigkeit gegenüber den Geringen. Eben darauf zielt ja auch Jesu Gesetzesauslegung. Dies ist das Joch, das die Jünger Jesu als μικροί und νήπιοι auf sich zu nehmen haben (Mt 11,28). Lehrreich ist, wie Matthäus diesen Grundzug seines Messiasbildes in christologischen Zusammenhängen zur Geltung bringt, schon in dem Täufergespräch 3,13 ff. vor der Taufe, das keineswegs um die »Sündlosigkeit« Jesu kreist, sondern im Zusammenhang der unmittelbar vorhergehenden Ankündigung des Messias und seiner Geist- und Feuertaufe verstanden sein will. D.h.: Der Messias-Weltrichter kommt als Täufling, nicht als Täufer, um alle Gerechtigkeit zu erfüllen. Als πραῢς καὶ ταπεινὸς τῇ καρδίᾳ (11,29) erweist er seine Gottessohnschaft in der Versuchungsgeschichte (4,1 ff.). Als solcher nennt er 25,31 ff. die Geringsten seine Brüder. Besonders charakteristisch ist hierfür noch die matthäische Einzugsgeschichte. Nur Matthäus zitiert Sach 9,9, tilgt den zweiten Teil des Hosannarufes (Mk 11,10) und lässt den Jubelruf aus dem Munde der νήπιοι erklingen, in denen sich wie häufig die Jüngerschaft abzeichnet (Mt 21,1 ff.15 ff.). Gegenwärtig ist hier der König der Niedrigkeit, das Reich Gottes, in dem er der Weltrichter über alle Völker ist, ist Zukunft.

Ist im Matthäus-Evangelium hier wie auch sonst die radikale Umformung des traditionellen jüdischen Messiasbildes (Messias, Sohn Gottes, Davidssohn, Menschensohn)[5] erkennbar, so wird doch auch das hellenistische Bild des υἱὸς τοῦ θεοῦ, der seine ἐξουσία in Wundertaten erweist, korrigiert. Matthäus macht zwar reichlichen Gebrauch von ihm (Rezeption des ganzen Markusevangeliums!), aber er sieht in

5 Immer geht es um die Messianität Jesu in seiner Erniedrigung, der die Erhöhung erst folgt. In diesem Sinn will auch die Davidssohnfrage (22,41 ff.) – mindestens bei Matthäus – verstanden werden. Der Titel »Davidssohn« wird also Jesus nicht abgesprochen (der Evangelist gebraucht ihn ja reichlich, vgl. 1,1; 9,27; 12,23; 15,22; 21,9-15), aber er wird zu dem *kyrios*-Titel in Beziehung gesetzt und ist hier durchaus unjüdisch im christlichen Sinn, d.h. als Bezeichnung für den Erniedrigten, verwendet. So auch in alten kerygmatischen Formeln Röm 1,3; 2Tim 2,8; IgnSmyrn 1,1; IgnTrall 9 u.a.

diesen Wundertaten die Gottesknechtweissagung sich erfüllen (8,17; 12,18 ff.). Die freilich nicht konsequent durchgeführte Tendenz ist deutlich: Die Wundertaten erweisen ihn nicht mehr als θεῖος ἀνήρ, sondern als den Erniedrigten, sich Erbarmenden.

5. *Zur Ekklesiologie des Matthäus.* Der Fülle christologischer Titel entspricht im Matthäus-Evangelium durchaus nicht eine entsprechende Zahl ekklesiologischer Bezeichnungen. Selbstbezeichnungen, wie wir sie aus der Damaskusschrift, den neuen Texten, aber auch aus christlicher Literatur reichlich kennen, kennt das Evangelium nicht. Nirgends heißt es: ihr seid das wahre Israel, die Heiligen, Erwählten, die Gemeinde des Neuen Bundes u.s.f. Vielmehr ist der matthäische Kirchengedanke geprägt von der strengen Unterscheidung zwischen »Berufenen« und »Erwählten« (22,14; 20,16 v.l.). Wohl ist die Kirche die βασιλεία des Menschensohnes (13,41), aber »Menschensohn« ist hier zunächst Bezeichnung des irdischen Jesus (13,37) und seine irdische βασιλεία wird von der βασιλεία Gottes streng unterschieden. In diese lässt der Menschensohn-Weltrichter erst am Ende zugleich mit der Ausscheidung der Ungerechten die Gerechten eingehen (13,41-43).

Blickt man von diesem genuin matthäischen Text auf den ἐκκλησία-Spruch Mt 16,18, so zeigt sich, dass auch hier die ἐκκλησία diesem Äon zugehört und von der βασιλεία τῶν οὐρανῶν unterschieden wird (sie ist eine zukünftige Größe nur vom Standort des irdischen Jesus aus). Das Besondere der Stelle ist freilich, dass die von Petrus, dem Träger des Schlüsselamtes, hier getroffenen autoritativen Entscheidungen ipso facto im göttlichen Gericht übernommen werden. Insofern ist es richtig: »Das Wort geht nicht etwa von einer schon feststehenden himmlischen Entscheidung aus, nach der sich die Kirche ihrerseits zu richten hätte, sondern es setzt umgekehrt bei der vollmächtigen Wirklichkeit dieses kirchlichen Urteilens und Entscheidens ein und verheißt, dass Gott ihm am Jüngsten Tage beitreten, es als gültig anerkennen und ›ratifizieren‹ werde«[6].

Indes gibt Matthäus auch hier dem überkommenen Logion eine Auslegung durch den gesamten Kontext von 16,13-28, in dem die charakteristischen Motive seines Kirchengedankens zur Geltung kommen. Markus hat ihm an dieser Stelle zwar aufs Beste vorgearbeitet, Matthäus aber strafft das Gefüge des Ganzen und lässt den inneren Zusammenhang in einem neuen Sinne heraustreten: 1) durch die uneingeschränkt positive Bewertung des Petrusbekenntnisses in Gestalt des Petrusspruches (V. 17-19), 2) die Aufnahme von Schweigegebot und erster Leidensweissagung aus Markus und die sogar noch verschärfte

6 *H.* v. *Campenhausen*, Kirchliches Amt und geistliche Vollmacht in den ersten drei Jahrhunderten (BHTh 14), Tübingen 1953, S. 137.

Abweisung Petri V. 21-23 (Lukas tilgt das Tadelwort!), 3) die unmittelbare, den Markustext vereinfachende Anfügung der Jüngersprüche über die Leidensnachfolge (V. 24 ff.), ausmündend 4) in die doppelt in V. 27 f. ausgesprochene Verheißung (μέλλει γὰρ ὁ υἱὸς τοῦ ἀνθρώπου ἔρχεσθαι ...) des zum Gericht nach den Werken in Bälde kommenden Menschensohnes. Schon das Petrusbekenntnis hat hier gegenüber Markus einen neuen Sinn. Das apologetische Motiv des Markus (erst *nach* der Auferstehung darf das Messiasbekenntnis erklingen), ist bei Matthäus zurückgedrängt. Bei ihm heißt es: Der, der jetzt schon Christus und Gottessohn *ist*, ist es hier auf Erden als der leidende Menschensohn, der auch seine Jünger in die Leidensnachfolge stellt. Durch die Verankerung des Petrus-ἐκκλησία-Wortes in der vorösterlichen Geschichte Jesu wird nun auch die Kirche, die ihren Platz nach der Auferstehung, aber vor der Parusie hat, unter das Lebens- und Leidensgesetz des irdischen Jesus gestellt. So wenig Mt 16,18 f. das schon aus sich selbst hergibt, wird doch durch den Kontext das Amt der Kirche unter die inhaltliche Norm der künftigen Entscheidungen des Menschensohnes gestellt. Matthäus also gibt sich mit der bloßen Statuierung der formalen Autorität der kirchlichen Entscheidungen nicht zufrieden[7].

7 Entsprechendes ließe sich aus dem Kontext der Gemeinderegel 18,15-18 erheben; beachte hier nur ihre Einklammerung durch die Gleichnisse vom verlorenen Schaf (18,12 ff.) und vom Schalksknecht (18,21 ff.).

Enderwartung und Kirche im Matthäus-Evangelium

1. Die Verbindung von Eschatologie und Ekklesiologie in den Redenkompositionen

Wir beginnen mit den Redenkompositionen des Matthäus, die für den schriftstellerischen und theologischen Charakter des Evangelisten bekanntlich besonders bezeichnend sind. Sie zeigen durchgängig eine ihm eigentümliche Verbindung von Enderwartung und Kirchengedanken. Das wird bereits deutlich in der *Täuferrede* (3,1-12). Matthäus unterscheidet sich in dem Täuferabschnitt nicht unerheblich von den Seitenreferenten. Markus widmet Johannes überhaupt keinen eigenen Abschnitt, sondern fasst nur seine heilsgeschichtliche Funktion, seine Bußtaufe und -predigt, seine Wirkung und Gestalt und – in einem ersten Logion – die Ankündigung des erwarteten Messias in wenigen Sätzen zusammen, um dann schon 1,9 ff. mit Taufe, Versuchung und Auftreten Jesu zu beginnen. Anders Lukas: er schildert das Auftreten des Täufers in einem historisch fixierten (Lk 3,1 ff.), in sich abgeschlossenen Abschnitt (vgl. bes. 19 f.) und weist seine Gestalt damit einer 16,16 ausdrücklich bezeichneten geschichtlichen und heilsgeschichtlichen Epoche zu[1]. Matthäus dagegen verbindet den Täufer und seine Botschaft aufs engste mit der Botschaft Jesu. Die Predigt des Täufers und die Predigt Jesu werden nur bei Matthäus in demselben Logion zusammengefasst: μετανοεῖτε· ἤγγικεν γὰρ ἡ βασιλεία τῶν οὐρανῶν (3,2 und 4,17). So wird der Täufer zum Prediger auch der christlichen Gemeinde. Unterschieden ist nach Matthäus zwar seine heilsgeschichtliche Funktion von der Jesu[2]. Der ersten Stelle (3,3) wird darum die Weissagung von dem Wegbereiter zugeordnet (Jes 40,3), der zweiten Stelle dagegen ein alttestamentliches Wort, das die Erfüllung der Weissagung ausspricht (4,5 f.)[3]. Die Ankündigung der kommenden βασιλεία und damit des nahenden Ge-

1 Vgl. *H. Conzelmann*, Die Mitte der Zeit. Studien zur Theologie des Lukas (BHTh 17), Tübingen [2]1957, S. 13 ff.

2 Auch der Taufe des Johannes erkennt Matthäus keine Sünden vergebende Kraft zu; sie geschieht εἰς μετάνοιαν (3,11), nicht εἰς ἄφεσιν ἁμαρτιῶν (Mk 1,4).

3 Beachte dabei die von LXX abweichenden Tempora in dem Zitat aus Jes 9,1 φῶς εἶδεν μέγα gegen ἴδετε und φῶς ἀνέτειλεν αὐτοῖς gegen λάμψει.

richtes und der in ihr begründete Bußruf sind jedoch hier und da die gleichen, wie auch die spätere Wiederaufnahme des Drohwortes von dem Baum, der keine Frucht bringt, abgehauen und ins Feuer geworfen wird (3,10), in der Bergpredigt (7,19) zeigt. An die Stelle der Pharisäer und Sadduzäer (3,7) sind freilich 7,15 ff. die Pseudopropheten in der christlichen Gemeinde getreten. Beide hier wie da vertreten einen von Matthäus scharf abgewiesenen Kirchengedanken, sofern jene sich in vermessener Sekurität auf ihre Abrahamskindschaft, diese sich auf ihre Jüngerschaft und die im Namen Jesu vollbrachten charismatischen Wundertaten berufen, aber nicht wahrhaben wollen, dass über die Zugehörigkeit zur messianischen Gemeinde der kommende Weltenrichter nach dem einen oder gleichen Maßstab, ob nämlich die »Frucht der Buße« erbracht und der Wille des himmlischen Vaters getan ist, entscheiden wird. Damit sind bereits in der Täuferpredigt die einfachen, von der Erwartung des kommenden Gerichtes geprägten Grundgedanken des matthäischen Kirchenverständnisses ausgesprochen. Sie durchziehen sein ganzes Evangelium.
Enderwartung und Kirchengedanke bestimmen auch den Aufbau der *Bergpredigt*. Mit Recht hat H. Windisch sie als »Proklamation der von Gott verfügten Einlassbedingungen durch den Mund Jesu« bezeichnet[4]. Schon die Seligpreisungen gestaltet Matthäus zu einer Tafel von Einlassgeboten aus[5] und gibt in den anschließenden Sprüchen durch das doppelte ὑμεῖς ἐστε dem Wort vom Salz und Licht (verknüpft mit dem Spruch von der Stadt auf dem Berge), dem von Markus und Lukas völlig anders verwendeten Bildwort vom Licht, das auf den Leuchter gehört, und der Mahnung: »so soll euer Licht leuchten ...« eine klare Deutung auf die Jüngerschaft, die sich als solche vor der Welt durch ihre »guten Werke« erweisen soll. Ihr gilt auch das programmatische Werk von der »besseren Gerechtigkeit« (5,20), ohne die keiner in die βασιλεία eingehen wird, und die Auslegung dieses Wortes in den Antithesen (5,21-48), den Frömmigkeitsregeln (6,1 ff.) und allen weiteren Geboten bis hin zur goldenen Regel (7,12). Die eschatologische Ausrichtung der ganzen Rede, die von den ersten Seligpreisungen an (5,3 ff.) über 5,20, die Sprüche vom Lohn (6,1 ff.), vom Trachten nach der βασιλεία und ihrer Gerechtigkeit (6,33) und die Worte vom Richten sichtbar ist, wird endlich durch die betont und neu einsetzenden Worte von der engen Pforte[6], die Warnung vor den falschen Propheten (7,15 ff.), deren Auftreten, wie 24,4 ff.23 ff. zeigt, zu den Zeichen der Endzeit gehört, die Schilderung des Weltgerichts

4 *H. Windisch*, Der Sinn der Bergpredigt, Leipzig [2]1937, S. 9.

5 *M. Dibelius*, Die Bergpredigt, in: ders., Botschaft und Geschichte. GAufs. I, Tübingen 1953, S. (79-174) 92 f.

6 εἰσέλθετε διὰ τῆς στενῆς πύλης (7,13).

(7,21 ff.) und die Schlussgleichnisse mit allem Nachdruck zur Geltung gebracht.

Matthäus konnte in dieser Anordnung der Motive weithin der schon vorgegebenen Ordnung der Sprüche in der Spruchquelle folgen, er ergänzt und profiliert sie aber erheblich und gibt dem Ganzen eine Art Katechismuscharakter. Das wird sofort deutlich, wenn man die Parallelität von dem Aufbau der Bergpredigt und dem Aufriss der Didache beachtet. Seligpreisungen, Jüngersprüche und Antithesen haben ihre Parallele in der Zwei-Wege-Lehre von Did 1-6 (beide beschlossen mit dem Ruf zur Vollkommenheit, Mt 5,48 und Did 6,2). Auch die daran anschließenden Gemeinderegeln über Fasten und Gebet (Mt 6, Did 8 – hier auch das Vaterunser!) haben hier wie da ihre Entsprechung, in der Didache freilich ergänzt durch Anweisungen für Taufe und Eucharistie (unter Verwendung von Mt 7,6!). Endlich entsprechen sich an derselben Stelle im Gesamtaufbau die Warnungen vor den falschen Propheten (Mt 7,15 ff.; Did 11-13) und der eschatologische Abschluss des Ganzen (Mt 7,24 ff.; Did 16). Der gleiche Aufriss ist in beiden Schriften so unverkennbar, dass man als Grundlage der Komposition ein festes Katechismusschema erschließen darf, das in der Didache geradezu den Charakter einer Kirchenordnung erhält. Hier wie da wird paränetisches Spruchgut als Einlasstora an den Anfang gestellt, Weisung für konkrete Fragen des gottesdienstlichen und gemeindlichen Verhaltens gegeben und mit einem eschatologischen Ausblick geschlossen.

Ein eigentümlich eschatologisches Gepräge und Gefälle hat auch die *Missionsrede* des Matthäus, wobei wieder Kirchengedanke und Enderwartung streng aufeinander bezogen sind. Wir achten auch hier wieder auf die Komposition des Matthäus und ihre theologischen Motive. Der Evangelist eröffnet die Rede mit dem Summarium, das Bergpredigt und Taten Jesu umklammert (9,35 = 4,23), und stellt, indem er das Wort aus Mk 6,34 (dort im Zusammenhang der Speisungsgeschichte!) damit verbindet, die ganze Mission unter das Motiv des Erbarmens Jesu mit dem verschmachteten und führerlosen Volk[7]. Dann folgt nicht sofort die Aussendung, sondern die Mahnung an die Jünger, den Herrn der Ernte um Arbeiter zu bitten. Das Wort stand, wie Lk 10,2 zeigt, schon in einer Missionsrede der Spruchquelle, lehrreich darum weil hier bereits das für das Weltgericht geläufige Bild von der Ernte auf die Mission angewandt ist. Ja, man wird für den Spruch, wie ihn Q bot, sogar behaupten dürfen, dass er bereits die Heidenmission voraussetzt, denn das eschatologische Bild der Ernte denkt immer an das Völkergericht (Jes 24,13; Joel 4,10 ff.; Apk 14,15 f.); Lukas stellt das Wort darum sinngemäß an den Anfang der

7 Hängt damit zusammen, dass in dem Missionsauftrag 10,7 f., der doch sonst Mt 4,17 aufnimmt, der Bußruf fehlt?

Aussendung der Siebzig (10,1 ff.; im Unterschied zur Aussendung der Zwölf, c. 9), wie auch Joh 4,35 das Erntewort im Zusammenhang der Samaritermission erklingt. Matthäus wendet den Spruch, wie der Fortgang seiner Rede zeigt, allerdings mit Betonung nicht auf die Heidenmission an und grenzt den Missionsauftrag der Jünger auf Israel ein (10,5 f.). Lehrreich ist das Wort bei Matthäus aber auch darum, weil es zum Ausdruck bringt, dass die Jünger nicht eo ipso schon Missionare sind, vielmehr ihre Sendung der freien, im Gebet von der Gemeinde erflehten göttlichen Entscheidung vorbehalten ist (vgl. Apg 13,1 ff.).

Inhalt des Missionsauftrages der Jünger ist die Ankündigung des nahen Gottesreiches und die Aufrichtung seiner Zeichen in Heilungen, Totenerweckungen und Dämonenaustreibungen (10,7 f.). Ihr Weg steht im Lichte des in Bälde kommenden Menschensohnes (10,23), des Weltgerichtes und der ihm vorangehenden Drangsale. Angesichts des heraufziehenden Endes haben die Jünger Verfolgung und Bekenntnis, Scheidung und Entscheidung zu bestehen (10,17 bis 39). Dieser letzte Teil der Missionsrede ist nicht mehr im eigentlichen Sinn missionarische Instruktion, sondern gibt der Kirche im Ganzen Weisung und Ankündigung dessen, was die Jünger Jesu insgesamt zu erwarten und zu bestehen haben. Wieder wird Wesen und Weg der Jüngerschaft hier ganz in eschatologisches Licht gerückt. Der Evangelist nimmt darum schon in den letzten Teil dieser Rede eine nicht geringe Zahl von Logien aus dem apokalyptischen Spruchgut von Mk 13 und der Spruchquelle auf[8].

Auch die Komposition der sieben *Reich-Gottes-Gleichnisse* (c. 13) zeigt die Verbindung eschatologischer und ekklesiologischer Motive. Der Kirchengedanke des Matthäus wird bereits in dem gegenüber Markus stärker ausgestalteten Abschnitt über den Zweck der Parabeln Jesu sichtbar: Die Jünger sind die »mit den Mysterien des Himmelreiches« Vertrauten (13,11)[9] und als solche die seliggepriesenen Augen- und Ohrenzeugen (beachte den entsprechenden Einsatz 13,16.18 wie 5,13) im Gegensatz zu dem verstockten und nun für seine Schuld[10] gerichteten »Volk« (13,15)[11]. Hier also derselbe Gegensatz zwischen Jüngerschaft und Israel, der für das ganze Matthäus-Evangelium charakteristisch ist. Aber auch der nicht minder für Matthäus kennzeichnende Gedanke, dass die »Kirche« nicht schon Sammlung der Auserwählten und ewig Geborgenen, sondern ein *corpus mixtum* ist, das der

8 Vgl. zu Mt 10,17-22 Mk 13,9 ff.; Lk 21,12 ff.; 12,11 f.; zu Mt 10,34 ff. Lk 12,51 ff.

9 τὰ μυστήρια τῆς βασιλείας τῶν οὐρανῶν gegenüber τὸ μυστήριον τῆς βασιλείας τοῦ θεοῦ (Mk) offenbar auf die Lehre Jesu zu beziehen.

10 Mt 13,13 ὅτι statt Mk 4,12 ἵνα!

11 Auch der hier von Matthäus eingefügte Spruch 13,12 dient dieser Kontrastierung.

Scheidung zwischen Guten und Bösen[12] im Endgericht erst entgegengeht, ist in den Gleichnissen vom Unkraut unter dem Weizen (13,24-30.36-43) und vom Fischnetz aufs Klarste ausgesprochen. Das kommende Gericht in seiner Bedeutung gerade für die Kirche ist Zielpunkt der ganzen Komposition[13].

Gehen wir weiter zu der Komposition der *Gemeinderede* (c. 18), so wird man bereits für das Verständnis ihrer Stellung im Ganzen beachten müssen, dass das Petrusbekenntnis und das Wort von der Gründung der Kirche (16,13-23) mit den nachfolgenden, schon bei Markus sachlich gruppierten Perikopen (Leidensweissagung, Leidensnachfolge der Jünger) bis zur zweiten Leidensverkündigung vorangeht. Aber auch die Tempelsteuerperikope (17,24-27), unmittelbar vor der Gemeinderede eingefügt, steht unverkennbar im Dienst seines Kirchenverständnisses. Sie zeigt, dass die Gemeinde, die Matthäus repräsentiert, noch im Verbande des Judentums steht und die Besteuerung der jüdischen Diasporagemeinden für sich selbst durchaus nicht ablehnt, sondern anerkennt, freilich im deutlichen Bewusstsein ihrer eigenen Sonderstellung: Jesu Jünger zahlen die Tempelsteuer als die freien Söhne, nur um nicht Ärgernis zu geben.

Dass die Rede selbst den Kirchengedanken wieder ganz in das Licht der kommenden βασιλεία stellt, zeigt sofort die Formulierung, die Matthäus der Rangstreitfrage aus Mk 9,34 gibt: τίς ἄρα μείζων ἐστὶν ἐν τῇ βασιλείᾳ τῶν οὐρανῶν; (18,1), sowie die Aufnahme des im Markus-Evangelium erst bei der Kindersegnung (Mk 10,15) begegnenden Logions vom Umkehren und den Kindern Gleichwerden, durch das οὐ μὴ εἰσέλθητε εἰς τὴν βασιλείαν τῶν οὐρανῶν (18,3) und den zu der Eingangsfrage zurücklenkenden Spruch 18,4 (οὗτός ἐστιν ὁ μείζων ἐν τῇ βασιλείᾳ τῶν οὐρανῶν) für den Zusammenhang trefflich geeignet. Das Motiv des Endgerichtes ist in dem weiterhin zunächst leitenden Zusammenhang der Sprüche bei Markus bereits enthalten und brauchte von Matthäus nur übernommen zu werden[14]. Seine eigene Komposition setzt erst mit 18,10 ein. Dabei ist die Umrahmung der Sprüche über die Durchführung der Gemeindedisziplin (18,15-18) offenbar sehr überlegt und sinnvoll. Gerade die Anweisung für die Gemeindezucht umklammert Matthäus, indem er das Gleichnis vom verlorenen Schaf (18,12-14) vorhergehen und die Worte über die grenzenlose Vergebungsbereitschaft mit dem nur von ihm überlieferten Gleichnis vom Schalksknecht folgen lässt (18,

12 Beachte auch hier das gleiche Motiv und Bild wie in der Täuferrede 3,12.

13 Offenbar soll das zwischen die Gleichnisse vom Unkraut und Fischnetz eingefügte Doppelgleichnis von Schatz und Perle im Sinne des Matthäus das Verhalten derer illustrieren, die dereinst »wie die Sonne im Reiche ihres Vaters« als »die Gerechten« (13,43) leuchten werden, das Verhalten der völligen Hingabe, des radikalen Gehorsams.

14 Immerhin beachte das apokalyptische Drohwort, das er 18,7 noch einfügt.

21 ff.). Auch dieses Gleichnis – und damit die ganze Rede – endet mit dem Hinweis auf das Gericht, das die zur Vergebung nicht bereiten Glieder der Gemeinde unerbittlich treffen wird (18,35).
Der charakteristisch matthäische Gedanke, dass auch der Jüngerschaft Jesu das kommende Gericht gilt (s.o. zu Mt 13), ist auch in dem *Winzer- und dem Hochzeitsgleichnis* ausgesprochen. Ist das erste auch zunächst gegen Priester und Pharisäer gerichtet, so macht Matthäus doch in dem nur von ihm formulierten und am Ende noch einmal mit Nachdruck wieder aufgenommenen Satz, dass der Weinberg (21,41) – die βασιλεία τοῦ θεοῦ (21,43) – den bösen Winzern (Israel) genommen und denen gegeben wird, die »gute Früchte erbringen werden«, die Norm des künftigen Gerichtes geltend, an der, wie das ganze Evangelium sagt, alle und gerade die vermeintlich zum Gottesvolk Gehörenden gemessen werden. Ebendies sagt, ausdrücklich auf die Gemeinde bezogen, auch die von Matthäus angefügte Schlussszene des Gleichnisses vom königlichen Hochzeitsmahl (22,11-13)[15], aber schon die 22,10 begegnende Wendung πονηρούς τε καὶ ἀγαθούς, die wie die letzten Gleichnisse von c. 13 auf die endliche Scheidung weist, schließlich auch die für Matthäus so charakteristische Abschlusssentenz 22,14: »Viele sind berufen, wenige aber auserwählt.«
Dass die *Pharisäerrede* mit ihrem siebenfachen »Wehe« von dem Gedanken an das Endgericht durchzogen ist (23,13.33 ff.), braucht nicht besonders betont zu werden. Die Klage über Jerusalem mit der Ankündigung des Kommens Jesu zum Weltgericht an ihrem Ende (23,37-39) und die Stellung der Pharisäerrede unmittelbar vor der eschatologischen Rede bestätigen die Zielsetzung schon von c. 23. Die Rede zeigt in ihren Eingangsversen wieder deutlich, dass die Gemeinde sich selbst vom Verband des Judentums noch nicht gelöst sieht (23,1-3), zugleich aber zeigt die Rede an dem Gegensatz zur Heuchelei der Pharisäer und Schriftgelehrten das Wesen der christlichen Gemeinde. Sie wird ausdrücklich im Anschluss an die Worte über die menschliche Eitelkeit der jüdischen Führer angeredet, in dem Verbot 23,8-12 (ὑμεῖς δέ), sich in der Gemeinde Jesu noch Rabbi, Vater und Führer zu nennen.
Eine starke Profilierung des Kirchengedankens und seine Ausrichtung auf das Ende zeigt endlich auch die letzte große Redenkomposition des Matthäus, die *apokalyptische Rede* von c. 24 mit den eschatologischen Gleichnissen in c. 25. Anders als bei Markus (13,1-4) wird die Rede bei Matthäus nicht als esoterische Belehrung der vier ersten Jünger, sondern als Jüngerbelehrung überhaupt eingeführt (beachte die stereotype Formel προσῆλθον οἱ μαθηταί wie 5,1; 13,10.36;

15 Vielleicht ein ursprünglich selbstständiges Gleichnismotiv. Vgl. *J. Jeremias*, Die Gleichnisse Jesu, Göttingen [5]1958, S. 39 und 155 unter Hinweis auf bSchab 153a.

18,1) und deutlicher als bei Markus unter das Thema gestellt: τί τὸ σημεῖον τῆς σῆς παρουσίας καὶ συντελείας τοῦ αἰῶνος; (24,1-3). Dann folgt wie Mk 13,5-8 der »Anfang der Wehen« (24,4-8), nun aber nicht wie bei Markus die Ankündigung der Verfolgung, die die Gemeinde vonseiten der jüdischen Gerichte erfahren wird (dieser Passus der Rede ist 10,17 ff. schon vorweggenommen), sondern die summarische Ankündigung des Leidens (τότε παραδώσουσιν ὑμᾶς εἰς θλῖψιν καὶ ἀποκτενοῦσιν ὑμᾶς), wobei – für Matthäus bezeichnend – die Jüngerschaft das Schicksal der »Juden« unter den Heiden erleidet (καὶ ἔσεσθε μισούμενοι ὑπὸ πάντων τῶν ἐθνῶν διὰ τὸ ὄνομά μου 24,9)[16]; dann die Ankündigung der Zeichen des kommenden Endes »innerhalb« der Gemeinde: Abfall, Verrat, Hass, Verführung durch falsche Propheten, Überhandnehmen der Gesetzlosigkeit, Erkalten der Liebe. Und endlich die Verheißung der Verkündigung »dieses« (von Matthäus repräsentierten) Evangeliums vom Reich in der ganzen Welt als Präludium des Endes.

Dass hier das Bild der judenchristlichen Gemeinde ersteht, die am Gesetz festhält und sich vom Verbande des Judentums noch nicht gelöst hat, vielmehr im scharfen Gegensatz zu einer gesetzesfreien (im Sinne des Matthäus gesetzlosen) Lehre und Mission steht, ist hier völlig deutlich[17]. Diese judenchristliche Gemeinde teilt das Schicksal des jüdischen Volkes, die Entweihung des Tempels und die Schrecknisse der Flucht. Reicher ausgestaltet als bei Markus ist bei Matthäus auch die folgende Warnung vor den »falschen Messiassen« und den »falschen Propheten« und die Ankündigung der Parusie des Menschensohnes plötzlich und offenbar vor der ganzen Welt (24,23-28); desgleichen die Schilderung der nun erfolgenden Parusie, bei der unter kosmischen Katastrophen das »Zeichen des Menschensohnes« am Himmel erscheint (vgl. 24,30), alle »Stämme der Erde« wehklagend den Menschensohn in großer Kraft und Herrlichkeit sehen und seine Engel »unter großem Posaunenschall« die Auserwählten aus allen Winden der ganzen Welt einsammeln werden. Die Markus-Apokalyp-

16 Mit Recht beachtet von *G. Harder*, Das eschatologische Geschichtsbild der sogenannten kleinen Apokalypse Markus 13, in: ThViat 4 (1952), S. (71-107) 80 f.

17 *G. D. Kilpatrick* in seinem ausgezeichneten Buch *The Origins of the Gospel according to St Matthew* (1946) behandelt pp. 101-123 die Frage »The Gospel and Judaism« eingehend und weist überzeugend nach, dass das gegnerische Judentum im Matthäus-Evangelium nicht einfach mit dem Judentum zur Zeit Jesu zu identifizieren ist, sondern in die Zeit zwischen 70 und 135 gehört, wo vom Rabbinat die jüdischen Sekten samt den Christen verketzert und ausgeschieden werden. Das erste Evangelium spiegelt deutlich den noch nicht abgeschlossenen Prozess. Die Auseinandersetzung mit dem von den Pharisäern geführten Judentum ist in vollem Gange (scharfe Kontroversen, Verfolgung), aber noch ist die Verbindung nicht abgerissen und wird von der Gemeinde selbst, die sich als wahre Judenschaft versteht, zäh verteidigt.

se braucht hier von Matthäus nur durch wenige Züge verstärkt zu werden. Das so entstandene durchaus jüdische Bild lässt deutlicher noch als der Markus-Text die Parusie zur Beschämung der Weltvölker erfolgen und zur Rettung der Erwählten aus aller Welt.
Die von Matthäus hier unter Aufnahme des Stichwortes οὕτως ἡ παρουσία τοῦ υἱοῦ τοῦ ἀνθρώπου 24,37.39 angefügten eschatologischen Gleichnisse schildern im Bild der Sintflutkatastrophe das plötzliche Verderben, das über die Ahnungslosen und Sorglosen hereinbrechen wird (so auch im Gleichnis vom nächtlichen Einbrecher 24,43). Matthäus aber verwendet es sofort als Ruf zur Wachsamkeit und Bereitschaft an die Jünger (24,42.44; 25,13)[18], denen an den Gleichnissen vom treuen und vom bösen Knecht (24,45-51), von den klugen und törichten Jungfrauen (25,1-13) und den anvertrauten Talenten (25,14-30) vor Augen gestellt wird, was Treue, Bereitschaft und Eifer im guten Werk (ἐργάζεσθαι 25,16) bedeuten. Es ist dabei lehrreich zu sehen, wie die Erfahrung der verzögerten Parusie sich deutlich in den Gleichnissen abzeichnet und das Verständnis der »Klugheit« sich wandelt: 24,48 wird das χρονίζει ὁ κύριος μου als Illusion des bösen Knechtes bezeichnet, 25,1-13 dagegen ist das Verziehen des Bräutigams die reale Erfahrung, an der sich die Klugheit der auf eine längere Wartezeit eingerichteten Jungfrauen bewährt, während die törichten nicht genug Öl für ihre Lampen mitgenommen haben[19]. Ihre Illusion ist also gerade das Rechnen mit seiner Nähe. Auch das Talentengleichnis rechnet, wie 25,19 zeigt, mit dem langen Ausbleiben des Herrn (μετὰ δὲ πολὺν χρόνον). Durchweg ist der Gerichtsgedanke in diesen Gleichnissen auf die Kirche angewandt. Mit der Gerichtsdrohung enden 24,51 f.; 25,12.30, so gewiss das Gegenbild zum Gericht wenigstens im Jungfrauen- und Talentengleichnis (der Einzug ins Hochzeitshaus, die Auszeichnung der mit fünf und zwei Talenten betrauten) nicht fehlt.
Schwerlich wird man die Schilderung des Weltgerichtes, mit der – nicht mehr in Gleichnisform – die ganze Redenkomposition abschließt, nur auf das über die »Heiden« ergehende Gericht im Unterschied zu den Gliedern der Gemeinde Jesu beziehen dürfen[20]. Vielmehr ist für die Enderwartung des Matthäus gerade kennzeichnend, dass hier unter einem großen, vom Judentum bereits vorgeformten Bild[21] das Weltgericht über »alle Völker« angekündigt wird, nun aber

18 Die Übersetzung der Gleichnisse Jesu in die Situation der Gemeinde hat neuestens *J. Jeremias*, Die Gleichnisse Jesu (s. Anm. 15), sorgfältig und umfassend untersucht.

19 Vgl. *G. Bornkamm*, Die Verzögerung der Parusie, in: W. Schmauch (Hg.), In memoriam Ernst Lohmeyer, Stuttgart 1951, S. (116-126) 119 ff.

20 So zuletzt *J. Jeremias*, Die Gleichnisse Jesu, S. 175.

21 Vgl. *P. Billerbeck* IV, S. 1199 ff.; *R. Bultmann*, Die Geschichte der synoptischen Tradition (FRLANT 29), Göttingen ^{4}1958, S. 130 f.

so, dass jetzt zwischen Juden und Heiden, aber auch zwischen Gläubigen und Ungläubigen nicht mehr unterschieden wird. Alle vor dem Tribunal des Weltenrichters Versammelten werden vielmehr nach »einem« Maßstab gerichtet, nämlich nach der Liebe, die den Geringsten erwiesen oder versagt ist. Sie entscheidet, wer zu den Gerechten gehört, die in das ewige Leben eingehen, und zu denen, die in die ewige Strafe dahin müssen. Noch einmal wird hier deutlich, dass auch die Jüngerschaft Jesu nicht schon die Schar der Auserwählten, sondern vorerst die Schar der »Gerufenen« ist, über deren endliches Schicksal das Tun des göttlichen Willens entscheidet.
Die kurze Analyse der Reden des Matthäus hat uns die enge Verklammerung von Kirchengedanken und Enderwartung gezeigt, aber auch immer wieder sichtbar gemacht, worin die Klammer zwischen beiden besteht, nämlich im Verständnis des Gesetzes und damit der neuen Gerechtigkeit, die die Jünger Jesu von Pharisäern und Schriftgelehrten unterscheidet, zugleich aber der Maßstab ist, nach dem die Glieder der Kirche selbst von dem kommenden Richter erst gerichtet werden[22]. Die Frage nach dem Gesetzesverständnis im Matthäus-Evangelium muss jetzt näher betrachtet werden.

2. Die bessere Gerechtigkeit

Das Gesetz ist verbindlich bis hin zu Jota und Häkchen. Matthäus selbst gibt den Worten 5,17-19, deren Formulierung offensichtlich auf die judenchristliche Gemeinde zurückgeht und gegen eine gesetzesfreie Richtung polemisiert, einen repräsentativen Platz und einen programmatischen Sinn. Mit der unverkürzten Geltung der Tora steht für ihn grundsätzlich auch die schriftgelehrte Auslegung in Kraft, wie denn schon in den nachfolgenden Antithesen zunächst keineswegs Tora und schriftgelehrte Auslegung einander gegenübergestellt werden, sondern das, was »zu den Alten« gesagt ist, jeweils in der für den Juden selbstverständlichen Form zitiert wird, die die Überlieferung dem Schriftwort gibt[23]. Ja, Mt 23,2 konzediert den Schriftgelehrten und Pharisäern, dass sie auf der κάθεδρα des Mose sitzen, ihre Lehre wird nicht angefochten, sondern für verbindlich erklärt (23,3). Angegriffen wird die Diskrepanz zwischen ihrem Lehren und Tun, ihre Heuchelei (23,4 ff.; 6,1 ff.)[24]. Freilich ist diese Kritik 15,3 ff. zu der Anklage radikalisiert, dass die Gegner auch ihre παράδοσις dazu

22 Vgl. *A. Schlatter*, Die Kirche des Matthäus (BFChTh 33,1), Gütersloh 1929, S. 29 f.
23 Dem Verbot des Dekaloges (Ex 20,15; Dtn 5,18) wird die Strafbestimmung angefügt (5,21), dem Gebot der Nächstenliebe als Komplement das Gebot des Feindeshasses (5,43).
24 Vgl. *E. Haenchen*, Matthäus 23, in: ZThK 48 (1951), S. 38-63.

missbrauchen, das Gesetz Gottes ungültig zu machen und Menschengebote an die Stelle des göttlichen Willens zu setzen (15,6.9); darum heißen sie blinde Blindenführer (15,14), und die Jünger werden vor dem »Sauerteig«, d.h. vor der Lehre der Pharisäer und Sadduzäer, gewarnt (16,6.11).

Die zwischen Jesus und seinen Jüngern einerseits und den jüdischen Gegnern andererseits strittige Frage ist damit die Frage nach der rechten Auslegung des Gesetzes. Schriftgelehrte Auslegung muss es auch in der christlichen Gemeinde geben, daher wird der Titel des γραμματεύς auch für die Jünger verwendet (23,34), nur ist der Jünger ein γραμματεὺς μαθητευθεὶς τῇ βασιλείᾳ τῶν οὐρανῶν (13,52). Was aber ist die rechte Auslegung?

Die Antwort auf diese Frage gibt schon die Antithesenreihe der Bergpredigt (5,21-48). Ihr durchgängiges Motiv ist der Durchstoß durch ein in formale Rechtssätze verkehrtes Gesetz, hinter dessen Ordnung das ungehorsame Herz des Menschen sich in Ordnung wähnt, und damit das Dringen auf den ursprünglichen radikalen Willen Gottes, der zur »Vollkommenheit« ruft. Das spricht sich in dem durchgängigen gedanklichen Schema dieser Antithesen aus: »nicht erst – sondern schon«, schon der Zorn, schon der lüsterne Blick, schon die »legale« Scheidung der Ehe, schon die Liebe zum Nächsten, die doch dem Feindeshass noch Raum lässt, sind wider Gottes Willen.

Matthäus versteht diese Radikalisierung der göttlichen Forderung, die ja faktisch nur in der ersten, zweiten und vierten Antithese eine Verschärfung des Gesetzes, in der dritten, fünften und sechsten dagegen seine Aufhebung bedeutet, offensichtlich als Bestätigung der Gültigkeit des Gesetzes bis hin zu Jota und Häkchen, ohne die Diskrepanz dieser Antithesen zu der an Jota und Häkchen festhaltenden, also die Verbindlichkeit des »Wortlautes« aussprechenden jüdisch-judenchristlichen Formulierung von 18 f. zu empfinden. Seine Bindung an Jesu eigenes Wort und an das Gesetzesverständnis der jüdisch-judenchristlichen Tradition stehen hier in unverkennbarer Spannung zueinander.

Antwort auf die Frage nach der rechten Auslegung des Gesetzes gibt vor allem auch die Diskussion der Ehescheidungsfrage (19,1-12). Ihre Fassung bei Matthäus gegenüber Markus ist in mehrfacher Hinsicht lehrreich. Nicht nur, dass er den ungeschickten Aufbau gegenüber Markus »ausgezeichnet korrigiert«[25] und das Logion 19,12 anfügt, er stellt Jesu Entscheidung in die zwischen den Rabbinen umstrittene Frage nach dem zureichenden Grund der Ehescheidung hinein (κατὰ πᾶσαν αἰτίαν; 19,3) und lässt Jesus durch die offensichtlich sekundäre Ehebruchsklausel (19,9; vgl. 5,32) im Effekt den strengen Stand-

25 *R. Bultmann*, Die Geschichte der synoptischen Tradition (s. Anm. 21), S. 25 f.

punkt der Schammaiten vertreten. Das radikale Verbot Jesu, auf das auch bei Matthäus die ganze Argumentation V. 4 ff. (Mk 10,6 ff.) abzielt, wird damit fraglos um seine Schärfe gebracht. Gleichwohl ist die Norm, an der nach Jesu Wort hier sogar die Tora des Mose (nicht nur ihre Auslegung) gemessen werden soll, auch bei Matthäus noch erkennbar und der ursprüngliche Wille des Schöpfers im Gegensatz zu der mosaischen Konzession an die menschliche σκληροκαρδία als Prinzip der Auslegung ausgesprochen. Der in der Schöpfung manifestierte Gotteswille ist in Jesu Forderung ein geläufiges Argument (Mt 5,45; 6,26 ff.), übrigens gerade in Matthäus-Worten. Der Evangelist selbst pflegt, wieweit auch hier an Jesu eigenes Wort gebunden, stehe dahin, die Frage nach dem rechten Auslegungsprinzip als die Frage nach dem Inbegriff von »Gesetz und Propheten« bzw. dem Wichtigen im Gesetz zu stellen. So bei der Formulierung der goldenen Regel nach Matthäus (7,12), der Formulierung des Doppelgebotes (22,40, wieder nur Matthäus), des »Wichtigeren im Gesetz« (23,23), das Schriftgelehrte und Pharisäer außer Acht lassen (κρίσις, ἔλεος, πίστις). Hierher gehört auch das zweimalige Zitat aus Hos 6,6: »Barmherzigkeit will ich und nicht Opfer« (9,13; 12,7).

Unter den verschiedenen Wendungen, mit denen Matthäus die Hauptsache des Gesetzes zusammenfasst, erfordert die Trias »Recht, Barmherzigkeit, Treue« (Mt 23,23) besonderes Interesse. Zweifellos knüpft sie an alttestamentlich-jüdische Wendungen an, wie »Recht und Erbarmen« (Mi 6,8) oder »Erbarmen und Treue« (Prov 14,22), wenn sie auch wörtlich in dieser Formulierung meines Wissens weder im Alten Testament noch im Judentum nachweisbar ist. Ihre drei Glieder sind für das Matthäus-Evangelium von unterschiedlicher Bedeutung. Die erste Forderung, den Armen Recht zu schaffen, wohl angebracht in der Anrede an Pharisäer und Schriftgelehrte als Verwalter der Jurisdiktionsgewalt und reichlich im Alten Testament begründet, spielt im Evangelium sonst keine Rolle. Das ist nicht verwunderlich in einer Gemeinde, die der allgemein jüdischen Jurisdiktionsgewalt noch untersteht und für sich selbst noch keine eigene Rechtsprechung entwickelt hat. Um so mehr aber durchzieht das Gebot der Barmherzigkeit, unter dem die Jüngerschaft Jesu steht, das ganze Evangelium (5,7; 18,33; 9,13; 12,7 und – der Sache nach – 25,31 ff.). Matthäus ruft es der Gemeinde mit Nachdruck in Erinnerung, wie wir sahen, sogar dort, wo die ersten Regeln für die Durchführung der Gemeindedisziplin gegeben werden. Was endlich den dritten Begriff der Trias (πίστις) angeht, so wird man ihn in der Verbindung mit den beiden andern zwar nicht ohne Weiteres als »Glaube«, sondern als »Treue« verstehen müssen, schwerlich aber als Treue zu anderen Menschen (diese Verwendung wäre im ganzen Evangelium singulär), sondern im umfassenden Sinn als ein auf Gott gerichtetes Verhalten, d.h. als Treue zu seinem in Gesetz und Propheten dokumentierten Willen. Nur so fügt der Begriff den beiden andern ein neues Moment hinzu, und

die Trias wird zu einer erschöpfenden Formel für die Hauptsache des Gesetzes. Vor allem aber lässt sich nur von dieser auf Gott bezogenen umfassenden Bedeutung aus eine Brücke zu der sonstigen Verwendung von πίστις und πιστέυειν im Evangelium schlagen.
Überblickt man den Sprachgebrauch dieser Begriffe bei Matthäus, so zeigt sich, dass der Evangelist an zahlreichen Stellen vom Glauben im Sinne der ihm vorgegebenen christlichen Tradition redet. Glaube meint hier das Vertrauen, das sich auf Jesu ἐξουσία richtet (8,10; 9,2) und seine Wunderkraft erfährt (8,13; 9,22.28 f.). Zu diesem Glauben an die rettende Wunderkraft Jesu (Gegensatz: der Zweifel 21,21) ist die Jüngerschaft gerufen. Jesus selbst stellt ihn unter die Verheißung, dass ihm nichts unmöglich sein wird, auch wenn er nicht größer ist als ein Senfkorn (17,20; 21,21). Scharf zu unterscheiden von diesem Glauben ist der »Kleinglaube« (ein Lieblingswort des Matthäus), der gerade dann versagt, wenn es darauf ankommt – in Sturm und Wellen (8,26; 14,31), gegenüber der Sorge (6,30; 16,8) – und dem Ansturm dämonischer Gewalten nicht gewachsen ist (17,20). Wie kein anderer Evangelist verwendet und illustriert Matthäus dieses Motiv[26]. Gleichwohl redet er hier in der Sprache urchristlicher Paränese und Paraklese überhaupt. Auch die Entwicklung der dogmatischen Sprache des Urchristentums ist bei Matthäus erkennbar. Das bloße πιστεύειν (Mk 9,42; 15,32) verdeutlicht er durch πιστεύειν εἰς ἐμέ (Mt 18,6), πιστεύειν ἐπ' αὐτόν (27,42). Dieser spezifisch christliche, auf die Person Jesu bezogene Begriff wird bemerkenswerterweise von ihm nicht vor dem Petrusbekenntnis verwendet.
An keiner dieser Stellen ist jedoch πίστις und πιστεύειν mit Gesetz und Enderwartung in Verbindung gebracht. Das geschieht erst an zwei Stellen, an denen wieder eine spezifisch matthäische Komposition und Interpretation erkennbar wird. Die erste Stelle ist 21,32, ein ursprünglich selbstständiges, von Matthäus abgewandeltes Logion (vgl. Lk 7,29 f.), das er an das Ende des Gleichnisses von den beiden ungleichen Söhnen stellt. Er gibt damit dem Verhalten des Neinsagers und des Jasagers eine sehr bestimmte Auslegung: Das erstere hat sich erfüllt in dem »Glauben« der Zöllner und Dirnen gegenüber Johannes dem Täufer, der »mit dem Wege der Gerechtigkeit« kam, das letztere in der Verweigerung von Umkehr und Glauben seitens der Pharisäer und Schriftgelehrten, die darum keinen Eingang in die βασιλεία finden[27]. Lehrreich ist an dieser Deutung, dass sie erstens ein abge-

26 Der Ausdruck findet sich sonst nur Lk 12,28.

27 Dass Mt 21,32 eine sekundäre Ausdeutung des Gleichnisses ist, zeigt mit Recht *J. Jeremias*, Die Gleichnisse Jesu (s. Anm. 15), S. 62 f. Ich glaube allerdings nicht, dass der Evangelist das Gleichnis schon mit dieser Deutung übernahm (so *Jeremias*), sondern sie selbst in Gestalt des Logion V. 32 hinzufügt, um so den illustrativen Sinn, den das Gleichnis auch im Zusammenhang der vorangehenden Vollmachts-Perikope (besonders für 21,25) hat, zu verdeutlichen. Die

schlossenes, heils- und unheilsgeschichtliches Geschehen ausspricht, dass sie zweitens die beiden gegensätzlichen Entscheidungen schon gegenüber dem Täufer gefallen sieht und damit die Gültigkeit seiner Gerechtigkeitsforderung (wie schon 3,1-12) in vollem Umfang statuiert und drittens dass sie den schon von Johannes geforderten Gehorsam als »Reue« und »Glauben« beschreibt und ihn zur Bedingung für den Eingang in die zukünftige βασιλεία macht.

Die zweite Stelle ist die Perikope vom Hauptmann von Kapernaum (8,5 ff.). Wieder ist das Mittel der Interpretation die Komposition. Erst Matthäus fügt in den Rahmen der Erzählung das ursprünglich selbstständige Logion 8,11 f. ein (bei Lukas begegnet es in völlig anderem Zusammenhang 13,28) und gibt damit der Erzählung einen ins Eschatologische ausgeweiteten Sinn, dergestalt, dass nun der Glaube, den Jesus bei dem Hauptmann findet, aber in Israel vergeblich gesucht hat, als das Verhalten sichtbar wird, das über die Zugehörigkeit zum wahren Gottesvolk und den Eingang in das kommende Gottesreich entscheidet. Beide Stellen zeigen, wie Matthäus den Begriff des Glaubens versteht und ihn mit seinem Verständnis der Gerechtigkeit sowie des Gottesreiches verbindet. Er entnimmt ihn zwar der urchristlichen Tradition, die ihn nicht am Gesetz entwickelte, aber er verankert ihn gerade an diesen Stellen, wo wir ihn als Interpreten der Tradition am Werke sehen, im Gefüge seiner von Gesetz und Enderwartung bestimmten Lehre.

In diesem Zusammenhang ist auch die Verwendung von πίστις in der Formel 23,23 wichtig. Ohne seine alttestamentlich-jüdische Bedeutung zu verlieren, wird er zur Klammer zwischen dem vom Gesetz geforderten Verhalten und dem Glauben der Jünger, der sich auf Vollmacht und Person Jesu richtet. Der Evangelist kann nun gleichsam von beiden Seiten her das Wesen der besseren Gerechtigkeit sichtbar machen, an der die Jüngerschaft Jesu zu erkennen ist: von ihrer Bindung an das Gesetz aus, das Jesus erfüllt, d.h. vollmächtig auslegt, wie auch von ihrer Bindung an die Person und den Weg des Messias her. Erfüllung der Gebote und Vollkommenheit ist nun nicht mehr anders zu verwirklichen als in der »Nachfolge« Jesu. Das zeigt sich am deutlichsten an der Perikope vom reichen Jüngling (19,16-30). Sie ist Matthäus aus der Tradition vorgegeben, aber er ändert und unterstreicht bestimmte Züge, so wenn er die Antwort Jesu Mk 10,18

Wendung ἐν ὁδῷ δικαιοσύνης ist fraglos auf die Lehre des Johannes, die Forderung der Gerechtigkeit zu beziehen. So mit *P. Billerbeck* I, S. 866 f.; *G. Schrenk*, Art. δικαιοσύνη, in: ThWNT 2, Stuttgart 1935, S. (194-214) 201; *E. Klostermann* z.St. u.a. gegen *W. Michaelis*, Art. ὁδός κτλ, in: ThWNT 5, Stuttgart 1954, S. (42-118) 90 f. Übrigens bietet zu 21,32 der neu gefundene Habakukkommentar (VIII, 2 f.) jetzt eine lehrreiche sachliche und sprachliche Parallele: »Die Gott erretten wird aus dem Hause des Gerichts wegen ihrer Mühsal und ihrer Treue zum Lehrer der Gerechtigkeit«.

τί με λέγεις ἀγαθόν; abwandelt in die Frage τί με ἐρωτᾷς περὶ τοῦ ἀγαθοῦ; (19,17) und damit Jesus selbst das von ihm Mk 10,18 abgewehrte Prädikat wieder zuspricht, und wenn er gleich im Anschluss daran den Imperativ einfügt εἰ δὲ θέλεις εἰς τὴν ζωὴν εἰσελθεῖν, τήρει τὰς ἐντολάς und V. 21 den für sein Verständnis des Gesetzes charakteristischen Ausdruck εἰ θέλεις τέλειος εἶναι (vgl. 5,48). In der Nachfolge Jesu also erfüllt sich die vom Gesetz geforderte Vollkommenheit. Seinen Jüngern, die alles verlassen haben und ihm nachgefolgt sind, gilt die Verheißung, dass sie in der »Wiedergeburt«, beim Erscheinen des Menschensohnes zum Gericht, auf zwölf Thronen sitzen und die zwölf Stämme Israels richten werden. Durch den Kontext und das wieder erst von Matthäus an dieser Stelle eingefügte Logion 19,28 wird damit die Nachfolge fest mit dem Gesetzesbegriff und der dem wahren Gottesvolk geltenden Verheißung verbunden.

Lehrreich ist in dieser Perikope aber noch eine weitere, nicht unwichtige Abwandlung der im Markus-Text erkennbaren Tradition. Matthäus nämlich sagt nichts von einem schon in diesem Äon auf die Jünger wartenden Lohn (so Mk 10,30), sondern verheißt ihn nur für den kommenden Äon (19,29), und zwar der Jüngerschaft Jesu allein im ausdrücklichen Gegensatz zu Israel. In diesem Sinn versteht er das an die Perikope angefügte Gleichnis von den Arbeitern im Weinberg, wie die Schlusssentenz Mt 20,16 zeigt, die wörtlich 19,30 wiederholt[28]. So werden beide Perikopen von ihm in den Dienst der ihm eigenen Anschauung der Heilsgeschichte gestellt[29]. Wichtig ist aber vor allem das radikal eschatologische Verständnis der den Jüngern gegebenen Verheißung. In diesem Äon erwartet die Jünger ausschließlich das Leidensgeschick der Propheten (5,12; 23,32 ff.). Matthäus hat darum die Sturmfahrt der Jünger (8,23-26) zu einem beispielhaften Bild der Nachfolge umgestaltet und ihr einen symbolischen Sinn gegeben[30]. Das wird daran deutlich, dass er in einem Zusammenhang, der sonst ausschließlich Wundergeschichten bietet, der Geschichte von der Stillung des Sturmes die aus Lk 9,57 ff. bekannten Nachfolgersprüche voranstellt und beides ausdrücklich durch das Stichwort ἀκολουθεῖν (8,19.22.23) verklammert. Auch die nicht unerheblichen Umgestaltungen der Erzählung – die Tilgung novellistischer Einzelzüge, die Formulierung des Hilfeschreies der Jünger als Gebetsruf (κύριε, σῶσον, ἀπολλύμεθα), die Voranstellung des tadelnden Wortes Jesu an die Jünger vor das Wunder selbst (unter Verwendung des Lieblingswortes ὀλιγόπιστοι), endlich auch die Bezeichnung der

28 Vgl. *J. Jeremias,* Die Gleichnisse Jesu (s. Anm. 15), S. 24 f.

29 Vgl. hierfür besonders 21,33 ff.; 22,1 ff.

30 Vgl. *G. Bornkamm*, Die Sturmstillung im Matthäus-Evangelium, in: WuD 1 (1948), S. 49-54 [s.u. S. 73-78].

Seenot mit σεισμός, einem Ausdruck der sonst zur Schilderung der eschatologischen Drangsal gehört –, alles das zeigt deutlich, dass er der Szene eine für die Jüngerschaft und Nachfolge typische sinnbildliche Bedeutung gibt. Leidensbereitschaft (10,17 ff.; 16,24 ff.), Armut (19,23 ff.; 6,19 ff.), Niedrigkeit (18,1 ff.), Liebe (25,31 ff. und öfter), Verzicht auf weltliche Ehre (23,7 ff.) und Dienst (20,20 ff.) sind die Kennzeichen der Nachfolge. Nur den Jüngern, die sich darin bewähren und erweisen, ist, wie keine dieser Stellen ungesagt lässt, der Lohn im Reiche Gottes verheißen.

Wie stark und konsequent Matthäus trotz aller spezifisch christlichen Motive, die auch er verwendet, alles, was er über das Wesen der Jüngerschaft sagt, an Gesetz und Gerechtigkeit orientiert, zeigt endlich das nur bei ihm sich findende Vorherrschen der Begriffe δίκαιος und δικαιοσύνη. Jesus selbst ist »gerecht« (27,19), erfüllt »alle Gerechtigkeit« (3,15), er ist wahrhaftig und lehrt den Weg Gottes in Wahrheit (22,16), die Verfolgung der Jünger um seinetwillen ist gleichbedeutend mit der Verfolgung um der Gerechtigkeit willen (5,10 f.); Gerechtigkeit ist der zusammenfassende Begriff für die Frömmigkeit der Jünger überhaupt (6,1). Niemals aber ist die Jüngerschaft insgesamt und eo ipso schon gerecht. Vielmehr ist sie zu der besseren Gerechtigkeit gerufen (5,20; 6,33), im kommenden Gericht erst werden die Gerechten leuchten wie die Sonne (13,43), wenn die Engel die Bösen aus der Mitte der Gerechten ausscheiden werden (13,49). Die Seligpreisung 5,6 gilt denen, die hungern und dürsten nach der Gerechtigkeit. Gerechtigkeit ist also das Verhalten, das dem Willen Gottes im Gesetz und damit dem Spruch des kommenden Richters entspricht, Forderung und eschatologisches Heilsgut zugleich. Der Begriff Gerechtigkeit behält also bei Matthäus formaliter seinen alttestamentlich-jüdischen Sinn; er bleibt darum das höchste Kennzeichen der alttestamentlichen Frommen (13,17; 23,29.35; vgl. schon 1,19). Nur die Gerechtigkeit legitimiert die Jüngerschaft als das wahre Gottesvolk und macht sie zu Nachfolgern der Propheten und Gerechten des Alten Bundes (10,41; 23,34 ff.). Sie scheidet Jesu Jünger von dem Israel, das Pharisäer und Schriftgelehrte repräsentieren, und verbindet sie zugleich mit Israels Geschichte und seiner Verheißung.

Wir fassen zusammen: Matthäus versteht das Gesetz in einer vom Judentum nicht prinzipiell oder – besser gesagt – prinzipiell »nicht« unterschiedenen Weise, d.h., er stellt sein Gesetzesverständnis bewusst in die jüdisch-schriftgelehrte Tradition hinein. Das Pathos seines Gegensatzes zum Judentum entsteht an der Diskrepanz von Lehren und Tun aufseiten der Gegner, damit freilich auch an dem Missbrauch und Versagen einer Gesetzesauslegung, die nicht nach dem ursprünglichen Sinn der göttlichen Forderung fragt und die Hauptsache des Gesetzes nicht wahrhaben will.

Inbegriff des Gesetzes ist nach Matthäus das Liebesgebot in seiner doppelten Ausrichtung auf Gott und den Nächsten[31]. Das Kultgesetz wird zwar nicht grundsätzlich bestritten; Privatopfer (5,23 f.), Tempelsteuer (17,24 ff.), Sabbatgebot (24,20)[32], Almosen, Gebet und Fasten (6,1 ff.), ja nach 23,16 ff. und 23 ff. sogar Eid und Zehntung, sind als gültig vorausgesetzt, sofern sie nicht heuchlerisch missbraucht und darüber »die gewichtigeren Bestimmungen des Gesetzes« nicht versäumt werden. Aber sie liefern nicht mehr den Maßstab für die Gerechtigkeit, die besser ist als die der Pharisäer und Schriftgelehrten.
Matthäus gewinnt sein radikales Verständnis des Gesetzes, indem er es *sub specie principii*, im Lichte des in der Schöpfung kundgewordenen Willens Gottes, aber erst recht *sub specie iudicii*, im Sinne des universalen Weltgerichtes versteht, dem alle und gerade auch die Jünger entgegengehen. In den so gespannten Rahmen des Gesetzesverständnisses fügt Matthäus erst die spezifisch christlichen Motive, die Wesen, Glauben und Leben der Jüngerschaft kennzeichnen, ein und gewinnt aus ihm für die Auseinandersetzung der Kirche mit Israel Legitimation und Waffe. Was aber bedeutet dabei Christus für sein Verständnis von Gesetz, Kirche und Endgericht?

3. Christologie und Gesetz im Matthäus-Evangelium

Wie kein anderer Evangelist begründet Matthäus den Christusglauben der Gemeinde mit der Schrift; Reflexionszitate durchziehen das ganze Evangelium. Die messianischen Titel, die das Evangelium in großer Fülle verwendet, entstammen zwar keineswegs alle der jüdischen

31 Zum Verhältnis von Mk 12,28-34 zu Mt 22,34-40 (und Lk 10,25-28) vgl. *G. Bornkamm*, Das Doppelgebot der Liebe, in: Neutestamentliche Studien für Rudolf Bultmann, hg. v. W. Eltester (BZNW 21), Berlin [2]1957, S. 85-93.

32 Dass das Sabbatgebot für Matthäus seine Gültigkeit nicht verloren hat, zeigt die Abmilderung des Markus-Textes an verschiedenen Stellen: die Sabbatheilung Mk 1,21-28 wird übergangen, so dass auch die Heilungen Mk 1,29-34 bei Matthäus (8,14-16) keinen Bruch des Sabbatgebotes mehr darstellen. Der Sabbatkonflikt Mk 2,23-28 = Mt 12,1-8 ist zwar von Matthäus aufgenommen, aber durch Zufügung von ἐπείνασαν (12,1) wird dem Verhalten der Jünger der Makel der Willkür genommen und durch 12,5 f. ihm ausdrücklich eine Legitimation aus dem Gesetz gegeben. Mk 2,27, das einer laxen Haltung dem Gesetz gegenüber Vorschub leisten könnte, streicht Matthäus. Vgl. hierzu *G. D. Kilpatrick*, The Origins of the Gospel (s. Anm. 17), p. 116.
Lehrreich ist übrigens auch, wie Matthäus die Debatte über rein und unrein abmildert. Den drastischen Ausdruck κοιναῖς χερσὶν ἐσθίουσιν τὸν ἄρτον (Mk 7,2.5) vermeidet er, lässt Jesus auf den Vorwurf der Pharisäer und Schriftgelehrten sofort mit dem Gegenvorwurf antworten, dass *sie* mit Hilfe ihrer παραδόσεις das Gebot Gottes außer Kraft setzen, und kündigt ihnen als den Verführern das Gericht Gottes an (15,3-14).

Messianologie, sondern – mindestens in dem Sinn, in dem sie verwandt werden – der vorgegebenen christlichen, und zwar gerade auch der in der hellenistischen Gemeinde vorgeformten Überlieferung (wie schon die Rezeption des ganzen Markus-Evangeliums in Matthäus zeigt). Für Matthäus bezeichnend ist nur, mit welcher Energie und Konsequenz er alle messianischen Würdenamen Jesu, seine Lehre, seine Taten und seine Geschichte vor der Autorität der Schrift ausweist. Das gilt für alle Hoheitsbezeichnungen Jesu: Er ist der Davidssohn, der König Israels bzw. der Juden, der Erfüller der Immanuel-, der Bethlehem-, der Galiläa-, der Gottesknecht-Weissagung, der Gottessohn, der Sach 9 verheißene sanftmütige König, der in den Leidenspsalmen Geweissagte und endlich der Menschensohn-Weltrichter, der hier verworfen wird, leidet und aufersteht, schon hier auf Erden den Titel des Menschensohnes trägt, aber in Herrlichkeit erst im Gericht erscheinen soll.

Theologische Reflexionen über den Zusammenhang dieser Würdenamen untereinander lässt das Matthäus-Evangelium nur an wenigen Stellen erkennen; erstlich genügt ihm der Nachweis, dass sie alle in der Schrift begründet sind. Immerhin fehlen Spuren solcher Reflexion nicht, wenn auch Matthäus, wo er sie bietet, hier zunächst im Rahmen seiner Tradition bleibt. Hierhin gehört die Erörterung über das Verhältnis des Davidssohntitels und des Kyrios-Titels (Mt 22,41 ff.), das mindestens von dem Evangelisten, der sonst die Davidssohnschaft Jesu reichlich zur Geltung bringt, nicht im Sinne eines Entweder-Oder verstanden sein kann[33]. Die Frage εἰ οὖν Δαυὶδ καλεῖ αὐτὸν κύριον, πῶς υἱὸς αὐτοῦ ἐστιν; (22,45) kann dann nur auf das paradoxe Miteinander beider Jesus zukommender Titel hinweisen wollen und darauf hindeuten, dass er in seiner irdischen Niedrigkeit Davids Sohn, aber als Erhöhter der Kyrios ist, als den David selbst ihn Ps 110,1 bezeichnet.

Eine Reflexion über den Zusammenhang der Christus- und Gottessohnwürde Jesu und seiner Stellung als Menschensohn-Weltrichter verrät auch die Frage des Hohenpriesters im Verhör und Jesu Antwort

33 Schwerlich hat schon Markus, der ja auch von dem Davidssohntitel, sonst in seinem Evangelium Gebrauch macht (10,47 f.; vgl. auch 11,9), die Frage 12,37 so gemeint, wenn auch der ursprüngliche Sinn der Perikope die Ablehnung der Davidssohnschaft gewesen sein kann (*Wrede, Bousset, Klostermann, Bultmann* unter Hinweis auf Barn 12,10 f.); denn die Frage müsste ja eigentlich, wenn von der Davidssohnschaft des Messias ausgegangen würde und im Schema Niedrigkeit / Erhöhung gedacht wäre, gefragt sein: Ist der Messias Davids Sohn, wie kann er dann sein Herr sein? Der unangefochtene Gebrauch des Davidssohn-Titels in den Evangelien sonst zwingt jedoch zu der Folgerung, dass sie ihn, wie die christologischen Formeln Röm 1,3; 2Tim 2,8; IgnSm 1,1; IgnTrall 9 u.a. zeigen, auf seine irdisch-menschliche Gestalt beziehen, im Unterschied zu seiner Erhöhung. Vorausgesetzt ist also christliche, nicht mehr jüdische Reflexion.

(26,63 f.), in der er das Erstere jetzt schon für sich in Anspruch nimmt und sein Kommen als Menschensohn mit Dan 7,13 ankündigt. Es ist bezeichnend, dass Matthäus (ähnlich wie Lk 22,69) den Markus-Text durch das betonte ἀπ᾿ ἄρτι ὄψεσθε (26,64) schärfer profiliert. Stärker als hier sieht man den Theologen und Interpreten Matthäus in der Einzugsgeschichte am Werk (21,1 ff.), sofern nur er ausdrücklich Sach 9,9 (verbunden mit Jes 62,11) zitiert und Jesus so als den »demütigen König« bezeichnet. Wie bei Markus erklingt der Hosannaruf auch bei Matthäus aus dem Munde der Jesus begleitenden Menge (V. 9), aber er tilgt die zweite Hälfte dieses Rufes (εὐλογημένη ἡ ἐρχομένη βασιλεία τοῦ πατρὸς ἡμῶν Δαυίδ Mk 11,10) und ersetzt die Volksmenge bald darauf durch die Schar der Kinder, in denen hier wie häufig in seinem Evangelium die von den Hohenpriestern und Schriftgelehrten scharf abgelehnte Jüngerschaft Jesu vor- und abgebildet ist. Er vermeidet also offensichtlich die Gleichsetzung der von ihm konsequent eschatologisch verstandenen, universalen βασιλεία τῶν οὐρανῶν mit der »Königsherrschaft Davids«. Gegenwärtig ist hier und jetzt der König der Niedrigkeit; das Reich Gottes, in dem er der Weltenrichter über alle Völker ist (Mt 25,31), ist Zukunft.

Selbst dort, wo Matthäus tatsächlich – ein einziges Mal – mit einem aus Q stammenden Wort das Schon-Gekommensein der βασιλεία τοῦ θεοῦ ausspricht (»wenn ich aber mit dem Geiste Gottes Dämonen austreibe, so ist die Gottesherrschaft schon zu euch gelangt« 12,28), wird doch durch den Kontext die Gegenwart als die Entscheidungszeit gekennzeichnet (12,30), die Zukünftigkeit des Gerichts festgehalten (12,27.36 f.) und die Unterscheidung dieses (jetzt noch währenden) und des zukünftigen Äon nicht preisgegeben (12,32). Ja, man wird dem hier von Matthäus eingefügten, aus Markus entnommenen, aber durch die Q-Fassung ergänzten und christlich interpretierten Logion von der Unvergebbarkeit der Lästerung des Geistes im Unterschied zu der Vergebbarkeit eines gegen den Menschensohn gerichteten Wortes (12,31 f.) sogar noch eine genauere Differenzierung der heilsgeschichtlichen »Epochen« entnehmen dürfen. Wie Mk 3,28 f. zeigt, ist der ursprüngliche Sinn des Wortes Jesu: Alle Sünden und Lästerungen können vergeben werden, die Lästerung aber gegen den in Jesu Sieg über die Dämonen sich manifestierenden heiligen Geist nicht. Matthäus (bzw. schon Q, Mt 12,32; Lk 12,10) differenziert zwischen Menschensohn und Geist und der Lästerung beider und unterscheidet damit zwischen einer Zeit, in der Jesus, noch ehe der heilige Geist da ist, als »Menschensohn« begegnet (d.h. hier offenbar im Stande der noch zweideutigen Niedrigkeit), und einer Zeit, in der durch den heiligen Geist (also nach seiner Erhöhung) die Stellung zu ihm (und seiner Gemeinde) den Charakter eines eindeutigen Entweder-Oder annimmt. Jetzt erst gibt es Lästerung als unvergebbare Sünde, denn im Geist redet der sich offenbarende erhöhte Herr. Beide Zeiten gehören diesem Äon an. Sie sind noch einmal zu unterscheiden vom kommenden Äon, der das endgültige Gericht bringen wird. Im Sinne dieser heilsgeschichtlichen Periodisierung, in der die Erscheinung Jesu als Menschensohn der Periode seiner noch nicht erfolgten Erhöhung, dagegen der Geist der Periode der nun eindeutigen und verpflichtenden Offenbarung, also der Zeit der Kirche des Erhöhten, zugeordnet werden und das definitive Gericht den noch erwarteten Abschluss bildet, wird das Wort verständlich[34].

Alle diese Stellen, in denen Matthäus (zum Teil schon seine Quellen) theologisch die vorgegebene Tradition interpretiert, zielen auf die Unterscheidung der irdischen Niedrigkeit Jesu und seiner zukünftigen Erscheinung in Herrlichkeit zum Gericht.

Die irdische Funktion Jesu als des Messias ist nun aber – abgesehen von seinen Wundertaten, denen Matthäus natürlich auch einen breiten Raum, aber hinter seiner Lehre den zweiten Platz einräumt (4,23; 9,35 und öfter) – vor allem die *Auslegung des Gesetzes*. Hier erst wird die eigentlich matthäische Christologie greifbar. Es ist oft und mit Recht beobachtet worden, dass Jesus im Matthäus-Evangelium als ein zweiter Moses erscheint[35], die Mosestypologie schon die Vorgeschichten beherrscht, möglicherweise der Berg der Bergpredigt in Analogie zum Sinai verstanden sein will und Jesu ganze Geschichte und Lehre unter das Motiv der Erfüllung des Gesetzes (5,17), »aller Gerechtigkeit« (3,15), gestellt wird.

Das Verhältnis Jesu zu Moses ist dabei nicht in dem Sinne der Antithese gemeint wie etwa im Johannes-Evangelium (1,17; 6,32 ff.), sondern im Sinne der Entsprechung. Trotz des autoritativen »Ich aber sage euch« wird Jesu Lehre ständig am Gesetz ausgewiesen und seine Autorität nicht einfach deklariert. Das ἐγὼ δὲ λέγω ὑμῖν (5,22.28 und öfter) spricht also keinen Anspruch aus, der auf Begründung verzichtet; es ist kein Offenbarungswort im Sinne der johanneischen ἐγώ εἰμι-Sprüche. Wie die Schrift ihn in seiner messianischen Stellung und Würde legitimiert, so legitimiert das Gesetz seine Lehre, und zwar gerade seine messianische ἐξουσία, als Lehrer im Gegensatz zu Pharisäern und Schriftgelehrten[36].

34 Vgl. zum Verständnis der schwierigen Stelle auch *C. K. Barrett*, The Holy Spirit and the Gospel Tradition, London 1947, pp. 103 ff.

35 So vor allem *B. W. Bacon*, Studies in Matthew, New York / London 1930; *F. W. Green*, The Gospel according to St Matthew, Oxford ^{4}1949; vgl. auch *G. D. Kilpatrick*, The Origins of the Gospel (s. Anm. 17), pp. 107 f. – *Bacon*'s These, dass Matthäus unter Nachahmung des Pentateuch seine Schrift in fünf Teile gegliedert habe, hat viel Beifall gefunden. Mir ist sie nicht überzeugend.

36 Das Verhältnis Jesu zum Gesetz nach Matthäus scheint mir nicht ganz zutreffend charakterisiert zu sein, wenn *Kilpatrick* formuliert: »The central position that Judaism gave to Law, the Gospel gives to Jesus« (The Origins of the Gospel [s. Anm. 17], p. 108) und behauptet, das Gesetz hätte bei Matthäus »an important, though subordinate place in the Christian scheme« (p. 109). Das Logion Mt 18,20 kann in der Tat von Jesus sagen, was das Rabbinat entsprechend von der Tora zu

Fragt man nach dem Verhältnis der Aussagen, in denen von der Würde Jesu als des Χρίστος, des Davidssohnes, des Königs von Israel, des Gottessohnes usw. die Rede ist, zu denen, die ihn als Gesetzeslehrer schildern, so zeigt sich, dass Matthäus beides nicht unverbunden stehen lässt, sondern fest verklammert.
Lehrreich ist dafür bereits das von ihm gebildete, jedenfalls nur von ihm gebotene Gespräch zwischen Johannes dem Täufer und Jesus, mit dem er – das wird in der Exegese allermeist übersehen – nicht nur die Taufgeschichte einleitet, sondern sie zugleich mit der unmittelbar vorangehenden Ankündigung des Messias und *seiner* Taufe verbindet. (Schon das in Matthäus häufige τότε dient dieser Verklammerung.) Nichts berechtigt, dieses Gespräch, wie schon das Hebräer-Evangelium es tut, nur unter dem Gesichtspunkt der Sündlosigkeit Jesu zu verstehen, die den Sinn seiner Taufe zu einem Problem und ihre Übernahme zu einer demutsvollen Konzession an die fromme Übung des Volkes macht. Auch die Frage des Täufers besagt mehr als nur eine respektvolle Anerkennung der Überlegenheit Jesu. In Wahrheit ist das Gespräch wieder Ausdruck einer theologisch-heilsgeschichtlichen Reflexion. Es stellt die Frage nach dem Verhältnis der von Johannes soeben angekündigten Messiastaufe (mit Geist und Feuer) und der durch den Täufer an Jesus jetzt sich vollziehenden Taufe, damit zugleich nach der Funktion des nun angekommenen Messias, der überraschenderweise nicht als Täufer, sondern als Täufling, ohne die Wurfschaufel in seiner Hand, erscheint. Das Wort des Täufers: »Ich müsste von dir getauft werden, und du kommst zu mir?« also meint: Meine Zeit und meine Taufe ist vorbei, und die Stunde deiner (messianischen) Taufe ist da. Jesu Antwort lautet programmatisch: »Lass es jetzt; denn so ziemt es sich für uns, alle Gerechtigkeit zu erfüllen« (3,15).
Verkündigung und Erfüllung der von Gott geforderten δικαιοσύνη also ist die hier auf Erden dem Messias obliegende Funktion. Als der, der sie übernimmt, wird er als »Sohn Gottes« proklamiert. Er erfüllt sie selbst im Gehorsam gegen das Gesetz und erweist sich gerade so in der Abwehr der Versuchungen des Teufels als der Sohn Gottes

sagen wusste (Pirke Aboth 3,2 »wenn zwei [zusammen] sitzen und Worte der Tora sind zwischen ihnen, da weilt die Schekhina unter ihnen«), wie Matthäus auch Sophia-Worte Jesus in den Mund legt. Das bedeutet aber nicht, dass *an die Stelle* des Gesetzes (bzw. der Weisheit) Jesus gesetzt sei, sondern gerade im Sinne von 5,17 ff. die Bestätigung des Gesetzes. Man wird zu beachten haben, dass es im Matthäus-Evangelium den Begriff der nova lex (*Bacon, Kilpatrick* u.a.) nicht gibt und nicht geben kann. Mt 12,6 steht: »Größeres als der *Tempel* ist hier«, – nicht: als das *Gesetz*; gerade für 12,6 wird von Matthäus das Gesetz selbst zum Zeugen aufgerufen (12,3-7), es legitimiert den Menschensohn als Herrn auch über den Sabbat (12,8). Zur positiven Bedeutung des Satzes ὅτι τοῦ ἱεροῦ μεῖζόν ἐστιν ὧδε vgl. die treffenden Ausführungen von *A. Schlatter* in: Die Kirche des Matthäus (s. Anm. 22), S. 31 ff.

(wieder das charakteristische τότε 4,1) gehorsam »im Sinne der Frömmigkeit der Anawim«[37] oder mit den eigenen Worten des Matthäus, als der πραΰς und ταπεινὸς τῇ καρδίᾳ (11,29)[38]. Wird hier in der Versuchungsgeschichte also »Jesus gegen einen Magier und christliches Wundertun gegen Magie abgegrenzt«[39] und damit das Verständnis seiner Gottessohnschaft von dem hellenistischen υἱός τοῦ θεοῦ, der in Wundertaten sich erweist, so entsteht mit Notwendigkeit die Frage, wie sich damit dieses hellenistische, im Markus-Evangelium ohne Zweifel wirksame und von Matthäus durchaus rezipierte Bild des υἱός τοῦ θεοῦ zusammenreimt. Die Auseinandersetzung mit dieser Frage ist nicht erst im Matthäus-Evangelium, sondern schon, wie die Versuchungsgeschichte zeigt, in der Spruchquelle erkennbar. Matthäus aber führt darin weiter, wenn er Jesu Lehren und Heilen in Galiläa in den ihm eigenen Summarien in 4,12 ff. und 4,23 ff, die die Berufung der ersten Jünger umrahmen, unter das Heilswort an die im Land und Schatten des Todes Wohnenden stellt (Jes 9,1 f.; Mt 4,15 f.), ihn 9,36 als den sich erbarmenden Hirten der zerschundenen Herde schildern und in den Heilandstaten Jesu sich die Weissagung von dem Gottesknecht (Jes 53,4; 42,1 ff.) erfüllen sieht (8,17; 12,18 ff.). Die Wunder sind hier also nicht mehr Manifestation des θεῖος ἀνήρ, sondern seines Erbarmens und seiner Niedrigkeit. Die grundsätzliche Absage an das hellenistische Bild des Wundertäters ist damit ausgesprochen, ohne dass Matthäus sich freilich durchweg seinem Banne entzieht.

Die πραΰτης des Messias und seine Barmherzigkeit gegenüber den Geringen, beides verstanden als Erfüllung aller Gerechtigkeit, durchzieht das Evangelium des Matthäus bis hin zu der Weltgerichtsschilderung (25,31 ff.), in der der Menschensohn die Geringsten seine Brüder nennt. Ebendem entspricht genauestens, wie wir schon sahen, auch die Auslegung, die er dem Gesetz Gottes gibt (»Barmherzigkeit will ich und nicht Opfer«, 9,13; 12,7), der Ruf zur Liebe, zum Kleinwerden, zur Demut, zur Leidensbereitschaft und so fort. Alles das umschreibt die »bessere Gerechtigkeit«, die Früchte, nach denen im Gericht gefragt wird, die Vollkommenheit, von der das Ende der Antithesen der Bergpredigt redet.

37 W. *Sattler*, Die Anawim im Zeitalter Jesu Christi, in: Festgabe für Adolf Jülicher, Tübingen 1927, S. (1-15) 10.

38 Mit Recht haben *A. Schlatter*, Der Evangelist Matthäus. Seine Sprache, sein Ziel, seine Selbständigkeit. Ein Kommentar zum ersten Evangelium, Stuttgart [4]1957, S. 95 ff. und *R. Bultmann*, Die Geschichte der synoptischen Tradition (s. Anm. 21), S. 271 ff. den messianischen Charakter der Versuchungen bestritten und die Bedeutung der Perikope für das Gesetzesverständnis überhaupt herausgestellt.

39 *R. Bultmann*, a.a.O., S. 273.

Die konsequente und radikale Konzeption des Gesetzes (in dem, worauf es eigentlich abzielt), steht für Matthäus also in engstem Zusammenhang mit seiner Christologie. Bis Himmel und Erde vergehen, muss alles erfüllt werden, was das Gesetz sagt; bis dahin gilt die Verheißung der Größe im Himmelreich denen, die die neue Gerechtigkeit ohne Abstriche tun und lehren (5,18 ff.), bereit, als νήπιοι (11,25) das Joch der Sanftmut und Demut des Herzens (11,29) auf sich zu nehmen und damit μαθηταί dessen zu werden, der selbst sanftmütigen und demütigen Herzens ist, bis er in Herrlichkeit als Richter kommt, die Guten und Bösen nach ihren Werken scheiden und die Niedrigen erhöhen wird[40].

4. Ekklesiologie und Christologie

Kein anderes Evangelium ist so wie Matthäus vom Kirchengedanken geprägt, für den kirchlichen Gebrauch gestaltet; es hat darum auch wie kein anderes in der späteren Kirche maßgebliche Wirkung geübt. Aussagen, in denen sich das eschatologische Selbstbewusstsein der Urchristenheit ausspricht, durchziehen das ganze Evangelium: nur

40 Die für Matthäus so charakteristische Verbindung von Gesetzeslehre und Reichsbotschaft spricht schon die nur in seinem Evangelium sich findende Verknüpfung von διδάσκειν und κηρύσσειν aus (4,23; 9,35; 11,1). Dass hier ein spezifisch matthäischer Sprachgebrauch vorliegt, ist weder von *K. H. Rengstorf*, Art. διδάσκω (ThWNT 2, Stuttgart 1935, S. 138 ff., bes. S. 141 ff.) noch von *G. Friedrich*, Art. κηρύσσω (ThWNT 3, Stuttgart 1938, S. 659 ff., bes. S. 713) beachtet. *Markus* gebraucht διδάσκειν unterschiedslos: ebenso für Jesu Lehren am Sabbat in der Synagoge oder im Tempel (1,21 f.; 6,2; 12,35) wie für jegliches Lehren Jesu sonst, also z.B. bei der Einleitung zu den Gleichnissen (4,1), der Tempelreinigung (11,17), vor allem aber auch bei der Jüngerbelehrung über Leiden und Auferstehen des Menschensohnes (8,31; 9,31). Der Begriff »Lehren« ist also inhaltlich nicht festgelegt. Anders *Matthäus*: Die Parallelen zu den genannten Markus-Stellen zeigen, dass hier διδάσκειν *nur* gebraucht wird, wo Jesus eindeutig als Rabbi (Gesetzeslehrer) gekennzeichnet ist, also Mt 7,29 (= Mk 1,22); 13,54 (= Mk 6,2); 22,16 (= Mk 12,14); 26,55 (= Mk 14,49; beachte bei Matthäus das zugefügte ἐκαθεζόμην!). An solchen Stellen kann Matthäus sogar über Markus hinaus von Jesu »Lehren« sprechen (4,23; 9,35; 11,1; 21,23 und vor allem bei der Einleitung zur Bergpredigt 5,2). Dagegen vermeidet er das Wort konsequent an den Stellen, wo nicht speziell von der Gesetzeslehre Jesu die Rede ist, also bei der Einleitung der Gleichnisse vom Himmelreich (vgl. Mt 13,3 und Mk 4,2), desgleichen bei der Jüngerbelehrung über das Schicksal des Menschensohnes (vgl. Mt 16,21 und Mk 8,31; Mt 17,22 und Mk 9,31); auch 21,13 (vgl. Mk 11,17) und 22,41 (vgl. Mk 12,35) fällt der Ausdruck nicht. Ebenso fehlt die Matthäus-Parallele zu Mk 2,13; 10,1. Von dieser Besonderheit des matthäischen Sprachgebrauches her wird die Verbindung von διδάσκειν und κηρύσσειν (4,23 u.ö.) verständlich. So eng beides zusammengehört, so wenig ist es doch gleichbedeutend. Formelhaft umreißt die Wendung das Spannungsfeld der ganzen matthäischen Theologie: Gesetz und Gottesreich.

hier heißt die Gemeinde ἐκκλησία (Mt 16,18) (d.h. der *q^e hal jahwä* der alttestamentlich-jüdischen Erwartung), die βασιλεία des Menschensohnes (13,41); Jesu Jünger sind die freien Söhne Gottes (17,26); sie sind mit den Mysterien des Himmelreiches vertraut (13,11), Augen- und Ohrenzeugen der Erfüllung dessen, was Propheten und Gerechte vergeblich zu sehen und zu hören begehrten (13,16 ff.); sie sind das Salz der Erde und das Licht der Welt, die Stadt auf dem Berge (5,13). Und doch wird man allererst für das Matthäus-Evangelium feststellen müssen, dass trotz aller dieser Stellen eine eigentliche Ekklesiologie, orientiert an der Kirche als einer selbstständigen, empirisch umgrenzten Größe, nur in sparsamsten Anfängen zu erkennen ist. Der Fülle christologischer Titel und Aussagen entspricht in keiner Weise eine ebensolche Zahl ekklesiologischer Begriffe und Worte. Niemals heißt es: Ihr seid »das wahre Israel«, die »Heiligen«, die »Erwählten«, die »Gemeinde des Neuen Bundes«. Selbstbezeichnungen, wie wir sie aus der Damaskus-Schrift und den neu aufgefundenen Texten vom Toten Meer, aber auch aus dem Urchristentum kennen, finden sich im Matthäus-Evangelium nicht. Auch fehlen alle Anzeichen besonderer Ämter, wie sie etwa die »Sektenregel« in genau abgestuftem hierarchischem Aufbau erkennen lässt[41]. Man wird solche Angaben zwar in einer Schrift, die zur Gattung der Evangelien gehört, von vornherein nicht suchen, doch ließen sie sich wenigstens dort, wo für die Durchführung der Gemeindedisziplin Anweisungen gegeben werden, durchaus vermuten (c. 18). Aber auch hier fehlen sie, und das Verbot, in der Gemeinde Jesu einzelne als »Rabbi«, »Vater« und »Führer« zu betiteln, ist ausdrücklich ausgesprochen (23,8 ff.). Auf Schritt und Tritt bestätigt das Matthäus-Evangelium, dass die von ihm repräsentierte Gemeinde sich vom Judentum noch nicht gelöst hat. Die Messianität Jesu und die Gültigkeit seiner Lehre werden darum, wie wir sahen, noch durchgängig im Rahmen des Judentums vertreten und verteidigt und die Jüngerschaft in dem Wort 23,34, in dem bezeichnenderweise ein Sophia-Spruch Jesus in den Mund gelegt wird (vgl. Lk 9,49), nur mit alttestamentlich-jüdischen Ausdrücken als die von Jesus ausgesandten Propheten, Weisen und Schriftgelehrten bezeichnet. Der Kampf gegen Israel ist noch ein Kampf *intra muros*.

So bleibt der Kirchenbegriff des Matthäus der jüdischen Tradition verhaftet, zugleich aber bleibt er in Richtung auf die Völkerwelt eigentümlich geöffnet. Er entspricht darin der Christologie des Evange-

41 Immerhin kann man aus der Polemik gegen falsche Lehrer (5,18 f.) und falsche Propheten (7,15 ff. u.ö.), aus der Erwähnung von προφῆται, σοφοί und γραμματεῖς (23,34), aus der gewichtigen Hervorhebung der zwölf Apostel (10,1 f.) und des Petrus (16,17 ff.) und aus dem Verbot 23,8 ff. erschließen, dass die Gemeinde nicht ohne Ordnung und Träger bestimmter Funktionen war. Näheres s. *G. D. Kilpatrick*, The Origins of the Gospel (s. Anm. 17), pp. 124 ff.

liums: Jesus ist der messianische König Israels (15,24), als Auferstandener aber betraut mit der ἐξουσία über Himmel und Erde, der nun durch seine Jünger alle Völker in seine Jüngerschaft rufen lässt (28,19) und als kommender Menschensohn sie richten wird (25, 31 ff.).

Die geläufigste Jüngerbezeichnung im Matthäus-Evangelium ist wie in den anderen Evangelien μαθηταί, der Korrelatbegriff zu διδάσκαλος[42]. Der Evangelist entnimmt diese Begriffe der ihm vorgegebenen christlichen Tradition. Ihre Abkunft aus dem Judentum ist bekannt; sie enthalten als solche nichts spezifisch Christliches, sondern knüpfen unmittelbar an die im Rabbinat ausgebildete Schulterminologie an. Freilich haben beide Begriffe längst vor Matthäus einen neuen Inhalt bekommen. Jesu Jüngerschaft entsteht nicht aufgrund eines freien Anschlusses an einen Lehrer, sondern aufgrund der von Jesus ausgehenden Berufung in seine Nachfolge. Jesus selbst ist nicht um seiner Tora-Kenntnis willen für seine Jünger Autorität und nur Mittel zum Zweck der Erwerbung entsprechender Gesetzesweisheit. Die Stellung des μαθητής ist auch nicht ein Durchgangsstadium, darauf zielend, dass er selbst ein διδάσκαλος wird (23,8 ff.), sondern bezeichnet ein dauerndes Verhältnis zu Jesus. Nirgends diskutiert darum Jesus mit seinen Jüngern; seine Teilnehmer bei Gesetzesdebatten sind immer seine Gegner. Auch werden die Jünger nicht zu Tradenten der von ihm hinterlassenen, von seiner Person abzulösenden Lehre, sondern – obwohl dieser Ausdruck bei Matthäus sich noch nicht findet – zu seinen Zeugen.

Alle diese auch sonst für die Evangelien charakteristischen Züge im Begriff des μαθητής sind auch im Matthäus-Evangelium erkennbar. Nicht die Lehre Jesu, wie die Bergpredigt sie enthält, wird zum Motiv für die Jünger, in seine Nachfolge zu treten. Vielmehr geht ihre Berufung voraus, und die Unterscheidung zwischen der Jesus umgebenden Volksmenge und den Jüngern steht an ihrem Eingang. So ist der Auftrag der Jünger in der Missionsrede zunächst auch kein anderer als dieser, die von Jesus in Vollmacht angekündigte Nähe des Gottesreiches auszurichten (κηρύσσειν 10,7), nicht seine Gesetzesauslegung zu tradieren; von ihm sind sie betraut mit der ἐξουσία über die unreinen Geister. Selbst da, wo sie wirklich mit der Lehre beauftragt werden, »zu halten alles, was ich euch geboten habe« (28,20), geht der Ruf μαθητεύσατε πάντα τὰ ἔθνη voraus, begründet mit der Auferstehung Jesu und seiner Macht über Himmel und Ede, also seiner Kyrios-Würde. Und die Lehre seiner Gebote verbindet sich nicht mit der Berufung auf ihn als einen maßgeblichen Rabbi der Vergangenheit,

42 Zum Folgenden vgl. die Artikel διδάσκαλος und μαθητής von *K. H. Rengstorf*, ThWNT 2, S. 154 ff. und ThWNT 4, S. 444 ff.

sondern geschieht unter der Verheißung des Erhöhten: »Ich bin bei euch alle Tage bis zur Vollendung der Welt« (28,20; vgl. 18,20)[43].
Diesem Verständnis der Jüngerschaft und ihres Verhältnisses zu Jesus entsprechen sehr konsequent weitere Eigentümlichkeiten des Matthäus. So wenn nur er (10,24) die allgemeine Sentenz »Der Jünger ist nicht über dem Meister« in dem parallelen Satz fortführt: »und der Knecht nicht über seinem Herrn« und mit 10,25b zeigt, dass dies nicht nur im Sinne einer allgemeinen Wahrheit, sondern von Jesus als dem Κύριος und οἰκοδεσπότης verstanden sein will. Jesus hört damit auf, ein διδάσκαλος im jüdischen Sinne zu sein.
Sehr bezeichnend wird von da aus die Tatsache, dass Matthäus zwar den Titel διδάσκαλος bzw. ῥαββί reichlich verwendet, aber niemals als Anrede aus dem Munde seiner Jünger, mit einer Ausnahme – Judas Ischariot[44]. διδάσκαλε nennen ihn die Pharisäer und Fremde. Seine Jünger nennen ihn κύριε[45]. Diese Beobachtung wiegt um so mehr, als die vorgegebene Tradition, wie Markus zeigt, noch häufig und unbefangen die Anrede διδάσκαλε oder ῥαββί den Jüngern in den Mund legt (Mk 4,38; 9,5.38; 10,35; 13,1; auch Lukas macht von ihr Gebrauch, z.B. 21,7, wenn er nicht dafür den für griechische Ohren verständlicheren Terminus ἐπιστάτης wählt, Lk 5,5; 8,24.45; 9,33. 49; 17,13). Matthäus dagegen ändert konsequent in κύριε (vgl. 8,25 und Mk 4,38; 17,4 und Mk 9,5; 20,33 und Mk 10,51; ῥαββί Mk 11,21 wird ausgelassen). Die, die nicht zu den Jüngern gehören, sagen zu diesen »euer Meister« (9,2; 17,24); ebenso wird er von den Jüngern Juden gegenüber als »der Meister« bezeichnet (26,18), aber innerhalb der Jüngerschaft reicht dieser Titel für ihn nicht zu, sondern nur der Kyrios-Titel.
Es ist freilich umstritten, ob man die κύριε-Anrede der Jünger ohne Weiteres als Hoheitsnamen verstehen darf oder ob sie nicht einfach den Sinn einer respektvollen Anrede an einen Menschen hat. Sicher wird man, wie schon Bousset betont[46], zu unterscheiden haben zwischen der durchaus vereinzelten Wendung ὁ κύριος, die nur Mt 21,3 – Mk 11,3 für Jesus sich findet, und der Anrede κύριε, die »einen viel weiteren Umfang« hat und im Neuen Testament nicht nur gegenüber Gott, Christus und himmlischen Wesen, sondern, wie gerade Stellen des Matthäus-Evangeliums zeigen (13,27; 25,11.20.22.24; 21,30),

43 Die Herrenworte lassen sich darum niemals irgendwelchen »Pirke Aboth« zuzählen.

44 Vgl. 26,49 und 26,25; beachte, wie hier zwischen der Anrede κύριε seitens der andern Jünger (26,22) und ῥαββί bei Judas unterschieden wird. Markus und Lukas bieten keine Parallele.

45 Von *K. H. Rengstorf*, ThWNT 2, S. 156 übersehen; dagegen von *W. Foerster*, ThWNT 3, S. 1092 richtig beobachtet.

46 *W. Bousset*, Kyrios Christos. Geschichte des Christusglaubens von den Anfängen des Christentums bis Irenaeus (FRLANT 21), Göttingen [2]1921, S. 79 f.

auch zwischen Knecht und Herrn, Sohn und Vater sich findet. Bousset stellt darum für Matthäus fest, dass sein Sprachgebrauch, aufs Ganze gesehen, der des Markus sei. Nur die Anrede κύριε (nicht im titularen Sinn) sei an einer Reihe von Stellen eingedrungen. Tatsächlich zeigt etwa 10,24, dass das Verhältnis des Knechtes zum Herrn wie das des Schülers zu seinem Lehrer in einem allgemein-menschlichen Sinn für die Stellung der Jünger wesentlich bleibt. Dennoch ist im Matthäus-Evangelium κύριε durchaus nicht nur Ausdruck menschlichen Respekts, sondern als Hoheitsname gemeint. Es ist die Anrede, die Jesus als wundertätigem *Heiland* zuteil wird (8,2.6.8; 9,28; 15,22.25; 17,15; 20,30.33), sei es aus dem Munde Leidender, die ihn um »Erbarmen« anflehen[47], sei es aus dem Munde der Jünger, die ihn um »Rettung« anrufen (8,25; 14,30) oder sonst mit dieser Anrede seine Hoheit aussprechen (16,22; 17,4; 18,21; 26,22). Vor allem aber gilt sie Jesus als dem kommenden *Weltrichter* (7,21f.; 25,11.37.44). Auch da, wo ὁ κύριος im Gleichnis gebraucht wird und also zunächst einen irdischen Herrn bezeichnet, spielt der Begriff doch sofort von der Bild- in die Sachhälfte hinüber und wird zum Titel des Menschensohnes. So deutlich z.B. Mt 24,42: »Wachet, denn ihr wisst nicht, an welchem Tag *euer Herr* kommt«, das (vgl. 25,44) an den Anfang des Gleichnisses vom nächtlichen Einbrecher gestellt wird (wo vom Hausherrn im irdisch-bildlichen Sinn geredet ist)[48].

Aus dem dargelegten Befund ergibt sich: Titel und Anrede Jesu als des κύριος haben bei Matthäus also durchaus den Charakter eines göttlichen Hoheitsnamens. Die Legitimation aus der Schrift liefert ihm dafür Ps 110,1 (22,41ff.).

Trotz der deutlich erkennbaren Distanzierung vom Titel des διδάσκαλος und seiner Überhöhung durch den κύριος-Titel überall dort, wo Matthäus das Verhältnis der Jünger zu Jesus nicht von außen, sondern von innen her zum Ausdruck bringt, bleibt jedoch οἱ μαθηταί *die* eigentliche Bezeichnung der Jüngerschaft bis hin zum Missionsbefehl des Auferstandenen. Man wird darin nicht nur ein Haften an der nun einmal vorgegebenen Überlieferung, die das Verhältnis Jesu und seiner Jünger in jüdischen Kategorien ausspricht, zu erblicken haben; vielmehr bleibt der Begriff des Jüngers für Matthäus, nachdem die christliche Tradition ihn bereits mit neuen Inhalten gefüllt hatte (Nachfolge, Leidensbereitschaft etc.) als ekklesiologischer terminus

47 ἐλέησον (9,27; 15,22; 17,15; 20,30), wiederholt in Verbindung mit dem Davidssohn-Titel (9,27; 15,22; 20,30).

48 Die Erfahrung der Verzögerung der Parusie des κύριος ist mit unmissverständlicher Allegorisierung in die Gleichnisse vom bösen Knecht (24,48) und von den anvertrauten Talenten (25,29) – wie in das Gleichnis von den zehn Jungfrauen – hineingezeichnet. Der schon in den Gleichnissen selbst anhebenden Allegorisierung entspricht an ihrem Schluss die Androhung des ewigen Gerichtes, die jeweils den Gleichnisrahmen sprengt (24,51; 25,30).

erschöpfend und gültig, weil er beispielhaft zugleich mit der bleibenden Bindung an Jesus und seine Lehre – dem beständigen »Lernen von ihm« (11,29) – das Motiv der Zukünftigkeit der βασιλεία und des Gerichtes festhält und ausspricht. οἱ μαθηταί ist die Bezeichnung der Jünger hier und jetzt, sie sind Jünger des *einen* Meisters und untereinander »Brüder« (23,8), von ihm zu Nachfolge berufen und zur neuen Gerechtigkeit aufgerufen. In den Zukunftsaussagen dagegen wird nicht mehr von den »Jüngern« gesprochen, nicht »die Jünger«, sondern »die Gerechten« werden leuchten wie die Sonne im Reich ihres Vaters (13,43) und im Gericht zur Rechten des Menschensohnes stehen (25,31 ff.37). Und nicht »die Jünger«, sondern »die Erwählten« werden am Tage des Menschensohnes von seinen Engeln gesammelt (24,31). »Erwählt« aber sind nicht die Glieder der Kirche schlechthin, sondern die υἱοὶ τῆς βασιλείας, die auf dem Acker der Welt als der gute Same ausgesät sind neben dem Unkraut, das auf demselben Felde der Teufel gesät hat (13,36 ff.)[49]. Wir haben ständig darauf geachtet, wie dieses Motiv der erst zukünftigen Scheidung das ganze Evangelium beherrscht. Es spricht sich, worauf wir schon hinwiesen, mit aller wünschenswerten Klarheit im Matthäus-Schluss des Winzergleichnisses aus, das noch bei Mk 12,1 ff. offensichtlich die *geschehene* Verwerfung Israels und die *erfolgte* Übertragung des Weinbergs an andere zum Inhalt hat, bei Matthäus dagegen ins Zukünftige übersetzt wird, so dass nun die Jüngerschaft selbst in das Gericht einbezogen und ihr damit die vorerst noch offene Frage gestellt wird, ob sie das Volk ist, das seine Früchte bringt (21,43). Nicht anders der von Matthäus angefügte Schluss 22,11: Auch hier wird am Ende die im Gleichnis vom Hochzeitsmahl dargestellte, geschehene und erfolgte Entscheidung überraschend in Richtung auf die noch ausstehende Zukunft des Gerichtes wieder geöffnet. Wie stark sich damit die Matthäus-Perikope gegenüber Lk 14,15-24 verschiebt, ist offenkundig.

Die gegenwärtige Kirche ist nach Matthäus damit, wie 13,36 ff. sagt, die βασιλεία des Menschensohnes, aber nicht identisch mit der Schar derer, die in die Gottesherrschaft eingehen. Die Terminologie dieser deutlich sekundären allegorischen Deutung der Unkraut-Parabel[50] ist in vieler Hinsicht bemerkenswert und sicher, wie Jeremias mit minutiösen Nachweisen gezeigt hat[51], des Matthäus eigenes Werk. Sie setzt die gerade für ihn selbstverständliche Gleichsetzung des irdischen Jesus mit dem Menschensohn voraus (der Sämann = der Menschensohn), sie redet von der Kirche als seiner irdischen βασιλεία (13,41)[52]

49 Vgl. besonders 22,14 (20,16 *v.l.*).

50 Diese hat zur Pointe die in der Auslegung übergangene Geduld.

51 *J. Jeremias*, Die Gleichnisse Jesu (s. Anm. 15), S. 70.

52 So mit Recht *E. Klostermann* z.St., *C. H. Dodd*, The Parables of the Kingdom, London [4]1938, p. 183; *J. Jeremias*, a.a.O., S. 65. *R. Bultmann* bestreitet unverständlicherweise die Gleichsetzung mit der Kirche und versteht ἐκ τῆς

– eine Wendung, die terminologisch sich sogar mit der eigenen Sprache des Matthäus stößt[53], wenn sie auch sachlich seiner Anschauung entspricht – und verwendet 13,41 den Titel υἱὸς τοῦ ἀνθρώπου anders als 13,37 (aber ebenso selbstverständlich) für den kommenden Weltrichter, hier also deutlich wieder seine irdische und künftige Gestalt und Funktion differenzierend und zugleich verbindend. Dieser christologischen Anschauung entspricht die Differenzierung und zugleich die Zuordnung von Kirche und kommender βασιλεία, mit anderen Worten: der schon erfolgten Berufung der vielen und der zukünftigen Auswahl der wenigen Gerechten.

In den Zusammenhang dieser Mt 13,36-43 ausgesprochenen, speziell für Matthäus charakteristischen Anschauungen über Kirche und Enderwartung stellt sich auch sein berühmtes ἐκκλησία-Wort (16,17-19). Die zahlreichen exegetischen und überlieferungsgeschichtlichen Probleme dieser Stelle können hier nicht erörtert werden. Wie weit das Urteil über die Echtheit des ἐκκλησία-Wortes heute in der Forschung auseinandergeht, zeigen zwei Sätze aus den neuesten Veröffentlichungen zur Frage. Während O. Cullmann in seinem jüngst erschienenen Petrusbuch die von ihm bereits früher vertretene These, die Bestreitung der Echtheit von Mt 16,17 ff. könne »wissenschaftlich nicht gerechtfertigt« werden[54], wiederholt und verteidigt[55], urteilt H. von Campenhausen:[56] »daß die Kirchengründung auf Petrus im Munde Jesu undenkbar ist, sollte trotz der neueren Rettungsversuche nicht in Zweifel gezogen werden«. Auch ich halte den Spruch für ein nachösterliches Wort, aus vielen, oft und zur Genüge dargelegten Gründen, unbeschadet der Sprachlichen und geschichtlichen Indizien, die für sein hohes Alter sprechen. Gegen die Argumente, die neuerdings

βασιλείας αὐτοῦ: aus dem *dann* erscheinenden Reiche (Die Geschichte der synoptischen Tradition [s. Anm. 21], S. 203, Anm. 1). Zu dem *dann* erscheinenden Reiche gehören jedoch *nur* die υἱοὶ τῆς βασιλείας (13,38), es ist das Reich ihres Vaters, nicht das Reich des Menschensohns. Vgl. z.St. auch *C. H. Dodd*, Matthew and Paul, in: ET 58 (1947), Sp. (293-298) 294.

53 16,28 (vgl. auch 22,21) ist von dem kommenden Menschensohn die Rede, der mit seiner (künftigen) Herrschaft erscheint.

54 *O. Cullmann*, Königsherrschaft Christi und Kirche im Neuen Testament (ThSt[B] 10), Zollikon b. Zürich 1941, S. 22.

55 *O. Cullmann*, Petrus. Jünger – Apostel – Märtyrer. Das historische und das theologische Petrusproblem, Zürich 1952, S. 214; *R. Bultmann*, Die Frage nach der Echtheit von Mt 16,17-19 (ThBl 20 [1941], S. 265-279), nimmt sie zum Ausgang seiner zum entgegengesetzten Ergebnis führenden Untersuchung. Bei ihm wie bei *O. Cullmann* und *A. Oepke*, Der Herrnspruch über die Kirche Mt 16,17-19 in der neuesten Forschung (StTh 2 [1948 = 1949/50], S. 110-165) findet sich ein sorgfältiges Referat über die neuere Diskussion.

56 *H. v.* Campenhausen, Kirchliches Amt und geistliche Vollmacht in den ersten drei Jahrhunderten (BHTh 14), Tübingen 1953, S. 140 f.

vor allem Oepke[57] und Cullmann für die Echtheit des Wortes anführen, spricht m.E. vor allem die Tatsache, dass die ἐκκλησία von Mt 16,18 sich nicht einfach mit dem traditionellen jüdischen Gottesvolk-Gedanken erfassen lässt, sondern durchaus institutionellen Charakter trägt, charakterisiert durch Lehr- und Disziplinargewalt eines bestimmten Apostels. Sie ist, wenngleich eine eschatologische Größe, einer Zeit zugeordnet, die vom Zeitpunkt der Szene selbst aus Zukunft ist (das dreimalige Futur in 16,18 f. οἰκοδομήσω, οὐ κατισχύσουσιν, δώσω), gleichwohl aber eine irdische Zukunft, zu unterscheiden von der Zukunft der kommenden βασιλεία und des künftigen Gerichtes; auf diese Zukunft (des neuen Äons) bezieht sich erst das doppelte ἔσται δεδεμένον / λελυμένον ἐν τοῖς οὐρανοῖς (16,19). Petrus erhält als Fels der Kirche das Schlüsselamt also für die Zeit nach der Auferstehung, aber vor der Parusie. Dies ist die Zeit der Kirche, die Jesus »meine Kirche« nennt und der er die Verheißung des Bestehens gegen die Mächte des Todes gibt[58]. Die Kirche also ist irdisch, nicht himmlisch, von der βασιλεία τῶν οὐρανῶν unterschieden, aber engstens ihr zugeordnet, weil ihre Lehr- und Disziplinarentscheidungen, ihr Binden und Lösen, in der kommenden βασιλεία ihre Bestätigung finden, »ratifiziert« werden[59].

Matthäus interpretiert diesen Text wieder mit dem einfachen Mittel der Komposition. Zum Verständnis dieser Interpretation ist darum zunächst nach Charakter und Umfang des Kontextes zu fragen, in den Matthäus den ἐκκλησία-Spruch einordnet. Ohne Frage ist dem Kontext erstlich der durch Mk 8,27-33 vorgegebene Abschnitt Mt 16,13-23 zuzurechnen (Petrusbekenntnis und erste Leidensverkündigung), aber nicht minder der anschließende Abschnitt über die Leidensnachfolge der Jünger (Mk 8,34-9,1; Mt 16,24-28). Gewiss kann man mit einigem Recht sogar 16,20 als Schluss der Petrusperikope bezeichnen und mit dem betonten ἀπὸ τότε ἤρξατο ... 16,21 einen neuen Abschnitt beginnen lassen[60]. Aber diese engere Eingrenzung der Perikope darf nicht darüber hinwegtäuschen, dass schon 16,21-23, aber nicht minder 16,24-28, noch in engem sachlichem Zusammenhang zu dem Petruswort stehen. Der 16,21 markierte Einschnitt hat dann die Funktion, sozusagen »Text« und »Interpretation« voneinander abzusetzen, wobei selbstverständlich, was kaum gesagt zu werden braucht, der

57 S.o. Anm. 55.

58 Der Ansturm der Todesmächte ist dabei fraglos im Sinne der Wehen und Drangsale zu verstehen, die der Erscheinung des Menschensohnes und seiner Herrschaft vorangehen (16,28; 24,8.29 ff.).

59 Kirche und Gottesreich dürfen also ganz und gar nicht als gleichzeitig nebeneinander bestehende Reiche verstanden werden, sondern lösen zeitlich einander ab: Die Kirche wird so auf das kommende Reich und Gericht ausgerichtet.

60 Vgl. *H. Lehmann*, »Du bist Petrus ...« Zum Problem von Matthäus 16,13-26, in: EvTh 13 (1953), S. 47 ff.

Begriff der Interpretation cum grano salis zu verstehen ist, da sie ja faktisch in der Anfügung anderer Traditionsstücke besteht, die auch ihre eigene Thematik und Pointe haben. Die von uns behauptete Bedeutung des Zusammenhanges von 16,13-28 muss zunächst genauer begründet werden.

Schon Markus hat hier dem Matthäus aufs Beste vorgearbeitet; denn er bietet 8,27-9,1 einen durchaus sachlich bestimmten, theologisch durchreflektierten Zusammenhang: (1) (8,27-33): Petrusbekenntnis und Schweigegebot; statt dessen offene Ankündigung des Leidens und Auferstehens des Menschensohnes; Zurückweisung des Petrus (beachte die Rahmung von 8,27-33 durch die Stichworte οἱ ἄνθρωποι 8,27 und τὰ τῶν ἀνθρώπων 8,33). (2) (8,34-9,1): die Sprüche über die Leidensnachfolge[61] der Jünger, abschließend mit der Ankündigung des in Herrlichkeit kommenden Menschensohnes und des baldigen Kommens der βασιλεία[62].

Matthäus ändert diese Komposition nicht, strafft und verstärkt aber den Zusammenhang, indem er durch seine Lieblingskopula τότε[63] 16,13-23 und 24-28 noch enger miteinander verbindet, unter Weglassung der Volksmenge den umständlichen Neueinsatz von Mk 8,34 vermeidet und am Schluss die Ankündigung der Parusie des Menschensohnes in Herrlichkeit – zum Gericht nach den Werken – zwiefach ausspricht (16,27!).

Blickt man zunächst auf den engeren Kontext (Mt 16,13-23; Mk 8,27-33), so ist sofort deutlich, dass Matthäus dem Petrus-Bekenntnis einen völlig anderen Sinn gibt und eine andere Wertung zuteil werden lässt als Markus. Streng genommen ist nur die matthäische Perikope als »Petrus-Bekenntnis« zu bezeichnen, während man die markinische etwa mit »Abweisung des Petrus-Bekenntnisses« überschreiben sollte[64]. Der Skopus bei Markus, dem Theologen des Messiasgeheimnisses, ist der: Jesus ist jetzt der dem Leiden und Auferstehen erst entgegengehende Menschensohn, das Bekenntnis zu ihm als Messias kann und darf erst nach Ostern erklingen[65]. Für Matthäus dagegen hat die Idee des Messiasgeheimnisses nicht mehr dieselbe bestimmende

61 Beachte das verbindende Stichwort ὀπίσω μου, 8,33.34; *J. Sundwall*, Die Zusammensetzung des Markus-Evangeliums, Åbo 1934, S. 56.

62 Die Verknüpfung von Leidensankündigung und Nachfolge in Niedrigkeit wiederholt sich in 9,31 ff.33 ff.; 10,32 ff.35 ff.

63 τότε zur Verknüpfung von einander folgenden Perikopen bekanntlich bei Matthäus beliebt und häufig. Vgl. z.B. 3,13 und 4,1, wo es dem Evangelisten deutlich um einen *sachlichen* Zusammenhang geht, wie an der ersten Stelle das Stichwort βαπτίζειν (3,11,13 ff.), an der zweiten das Stichwort υἱὸς τοῦ θεοῦ (3,17; 4,3.6) zeigt.

64 Vgl. dazu *H. Lehmann*, »Du bist Petrus ...« (s. Anm. 60), S. 44 ff.

65 Vgl. *W. Wrede*, Das Messiasgeheimnis in den Evangelien. Zugleich ein Beitrag zum Verständnis des Markusevangeliums, Göttingen 1901, S. 115 ff.

Kraft, obwohl das Motiv nicht einfach preisgegeben wird. Petri Bekenntnis wird darum zunächst bestätigt und ist der Grund, ihn zum Felsen der Kirche zu machen.

Die Seligpreisung des Apostels, die Verheißung der Kirchengründung auf ihn als Felsen und die schroffe Zurückweisung Petri unmittelbar danach stehen nun bei Matthäus in äußerster Spannung zueinander, die den sachlichen Zusammenhang zwischen dem ersten und dem zweiten Petrus-Spruch überhaupt zu zerreißen droht. Gleichwohl wird man nicht sagen dürfen, dass Matthäus nach dem Ekklesia-Wort an Petrus nur äußerlich in die Bahn des vorgegebenen Markus-Zusammenhanges einlenkt. Er nimmt ihn sehr bewusst auf, ja er tilgt ihn nicht nur nicht wie Lukas, sondern profiliert die Szene noch schärfer als sogar Markus, wie die entrüstete Entgegnung Petri auf diese Leidensansage und erst recht Jesu Antwort: ὕπαγε ὀπίσω μου, σατανᾶ σκάνδαλον εἶ ἐμοῦ (»Du willst mich verführen«[66]) zeigt. Die Frage nach dem inneren Zusammenhang der ganzen Perikope ist also durchaus geboten; wir haben uns mit der Feststellung einer äußeren Verknüpfung disparater Überlieferungsstücke nicht zufriedenzugeben. Dann aber ergibt sich: Die schon im Markus-Text deutliche Dialektik zwischen der Christus-Würde Jesu und seinem Leiden als Menschensohn ist von Matthäus in keiner Weise aufgehoben oder nur abgemildert. Aber sie ist für ihn kein apologetisches Theologumenon mehr, sondern für die Kirche selbst von höchster Bedeutung. Nun gilt – anders als bei Markus: Der, der jetzt schon Christus und Gottessohn *ist*, ist es als der hier auf Erden leidende Menschensohn. Als solcher stellt er auch seine Jünger in die Leidensnachfolge (16,24 ff.; bei Matthäus reine Jüngerrede). Ebendieser leidende Gottes- und Menschensohn aber ist der in Bälde kommende Menschensohn-Weltrichter, der »einem jeden nach seinem Tun vergelten wird« (16,27 f.).

Fragt man, was dieser ganze Zusammenhang für die Interpretation speziell des ἐκκλησία-Wortes ergibt, so wird man antworten müssen: Es ist offenbar nicht nur überlieferungsgeschichtlich, sondern im Sinne des Evangelisten theologisch bedeutsam, dass Matthäus das in nachösterliche Zeit weisende, möglicherweise sogar auf eine Ostergeschichte zurückgehende Wort in der vorösterlichen Geschichte Jesu und gerade im Rahmen des von Markus vorgegebenen Zusammenhanges verankert. Die Kirche nach Ostern mit ihrem Leben und ihrem von Jesus autorisierten Schlüsselamt wird so unter das Lebens- und Leidensgesetz des irdischen Jesus gestellt. Sollen die von der Kirche getroffenen Entscheidungen im kommenden Gericht gültig sein, so ist klar, dass Sündenvergeben und Sündenbehalten damit unter den Maß-

66 σκάνδαλον, σκανδαλίζεσθαι sind wieder von Matthäus am häufigsten gebrauchte termini, wiederholt verwendet für Verführung und Abfall *in der Gemeinde* als endzeitliche Erscheinungen (so 13,21.41; 17,7; 24,10).

stab gestellt werden, von dem 16,24-27 (κατὰ τὴν πρᾶξιν αὐτοῦ) reden: Leidensnachfolge und Lebenshingabe[67].
Diese Interpretation wird bestätigt durch den Zusammenhang, in den Matthäus in der Gemeinderede c. 18 das Wort vom Schlüsselamt stellt (dort ist die Gesamtgemeinde mit ihm betraut): Deutlich ist hier mit der in c. 18 ausgesprochenen Forderung der Umkehr und Niedrigkeit, der Vermeidung des Ärgernisses, dem Gebot radikalen Gehorsams und unbegrenzter Bereitschaft zur Versöhnung unmissverständlich die Norm angegeben, unter der das ganze Leben der Jüngerschaft und damit auch die 18,18 ihr befohlene Verwaltung des Schlüsselamtes steht.
Mt 16,17-19 darf also nicht isoliert, sondern will im Gesamtzusammenhang von 16,13-28 verstanden werden. Nun erst zeigt sich, dass das Wort vom Schlüsselamt des Petrus (bzw. der Kirche) nicht nur die Statuierung der formalen Autorität der kirchlichen Entscheidungen ausspricht, die ipso facto im Weltgericht übernommen werden, sondern dass es die Einsetzung des Schlüsselamtes durch den Messias-Menschensohn im Blick auf das von ihm nach klaren, unmissverständlichen Maßstäben in Bälde ausgeübte Gericht zum Inhalt hat. Das in 16,17-19 ausgesprochene Kirchenverständnis hat in der Christologie des Kontextes 16,13-28 seine Entsprechung und Begründung. Von dem hier leidenden und auferstehenden und seine Jünger in diesem Äon in die Leidensnachfolge rufenden Christus kommt die Kirche her, in der Person des Petrus mit den Schlüsseln des Himmelreiches betraut, als Kirche gewappnet gegen die Mächte des Todes, aber in allen ihren Gliedern noch in der Erwartung des künftigen Gerichtes nach den Werken.
Unsere Untersuchung galt der theologischen Eigenart und Thematik des Matthäus-Evangeliums. Sie versuchte zu zeigen, in wie hohem Maße der erste Evangelist Interpret der von ihm gesammelten und geordneten Tradition ist. Dabei dürfte deutlich geworden sein, dass Tradition und theologische Konzeption in einem Wechselverhältnis stehen. Ebenso wie die Theologie in den Dienst der Überlieferung gestellt ist, gilt auch das Umgekehrte.
Matthäus erscheint in seinem Evangelium sicherlich allererst als Repräsentant einer Gemeinde. Indes genügt es nicht, sein Evangelium

67 Zu Mt 16,19 bemerkt *H. v. Campenhausen*, Kirchliches Amt und geistliche Vollmacht (s. Anm. 56), S. 137, durchaus zutreffend: »Das Wort geht nicht etwa von einer schon feststehenden himmlischen Entscheidung aus, nach der sich die Kirche ihrerseits zu richten hätte, sondern es setzt umgekehrt bei der vollmächtigen Wirklichkeit dieses kirchlichen Urteilens und Entscheidens ein und verheißt, dass Gott ihm am Jüngsten Tage beitreten, es also gültig anerkennen und ›ratifizieren‹ werde«. Doch schließt das in keiner Weise aus, dass Matthäus, durch Komposition interpretierend, das überkommene Logion zu dem künftigen Gericht und dem dort geltenden Maßstab in Beziehung setzt.

nur als Niederschlag einer Gemeindetheologie zu verstehen. Die Sorgfalt und Planmäßigkeit seiner Arbeit weist nachdrücklich auf eine individuelle Gestalt der urchristlichen Literaturgeschichte, auch wenn man auf Namenjägerei und biographisches Nachspüren verzichten wird. Will man ihn charakterisieren, so wird man ihn am besten mit den Worten seines Evangeliums einen Schriftgelehrten nennen, »der ein Jünger für die Himmelsherrschaft wurde und, einem Hausherrn gleich, aus seinem Schatz Neues und Altes austeilt« (13,52)[68].

Mit der Wendung »Neues und Altes« sind der Forschung eine Fülle von Fragen gestellt, deren Lösung sie seit Langem beschäftigt und weiter beschäftigen wird: nach den literarischen Quellen, die das Evangelium bearbeitet, wie nach Art und Zweck der ihnen voraufgehenden mündlichen Tradition; sodann die Frage nach dem Verhältnis des Evangeliums zur Gestalt, Botschaft und Geschichte des historischen Jesus. Alle diese Probleme lassen sich nicht von den weiteren Fragen lösen: nach der Abhängigkeit des Matthäus vom palästinischen, aber auch – nicht zu unterschätzen – vom Diaspora-Judentum[69], entsprechend nach seiner Stellung zur palästinischen und zur hellenistischen Urgemeinde und seinem Platz in der Geschichte der werdenden Großkirche und des kirchlichen und häretischen Judenchristentums[70]. Damit hängt engstens die schwierige Frage nach dem Kirchengebiet zusammen, aus dem Matthäus stammt[71].

Alles das sind Fragen, die keineswegs in Bausch und Bogen als hoffnungslos und theologisch belanglos abgetan und in billiger Weise dem Interesse an dem »Kerygma« oder dem »Lehrbegriff« des Evangeli-

68 Der Dativ τῇ βασιλείᾳ τῶν οὐρανῶν kann doch wohl nur ein *dativus commodi* sein.

69 Auch sein Verhältnis zu den jüdischen Sekten, deren Erforschung jüngst in ein neues Stadium getreten ist, wird neu geklärt werden müssen.

70 Mit Recht stellen *J. Weiß*, Das Urchristentum, Göttingen 1917, S. 584 und *H.-J. Schoeps*, Theologie und Geschichte des Judenchristentums, Tübingen 1949, S. 64 f. 343 ff., das Matthäus-Evangelium in die Nähe des Jakobusbriefes; beide werden von Schoeps richtig vom häretischen Ebionitismus abgesetzt. Zu Matthäus und Paulus vgl. *C. H. Dodd*, Matthew and Paul (s. Anm. 52), Sp. 293 ff.

71 Offenbar kommt nur ein Gebiet in Frage, in dem ebenso wie das Nochverbleiben der Christen im Verband des Judentums und das Fortwirken palästinischer Traditionen (jüdischer und christlicher) auch ein starker diasporajüdischer und hellenistisch-christlicher Einfluss vorstellbar sind. Gegen Jerusalem und Judäa selbst spricht schon die archaische, in der Jerusalemer Gemeinde schon sehr bald nicht mehr mögliche Petrustradition, die Matthäus erhalten hat. Vieles spricht daher für Syrien (in einem weiten Sinne), doch wird dann das Erstaunen nur um so größer, was alles in diesem Gebiet von Paulus über Lukas (und Johannes?) bis zu Ignatius Raum hatte. *G. D. Kilpatrick* tritt mit beachtlichen Gründen für eine phoenizische Küstenstadt ein (The Origins of the Gospel [s. Anm. 17], pp. 124 ff.).

ums geopfert werden dürfen[72]. Haben wir alle diese Fragen weithin ausgeklammert, so nur darum, weil die Untersuchung unseres Problems, ohne eine bewusste Konzentration nicht durchführbar, auch für die Beantwortung jener Fragen eine unerlässliche Voraussetzung ist[73].

72 Diese Bemerkung richtet sich gegen eine in Deutschland verbreitete »Stimmung« und will auch einem Missverständnis der Absichten meiner Arbeit vorbeugen.

73 Das Manuskript dieses Aufsatzes wurde bereits im Herbst 1953 verfasst. Ich kann darum auf die später erschienenen lehrreichen Untersuchungen von *K. Stendahl*, The School of St Matthew (Uppsala 1954), und *H. Ljungman*, Das Gesetz Erfüllen (Lund 1954), hier nur hinweisen. Doch darf ich bemerken, dass die letztere mich nicht in der Auffassung, dass Mt 5,17 sich auf Jesu Lehre und 3,15 sich auf Jesu Gehorsam bezieht, irre gemacht hat. Die These von *K. Stendahl*, hinter dem Matthäus-Evangelium stünde eine christliche Schriftgelehrten-Schule, ist mir durchaus überzeugend. Doch verrät die Verarbeitung der christlichen Tradition im Matthäus-Evangelium zugleich ein hohes Maß individueller theologischer Arbeit, das von Stendahl m.E. erheblich unterschätzt wird. Auch halte ich die These Stendahls nicht für richtig, das Matthäus-Evangelium sei nicht eigentlich als Evangelium (im Sinne des Markus) anzusprechen, sondern ein Handbuch für Lehre und Verwaltung in der Kirche (S. 35). Dass der Begriff εὐαγγέλιον spezifisch markinisch ist und von Matthäus anders, von Lukas überhaupt nicht gebraucht wird, hat freilich *W. Marxsen*, Der Evangelist Markus. Studien zur Redaktionsgeschichte des Evangeliums (FRLANT 67), Göttingen 1956, S. 77-101 überzeugend nachgewiesen. Doch bedeutet das nicht eine so tiefgreifende literatur- und gattungsgeschichtliche Differenz. Vgl. meinen Artikel *Evangelien, synoptische* in: RGG[3] 2 (1958), Sp. 753-766, bes. Sp. 760-763. – Auch auf das wenig ergiebige Buch von *P. Nepper-Christensen*, Das Matthäusevangelium – ein judenchristliches Evangelium? (Aarhus 1958) kann ich hier nur kurz eingehen. Der Verfasser sucht zu zeigen, dass die altkirchliche und bis in die neuere Forschung gültige These, das Matthäus-Evangelium sei für Juden oder Judenchristen geschrieben, sich nicht halten lässt und weder durch seinen sprachlichen Charakter noch durch den »Erfüllungsgedanken« (Reflexionszitate) noch durch die angeblich für Matthäus charakteristische Typologie und auch nicht durch eine vermeintlich partikularistische Tendenz in der Frage der Mission bewiesen werden könne. Trotz richtiger Beobachtungen und Argumente im Einzelnen kann ich das Buch doch nicht als eine Förderung ansehen. Schon die Fragestellung nach dem Leserkreis des Matthäus-Evangeliums ist zu eng und zugleich zu unbestimmt angesetzt. Weder wird der Begriff »Judenchristen« zureichend geklärt, gegen den der Verfasser polemisiert (dass damit nicht das gemeint ist, was die frühchristliche Sektengeschichte darunter versteht, ist längst erkannt) noch aber macht das Buch die eigentliche theologische Problematik und Thematik des Matthäus sichtbar, die nun wirklich unverkennbar aus seinem spannungsvollen und differenzierten Verhältnis zum Judentum (in Abhängigkeit und Kampf) erwachsen sind. Nur unter solcher Fragestellung ist auch eine Antwort darauf zu gewinnen, aus welcher Gemeinde Matthäus stammt und für welche er schreibt.

Der Aufbau der Bergpredigt*

Vor reichlich 50 Jahren erschien M. Dibelius' *Formgeschichte des Evangeliums* und R. Bultmanns *Geschichte der synoptischen Tradition*. Das Gedenken an diese beiden großen Gelehrten wäre gewiss der gegebene Anlass, in dem Eröffnungsvortrag unserer diesjährigen Konferenz ihr für unsere Wissenschaft bahnbrechendes Werk angemessen zu würdigen. Doch habe ich es vorgezogen, nicht eine Gedenk- und schon gar nicht einen Jubiläumsvortrag zu halten, sondern möchte versuchen, auf dem von den Altmeistern der Formgeschichte offen gelassenen und nur ansatzweise bestellten Feld der sogenannten Redaktionsgeschichte einige Schritte weiterzugehen.

I

Zur *forschungsgeschichtlichen Orientierung* möchte ich nur das Folgende vorausschicken: Wer den Gang der Synoptikerforschung in den letzten Jahrzehnten verfolgt hat, kann unschwer feststellen, dass der von der klassischen Formgeschichte stark abgewertete Faktor der Redaktion, also der Bearbeitung und Komposition des Traditionsgutes in den ersten drei Evangelien in der jüngsten Phase der Forschung eine überraschende Aufwertung erfahren und damit die Einschätzung der von den Evangelisten geleisteten Arbeit gegenüber früher sich nicht unerheblich gewandelt hat. Das Urteil der Formgeschichte gründete sich wie bekannt auf die von ihr erstmals mit methodischer Konsequenz durchgeführte Unterscheidung zwischen der den Evangelien vorgegebenen Tradition und den redaktionellen Elementen in den Texten. Recht und Notwendigkeit dieser Differenzierung gehört seitdem zum ABC jeder Synoptikerexegese. Doch war das eigentliche Interesse der Formgeschichte auf die Tradition gerichtet. Die Redaktion dagegen galt ihr – noch der Terminus Redaktion zeigt es – als ein mehr oder weniger technisches Hilfsmittel, den vorgegebenen Stoff so oder so zu einer fortlaufenden Geschichte Jesu zusammenzufügen, ohne historiographischen Anspruch und Wert. Diese Einsichten und

* Überarbeitete Wiedergabe der auf dem General Meeting der SNTS am 23. August 1977 vorgetragenen Presidential Address.

Thesen der Formgeschichte fanden nicht sofort Zustimmung und Eingang in der damaligen Bibelwissenschaft. Das war nur allzu begreiflich. Denn die bis dahin vorherrschende Synoptikerforschung, vorab die kritisch-liberale, auf ihre Weise aber auch die konservative, war darum bemüht, mit Hilfe der Literar- und Quellenkritik zu einer gesicherten *Historia Jesu* vorzudringen, und stützte sich dabei ganz wesentlich gerade auf die historisch-pragmatischen Angaben in den von der Formgeschichte als redaktionell abgewerteten Passagen in den Evangelientexten. Soweit man überhaupt von der formgeschichtlichen Arbeit Kenntnis nahm, wurden ihre Ergebnisse und Thesen mit allen ihren Konsequenzen damals in der Ära der Leben-Jesu-Theologie ganz überwiegend als Produkte einer Hyperkritik und übertriebenen Skepsis abgelehnt. Hier und da mag der falsche Eindruck entstanden sein, als ob die redaktionsgeschichtliche Arbeit seit dem Zweiten Weltkrieg die rückläufige Intention verfolgte, das von der Formgeschichte angeblich zu schnell preisgegebene Terrain der Historie zurückzugewinnen. Doch wäre damit die Redaktionskritik sowohl in ihrer Fragestellung als auch in ihrer freilich noch keineswegs einheitlichen Methodik völlig missverstanden. Denn sie hat Recht und Notwendigkeit der formgeschichtlichen Forschung der Evangelien nicht nur nicht bestritten, sondern bestätigt und auf ihre Weise weitergeführt. M. Dibelius hat diese Entwicklung nicht mehr erlebt. Wohl aber hat R. Bultmann sie in den letzten Jahrzehnten seines Lebens grundsätzlich anerkannt und sie mit der ihm eigenen kritischen Aufmerksamkeit verfolgt, ohne sich freilich selbst noch an ihr aktiv beteiligen zu können[1].

Indes hat sich im Zuge der intensiver als die Formgeschichte in ihrer ersten Phase mit den Evangelienschriften selbst befassten Redaktionskritik zunehmend deutlicher gezeigt, dass die Evangelisten in der Art und Weise, wie sie ihren Stoff aufnehmen und arrangieren, auswählen und mit Zusätzen versehen, neu formulieren und Akzente setzen, sie ihn zugleich interpretieren und darin ihren eigenen geschichtlichen und theologischen Hintergrund erkennen lassen wie auch die Besonderheit der Hörer- und Leserschaft, für die ihre Evangelien bestimmt sind. Alles das gewiss nicht immer und überall, aber auch nicht selten, unterschiedlich auch in ihrem Grad, am deutlichsten erkennbar jedenfalls im Matthäus-Evangelium. Da jedoch die Evangelisten oder auch die Traditionsträger und -gestalter vor ihnen sich nicht theoretisch über ihre Theologie aussprechen, sondern sie sozusagen erzählend praktizieren und ihre Berichte im Einzelnen wie vor allem Matthäus beispielsweise durch Reflexionszitate glossieren, ist jede redaktionskritische Exegese erfahrungsgemäß der Versuchung, mindestens dem

1 Vgl. *R. Bultmann*, Die Erforschung der Evangelien, in: ders., Glauben und Verstehen. GAufs. IV, Tübingen 1965, S. (1-41) 38 f.

Verdacht ausgesetzt, zuviel wissen zu wollen, »das Gras wachsen zu hören« und so zu einem Experimentierfeld vager Vermutungen und Hypothesen zu werden. Dass diese Befürchtungen nicht grundlos sind, ließe sich unschwer an den in den letzten Jahrzehnten fast beängstigend angeschwollenen monographischen, kommentierenden und Einzelfragen behandelnden Veröffentlichungen erhärten. Die redaktionsgeschichtliche Exegese darf sich dadurch nicht entmutigen lassen, aber wird sich angesichts dieser Sachlage umso mehr den kritisch kontrollierenden Fragen stellen müssen: Was lässt sich an den Texten wirklich ausweisen und was nicht? Und welche Vermutungen bezüglich der Intentionen der Evangelisten lassen sich aus triftigen Gründen wagen? Dass ich mich im Folgenden jedenfalls nach Kräften bemühen werde, nach diesen Grundsätzen zu verfahren, wird hoffentlich deutlich werden.

Weitere methodologische Vorbemerkungen darf und muss ich Ihnen und mir ersparen und verzichte darum vor allem auf eine erneute Erörterung der kürzlich wieder von O. Linton diskutierten Frage der synoptischen Quellen[2], speziell der sogenannten Zwei-Quellen-Hypothese. Verschweigen will ich freilich nicht, dass ich die letztere in ihren Grundzügen für richtig halte, unbeschadet vieler Spezialfragen, die sie offen lässt. Was uns hier beschäftigen soll, ist jedoch der vorliegende Matthäus-Text, die matthäische Endredaktion.

II

Ich möchte ausgehen von einer m.E. noch nicht hinreichend geklärten Beobachtung zur Komposition der Bergpredigt. Sie betrifft die wohl jedem Exegeten Schwierigkeiten bereitende Tatsache, dass die *Leitmotive*, nach denen Matthäus in den Kapiteln 5-7 seines Evangeliums das ihm vorgegebene Spruchgut zu der ersten und umfangreichsten, mit Recht als »programmatisch« bezeichneten Rede Jesu zusammengefügt hat, und die von ihm dabei verwendeten redaktionellen Mittel sich *nicht überall mit gleicher Eindeutigkeit* erkennen lassen.

Von einer solchen Ungleichartigkeit der Komposition zu reden, berechtigt offensichtlich nicht schon der im Folgenden mit A bezeichnete erste Teil der Rede 5,1-48, der mit den Makarismen beginnt und mit der Vollkommenheitsforderung endet. Ebenso wenig gibt der weiterhin mit C bezeichnete, nach der Goldenen Regel (7,12) mit der Aufforderung: »Geht ein durch die enge Pforte« 7,13 f. neu einsetzende und in das Gleichnis vom Hausbau 7,24 f. ausmündende Schlussteil der eschatologischen Mahnungen Anlass, kompositorische

2 *O. Linton*, Das Dilemma der synoptischen Forschung, in: ThLZ 101 (1976), Sp. 881-892.

Unstimmigkeiten festzustellen. Im Gegenteil, diese beiden Teile sind klar und durchsichtig disponiert und – so darf man getrost sagen – geradezu klassische Beispiele matthäischer Redaktionskunst.
Ich möchte das etwas genauer begründen. Wie der synoptische Vergleich von A und C mit der lukanischen Feldrede 6,20-49 zeigt und allgemein anerkannt ist, liegt Matthäus und Lukas eine gemeinsame Tradition zugrunde. Zu dieser Annahme nötigen nicht nur die in beiden Evangelien an gleicher Stelle platzierten und trotz aller bekannten Differenzen in Wortlaut und Reihenfolge weitgehend übereinstimmenden Makarismen am Anfang und dasselbe, bei Matthäus und Lukas nur geringfügig differierende Gleichnis am Ende, sondern auch die Parallelität der Sprüche von Vergeltung und Feindesliebe mit dem entsprechenden zusammenfassenden Gebot Jesu Mt 5,48 / Lk 6,36. Literarkritisch pflegen wir diese gemeinsame Tradition mit dem ominösen Sigle Q zu bezeichnen, m.E. zu Recht, doch benennen Sie sie meinetwegen anders. Daraus ergibt sich, dass Matthäus den Grundriss und Rohbau der Bergpredigt aus der ihm mit Lukas gemeinsamen Tradition übernommen und beibehalten hat.
Ebenso unbestreitbar und unbestritten ist jedoch, dass Matthäus das ihm mit Lukas gemeinsame Spruchgut nicht en bloc wiedergibt, sondern weithin in anderer Gruppierung unter bestimmten, von ihm in der Regel deutlich markierten Leitgedanken, vielfach auch in abweichender Formulierung, und dass er die vorgegebene Spruchkomposition durch Einfügung von Spruchgut anderer Art und Herkunft beträchtlich ausgebaut und erweitert hat. Ob und wieweit dem Evangelisten bei dieser Aus- und Umgestaltung der Tradition andere unbekannte Traditionsträger vorgearbeitet haben, wäre im Einzelnen an den Texten zu prüfen, aber soll hier außer Betracht bleiben. Aufs Ganze gesehen wird man annehmen dürfen, dass Matthäus auch als Redaktor in einer Traditionskette steht, aber selbst zu ihr entscheidende Beiträge geliefert hat. Angemerkt sei hier nur, dass die weiterhin gebrauchte Wendung »matthäische Redaktion« als Abbreviatur genommen werden mag, die die Möglichkeit vormatthäischer Redaktion durchaus offen lässt. Als redaktionell anerkannt sind schließlich die szenischen Angaben 5,1 f. und 7,28 f., die die »Rede« im Ganzen umrahmen.
Die großen Themen, von denen Teil A (c. 5) handelt, lassen sich wohl am besten mit den beiden charakteristisch matthäischen Begriffen βασιλεία τῶν οὐρανῶν 5,3.10.19.20 und δικαιοσύνη 5,6.10.20 zusammenfassen. Sie genauer zu erörtern, kann hier nicht unsere Aufgabe sein, aber da sie nicht nur den Inhalt des Kapitels angeben, sondern auch für seinen Aufbau bestimmend sind, muss wenigstens so viel zu beiden gesagt sein: Himmelreich und Gerechtigkeit sind im Matthäus-Evangelium gewiss keine synonymen, wohl aber korrelative Begriffe, mit anderen Worten sie verweisen aufeinander, gehören unlöslich zusammen; von keinem lässt sich reden ohne den anderen. *Unterschieden* sind sie durch die ihnen zugeordneten Subjekte: »*Reich der Him-*

mel«, d.h. Gottes eschatologische Herrschaft, sein Heilsangebot und Heilshandeln, zugesagt denen, die Jesus in den Makarismen seligpreist und als Salz der Erde und Licht der Welt beauftragt (5,13 ff.). *»Eure Gerechtigkeit«* dagegen meint das den Jüngern gebotene Tun, das die Gerechtigkeit der Schriftgelehrten und Pharisäer weit überbietet (5,20), begründet in Jesu Sendung, Gesetz und Propheten nicht aufzulösen, sondern zu erfüllen, und konkret entfaltet in den nachfolgenden Antithesen, die in dem Gebot der Feindesliebe gipfeln. So aber sind beide, Himmelreich und Gerechtigkeit, auf das Bestimmteste wechselseitig aufeinander bezogen: »Das Reich der Himmel« als Gottes Zuwendung und Kommen zu den Seliggepriesenen und umgekehrt die auf Gottes Willen gerichtete »Gerechtigkeit« als Weg und Eingehen der Jünger in sein Reich – sozusagen von beiden Richtungen her das Geschehen einer radikalen und totalen letzten Wende.

Für die Art und Weise, wie der erste Evangelist diese Gedanken ordnet, sie verbindet und voneinander abhebt, liefert c. 5 eine Fülle von Beispielen, die kaum erst in Erinnerung gerufen zu werden brauchen. Ich nenne nur einige besonders auffällige: der symmetrische Bau der Makarismen und ihre Erweiterung zu einer Neunerreihe; die enge Verklammerung der nachfolgenden Jüngersprüche mit ihnen durch die Wiederaufnahme der 2. Person pluralis aus der letzten Seligpreisung (Ihr, euch, euer) in dem zweimal betont an den Anfang gestellten: »*Ihr* seid das Salz der Erde ... das Licht der Welt« und in dem Schlusssatz der Spruchgruppe: »So lasst euer Licht leuchten vor den Menschen ...« (Vers 16). Ferner der ohne Übergang mit »Meint nicht ...« neu einsetzende, präambelartig den Antithesen vorangestellte, grundsätzlich und umfassend gehaltene Abschnitt von Jesu Sendung, Gesetz und Propheten nicht aufzulösen, sondern zu erfüllen, abgeschlossen durch den mit »Denn ich sage euch ...« eingeleiteten Spruch 5,20, der zugleich die Überschrift bildet zu den Antithesen, deren jede wiederum durch ihren stereotypen Satzanfang: »Ihr habt gehört / Ich aber sage euch« als ein in sich geschlossenes Ganzes jeweils vom Kontext abgehoben ist. In sechs Spruchgruppen geordnet konkretisieren sie die geforderte bessere Gerechtigkeit. Der ganze erste Hauptteil endlich beschlossen mit der zusammenfassenden Vollkommenheitsforderung 5,48.

Auch dem Schlussteil C (7,13-27) liegt ein einheitlicher Kompositionsplan zugrunde, dessen Eigenart sich am besten durch den Vergleich mit der lukanischen Feldrede illustrieren lässt. In dieser folgt unmittelbar auf die Sprüche vom Richten 6,37-42 das auch Mt 7,24 ff. verarbeitete letzte Stück der Spruchkomposition, das Gleichnis vom Hausbau zum Thema: Jesu Worte hören und tun, hören und nicht tun. Bei Matthäus ist dieser Zusammenhang jedoch aus Gründen, deren Erörterung alsbald noch folgen soll, aufgelöst und durch einen anderen ersetzt. Das zeigt sich schon darin, dass der erste Evangelist die Goldene Regel 7,12, die in Lk 6,31 als ein Satzglied unter anderen in die Sprüche von der Vergeltung eingewoben ist, zu einer umfassenden Generalregel verselbstständigt: »Alles nun, was ihr wollt, dass die Leute euch tun, tut ihr ihnen ebenso« und sie wie 5,17 als Quintessenz von »Gesetz und Propheten« bezeichnet. Sie markiert damit einen klaren Einschnitt, auf den unverbunden neu einsetzend der Ruf zur Entscheidung folgt: »Geht ein durch die enge Pforte ...« 7,13 f. Auch Lukas bringt ihn, aber nicht in der Feldrede, sondern erst in späterem und anderem Zusammenhang 13,23 f., der auch in dem Gerichtswort Mt 7,22 f. / Lk 13,26 f. aufgenommen ist. Neu und spezifisch matthäisch ist jedoch die Warnung vor den falschen Propheten 7,15, die Anwendung der Sprüche vom Baum und seinen Früchten 7,16 / Lk 6,43 f., sowie des Wortes vom bloßen »Herr Herr«-Sagen 7,21 / Lk 6,46 auf sie und die Ausgestaltung des ganzen Spruchkomplexes zu einer solennen eschatologischen Gerichtsrede, in der der Herr nicht mehr der irdische Jesus ist inmitten seiner Zeitgenossen, sondern der kommende Weltrichter, der die als christliche Charismatiker auftretenden Verführer verstoßen wird, wenn sie dereinst unter Berufung auf ihre in seinem Namen vollbrachten Wundertaten, Dämonenaustreibungen, Prophezeiungen Einlass ins Himmelreich begehren werden, weil sie den Willen seines himmlischen Vaters nicht getan haben. Diese nur Matthäus eigene Ausgestaltung der Rede und ihre eschatologische Ausrichtung haben zweifellos darin ihren Grund, dass nach urchristlich-apokalyptischer Anschauung das Auftreten von Lügenpropheten und Irrlehrern ein Signum der Endzeit ist. Literarisch ist aus diesem bekannten jüdisch-christlichen apokalyptischen Topos das auch sonst reichlich nachweisbare Form- und Kompositionsgesetz erwachsen, Warnungen vor falschen Propheten an das Ende größerer Abschnitte innerhalb einer Schrift oder gar ganzer Schriften zu setzen, um die angeredete Gemeinde auf das Endgericht zuzurüsten[3]. Nach diesem Grundgedanken ist offensichtlich Teil C komponiert, dazu bestimmt, dem in der Bergpredigt im Ganzen zuvor entfalteten Leben der Jünger eine konsequente Ausrichtung auf das kommende Weltgericht zu geben.

III

Das zu A und C Gesagte konnte nur mehr oder weniger Bekanntes in Erinnerung rufen. Doch habe ich nicht darauf verzichtet, weil daran die Sorgfalt und Kunst deutlich werden sollten, mit denen der Evange-

3 Vgl. Mk 13,22; Mt 24,11 f.24; I Kor 16,22; Phil 3,2 ff.; 1Petr 4,12 ff.; 2Petr 3,2 ff.; Jud 17 ff.; Apk 22,9 ff.; Did 16 u.a. Näheres in meinem Aufsatz *Die Vorgeschichte des sogenannten Zweiten Korintherbriefes*, in: Geschichte und Glaube. Zweiter Teil. GAufs. IV, München 1971, S. (162-194) 180-185.

list diese Teile der Bergpredigt aufgebaut hat. Umso mehr gilt es jetzt, zu sehen, wie sehr sich der bisher ausgesparte Mittelteil B: 6,1 - 7,12 von den beiden anderen abhebt. Überlieferungsgeschichtlich ist der Befund eindeutig und unschwer an der Synopse abzulesen: Mit 6,1 bricht die Parallelität zur lukanischen Feldrede ab. Parallelsprüche zu Lk 6 fehlen zwar nicht völlig, aber sie treten auffallend zurück und sind aus dem Kontext, in dem sie bei Lukas stehen, gelöst, so die Sprüche vom Richten Mt 7,1 f. / Lk 6,37 ff. und die Goldene Regel 7,12 / Lk 6,21. Die Mehrzahl der übrigen Sprüche stammt zwar auch aus mit Lukas gemeinsamer Tradition, aber begegnet bei diesem verstreut erst in späteren Zusammenhängen: die Worte vom Schätzesammeln und Sorgen Mt 6,19-21.25 ff. / Lk 12,33 f.22 ff.; die Parabel vom Auge Mt 6,22 f. / Lk 11,34-36; das Wort vom Doppeldienst Mt 6,24 / Lk 16,13 und die Zusage der Gebetserhörung Mt 7,7-11 / Lk 11,9-13. Schließlich sind matthäisches Sondergut die gleichgebauten Frömmigkeitsregeln 6,2-4. 5 f.16-18: eine in sich geschlossene »Kultdidache«, in die eine davon deutlich abgehobene »Gebetsdidache« eingebettet ist, mit dem Vaterunser als Mitte, mit einer eigenen neuen Einleitung 6,7 f. und abgeschlossen in 6,14 f. mit einem erläuternden Spruch zur 5. Bitte[4]. Sondergut ist ebenso der merkwürdige Spruch von der Entweihung des Heiligen 7,6. Sind auch diese Sprüche nach einem bestimmten Plan aneinandergefügt? Für den ersten Blick wirken sie völlig zusammenhanglos. Zwar fehlt es zumal in älteren Kommentaren nicht an Versuchen, von einem zum anderen einen Sinnzusammenhang herzustellen. Aber sie lassen sich an den Texten nicht wirklich ausweisen und gehen so weit auseinander, dass es sich nicht verlohnt, sie hier im Einzelnen zu diskutieren. K. Stendahl bemerkt denn auch in seinem trefflichen Beitrag zu *Peake's Commentary* (p. 779): »VI. 19 - VII. 29 offers material which has been brought into the Sermon on the Mount by Matthew in such a manner that we find no clue as to his arrangement«. Stendahls Zurückhaltung dürfte freilich zu weit gehen, wenn er seinen Verzicht auf einen Sinnzusammenhang auch auf den Schlussteil C ausdehnt, der, wie gezeigt, von 7,13 f. ab unter dem einheitlichen Gedanken des kommenden Gerichtes komponiert ist. Aber auch im Blick auf den in Frage stehenden Teil B ist es von vornherein nicht recht vorstellbar, dass derselbe Evangelist, der die übrigen Teile so sorgfältig unter thematischen Gesichtspunkten komponiert hat, hier auf eine bewusste Redaktion verzichtet haben sollte und die hier angereihten Sprüche ein ungeordneter Haufe von »Nachträgen« wären. Dieses Bedenken drängt sich umso

4 Vgl. *H. D. Betz*, Eine judenchristliche Kult-Didache in Matthäus 6,1-18. Überlegungen und Fragen im Blick auf das Problem des historischen Jesus, in: Jesus Christus in Historie und Theologie (FS H. Conzelmann), hg. v. G. Strecker, Tübingen 1975, S. 445-457.

mehr auf, als mindestens die von Matthäus den Sprüchen vom Almosengeben, Beten und Fasten vorangestellte Überschrift 6,1 und die von ihm als Abschluss formulierte »Goldene Regel« 7,12 klar eine redaktionelle Intention aussprechen: Vers 6,1 insofern, als er die besagten Sprüche über die rechte Frömmigkeit ebenso wie zuvor 5,20 die Antithesen unter den charakteristisch matthäischen Leitbegriff der »Gerechtigkeit« subsumiert, und Vers 7,12 insofern, als nur Matthäus den Spruch wie 5,17; 22,40 als Inbegriff von »Gesetz und Propheten« einführt und damit auf das Erfüllungswort 5,17 ff. am Anfang zurückweist. Dem ist jedoch zunächst nicht mehr zu entnehmen, als dass der Evangelist darauf bedacht ist, die ganze Spruchfolge in den durch 5,17 und 7,12 abgesteckten Rahmen einzubeziehen, aber noch nichts über einen gemeinsamen Leitgedanken innerhalb der Sprüche und Spruchgruppen in B ausgesagt, die in jedem Fall nicht wie A und C nach dem Modell der lukanischen Feldrede angeordnet sind.

Zur Verdeutlichung unseres Problems scheint es mir geraten, bei dem vorletzten Stück des Teiles B, den *Sprüchen über die Gebetserhörung* 7,7-11, einzusetzen. Zu ihrem engeren Kontext, dem Wort von der Entweihung des Heiligen 7,6 oder auch zu den Sprüchen vom Richten 7,1-5 stehen sie in keiner erkennbaren sachlichen Beziehung; ebenso wenig zu der folgenden *Regula aurea* 7,12. Im Paralleltext Lk 11,9-13 folgen sie der lukanischen Version des Herrengebetes 11,2-4, von ihm nur getrennt durch die Parabel vom bittenden Freund (Lk 11,5 ff.). Das ergibt einen klaren Sinnzusammenhang und lässt vermuten, dass Matthäus sie im gleichen oder ähnlichen Zusammenhang vorgefunden hat. Aber warum bringt er sie nicht schon in Verbindung mit der Vaterunser-Überlieferung in 6,7 ff., sondern erst hier am Ende an scheinbar verlorener Stelle? Auf diese Frage sollen die folgenden Beobachtungen antworten und wie ich hoffe zeigen, dass auch die zunächst befremdlich erscheinende Platzierung der Sprüche 7,7-11 (Gebetserhörung) durchaus motiviert und der Zusammenhang mit den vom Gebet handelnden Sprüchen in c. 6 bewahrt ist. Aber wo sind die Zwischenglieder, die diese These stützen und zugleich erklären, warum Matthäus Jesu Zusage der Gebets*erhörung* so weit von der *Anweisung* zum rechten Beten abgerückt hat?

Diese Frage stellt sich sogleich im Blick auf den großen Komplex der in Lk 12,22-34 zusammengehörenden, in Mt 6,19 ff. dagegen aufgeteilten und anders gruppierten *Sprüche vom Schätzesammeln und Sorgen*. Dass diese ohne Überleitung auf 6,18 folgenden Sprüche mit dem dritten Glied der schon genannten »Kultdidache«, den Worten vom rechten Fasten 16-18, nichts zu tun haben, braucht kaum gesagt werden, zeigt aber nur, dass Matthäus die genau gleich gebauten, mit demselben Refrain abschließenden Spruchgruppen als Einheit belassen hat. Bedeutsam aber ist für unser Thema, dass das von ihm zu dem Stichwort »recht beten« eingefügte Zwischenstück zum Vaterunser 6,7 ff. im Rahmen der Kultdidache ein deutliches Eigengewicht erhalten hat und sich darum auch nicht mehr einfach unter die Überschrift: »Gebt acht auf eure Gerechtigkeit« (6,1) rücken lässt, sondern, wie weiterhin zu zeigen sein wird, die entscheidenden Motive für die Anordnung der folgenden Sprüche enthält.

Der Evangelist verfährt freilich im Gebrauch seiner redaktionellen Mittel hier wie sonst sparsam und greift nicht unnötig in die Substanz der von ihm verarbeiteten Tradition ein. Gleichwohl ist zu vermuten, dass die Aufnahme der Sprüche vom Schätzesammeln und Sorgen an dieser Stelle dadurch motiviert ist, dass die Kontrastierung von *Beten und Sorgen* ein fester, vielfach variierter Topos schon der Psalmen und vollends der urchristlichen Paränese ist. Vgl. nur Ps 55,23: »Wirf dein Anliegen auf den Herrn; er wird dich versorgen. Er lässt den Gerechten nimmer wanken«; 1Petr 5,7: »Alle eure Sorge werfet auf ihn, denn er sorgt für euch« (vgl. auch Ps 37,5; Phil 4,6 u.ö.). Derselbe Gedanke ist im Text und Kontext unserer Spruchfolge gleich zweimal ausgesprochen, einmal am Ende von c. 6 in Vers 32b / par. Lk 12,30b: »Denn euer himmlischer Vater weiß, dass ihr alles das nötig habt«, hier der vorgegebenen Tradition entnommen, und zum anderen in dem offensichtlich in Anlehnung an diesen Spruch fast wortgleich formulierten Begründungssatz in 6,8b: »Denn euer Vater weiß, was ihr braucht, ehe ihr ihn bittet«, beide Mal bezeichnenderweise in Abwehr heidnischen Sorgens und heidnischen Betens.

Besondere Beachtung verdient aber auch die Tatsache, dass im Unterschied zu Lukas im Matthäus-Text die Sprüche vom Schätzesammeln denen vom Sorgen *vorangehen*, und dass bei Matthäus diese Reihenfolge noch dadurch eigens hervorgehoben ist, dass er den abschließenden Spruch 6,33 gegenüber Lk 12,31 zwiefach erweitert: erstens durch die Wendung τὴν βασιλείαν καὶ τὴν δικαιοσύνην αὐτοῦ, was den thematischen Zusammenhang mit der Bergpredigt im Ganzen herstellt, und zweitens durch Hinzufügung von πρῶτον, wodurch der Spruch deutlich an den Vorrang der ersten drei, insbesondere der 2. und 3. Bitte anklingt. Ferner akzentuiert nur Matthäus diesen Vorrang der ersten drei Bitten in 6,19 f.: θησαυροὺς ἐπὶ γῆς / θησαυροὺς ἐν οὐρανῷ, in dem er sichtlich, wenn auch hier kontrastierend, den Schlusspassus aus der dritten, nur seiner Version des Vaterunsers eigenen Bitte aufnimmt: ὡς ἐν οὐρανῷ καὶ ἐπὶ γῆς. Und schließlich gibt er dem Grundgedanken der Sprüche vom Schätzesammeln noch durch Einfügung des Spruches von der Einfalt 6,22 f. und den weiteren von der Unmöglichkeit, zwei Herren zu dienen 6,24, besonderen Nachdruck. Die aufgezählten Eigenheiten des Matthäus-Textes legen m.E. die Annahme nahe, dass die Gruppierung der Sprüche 6,19-24 durch die Abfolge der ersten drei, auf die Sache Gottes gerichteten Bitten motiviert ist und – so ist sofort hinzuzufügen – die Nachordnung der in 6,25 erst folgenden Sprüche vom Sorgen durch die vierte, von der Fristung der irdischen Existenz des Beters handelnden Bitte veranschaulicht: »Unser Brot für den kommenden Tag gib uns heute«.

Die exegetischen Konsequenzen dieser Beobachtungen am Matthäus-Text sind offenkundig und wären nach beiden Richtungen hin genauer zu bedenken, sowohl im Hinblick auf das matthäische Verständnis der Bitten selbst als auch der ihnen von 6,19 ff. ab angefügten Sprüche. Ohne mich hier in eine Detailexegese zu verlieren, möchte ich wenigstens auf zweierlei aufmerksam machen: Erstens zeigen die Worte vom Schätzesammeln und die ihnen angefügten Sprüche, wie energisch Matthäus die ersten drei Bitten (dein Name, deine Herrschaft, dein Wille) zur bestimmenden Norm und zum treibenden Motiv für das Gesamtverhalten der Jünger inmitten der Welt macht. Und zweitens geht aus der Veranschaulichung der vierten Bitte durch die Sprüche vom Sorgen m.E. deutlich hervor, dass Matthäus sie nicht als Bitte um die Teilnahme am eschatologischen Heilsmahl, sondern um den nötigsten irdischen Unterhalt verstanden hat.
Innerhalb des Abschnittes B der Bergpredigt sind die *Sprüche vom Richten* 7,1-5 die einzigen, die in der lukanischen Feldrede 6,37-42 eine Parallele haben, dienen jedoch nicht wie dort dazu, das Gebot der Feindesliebe Lk 6,26 ff. / Mt 5,43 ff. und insbesondere die Forderung der Barmherzigkeit Lk 6,31 zu erläutern, sondern folgen erst jetzt nach den Sprüchen vom Schätzesammeln und Sorgen, offensichtlich ohne speziellen Zusammenhang mit diesen. Lässt sich für diese Umstellung ein plausibler Grund erkennen? M.E. ist diese Frage zu bejahen, dann nämlich, wenn man sie in Entsprechung zu den vorangehenden Spruchreihen zu den Bitten des Vaterunsers, und zwar jetzt zur fünften Bitte in Beziehung setzt: »Und vergib uns unsere Schulden, wie auch wir vergeben haben unseren Schuldnern«. Zwar berührt sich 7,1 ff. terminologisch weder mit der Bitte selbst noch mit dem sie erläuternden Spruch 6,15. Umso deutlicher aber ist der inhaltliche Zusammenhang: Hier wie da wird der den Bruder Verurteilende bezw. ihm die Vergebung Verweigernde auf seine eigene Schuld verwiesen und auf die Konsequenzen seines Verhaltens vor dem Gericht Gottes: »... wird auch euer Vater eure Übertretungen nicht vergeben« (6,15), »... damit ihr nicht gerichtet werdet« usw. (7,1 f.).[5]
Das nächste kurze Bildwort von der *Entweihung des Heiligen* 7,6 hat M. Dibelius[6] den wenigen ungedeutet und darum für die Interpretation rätselhaft gebliebenen Bildworten zugerechnet. Das ist auf den isolierten Spruch als solchen gesehen gewiss richtig. Doch ist damit die Frage nach seiner Funktion im matthäischen Kontext nicht erledigt. Zahl-

5 Eindeutig steht in Mt 7,3-5 wie 5,22 ff.47; 18,15 ff.(17!); 21,35; 23,8 der Bruder als Mitchrist im Blick, nicht, wie jüngst behauptet, das Verhältnis von Christen und Heiden (gegen *O. Hanssen*, Zum Verständnis der Bergpredigt. Eine missionstheologische Studie zu Mt 5,17-18, in: Der Ruf Jesu und die Antwort der Gemeinde. Exegetische Untersuchungen (FS J. Jeremias), hg. v. E. Lohse, Göttingen 1970, S. [94-111] 103).

6 *M. Dibelius*, Die Formgeschichte des Evangeliums, Tübingen [6]1971, S. 250.

reiche Ausleger beziehen ihn auf die vorangehenden Sprüche vom Richten und finden seine Pointe darin, dem absoluten Verbot des Verurteilens 7,1 f. ein einschränkendes *Sunt certi denique fines* hinzuzufügen[7] oder gar vor einem »libertinistischen« Missbrauch zu warnen[8]. Doch sind die angemaßte Rolle des Richters über den Mitbruder in der Gemeinde und die mit furchtbarem Strafgericht bedrohte Weitergabe des »Heiligen« an Unwürdige (was immer damit gemeint sein mag) so verschiedene Akte, dass zwischen 7,1 ff. und 7,6 sich kein überzeugender Sinnzusammenhang herstellen lässt.

Dagegen ergibt sich m.E. ein sinnvoller Zusammenhang unter der bereits an der Disposition von 6,19 - 7,5 erprobten Annahme, dass das Motiv für Anfügung und Platzierung des Spruches 7,6 in den beiden letzten Vaterunser-Bitten zu suchen ist[9]. Die aufgezeigte Abfolge der vorangehenden Spruchgruppen nach den ersten fünf Bitten lässt einen solchen Kompositionsplan unbedingt erwarten, denn der im Aufbau der Bergpredigt und sonst so überlegt und konsequent verfahrende Evangelist dürfte schwerlich an dieser gewichtigen Stelle am Ende seiner Vaterunser-Kommentierung ausgerechnet die Schlussbitten seiner Fassung des Gebetes übergangen und eine Lücke gelassen haben. Auf den ersten Blick freilich scheint 7,6 inhaltlich mit der sechsten und siebenten Bitte nichts zu tun zu haben. Doch mindert sich diese Schwierigkeit, wenn man Herkunft und Charakter des Spruches näher ins Auge fasst. Die im Judentum geläufigen groben Metaphern »Hunde« und »Schweine«[10] für die kultisch Unreinen in Verbindung

7 Z.B. *J. Weiß*, Die drei älteren Evangelien, in: SNT I, Göttingen ^{2}1907, S. (31-525) 296; vgl. auch *E. Klostermann*, Das Matthäusevangelium (HNT 4), Tübingen ^{4}1971, z.St.: »nicht richten, gewiß, aber auch nicht ›urteilslos‹ verfahren!« und *W. D. Davies*, The Setting of the Sermon on the Mount, Cambrigde 1964, p. 326: »to modify the preceding prohibition of judgment probably within the community itself« (ähnlich p. 392).

8 *O. Hanssen*, Zum Verständnis der Bergpredigt (s. Anm. 5).

9 Die nachträgliche Überprüfung meines in Tübingen gehaltenen Vortrages hat mich veranlasst, die in den Ausführungen über den umstrittenen Spruch 7,6 aus übergroßer Vorsicht gelassene Lücke zu schließen und meine frühere Exegese zu korrigieren. Ich notiere mit Dank, dass *H. v. Campenhausen* mich darin in einem eingehenden Gespräch nachdrücklich bestärkt hat.

10 Vgl. *P. Billerbeck* I, S. 447 ff.; *W. Grundmann*, Das Evangelium nach Matthäus (ThHK I), Berlin ^{4}1975, S. 220 ff. Die beiden Schimpfwörter »Hund« und »Schwein« finden sich auch in der frühchristlichen Paränese: 2Petr 2,22; Barn 10,3 ff.10 (vgl. *H. Windisch*, Die Apostolischen Väter [HNT ErgBd.], Tübingen 1920, S. 359). – Zum Text von Mt 7,6a: Im Anschluss an Frühere hat *Joachim Jeremias* (Abba, Göttingen 1966, S. 83-87) die Hypothese vertreten, der griechische Text sei durch Fehlübersetzung des doppelsinnigen aram. קְדָישָׁא, das ebenso »Heiliges« wie »Ring« bedeuten kann, entstanden. Ausgesprochen sei in beiden Satzgliedern derselbe Gedanke und also zu übersetzen: »Legt den Hunden keinen Ring an und hängt eure Perlen(schnüre) nicht an die Rüssel der Schweine«. Aber diese Hypothese überzeugt nicht, weil sie erstens dazu nötigt, auch für

mit der Weitergabe des »Heiligen« (ursprünglich: Opferfleisch, übertragen: die Tora)[11] lassen vermuten, dass das Logion in streng judenchristlichen Kreisen als Sprichwort im Gebrauch war und möglicherweise zur Abwehr einer auch auf die Heiden ausgedehnten Mission gedient hat[12]. Ist das richtig, dann rückt der Spruch in nächste Nähe zu Mt 10,5b-6.15; 24,26 f. Doch ist das nur eine Anwendungsmöglichkeit unter anderen. In Did 9,5 wird der Spruch als Herrenwort zitiert, um das Verbot, Ungetaufte zur Eucharistie zuzulassen, zu begründen. Und auch in Mt 7 steht nicht die Frage der Mission im Blick[13], vielmehr ist der Spruch ein striktes Verbot, das den Jüngern anvertraute »Heilige« an »Unwürdige« zu vergeuden[14]. Dann aber kann τὸ ἅγιον im Zusammenhang der matthäischen Bergpredigt nur ein zusammenfassender Ausdruck sein für alles, was in ihr und zumal im Vaterunser den Jüngern anvertraut worden ist. Dieses Heilige zu hüten und unverletzt zu bewahren, werden sie aufgerufen. Anderenfalls wird das Verderben über sie hereinbrechen. Im Matthäus-Text ist der Spruch dann nicht wesentlich anders gemeint als das auf die Seligpreisungen folgende Drohwort, dass das fade gewordene Salz nur noch dazu taugt, weggeworfen und von den Leuten zertreten zu werden (5,13b)[15]. Beide halten den Jüngern in einem drastischen Bildwort die erschreckende Konsequenz einer Verleugnung ihres Auftrages vor Augen und

ἔμπροσθεν eine Fehlübersetzung des aram. באפי = »vor« oder »an die Nase, an den Rüssel« anzunehmen und βάλειν abweichend von seiner gängigen Bedeutung »werfen« (hin-, weg-, vor-, auswerfen) mit »umhängen« zu übersetzen. Auch ist die Vorstellung von einer die Tiere aufs Äußerste erregenden Täuschung durchaus nicht, wie Jeremias meint, unsinnig, vielmehr begegnet das Motiv alsbald im matthäischen Kontext 7,9 (Steine statt Brot usw.). Die herkömmliche Auslegung in 7,6a/b sei an ein absurd boshaftes Verhalten gegenüber Hunden und Schweinen zu denken, verdient darum den Vorzug. Auch ist zu beachten, dass das Drohwort auf den tödlichen Schaden abzielt, den die Angeredeten erleiden werden. Das ursprüngliche Kultwort ist hier sichtlich sprichwörtlich ausgeweitet zu einem Drohwort geworden. Für die uns beschäftigende Komposition trägt diese spezielle Textfrage nichts aus.

11 Bekh 15a Bar zu Dtn 12,15: »Man löst Heiliges nicht aus, um es die Hunde fressen zu lassen«. Chag 13a: »Man überliefert die Worte der Tora nicht einem Goi« (Weiteres Billerbeck, a.a.O.).

12 Vgl. *W. Grundmann, E. Schweizer* z.St.

13 So auch *W. D. Davies*, The Setting of the Sermon on the Mount (s. Anm. 7), p. 326.

14 Bekanntlich spielt das Motiv der »Würdigkeit« im Matthäus-Evangelium eine zentrale Rolle (10,11; 13,37 f.; 22,8).

15 An beiden Stellen findet sich καταπατεῖν, das die verwendeten Metaphern streng genommen überzieht. Da das Verb in LXX häufig für Strafaktionen, Verwüstung, Schändung, Verfolgung gebraucht wird (vgl. *G. Bertram*, Art. πατέω κτλ. B. πατέω und Komposita in Septuaginta, in: ThWNT 5, Stuttgart 1954, S. 941-943), ist zu fragen, ob hier nicht die Sache ins Bild hineinschlägt und beide Verben allegorisch gemeint sind.

verdeutlichen ihnen, was für sie selbst auf dem Spiel steht. Das besagt speziell im Blick auf c. 7: Der letzte Spruch der matthäischen Vaterunser-Kommentierung soll sie beispielhaft erkennen lassen, welche »Versuchung« ihnen droht und welchem »Bösen« es zu entgehen gilt. So verstanden erweist sich das Logion als eine knappe, gewichtige Warnung, die den zeitgenössischen, mit seiner Metaphorik vertrauten Hörern unmittelbar verständlich sein musste, ohne weiterer Erläuterung zu bedürfen[16].

Die zunächst befremdliche Platzierung der Sprüche von der Erhörung des Gebetes bereitet nach allem Gesagten jetzt keine Schwierigkeit mehr. Mit 7,6 oder 7,1-5 haben sie direkt nichts zu tun. Auch sind sie der vorangegangenen matthäischen Kommentierung des Vaterunsers nicht selbst zuzurechnen. Auf den Inhalt der einzelnen Bitten nehmen sie nicht mehr Bezug. Umso mehr aber auf das von Jesus gelehrte Beten überhaupt und verheißen ihm Erhörung, erstaunlicherweise ohne jede Einschränkung, weder gebunden an eine besondere Situation noch gebunden an eine persönliche oder inhaltliche Voraussetzung[17]. Die von jeher sich aufdrängenden Fragen nach Grund und Grenze der Erhörungszusage beantworten auch sie nicht, es sei denn dadurch, dass die auf das Vaterunser folgenden Herrenworte in Mt 6/7 und darüber hinaus die Bergpredigt im Ganzen die Jünger darin unterweisen, was es im Sinne Jesu heißt, das Beten im Vollzug des ganzen Lebens zu praktizieren. So verstanden nehmen die mit αἰτεῖτε beginnenden und mit τοῖς αἰτοῦσιν αὐτόν schließenden Sprüche 7,7-11 das Stichwort aus 6,8 wieder auf und markieren damit unmissverständlich den Zusammenhang der Sprüche und Spruchgruppen und ihrer Anordnung. Ein verlorener Nachtrag sind die Erhörungsworte also ganz und gar nicht. Vielmehr ist ihre Funktion auch in der ausgestalteten matthäischen Komposition eine ähnliche wie die der ebenfalls ab-

16 Selbstverständlich bin ich mir bewusst, dass auch diese Auslegung nur ein Deutungsversuch sein kann, aber m.E. ein Versuch, der Charakter und Stellung des Spruches und den aufgezeigten Kompositionsmotiven in Teil B der Bergpredigt am ehesten gerecht wird. Zu bedenken ist in jedem Fall, dass Matthäus in dem besagten Abschnitt das Herrengebet nicht frei, sondern mit Hilfe vorgegebenen Spruchgutes kommentiert bzw. glossiert hat und dabei der Verstehenshorizont seiner zeitgenössischen Gemeinde aufgrund der ihr vertrauten Traditions- und Bildersprache zu berücksichtigen ist. Wie so oft sind Abbreviaturen und Verstehensschwierigkeiten in den Texten, die wir nur mühsam überwinden, ein Indiz dafür, dass der Autor damals mit einem unmittelbaren Verständnis rechnen konnte. Auch ist methodisch in Rechnung zu setzen, dass ein Traditionsstück, für sich allein genommen, vielfach noch nicht beweiskräftig sein kann, sondern sein argumentatives Gewicht aus der Konvergenz mit anderen im jeweiligen Kontext erhält. Dieser zeigt in unserem Falle eindeutig, dass in 7,7-11 nicht mehr der Inhalt des Gebetes, sondern die Übung des Betens Thema ist.

17 Dazu neuestens *H. v. Campenhausen*, Gebetserhörung in den überlieferten Jesusworten und der Reflexion des Johannes, in: KuD 23 (1977), S. 157-171.

schließenden Parallelsprüche in der anders akzentuierten Gebetsdidache Lk 11,9-13.
Ist die vorgetragene Textanalyse zutreffend, so zeigt sich, dass auch der von den beiden Teilen A und C redaktionell deutlich abgehobene und nach eigenen Kompositionsmotiven gestaltete Teil B keineswegs ein lockeres Konglomerat disparater Sprüche ist, sondern ein sinnvoll nach der Abfolge der Vaterunser-Bitten disponiertes Ganzes.
Unser Ergebnis ist nicht schlechthin neu. Vor allem hat W. Grundmann in seinem Matthäus-Kommentar (^{3}1972) die These vertreten, das Vaterunser sei die Mitte der ganzen Bergpredigt, »von der her sich ihr Sinn und ihre Bedeutung erschließt«, und zwar derart, dass alles, was in ihr dem Vaterunser vorangeht, zu den ersten drei Bitten hinleitet und die folgenden Worte die 2. Strophe seiner Bitten entfalten[18]. Ähnlich E. Schweizer in seinem Kommentar zu Matthäus (NTD 1973, S. 130): »In gewisser Weise markiert das Vaterunser die Mitte der Bergpredigt, wobei die ersten drei Bitten in den vorangehenden, die letzten ... in den nachfolgenden Abschnitten entfaltet werden.« In dieser Form ist die These allerdings viel zu weit gespannt und an den Texten nicht auszuweisen. Wie wir sahen, sind die zuerst besprochenen Teile A und C nach anderen Kompositionsmotiven disponiert als Teil B. Darüber darf auch das Vorkommen bestimmter typisch matthäischer Begriffe und Wendungen wie »euer himmlischer Vater«, »Himmelreich«, die sie mit dem Vaterunser gemein haben, nicht hinwegtäuschen. Dass der heutige Ausleger derlei Zusammenhänge reflektiert, liegt natürlich nahe. Das berechtigt jedoch noch nicht dazu, sie dem Evangelisten selbst als Intention zu unterstellen. Dafür zählen allein die nicht wenigen eigenen redaktionellen Formulierungen und Besonderheiten seines Textes. Sie fehlen wie gezeigt auch innerhalb der angeblich zusammenhanglos aneinander gereihten Sprüche in B nicht, aber deuten darauf, dass Matthäus die Kompositionsmotive für seinen Stoff hier den Bitten des Vaterunsers entnommen hat.

FOLGERUNGEN

Die vorgetragene Reduzierung der in Frage stehenden These auf den Mittelteil der Bergpredigt ist, wie ich meine, mehr als eine bloße Schönheitskorrektur, die für das Verständnis der Texte nichts Wesentliches austrägt. Denn sie korrigiert ganz erheblich die in neueren redaktionsgeschichtlichen Arbeiten vielfach als selbstverständlich vorausgesetzte Vorstellung, Matthäus habe sich bei ihrer Komposition bis ins Einzelne von einem vorgefassten, theologisch durchreflektierten und differenzierten Gesamtkonzept leiten lassen. In Wahrheit ist seine

18 Exkurs, S. 204-206.

Arbeitsweise jedoch sozusagen primitiver und konservativer, soll heißen: stärker traditionsgebunden, – eine Feststellung, die sich m.E. unschwer auch an seinen übrigen Redekompositionen, ja an der Gestaltung seines ganzen Evangeliums erhärten ließe. Wie seine Vorgänger versteht auch er sich in erster Linie als Traditionsträger, darum bemüht, so dicht wie möglich beim Wortlaut der ihm überkommenen Jesus-Überlieferung zu bleiben. In der Weise freilich, wie er jeweils Spruchgut aus anderen Zusammenhängen ad hoc einfügt und das Ganze arrangiert und pointiert, erweist sich der Tradent Matthäus zugleich als Interpret seiner Tradition. Das tritt, wie gezeigt, auch und gerade darin zutage, wie er in c. 6 das Vaterunser in die Bergpredigt eingebracht und seinen sieben Bitten den Leitfaden für die Anordnung der sie erläuternden Sprüche (c. 6/7) entnommen hat. Seine ad hoc-Exegese ist dabei nicht eigentlich an Stichwörtern, sondern inhaltlich orientiert. Das gilt innerhalb der übrigen Rede z.B. für die Einfügung der Sprüche über die Vordringlichkeit der Versöhnung mit dem Bruder im Rahmen der ersten Antithese 5,23 ff. und die der zweiten Antithese angefügten Sprüche von der Überwindung des Ärgernisses 5,29 f. sowie in anderer Weise für die Ausgestaltung des Schlussteiles C. Innerhalb des Mittelteiles B sind die deutlichsten Beispiele die den Sprüchen vom Schätzesammeln 6,19 ff. angefügten Worte von der Einfalt und von der Unmöglichkeit, Gott und dem Mammon zu dienen (22 f. und 24).

Zuletzt in gebotener Kürze ein paar Bemerkungen zu der Frage, ob die Bergpredigt als Gesamtkomposition sich in eine bestimmte Gattung der jüdischen oder urchristlichen Literatur einordnen lässt. Sehe ich recht, so gibt es für sie keine wirkliche Analogie. Zweifellos lässt sich für einzelne Sprüche und Spruchgruppen mit einiger Sicherheit der »Sitz im Leben« angeben (Paränese, prophetische Worte, Gemeinderegeln und dergleichen), aber keine literarische Gattung für die Bergpredigt im Ganzen. Die Gemeindeordnungen aus Qumran (1QSI, 1QSa), erst recht die Damaskus-Schrift sind anders strukturiert, auch die »Sprüche der Väter«. Eher drängt sich der Vergleich mit der ältesten erhaltenen christlichen Kirchenordnung, der Didache, auf. Diese berührt sich wie bekannt in mancher Hinsicht mit der Bergpredigt. Ich erinnere an ihre Zwei-Wege-Lehre (Did 1-6) mit ihren Parallelen und Anklängen an die Antithesen Mt 5; das mit der Matthäus-Version fast übereinstimmende Unser Vater (Did 8,2); den Matthäus und Did 9,5 gemeinsamen Spruch von der Entweihung des Heiligen; die Warnung vor falschen Aposteln und Propheten (Did 11-13) und in engem Zusammenhang damit den apokalyptischen Schluss (Mt 7,15 ff.; Did 16). Doch unterscheidet sich die Bergpredigt von der Didache dadurch, dass ihr alle jene Stücke fehlen, die der letzteren erst ihren Charakter als Kirchenordnung geben: die Unterscheidung zwischen Katechumenen und Getauften, kultische Regeln bezüglich Fasten und Vaterunser-Beten, Taufe und Eucharistie sowie ihre Ämterlehre. Eine durch die Jünger repräsentierte Gemeinde ist zwar sichtlich auch in der Bergpredigt vorausgesetzt, aber eine durchaus offene, noch nicht umgrenzte Gemeinde. Eine Gemeindeordnung ist die Bergpredigt also nicht[19]. Wohl aber gewährt sie in zahlreichen ihrer Einzelstücke einen Einblick in Werden und Entstehen einer solchen.

Fragt man, woher Matthäus die Leitmotive für die Komposition der Bergpredigt im Ganzen genommen hat, so kann man eigentlich nur auf die zentralen Themen der Botschaft Jesu selbst, so wie sie ihm und seiner Gemeinde überliefert war, verweisen: das Heilsangebot Gottes, das ergriffen sein will, den Heilswillen Gottes, der getan sein will, das kommende Gericht Gottes, dem alle, die Jesu Worte hören, entgegengehen, von Matthäus zusammengefasst in den beiden Leitworten βασιλεία τῶν οὐρανῶν und δικαιοσύνη. Ihre Interpretation hat Matthäus in der Weise gegeben, dass er in der ersten programmatischen Rede seines Evangeliums – mit Matthäus 28,20 zu sprechen – »Alles was ich euch geboten habe« durch Jesu eigene sich wechselseitig auslegenden Worte erläutert und damit die Jüngergemeinde anleitet, sie nicht nur zu exegesieren, sondern *in* und *nach* ihnen zu leben. Dazu verweist er sie gerade auch in c. 6/7 auf das von ihm gelehrte, ihr vertraute Herrengebet als Wegweisung für ihr Glauben und Leben, die ihrem In-der-Welt-Sein Grund, Maß und Ziel gibt »bis zur Vollendung der Weltzeit«.

19 So mit Recht auch *W. D. Davies*, The Setting of the Sermon on the Mount (s. Anm. 7), p. 399.

Die Gegenwartsbedeutung der Bergpredigt

Romano Guardini hat von der Bergpredigt Jesu einmal gesagt: sie ist »der Angriff Gottes auf die Welt; die Erschütterung der Erde vom Himmel her«. Jesu Bergpredigt: wir meinen damit die Mt 5 bis 7 zusammengestellten Sprüche, in denen Jesus die neue Gerechtigkeit verkündigt, ohne die keiner in das Reich Gottes eingehen wird.
Es sind die uns allen bekannten Worte, mit denen Jesus in Vollmacht *seine* Auslegung des Willens Gottes *dem* gegenüberstellt, was »zu den Alten gesagt ist«, sein Gebot, nicht nur dem Mord und Totschlag, sondern schon dem aufkeimenden Gedanken und dem ausbrechenden Wort des Zornes gegen den Bruder keinen Raum zu geben, nicht nur den Ehebruch, sondern schon den lüsternen Blick und den begehrlichen Gedanken zu meiden und die Ehe unverbrüchlich zu halten, sein Ruf zu uneingeschränkter Wahrhaftigkeit und darum zum Verzicht auf Eid und Schwur, zum Verzicht auf das Recht der Vergeltung, auch wo mir das Unrecht widerfährt, und also sein Gebot, dem Bösen nicht zu widerstehen, und endlich sein Ruf zu einer Liebe, die nicht nur dem Nächsten sich zuwendet, sondern auch den Feind umfasst.
Diese Worte sollen ein *Angriff* Gottes auf die Welt sein? Wird man darauf nicht antworten müssen: Welch eine pathetische Übertreibung! Und wenn man die Bergpredigt schon einmal so bezeichnen will, so ist ja wohl mindestens erwiesen, dass dieser Angriff fehlgegangen und abgeschlagen ist. Denn die wohl gegründete, dauernde Erde macht nicht eben den Eindruck, als ob sie vom Himmel her erschüttert sei oder erschüttert werden könnte. Gewiss, es fehlt nicht an vulkanischen Stößen und unheimlichen Bedrohungen, die uns immer wieder in Atem halten. Aber diese vulkanischen Herde liegen gleichsam im Schoße der Erde selbst. Es gehört, könnte man sagen, zum Gesicht der neuzeitlichen Welt, »vom Himmel her« nicht mehr sich erschüttern zu lassen.
So wird man füglich sagen: Mag die Bergpredigt Jesu das Ideal einer großen und reinen Gesinnung vor uns hinstellen, wer kann mit diesem Ideal etwas anfangen, das fern und fremd über der harten, immer wieder uns unter ihr eigenes Gesetz zwingenden Wirklichkeit steht? Erweist ihre Forderung sich nicht immer wieder als Überforderung? Wer kann ihr im Bereich seines eigenen Lebens genügen? Wer bringt es fertig, nach ihren Weisungen heute die uns aufgegebenen politischen und sozialen Fragen zu lösen, das Recht zu gestalten und das Verhält-

nis der Völker untereinander zu ordnen, ohne ein politischer Schwärmer oder weltflüchtig zu werden und damit den Triumph der Bosheit gerade zu befördern?
Das sind tausendfach gestellte und gehörte Fragen; jeder kennt sie und weiß, wie schrecklich »richtig« sie sind. Und doch sollte jeder von uns mindestens eine Witterung dafür haben, dass wir schnell mit derlei Einwänden immer wieder den völlig untauglichen Versuch machen, den uns geltenden Anruf loszuwerden, abzuschütteln und in der vermeintlichen »Wirklichkeit« unseres Lebens ein Alibi zu finden. Es gibt gerade auch der Bergpredigt Jesu gegenüber eine »Ohne-mich«-Position, an der nur allzu deutlich wird, dass die eigentliche Kunst des alten Adam die ist, dem Anruf Gottes gegenüber sich nicht dumm, sondern klug zu stellen. Dies zu wissen und zu erkennen, ist geboten und heilsam, ehe wir die Fragen, die die Bergpredigt uns vornehmlich und bedrängend stellt, in Angriff nehmen.

I

Wir vergegenwärtigen uns zunächst einige der wichtigsten und wirksamsten Auslegungen, die die Bergpredigt in einer langen Geschichte und zumal in neuerer Zeit erfahren hat. Wer diese Geschichte verfolgt, sieht sich vor die Frage gestellt, ob nicht die geschichtlichen Stunden der Bergpredigt immer die waren, wo Menschen sich durch Jesu Forderung und Gebot in einer radikal-unmittelbaren Weise aufrufen ließen und die Bergpredigt im Einsatz persönlicher Entscheidung wort-wörtlich in ihrer Gegenwart zu verwirklichen suchten – in der Verweigerung des Eides, im Verzicht auf das Eigentum, im Nein zum Kriegsdienst. Waren dies nicht die geschichtlichen Augenblicke, in denen der Angriff auf diese Welt wirklich geschah und die brüchigen Fundamente ihrer vermeintlich geheiligten politischen, sozialen, moralischen und religiösen Traditionen erschüttert wurden; wo der Vulkan der Bergpredigt zum Ausbruch kam oder mindestens sein Feuerschein bedrohlich sichtbar wurde und so zutage kam, an welchen gefährlichen Hängen die Christenheit sich sicher eingerichtet hatte und die Herden ihrer Gläubigen sorglos weiden ließ?
In diesen Augenblicken richtete sich der Angriff immer zugleich auf eine Kirche, die mit ihren Sophismen und Theologismen die bestehende Welt und ihre »Ordnungen« sanktionierte und die Dynamis der Bergpredigt gleichsam unter sichern Verschluss genommen hatte. Wir denken in diesem Zusammenhang vor allem an *Tolstoi*s Auslegung der Bergpredigt. Wer sie genauer prüft[1], sieht freilich bald, dass sie

1 Vgl. *K. Holl*, Tolstoi nach seinen Tagebüchern, in: ders., GAufs. zur Kirchengeschichte, Bd. II: Der Osten, Tübingen 1928, S. (433–449) 446 f.

alle Gebote Jesu auf den rein *negativen* Satz reduziert: Du sollst dem Übel nicht widerstehen, von dem aus Staat, Recht, Eigentum, Kultur Tolstoi nur als Versuche und Veranstaltungen der Gesellschaft erschienen, dem Bösen Widerstand zu leisten und so seine Herrschaft gerade zu bestätigen. Von dem *positiven* Sinn des Liebesgebotes Jesu kann darum bei Tolstoi nicht wirklich die Rede sein, und die Bergpredigt wird ihm nicht zufällig zu einer »Metaphysik der moralischen Ökonomie«, in der es in Wahrheit nicht mehr eigentlich um das Verhältnis des Menschen zu Gott und zu seinem Bruder geht, sondern um eine Art Technik der Passivität, die den Menschen zu einem vernünftigen Dasein führen soll.

Tolstoi hat aus seinem mit Jesu Bergpredigt begründeten Protest gegen die bestehende Welt bekanntlich nicht die Folgerung der Revolution gezogen, sondern den Weg des Einsiedlers gewählt. Der Marxismus war für ihn nur der Versuch, eine bestehende Despotie durch eine andere zu ersetzen. Gleichwohl hat er den Boden des Kommunismus und Bolschewismus mit vorbereitet. Aus der Parole des Rückzuges von der Welt ist hier schnell genug die Parole des Angriffs gegen die Welt geworden. Und hat diese Bewegung der proletarisch-kommunistischen Revolution, im Unterschied etwa zu den Schwärmern der Reformationszeit, es auch radikal abgelehnt, sich religiös und unter Berufung auf die Bergpredigt zu begründen, so hat sie doch mindestens Jesu Bergpredigt dazu benutzt, der kapitalistisch-christlichen Gesellschaft den Spiegel vorzuhalten. »Straft nicht jeder Augenblick Eures praktischen Lebens Eure Theorie Lügen? Haltet Ihr es für Unrecht, die Gerichte in Anspruch zu nehmen, wenn Ihr übervorteilt werdet? Aber der Apostel schreibt, daß es Unrecht sei. Haltet Ihr Euren rechten Backen dar, wenn man Euch auf den linken schlägt, oder macht Ihr nicht einen Prozeß wegen Realinjurien anhängig? Aber das Evangelium verbietet es ... Handelt der größte Teil Eurer Prozesse und der größte Teil der Zivilgesetze nicht vom Besitz? Aber es ist Euch gesagt, daß diese Schätze nicht von dieser Welt sind.«[2]

Es fehlt denn bekanntlich auch nicht an Beispielen der sozialistischen Literatur, in denen Jesus als der *Revolutionär* gegen Besitz, Gesellschaft und staatliches Regime und als Anwalt der Unterdrückten und Entrechteten wenn auch nicht zum Führer, so doch zum Bundesgenossen im Kampf um eine neue Gesellschaftsordnung deklariert wurde. So haben ihn *Kautsky* und andere geschildert, und so haben bereits die Jakobiner der französischen Revolution ihn als le bon sansculotte für sich in Anspruch genommen. Es ist leicht für uns, die oft genug

2 *K. Marx*, Der leitende Artikel in Nr. 179 der Kölnischen Zeitung, in: ders. / Friedrich Engels, Historisch-kritische Gesamtausgabe, Bd. I, I, 1: Werke und Schriften bis Anfang 1844 nebst Briefen und Dokumenten, Berlin 1927, S. (232-259) 246.

grauenvolle und groteske Entstellung der Gestalt und Botschaft Jesu in allen solchen Äußerungen zu erkennen. Aber ist damit die beunruhigende Frage an die Christenheit abgetan, die sich immer wieder so meisterlich darauf verstanden hat und versteht, gerade auch mit Hilfe ihrer Theologie sozusagen die Stoßrichtung der Forderung Jesu abzufangen, abzuleiten und darüber selbst in Ruhe zu bleiben?

Der christliche und theologische Kampf gegen Schwärmerei und Anarchie, zumal, wo sie ihre revolutionären Programme und Träume unter die Fahne Christi stellten, ist ja freilich nicht nur Ausdruck einer fatalen Sekurität, sondern ein Gebot, zu dem uns eine durchaus legitime, uns je und je von Neuem aufgegebene historische und theologische Besinnung verpflichtet. Es war für *Friedrich Naumann* eine überaus schmerzhafte Erfahrung, als ihm auf seiner Palästinafahrt um die Jahrhundertwende die völlige Diskrepanz zwischen der geschichtlichen Umwelt Jesu und den politischen, sozialen und kulturellen Verhältnissen unseres technisierten Zeitalters aufging und damit die Unmöglichkeit, für die Lösung der uns aufgegebenen Fragen von Jesus direkte inhaltliche Weisungen erwarten zu wollen.

Etwa zur selben Zeit machten *Johannes Weiß* und *Albert Schweitzer* die große, für die Folgezeit der Theologie entscheidende Entdeckung, dass Jesu Gestalt und Botschaft nicht nur in den Rahmen einer anderen geschichtlichen Umwelt, sondern eines uns fremd gewordenen *apokalyptischen* Geschichtsbildes gehören. Auf diesem Grunde und in diesem Rahmen versuchten sie die Bergpredigt als das Gesetz des Ausnahmezustandes zu verstehen für eine Welt, die schon im Feuerschein des unter kosmischen Katastrophen hereinbrechenden Weltendes und des in Bälde anbrechenden Gottesreiches liegt. Das meinte das berühmt gewordene Wort *Schweitzer*s von der »Interimsethik« Jesu, die ihren ursprünglichen Sinn verloren hat mit der Tatsache, dass das von Jesus und seinen Jüngern erwartete Weltende nicht gekommen ist.

Die Theologie hat sich auch mit dieser auf den ersten Blick so einleuchtenden Auslegung nicht zufrieden geben können. Denn es kann kein Zweifel sein, dass diese Deutung der Bergpredigt gleichsam eine apokalyptische Temperatur zuspricht, die sie nicht hat. Es ist ja nicht wahr, dass sie den Brandgeruch der kosmischen Katastrophe an sich trägt, so sehr sie Botschaft von der kommenden Gottesherrschaft ist und zu der Gerechtigkeit ruft, ohne die keiner in das Reich eingehen wird. Oder besser und unbildlich gesagt: Diese Deutung macht offenbar das apokalyptische Weltende zum Motiv der Forderungen Jesu, während sie doch einzig darin begründet sind, dass die Liebe zum Nächsten und zum Feind, Reinheit, Treue und Wahrhaftigkeit der Wille Gottes sind. Der *innere* Zusammenhang zwischen der Forderung Jesu und seiner Botschaft von der kommenden Gottesherrschaft wird überdies in der apokalyptischen Deutung der Bergpredigt in keiner Weise deutlich.

So haben andere Erklärungen helfen sollen: Die Meinung, Jesu Forderungen seien überhaupt missverstanden, wenn man aus ihnen gesetzliche Weisungen für ein bestimmtes Tun macht. Die Bergpredigt ziele in Wahrheit auf eine neue *Gesinnung*. Schon recht, wird man antworten müssen, aber diese Antithese von Gesinnung und Tat ist ohne Frage ein bedenklicher Irrweg aus dem Gedränge heraus, in das uns die Bergpredigt versetzt. Denn wenn eines an ihr deutlich ist, so doch dies, dass Jesus schon die Gesinnung für die Tat nimmt und beständig den Gehorsam bis in die konkrete Tat hinein gebietet. »Wer diese meine Worte hört und tut sie ...«!

Völlig anders lautet endlich die Lösung des Bergpredigt-Problems, die seit der *lutherischen Orthodoxie* sich bis in unsere Zeit behauptet hat, die Meinung nämlich, dass die Bergpredigt überhaupt nicht unmittelbar auf den Gehorsam der Tat abziele, sondern uns den Spiegel der Sünde vorhalten wolle, um uns gerade so dem in die Arme zu treiben, der allein und stellvertretend für uns die von Gott geforderte Gerechtigkeit erfüllt hat. So, vom Evangelium und insbesondere von Paulus her, wolle die Bergpredigt verstanden werden: als Darstellung des *einen* Menschen, Jesus Christus, der das Gesetz total erfüllt hat, und als Verheißung des neuen Menschen, der wir durch den Glauben an die von Christus geschenkte Gerechtigkeit sein werden (*Thurneysen*). Indessen allzu deutlich ist hier die Reflexion über die Lage, in die uns die Bergpredigt versetzt, mit der Auslegung der Worte selbst vermengt. Wo dieser Unterschied nicht beachtet wird, erliegt man mit Sicherheit der Gefahr, die Bergpredigt, um es drastisch zu sagen, im Voraus dogmatisch zu verpacken.

Blickt man auf alle die genannten Auslegungsversuche der Bergpredigt in ihrer Mannigfaltigkeit zurück, so wird man bald einen sich durchhaltenden, fatalen Zug in ihnen entdecken, der mindestens in ihrem Effekt immer wieder deutlich geworden ist. Sie alle enthalten eine Beschränkung ihrer Gültigkeit; sie alle enthalten ein charakteristisches »Nur«. Jesu Forderung wird nur auf die Verhältnisse der Welt bezogen (die politischen Revolutionäre), sie gilt nur, wie die mittelalterliche Ethik meinte, für den Stand der *religiosi*, die von der Welt sich gelöst haben; sie gilt nur unter der historischen Voraussetzung eines noch nicht technisierten Zeitalters und eines apokalyptischen Geschichtsbildes; sie fordert nur eine neue Gesinnung; sie will verstanden werden nur als ein Spiegel der Sünde, nur als Beschreibung des neuen Menschen, der Jesus Christus allein ist. Dieses vielfältige Nur ist offenbar im höchsten Maße verdächtig. Es ist immer wieder zum Stoßkissen geworden, das die wirkliche Begegnung mit Jesu Wort erträglich und deshalb zur Illusion gemacht und im Vorhinein in historischen oder theologischen Reflexionen aufgefangen hat.

II

Jesu Bergpredigt führt einen Angriff in einer doppelten, wie es scheint, entgegengesetzten Stoßrichtung. Die erste wird sichtbar in dem Wort: »Meint nicht, dass ich gekommen sei, Gesetz und Propheten aufzulösen. Ich bin nicht gekommen aufzulösen, sondern zu erfüllen.« Die andere in dem Wort: »es sei denn eure Gerechtigkeit besser als die der Schriftgelehrten und Pharisäer, so werdet ihr nicht in das Himmelreich hineinkommen« und in dem immer neu verkündeten Gegensatz: »Ihr habt gehört, dass zu den Alten gesagt ist ... ich aber sage euch.«

Nach beiden Richtungen hin zeichnen sich hier Fronten ab, gegen die Jesus Christus sich stellt, Fronten, die sich zur Zeit Jesu und des Urchristentums in bestimmter geschichtlicher Gestalt darstellten, aber ihrem Wesen und Sinne nach bis heute gefährliche und höchst wirksame Möglichkeiten geblieben sind und unser Denken und Leben in ihren Bann schlagen wollen.

Die erste Front ist die Front der Schwärmer, die Jesus als den großen Revolutionär für sich in Anspruch nehmen wollen, als Propheten einer neuen Weltordnung, als Bringer einer neuen Zukunft, der das Alte, das Wort Gottes in Gesetz und Propheten, geopfert werden muss. Es sind die von einem Zukunftsbild der Welt Besessenen, für die der Wille Gottes, der uns immer schon rief und gebunden hat, eine lästige Fessel ist, die man abwerfen muss. Das Bild dieser Zukunftswelt wird nun zum einzig gültigen Gesetz erhoben; sie herbeizuzwingen, zu proklamieren und zur Darstellung zu bringen, gilt als Gebot der Stunde.

Diese Bewegung, die an Gottes Gesetz vorbei und über Gottes Gesetz hinwegstürmt in eine erträumte Zukunft hinein, ist, wie wir alle wissen, für uns heute zu Geschichte und Gegenwart geworden im Marxismus und Bolschewismus, den wir zunehmend deutlicher trotz aller Verbrämung in wissenschaftlichen Theorien als eine säkularisierte eschatologische Heilslehre, als eine Reich-Gottes-Lehre ohne Gott verstehen lernen[3]. »Die wirklich treibende Kraft hinter dieser (Geschichts-) Konzeption ist ein offenkundiger Messianismus.«[4]

In diesem Sinn ist der Marxismus in der Tat als eine Weltreligion zu bezeichnen: mit einem unbeirrbaren Glauben an eine kommende Sinnerfüllung der Geschichte, die in der Geschichte als Reich des

3 Vgl. die eben erschienenen »Marxismusstudien« in der Reihe »Schriften der Studiengemeinschaft der Evangelischen Akademien«, Bd. 3, Tübingen 1954, zum Folgenden bes. den ausgezeichneten Aufsatz von *H.-D. Wendland*, Christliche und kommunistische Hoffnung, a.a.O., S. 214-243; auch die gründliche Einführung von *E. Thier* zu K. Marx, Nationalökonomie und Philosophie (1950).

4 *K. Löwith*, Weltgeschichte und Heilsgeschehen. Die theologischen Voraussetzungen der Geschichtsphilosophie, Stuttgart ^{2}1953.

Menschen Ereignis werden will, mit einer Lehre von einer Entscheidungsmitte der Weltgeschichte, in der der Anbruch des Neuen geschieht (im Erwachen und Aufbruch des Proletariats), mit der Lehre von einem radikal Bösen in Gestalt der Ausbeutung als der Erbsünde dieses Äon, der Lehre von der Erlösung des Menschen aus seiner »Entfremdung«, einem Erlöser, der zugleich der Erlöste ist (dem Proletariat), und der Erwartung eines kommenden Weltzustandes, in dem die unerschöpflichen Lebensströme des Paradieses losbrechen und der Mensch der Herr und Neuschöpfer der ganzen Natur ist. Die eigentümliche *Mythisierung der Technik*, das Pathos der Rede, die dogmatische Intransigenz der Lehre, die Forderung der totalen Unterwerfung des Menschen, die folgerichtig in Bekehrungs-Bekenntnissen, gegebenenfalls in Sündenbekenntnissen immer neu bewährt und in einer um des Endzieles willen übernommenen rücksichtslosen Kampfbereitschaft und Askese durchgehalten werden muss, – alles das redet eine eindeutige Sprache. »Wer die Zukunft will, darf nicht nach der Vergangenheit fragen«, lautet ein Wort *Stalin*s, das unmittelbar an Jesu Wort erinnert: »Wer die Hand an den Pflug legt und sieht zurück, der ist nicht geschickt zum Reiche Gottes.«[5]

Diese Ähnlichkeit ist nicht ein Zufall, sondern gründet darin, dass Jesu Wort und der Marxismus heute in der Tat von der *Zukunft* bewegt sind, die alle unsere Geschichte transzendiert, und diese Zukunft aufschließen wollen; eine Zukunft, die nicht irgendwo im Himmel ist, sondern hier auf Erden Gegenwart werden soll. Und doch ist der Gegensatz abgrundtief, und jene Revolutionäre mussten, wenn sie Jesus als Bundesgenossen im Kampf für eine neue Welt- und Gesellschaftsordnung für sich in Anspruch nehmen wollten, immer wieder die Erfahrung machen, dass auf diesen Bundesgenossen nicht lange Verlass war und die Königsherrschaft Gottes, die er verkündete, sich nicht mit den eigenen Erwartungen zur Deckung bringen ließ. Es ist darum kein Wunder, dass dieses in der Geschichte der revolutionären Bewegungen des Abendlandes oft genug versuchte Bündnis heute, wie es scheint, definitiv aufgekündigt und an die Stelle der Heilsbotschaft eben jene durch und durch säkularisierte Heilslehre des Marxismus getreten ist.

Nun, Jesus selbst hat dieses Bündnis von Anfang an aufgesagt. Das eben meint das Wort: »Ich bin nicht gekommen, Gesetz und Propheten aufzulösen, sondern zu erfüllen«. Warum aber dieses Nein zu dem Enthusiasmus der Gesetzlosigkeit und dieses Ja zum Gesetz? Die Antwort kann nur lauten: weil es für Jesus keine echte Zukunft gibt, der das Opfer des Menschen gebracht werden dürfte. Wir meinen hier nicht das Opfer, das unter der Verheißung steht: »wer sein Leben verliert um meinetwillen, der wird es gewinnen«, sondern jenes mörderi-

5 Lk 9,62.

sche und doch so verführerische Opfer, bei dem der Mensch sich selbst an ein Phantom verliert, nur noch ein anonymes Teilchen einer Weltmaschinerie ist und also aufhört, der *Einzelne*, von Gott gerufene und vor Gott verantwortliche Mensch zu sein in jedem Augenblick und mit dem ganzen Leben. Wir könnten auch sagen: Weil Jesus es nicht zugibt, den lebendigen Gott gegen eine Idee zu vertauschen und damit den Menschen als verantwortliches Geschöpf zu verraten, darum sein Nein zum gesetzlosen Enthusiasmus und sein Ja zu Gottes Gesetz.

III

Aber nun gilt es zu erkennen, dass Jesu Bergpredigt noch eine andere Stoßrichtung hat, nämlich in jenem andern Wort: »Ihr habt gehört, dass zu den Alten gesagt ist ... Ich aber sage euch ...« In allen Worten, die unter dieser Überschrift stehen, greift er mit beunruhigender Schärfe ein Verständnis des göttlichen Willens und ein Selbstverständnis des Menschen an, das in der jüdischen Gesetzlichkeit, zumal in Leben und Haltung der Pharisäer und Schriftgelehrten beispielhaft Gestalt gewonnen hat.

In diesem jüdischen Gesetzesverständnis ist bis in die Wunderlichkeiten seiner Kasuistik hinein mit äußerster Konsequenz das Wissen um die Transzendenz Gottes festgehalten, der souverän seinen Willen kundgetan und verbindlich gemacht hat. Grundsätzlich gilt darum hier: Das Gesetz steht in Kraft nur darum, weil Gott es so gesetzt hat, nicht aufgrund dessen, dass es aus der Schöpfung und dem idealen Wesen des Menschen heraus eingesehen und in seinem Warum und Wozu verständlich gemacht werden könnte. Aufgabe der Schriftgelehrten ist darum nicht, es in unserem Sinne zu erklären, sondern es in seiner Verbindlichkeit für alle Bereiche des Lebens zur Anwendung und zur Geltung zu bringen. Darum die eigentümliche Auslegungsart des Rabbinats, die nicht nach Prinzipien fragt, sondern etwa mit Hilfe einer uns befremdlichen Allegoristik und Wortklauberei den Abstand zwischen dem fixierten Torawort und dem in Frage stehenden ethischen, rechtlichen oder kultischen Problem, für das eine Entscheidung gegeben werden muss, aufzuholen und auszufüllen versucht. Darum die atomisierende Kasuistik und die Verrechtlichung des Gesetzes im Judentum.

Eine solche summarische Charakteristik verführt leicht zu einer billigen Karikatur pharisäischer Frömmigkeit, die im Evangelium durchaus vermieden wird. Gleichwohl ist unverkennbar, dass zur Eigenart jüdischen Gesetzesverständnisses dies gehört, dass das von außen kommende Gesetz Gottes – wie wir ganz richtig sagen – »veräußerlicht« und in ein *Rechtsstatut* verkehrt ist, mit dem man nicht in Konflikt geraten darf. Ein Rechtsstatut, das das Leben von allen Seiten umzäunt, wobei doch gilt: soviel Zaunlatten, soviel Zaunlücken. Es ist bekannt, wie diese Formalisierung der Autorität des Gesetzes, die sich gerade in der Konkretisierung des göttlichen Willens darstellt, auch eine Formalisierung des Gehorsams zur Folge hat: Er wird zu etwas Messbarem, Aufweisbarem, die Tat wird zum Werk, die Werke zu einem Kapital; das große Rechnen mit Gott hebt an: Rechnung und Verrechnung, Verdienst und Verschuldung, Lohn und Strafe, das Handeln des Menschen wird zum Gegenstand des Handels mit Gott, wie es z.B. Lk 18,9 ff. in dem Wort des Pharisäers geschieht, der die pflichtmäßigen Leistungen durch die überschüssigen, besondere Belohnung gewährenden Leistungen vermehrt hat und in dem Schaufenster seines Dankgebetes ausbreitet.

Was in diesem Verständnis des Gesetzes und im Verständnis des Menschen zu Tage kommt, ließe sich sehr einfach darin zusammenfassen, dass das Gesetz Gottes sich von ihm selbst gelöst hat und zum eigentlichen Gegenüber des Menschen geworden ist. Es *wirkt* nicht mehr die Begegnung mit Gott, sondern vereitelt sie. »Das Gesetz ist vergottet und Gott vergesetzlicht«, wie *Bonhoeffer* einmal, wenn auch völlig unjüdisch, formuliert hat. Entsprechend ist Werk und Leistung – oder auch des Menschen Schuld – vor ihn getreten. Gott ist verschwunden hinter dem Gesetz, und der Mensch ist verschwunden hinter Leistung und Werk. Diese doppelte Isolierschicht scheidet sie beide, der Mensch ist hinter der zwiefachen Schutzwand in Deckung gegangen und hat die Position gefunden, wo er sich behaupten kann.

Vielleicht mutet uns das, was wir über das jüdische Gesetzesverständnis sagten, als vergangen und erledigt an. Aber vergessen wir nicht darüber, wie *aktuell* das alles ist! Als ob diese zwiefache Schutzwand nicht auch »das« Christentum, seine ethischen und kulturellen Werte, das Erbe der Väter, das christliche Menschenbild, das Gefüge unserer Rechts- und Moralordnung heißen kann.

Soviel ist jedenfalls in all jenen Worten, die unter dem »Ich aber sage euch ...« Jesu stehen, deutlich, dass er diese zweifache Schutzwand durchschlägt und genau nach der Stelle stößt, die in der Verkehrung des Willens Gottes in ein Gefüge von Rechtssatzungen, religiösen und moralischen Traditionen ausgespart ist, nach dem Menschen selbst. Er befreit den Willen Gottes aus der Versteinerung und greift nach dem im Gewahrsam der Anständigkeit verschlossenen und gesicherten Herzen des Menschen. Er nimmt das Gesetz Gottes aus den Händen des Menschen und setzt es frei und macht den Menschen, der unter der bestehenden Ordnung sein Leben in Ordnung glaubt, in einem neuen Sinn zum Gefangenen.

Jesus tut das gerade nicht mit allgemeinen theologischen Erörterungen, mit der Proklamation einiger theologischer und moralischer Prinzipien, sondern so, dass er zu einem konkreten Gehorsam ruft. Man darf wohl so sagen: Das gerade gehört zum Geheimnis seines Wortes, dass er da konkret wird, wo wir es in der Regel nicht über Allgemein-

plätze oder auch eine kasuistische Gesetzlichkeit hinausbringen. Jeder von uns weiß, wie diese Treffsicherheit bis in die Gedrungenheit und Plastik, die durchdringende Schärfe und die heilende Kraft seiner Worte – ja, bis in die Gestalt seiner Worte ihren Ausdruck findet. Da wird nun nicht mehr – richtig, allzu richtig – *über* den Willen Gottes, über Gesetz und Evangelium gesprochen, sondern da wird die letzte verschlossene Tür Ritter Blaubarts aufgestoßen. Da ist Gott da, und da ist der Mensch in seiner unverstellten Wirklichkeit.
Damit ist schon gesagt, dass die Weisungen Jesu in ihrer Konkretheit nichts zu tun haben mit der Kasuistik der jüdischen Gesetzlichkeit. Diese hat ihr Kennzeichen darin, dass sie immer engere Maschen eines Netzes knüpft in dem Bestreben, das ganze Leben des Menschen einzufangen. Aber sie lässt mit jeder neuen Masche ein neues Loch und spart mit ihrem Eifer, konkret zu werden, sozusagen das Herz des Menschen aus. Diese »Herz-losigkeit« gehört zum Wesen aller Kasuistik. Die konkreten Weisungen Jesu aber haben darin ihr Wesen, dass sie durch die Lücken und Löcher nach dem Herzen des Menschen hindurchgreifen und dahin treffen, wo unser Sein gegenüber dem anderen und gegenüber Gott wirklich auf dem Spiele steht.
Das wird in den sechs Antithesen der Bergpredigt deutlich. Sie alle sind von einem sich durchhaltenden Motiv durchzogen, das sich in die wenigen Worte zusammenfassen lässt: »Nicht erst – sondern schon ...« Nicht erst der Mord, sondern schon der Zorn; nicht erst der vollzogene Ehebruch, schon der lüsterne Blick; nicht erst die ungesetzliche Scheidung der Ehe, schon die »legale«; schon der bloße Eid; auch die Vergeltung, die sich in den vom Gesetz freigegebenen Grenzen hält, auch die Liebe zum Nächsten, die doch dem Hass des Feindes noch Raum lässt, sind wider Gottes Willen.
Diese Auslegung des Willens Gottes, die Jesus in der Bergpredigt gibt, bedeutet, wie man mit Recht gesagt hat, die äußerste Radikalisierung der Forderung Gottes an uns, zugleich aber auch ihre äußerste Vereinfachung. Sie besteht darin, dass die Bedeutung dessen, *was* der Mensch tut, in einer eigentümlichen Weise relativiert und dem Wie des Tuns alles Gewicht gegeben wird. Das soll beileibe nicht heißen, dass nun an der Tat nichts mehr gelegen sei und nur noch die Gesinnung gelte. Die »Relativierung« der Tat bedeutet vielmehr, dass sie zu dem, was der Mensch in Wahrheit ist und will, in Beziehung gesetzt wird. Nun ist sie nicht mehr ein Werk, das gleichsam vor den Menschen tritt, wie auch das Gesetz nicht mehr ein Statut ist, das vor Gott treten könnte.
Ihre Einfachheit beweist sie aber zugleich auch damit, dass nichts in ihr ist, was wir nicht verstehen können. Wer könnte denn in Wahrheit sagen, er verstünde sie nicht? Wie sollte denn Gott alles das, ein zerspaltenes Herz, einen halbierten Gehorsam hinnehmen und uns durchgehen lassen? Alle Einwände und Fragen, die sich so reichlich melden, wenn es um die Anwendung der Bergpredigt im Bereich des

politischen und rechtlichen Lebens geht, die Fragen: »Wo kommen wir hin, wenn wir mit ihren Weisungen die Welt regieren und gestalten wollen? Wo bleibt mein unveräußerliches Recht? Wird nicht das Unrecht Triumphe feiern?«, alle diese Fragen haben allererst zu schweigen vor der Anerkennung: es ist wahr, was hier gesagt ist. Die Frage nach der Erfüllbarkeit der Bergpredigt ist nicht das Erste, wozu wir gerufen sind, sondern die Anerkennung der Wahrheit, nicht der Zweifel an ihrer Realisierbarkeit, sondern das Ja zu der Realität des göttlichen Willens. Dies ist der andere, wahrhaft revolutionierende Angriff der Bergpredigt, gegen die gerichtet, die nur von dem leben, was zu den Alten gesagt ist, und den Willen Gottes nur als Schutz und Garantie überkommener Traditionen verstehen.

IV

Ist aber mit allem Gesagten nicht wieder doch nur an den Tag gebracht, dass wir Sünder sind, und noch dazu Sünder, die nicht nur faktisch gegen das Gebot der Bergpredigt sündigen, sondern unter den Anforderungen dieser Welt gegen sie handeln müssen? Ist es nicht wahr, was *Thielicke* in seiner Ethik sagt, dass die Bergpredigt den Menschen *noch* so anspricht, als ob er im Urstande lebe, und *schon* so, als ob der neue Äon Gottes schon hereingebrochen sei?[6] Und muss man ihr dann nicht, um es ehrlich und offen zu sagen, den Vorwurf machen, dass sie uns gerade damit an ein »Als-ob« ausliefert und uns in unserem faktischen Hier und Jetzt allein lässt? Das aber heißt doch, dass sie für die Entscheidungen gerade auch einer christlichen, theologischen Ethik inhaltlich sich völlig versagt, wenn anders – noch einmal nach Thielicke – »alle Sätze einer theologischen Ethik in zwei Grenzen eingefügt sind: sie sind nach rückwärts bestimmt durch das Nicht-mehr-Sein jener urständlichen Gemeinschaft und sie sind nach vorwärts bestimmt durch das Noch-nicht-Sein, durch das erst im Anbruch-Sein der verheißenen Gottesherrschaft mit ihrer neuen und ganzen Gemeinschaft zwischen Gott und seinen Kindern«[7].

Darauf scheint die Bergpredigt selbst nur *eine* Antwort zu geben: Wie, wenn wir gerade *hier* umlernen, umkehren sollten, und gerade dieses für Menschenaugen in die Luft-, ins Nichts-hinein-gestellt-Werden der Anfang und Eingang zum Leben ist? Es *ist* so, sagt Jesu Wort, und gerade das Leben, das aus dieser Welt und ihrer Ordnung allein sich versteht und bestimmt, bleibt leer. Als der in dieser Welt gebundene

6 *H. Thielicke*, Theologische Ethik, Bd. I: Prinzipienlehre. Dogmatische, philosophische und kontroverstheologische Grundlegung, Tübingen 1952, § 831 (S. 285), § 1758 (S. 575).

7 A.a.O., § 1851 (S. 603 f.).

und nach ihren Erfordernissen Fragende und Fragen-Müssende kann ich unter dem Anruf der Bergpredigt darum in der Tat allererst nur sagen: Gott ist im Recht und wir im Unrecht.

Mit diesem Eingeständnis kann ich mich freilich nicht zufrieden geben wie mit einem unabwendbaren Schicksal, denn es ist das Bekenntnis zu Gottes Herrschaft und damit zu dem Herrn über unser Leben, der uns ganz gewiss nicht in Utopie und Anarchie hineinreißt, aber ebenso wenig uns unserer bürgerlichen Sattheit und Sicherheit überlässt, in der wir uns heute im Westen gegenüber dem Osten so gern als Vertreter und Verteidiger eines christlichen Abendlandes mit geheiligten religiösen und moralischen Traditionen verstehen.

Gott Recht geben heißt zugleich mit ihm rechnen und auf ihn warten. So allein geschieht das »Arm-Werden im Geist« und damit die Begegnung mit dem, der die erste Seligpreisung spricht: Heil ihnen, denn das Himmelreich ist ihrer. Denn es ist ja nicht wahr, dass Jesu Seligpreisung und Forderung, seine Botschaft vom Reich und seine Verkündigung des göttlichen Willens heillos auseinanderbrechen und der, der eben die Tür zum Paradies aufgetan hat, alsbald wie der Cherub mit dem Flammenschwert wieder vor seine Tür tritt.

Seligpreisung und Forderung sind eines, freilich in *verborgener* Einheit, verborgen eines in Jesus Christus selbst. Das ist die *Christologie* der Bergpredigt, die aber nur dann mir aufgeht, wenn ich das Gedränge, in das sie mich versetzt, wehrlos bestehe und nicht durch irgendeine und sei es noch so schrift- und bekenntnismäßige Christologie auffange und unwirksam mache. Dies ist auch die verborgene *Eschatologie* der Bergpredigt: Sie stellt mich dahin, wo die Welt zu Ende ist, sie endet die Welt und öffnet mir die Zukunft Gottes. Diese verborgene Eschatologie gilt es zu verstehen; sie hat es nicht nötig, erst in ein heils- und endgeschichtliches Schema und Drama hineingestellt zu werden, und wäre es wieder noch so schrift- und bekenntnismäßig gedacht und vorgestellt.

Wer alles das, war wir sagten, wieder nur verstehen will, als gälte das Wort der Bergpredigt dann also doch nur für die Sphäre frommer Innerlichkeit, wo nach einem Wort von *Karl Marx* die allgemeine Sonne untergegangen ist und nur das künstliche Lampenlicht des Privaten noch spärlich die Dunkelheit erleuchtet, der hat von allem Gesagten nichts verstanden. In der Tat, sie entnimmt uns der Welt und versagt uns ein Programm zu ihrer Gestaltung. Aber indem Jesus uns in der Bergpredigt wie in seiner Botschaft von der Nähe der Gottesherrschaft den reinen und klaren Willen Gottes vernehmen lässt und unser Dasein zur Gegenwart vor Gott erhebt, ruft und ermutigt er uns zugleich, als die Befreiten inmitten einer zerrissenen Welt, die an ihrem Unrecht und an ihrem Recht, an ihrem Zukunftsenthusiasmus wie an ihrer Traditionsvergötzung, an ihrer Gesetzlosigkeit wie an ihrer Gesetzlichkeit sterben muss, die Zeichen einer neuen Gerechtigkeit aufzurichten. Mit Gottes Macht und Möglichkeiten zu rechnen und in der

Bereitschaft des Gehorsams offen zu sein für die Möglichkeiten, die er auch uns im Gedränge unseres Daseins erschließt, dazu ruft uns die Bergpredigt. Stellt sie uns vor schier aussichtslose Spannungen zwischen Gottes Willen und dem, was wir vermögen, so weckt sie damit doch erst recht das Hungern und Dürsten nach der Gerechtigkeit, dem Jesus die Verheißung gibt.

Die Sturmstillung im Matthäus-Evangelium

Dass die Evangelien als Kerygma verstanden und ausgelegt sein wollen und nicht als Biographie Jesu von Nazareth, dass sie sich literarisch in keine Gattung der antiken Literaturgeschichte einordnen lassen, sondern nach Inhalt und Form, im Ganzen wie im Einzelnen vom Glauben an Jesus Christus bestimmt und geprägt sind, ist zunehmend zum Allgemeingut neutestamentlicher Forschung und zum Grundsatz aller Synoptikerexegese geworden. Wir verdanken die methodische Erarbeitung dieser Erkenntnis vor allem der formgeschichtlichen Erforschung der Evangelien. Ihre Arbeit hat der die kritische Forschung lange bestimmenden Fiktion ein Ende gemacht, dass es jemals gelingen könnte, ein sogenanntes Leben Jesu, noch frei und unberührt von allen »Übermalungen« durch den Glauben der Gemeinde, aus den Evangelien herauszudestillieren. Der Glaube an Jesus Christus, den Gekreuzigten und Auferstandenen, ist nicht erst eine spätere Schicht der Überlieferung, sondern ihr Fundament und der Ort ihres Ursprunges, aus dem sie erwuchs und allein verständlich wird. Aus diesem Glauben an Jesus, den Gekreuzigten und Erhöhten, erklärt sich beides, was die urchristliche Tradition kennzeichnet, ihr offenkundiges Bemühen um die Gewissenhaftigkeit und Treue der Überlieferung von Jesus, aber zugleich die eigentümliche Freiheit, mit der diese Überlieferung sich im Einzelnen abwandelt[1]. Die Evangelisten greifen eben nicht auf irgendein Gemeindearchiv zurück, wenn sie die Worte und Taten Jesu weitergeben, sondern sie schöpfen aus dem Kerygma der Gemeinde und dienen diesem Kerygma. Weil Jesus Christus nicht eine Gestalt der Vergangenheit ist und also ins Museum gehört, kann es für die urchristliche Überlieferung von ihm auch nicht ein »Archiv« geben, in dem sie gehütet wird. Diese Einsicht in das Wesen der Überlieferung von Jesus Christus bestätigt sich im Einzelnen immer neu. Die Perikope, an der uns hier beispielhaft die Arbeitsweise der Evangelisten deutlich werden soll, ist die Geschichte von der Sturmstillung.

1 Vgl. *J. Schniewind*, Zur Synoptiker-Exegese, in: ThR NF 2 (1930), S. 161 ff. – Zur Frage Glaube und Geschichte in den Evangelien vgl. *G. Bornkamm*, Jesus von Nazareth (UB 19), Stuttgart ^{3}1959.

Die Erzählung findet sich in den ersten drei Evangelien: Mk 4,35-41; Mt 8,23-27; Lk 8,22-25. Sie wird von Markus und Lukas in gleichem Zusammenhang und im Wesentlichen in gleicher Gestalt überliefert[2]. Markus eröffnet mit ihr eine Reihe von Wundergeschichten, die sich geographisch um den Galiläischen See gruppieren[3]. Die Szenerie des Bootes hat Markus bereits 4,1 vorbereitet – Lukas 8,22 lässt Jesus erst jetzt das Boot besteigen –, die Gleichnisrede von Kap. 4 ist vorangegangen, die bei Lukas nur zum Teil ihre Parallele hat. Dieser beschließt die Rede, unmittelbar nach der Deutung des Sämanngleichnisses und den Sprüchen über den Sinn der Parabeln überhaupt (8,16 ff.), sinnvoll mit dem Wort Jesu über seine wahren Verwandten (die Gottes Wort hören und tun), das bei Markus und Matthäus in anderem Zusammenhange begegnet (Mk 3,31 ff.; Mt 12,46 ff. – Lk 8,19 ff.). Matthäus lässt die Wundergeschichten, die Mk 1 und 2, 4 und 5 bieten, bereits im Anschluss an die Bergrede folgen und stellt sie zu einer Folge zusammen, deren Anordnungsprinzip durch die gleichen Sätze 4,23 und 9,35 einleitend und abschließend gekennzeichnet ist. So rückt auch das Naturwunder der Sturmstillung aus einem biographischen Zusammenhang in die Reihe der überwiegend, wenn auch nicht ausschließlich aus Heilungen bestehenden Wunder, die den »Messias der Tat« sehen lassen, nachdem die Darstellung des »Messias des Wortes« Kap. 5-7 voranging (*Schniewind*).

Aber diese Kennzeichnung der Sturmstillungsgeschichte als »Naturwunder« erschöpft bei Matthäus nicht ihren Sinn. Er gibt ihr durch die Einordnung in einen bestimmten Zusammenhang und durch die Darstellung selbst einen neuen Sinn, den sie bei den andern Evangelisten noch nicht hat. Bei Markus trägt sie stärker als bei Matthäus den Charakter einer stilgerechten Wundererzählung. In anschaulicher Breite wird der Sturm und die Seenot und der Schlaf Jesu am Heck des Bootes auf einem Kissen geschildert. Die Frage der Jünger, mit der sie ihn wecken, hat keinerlei erbaulichen Klang; sie lautet ganz profan: »Meister, kümmert es dich nicht, dass wir zugrunde gehen?« Dann folgt Jesu Wort, mit dem er dem Winde Schweigen gebietet, und seine wunderbare Wirkung, Jesu beschämende Frage an die Jünger: »Warum seid ihr feige? Habt ihr noch[4] keinen Glauben?«, die Furcht der Jünger und ihr Erstaunen: »Wer ist denn dieser, dem Wind und See gehorchen?«. *M. Dibelius* hat die Erzählung um dieser Stilelemente willen zu einer Gruppe von Geschichten gerechnet, die er »Novellen« nennt, d.h. zu einer literarischen Gattung von Erzählungen, die ihr

2 Die unwesentlichen Differenzen zwischen Markus und Lukas können hier außer Betracht bleiben.

3 *J. Sundwall*, Die Zusammensetzung des Markus-Evangeliums, Åbo 1934, S. 29 f.

4 τί δειλοί ἐστε; οὔπω ἔχετε πίστιν; so wird nach der besten Bezeugung zu lesen sein. Vgl. *E. Klostermann* und *E. Lohmeyer* z.St.

Kennzeichen in besonderer Lebendigkeit und besonderem Realismus der Darstellung haben[5]. Erbauliche Motive treten hier zurück. Jesus soll als der große Wundertäter sichtbar werden. Nicht nur äußerlich, sondern auch im inneren Gefüge der Erzählung ist das Befehlswort Jesu an die tobenden Elemente (καὶ διεγερθεὶς ἐπετίμησεν τῷ ἀνέμῳ καὶ εἶπεν τῇ θαλάσσῃ· σιώπα, πεφίμησο) die Mitte des Ganzen. An der Realität des Vorganges ist hier alles gelegen. Das Wort καὶ ἐγένετο γαλήνη μεγάλη, das in starkem Kontrast steht zu der Schilderung des Wetters (4,37), und das bestätigende Wort der erstaunten Jünger bekunden sie gleichermaßen.

Bei Matthäus ist dieser Charakter der Geschichte zwar nicht völlig preisgegeben. Auch bei ihm findet sich, wenn auch auf die novellistischen Einzelzüge verzichtet wird, der starke Kontrast zwischen Anfang und Ende (σεισμὸς μέγας – γαλήνη μεγάλη), und doch ist die Geschichte einem neuen Motiv dienstbar gemacht und in charakteristischer Weise in ihrem Verlauf abgewandelt. Dieses neue Motiv macht der Evangelist durch den Zusammenhang sichtbar, in den er die Perikope stellt. Er stellt ihr die beiden Worte Jesu über die Nachfolge voran (Mt 8,19-22), das erste eingeleitet durch das Angebot eines Schriftgelehrten, der ihm folgen will, das zweite durch die Bitte eines Jüngers, der sich von ihm Urlaub erbittet, um zuvor seinen Vater zu begraben[6]. In beiden Fällen aber geht es um das ἀκολουθεῖν, sowohl in der Warnung vor unbedachter Entscheidung an den einen wie in dem Aufruf zur radikalen Entschlossenheit an den andern[7]. Nur Matthäus fügt die Sprüche in diesen Zusammenhang. Und nur er leitet die nun folgende Geschichte von der Sturmstillung mit den Worten ein καὶ ἐμβάντι αὐτῷ εἰς τὸ πλοῖον ἠκολούθησαν αὐτῷ οἱ μαθηταὶ αὐτοῦ. Jesus geht hier, anders als bei Markus, voran[8], die Jünger folgen ihm. Dieses ἀκολουθεῖν ist das Stichwort, das die Perikope mit den vorangehenden verbindet. Aber diese Feststellung genügt offenbar nicht; die voraufgehenden Sprüche von der Nachfolge geben vielmehr dem, was sich in der Sturmstillungsgeschichte ereignet, einen beispielhaften Sinn. Natürlich soll nicht bestritten werden, dass das ἀκολουθεῖν 8,23 zunächst den einfachen Sinn von hinterhergehen hat, aber es bekommt durch die vorangestellten Sprüche 8,19 f. und 8,21 f. zugleich einen tieferen und bildlichen Sinn. Man wird schlechterdings nicht annehmen dürfen, dass der prägnante Sinn von ἀκολουθεῖν, den das Wort eben hatte, jetzt 8,23 auf einmal bedeutungslos geworden sei.

5 *M. Dibelius*, Die Formgeschichte des Evangeliums, Tübingen ^{3}1959, S. 66 ff.

6 Zur Form der Szenen vgl. *R. Bultmann*, Die Geschichte der synoptischen Tradition (FRLANT 29), Göttingen ^{3}1957, S. 58 ff.

7 Die dritte Nachfolgerszene bei Lk 9,61 f. fehlt bei Matthäus.

8 Die Angabe des Markus erklärt sich redaktionell (Verknüpfung mit 4,1), bei Matthäus und Lukas hat die Perikope ihre ursprüngliche Selbstständigkeit.

Ist diese Beobachtung richtig, so heißt das: Matthäus ist nicht nur Tradent der Erzählung, sondern auch ihr ältester Exeget, und zwar der erste Ausleger, der die Sturmfahrt der Jünger mit Jesus und die Stillung des Sturmes auf die Nachfolge und damit auf das Schifflein der Kirche deutet[9]. Zu dieser Deutung stimmen einige Einzelzüge der Perikope, die ihr nur bei Matthäus eignen. Nur bei ihm ist der Hilferuf der Jünger ein Stoßgebet: κύριε, σῶσον, ἀπολλύμεθα. Die Anrede bezeichnet ihn also nicht nur wie bei Markus (διδάσκαλε) und Lukas (ἐπιστάτα) mit einem respektvollen menschlichen Titel, sondern mit einem göttlichen Hoheitsprädikat. Diesen Sinn hat offenbar das κύριε. Es begegnet in jeder einzelnen Perikope von 8,1 ff. ab (8,2.6.21), teils aus dem Munde Hilfeflehender, die um Jesu δύναμις (8,2) und ἐξουσία (8,8 f.) wissen[10], teils aus dem Jüngermund (8,21)[11]. Als Hoheitstitel begegnet die Anrede bei Matthäus bereits 7,21 f. (in Verbindung mit dem τῷ σῷ ὀνόματι und als Anrede des Weltenrichters), aus dem Munde eines Jüngers später 14,28.30 (κύριε, σῶσόν με), 16,22; 17,4; 18,21; 26,22, wie denn ὁ κύριος 24,42 u.ö. und die Anrede κύριε 25,37.44 den kommenden Weltenrichter bezeichnet. Der Ruf der Jünger 8,25 ist also ein Gebet, κύριε enthält ein Jüngerbekenntnis.

Eine weitere Eigenart der Matthäus-Fassung unserer Perikope besteht in der Umstellung des an die Jünger gerichteten tadelnden Wortes und der Wundertat selbst. Bei Markus und Lukas geht diese voran, bei Matthäus folgt sie. Noch ehe die Elemente zum Schweigen gekommen sind, mitten in der tödlichen Bedrohung also, ergeht Jesu Wort an die Jünger und beschämt ihren Kleinglauben. Der Ausdruck ὀλιγοπιστία (bzw. ὀλιγόπιστος) ist ein Lieblingswort des Matthäus; es findet sich außer Lk 12,28 nur bei ihm (6,30; 8,26; 14,31; 16,8; 17,20), und zwar immer zur Bezeichnung eines zu schwachen Glaubens, der in Sturm (8,26; 14,31) und Sorge (6,30; 16,8) erlahmt und damit sich als Scheinglaube erweist (17,20), der dem Ansturm dämonischer Gewalten nicht gewachsen ist. Auch durch die Wahl dieses Ausdrucks wird die spezielle Situation der Jünger, die bei Markus mit dem οὔπω ἔχετε πίστιν; bezeichnet ist, zu einer typischen Situation der Jüngerschaft überhaupt.

So wird es auch nicht zufällig sein, dass Matthäus schon im Eingang der Perikope die Schilderung des Unwetters (Mk: λαῖλαψ μεγάλη

9 Vgl. zu dieser seit der Alten Kirche (*Tertullian* de bapt. 12; Weiteres s. *K. Goldammer*, Navis Ecclesiae, in: ZNW 40 (1941), S. 76-86) üblichen durchaus legitimen Exegese die schöne Bemerkung von *J. A. Bengel* ad vocem πλοῖον: *»Jesus habebat scholam ambulantem et in ea schola multo solidius instituti sunt discipuli, quam si sub tecto unius collegii sine ulla sollicitudine atque tentatione vixissent.«*

10 Vgl. auch 9,28; 15,27; 17,15; 20,30.31.33.

11 Der γραμματεύς 8,19 nennt ihn διδάσκαλε.

ἀνέμου, vgl. auch Lk) mit dem Ausdruck wiedergibt: καὶ ἰδοὺ σεισμὸς μέγας ἐγένετο ἐν τῇ θαλάσσῃ, der für einen Seesturm durchaus ungewöhnlich ist, wohl aber häufig als Bezeichnung apokalyptischer Schrecknisse begegnet (Mk 13,8; Mt 24,7; Lk 21,11; Mt 27,54; 28,2; Apk 6,12; 8,5; 11,13.19; 16,18). Wird damit die Not der Jünger auf dem See zum Sinnbild der Bedrängnis der Jüngerschaft Jesu überhaupt, so bekommt von daher auch der große Friede, den sein Wort hervorruft, den Sinn des johanneischen Wortes: ἐν τῷ κόσμῳ θλῖψιν ἔχετε, ἀλλὰ θαρσεῖτε, ἐγὼ νενίκηκα τὸν κόσμον (Joh 16,33).

Endlich wird man in unserm Zusammenhang auch darauf zu achten haben, dass bei Matthäus nicht die Jünger, sondern die Menschen das Geschehene durch ihre erstaunte Frage 8,27 bestätigen. Solche »Chorschlüsse« gehören zum Stil gerade auch paradigmatischer Erzählungen der Evangelien[12]. Die ἄνθρωποι an unserer Stelle sollen aber offenbar die Menschen repräsentieren, denen diese Geschichte in der Verkündigung begegnet. Ihre Frage entspricht etwa der Akklamation, mit der die ἰδιῶται und ἄπιστοι im Gemeindegottesdienst nach 1Kor 14,25 die Verkündigung beantworten: ὄντως ὁ θεὸς ἐν ὑμῖν ἐστιν. Die Szene der Perikope erweitert sich damit, ihr Horizont öffnet sich, und sie wird aus einer Darstellung der Nachfolge, in der die Jünger Jesu Anfechtung und Rettung, Sturm und Geborgenheit erfahren, zu einem Ruf hinein in diese Nachfolge und Jüngerschaft.

Wir haben in der neueren Synoptikerforschung gelernt, die Einzelperikope, das einzelne Wort und die einzelne Tat Jesu als die primären Daten der Überlieferung anzusehen, Zusammenhang und Rahmen der einzelnen Perikopen dagegen als sekundär zu betrachten. An diesen Ergebnissen soll nicht gerüttelt werden. Man wird jedoch sorgfältiger, als es vielfach bisher geschehen ist, auch nach den Motiven der Komposition der einzelnen Evangelien fragen müssen, wie am Beispiel der Sturmstillung deutlich werden sollte. Solches Bemühen wird nur in einzelnen Fällen erfolgreich sein und wird sich vor Überinterpretationen und Eintragungen zu hüten haben. Ohne Frage haben die Evangelisten weithin einfach als Sammler gearbeitet und oft nach verhältnismäßig äußerlichen Gesichtspunkten (geographische Angaben, Stichworte u.ä.) die Einzelstücke der Überlieferung zusammengefügt. Um so wichtiger ist die Feststellung bestimmter theologischer Absichten, wie sie an unserer Stelle der Evangelist Matthäus durch die überraschende Verbindung der Nachfolge-Sprüche, deren Lokalisierung im Zusammenhang der Wundergeschichten sonst in keiner Weise motiviert ist, mit der Geschichte von der Sturmstillung zu erkennen gibt.

Mit allem Vorbehalt darf man diese von Matthäus nur angedeuteten Verbindungslinien darum wohl dahin ausziehen, dass man in der Geschichte von der Sturmstillung eine Schilderung der Gefahren erkennt,

12 *M. Dibelius*, a.a.O., S. 54 f.

vor denen Jesus den allzu unbedacht zur Nachfolge Drängenden warnt: Hier ist in der Tat der Menschensohn, der nicht hat, wo er sein Haupt hinlege. Die Geschichte zeigt ihn aber zugleich als den, der die dämonischen Gewalten bezwingt[13] und die βασιλεία Gottes heraufführt[14] und der darum auch das Opfer des Verzichtes auf irdische Bindungen, wie sie den zweiten Nachfolger aufhalten, fordern kann und zu lohnen vermag. In diesem Sinne wird die Geschichte zum Kerygma und zum Paradigma der Not und Herrlichkeit der Nachfolge.

13 ἐπιτιμᾶν ist stehender Ausdruck für die Bedrohung dämonischer Mächte Mt 17,18; Mk 9,25; Lk 9,42; Mk 1,25; Lk 4,35.

14 Die Bändigung der Urflut durch Jahwe und die Rettung aus tobenden Meereswogen ist schon im AT Bild für die Erfahrung der Gemeinde. Vgl. Ps 29,3; 65,8; 89,10; 93,4; 107,25 ff.; 124,4 f. Dazu *J. Schniewind* zu Mk 4,35 ff., *E. Haskyns / N. Davery*, Das Rätsel des Neuen Testaments (TBT 7), Stuttgart 1957, S. 69 ff.

Die Binde- und Lösegewalt in der Kirche des Matthäus*

In seltener Einmütigkeit nennen fast alle neueren Exegeten die Jüngerrede Matthäus 18 eine »Gemeindeordnung«[1]. Das Recht dieser Bezeichnung soll nicht bestritten werden; es wird sich uns im Folgenden bestätigen. Doch scheint sie zunächst nur durch Stil und Inhalt der Anweisungen für die Gemeindezucht (18,15-17) und das damit verbundene Logion vom »Binden und Lösen« (18,18) gerechtfertigt zu sein. Der übrige Kontext enthält nichts von dem, was sonst in Kirchenordnungen der frühchristlichen Literatur gehört, also etwa Anordnungen für die Ämter in der Gemeinde (Apostel, Bischöfe, Älteste und dergleichen) wie in den Pastoralbriefen oder für Fasten und Gebet, Taufe und Eucharistie wie in der Didache. Zwar wird man diese Themen von vornherein in einem aus Herrenworten zusammengestellten Text auch nicht erwarten. Doch wäre durchaus denkbar, dass der Evangelist in dieser »Rede« das an die Jünger adressierte Verbot, sich mit den Ehrentiteln der jüdischen Schriftgelehrten anreden zu lassen (Mt 23,8-10), oder auch die Sprüche über die wahre Frömmigkeit – Almosen, Beten und Fasten (Mt 6,1-18) – untergebracht hätte. Aber alles das ist nicht der Fall.

Dennoch wäre es falsch, nur Mt 18,15-17(18) als ein Stück Gemeindeordnung zu bezeichnen und die übrige »Rede« von dieser Gattungsbezeichnung auszunehmen. Mt 18 ist vom Evangelisten so einheitlich durchkomponiert, dass das Ganze unter ein Thema gestellt werden muss. Die Planmäßigkeit der Komposition tritt klar zutage, wenn man zuvor die hier verarbeiteten kleinen Sprucheinheiten ausgrenzt.

* Zuerst vorgetragen in engl. Fassung bei dem Kongress *Festival on the Gospels* in Pittsburgh (USA) im April 1970; erschienen in: Die Zeit Jesu (FS Heinrich Schlier), hg. v. G. Bornkamm u. K. Rahner, Freiburg i.Br. 1970, S. 93-107.

1 *W. Pesch*, Die sogenannte Gemeindeordnung Mt 18, in: BZ NF 7 (1963), S. 220-235, hält die Bezeichnung für problematisch, weil sie zuviel sage, und begnügt sich mit der Feststellung einer »Kombination zweier, von Mt geschaffener Lehrstücke über die Kleinen und über die wahre Brüderlichkeit in den Ortsgemeinden« (S. 235).

I

Überlieferungsgeschichtlich ist die Rede ein einigermaßen buntes Mosaik von Quellenstücken verschiedener Art und Herkunft:

1. Die einleitende Spruchreihe Mt 18,1-5 entspricht der *Markusvorlage* (Mk 9,33-37: Rangstreit der Jünger), entnimmt ihr aber schon hier auch das bei Markus erst in der Perikope von der Segnung der Kinder (Mk 10,15 f.) begegnende, von Matthäus unter Verwendung des mehrfach überlieferten »Wanderlogions«[2] frei wiedergegebene Wort vom »Kleinwerden wie ein Kind« (Mt 18,3 f.).

2. Auch die zweite Spruchreihe Mt 18,6-9 folgt *Markus* (9,42-47: Warnung vor dem Ärgernis). Die literarische Abhängigkeit zeigt sich darin, dass Matthäus aus seiner Vorlage auch die bei Markus unter dem Stichwort »Ärgernis« angereihten Sprüche über Hand und Fuß als Anreiz zur Sünde mit übernimmt. Bemerkenswert ist jedoch, dass in dem Wehespruch Mt 18,7 (= Lk 17,1) schon die Überlieferung der *Spruchquelle* (Q) mit hineinschlägt, die im Weiteren als Grundlage deutlich hervortritt (Mt 18,15 = Lk 17,3; Mt 18,21 f. = Lk 17,4).

3. Aus Q stammt auch das in Mt 18,10-14 verwendete Gleichnis vom verlorenen Schaf (Mt 18,12 f. = Lk 15,3-7), durch die Rahmenverse Mt 18,10 und 14 vom Evangelisten dem Gesamtzusammenhang seiner Rede eingepasst.

4. Die Spruchreihe 18,15-20 (matthäisches *Sondergut*), die uns vor allem beschäftigen soll, ist in sich ein vielschichtiges Gebilde. Eine Einheit bildet eindeutig die disziplinäre Weisung V. 15-17. Alles Übrige sind selbstständige Einzelsprüche; wieweit schon in einer von Matthäus aufgenommenen Sonderüberlieferung oder erst von ihm selbst mit der Gemeinderegel verbunden, bleibt zu fragen. Für keinen der Sprüche ist jedoch anzunehmen, dass erst der Evangelist sie redaktionell gebildet hat; sie haben ihre Formung bereits vorher erhalten. Das gilt: a) für die dreifach gestufte, im konditionalen Stil von Gesetzessprüchen gehaltene Gemeinderegel selbst (V. 15-17). Sie ist aller Wahrscheinlichkeit nach aus dem Q-Logion entwickelt, das Lk 17,3 erhalten ist[3]. Dafür spricht, dass in dem ersten Glied der Regel ebenso wie in der Lukas-Parallele durchaus die Möglichkeit in den Blick gefasst ist, dass der Konflikt zwischen Bruder und Bruder schon auf dieser ersten Stufe beigelegt werden kann. Insofern könnte Mt 18,15 eine bloße Variante zu Lk 17,3 sein, in der matthäischen Fassung freilich enger an die alttestamentliche Mahnung Lev 19,17 f., Hass und Groll gegenüber dem schuldigen Bruder keinen Raum zu

2 Vgl. *W. Trilling*, Das wahre Israel. Studien zur Theologie des Matthäus-Evangeliums (StANT 10), München [3]1964, S. 108.

3 *R. Bultmann*, Die Geschichte der synoptischen Tradition (FRLANT 29), Göttingen [7]1967, S. 151.

geben, angelehnt[4]. Doch zeigt der Wortlaut von Mt 18,15 sofort, dass schon der erste Spruch auf die weiteren in V. 16 und 17 genannten Instanzen eines prozessualen Verfahrens hin formuliert ist: dem ἐάν σου ἀκούσῃ (V. 15) entsprechen die folgenden Wendungen ἐὰν δὲ μὴ ἀκούσῃ (V. 16) und ἐὰν δὲ παρακούσῃ αὐτῶν (V. 17). Das Gefälle der Spruchreihe im Ganzen zielt damit eindeutig auf die äußerste disziplinäre Möglichkeit des Ausschlusses des unbußfertigen Sünders durch die Gemeindeversammlung. Ihr ist, wie der abschließende Spruch 18,18 sagt, die auch im Endgericht geltende Vollmacht zu »binden« und zu »lösen« verliehen.

b) Vers 18 ist bekanntlich eine Variante zu Mt 16,19, mithin ein selbstständiges Logion, durch die Zusprechung der Binde- und Lösegewalt an die versammelte Ortsgemeinde jedoch von dem an Petrus als Fels der Gesamtkirche gerichteten Wort unterschieden. Auch ist sicher Mt 18,18 auf die Disziplinargewalt zu deuten, nicht wie Mt 16,19 primär auf die Lehrvollmacht. An unserer Stelle begründet der Spruch das allein der versammelten Gemeinde vorbehaltene Recht, den verstockten Bruder definitiv auszuschließen, und ist aller Wahrscheinlichkeit nach schon vor Matthäus der Gemeinderegel als Abschluss hinzugefügt[5].

Dass die Regel selbst (V. 15-17) ebenso wie ihr Abschluss (V. 18) judenchristlicher Überlieferung entstammen, verrät bereits die Terminologie. In V. 17 sind »Heide und Zöllner« formelhaft im jüdisch-exklusiven Sinn als die außerhalb der religiös-völkischen Gemeinschaft Stehenden gemeint[6]. Desgleichen bezeichnen die aus dem Rabbinat bekannten Wendungen die Lehr- und Disziplinargewalt, d.h. das den

4 Vgl. Lev 19,17 f.: »Hege nicht in deinem Herzen Hass gegen deinen Bruder! Weise deinen Nächsten freimütig zurecht, dass du nicht seinetwegen Schuld auf dich ladest! Sei nicht rachsüchtig und halte Groll nicht wach gegenüber den Söhnen deines Volkes, sondern liebe deinen Nächsten wie dich selbst, ich bin Jahwe.« – Aus dieser Stelle hat auch die Qumransekte eine gestufte Regel für die Gemeindedisziplin entwickelt (1 QS V,25-VI,1 und Damaskusschrift [CD] IX,2-8). Zu diesen Texten und ihrem Verhältnis zu Mt 18 vgl. *W. Trilling*, Das wahre Israel (s. Anm. 2), S. 117 ff.; *H. Braun*, Qumran und das Neue Testament, Bd. I, Tübingen 1966, S. 38 ff. – In den beiden Qumrantexten ist zwar auch von einer »Ermahnung vor Zeugen« die Rede, doch fehlt die ausdrückliche Berufung auf den Zeugenspruch Dtn 19,15. Er dürfte in Mt 18,16b sekundärer Zusatz des Evangelisten sein. Gemeint ist offenbar nicht, dass die Hinzugezogenen die Sünde, sondern die Unbußfertigkeit des Schuldigen »bezeugen« sollen. Vgl. *G. Barth*, Das Gesetzesverständnis des Evangelisten Matthäus, in: G. Bornkamm / G. Barth / H. J. Held, Überlieferung und Auslegung im Matthäusevangelium (WMANT 1), Neukirchen-Vluyn [5]1968, S. (54-154) 78, Anm. 3.

5 Vgl. *G. Barth*, a.a.O., S. 78, Anm. 5.

6 Vgl. *W. Trilling*, Das wahre Israel (s. Anm. 2), S. 115 f.; *H. v. Campenhausen*, Kirchliches Amt und geistliche Vollmacht in den ersten drei Jahrhunderten (BHTh 14), Tübingen [2]1963, S. 137. – Derselbe Sprachgebrauch auch Mt 5,46 f.

Schriftgelehrten übertragene Amt, etwas für verboten oder für erlaubt zu erklären, aber auch den Bann zu verhängen oder aufzuheben. Beides, Vollmacht der Lehre und der Disziplin, gehört zwar gleicherweise zum »Binden und Lösen«[7], doch schließt das nicht aus, dass in Mt 18,18 die Disziplin, in Mt 16,19 dagegen die Lehre im Vordergrund steht[8].

c) Desgleichen ist der Doppelspruch 18,19 f. offensichtlich ein selbstständiges, in sich geschlossenes Logion: Die Zusage der Gebetserhörung gründet in der Gegenwart des Herrn bei denen, die sich in seinem Namen versammeln. Hier freilich steht die wenn auch noch so kleine christliche Gemeinde im Blick, die sich von der jüdischen geschieden weiß und sich nicht mehr um die Tora, sondern im Namen Jesu, im Glauben an ihn und im Bekenntnis zu ihm sammelt[9] und als solche seiner Gegenwart gewiss sein darf. Aber die Verwandtschaft von 18,20 mit dem bekannten jüdischen Spruch Aboth 3,2: »Wenn zwei zusammensitzen und sich mit Toraworten beschäftigen, so ist die Schechina [Umschreibung der Gegenwart Gottes] unter ihnen«[10] spricht dafür, dass das christliche Logion antithetisch in Anlehnung an die jüdische Schechina-Vorstellung formuliert ist. Ebenso hat Mt 18,19 f. als vormatthäisch geprägtes *Sondergut* zu gelten, auch wenn erst der Evangelist aus Gründen, die noch geklärt werden müssen, den Spruch an dieser Stelle den voraufgehenden Sprüchen 18,15-18 angefügt hat.

5. Dass Mt 18,21 f. wieder den Zusammenhang des *Q-Logion*s (vgl. Lk 17,4) aufnimmt (hier freilich selbstständig dialogisch ausgestaltet), haben wir bereits festgestellt. Jesu Antwort an Petrus über die unbegrenzte Vergebungsbereitschaft bildet die wirksame Überleitung zu der die ganze »Rede« beschließenden Parabel vom unbarmherzigen Knecht. Matthäus hat sie aus seinem Sondergut beigesteuert.

Die quellenkritische Analyse hat damit bestätigt, dass die »Rede« Mt 18 traditionsgeschichtlich ein Konglomerat sehr verschiedenen Überlieferungsgutes und ein typisches Dokument für die Arbeitsweise des Evangelisten ist, der hier wie auch sonst häufig zwischen seinen Quel-

7 Vgl. *P. Billerbeck*, Kommentar zum Neuen Testament aus Talmud und Midrasch, Bd. I, München 1922, S. 738 f.; *A. Vögtle*, Art. Binden und Lösen, in: LThK^2 2, Freiburg i.Br. 1958, S. 480-482; *H. v. Campenhausen*, Kirchliches Amt und geistliche Vollmacht (s. Anm. 6), S. 138 ff.

8 Vgl. *H. v. Campenhausen*, a.a.O., S. 138; *R. Hummel*, Die Auseinandersetzung zwischen Kirche und Judentum im Matthäusevangelium (BEvTh 33), München ^{2}1966, S. 61 f. – S.u. bei Anm. 24 u. 25.

9 Vgl. *W. Trilling*, Das wahre Israel (s. Anm. 2), S. 41 f.

10 Weiteres bei *P. Billerbeck*, Kommentar zum Neuen Testament aus Talmud und Midrasch, Bd. II, München 1924, S. 314 f.

len abwechselt[11] und Material aus Markus, aus der Spruchquelle und aus Sondergut thematisch zusammengefügt und durch redaktionelle Akzentuierungen und Zusätze verknüpft hat.

II

Die leitenden Motive der *matthäischen Komposition* sollen im Folgenden noch genauer herausgestellt werden. Schon in den Eingangssprüchen der »Rede« (18,1-5) verzichtet Matthäus auf die bereits in 17,24 vorweggenommene Ortsangabe (Mk 9,33). Auch ist von den Zwölfen und ihrem Rangstreit (Mk 9,33-35) nicht mehr die Rede; die Jünger figurieren hier eindeutig als Repräsentanten der Gemeinde. Wichtig ist vor allem, dass die für alles Folgende maßgebliche sachliche Frage nach der wahren Größe im Himmelreich, allgemein und grundsätzlich formuliert, 18,1 sofort beherrschend an den Anfang gestellt und 18,4 ausdrücklich wieder aufgenommen wird[12].

Der Zug der »Rede« wird auch dadurch gestrafft, dass der Evangelist die Perikope vom fremden Exorzisten aus seiner Vorlage (Mk 9,38-41), aber danach auch den Kettenspruch Mk 9,49 f. übergeht[13].

Im Folgenden wird die matthäische Komposition daran sichtbar, dass er die Stücke 18,6-9 und 10-14 unter dem Leitgedanken der »Sorge für die ›Kleinen‹« einheitlich zusammenordnet[14]; »die Kleinen« meint jetzt, worauf schon 18,1-5 vorbereitet hat, eindeutig die Jünger, die »an mich glauben« (18,6). Doch wird der Begriff in 18,10 ff. durch die Anwendung auf die von Irrtum und Verderben bedrohten Glieder der Gemeinde spezieller akzentuiert (18,10 und 14). Die Parabel dient darum hier nicht mehr primär dazu, die göttliche Gnade gegenüber

11 Vgl. *R. Bultmann*, Die Geschichte der synoptischen Tradition (s. Anm. 3), S. 354 f., 378 f.

12 Die Abwandlung des πρῶτος-ἔσχατος-Spruches (Mk 9,35) könnte auch darin ihren Grund haben, dass bei Matthäus das Begriffspaar seinen festen Platz in der Ankündigung der eschatologischen Umkehrung hat (Mt 19,30; 20,16). – Zu Mk 9,33-50 und seiner Verwendung durch Matthäus vgl. *R. Schnackenburg*, Mk 9,33-50 in: Synoptische Studien (FS Alfred Wikenhauser), München 1953, S. 184-206, und *W. Pesch*, Die sogenannte Gemeindeordnung Mt 18 (s. Anm. 1), S. 221 (»kritisch beschnitten, ergänzt und umgeformt«) und bes. S. 229 ff. (»Alle seine Auslassungen erklären sich entweder aus der Tatsache, daß ein Wort schon früher zitiert wurde, oder daraus, daß es nicht zu ... seiner Grundtendenz paßte. Insbesondere entsprechen alle Neubildungen und Übernahme des Nicht-Mk-Stoffes dieser Tendenz«, S. 232).

13 Abgesehen davon, dass das Apophthegma Mk 9,38-41 thematisch nicht in den matthäischen Zusammenhang passt und die abweichende Version des Logions Mt 12,30 zu Mk 9,40 in deutlicher Spannung steht, ist die Auslassung auch von Mt 7,22 f. her sachlich zu begreifen.

14 Vgl. *W. Trilling*, Das wahre Israel (s. Anm. 2), S. 110.

den Verlorenen zu verkündigen, sondern der Gemeinde die Pflicht der Fürsorge für die Irrenden einzuprägen.

Die Weisungen für die Gemeindezucht (18,15-17.18) stehen zu dem sie umrahmenden Kontext, dem unmittelbar vorangehenden Gleichnis vom verlorenen Schaf (18,12 f.) und der unmittelbar nachfolgenden Parabel (18,23 ff.) in einer merklichen Spannung. Denn die Pointe beider ist die unermüdliche Fürsorge für den irrenden Bruder und die Vergebungsbereitschaft ohne Grenzen (18,21 f.) aufgrund der empfangenen göttlichen Gnade. Auch wenn man berücksichtigt, dass in der disziplinären Regel mit der bis zur letzten Instanz durchgehaltenen Unbußfertigkeit des Schuldigen gerechnet wird, der gegenüber die Vergebung sinnlos ist, zielen 18,15-17 doch eindeutig auf den definitiven Ausschluss des verstockten Sünders von der Gemeinde und damit vom Heil; die Möglichkeit seiner nachträglichen Umkehr bleibt hier außer Betracht. Hebt der Evangelist also durch den von ihm sehr bewusst und keineswegs nur unter dem Zwang vorgegebener Überlieferung zugefügten Kontext die Regel auf?[15] Das ist sicher nicht seine Absicht. Dann aber kann die Komposition nur den Sinn haben, das um der Reinheit der Gemeinde willen unerlässliche Verfahren der Gemeinde als eine äußerste Möglichkeit erscheinen zu lassen, über der das Lebensgesetz, unter welchem die Gemeinde als Ganze steht, keinen Augenblick vergessen werden darf. Losgelöst von diesem Kontext und zum bloßen Rechtsakt geworden, würde die Gemeindedisziplin zu einem pharisäischen Versuch, dem Endgericht vorzugreifen und vor der Zeit die »Ungerechten« von den »Gerechten« zu scheiden (vgl. Mt 13,24-30.36-43.47-50). Auch wenn die Gemeindedisziplin ein unaufgebbares Erfordernis ist, darf sie nach Matthäus doch auf keinen Fall in der Absicht praktiziert werden, einen »heiligen Rest« in der Gemeinde zu sammeln. In diesem Sinn nimmt der Evangelist zwar die judenchristliche Überlieferung auf, aber eingefasst von den Grundmotiven der Lehre Jesu, seiner Zuwendung zu den Geringen und seinem Ruf zur Demut, Jesu Liebesgebot und der Erwartung der kommenden Gottesherrschaft und des letzten Gerichtes, in dem nach den Taten der Barmherzigkeit gefragt wird. Mit Trilling ist die »Gemeindeordnung« Mt 18 entsprechend in vier Abschnitte zu gliedern: 1. die wahre Größe im Himmelreich (18,1-5); 2. die Sorge um die

15 Vorgegeben war ihm allerdings der Zusammenhang der Q-Überlieferung (Lk 17,3 f.). Doch wird dieser durch 18,10-14 und 18,21-35 durch Überlieferungsstücke, die als solche keineswegs die Einordnung gerade an *dieser* Stelle erfordern, aufs Stärkste herausgehoben und profiliert. – *G. Barth*, Das Gesetzesverständnis des Evangelisten Matthäus (s. Anm. 4), S. 78, betont nachdrücklich den Gegensatz zwischen 18,15-17 und der Tendenz des Kontextes.

»Kleinen« (18,6-14); 3. die Zurechtweisung Fehlender (18,15-20); 4. die Vergebung (18,21-35)[16].

III

Nach diesen Erwägungen über die Komposition von Mt 18 im Ganzen ist die disziplinäre Regel im Zusammenhang ihres engeren Kontextes (18,15-20) noch besonders zu erörtern. Wir setzen dabei mit dem Doppelspruch 18,19 f. ein. Welche Bedeutung hat er im Zusammenhang mit der vorangehenden disziplinarischen Regel? Die Frage wird, soweit ich sehe, von den Auslegern kaum gestellt, geschweige beantwortet. Allenfalls negativ wie von E. Klostermann z.St., der zu der Einleitungsformel V. 19 (πάλιν ἀμὴν λέγω ὑμῖν) konstatiert: »... künstlicher Übergang zu einem anderen die Gemeinde betreffenden Gegenstand«. Danach wäre es abwegig, nach einer besonderen Funktion von 18,19 f. im Zusammenhang mit 18,15-17 zu fragen[17]. Doch erheben sich dagegen gewichtige Bedenken: 1. hat sich gezeigt, dass der Evangelist die »Rede« im Ganzen sehr bewusst und streng durch Auswahl und Verflechtung von Überlieferungsgut verschiedenster Herkunft und durch selbstständige Akzentuierung durchkomponiert hat. Nirgends wird auch nur ein Spruch oder eine Spruchreihe lediglich darum aufgenommen, weil Quelle und Tradition es so vorgegeben hatten. An keiner Stelle ist gleichsam eine Art Leerlauf in der Wiedergabe der Überlieferung zu bemerken[18]. 2. stand der Evangelist in Mt 18,19 f. keineswegs unter dem Zwang einer vorgegebenen Quelle. Der Doppelspruch ist ein selbstständiges Logion und hat ursprünglich mit V. 15-17(18) nichts zu tun; Matthäus fügt ihn darum auch mit eigener Einleitungsformel an. 3. weist auf einen engen sachlichen Zusammenhang mit V. 15-17(18) der Inhalt des Doppelspruches. Wie Trilling richtig erkannt hat[19], spricht aus ihm ein bestimmtes »Kirchenbewusstsein«; der Ton liegt dabei nicht eigentlich auf der

16 Gegen *W. Pesch*, der zwar mit Recht die Zäsur zwischen 18,1-14 (Leitwort: μικρός) und 18,15-35 (Leitwort: ἀδελφός) heraushebt, scheint mir die Gliederung der Rede, wie sie *Trilling*, Das wahre Israel (s. Anm. 2), S. 106 f., angibt, doch sachlich angemessen.

17 Auch *W. Pesch*, Die sogenannte Gemeindeordnung Mt 18 (s. Anm. 1), S. 231, sieht keine Möglichkeit, Matthäus bezüglich der Gestaltung von Mt 18,15-35 bei seiner »Arbeit zu kontrollieren«.

18 Auch die Spruchreihe Mt 18,8 f. (par. Mk 9,43-48) ist nicht nur »mitgeschleppt«. Das würde besonders gelten, wenn, wie einige Exegeten annehmen, unter den Ärgernis erregenden »Gliedern« an Gemeindeglieder zu denken wäre (so auch *Pesch*, a.a.O., S. 223 f.). Doch halte ich die Eintragung dieses ekklesiologischen Bildes aus dem paulinischen Kirchengedanken für abwegig.

19 A.a.O., S. 120 f.

(allgemeinen) Zusage der Erhörung des Gebetes in Jesu Namen[20], sondern auf der Gemeinsamkeit der auf seinen Namen hin versammelten Gemeinde und ihr Einswerden in dem gleichen Anliegen der Bittenden (συμφωνεῖν / συνάγεσθαι). Dieser Gemeinde wird die Gegenwart des erhöhten Herrn in ihrer Mitte zugesagt. Ist das richtig, dann bekommt die »Sache« (περὶ παντὸς πράγματος), die Mt 18,19 in Rede steht, einen sehr bestimmten Inhalt, und der Doppelspruch erhält die spezielle Funktion, die unmittelbar zuvor der Gemeinde zugesprochene Binde- und Lösevollmacht zu begründen.
Vorausgesetzt sind dabei offensichtlich der Kyriosglaube und die Erfahrung des hellenistischen Christentums, das aus der Gegenwart und dem Beistand des erhöhten Herrn bis zum Weltende lebt, nicht mehr nur in der Erwartung des Kommenden. Was der Auferstandene seinen Jüngern am Ende des Evangeliums in universaler Weite verheißt (Mt 28,20), ist hier auch der kleinsten Ortsgemeinde zugesagt.
Überraschend und bemerkenswert ist an dem Spruch jedoch, dass Glaube und Erfahrung des hellenistischen Christentums und das neue Selbstverständnis der Gemeinde 18,20 in einem Logion Ausdruck gefunden haben, das sichtlich in enger Anlehnung an die Tora-Praxis und die Schechina-Vorstellung des Judentums geprägt ist, wenn auch in einem radikal christianisierten Sinn: »... an Stelle der Tora ist das ὄνομα Jesu, an Stelle der Schechina ist er selbst getreten.«[21]
Was aber bedeutet diese Formulierung im engsten Anschluss an das besagte, im Blick auf die Beschäftigung mit der Tora geprägte jüdische Theologumenon? Ist Mt 18,20 nur antithetisch gemeint im Sinne der Ablösung der Tora durch Jesu Namen und die Gegenwart des erhöhten Kyrios? Das käme der gerade von Matthäus strikt abgewehrten Anschauung, Jesus sei gekommen, Gesetz und Propheten außer Kraft zu setzen (Mt 5,17.19), bedenklich nahe. Im Sinn des Evangelisten und der von ihm repräsentierten Gemeinde kann die Gegenwart des Erhöhten in ihrer Mitte nur bedeuten und implizieren, dass dieser in ihr gegenwärtige Herr derselbe ist, der durch seine Lehre das Gesetz gültig ausgelegt und erfüllt und für seine Gemeinde verbindlich gemacht hat.
Mt 18,20 rückt damit in die nächste Nähe zu der Schlussperikope des ganzen Evangeliums, dem Auftrag des Auferstandenen an seine Jünger, alle Völker zu Jüngern zu machen, sie zu taufen auf den »Namen« des Vaters, des Sohnes und des heiligen Geistes und sie zu lehren, alles zu halten, was der Irdische »geboten« hat[22]. Dieser Kirche

20 Mt 18,19 hat also eine andere Pointe als die Logien Mk 11,24; Joh 14,13; 15,7.

21 *G. Barth*, Das Gesetzesverständnis des Evangelisten Matthäus (s. Anm. 4), S. 127.

22 Vgl. zu Mt 28,16-20 *G. Bornkamm*, Der Auferstandene und der Irdische. Mt 28,16-20, in: ders. / G. Barth / H. J. Held, Überlieferung und Auslegung im Mat-

ist seine Gegenwart und sein Beistand bis zum Weltende zugesagt (Mt 28,19 f.).
So wird verständlich, dass Mt 18 eine »Gemeindeordnung« gestaltet, die aufs Stärkste von den Grundgedanken der Lehre Jesu geprägt ist: von Jesu Wort über die vor Gott geltenden Maßstäbe, seinem Ruf zu Umkehr und Niedrigkeit (18,1-5), seinem Liebesgebot (18,6-14) und seiner Forderung zur unbegrenzten Vergebungsbereitschaft (18,21-35) in der Gewissheit der Gegenwart des Kyrios in ihrer Mitte und in Erwartung der kommenden Basileia.
Die *notae ecclesiae* dieser Gemeinde sind damit grundlegend von dem, was die jüdische Gemeinde kennzeichnet, unterschieden: nicht mehr Tempel und Opferkult, rituelle Gebote und Beschneidung (von ihr verlautet im ganzen Matthäus-Evangelium nichts mehr), nicht das pharisäische Schriftgelehrtentum der Synagoge, aber auch nicht eine neue Ämter- und Kultordnung, sondern Jüngerschaft und Nachfolge und damit das Leben aus dem Erbarmen Gottes, das im Verhalten zum Bruder bewährt sein will (18,21-35).

IV

Was aber besagt in diesem Zusammenhang die Binde- und Lösegewalt der Gemeinde (18,18) in ihrem Verhältnis zu der mit denselben Begriffen umschriebenen, Petrus allein als »Fels« der Kirche Jesu zugesprochenen Schlüsselgewalt (16,18 f.)? Die Frage soll uns hier nicht nur unter dem reichlich diskutierten Aspekt der traditionsgeschichtlichen Priorität der einen vor der anderen Stelle beschäftigen. Die Antworten auf die so gestellte Frage gehen bis heute in der Forschung auseinander; die einen sehen in dem Petruswort die ältere und in 18,18 eine auf die gesamte Jüngerschaft ausgeweitete, sekundäre Fassung, andere umgekehrt in 16,19 eine spätere Konzentration der ursprünglich den Jüngern bzw. der Gemeinde im Ganzen verliehenen Vollmacht auf die Person des Petrus[23]. Für beide Meinungen lassen

thäusevangelium (WMANT 1), Neukirchen-Vluyn ^{5}1968, S. 289-310 [s.u. S. 95-116].

23 Für die Priorität von Mt 16 vgl. u.a. *R. Bultmann*, Die Geschichte der synoptischen Tradition (s. Anm. 3), S. 150 f. (dessen historische Einordnung beider Texte ich jedoch nicht folgen kann); *E. Schweizer*, Gemeinde und Gemeindeordnung im Neuen Testament (AThANT 35), Zürich 1959, S. 51 f.; *W. Trilling*, Das wahre Israel (s. Anm. 2), S. 157; *G. Strecker*, Der Weg der Gerechtigkeit. Untersuchung zur Theologie des Matthäus (FRLANT 82), Göttingen ^{2}1966, S. 223, Anm. 6; *G. Klein*, Die Verleugnung des Petrus. Eine traditionsgeschichtliche Untersuchung, in: ders., Rekonstruktion und Interpretation. GAufs. zum Neuen Testament (BEvTh 50), München 1969, S. (49-98) 88, Anm. 223. – Für die Priorität von Mt 18,18 *E. Käsemann*, Die Anfänge christlicher Theologie, in: ders., Exegetische Versuche und Besinnungen, Bd. II, Göttingen 1968, S. (82-104) 104; *E.*

sich Argumente anführen, die hier nicht im Einzelnen diskutiert werden sollen. Die stärkeren Gründe sprechen m.E. für die Priorität von Mt 16.

Doch ist mit der bloßen Feststellung konkurrierender Traditionen und wie immer historisch motivierter, verschiedener Verfassungstypen noch nichts über das Nebeneinander und Zugleich beider Formen der Bevollmächtigung und damit ihre gleichzeitige Gültigkeit in der Kirche des Matthäus gesagt. Diese sachliche Frage bleibt so oder so gestellt. In jedem Fall hat die Antwort auf sie die Tatsache zu berücksichtigen, dass das Petruswort dem Wort über die Vollmacht der Gemeinde voraufgeht und Mt 18,18 der Binde- und Lösegewalt des Petrus nicht nur nach-, sondern zugeordnet ist, wie allein schon die Wiederaufnahme derselben Wendungen zur Genüge deutlich ausspricht. Diese Behauptung gilt, obwohl – sehr bezeichnend – weder im Wortlaut der einen noch in dem der anderen Stelle die Frage nach Art und Sinn der Zuordnung beider zueinander signalisiert wird und nichts von einer Übertragung und Ausweitung der Vollmacht von Petrus auf die Jünger insgesamt bzw. die Gesamtgemeinde verlautet.

Wie und in welchem Sinn konnten beide im Text des Evangeliums so dicht aufeinander folgenden Worte in der Kirche des Matthäus gleicherweise Geltung besitzen? Bei der Beantwortung dieser Frage wird zunächst zu beachten sein, dass der nur Mt 16,18 und 18,17 in der Evangelienüberlieferung belegte Begriff *ekklesia* hier und da völlig verschieden gebraucht ist, nämlich einmal für die Gesamtkirche (16,18), das andere Mal für die (örtliche) Gemeindeversammlung (18,17); der einzige im eigentlichen Sinn ekklesiologische Beleg ist somit nur die Petrusstelle. Eine offenkundige Differenz liegt aber auch in dem Bedeutungsgehalt der aus der jüdischen Schulsprache stammenden Begriffe »Binden« und »Lösen« vor, die wie bekannt die Lehr- und Disziplinargewalt umschreiben. Unbeschadet der engen Verbindung beider Bedeutungen im Rabbinischen lässt sich mit Sicherheit behaupten, dass Mt 18,18, wie schon gesagt, die Gemeindedisziplin, Mt 16,18 f. dagegen die Petrus zugesprochene Lehrautorität im Blickfeld steht. Das erhellt schon daraus, dass in dem Petruswort an eine für das Wesen der Kirche grundlegende, ihr Bestand und Dauer in der irdischen Weltzeit verleihende Tätigkeit des Petrus gedacht ist, was schwerlich speziell von der Kirchenzucht ausgesagt sein kann[24].

Das wird auch durch die Rolle des Petrus sonst im Matthäus-Evangelium bestätigt. Er figuriert auch hier in keiner anderen Funkti-

Dinkler, Die Petrus-Rom-Frage. Ein Forschungsbericht, in: ThR NF 27 (1961), S. (35-64) 36, Anm. 1.

24 Vgl. *R. Hummel*, Die Auseinandersetzung zwischen Kirche und Judentum (s. Anm. 8), S. 61.

on als in der schon vor ihm geprägten Überlieferung; der Evangelist hat diese an mehreren Stellen noch mit allem Nachdruck profiliert. Petrus ist Repräsentant und Wortführer der Jünger und hat als solcher beispielhafte Bedeutung: als der Glaubende, aber auch vom »Kleinglauben« Angefochtene (14,28-31); als der Bekenner, dem »nicht Fleisch und Blut, sondern der Vater im Himmel« die den Glauben begründende Offenbarung hat zuteil werden lassen (16,17), aber auch als der durch die Verleugnung seines Herrn schuldig Gewordene (26,31 ff.); als der Jesus Zugetane und um ihn Besorgte, aber gerade darin auch von der satanischen Versuchung Bedrohte, in der Befangenheit menschlichen Denkens ihn von seinem Leidens- und Todesweg abzudrängen (16,22 f.). In seinem Vermögen und Unvermögen, seinem Wagen und Versagen ist Petrus der exemplarische Jünger, in allem angewiesen auf Jesus selbst. Aus seinem Munde erklingen die Bitte um Rettung in der Anfechtung (14,30; vgl. 8,25) wie die Fragen an Jesus, wenn die Jüngerschaft seiner Weisung für ihr rechtes Verhalten bedarf (17,24 ff.; 18,21 f.), und er empfängt Jesu Antwort. In diesem Sinn wird ihm damit allerdings zugleich eine besondere Autorität für die Gemeinde zugesprochen. Er wird zum Felsen und Hausverwalter der Kirche. So wird die ihm anvertraute, von ihm verbürgte Lehre Jesu als gültig und verbindlich für die ganze Kirche auf Erden erklärt; den Entscheidungen des Petrus gemäß werden auch im Himmel, d.h. im letzten Gericht, die Entscheidungen fallen.

Dass Mt 16,17-19 primär die Lehrautorität Petri gemeint ist, erhellt auch daraus, dass mindestens zur Zeit der Abfassung des Matthäus-Evangeliums er selbst aller Wahrscheinlichkeit nach längst den Märtyrertod gestorben war[25]. Das besagt, dass er in der Zeit der Kirche des Matthäus nicht mehr in eigener Person, wie es disziplinäre Entscheidungen erfordern, wohl aber als Bürge und Verwalter der Lehre Jesu für die Kirche als Autorität angesehen werden konnte.

Die Frage nach dem sachlichen Verständnis der an Petrus gerichteten Worte 16,17-19 ist von der nach ihrer Entstehungszeit und also ihrem kirchen- und theologiegeschichtlichen Ort nicht zu lösen. Ihre genauere Erörterung würde freilich den Rahmen dieser Untersuchung sprengen und könnte überdies weitgehend nur längst bekannte Argumente und Positionen einmal mehr gegeneinander aufführen[26]. Ich beschränke mich daher auf eine Aufzählung bestimmter Faktoren, die bei der Exegese und historischen Beurteilung des Textes nicht außer Betracht bleiben dürfen. In seiner vorliegenden Fassung setzt Mt 16,18 f. offensichtlich 1. Jesu Auferstehung voraus. Auf sie weisen eindeutig die

25 Mit Recht macht *R. Hummel*, a.a.O., S. 62, auch dieses Argument geltend.

26 Vgl. aus der umfangreichen Literatur *R. Bultmann*, Die Frage nach der Echtheit von Mt 16,17-19, in: ders., Exegetica. Aufsätze zur Erforschung des Neuen Testaments, hg. v. E. Dinkler, Tübingen 1967, S. 255-277.

(realen) Futura οἰκοδομήσω, δώσω, auch das entsprechend zu verstehende ὃ ἐὰν δήσῃς in V. 18 f. Vorausgesetzt ist 2. aber auch die Verzögerung der Parusie. Die in dem Logion gemeinte »Kirche« ist unmissverständlich eine für die Dauer der Weltzeit auf das Lehramt Petri begründete irdische Institution, die auch die Bedrohungen durch die endzeitlichen Todesgewalten überstehen wird (16,20). 3. Wichtig ist aber auch, dass diese – hier zum ersten und einzigen Mal in der synoptischen Überlieferung – ohne nähere Erläuterung und unvermittelt eingeführte Gesamtkirche mit dem griechischen Begriff ἐκκλησία bezeichnet wird. Nach W. Schrages sorgfältigen Nachweisen darf mit Sicherheit angenommen werden, dass diese Selbstbezeichnung der Kirche erst auf dem Boden des hellenistisch-jüdischen Christentums aufgekommen ist und von ihrem Ursprung her ein gegen die Synagoge und die in ihr praktizierte Verkündigung des Gesetzes gerichtetes theologisches Programm enthielt[27]. Nur von diesem her wird auch der nicht mehr auf Israel beschränkte, weltweite und rein christologisch bestimmte Sinn der *ekklesia* (... μου τὴν ἐκκλησίαν) verständlich, der in Mt 21,33-46; 22,1-14 und vor allem in Mt 28,18-20 seine sachliche Entsprechung hat.

In dem sicher nicht erst von Matthäus formulierten Logion Mt 16,18 f. hat dieses Verständnis der »Kirche« bereits seinen festen, unbestrittenen Platz gefunden. Mit ebenso unmissverständlichem Nachdruck aber wird sie auf die besondere Lehrautorität des Petrus begründet, und zwar in engster Anlehnung an die jüdische Schulsprache. Doch darf die Aufnahme dieser vorgeprägten Terminologie nicht die Tatsache verdecken, dass »Binden« und »Lösen« hier nicht mehr einfach im genuin jüdischen Sinn gebraucht sind. Wohl erscheint Petrus hier formal in der Rolle eines »supreme Rabbi«[28], aber seine Funktion ist nicht mehr auf die Tora, sondern auf die das Gesetz erfüllenden Gebote des Kyrios bezogen, der – nach alttestamentlich-jüdischen Begrif-

27 Vgl. *W. Schrage*, Ekklesia und Synagoge, in: ZThK 60 (1963), S. 178-202. Schrage beweist m.E. überzeugend, dass der konsequente Gebrauch von ἐκκλησία und die ebenso strikte Vermeidung von συναγωγή als Selbstbezeichnung der frühen Kirche sich nicht aus LXX erklären lässt, wo beide Begriffe reichlich, wenn auch συναγωγή nicht so häufig wie ἐκκλησία als Äquivalente für *k^e^hal jahwäh* begegnen, sondern nur aus der Tatsache, dass zur Zeit des frühen Christentums die Synagoge den Ort bezeichnete, in der »Moses verkündigt« wird (Apg 15,21). Der These Schrages, dass die Wahl des Wortes ἐκκλησία im Urchristentum überhaupt ohne Rücksicht auf LXX erfolgt und bewusst die profane griechische Vokabel »Versammlung« gewählt sei, kann ich allerdings nicht zustimmen. Aus der profanen ἐκκλησία ließe sich niemals der weltweite, theologische Sinn des urchristlichen Kirchenverständnisses ableiten.

28 Vgl. *B. H. Streeter*, The Four Gospels. A Study of Origins, Treating of the Manuscript Tradition, Sources Autorship, and Dates, London 1924, p. 515; *R. Hummel*, Die Auseinandersetzung zwischen Kirche und Judentum (s. Anm. 8), S. 63.

fen unvorstellbar – die *ekklesia*, die traditionell nur den einen Genitiv τοῦ θεοῦ duldet, als *seine* Kirche zu bezeichnen vermag. »Binden« und »Lösen« hat von daher einen neuen, dem jüdischen nur noch formal vergleichbaren Sinn erhalten als verbindliche Auslegung der Gebote Jesu, aber auch ihrer eschatologischen Konsequenz[29].
Aus dem Gesagten ergibt sich, dass der Ursprungsort für Mt 16,17-19 trotz der oft vermerkten, zahlreichen Semitismen des Textes schwerlich in der Jerusalemer Urgemeinde, vielmehr mit hoher Wahrscheinlichkeit dort zu suchen ist, wo Juden- und Heidenchristentum nicht ohne starke Spannungen einander begegneten. Hier, vermutlich in Syrien, der Heimat des Matthäus, seiner Kirche und seines Evangeliums, dürfte das Petruslogion seine endgültige Fassung erhalten haben[30]. Dafür spricht auch, dass Petrus nach allem, was wir sonst aus den Quellen wissen, die ihm Mt 16 zugesprochene Rolle in der Jerusalemer Urgemeinde, aber auch in paulinischen Kirchengebieten historisch niemals innegehabt hat. Seine Bevollmächtigung Mt 16 ist darum als eine »ideale« Szene zu bezeichnen, in der sich die Begründung der Kirche auf Petrus als Garanten und autorisierten Interpreten der Lehre Jesu und damit die Anfänge einer eigenen, sich auf Petrus berufenden christlichen Halacha abzeichnen[31].

V

Ist die dargelegte Analyse von Mt 16 zutreffend, so darf auch die Disziplinargewalt der Gemeinde (Mt 18) nicht mehr nur als konkurrierende Überlieferung bezeichnet werden, die sich mit der Petrus-Vollmacht nicht in Einklang bringen lässt. Vielmehr lässt sich das Verhältnis beider Texte zueinander so bestimmen: Die in Mt 18,15-18 in Aktion tretende Gemeinde weiß sich auf die durch Petrus verbürgte Lehre Jesu begründet und durch den in ihr gegenwärtigen Kyrios, oh-

29 Mit Recht betont *G. Strecker*, Der Weg der Gerechtigkeit (s. Anm. 23), dass sich das Problem der Binde- und Lösegewalt Mt 18 »im Rahmen der Redaktion schwerlich durch den Rückgriff auf den jüdischen Sprachgebrauch« lösen lasse (S. 224) und »der rabbinische Bann graduell und befristet angewendet wird, als innersynagogales Zuchtmittel, ohne mit dem Ausschluss identisch zu sein« (S. 225, Anm. 3).

30 Vgl. *H. v. Campenhausen*, Kirchliches Amt und geistliche Vollmacht (s. Anm. 6), S. 142; *B. H. Streeter*, The Four Gospels (s. Anm. 28), pp. 500 ff.; *G. Bornkamm*, Enderwartung und Kirche im Matthäus-Evangelium, in: ders. / G. Barth / H. J. Held, Überlieferung und Auslegung im Matthäusevangelium (WMANT 1), Neukirchen-Vluyn ^{5}1968, S. (13-47) 46 f. [s.u. S. (9-42) 41 f.].

31 Hierzu besonders *R. Hummel*, Die Auseinandersetzung zwischen Kirche und Judentum (s. Anm. 8), S. 59 ff., sowie *D. Lührmann*, Die Redaktion der Logienquelle (WMANT 33), Neukirchen-Vluyn 1969, S. 113 ff.

ne dass es eines besonderen »Sukzessions«-Gedankens bedürfte, auch zur Zucht in ihrer Mitte bevollmächtigt und verpflichtet[32].

Die »Rede« Mt 18 erweist sich damit als ein bedeutsames Dokument der spannungsvollen Begegnung hellenistischer und judenchristlicher Traditionen. Matthäus und seine Gemeinde setzen das hellenistische, aus dem Judentum bereits herausgewachsene und auf einen neuen Grund gestellte Christentum voraus, aber sie widerstehen einem nicht nur vom Judentum, sondern auch von den Geboten des irdischen Jesus sich emanzipierenden Enthusiasmus und verteidigen die Kirche als Jüngerschaft und Nachfolge[33]. Das Verhältnis von Judenchristentum und hellenistischem Christentum darf darum nicht nach dem einfachen Schema eines Ablösungsprozesses des einen vom andern vorgestellt werden. In Wahrheit lässt sich dieser Prozess, wie das ganze Matthäus-Evangelium beweist, nur als ein Vorgang wechselseitiger Durchdringung begreifen: Die judenchristliche Jesus-Überlieferung ist aus ihrer ursprünglichen Heimat ausgewandert und hat im hellenistischen Christentum einen neuen »Sitz im Leben« gefunden und zugleich in dieses ihr eigenes Erbe als ein entscheidendes Element und Korrektiv des Enthusiasmus eingebracht. Es wäre darum falsch, hier nur von einem rückläufigen Prozess der Rejudaisierung sprechen zu wollen.

Kirchengeschichtlich und soziologisch wird man sich die Formierung der Gemeinde des Matthäus in einer gewissen Analogie zur Bildung diasporajüdischer Gemeinden vorzustellen haben. Darauf weist auch die Tatsache, dass der Evangelist sie in Galiläa ansiedelt, das für ihn dem Auftreten und Wirken des irdischen Jesus entsprechend von Anfang an das »Galiläa der Heiden« (4,15) ist. Jerusalem ist nicht mehr ihre Heimat, sondern der Ort des letzten Kampfes Jesu mit den Vertretern des Judentums, seines Leidens, Sterbens und seiner Auferstehung. Aber fern von Jerusalem spielen das Petrusbekenntnis, die Begründung der Kirche auf ihn als Felsen und die Aussendung der Jünger in alle Welt. In Kapernaum lokalisiert der Evangelist auch das unmittelbar der Jüngerrede Mt 18 vorangehende Gespräch über die Tempelsteuer (17,24-27), das eine typische Frage des Diasporajudentums diskutiert und ebenso die Freiheit der christlichen Gemeinde vom Judentum wie ihre in Freiheit noch bewahrte Bindung an die jüdische Ordnung zum Inhalt hat (»damit wir ihnen kein Ärgernis geben«; 17,27). Für das Selbstverständnis der Gemeinde ist sie freilich nur noch dem äußeren Augenschein nach einer Sondersynagoge ver-

32 Auf Übereinstimmungen zwischen den Weisungen zur Gemeindedisziplin (Mt 18,15-20) und vergleichbaren Stellen der paulinischen Briefe hat bereits *C. H. Dodd*, Matthew and Paul, in: ET 58 (1946/47), Sp. 293-298, aufmerksam gemacht. Dazu auch *R. Hummel*, a.a.O., S. 58.

33 Näheres dazu in meinem Aufsatz »Der Auferstandene und der Irdische« (s. Anm. 22).

gleichbar. Aufgrund der Vollmacht ihres Herrn über Himmel und Erde und nach ihrem Ursprung, Glauben und Wesen hat die Kirche die Grenzen von einst durchbrochen.

Der Auferstandene und der Irdische

Mt 28,16-20

I

Die Abschlussszene des Matthäus-Evangeliums ist zugleich weniger und mehr als eine Ostererzählung. Zwar reiht sie sich als letzte an die voraufgehenden Ostergeschichten, die Auffindung des leeren Grabes (28,1-8), erweitert durch die Erscheinung des Auferstandenen vor den Frauen (28,9 f.)[1], und die massiv apologetische Legende von dem Betrug der Hierarchen (28,11-15)[2]. Nicht ohne wirksamen Kontrast folgt dieser Erzählung, die von der boshaften und hilflosen Feindschaft der jüdischen Gegner handelt, die Schlussszene mit der Erscheinung der Auferstandenen vor den Elf, ausmündend in Jesu Vollmachtswort und Auftrag. Deutlich knüpft die Situationsangabe 28,16 an das Engelwort 28,7 und das inhaltlich entsprechende Wort Jesu 28,10 an, auch wenn die Ortsangabe der letzten Szene, der Berg, und die Bezugnahme auf Jesu Anordnung nicht eigentlich im Evangelium vorbereitet sind. Fraglos gehört Mt 28,16 ff. zu der sicher alten, wenn auch nur noch vereinzelt und fragmentarisch erhaltenen Überlieferung galiläischer Erscheinungsberichte und ist dem Typus von Ostererzählungen zuzurechnen, deren Mitte der Missionsauftrag des Auferstandenen an die Jünger ist (wie Lk 24,44-49; Apg 1,4-8; Joh 20,19-23)[3].

Dennoch sieht man sofort, dass der Text an Details eines einzelnen Vorganges kaum noch interessiert ist und der geschichtliche Rahmen nur eben noch angedeutet, um nicht zu sagen völlig gesprengt ist[4]. »Der Berg« ist nicht ein geographisch bestimmbarer Ort, sondern typische Offenbarungsstätte wie häufig auch sonst im Matthäus-Evangelium (vgl. 5,1; 15,29; 17,1), auch wenn man keineswegs sofort an ein Gegenbild zum Sinai denken muss. Die Erscheinung des Auf-

1 Vgl. *R. Bultmann*, Die Geschichte der synoptischen Tradition (FRLANT 29), Göttingen ^{3}1958, S. 313; *H. von Campenhausen*, Der Ablauf der Osterereignisse und das leere Grab (SHAW.PH, Jg. 1952, 4. Abh.), Heidelberg ^{2}1958, S. 28.

2 Zu den Ungereimtheiten dieses Textes vgl. *v. Campenhausen*, a.a.O., S. 28 ff.

3 Vgl. *R. Bultmann*, a.a.O., S. 312.

4 Vgl. *M. Dibelius*, Die Formgeschichte des Evangeliums, Tübingen ^{4}1963, S. 285.

erstandenen wird selbst überhaupt nicht erzählt[5], sondern ist in der Wendung καὶ ἰδόντες αὐτὸν προσεκύνησαν, οἱ δὲ ἐδίστασαν (28,17) vorausgesetzt. Schon darum ist die ganze Szene nicht eigentlich als Erscheinungsgeschichte zu bezeichnen[6]. Weder findet sich im Text ein Wort über die Art und Umstände der Erscheinung und das Verschwinden des Auferstandenen noch über Erschrecken und Freude der Jünger oder über das Wiedererkennen des Herrn[7]. Besondere Beachtung verdient um so mehr das Auftauchen des Zweifelsmotivs in 28,17, das aus der Problematik der späteren Gemeinde verstanden werden will[8]. Es taucht bekanntlich wiederholt in Ostertexten auf. Doch wird der Zweifel der Jünger jeweils verschieden überwunden: Lk 24,41 ff. dadurch, dass der Auferstandene sich zu essen geben lässt; Joh 20,24 ff. dadurch, dass der Zweifler Thomas die Wundmale Jesu berühren darf; Mk 16,14 ff. dadurch, dass den zunächst ungläubigen Jüngern der Auferstandene abermals erscheint. Ganz anders Mt 28,16 ff. Hier wird die Frage nach dem Grund der Ostergewissheit und der Überwindung des Zweifels unter Verzicht auf alle sinnliche Vergewisserung allein durch den Hinweis auf das Wort des Erhöhten beantwortet[9]. Deutlich ist diese Antwort im Blick auf die spätere Gemeinde gegeben, der das bloße ὅραμα der ersten Jünger nicht mehr genügen kann und soll, die aber um so mehr auf Vollmacht und Auftrag des Erhöhten verwiesen wird.

Wie sehr für Matthäus die spätere Gemeinde im Blick steht, zeigt auch, dass von den Elf, der Überwindung des Zweifels und ihrem Glauben und Bekenntnis nichts mehr verlautet, ebenso wenig von Abschied und Auffahrt des Auferstandenen. Die Szene bleibt vielmehr völlig offen auf die Gegenwart hin, die bis zur Vollendung der Welt währen wird, und auch Jesu Worte Mt 28,18-20 haben nicht den Charakter einer Abschiedsrede[10]. Die überaus kurz gehaltenen erzählen-

5 Vgl. dagegen die Verklärungsgeschichte Mt 17,1 ff. par.

6 Gegen *E. Lohmeyer*, »Mir ist gegeben alle Gewalt«, in: In memoriam E. Lohmeyer, Stuttgart 1951, S. (22-49) 26 f. – Auch *K. Stendahl* spricht in Peake's Commentary, Hongkong 1962, S. 798 von einer »glorious epiphany«. – Mit Recht sagt *M. Dibelius*, a.a.O., S. 91 zur Charakteristik von Epiphaniegeschichten: »Die Epiphanie im Wunder ist Selbstzweck«. Eben davon kann in Mt 28,16 ff. keine Rede sein.

7 Vgl. dagegen Joh 20,16.20; Lk 24,25 ff. 31 ff.

8 Das hat *O. Michel*, Der Abschluß des Matthäus-Evangeliums, in: EvTh 10 (1950/51), S. 16-26 einleuchtend gezeigt. Vgl. auch *G. Barth*, Das Gesetzesverständnis des Evangelisten Matthäus, in: G. Bornkamm / G. Barth / H. J. Held, Überlieferung und Auslegung im Matthäusevangelium (WMANT 1), Neukirchen-Vluyn [4]1965, S. (54-154) 123 f.

9 So mit Recht *O. Michel*, a.a.O., S. 17 ff., der zutreffend auf Joh 20,29 verweist. – Ebenso *G. Barth*, a.a.O., S. 124.

10 Gegen *J. Munck*, Discours d'adieu dans le Nouveau Testament et dans la littérature biblique, in: Aux sources de la tradition chrétienne (FS M. Goguel), hg.

den Verse 28,16 f. haben überhaupt nur den Sinn, zu diesen Worten überzuleiten und sie vorzubereiten. Mit ihnen endet gewichtig nicht nur diese Szene, sondern das Evangelium des Matthäus im Ganzen.

II

Mit Recht hat man die Worte des Auferstandenen (Mt 28,18-20) als einen Schlüsseltext und eine Art Summarium des ganzen Matthäus-Evangeliums bezeichnet[11]. Wie im Folgenden deutlich werden soll, ist in ihnen sehr verschiedenartige Tradition verarbeitet, aber zugleich eigenartig gewendet und interpretiert. Die Gliederung der Spruchgruppe ist klar. Sie enthält: 1) das Vollmachtswort des Auferstandenen (18b); 2) seinen Sendungsbefehl an die Jünger (19.20a); 3) die Verheißung seines Beistandes (20b). Offensichtlich ist der innere Zusammenhang aller drei Worte[12] von erheblicher Bedeutung. Das zeigt schon die Kette der Wendungen: πᾶσα ἐξουσία (18) – πάντα τὰ ἔθνη (19) – πάντα ὅσα ἐνετειλάμην (20a) – πάσας τὰς ἡμέρας (20b).

Sicher sind die drei Worte nicht frei von Matthäus formuliert, sondern waren ihm, wie schon die Parallelen zu V. 18b (vgl. 11,27; Joh 3,35) und V. 20 (vgl. 18,20) und der formelhafte Charakter des Taufbefehls in V. 19 zeigen, durch die Tradition vorgegeben. Nicht so sicher ist, ob erst Matthäus die drei Logien zu einem Ganzen zusammengefügt hat oder schon die Tradition vor ihm. Wahrscheinlicher ist die erste Annahme[13], denn vergleichbare Parallelen zu Mt 28,18-20 im Ganzen fehlen. Überdies gehört die Zusammenfügung verschiedener Sprüche und ihre Ausgestaltung zu einer einheitlichen Spruchgruppe zu der gerade von diesem Evangelisten mit Meisterschaft geübten Kompositionstechnik.

Wichtiger für das sachliche Verständnis des ganzen Textes ist die Frage nach einem vorgegebenen Schema, das Matthäus bei seiner Komposition leitete. M. Dibelius hat dafür auf die Verbindung von

v. Pierre Bonnard u.a., Neuchâtel / Paris 1950, S. (155-170) 165 und *K. Stendahl*, a.a.O., S. 798.

11 *O. Michel*, Der Abschluß des Matthäus-Evangeliums (s. Anm. 8), S. 21; *G. Schille*, Bemerkungen zur Formgeschichte des Evangeliums. II. Das Evangelium des Matthäus als Katechismus, in: NTS 4 (1957/58), S. 113; *E. P. Blair*, Jesus in the Gospel of Matthew, New York / Nashville 1960, S. 45.

12 Das gut bezeugte οὖν (V. 19) fehlt zwar in einigen Hss. Doch ist es mindestens sinngemäß. Auch καὶ ἰδού (20b) markiert den Zusammenhang.

13 So *O. Michel*, a.a.O., S. 20; *G. Barth*, Das Gesetzesverständnis des Evangelisten Matthäus (s. Anm. 8), S. 124, Anm. 3; anders *G. Strecker*, Der Weg der Gerechtigkeit. Untersuchung zur Theologie des Matthäus (FRLANT 82), Göttingen 1962, S. 210 f.

Selbstempfehlung und Predigtruf in hellenistisch-gnostischen Offenbarungsreden verwiesen[14]. Doch umschreibt die Wendung ἐδόθη μοι πᾶσα ἐξουσία ἐν οὐρανῷ καὶ ἐπὶ τῆς γῆς (V. 18) nicht wie in Mt 11,27[15] die Qualifikation des Offenbarers, sondern die Inthronisation zum Kyrios über Himmel und Erde, die hier wie oft unmittelbar mit der Auferstehung verbunden, genauer gesagt mit ihr ineins gesetzt wird[16]. Mit einigem Recht hat man darum dieses bekannte Schema, das zahlreichen urchristlichen Hymnen und Bekenntnissen zugrunde liegt, auch in Mt 28,18-20 wiedergefunden[17]. Zum Akt der Inthronisation eines neuen Herrschers gehören in der Regel die Motive der Bevollmächtigung, der Präsentation und Proklamation des zum Herrscher Erhöhten vor der Welt und seine Anerkennung durch die Völker und Mächte. In der Tat lassen sich einige Anklänge an dieses christologische Vorstellungsschema in unserem Text finden, auf alle Fälle in dem universalen ἐξουσία-Wort V. 18, schwerlich dagegen in dem ὄνομα-Begriff der Taufformel V. 19b, wohl aber in dem Völkermotiv in V. 19a.

Aber man sieht alsbald, wie sehr das traditionelle Schema in dem Matthäus-Text gebrochen und abgewandelt ist. Schon der Abstand des Vollmachtswortes 28,18 zu den bekannten urchristlichen Hymnen und Bekenntnissen ist nicht zu übersehen. Die Erhöhung des Auferstandenen zum Herrn ist selbst nicht direkt ausgesagt, so deutlich der Text sie auch voraussetzt. Sie ist in Jesu Selbstaussage eingegangen und wird als seine Vollmacht über Himmel und Erde verkündet. Auch fällt kein christologischer Hoheitsname. Zu denken wäre etwa an den Begriff des Menschensohnes, da das erste Wort vielleicht in Anlehnung an das Menschensohn-Wort Dan 7,14 formuliert ist: καὶ ἐδόθη αὐτῷ ἐξουσία, καὶ πάντα τὰ ἔθνη τῆς γῆς κατὰ γένη καὶ πᾶσα δόξα αὐτῷ λατρεύουσα· καὶ ἡ ἐξουσία αὐτοῦ ἐξουσία αἰώνιος, ἥτις οὐ μὴ ἀρθῇ, καὶ ἡ βασιλεία αὐτοῦ, ἥτις οὐ μὴ φθαρῇ. Doch darf der Menschensohntitel nicht ohne Weiteres von dort in Mt 28 eingetragen und der sachliche Abstand beider Texte übersehen werden; schon darum nicht, weil dieser Titel den Gedanken an die Parusie implizieren würde. Von ihr ist jedoch in Mt 28 nicht die Rede, sondern von der Herrschaft des Auferstandenen über Himmel und Erde

14 *M. Dibelius*, Formgeschichte des Evangeliums (s. Anm. 4), S. 282 ff.

15 πάντα μοι παρεδόθη ὑπὸ τοῦ πατρός μου, καὶ οὐδεὶς ἐπιγινώσκει τὸν υἱὸν εἰ μὴ ὁ πατήρ, οὐδὲ τὸν πατέρα τις ἐπιγινώσκει εἰ μὴ ὁ υἱὸς καὶ ᾧ ἐὰν βούληται ὁ υἱὸς ἀποκαλύψαι.

16 Ein besonderer Auffahrts- und Erhöhungsakt *nach* der Auferstehung wie in den lukanischen und johanneischen Ostergeschichten hat bei Matthäus keinen Raum.

17 Vgl. *O. Michel*, Der Abschluß des Matthäus-Evangeliums (s. Anm. 8), S. 22 f.; *F. Hahn*, Das Verständnis der Mission im Neuen Testament (WMANT 13), Neukirchen-Vluyn 1963, S. 52 ff.

bis zum Weltende[18]. Aber auch die Hoheitstitel κύριος (Phil 2) oder υἱός (Hebr 1) fallen nicht, und Mt 28,18 verzichtet auf alles apokalyptische und mythologische Detail. Nichts verlautet von einer Huldigung der Engel (Hebr 1,6 ff.) oder einer Akklamation der kosmischen Mächte und der Völker (Phil 2,10 f.; vgl. auch 1Tim 3,16). Vielmehr hat das Wort V. 18 seine beherrschende Mitte einzig und allein in dem Begriff der ἐξουσία. Dieser kennzeichnet im Evangelium jedoch immer schon die Vollmacht auch des Irdischen, bezogen auf seine Lehre (7,29), seine heilende Tat (8,9) oder auch das Wort der Sündenvergebung (9,6.8). Das Vollmachtsmotiv als solches dient also noch nicht der Unterscheidung des Auferstandenen vom Irdischen, sondern verbindet sie gerade. Dementsprechend sagt Mt 11,27 schon der Irdische: Πάντα μοι παρεδόθη ὑπὸ τοῦ πατρός μου, womit ebenso wie Mt 28 der Anspruch der Lehre Jesu begründet ist, wie denn auch an beiden Stellen die Anerkennung seiner Vollmacht sich im Gehorsam des Jüngers erweist (μαθεῖν 11,29 – μαθητεύειν 28,19). Das Neue in Mt 28 ist darum allein die universale Ausweitung seiner ἐξουσία über Himmel und Erde[19].

III

Das Sendungswort Mt 28,19.20a, nicht nur äußerlich die Mitte der ganzen Spruchgruppe, trägt nach Inhalt und Sprache ganz das Gepräge des Matthäus[20]. Doch darf darüber nicht übersehen werden, in welchem Maße der Evangelist auch hier Traditionen voraussetzt und verwendet, wenngleich in kritischer Weise und mit besonderer Akzentuierung. Wir haben schon eingangs festgestellt, dass die Schlussperikope im Ganzen einem bestimmten Typus von Ostergeschichten zuzuordnen ist, die Erscheinungen und Missionsauftrag des Auferstandenen verbinden[21]. Man darf mit Sicherheit annehmen, dass dazu in der Matthäus vorliegenden Form auch Taufbefehl und Taufformel gehörten. Doch ist damit die matthäische Tradition, wie bereits zum

18 So richtig *H. E. Tödt*, Der Menschensohn in der synoptischen Überlieferung, Gütersloh 1959, S. 261 (gegen *Schniewind* und *Lohmeyer*); vgl. auch *F. Hahn*, Mission, S. 55 – Neuestens hat *A. Vögtle*, Das christologische und ekklesiologische Anliegen von Mt 28,18-20, in: StEv 2 (1964), S. 266-294, überzeugend gezeigt, dass das Vollmachtswort nicht von Dan 7, 13 f. her verstanden werden darf.

19 So mit Recht *G. Strecker*, Der Weg der Gerechtigkeit (s. Anm. 13), S. 211 f.

20 Vgl. für die Perikope im Ganzen *G. D. Kilpatrick*, The Origins of the Gospel according to St. Matthew, Oxford 1946, S. 48 f.; *G. Barth*, Das Gesetzesverständnis des Evangelisten Matthäus (s. Anm. 8), S. 123, Anm. 1; *G. Strecker*, a.a.O., S. 209. – Für den matthäischen Sprachgebrauch in 28,19 f. charakteristisch: pleonastischer Gebrauch von πορεύεσθαι, οὖν, μαθητεύειν, τηρεῖν, πάντα, ἐντέλλεσθαι, καὶ ἰδού, συντέλεια τοῦ αἰῶνος.

21 S.o. S. 95.

Aufbau des ganzen Textes festgestellt wurde und jetzt speziell für das Sendungswort genauer zu bedenken ist, noch nicht hinreichend gekennzeichnet. Das Besondere unseres Textes ist nämlich nicht nur die Verbindung von Erscheinung und Sendung, sondern die von Erhöhung und Völkermission.

Beide Motive gehören keineswegs anfänglich und überall zusammen. Das Logion Mk 13,10 (Mt 24,14) »Allen Völkern muss zuerst das Evangelium verkündet werden« bezieht sich weder auf die Auferstehung noch auf die Erhöhung Jesu zum Kyrios. J. Jeremias hat das Logion, dessen ursprüngliche Form er in Mt 24,14 findet[22], mit Apk 14,6 f. in Verbindung gebracht und bestreitet, dass Mk 13,10 par. (auch 14,9) überhaupt die Weltmission der Jünger, d.h. menschliche Predigt gemeint sei. Ursprünglich sei vielmehr in Mk 13,10 (bzw. Mt 24,14) an Weltvollendung und Weltgericht und die »Proklamation der alles vollendenden Gottestat durch Engelmund« gedacht[23]. Das ist schwerlich richtig. Schon die geprägte Missionsterminologie (κηρύσσειν, τὸ εὐαγγέλιον, πάντα τὰ ἔθνη) und die Tatsache, dass in dem synoptischen Logion eben kein Engel erwähnt wird wie in Apk 14,6 f., spricht gegen seine Annahme[24]. Wohl aber wird man annehmen dürfen, dass im hellenistischen Judenchristentum der apokalyptische Gedanke von Apk 14,6 f., der allerdings nicht von einer von Menschen durchgeführten Mission redet, abgelöst ist durch die Weltmission der Jünger. Der apokalyptische Ursprung des Motivs wird noch daran sichtbar, dass Markus und Matthäus das Wort in die synoptische Apokalypse einfügen, freilich so, dass der neuen Fassung des Wortes entsprechend das überlieferte apokalyptische Vorstellungsschema gesprengt wird. Denn es kann nicht zweifelhaft sein, dass πρῶτον so viel bedeutet wie »erst noch«[25] und sich zwischen Gegenwart und Par-

22 Vgl. *J. Jeremias*, Jesu Verheißung für die Völker, Stuttgart ²1959, S. 19 f.; dagegen mit Recht *F. Hahn*, Mission (s. Anm. 17), S. 59 f., 104 f.

23 *J. Jeremias*, a.a.O., S. 20.

24 Dazu genauer *F. Hahn*, Mission, S. 60 f. Nicht überzeugend ist freilich seine Behauptung, dass εὐαγγέλιον αἰώνιον Apk 14,6 f. nicht *ein*, sondern *das* Evangelium meine (s. 47, Anm. 1). Natürlich ist 14,6 f. ebenso wie 10,7 nicht »irgendeine Gottesbotschaft« gemeint, sondern die Vollendung des letzten Geheimnisses Gottes, die Erfüllung seines eschatologischen, den Propheten verkündeten Heilsratschlusses. Doch ist damit nicht schon die Gleichsetzung von εὐαγγέλιον in Apk 14,6 f. und τὸ εὐαγγέλιον Mk 13,10 gerechtfertigt. Die Sehervision nimmt ein Endgeschehen vorweg, die Evangeliumsverkündigung im Sinne des synoptischen Logions dagegen geschieht vor dem Ende. Letzteres bestreitet natürlich auch *Hahn* nicht (es spricht aber gegen sein Verständnis von Apk 14,6 f.). Im Übrigen stellt auch er mit Recht fest, dass Apk 14,6 f. eine Mission unter den Heiden nicht ein-, sondern ausschließt (S. 47).

25 Vgl. *W. G. Kümmel*, Verheißung und Erfüllung. Untersuchungen zur eschatologischen Verkündigung Jesu (AThANT 6), Zürich ²1953, S. 77; *F. Hahn*, Mission (s. Anm. 17), S. 62, Anm. 2.

usie die beträchtliche Epoche der Weltmission schiebt[26]. Es ist bezeichnend, dass Matthäus das Logion ohne die typisch apokalyptischen Begriffe πρῶτον und δεῖ bietet[27] und Lukas es überhaupt gestrichen hat[28].

Wichtig ist, dass Matthäus dieses vorgegebene Motiv der Völkermission in Kap. 28 dem Erhöhungsgedanken zu- und unterordnet. Auch dieser begegnet weithin ohne diese Verbindung. Wie die große Konzeption der universalen Völkermission, von der eben die Rede war, die Verzögerung der Parusie voraussetzt und ausspricht, hat die christologische Konzeption der Inthronisation Jesu zum Kyrios offensichtlich entscheidend dazu beigetragen, die palästinisch-urgemeindliche Erwartung der Parusie des Menschensohnes aufs Stärkste zu relativieren. Nichts wäre unangemessener, als den Kyriosglauben einen Ersatz zu nennen, mit Hilfe dessen die spätere Gemeinde über ihre Enttäuschung hinwegzukommen versuchte. Vielmehr hat die positive Kraft dieses schon früh im hellenistischen Urchristentum aufgekommenen Glaubens an den erhöhten Kyrios und seine schon gegenwärtige Herrschaft die Parusieverzögerung überhaupt nicht zu einer Katastrophe für das Urchristentum werden lassen, obwohl, wie besonders Paulus zeigt, Kyriosglaube und Naherwartung sich sehr wohl miteinander verbinden konnten. Die Anfänge dieses Kyriosglaubens liegen sicher bereits in der aus der Apostelgeschichte trotz aller Übermalungen noch einigermaßen erkennbaren Bewegung der bald von Verfolgung betroffenen »Hellenisten«, ihrer von der Jerusalemer Urgemeinde unterschiedenen Stellung zu Tempel und Gesetz, ihrer neuen Gemeindegründungen (Antiochien!) und ihrer gesetzesfreien Mission, ohne die Paulus und sein Werk nicht zu denken wären. Aber darüber hinaus hat unbeschadet aller Modifikationen und Variationen im Einzelnen diese neue christologische Konzeption im wahrsten Sinnes des Wortes Geschichte gemacht.

Doch begegnet sie keineswegs sofort und überall in Verbindung mit dem Gedanken der Völkermission. Weithin und wohl zunächst bedeutet Erhöhung und Herrschaft Christi über die Welt die Überwindung der Weltmächte[29] – ein Motiv, das in vielfachen Variationen entfaltet

26 Vgl. *E. Gräßer*, Das Problem der Parusieverzögerung in den synoptischen Evangelien und in der Apostelgeschichte (BZNW 22), Berlin 1957, S. 159, u. *H. Conzelmann*, Geschichte und Eschaton nach Mc 13, in: ZNW 50 (1959), S. (210-221) 218 f.

27 Vgl. *F. Hahn*, Mission (s. Anm. 17), S. 105.

28 Das πρῶτον ist überholt. Die universale Verkündigung ist in der Gegenwart schon verwirklicht (Apg) Vgl. *H. Conzelmann*, Die Mitte der Zeit. Studien zur Theologie des Lukas (BHTh 17), Tübingen [5]1964, S. 109.

29 Man denke an die Bedeutung, die hier Ps 110,1 – und zwar der griechische Text, der allein den Hoheitsnamen κύριος bietet – für die Entfaltung der Christo-

werden konnte: in der Akklamation aller himmlischen, irdischen und unterweltlichen Mächte (Phil 2,9 ff.), in der Herrschaft Christi über Lebende und Tote (Röm 14,9), in der Versöhnung des sichtbaren und unsichtbaren Alls (Kol 1,19 f.; 2,9 ff.), in der »Zusammenfassung« des Alls in Christus als dem Haupt (Eph 1,10 u.a.), in der Huldigung der Engel (Hebr 1,6 ff.), in der siegreichen Epiphanie und Proklamation Christi in himmlischen und irdischen Sphären (1Tim 3,16), in der befreienden Botschaft an die ἐν φυλακῇ gefangenen Geister der Toten (1Petr 3,19)[30].
Nirgends ist an allen diesen genannten Stellen eo ipso das Motiv der Völkermission durch die Jünger mit der Erhöhung Christi verbunden. Und doch zeigt sich, dass sich der Auftrag an Jünger und Apostel für die ganze Welt unmittelbar mit der mythisch, nicht geschichtlich vorgestellten Erhöhung und Epiphanie des Kyrios vor der Welt verbinden konnte und verbunden hat. Aus dieser Verbindung ist der feste, wenn auch mannigfach variierte Predigttypus erwachsen, den N. A. Dahl treffend als Revelationsschema bezeichnet hat[31]. Unter Aufnahme und Umformung apokalyptischer Gedanken und Begriffe, die jetzt in den Dienst einer Erhöhungs- und Epiphanie-Christologie gestellt sind, redet dieses Schema von dem Mysterium (d.h. dem eschatologischen Heilsplan Gottes)[32], das einst verborgen jetzt offenbart ist. In dieser Form ist das Schema aus Kol 1,26 f.; Eph 3,4-7.8-11 und dem sekundären doxologischen Schluss des Römerbriefes (16,25 f.) wohl bekannt und begegnet frei variiert (ohne Verwendung der Begriffe »Mysterium« und »verborgen«) reichlich auch in anderer urchristlicher Literatur[33]. Schon Paulus kennt und verwendet es (1Kor 2,6 ff.). Doch ist er nicht sein Schöpfer. Das beweist die Tatsache, dass er selbst es gebrochen verwendet mit Korrekturen, die sich offensichtlich gegen die gnostischen Irrlehrer in Korinth wenden[34]. Man wird daraus folgern dürfen, dass diese das Schema in ihrer Verkündigung benutzt haben, freilich in einem von Paulus abweichenden Sinn. Kennzeichnend für die Konzeption als solche ist nicht so sehr das primäre Interesse an der Frage nach dem geschichtlichen Ort und Inhalt der Of-

logie bekam; vgl. *F. Hahn*, Christologische Hoheitstitel. Ihre Geschichte im frühen Christentum (FRLANT 83), Göttingen 1963, Exkurs II, S. 126 ff. u. passim.

30 Zum Verständnis vgl. *R. Bultmann*, Bekenntnis- und Liedfragmente im 1. Petrusbrief, in: NT 11 (1947), S. (1-14) 4 f.

31 *N. A. Dahl*, Formgeschichtliche Beobachtungen zur Christusverkündigung in der Gemeindepredigt, in: Neutestamentliche Studien für R. Bultmann (BZNW 21), Berlin ^{2}1957, S. 3 ff.

32 Vgl. *G. Bornkamm*, Art. μυστήριον, in: ThWNT 4, Stuttgart 1942, S. 809 ff. (bes. S. 825 ff.).

33 Belege bei *N. A. Dahl*, a.a.O., S. 5.

34 Dazu und zum Folgenden vgl. *D. Lührmann*, Das Offenbarungsverständnis bei Paulus und in paulinischen Gemeinden (WMANT 16), Neukirchen-Vluyn 1965, S. 113-140.

fenbarung, sondern an der Frage: »Wer kann Offenbarung vermitteln?« oder: »Wie bekomme ich teil am Heilsgut?«[35] Nicht zufällig tauchen im Kontext des Schemas darum zahlreiche Begriffe auf, die sich auf die Verkündigung und den autorisierten Verkünder beziehen: λόγος τοῦ θεοῦ (Kol 1,25), καταγγέλλειν, διδάσκειν (Kol 1,28), εὐαγγελίζεσθαι (Eph 3,8), εὐαγγέλιον, κήρυγμα (Röm 16,25), κῆρυξ, ἀπόστολος, διδάσκαλος (2Tim 1,11; vgl. Tit 1,3), vgl. auch 1Petr 1,23; 1Joh 1,3; IgnMagn 6,1. So wird verständlich, dass gerade im Umkreis dieser Vorstellungen die deuteropaulinischen Konzeptionen von Apostelamt und Kirche als Offenbarungsträger und -mittler für die Welt ausgebildet wurden (Kol und Eph)[36], aber auch die Gedanken der Pastoralbriefe über den berufenen und legitimierten Apostel und die von ihm stammende παραθήκη. Wie sehr auch Paulus solche Gedanken bereits kennt, zeigt seine apostolische Selbstbezeichnung als οἰκονόμος μυστηρίων (1Kor 4,1) und die Tatsache, dass er sich 1Kor 2,13 f. als Pneumatiker seinen Gegnern formal gleich-, in der Sache freilich entgegenstellt und ihnen gegenüber hier wie faktisch im 1. und 2. Korintherbrief auf Schritt und Tritt das Charisma der Geisterunterscheidung (1Kor 12,10) ausübt[37].

IV

Es wäre selbstverständlich unerlaubt, alle diese Vorstellungen und Gedanken in den Hintergrund von Mt 28 zurückzuprojizieren. Wohl aber sind wir berechtigt, von den z.T. hoch entwickelten, sehr verschieden differenzierten Konzeptionen hellenistischer Theologie aus, deren Wurzeln immerhin bis zu oder gar vor Paulus zurückreichen, in das hellenistische Christentum zurückzufragen, das eine der bestimmenden Komponenten auch für Matthäus gewesen ist. Was wir hier ins Auge zu fassen haben, ist die enge Verbindung des Kyriosglaubens mit einem bestimmten Verständnis von Prophetie und Charisma, über deren Anfänge in frühester Zeit kein Zweifel sein kann. Kennzeichen des urchristlichen Propheten ist hier, dass er unter charismatischen Zeichen im Namen des Erhöhten Wunder vollbringt. Solche Zeichen und Wunder werden etwa in dem unechten Markus-Schluss (16,15 ff.) im Einzelnen aufgezählt[38], unmittelbar in Verbindung mit

35 Formulierung nach *D. Lührmann*, a.a.O., S. 125.

36 Dazu *D. Lührmann*, a.a.O., der auch mit Recht zeigt, wie sehr der μυστήριον-Gedanke in diesem Bereich über die Apokalyptik hinaus in die Gnosis führt (S. 125 ff.).

37 Darauf ist m.E. die Wendung πνευματικοῖς πνευματικὰ (beides neutrisch) συγκρίνοντες 1Kor 2,13 zu beziehen.

38 Dämonenaustreibung, Zungenrede, Schlangenaufheben, Gifttrinken ohne Schaden, Krankenheilung (16,17 f.) – hier allen Glaubenden zugesagt, aber

der Sendung der Jünger in alle Welt, der Verkündigung des Evangeliums an alle Kreatur, der Verheißung an die Getauften und der Beistandsverheißung des Kyrios an die Apostel[39]. Wie sehr dieses Bild des Apostels als Charismatiker, die Darstellung der Apostelgeschichte beherrscht und zwar in besonderer Verdichtung gerade die Partien der Darstellung, die sich mit den Hellenisten, mit Antiochien und der von dort ausgehenden Mission unter Barnabas und Paulus befassen, ist aus vielen Einzelheiten zu erkennen. Schon Apg 6,3.5 werden »die Sieben« als Männer voll Geist, Glauben und Weisheit charakterisiert[40], Stephanus, voll Gnade und Kraft, tut Wunder und Zeichen (6,8), entsprechend Philippus (8,6 f.13). Barnabas und Paulus, vom Heiligen Geist durch Propheten ausgesandt (13,1-3), verkündigen den Kyrios Jesus in Cypern und Kleinasien und vollbringen in seinem Namen Zeichen und Wunder (13,6-12; 14,3.8 ff.), um die Heiden von den Götzen zum lebendigen Gott zu bekehren (14,15a; vgl. 13,12)[41]. Wir haben Anzeichen genug, dass Matthäus ein solches hellenistisches Christentum kennt und voraussetzt. Keineswegs verwirft er es überhaupt. Er selbst repräsentiert es sogar in einem gewissen Maße als hellenistischer Judenchrist. Wie sehr das gilt, zeigen, um nur einige besonders deutliche Indizien zu nennen, die Rezeption des ganzen Markus-Evangeliums in seinem eigenen, der Markus noch erheblich überbietende Gebrauch des christologischen Hoheitsnamens Kyrios

zugleich doch Bestätigungszeichen das Kyrios für die verkündigenden Apostel (16,20).

39 *O. Michel*, Abschluß (s. Anm. 8), S. 20 f., ist darin zuzustimmen, dass Mk 16,15-18 älteres Material enthält und dass die Wendung ἐν τῷ ὀνόματί μου in V. 17b und 18 im Unterschied zu Mt 28,19 charismatisch, nicht liturgisch zu verstehen ist und dass Mk 16,15-18 keinesfalls nur als Nachklang von Mt 28,16 ff. angesehen werden darf. Doch rückt er beide Texte noch immer zu eng zusammen. In der Tat sind hier wie da Missionsbefehl, Tauf- und Beistandswort des Kyrios in einer Spruchkomposition verbunden. Mk 16,15-18 wird darum auch nicht frei, sondern mag in Anlehnung an Mt 28,18-20 formuliert sein (*F. Hahn*, Mission [s. Anm. 17], S. 53 f. hält es für ein selbstständiges und relativ altes Zeugnis). Entscheidend aber ist, dass Mk 16,15 ff. sich ganz in vulgären Anschauungen bewegt und allen Nachdruck auf die Wunder der Apostel legt, wovon Matthäus bezeichnenderweise gerade schweigt (dazu s.u.).

40 Vgl. auch Barnabas 11,23 und den Propheten Agabus 11,27 f.

41 *F. Hahn* rechnet an allen diesen Stellen mit antiochenischem Traditionsgut (Mission [s. Anm. 17], S. 50 ff.) und verweist auf den mehrfachen und besonderen Gebrauch von εὐαγγελίζεσθαι (S. 50 f., Anm. 4). In welchem Umfang diese These richtig ist, soll hier nicht erörtert werden. Im Kern wird sie zutreffen. Die Tatsache, dass diese Züge auch zur lukanischen Darstellung und Theologie passen, spricht nicht dagegen. Lukas weiß allerdings nichts mehr von einer theologischen Differenz zwischen den Hellenisten und der Jerusalemer Gemeinde. Das Aufkommen des Kyriosglaubens und seine Bedeutung für die Heidenmission im Gegensatz zur Gesetzesobservanz der Urgemeinde ist darum aus der Apostelgeschichte nur noch ungenügend zu erkennen.

und nicht zuletzt auch die hellenistischen Traditionen, die Mt 28,16-20 voraussetzt und reflektiert[42].

Doch darf unter keinen Umständen dieser »hellenistische« Charakter des Matthäus dazu verführen, ihn überhaupt zum Heidenchristen zu machen[43]. Man wird Matthäus vielmehr nur richtig verstehen, wenn man seine doppelte Frontstellung erkennt, einerseits gegen das pharisäische Judentum[44] und andererseits gegen ein hellenistisches Christentum, in dem im Zeichen des Kyriosglaubens das Gesetz seine Geltung und Heilsbedeutung verloren hatte. Wir haben es in dieser Untersuchung nur mit dem zweiten Aspekt zu tun, dem leidenschaftlichen Kampf des Matthäus gegen Verkündigung und Mission gesetzesfreier Hellenisten. Mt 5,17-20 spricht den Gegensatz zu jeglicher Abrogation des Gesetztes programmatisch aus[45], sogar unter Verwendung des dezidiert judenchristlichen Logions vom Jota und Häkchen (5,18), das der Evangelist christologisch einleitet (5,17), gegen hellenistische Lehrer in der Gemeinde wendet (5,19) und schließlich mit der zusammenfassenden, thematischen Formulierung 5,20 den Antithesen voranstellt. Dem polemischen Stück im Eingang der Bergpredigt entspricht ihr nicht minder polemischer Abschluss. Vorgegeben war dem Evangelisten aus Q bereits die der Feldrede zu entnehmende Spruchfolge der Logien vom Baum und seinen Früchten (Lk 6,43-49), der kurze, nicht schon auf das Weltgericht weisende Spruch von den Herr-Herr-Sagern und die Schlussgleichnisse vom Hören und Tun. Erst Matthäus macht daraus die wirkungsvolle Einheit der Warnung vor den falschen Propheten und der ausgeführten Schilderung des Weltgerichtes (7,15-23). Die Herr-Herr-Sager sind jetzt die Pseudopropheten, die vor dem Weltrichter sich ihrer »im Namen« Jesu vollbrachten charismatischen Taten rühmen (προφητεύειν, δαιμόνια ἐκβάλλειν, δυνάμεις ποιεῖν) und doch als Täter der ἀνομία verworfen werden, weil sie den Willen des Vaters nicht getan haben. Ebenso tauchen nur im matthäischen Text der synoptischen Apokalypse bei der Charakteristik der Pseudopropheten 24,10 ff. die typischen Begrif-

42 *R. Bultmann*, Die Geschichte der synoptischen Tradition (s. Anm. 1), S. 313, bezeichnet sie mit Recht zusammen mit Lk 24,44 ff.; Apg 1,4 ff. und den johanneischen Geschichten als »ganz späte Bildungen des hellenistischen Christentums (wenn auch vielleicht z.T. des hellenistischen Judenchristentums)«.

43 Diese These vertritt neuerdings *G. Strecker* in seinem sonst in vieler Hinsicht verdienstvollen Buch »Der Weg der Gerechtigkeit«, 1962. Vgl. dagegen die treffliche Arbeit von *R. Hummel*, Die Auseinandersetzung zwischen Kirche und Judenchristentum im Matthäusevangelium (BEvTh 33), München 1963 – bes. S. 26 ff. (noch vor Streckers Buch abgeschlossen).

44 Und zwar nach der Zerstörung Jerusalems. Vgl. dazu das in der vorigen Anmerkung genannte Buch von *R. Hummel*.

45 Vgl. dazu *G. Barth*, Gesetzesverständnis (s. Anm. 8), S. 60 ff.

fe des antinomistischen Kampfes auf (ψευδοπροφῆται, πλανεῖν, ἀνομία gegen ἀγάπη, σκανδαλίζεσθαι)[46].

V

Es ist höchst lehrreich, auch Mt 28,18-20 in den Zusammenhang der besprochenen Texte zu stellen. Gewiss, diese Abschlussperikope ist nicht expressis verbis ein polemischer Text. Und doch werden seine Besonderheiten erst eigentlich auf jenem Hintergrund verständlich. Erhöhung und Vollmacht Jesu als des Kyrios und Sendung der Jünger in alle Welt sind zwar auch hier wie in den verglichenen hellenistischen Texten eine Einheit. Bezeichnenderweise aber fehlt bei Matthäus jede Erwähnung der Geistverleihung und der Wunder und Zeichen, die sonst durchgängig in den Paralleltexten begegnen. Auch ist wohl zu beachten, dass hier nicht einmal die sonst aus den Sendungstexten wohlbekannten Begriffe ἀποστέλλειν, κηρύσσειν, εὐαγγέλιον, εὐαγγελίζεσθαι, μάρτυς etc. begegnen. Nichts verlautet auch von einer Verkündigung der nahenden βασιλεία.
In allen diesen Zügen steht die Instruktion der Jünger durch den Irdischen Mt 10 den übrigen Sendungstexten[47] erheblich näher als die des Auferstandenen. Doch ist die Missionsrede Mt 10 gerade noch nicht universal ausgeweitet, sondern auf Israel beschränkt (10,5 f.). Daraus ergibt sich die merkwürdige Tatsache, dass Matthäus gerade alle die Züge, die nach hellenistischem Verständnis die nachösterliche Mission kennzeichnen, der Periode der vorösterlichen Wirksamkeit Jesu zuweist. In dieser Zeit ist Jesus im eigentlichen Sinne der Messias Israels und die Zeit seiner Gegenwart und Wirksamkeit Heilszeit für Israel. Doch ist diese Zeit nach seiner Verwerfung als Israels König vorbei. Von nun an, nach seinem Tod, seiner Auferstehung und Erhöhung ist er der Kyrios und Richter aller Völker[48].

46 Zu Mt 7,15 ff. und 24,16 ff. vgl. *G. Barth*, a.a.O., S. 60 ff. und die zusammenfassende Charakteristik der Antinomisten, a.a.O., S. 149 ff.

47 Den nachösterlichen wie den vorösterlichen (Mk 6,7; 3,14; Lk 9,1).

48 Vgl. zu dieser heilsgeschichtlichen Periodisierung *G. Bornkamm*, Enderwartung und Kirche im Matthäus-Evangelium, in: ders. / G. Barth / H. J. Held, Überlieferung und Auslegung im Matthäusevangelium (WMANT 1), Neukirchen-Vluyn [4]1965, S. (13-47) 30 f. [s.o. S. 25-27] und vor allem *R. Hummel,* Auseinandersetzung (s. Anm. 43), S. 14 ff. Hummel stellt mit Recht fest: »Die Erhöhung Jesu ist bei Matthäus nicht wie bei Markus eine Steigerung seiner Messiaswürde, sondern ist ihr in gewissem Sinn entgegengesetzt. Sie ist für Israel ein Verlust. Das Kerygma von der Erhöhung Jesu ist zugleich eine, wenn auch nicht endgültige, Gerichtsbotschaft für das Judentum« (S. 142). *F. Hahn*, Mission, (s. Anm. 17), S. 103 ff. will den partikularistischen Missionsgedanken von Mt 10 und den universalistischen von Mt 28 nicht im Sinne eines Nacheinander, sondern nach Art zweier konzentrischer Kreise einander zuordnen (S. 111). Ähnlich *G.*

So sehr Matthäus darin die christologische Konzeption der Hellenisten teilt, ist doch die Interpretation, die er diesem Glauben gibt, unterschieden. Das spricht sich nicht nur negativ in dem Verzicht auf alle charismatischen Züge in dem Sendungswort Mt 28,19 f. aus, sondern auch positiv in dem von ihm gewählten und speziell ihm eigenen Terminus μαθητεύειν[49] sowie in der inhaltlichen Bestimmung des Auftrages.

Es ist bekannt, welche große Bedeutung das Thema der Jüngerschaft im Matthäus-Evangelium hat. Im Begriff des Jüngers fasst sich das matthäische Verständnis der Nachfolge, ja im Grunde sein ganzes Kirchenverständnis zusammen. Οἱ μαθηταί ist *der* spezifische ekklesiologische Begriff des Evangelisten[50]. Μαθητής aber ist schon im Jüdischen der Korrelatbegriff zu διδάσκαλος. Das matthäische Jüngerverständnis ist jedoch dadurch gekennzeichnet, dass es durch die Berufung Jesu in die Nachfolge bestimmt ist, in Gehorsam, Niedrigkeit, Leidensbereitschaft sich beweist und nicht ein Durchgangsstadium, sondern ein dauerndes Verhältnis zu Jesus bedeutet. Niemals wird der Jünger selbst zum Rabbi (διδάσκαλος), Vater und Führer (23,8 ff.). Offensichtlich wird mit dem entsprechenden Begriff μαθητεύειν (28,19), der ursprünglich von dem Verhältnis zum Irdischen hergenommen ist, eben dieses Verhältnis auch jetzt nach der Auferstehung für bleibend verbindlich erklärt.

Das ist von Matthäus nicht im Gegensatz zum Kyriosglauben gesagt. Gerade er geht im Gebrauch des Kyriostitels ja, wie schon gesagt, noch weit über Markus hinaus und ändert konsequent, wo dieser unbefangen traditionell die Jünger Jesus mit διδάσκαλε oder ῥαββί anreden lässt[51]. Sooft auch bei Matthäus die Bezeichnung ὁ διδάσκαλος begegnet, so doch niemals als Anrede der Jünger (mit der einzigen bezeichnenden Ausnahme des Judas Ischariot 26,25.49). Pharisäer und Freunde sagen »euer Meister« (9,11; 17,24), den Juden gegenüber sagen die Jünger »der Meister« (26,18), Jesus selbst dagegen reden sie durchgängig mit »Herr« an. Was bedeutet das für Mt 28,16 ff., wo der

Barth, Gesetzesverständnis (s. Anm. 8), S. 94, Anm. 2. Darin spräche sich das auch für Matthäus wichtige Motiv des paulinischen πρῶτον Ἰουδαίοις aus. Das ist zwar insofern richtig, als die Mission an Israel für Matthäus sicher nicht eine definitiv abgeschlossene Angelegenheit ist und Mt 10 auch nach ihm in vieler Hinsicht noch für die Gegenwart gültige Weisung sein wird. Doch gilt die ausdrückliche Beschränkung der Mission auf Israel für die Situation seiner Kirche jetzt nicht mehr. Die Prärogative Israels ist durch die Erhöhung aufgehoben, und der christologische Status Jesu ist jetzt ein anderer.

49 Vgl. Mt 28,19; 13,52; 27,57. Im NT sonst nur noch Apg 14,21.

50 *G. Bornkamm*, Enderwartung (s. Anm. 48), S. 37 f., 39 f. [s.o. S. 32 f., 34 f.]. Die Behauptung, dass der Begriff eine historisierende Tendenz enthielte und nur den Zwölf vorbehalten sei (so *G. Strecker*, Weg [s. Anm. 13], S. 192 f.), stellt die Dinge auf den Kopf.

51 Belege bei *G. Bornkamm*, a.a.O., S. 38 [s.o. S. 33].

Begriff des Kyrios zwar nicht fällt, aber doch unmissverständlich vorausgesetzt ist? Die Antwort kann nicht zweifelhaft sein: *Hier* liegt der Nachdruck darauf, dass eben dieser Kyrios der Lehrer ist, dessen Lehre verpflichtend bleibt. Sie hat schon während seines irdischen Wirkens ihn als den Herrn in Vollmacht erwiesen (7,29; vgl. auch 11,27 ff.), jetzt gilt es zu verstehen, dass der Erhöhte kein anderer ist als der διδάσκων während seiner Erdenzeit.

VI

Damit ist das Wesen der Kirche charakterisiert, die von nun an alle Völker umspannen soll[52]. Der Evangelist gebraucht für sie 16,18 den Begriff der ἐκκλησία (οἰκοδομήσω μου τὴν ἐκκλησίαν). Gerade dieser Begriff aber ist, wie jüngst W. Schrage gezeigt hat[53], im hellenistischen Judenchristentum aufgekommen und keineswegs damit hinreichend gekennzeichnet, dass er LXX-Äquivalent für קהל יהוה sei. Vielmehr enthält er von seinem Ursprung her ein Programm, nämlich die Entscheidung gegen die Synagoge als den Ort jüdischer Gesetzes- und Traditionsreligion. Denn in der Synagoge wird Mose verkündet (Apg 15,21). Mit andern Worten, der Begriff ἐκκλησία ist von seinem Ursprung her Gegenbegriff zu Gesetzesobservanz und Kultus und konnte nur dort geprägt werden, wo der Glaube an den im Geist gegenwärtigen Kyrios bestimmend wurde, das Gesetz nicht mehr als *nota ecclesiae* galt und damit der Weg des Evangeliums zu den Heiden sich erst eigentlich öffnete. Um so bemerkenswerter ist, dass Mt 16,18 den Begriff der ἐκκλησία verwendet und zwar keineswegs nur beiläufig, sondern höchst gewichtig, obwohl er Mt 5,17 ff. u.ö. die ἀνομία einer hellenistischen Theologie doch so energisch bekämpft[54]. Er gebraucht ihn aber auch Mt 16,18 nicht antinomistisch, sondern in Verbindung mit der Einsetzung des Petrus als Fundament der Kirche und Inhaber der Schlüsselgewalt, was hier aller Wahrscheinlichkeit nach seine Traditions- und Lehrautorität bezeichnet[55]. Man wird gewiss nicht sagen dürfen, dass schon die Übernahme des

52 So richtig *G. Strecker*, a.a.O., S. 212, gegen *E. Lohmeyer*s Behauptung (Das Evangelium des Matthäus, hg. v. W. Schmauch [KEK.S], Göttingen 1956, S. 424 f.), die zu gewinnenden Jünger würden in »die großartige, eschatologische Unbestimmtheit« entlassen.

53 *W. Schrage*, Ekklesia und Synagoge, in: ZThK 60 (1963), S. 178 ff.

54 Vgl. *W. Schrage*, a.a.O., S. 201. Schon *R. Bultmann*, Die Geschichte der synoptischen Tradition (s. Anm. 1), S. 146 f.; *E. Käsemann*, Die Anfänge christlicher Theologie, in: ZThK 57 (1960), S. (162-185) 165 f.

55 Vgl. *H. v. Campenhausen*, Kirchliches Amt und geistliche Vollmacht in den ersten drei Jahrhunderten (BHTh 14), Tübingen [2]1963, S. 141; *R. Hummel*, Auseinandersetzung (s. Anm. 43), S. 59 ff.

Begriffes ἐκκλησία durch Matthäus eine polemische Absicht verrät. Das ganze Logion, das ja schon vorgegebener Tradition entstammt, verrät davon nichts. Sprachliche und sachliche Indizien weisen überdies zurück in die alte palästinisch-judenchristliche Überlieferung. Dennoch dürfte es nicht geraten sein, hier palästinisch- und hellenistisch-judenchristlich alternativ gegeneinander zu stellen. Welches aramäische Äquivalent man auch immer hinter ἐκκλησία erschließen mag, in seiner vorliegenden griechischen Gestalt wird man das Logion schwerlich ohne Weiteres der palästinensischen Urgemeinde zuschreiben dürfen, denn es verwendet auf alle Fälle diesen jüdisch-hellenistischen Begriff und hat auch insofern einen anachronistisch-idealen Charakter, als es Petrus eine für die Kirche im Ganzen auf Dauer bis zum Weltgericht bleibende Lehrautorität zuspricht, wie auch der nachösterlichen[56] Kirche Dauer verheißen wird (οὐ κατισχύσουσιν αὐτῆς). Auch wird nicht einfach die Tora in diesem Wort für verbindlich erklärt, sondern mit »binden« und »lösen« eine unter der Autorität des Petrus stehende christliche Lehre bezeichnet, der gemäß er in der Gemeinde entscheiden soll, was verboten und erlaubt ist. Alles das spricht nicht dafür, dass man den Ursprung des Logions in seiner jetzigen Gestalt in der ersten Jerusalemer Urgemeinde suchen darf, wo alles das, insbesondere auch diese Stellung des Petrus, historisch schwer vorzustellen ist. Auferstehung, verzögerte Parusie, der hellenistische Begriff der ἐκκλησία und seine energische Korrektur in Richtung auf eine neue Verbindlichkeit der Gebote sind hier vorausgesetzt. Das alles aber bedeutet, dass sich in dem Wort Mt 16,18 f. ein Einbruch aus judenchristlicher Tradition in das hellenistische Christentum manifestiert mit einer ausgesprochen kritischen Tendenz gegenüber allem freien Pneumatikertum, das hier bereits vorausgesetzt wird[57].

56 Beachte die Futura οἰκοδομήσω, δώσω, ἔσται.

57 Stellt man die Frage, wann und wo die in Mt 16,18 f. ausgesprochenen Gedanken proklamiert wurden, so kann man natürlich nur eine Vermutung äußern. Was immer diese Gedanken und das Logion selbst für eine Vorgeschichte gehabt haben mögen, so darf man wohl annehmen, dass Formulierung und Geltung dieser Tradition den einschneidenden Konflikt zwischen Paulus und Petrus in Antiochien und den Abschied des Paulus von der bis dahin rein hellenistischen Gemeinde voraussetzen. Danach erst konnten sich Anschauungen durchsetzen, die in solcher Weise unter die Autorität des Petrus gestellt wurden. Für die kirchengeschichtliche Bedeutung des Konflikts Gal 2,1 ff. und die Tatsache, dass damals nicht Paulus, sondern Petrus den Sieg im Raum des hellenistischen Christentums behielt, vgl. *E. Haenchen*, Die Apostelgeschichte (KEK III), Göttingen [13]1961, S. 461 ff. Zu nahe darf man die Texte Gal 2,1 ff. und Mt 16,18 f. nicht aneinanderrücken, denn weder die Frage der Beschneidung noch die Tischgemeinschaft zwischen Juden und Heiden spielt zur Zeit des Matthäus noch irgendeine Rolle. Vgl. zur Lehrautorität des Petrus *R. Hummel*, a.a.O., S. 59 ff.

Hier etwa wird man geschichtlich auch das Sendungswort Mt 28,19 ansetzen und schon den spezifisch matthäischen ekklesiologischen Terminus μαθητεύειν als energisches Korrektiv eines in hellenistischer Umwelt vertretenen, mit Kyriosglauben, Charismatiker- und Prophetentum und Heidenmission verbundenen ἐκκλησία-Verständnisses begreifen müssen. Nochmals: Keines von all dem bestreitet Matthäus einfach. Der Glaube an den Kyrios ist eindeutig in dem ἐξουσία-Wort wie schon vorher im Evangelium mit Nachdruck ausgesprochen, die Prophetie in der Gemeinde spielt auch und gerade bei Matthäus eine wesentliche Rolle (5,12; 10,41; 23,34; vgl. auch 10,20), gerade darum ja auch ihre Unterscheidung von falscher Prophetie (7,15; 24,4 ff. 10 ff.). Auch das Sendungswort 28,19 demonstriert die ἐξουσία des Kyrios, aber damit zugleich auch die Bevollmächtigung der Jünger (vgl. schon 10,1.7 f.)[58]. Und die Völkermission erfüllt die Verheißung des Irdischen (24,14). Jetzt ist ihre Stunde gekommen. Alles das ist als gültig vorausgesetzt. Um so mehr aber drängt Matthäus auf die Frage nach dem Lebensgesetz der Kirche, in die die Völker gerufen werden sollen.

Dieses Interesse wird schon durch die Tatsache bekundet, dass das Wort 28,19 die Taufe vor der Lehre nennt (Did 7,1 geht die Unterweisung der Taufe voran). Mt 28,18 ff. zielt primär also auf das Leben der Kirche selbst, nicht eine Missionspraxis. Will man die besondere Intention des Matthäustextes erfragen, wird man darum sein Augenmerk weniger auf den Taufbefehl zu richten haben, der schon wegen seiner einzigartigen triadischen Gestalt das historische und theologische Interesse begreiflicherweise am stärksten auf sich zu ziehen pflegt. Doch gehört er aller Wahrscheinlichkeit nach bereits zu der vom Evangelisten vorausgesetzten liturgischen Tradition[59].

58 Wie sehr Jüngerberufung und -sendung gerade bei Matthäus zum messianischen Werk Christi unmittelbar hinzugehören, zeigt schon die Folge der Perikopen 4,12-17 und 18-22 im Eingang des Evangeliums. Hier bereits kündigt sich die weltweite Mission im Sinn von Mt 28 an: Jesus zieht in das »Galiläa der Heiden« (4,15) und bestimmt die Jünger zu »Menschenfischern« (4,19). Für die matthäische Christologie ebenso wie für das Verständnis der Jüngersendung ist weiterhin bedeutungsvoll, dass der zusammenfassende Ausdruck τὰ ἔργα τοῦ Χριστοῦ (11,2), rückblickend auf die vorausgegangenen Berichte, den Messias des Wortes (Kap. 5-7), der Tat (Kap. 8-9) und der Sendung (Kap. 10) charakterisiert. Vgl. zum Verständnis von 11,2 *H. J. Held*, Matthäus als Interpret der Wundergeschichten, in: G. Bornkamm / G. Barth / H. J. Held, Überlieferung und Auslegung im Matthäusevangelium (WMANT 1), Neukirchen-Vluyn [4]1965, S. (155-287) 237 ff.

59 Die triadische Formel ist bekanntlich im NT singulär und weist in relativ späte Zeit; die älteren Taufformeln sind eingliedrig (1Kor 1,13.15; Apg 2,38; 8,16; 10,48; 19,5). Doch ist die triadische Formel nicht völlig unvorbereitet (1Kor 12,4 ff.; 2Kor 13,13; 2Kor 1,21 f.) und für die Taufpraxis der von Matthäus repräsentierten Gemeinde anzunehmen. Sie wird durch Did 7,1.3 und Justin, Apol. I

Um so wichtiger ist in unserem Zusammenhang die spezifisch matthäische Fassung des zweiten Partizipialsatzes διδάσκοντες αὐτοὺς τηρεῖν πάντα ὅσα ἐνετειλάμην ὑμῖν. Zweierlei ist an dieser Formulierung vor allem zu beachten: 1) Die Tatsache, dass die gesamte Jesusbotschaft als Jesu *Gebot* zusammengefasst wird, und 2), dass davon in der *Zeitform der Vergangenheit* gesprochen wird: »was ich euch geboten habe«. Beides ist keineswegs selbstverständlich, wie ein Vergleich mit anderen Texten zeigt. Lk 24,47 heißt die Botschaft an alle Völker: Vergebung der Sünden in Jesu Namen; Apg 1,8 wird den Jüngern verheißen, Zeugen des Auferstandenen zu sein; Mk 16,15 ist von dem Evangelium die Rede, das aller Kreatur verkündet werden soll (vgl. auch Mk 13,10; 14,9; Mt 24,14); Joh 20,21 ff. ist die Sendung der Jünger, ihre Ausrüstung mit heiligem Geist und ihre Vollmacht, Sünden zu vergeben und zu behalten, Inhalt des Sendungswortes. Alle diese und ähnliche Ausdrücke sind Mt 28,19 f. vermieden und die Gebote Jesu werden hier und nur hier in äußerster Konzentration zum Inhalt des Jüngerauftrages für alle Völker gemacht.

Nicht minder bezeichnend ist das Praeteritum ἐνετειλάμην. Sendung und prophetische Geistbegabung der Boten erweisen sich sonst in der Verkündigung des *gegenwärtigen* Wortes des Erhöhten. Durch den Propheten redet der erhöhte Herr bzw. der Geist selbst (vgl. Apg 13,2); Apostel und Propheten gehören darum engstens zusammen (Apk 18,20; Eph 2,20; 3,5; 4,11; 1Kor 12,28), beide sind nach Eph 2,20 das Fundament der Kirche. Sogar nach Matthäus sind die Propheten unmittelbar Gesandte des Herrn (23,34; 10,40 f.). Bezeichnenderweise schließen die Sendschreiben der Offenbarung Johannes darum: »Wer ein Ohr hat, höre, was der Geist den Gemeinden *sagt*« (2,7.11.17 u.ö.). Auch von dem Wirken des Parakleten im Johannes-Evangelium heißt es: »Was er hört, wird er sagen und das Kommende auch verkünden usw.« (16,13 ff.), auch wenn seine Offenbarungen zugleich Erinnerungen an das von Jesus Gesagte sein werden (Joh 14,26). Das ändert jedoch nichts daran, dass das künftige Wort des Geistes nach Jesu Fortgang von der Erde ein anderes ist als das Wort des Irdischen (14,25 f.; 16,12 ff.) und erst der Paraklet in die volle Wahrheit führt, auch wenn er es nicht »von sich selbst nimmt«. Auf diesem Hintergrund erst lässt sich der besondere Nachdruck verstehen, der bei Matthäus auf der Wendung liegt: »was ich euch *geboten habe*«, d.h. auf der betont exklusiven Fassung der Worte Jesu als Gebot und auf dem Rückverweis auf die Lehre des Irdischen. Das bedeutet: Der Auferstandene und Erhöhte macht das Wort des irdischen Jesus für die Kirche auf Erden für alle Zeiten bis zum Ende der Welt

61,3.11.13 bestätigt. Die Annahme einer späteren Interpolation ist darum undurchführbar.

verpflichtend. *Hier* liegt der oft genug übersehene[60] Skopus des ganzen matthäischen Textes, ausgesprochen bereits in der ihm eigenen Formulierung des Auftrages: μαθητεύσατε πάντα τὰ ἔθνη.
Inhaltlich kann mit diesen Geboten Jesu nichts anderes gemeint sein als sein Ruf zu der Gerechtigkeit, die die der Schriftgelehrten und Pharisäer weit überragt, ohne die es keinen Eingang in die Himmelsherrschaft gibt. Das heißt zugleich: der in Gesetz und Propheten verkündete, in Jesu Lehre vollmächtig ausgelegte und verwirklichte und im Liebesgebot zusammengefasste Wille Gottes[61]. Der Begriff einer *nova lex* wäre hier ganz und gar nicht angemessen. Er widerspräche dem Begriff der »Erfüllung«[62], der durchaus konservativen Tendenz in Traditionsgut und Theologie des ersten Evangelisten und der unverkennbaren Tatsache, dass in seinem Evangelium auf der mit dem Judentum gemeinsamen Basis des Gesetzes eine christliche Halacha ausgebildet und Ansätze eines christlichen Traditionsgedankens entwickelt werden[63]. Auch die nicht unbeträchtliche Kritik des Gesetzesbuchstabens (dritte, fünfte, sechste Antithese, die Kritik der gesetzlichen Opfer- und Reinheitsvorschriften) bleibt bei Matthäus dem Spruch 5,18 f. unterstellt, wie denn auch das Liebesgebot zwar kritisches Auslegungsprinzip ist (9,13; 12,7; 23,23) und doch Inbegriff des Gesetzes bleibt (7,12).
Die hier dargestellten Züge des Matthäus-Evangeliums haben ein sehr komplexes Bild ergeben. In Abhängigkeit und Antithese steht das Evangelium in enger Beziehung zum pharisäischen Judentum und hat ohne Frage wesentlich Traditionen des palästinischen Urchristentums aufbewahrt. Nicht minder deutlich sind aber auch die bestimmenden Elemente des hellenistischen Urchristentums[64]. Beides ist jedoch nicht einfach eklektisch zusammengeschmolzen, sondern zu einer wenn auch spannungsvollen Einheit verwoben. Und zwar so, dass jeweils

60 Als Beispiel nenne ich hier nur *H. Graß*, Ostergeschehen und Osterberichte, Göttingen ²1962: »Das Wort des auferstandenen, erhöhten Herrn Mt 28,18-20 hat seine bleibende kerygmatische Bedeutung in sich selbst: Es verkündigt, daß Christus alle Gewalt im Himmel und auf Erden hat, es ruft in den missionarischen Dienst und verheißt den Beistand bis an das Ende der Welt.« (S. 283) Man sieht sofort, das ist gut hellenistisch geredet, aber verfehlt gerade die Pointe des Matthäus.

61 5,17-20 und die nachfolgenden Antithesen; 7,12; 22,34 ff.; 9,13; 12,7 u.a.

62 πληροῦν = verwirklichen. Vgl. *G. Barth*, Gesetzesverständnis (s. Anm. 8), S. 64 f.; *G. Strecker*, Weg (s. Anm. 13), S. 147.

63 Das hat *R. Hummel*, Auseinandersetzung (s. Anm. 43), S. 56 ff. einleuchtend gezeigt. Vgl. auch seine Analyse der Streitgespräche bei Matthäus (a.a.O., S. 36 ff.) im Unterschied zur christologisch begründeten Gesetzesfreiheit bei Markus (a.a.O., S. 53 ff.).

64 Von da aus wird begreiflich, dass fast gleichzeitig zwei grundverschiedene Darstellungen gegeben werden konnten wie in den Büchern von *G. Strecker* (1962) und *R. Hummel* (1963).

die Elemente des einen zur Kritik und Korrektur des andern dienen. Das heißt im einen Fall: Nicht nur die Jesusüberlieferung, sondern auch die Christologie gerade des hellenistischen Christentums geben Matthäus die Möglichkeit, den Kampf gegen das pharisäische Judentum zu führen und die theologischen Grenzen der palästinensischen Gemeinde zu sprengen. Aber auch das Umgekehrte gilt: Die enge Verbindung von Tora und Christologie – Gesetz und Schrift als Legitimationsgrund der Messianität Jesu, aber zugleich Jesu Ruf zu Gerechtigkeit und Nachfolge als Erfüllung von Gesetz und Propheten – dient jetzt zu einer strikten und entschlossenen Korrektur eines von jenen Wurzeln gelösten hellenistischen Christentums, seines Kyriosglaubens und seines Apostel-, Propheten-, Kirchen- und Missionsverständnisses[65].

VII

Dass der Evangelist Matthäus trotz dieser kritischen und gegenläufigen Tendenz als Repräsentant des hellenistischen Judenchristentums angesehen werden darf, mag zum Schluss noch die Tatsache erhärten, dass er das traditionell-jüdische Verständnis des Gottesvolkes energisch bekämpft. Dafür gibt m.E. gleich der erste Satz des ganzen Evangeliums und der damit eingeleitete Stammbaum Jesu einen, soweit ich sehe, bisher noch nicht zureichend ausgewerteten Beweis. Bekanntlich führt dieser Stammbaum in dreimal vierzehn Gliedern über David bis auf Abraham zurück (Mt 1,1 ff.). Warum geschieht das? Dass der Messias hier vor allem als Davidide ausgewiesen werden soll, steht gewiss außer Frage, wozu der gerade im Matthäus-Evangelium häufig (10-mal) verwendete Titel Sohn Davids stimmt. Auch die nachfolgende Perikope Mt 1,18-25 gehört damit aufs Engste zusammen. Denn diese ist keineswegs, wie K. Stendahl überzeugend

65 In der Terminologie berühren sich das Matthäus-Evangelium und die johanneischen Schriften vielfältig (vgl. *H. Graß*, Ostergeschehen und Osterberichte [s. Anm. 60], S. 291): μαθηταί wird ebenso von Johannes bevorzugt gebraucht; ἀκολουθεῖν ist hier wie da ein zentraler Begriff (Mt 4,20.22; 8,19.22 f.; 10,38; 19,27 f. u.ö. – Joh 8,12; 10,4 f.27; 12,26 u.ö.); zu Mt 28,20a τηρεῖν πάντα ὅσα ἐνετειλάμην ὑμῖν vgl. Joh 13,34; 14,15.21.26; 15,10.20; 1Joh 2,3 f.; 3,23 f. Zu Mt 28,20b vgl. 14,16. Wieweit beide Mal eine alte vorgegebene Terminologie zugrunde liegt oder eine später entwickelte Sprache, soll hier nicht entschieden werden. Der sachliche Unterschied ist gleichwohl unverkennbar: Wie Matthäus der eigenartig johanneische Gedanke des Offenbares fehlt, so Johannes die spezifisch matthäische Verbindung von Gesetz und Christologie. Das ἐγὼ δὲ λέγω ὑμῖν der Bergpredigt-Antithesen darf nicht mit dem johanneischen ἐγώ εἰμι verwechselt werden. Dem entsprechend hat auch die Wendung »alles, was ich euch geboten habe« einen andern Sinn als die exklusive, von johanneischer Offenbarungschristologie geprägte Wendung »meine Gebote«.

gezeigt hat[66], eine analog der lukanischen zu interpretierende Geburtstagsgeschichte, sondern nur »the large footnote to the crucial point in the genealogy«[67]. Sie zeigt, wie wunderbar Jesus Christus von Gott in Davids Stammbaum eingepflanzt wurde. Zugleich dient sie dazu, seinen Jesus-Namen einzuführen, zu begründen und damit seine Bedeutung als Ἐμμανουήλ (V. 23; Jes 7,14) auszusprechen. Die ausdrückliche Betonung der Abrahamssohnschaft Jesu Christi ist damit jedoch noch nicht ausreichend erklärt. Sie entspricht nämlich keineswegs, wie immer wieder behauptet wird, allgemein jüdischer Tradition, schon darum nicht, weil die Abrahamskindschaft Kennzeichen ganz Israels und jedes Israeliten ist. Für den Messias versteht sie sich in solchem Maße von selbst, dass sie niemals eigens als sein Charakteristikum erwähnt wird. Einleitung und Aufbau von Mt 1,1-17 jedoch erfordern es, die Abrahamssohnschaft nicht weniger gewichtig zu nehmen wie die Davidssohnschaft.

Hinter der schriftgelehrten Arbeit, die die Genealogie verrät und die Matthäus ebenso voraussetzt wie auch selbst repräsentiert, wird, so wird man folgern müssen, eine Theologie sichtbar, für welche die natürliche Abrahamskindschaft nicht mehr eo ipso das Gottesvolk charakterisiert und ihm Anteil an Segen und Verheißung garantiert. Mit um so stärkerem Nachdruck heißt es jetzt betont und exklusiv im Blick auf Christus: ER ist Davids und Abrahams Sohn. Es kann nicht zweifelhaft sein, dass diese Gedanken in das hellenistische Judenchristentum weisen, wie denn auch die Genealogie Namen und Namenfolge der LXX bietet. Dem entspricht auch durchaus der weitere Kontext: der eindeutig hellenistische Hintergrund schon von 1,18-25 mit dem Motiv der Jungfrauengeburt, begründet mit dem von LXX nur unerheblich abweichenden Zitat aus Jes 7,14 (Mt 1,23) und die im weiteren Zusammenhang bis 2,23 deutliche Abhängigkeit von der jüdisch-hellenistischen Moselegende[68]. Auch zeigt vorausweisend die 2,1-12 eingefügte, sicher ursprünglich selbstständige Magiergeschichte[69] die Ausweitung des Gottesvolk-Gedankens auf die Völkerwelt. Diese Ausweitung ist auch Mt 1,21 schon vorausgesetzt, wo der Jesus-Name zwar nicht übersetzt, aber erläutert wird: αὐτὸς γὰρ σώσει τὸν λαὸν αὐτοῦ (!) ἀπὸ τῶν ἁμαρτιῶν αὐτῶν[70]. Schwerlich ist damit im Sinne des Evangeliums das jüdische Volk bezeichnet, sondern im weiteren Sinne das von Jesus erlöste Volk (λαός), wie auch der

66 *K. Stendahl*, Quis et unde? An Analysis of Mt 1-2, in: Judentum – Urchristentum – Kirche (FS J. Jeremias, BZNW 26), Berlin 1960, S. 94-105.

67 A.a.O., S. 102.

68 Vgl. dazu *G. Strecker*, Weg (s. Anm. 13), S. 51.

69 Zur Analyse vgl. zuletzt *F. Hahn*, Christologische Hoheitstitel (s. Anm. 29), S. 277 f.

70 Schwerlich Anspielung an Ps 130 (129),8, sondern möglicherweise Motiv aus der Mosetradition (brieflicher Hinweis von *P. Winter*).

Begriff ἔθνος 21,43 das neue Gottesvolk meint, das »die Früchte der Gottesherrschaft bringt«[71]. »Sein Volk« (1,21) bereitet also schon die Wendung »meine Gemeinde« (16,18) vor. Ist diese Interpretation richtig, dann folgt aus ihr, dass schon in Mt 1-2, in dem Motiv der Abrahamssohnschaft des Messias wie in dem Verständnis des ihm zugehörigen Gottesvolkes sich hellenistisch-judenchristliche Gedanken melden, die Paulus aufnehmen, wenn auch in völlig anderer Richtung wenden konnte. Von dem *einen* Universalerben der Abrahamsverheißung und nur durch ihn geht Segen und Abrahamskindschaft auf alle Völker (Gal 3,16.29).

Nach Matthäus gilt das freilich unter der Bedingung, dass alle Völker, getauft nach der Weisung des Auferstandenen, die Gebote des Irdischen halten (28,19 f.), zu Jüngern gemacht, die so wie der Irdische in seiner Taufe »alle Gerechtigkeit« erfüllte (3,15 ff.) den »Weg der Gerechtigkeit« gehen (21,32; 5,6; 5,20; 6,33 u.ö.). Nach keinem andern Kriterium werden »die Völker alle« gerichtet werden als diesem Gehorsam (Mt 25,31 ff.).

Auch hier hat sich uns bestätigt, dass für Matthäus die einstige, für Paulus noch so aktuelle Frage nach dem Anrecht der Heiden auf das Heil kein Problem mehr ist. Das im hellenistisch-judenchristlichen Bereich erkämpfte Verständnis des Gottesvolkes, das auch die Heidenvölker umfasst, ist hier in jeder Weise vorausgesetzt und nicht mehr zweifelhaft. Um so mehr aber ist die Frage nach dem Lebensgesetz der so von dem Auferstandenen und Erhöhten begründeten Kirche für Matthäus entscheidend. Eben darum verbindet er wie gezeigt den hellenistischen Kyriosglauben und Sendungsgedanken mit der Verpflichtung auf die Gebote des Irdischen. Eben darum aber wiederholt er Mt 28 auch nicht einfach den Auftrag des Irdischen, die Nähe der Gottesherrschaft zu verkünden (10,7). Denn die Kirche zwischen der Auferstehung und dem kommenden Gericht ist gefragt, ob sie den Weg in die künftige βασιλεία findet und im Gehorsam geht. Der Erhöhte, der die Gebote des Irdischen für die Kirche bis zum Ende der Welt in Kraft setzt und verpflichtend macht, gibt ihr die Zusage seines Beistandes (28,20b), in der sich das Ende des Evangeliums mit dem Emmanuel-Wort im Eingang (1,23) zusammenschließt.

Es wäre lohnend, von hier aus Matthäus und Paulus zu vergleichen. Doch würde das den Rahmen dieser Studie sprengen. In gebotener Kürze sei hier nur so viel gesagt: Beide setzen in höherem Maße als gemeinhin angenommen, gemeinsam Kyriosglauben, Kirchen- und Missionsverständnis des hellenistischen Christentums voraus. Beide begegnen sich auch, obwohl in sehr verschiedener Ausprägung, in ihrem Kampf gegen hellenistischen Antinomismus und Enthusiasmus. Sie differieren freilich radikal in ihrem Verständnis des Gesetzes, der

71 Vgl. *F. Hahn*, Mission (s. Anm. 17), S. 108 f.

Beziehung zwischen dem Erhöhten und dem Irdischen und im Verständnis der δικαιοσύνη. Es bedarf keines Wortes, dass Matthäus niemals von Christus als des Gesetzes Ende und der Rechtfertigung des Gottlosen sprechen könnte, wie Paulus nicht von der heilsnotwendigen Geltung des Gesetzes bis zu Jota und Häkchen. Es dürfte auch klar sein, dass Matthäus die paulinischen Reflexionen darüber, dass das Gesetz alle, Juden und Heiden, ohne Unterschied nur schuldig spricht, völlig fremd sind und der Begriff der δικαιοσύνη ihm dazu dient, die Frage der Heilsgewissheit fast geflissentlich in der Schwebe zu halten. Nach Paulus dagegen kann und soll diese Frage nicht in der Schwebe bleiben. Sie ist durch die Rechtfertigung aus Glauben, nicht aus Werken beantwortet. Darum führt er den anti-enthusiastischen Kampf auf dem Fundament dieser Botschaft, während Matthäus zum Gehorsam und zur Nachfolge des Irdischen zurückruft. Beide freilich sind darin eins, dass sie die eschatologische Spannung des Christseins – jeder in seiner Weise – nicht aufheben und gerade darum in der Frage des Heils sich nicht etwa in der synergistischen Parole des Jakobusbriefes »Glaube und Werke« (Jak 2,20 ff.) zusammenfinden und harmonisieren lassen.

Zweiter Teil

Kommentierung ausgewählter Texte

Jesus als Messias (Mt 1–2)

Zu den augenfälligsten Besonderheiten des Matthäus- und Lukas-Evangeliums gehört die Ausweitung der von Markus geschilderten Geschichte Jesu durch einen ihr vorgeordneten Perikopenzyklus. Sie hat ihre Entsprechung am Ende im Bereich der Ostergeschichten. Der an beiden Stellen verarbeitete Stoff ist ohne Ausnahme Sondergut, das sich auf keine gemeinsame Quelle zurückführen lässt. Üblicherweise werden Mt 1-2 und Lk 1-2 unter der irreführenden Sammelbezeichnung »Vor«- oder »Kindheitsgeschichten« zusammengefasst. Auf den Kranz der kunstvoll verflochtenen und parallelisierten lukanischen Erzählungen von der Geburt und Kindheit Johannes des Täufers und Jesu trifft sie in vollem Maße zu, nicht dagegen für Mt 1-2. Zwar ist auch hier von Jesu Geburt und Kindheit die Rede, und die Einzelstücke werden zu einer zusammenhängenden Ereignisfolge verknüpft, aber vom Evangelisten völlig der theologischen Absicht ein- und untergeordnet, Jesus als den im Alten Testament verheißenen Messias zu erweisen. Dieser für das ganze Matthäus-Evangelium charakteristische Leitgedanke (Schriftbeweis) ist in 1-2 in solchem Maße verdichtet, dass er nicht nur die Auswahl der Überlieferung bestimmt, sondern sie auch inhaltlich geformt hat[1]. Das gibt den ersten beiden Matthäus-Kapiteln ihre einheitliche, programmatische Thematik. Gleicherweise lassen sich aus Mt 1-2 und Lk 1-2 zwar Anfänge eines Interesses an Jesu Kindheit erkennen, doch hat sich dieses hier wie da noch nicht wie in den späteren apokryphen Kindheitsevangelien verselbstständigt. Indes hat nur Matthäus die von ihm verarbeiteten Rudimente einer »Kindheitsgeschichte« zu einer Art *Prolog* ausgestaltet, in dem »wesentliche Grundtöne des Matthäus-Evangeliums … bereits präludiert« werden[2], freilich ohne alle Merkmale einer literarisch fixierten Form. Die sehr verschiedenen Evangelieneingänge, obwohl in

1 Vgl. *K. Stendahl*, Quis et unde? An analysis of Mt 1-2, in: Judentum – Urchristentum – Kirche (FS J. Jeremias), hg. v. W. Eltester (BZNW 26), Berlin 1960, S. (90-105) 96.

2 *A. Vögtle*, Die Genealogie Mt 1,2-16 und die matthäische Kindheitsgeschichte, in: ders., Das Evangelium und die Evangelien. Beiträge zur Evangelienforschung (KBANT), Düsseldorf 1971, S. (57-102) 86.

jedem Fall als solche gestaltet, zeigen, dass es derlei feste Formen nicht gab.

1. Der Stammbaum Jesu (1,1-17)

Mt 1,1-17 bildet eine deutlich markierte Einheit. Gleich die Überschrift V. 1 nennt ebenso wie die Ahnenliste Jesu V. 2-16 und der resümierende Schlusssatz V. 17 die drei wichtigsten Namen der Genealogie, im Unterschied zu alttestamentlichen Stammbäumen jedoch nicht mit dem Stammvater einsetzend, sondern mit dem, auf den die Geschlechterreihe hinführt; von ihrem Ende her also empfängt sie ihre Bedeutung. Die Genitivverbindung Ἰησοῦ Χριστοῦ ist eindeutig, allgemein christlichem Sprachgebrauch gemäß, als Eigenname zu verstehen (wie 1,18; 16,21 א* B* sa^mss mae bo; Mk 1,1 u.ö.); messianischer Hoheitstitel ist erst ὁ Χριστός (griechische Übersetzung für מָשִׁיחַ) 1,16.17; 2,4. Christologischen Sinn haben dagegen die beiden näheren Bestimmungen υἱοῦ Δαυίδ und υἱοῦ Ἀβραάμ (υἱός hier im weiteren Sinn = Abkomme).
Aus der Analyse ergeben sich nicht unwichtige Anhaltspunkte für die Entscheidung der umstrittenen Frage nach Wortsinn und Beziehung der Eingangswendung Βίβλος γενέσεως. Diese ist sichtlich der Septuaginta nachgebildet, wird aber in ihr nicht einheitlich gebraucht: Sie leitet Gen 5,1 als Übersetzung des hebräischen זֶה סֵפֶר תּוֹלְדֹת die mit kurzen Lebensdaten erläuterte Liste der Nachkommen Adams ein, wird jedoch in Gen 2,4 für die Entstehungsgeschichte von Himmel und Erde verwendet (אֵלֶּה תוֹלְדוֹת הַשָּׁמַיִם וְהָאָרֶץ). Auch die ähnlich lautende Formel αὗται αἱ γενέσεις lässt einen Bedeutungsspielraum: Gen 10,1; 11,10.27; Ruth 4,18 Stammbäume bzw. Völkertafeln; Gen 6,9; 37,2 Einleitung zu Erzählungen von einzelnen Patriarchen. Zweifellos ist der erweiterte Sprachgebrauch aus der vorherrschenden Grundbedeutung »Stammbaum« entwickelt. Sie tritt auch in dem engeren Kontext Mt 1,1-17 eindeutig zutage. Das spricht für die Annahme, *dass der Evangelist mit Hilfe der interpretierenden Zusätze V. 1 und 17 die Genealogie zum Kopfstück seines Evangeliums stilisiert hat, ohne jedoch den Wortsinn der Eingangswendung zu erweitern.* Es besteht darum kein Anlass, sie mit »Geschichte Jesu Christi« zu übersetzen und V. 1 als Titel des ganzen Buches zu fassen[3]. Ebenso wenig lässt sich der Begriff γένεσις isolieren und ihm eine Anspielung auf den griechischen Titel des ersten Buches ΓΕΝΕΣΙΣ und damit die

3 Gegen *Th. Zahn*, Das Evangelium des Matthäus (KNT 1), Leipzig ²1905, S. 37; *E. Klostermann*, Das Matthäusevangelium (HNT 4), Tübingen ²1927, S. 1; *J. Schniewind*, Das Evangelium nach Matthäus (NTD 2), Göttingen 1937, S. 9.

theologische Absicht des Evangelisten entnehmen, Jesus als neuen Adam und Inaugurator einer neuen Schöpfung darzustellen[4]. Die in drei Generationenreihen gegliederte Genealogie enthält einen Grundriss der durch die Geburt des Messias/Christus nach göttlichem Plan vollendeten »Geschichte Israels in der denkbar kürzesten Form eines Stammbaums«[5]. Diese Absicht zeichnet sich bereits in der Gliederung von V. 2-16 ab und wird in V. 17 unter erneuter Markierung der drei Epochen (Abraham – David, David – Exil, Exil – Christus) in einer Folge von 3 x 14 Generationen zum Ausdruck gebracht.

Geschlechterlisten sind, wie die alttestamentlichen Beispiele zeigen, in vielen Fällen seit alters eine Art von Geschichtssummarien und spielen nicht selten mit bestimmten Ordnungszahlen (3, 4, 6, 7 u.a.). Sie teilen diese Liebhaberei mit volkstümlichen Lehrformen auch anderer Völker[6] und haben mit einer apokalyptischen Geschichtsdeutung zunächst nichts zu tun. Eine solche liegt erst da vor, wo der Ablauf von Gott determinierter Zeiten auf ihr Ende und den Beginn der eschatologischen Heilszeit hin periodisiert wird[7]. Es liegt darum nahe, das Zahlenschema des matthäischen Stammbaumes unmittelbar aus der reichlich bezeugten Bedeutung der einfachen oder vervielfältigten Siebenzahl als Symbol für die Vollkommenheit des göttlichen Wirkens abzuleiten. 14 als 2 x 7 hätte demnach seine Entsprechung in Dan 9,2.24-27 (Exil), der Zehnwochenapokalypse 1Hen 93,1 ff.; 91,12 ff.; TestLev 17 und verwandten Texten, in dem Hebdomaden-Schema des lukanischen Stammbaumes (77 Namen) oder auch in den 42 Monaten apokalyptischer Zeitspanne Apk 11,2 (bzw. mit wechselndem Ausdruck 11,3; 12,6.14). Doch genügt diese Erklärung nicht, weil die betonte Gliederung in 3 x 14 Generationen sich nicht einfach in 6 x 7 (Weltwochen) umwandeln lässt und überdies die nicht ausgesprochene Zahl 42 in den apokalyptischen Vergleichstexten sich speziell auf Verfolgungszeiten bezieht[8].

Ebenso wenig überzeugt der Versuch, sie aus dem Zahlenwert 4 + 6 + 4 = 14 des Namens דָּוִד zu erklären[9]. Abgesehen von der Misslichkeit eines Rekurses auf die hebräische Namensform, lässt sie die Ahnherr-

4 Gegen *W. D. Davies*, The Setting of the Sermon on the Mount, Cambridge 1964, S. 67 f.

5 *Th. Zahn*, Das Evangelium des Matthäus (s. Anm. 3), S. 42; zit. bei: *Ch. Burger*, Jesus als Davidssohn. Eine traditionsgeschichtliche Untersuchung (FRLANT 98), Göttingen 1970, S. 99.

6 Vgl. *G. v. Rad*, Weisheit in Israel, Neukirchen-Vluyn 1970, S. 53 ff.

7 Vgl. a.a.O., S. 347 ff.

8 Vgl. *A. Vögtle*, Die Genealogie Mt 1,2-16 und die matthäische Kindheitsgeschichte (s. Anm. 2), S. 90.

9 *J. Jeremias*, Jerusalem zur Zeit Jesu. Eine kulturgeschichtliche Untersuchung zur neutestamentlichen Zeitgeschichte, Göttingen [3]1962, S. 326: »In Jesus vollendet sich zum dritten und letzten Mal die Davidszahl«.

schaft Abrahams nicht zur Geltung kommen[10]. Eine direkte Ableitung der Maßzahl in Mt 1 aus alttestamentlich-jüdischer Tradition ist also bisher nicht gelungen. Um so mehr lässt sich vermuten, dass das häufige Vorkommen der 14 (und 3 x 14) in ägyptischen Königslisten auf die Wahl gerade dieser Maßzahl in Mt 1 einen wie immer vermittelten Einfluss geübt hat. Auch hier qualifiziert den regierenden König die Zugehörigkeit zu der auf 14 beschränkten Zahl von Repräsentanten in seiner Würde[11].

Aus Anlage und Gliederung des Stammbaumes ergibt sich, dass er auf 3x14 Glieder hin konzipiert ist, die Reihe Abraham bis David also zu seinem Grundbestand gehört und nicht erst nachträglich einer Geschlechterkette David bis Jesus vorangestellt worden ist[12]. Die beiden ersten Reihen der Patriarchen V. 2-6a und der Könige V. 6b-11 sind, wie die Namen und ihre Schreibweise zeigen, nach der Septuaginta gestaltet. Für die dritte V. 12-16 lässt sich keine Quelle nachweisen.

1,2-6a ist ein Exzerpt aus 1Chr 1,34; 2,1-15 LXX und teilweise, aber nur fast wörtlich aus Ruth 4,18-22 LXX. In zehn Fällen deckt sich die Namensform mit dem Septuaginta-Text. Zu den geringfügigen Abweichungen gehören die Verwechslungen der Namen in V. 7 Ἀσάφ (1Chr 3,10 LXX: Ἀσά) mit dem Psalmisten und in V. 10 Ἀμώς (1Chr 3,14 LXX: Ἀμών) mit dem Propheten. Wichtigere Besonderheiten lassen sich in der Regel eher aus der Septuaginta als aus dem hebräischen Text erklären oder haben erkennbare sachliche Gründe: Ἰακώβ (V. 2) nach 1Chr 1,34 LXX (nicht 2,1: Ἰσραήλ); Ἰούδαν καὶ τοὺς ἀδελφοὺς αὐτοῦ (V. 2) fasst 1Chr 2,1 LXX zusammen, beschränkt sich aber auf den Namen des Stammvaters des Messias. Im Blick auf diesen wird offenbar auch der Letzte der Reihe, David, der zugleich die folgende Königsliste eröffnet (V. 6), durch Hinzufügung des Artikels und die Apposition τὸν βασιλέα hervorgehoben (vgl. PsSal 17,4 u.a.).

Der Liste der davidischen Könige bis zum Exil 1,6b-11 liegt 1Chr 3,10-16 LXX zugrunde, aber unter dem Zwang des Schemas auf 14 Namen reduziert (in einigen Handschriften darum auf 17 aufgefüllt). In V. 8 f. fehlen zwischen Ὀζίας und Ἰωαθάμ Joas, Amasja und Azarjah. Eine willkürliche Zurechtstutzung der Reihe, nur um 14 Glieder herauszubekommen, ist ebenso unwahrscheinlich wie die schon von einigen Kirchenvätern vertretene Annahme, sie seien διὰ

10 Vgl. *A. Vögtle*, Die Genealogie Mt 1,2-16 und die matthäische Kindheitsgeschichte (s. Anm. 2), S. 90 f.

11 Vgl. *H. Jacobsohn*, Die dogmatische Stellung des Königs in der Theologie der Alten Ägypter (ÄF 8), Glückstadt / Hamburg / New York 1939, S. 32. 44. 55. 67.

12 Gegen *F. Hahn*, Christologische Hoheitstitel. Ihre Geschichte im frühen Christentum (FRLANT 83), Göttingen ²1964, S. 243.

τὴν ἀγὰν δυσσέβειαν αὐτῶν ausgelassen (Catene 9 [= J. A. Cramer (Hg.), Catenae in Evangelia S. Matthaei et S. Marci, Oxford 1840, Nachdr. Hildesheim 1967, S. 9]); dieses Verdikt würde auch auf andere Könige zutreffen! Wohl aber erklärt sich der Sachverhalt unschwer daraus, dass schon in alttestamentlicher Überlieferung der Sohn des Amasja in 2Chr 26,3; 27,2 LXX in Abweichung von 4Βασ 14,21 f.; 15,1 ff. nicht Azarja, sondern Usia heißt. Es liegt auf der Hand, dass infolge der auch an den Lesarten zu 1Chr 3,11 LXX abzulesenden Variation der Namen, zumal bei der Ähnlichkeit der griechischen Schreibweise beider (Ὀχοζία / Ὀζεία) in dem matthäischen Stammbaum Usia (= Azarja) unter Überspringen der Zwischenglieder zum Sohn Jorams und Vater Jothams werden konnte (Homoioteleuton!).
Ein Bündel von Fragen enthält die dritte Reihe V. 12-16. Abweichend von 1Chr 3,15 f. LXX figuriert schon in Mt 1,11 Jechonja (= Jojachin; vgl. 4Βασ 23 f.) als Sohn, nicht als Enkel des Josia; sein schon vor dem Exil verstorbener Vater Jojakim fehlt als Zwischenglied. Überdies erscheint er V. 12 erneut an der Spitze der nachexilischen Ahnenreihe Jesu. Dadurch gerät der ausdrücklich hervorgehobene Zahlenrhythmus in ihr in Unordnung; aufgeführt werden faktisch nur 13 Generationen. Wie erklärt sich diese Unstimmigkeit? Die abwegigen, bereits in der Alten Kirche unternommenen Versuche, entweder Maria als 14. genealogisches Glied mitzuzählen (Catene 8) oder gar die μετοικεσία (das Exil) (Jul. Africanus, Catene 9[13]), erweisen nur die Verlegenheit. Aber auch der Hoheitsname (ὁ) Χριστός (V. 16 f.) darf schwerlich eingerechnet werden[14]. Ebenso wenig führt die Annahme einer Verwechslung der ähnlich klingenden hebräischen Namen Jehojakim und Jehojachin[15] zum Ziel, da 1Chr 3 LXX und Mt 1 der im Alten Testament auch sonst belegte, deutlich zu unterscheidende Zweitname des Letzteren Jechonja (= יְכָנְיָה: Est 2,6; Jer 28,4; 29,2 u.a.) zugrunde liegt. Wohl aber wird der vorliegende Matthäus-Text aus der schon in seiner Vorlage benutzten Septuaginta begreiflich, in der gelegentlich (4Βασ 24,6 ff.) Vater und Sohn fälschlich den gleichen Namen Ἰωακίμ tragen (anders 1Chr 3,15 f.) und beide auch sonst durcheinandergeworfen werden[16]. Dadurch dürfte trotz der Übernahme der Namensform Ἰεχονίας aus 1Chr 3 LXX dieser im Matthäus-Evangelium eine Stufe heraufgerückt und dabei unter Auf-

13 Erneuert von *H. Schöllig*, Die Zählung der Generationen im matthäischen Stammbaum, in: ZNW 59 (1968), S. 261-268.

14 Erwogen von *K. Stendahl*, Matthew, in: M. Black / H. H. Rowley (Ed.), Peake's Commentary on the Bible, Sunbury-on-Thames [9]1977, S. (769-798) 771 unter 674c.

15 Vgl. *J. Jeremias*, Jerusalem zur Zeit Jesu (s. Anm. 9), S. 328; *J. Schniewind*, Das Evangelium nach Matthäus (s. Anm. 3), S. 10.

16 Vgl. *A. Vögtle*, Die Genealogie Mt 1,2-16 und die matthäische Kindheitsgeschichte (s. Anm. 2), S. 95 ff.

nahme des Passus καὶ τοὺς ἀδελφοὺς αὐτοῦ aus dem verwendeten alttestamentlichen Text mit einer Brüderschar gesegnet worden sein, die ihm historisch nicht zukommt. Ebenso lässt sich seine Stellung nach dem Exil als Vater des Σαλαθιήλ und Großvater des Ζοροβαβέλ am besten aus der seltsamen Formulierung 1Chr 3,17 LXX: υἱοὶ Ἰεχονία-ἀσίρ (die Söhne Jechonjas des Gefangenen) erklären.

Dass der Evangelist selbst die sein Zahlenschema gefährdende Verwechslung verschuldet oder auch nur die Unstimmigkeit nicht bemerkt habe, ist nicht gut vorstellbar. Sie lässt sich auch nicht durch Einschub eines versehentlich ausgefallenen Zwischensatzes (Ἰωσίας – Ἰωακίμ – Ἰεχονία) beseitigen – so in 𝔐 θ f^1 33 u.a. –, weil diese Korrektur der zweiten Reihe ein 15., nicht aber der dritten ein 14. Glied einbringt. Dagegen hat die Vermutung gute Gründe für sich, dass der ursprünglich Ἰωσίας δὲ ἐγέννησεν τὸν Ἰωακίμ καὶ τοὺς ἀδελφοὺς αὐτοῦ ἐπὶ τῆς μετοικεσίας Βαβυλῶνος lautende Satz schon früh in den Handschriften verderbt ist[17], wahrscheinlich schon in der Vorlage des Matthäus[18]. Andernfalls müsste man mit Vögtle ohne Anhalt am Text den Schnitzer einem frühen Kopisten zuschreiben. Doch liegt die Annahme näher, Matthäus habe sich berechtigt gesehen, durch Hinzurechnung des Jechonja als erstes Glied in der dritten Generationenreihe diese auf 14 zu komplettieren, ohne Überprüfung und Korrektur seiner Vorlage.

Bis Ζοροβαβέλ (V. 12) lassen sich die ausgewählten Namen mit 1Chr 3,10-18 LXX zur Deckung bringen. Von Ἀβιούδ an bricht die Liste der berühmten Davididen ab, obwohl 1Chr 3 LXX noch reichliches Material geboten hätte. Stattdessen führt die Genealogie über eine im Vergleich zu der Länge des Zeitraumes von fünf Jahrhunderten geringe Zahl von Privatpersonen über Joseph auf Jesus. Sie tragen mit wenigen Ausnahmen auch sonst aus Dokumenten der hellenistischen Zeit (LXX, EpArist, Philo, Josephus, Papyri, Inschriften) zu belegende (hellenistisch-)jüdische Namen[19].

Ein von jeher beachteter, verschieden gedeuteter Zug in dem matthäischen Stammbaum ist die auffällige, in Geschlechtsregistern ungewöhnliche Nennung von vier Ahnfrauen: Thamar (V. 3), Rahab (V. 5), Ruth (V. 5), Bathseba (V. 6), letztere als »Weib des Uria« nicht

17 Vgl. *Th. Zahn*, Das Evangelium des Matthäus (s. Anm. 3), S. 54; *M.-J. Lagrange*, Évangile selon Saint Matthieu (EtB), Paris 1923, S. 5; genauere Begründung bei *A. Vögtle*, Die Genealogie Mt 1,2-16 und die matthäische Kindheitsgeschichte (s. Anm. 2), S. 96 ff. u. *ders.*, »Josias zeugte den Jechonias und seine Brüder« (Mt 1,11), in: Lex Tua Veritas (FS H. Junker), hg. v. H. Groß u. F. Mußner, Trier 1961, S. (307-313) 308 f.

18 Vgl. *G. Strecker*, Der Weg der Gerechtigkeit. Untersuchung zur Theologie des Matthäus (FRLANT 82), Göttingen 1962, S. 38, Anm. 3.

19 Vgl. *W. F. Albright / C. S. Mann*, Matthew (AncB 26), New York 1971, S. 4 f.

namentlich aufgeführt. Ihre Erwähnung unterbricht das Schema der Sätze (»A zeugte B«), übergreift die Epocheneinteilung und überrascht vor allem durch die Auswahl gerade dieser Namen. Warum sie und nicht die vier berühmten Stammmütter Israels: Sara, Rebekka, Lea, Rahel? Auch hätten sich aus Königebüchern und Chronik für viele der 14 Könige unschwer die Namen ihrer Mütter entnehmen lassen[20]. Die gleichförmige Einführungswendung ἐκ τῆς nötigt zu der Frage nach einem einheitlichen Sinn ihrer Erwähnung. Zugleich aber drängt sich die weitere Frage nach ihrem Verhältnis zu Maria auf, die in V. 16 ähnlich, aber unter charakteristischer Abwandlung ins Passivische eingeführt wird: (Ἰωσὴφ τὸν ἄνδρα) Μαρίας, ἐξ ἧς ἐγεννήθη Ἰησοῦς ὁ λεγόμενος χριστός. Die Deutungsversuche gehen seit alters weit auseinander[21]. Sie lassen sich im Wesentlichen auf drei reduzieren:

1) Alle vier Frauen sind »auf außerordentlichem Wege in die Ahnenreihe gekommen«[22] und bekunden damit die »irregularity«[23], mit anderen Worten das Unberechenbare des providentiellen Gnadenhandelns Gottes, den »auch das Abseitige, das menschlich Eigenmächtige und Sündhafte, auch das von Menschen nicht Bedachte und Verachtete« von der Verwirklichung seines Heilszieles nicht abbringen konnte[24]. Auf diese weit verbreitete Deutung gründet F. Hahn[25] die literarkritische Hypothese, V. 1-6 seien erst sekundär mit Rücksicht auf die Jungfrauengeburt Jesu konzipiert und »die Frau des Uria« sei nachgetragen worden.

2) Nach anderer, schon in der Alten Kirche vertretenen Meinung figurieren die Frauen als »Sünderinnen« und weisen darauf, *ut qui propter peccatores venerat, de peccatoribus nascens omnium peccata deleret* (Hieronymus)[26]. Auf beiden Wegen lassen sich die vier Frauen als

20 Vgl. die Tabelle in *H. Stegemann*, »Die des Uria«. Zur Bedeutung der Frauennamen in der Genealogie von Matthäus 1,1-17, in: Tradition und Glaube. Das frühe Christentum in seiner Umwelt (FS K. G. Kuhn), hg. v. G. Jeremias, H.-W. Kuhn u. H. Stegemann, Göttingen 1971, S. (246-276) 254, Anm. 26.

21 Vgl. *A. Vögtle*, Die Genealogie Mt 1,2-16 und die matthäische Kindheitsgeschichte (s. Anm. 2), S. 92 ff.; *H. Stegemann*, »Die des Uria« (s. Anm. 20), S. 252 ff.

22 *E. Klostermann*, Das Matthäusevangelium (s. Anm. 3), S. 2.

23 *K. Stendahl*, Quis et unde? (s. Anm. 1), S. 101.

24 *A. Vögtle*, Die Genealogie Mt 1,2-16 und die matthäische Kindheitsgeschichte (s. Anm. 2), S. 95.

25 *F. Hahn*, Christologische Hoheitstitel (s. Anm. 12), S. 243, Anm. 1.

26 Zit. bei *H. Stegemann*, »Die des Uria« (s. Anm. 20), S. 258 f., Anm. 42; ähnlich auch *G. Kittel*, Art. Θαμάρ κτλ, in: ThWNT 3, Stuttgart 1938, S. 1-3; *P. Billerbeck*, Kommentar zum Neuen Testament aus Talmud und Midrasch, Bd. I: Das Evangelium nach Matthäus, München 1926 = [7]1978, S. 15; *J. Schniewind*, Das Evangelium nach Matthäus (s. Anm. 3), S. 11 u.a. z.St.

typi Mariae[27] verstehen[28]; berechtigte Zurückhaltung jedoch bei A. Vögtle gegenüber jeder Art von »Parallelisierung ..., selbst wenn diese auf die ›außergewöhnliche Berufung‹ der vier Frauen reduziert wird«[29]. Vor allem hat mit Recht die Annahme Kritik hervorgerufen, die Stellen richteten sich apologetisch gegen den Vorwurf einer außerehelichen Mutterschaft Mariens[30]. Doch bleiben auch ohne den Versuch typologischer Ausdeutung auf Maria beide Interpretationen (1 und 2) problematisch. Gründe:

1. »Unerwartet ist in der ... Darstellung [sc. des Matthäus] der Abkunft Jesu nämlich gar nichts.« Der Zentralgedanke seiner Geschichtstheologie ist, »daß sich in Jesu Kommen alles zu Erwartende mit größter Präzision erfüllt hat«. »Nicht im Aufweis von ›Unregelmäßigkeiten‹, sondern im Hinblick auf bestimmte Regeln und deren spezielle Gültigkeit für die Zeit Jesu und der Kirche wird man deshalb das Interesse des Matthäus auch an dieser Stelle zu suchen haben«[31]. Überdies wäre als Vorbild des Paradoxon der Geburt Jesu die Mutterschaft Saras zu erwarten[32].
2. Gegen 2 spricht, dass die Charakteristik »Sünderinnen« auf »alle Fälle für Ruth und das Weib des Uria« nicht zutrifft, aber auch die beiden übrigen im zeitgenössischen Judentum nicht generell als solche gestempelt werden.
3. Alle vier haben dagegen gemeinsam, dass sie als Nicht-Israelitinnen gelten: Thamar als Aramäerin (Jub 41,1; Philo, virt. 221 u.ö.), Rahab als Einwohnerin des heidnischen Jericho, Ruth als Moabiterin, Bathseba durch die Ehe mit Uria als Hethiterin[33]. Entsprechend werden sie in rabbinischen Texten – mit Ausnahme der gebürtigen Israe-

27 So schon *H. Grotius*, Annotationes in Novum Testamentum, Bd. I, Paris 1641, zu Mt 1,3.

28 Von neueren Exegeten u.a.: *E. Klostermann*, Das Matthäusevangelium (s. Anm. 3), S. 2; *A. Schlatter*, Der Evangelist Matthäus. Seine Sprache, sein Ziel, seine Selbständigkeit, Stuttgart [5]1959, S. 2; *E. Lohmeyer*, Das Evangelium des Matthäus, hg. v. W. Schmauch (KEK.S), Göttingen [5]1962, S. 5; *F. Hahn*, Christologische Hoheitstitel (s. Anm. 12), S. 243, Anm. 1; weitere Lit. bei *A. Vögtle*, Die Genealogie Mt 1,2-16 und die matthäische Kindheitsgeschichte (s. Anm. 2), S. 93; *H. Stegemann*, »Die des Uria« (s. Anm. 20), S. 258, Anm. 41; S. 259, Anm. 43.

29 *A. Vögtle*, Die Genealogie Mt 1,2-16 und die matthäische Kindheitsgeschichte (s. Anm. 2), S. 94.

30 Vertreten schon von *J. J. Wettstein*, Novum Testamentum Graecum, Bd. I, Amsterdam 1751 (Nachdr. Graz 1962), S. 226 f.; dagegen *E. Klostermann*, Das Matthäusevangelium (s. Anm. 3), S. 2 u.a.

31 *H. Stegemann*, »Die des Uria« (s. Anm. 20), S. 257.

32 Ebd.

33 Belege bei *H. Stegemann*, a.a.O., S. 258 ff.

litin Bathseba – gelegentlich als »Proselytinnen« bezeichnet[34]. Von hier aus erklärt sich ihre Nennung in Mt 1 am besten im Zusammenhang mit der Rückführung des Stammbaumes bis auf Abraham.
Als typi Mariae *sind die vier Frauen also schwerlich zu deuten. Wohl aber bereiten sie als irdische Stammmütter Jesu (in anderer komplementärer Funktion) die deutlich abgehobene Aussage über Maria in V. 16 und vollends in V. 18-25 vor. Genealogisch bereitet das unvermittelte Abbrechen der durch väterliche Zeugung vermittelten Geschlechterfolge in der Tat Schwierigkeiten. Sie spiegeln sich in den erheblich differierenden Textformen; die wichtigsten sind (in sachlicher Gruppierung):*
1) τὸν Ἰωσὴφ τὸν ἄνδρα Μαρίας, ἐξ ἧς ἐγεννήθη Ἰησοῦς ὁ λεγόμενος χριστός (𝔓[1] W 𝔐 sy[p] u.a.); Relativsatz angeglichen an den Kontext: ἣ ἐγέννησεν Ἰησοῦν τὸν λεγόμενον χριστόν (bo),
2) τὸν Ἰωσὴφ ᾧ μνηστευθεῖσα παρθένος Μαριὰμ ἐγέννησεν Ἰησοῦν τὸν λεγόμενον χριστόν (Θ f^{13} it; ähnlich sy[c]),
3) τὸν Ἰωσὴφ, Ἰωσὴφ ᾧ μνηστευθεῖσα ἦν Μαριὰμ παρθένος ἐγέννησεν Ἰησοῦν τὸν λεγόμενον χριστόν (sy[s]).
Jede dieser Textformen versucht, den Stammbaum mit Jesu jungfräulicher Geburt auszugleichen, wozu sowohl der Doppelgebrauch von γεννᾶν (zeugen und gebären) wie auch die mögliche Nuancierung des Verbs im physischen und rechtlichen Sinn jeweils die Möglichkeit gab. So hat der bestbezeugte Text sich durch das Attribut τὸν ἄνδρα Μαρίας (im Sinne von 1,18 f.) und die Abwandlung der stereotypen Verbform ins Passiv geholfen; ebenso durch stärkere Angleichung an den Wortlaut von 1,18 und durch Hervorhebung der Jungfrauenschaft Marias als Josefs Verlobter, zugleich aber unter Wiederholung des stereotypen, auf den Vater bezogenen ἐγέννησεν, was freilich hier nur als Rechtsakt verstanden werden kann. In jedem Fall ließe sich ein Text, der Josefs physische Vaterschaft aussagt, nur konjizieren. Selbst die naheliegende Frage, wie sich ein Stammbaum, der zwar in Richtung auf Jesu wunderbare Herkunft verstanden werden konnte, auch im Blick auf diese Infragestellung des sonst genealogisch konstitutiven natürlichen Geschlechtszusammenhanges überhaupt konzipieren ließ, wird angesichts beider Ahnentafeln Jesu – bei Matthäus und Lukas – gegenstandslos. Mit anderen Worten: Sie sind gleicherweise als Dokumente theologischer schriftgelehrter Reflexion, nicht als Familienregister zu verstehen.
Die Aussage von V. 1-17 im Ganzen lässt sich demnach zusammenfassen: *Der legitime Messias Christus aus Davids Geschlecht ist der Erfüller der Abraham gegebenen Verheißung für alle Völker.* Die Be-

34 *P. Billerbeck*, Kommentar zum Neuen Testament aus Talmud und Midrasch, Bd. I (s. Anm. 26), S. 16. 21. 25.

deutung seiner Davidssohnschaft wird dadurch nicht gemindert, sondern interpretiert.

2. Jesus, Gottes- und Davidssohn (1,18-25)

In der vorliegenden Gestalt ist die Perikope eine Arbeit des Evangelisten. Darauf deutet die Häufung typisch matthäischer Eigenheiten: sprachliche Wendungen (παραλαμβάνειν, ἰδού nach Genitivus absolutus, κατ' ὄναρ u.a.[35]), die redaktionelle Überleitung V. 18a, das Reflexionszitat V. 22 f., dazu die inhaltliche Akzentuierung des Ganzen. Nicht minder deutlich aber hat Matthäus vorgegebene Überlieferung verarbeitet. Diese muss bereits trotz aller gewichtigen Unterschiede ähnliche Motive enthalten haben wie die lukanischen Vorgeschichten: Engelerscheinung vor der Geburt, wunderbare Schwangerschaft Mariens, Anlehnung an Jes 7,14 LXX, Davidssohnschaft Jesu, Auftrag der Namengebung. Aus (mündlicher) Tradition stammt sichtlich auch der vom Evangelisten beibehaltene Erzählungsstil, durch den sich die Perikope von der vorangehenden Genealogie abhebt. Dieser darf jedoch nicht dazu verführen, den Abschnitt als bloße matthäische Variante zu der lukanischen Annuntiatio (1,26-38) oder gar als »Geburtsgeschichte Jesu« zu verstehen. Matthäus erzählt weder Jesu übernatürliche Erzeugung noch seine Geburt. Beides wird als bekannt vorausgesetzt und nur beiläufig zur Erläuterung des Erzählten erwähnt. Dem Stil der Legende widerspricht vor allem, dass das göttliche Geheimnis der Schwangerschaft Mariens bereits in der Exposition V. 18 enthüllt wird (εὑρέθη ἐν γαστρὶ ἔχουσα ἐκ πνεύματος ἁγίου). Gleicherweise hat μὴ φοβηθῇς (mit folgendem Infinitiv!) in V. 20 nicht mehr den aus Theo- bzw. Angelophanien bekannten Sinn, sondern ist sofort ebenso wie der ohne Pathos und Rhythmus formulierte Begründungssatz (τὸ γὰρ ἐν αὐτῇ γεννηθέν κτλ) in den Auftrag des Engels einbezogen (vgl. dagegen Lk 1,30 ff.). Charakter und Intention einer Legende sind damit abgewandelt; der erzählerische Stil ist der theologischen Reflexion dienstbar gemacht. Das eigentliche Interesse des Erzählers gilt der Frage, wie der vom heiligen Geist erzeugte (Gottes-) Sohn zum verheißenen irdischen Messias aus Davids Stamm wurde.

A. Schlatter überschreibt diesen Abschnitt »Die Einpflanzung Jesu in das Geschlecht Davids«[36]. Aber die Perikope führt auch darüber noch hinaus, indem sie die Erzählung in der Benennung des Kindes mit seinem irdisch-menschlichen Namen »Jesus« ausmünden lässt und anhand alttestamentlicher Zitate seine Heilsbedeutung im christlichen Sinne proklamiert. Mit

35 Vgl. *G. D. Kilpatrick*, The origins of the Gospel according to St. Matthew, Oxford 1950 (Nachdr. 1946), S. 52.

36 *A. Schlatter*, Der Evangelist Matthäus (s. Anm. 28), S. 7.

dem Attribut »Sohn Davids« wird bezeichnenderweise noch Josef angeredet, nicht mehr Jesus selbst. Seine Sendung wird mit Ausdrücken umschrieben, die den Rahmen der traditionellen »Messias«-Erwartung sprengen.

Dem entsprechen Einführung, Ablauf und Ende der Perikope. Gleich der einleitende Satz V. 18a mit seiner ungewöhnlichen, den Doppelnamen Ἰησοῦς Χριστός (so die Mehrzahl der Handschriften) voranstellenden Wortfolge[37] und mit der Wiederaufnahme des hier freilich wie häufig im Sinne von »Geburt« verwendeten Begriffes γένεσις (1,1; v.l.: γέννησις) verklammert die Perikope eng mit dem Stammbaum (speziell mit 1,16). Dieser soll jetzt näherhin erläutert werden. K. Stendahl hat die Perikope darum treffend als »the enlarged footnote to the crucial point in the genealogy«[38] charakterisiert. Auch die weitere Gestaltung der Szene bestätigt, dass der Evangelist sich die Thematik aus 1,16 geben lässt und ihr die weiterhin aufgenommene Tradition dienstbar macht. Unvermittelt, ohne Orts- und Zeitangabe werden Maria und Josef eingeführt und die Exposition für die Erzählung selbst gegeben, in der aber bezeichnenderweise Josef, und zwar *dieser* als Davids Sohn (V. 20), im Mittelpunkt steht. Die Situationsschilderung entspricht jüdischen Verhältnissen: Das Verlöbnis bedeutet bereits den Anfang des rechtlich gültigen Ehebundes, obschon ihr die Haus- und eheliche Gemeinschaft erst folgt (συνελθεῖν). Demzufolge werden die Verlobten bereits als ἀνήρ (V. 19) und γυνή (V. 20) bezeichnet, und die Auflösung der Verlobung kann nur durch einen vom Manne auszufertigenden Scheidebrief (ἀπολύειν) erfolgen. Zweifellos war in der von Matthäus verarbeiteten Überlieferung bereits der Verdacht einer Untreue Mariens vorausgesetzt, doch lässt ihn der Evangelist gar nicht erst aufkommen. Die Erklärung ihrer Schwangerschaft ist ja schon vorweg gegeben. Dass auch Josef zunächst von der Schuld Marias überzeugt gewesen sei, wird mit keiner Silbe gesagt[39]. Seine anfängliche Absicht, sich von ihr zu trennen, wird allein mit der Schande motiviert, in die sie in der Öffentlichkeit geraten könnte. Selbstverständlich ist der moderne Gedanke, eine solche wäre ihr durch eine Eheschließung erspart geblieben, fernzuhalten. Nach jüdischer Anschauung hätte sie sich eines Ehebruches schuldig gemacht. Ob die attributive Wendung Ἰωσὴφ δὲ δίκαιος ὤν konzessiv oder begründend gemeint und dementsprechend καὶ μὴ θέλων αὐτὴν δειγματίσαι mit »dennoch« oder »darum« zu para-

37 Vgl. *F. Blass / A. Debrunner / F. Rehkopf*, Grammatik des neutestamentlichen Griechisch, Göttingen [16]1984, § 271, 1c.

38 *K. Stendahl*, Quis et unde? (s. Anm. 1), S. 102.

39 Gegen *M. Dibelius*, Die Formgeschichte des Evangeliums, Tübingen [6]1971, S. 125; *K. Stendahl*, Quis et unde? (s. Anm. 1), S. 102; *J. Schniewind*, Das Evangelium nach Matthäus (s. Anm. 3), S. 13 u.a.

phrasieren ist, lässt sich für den Evangelisten sicher nur im zweiten Sinne beantworten, da der in seinem Evangelium zentrale Begriff »Gerechtigkeit« sich nirgends auf strenge Tora-Observanz einengen lässt, vielmehr immer umfassend den Gehorsam gegen Gottes Willen bedeutet (vgl. 3,15; 5,17). Daraus ist jedoch nicht sofort zu folgern, Josef habe zunächst die Auflösung der Verlobung aus ehrfürchtiger Scheu vor dem Gotteswunder beabsichtigt. Dagegen spricht die erst folgende ausdrückliche Begründung in dem Spruch des Engels V. 20: τὸ γὰρ ἐν αὐτῇ γεννηθέν ...[40]. Ebenso abwegig ist jedoch die Meinung, die ganze Matthäus-Perikope diene dem apologetischen Zweck, die Untadeligkeit Mariens zu erweisen[41]. Im Zusammenhang des Engelspruches motiviert der angeblich »apologetische« Satz am Ende von V. 20 vor allem die weit über solche Abzweckung hinausführende positive Anweisung zur Heimführung Mariens und zur Namengebung des erwarteten Kindes. Josef soll das Jesuskind dadurch als rechtmäßigen Messias aus Davids Stamm bestätigen und ihm den seine Heilsbedeutung aussprechenden Namen geben (V. 21). Dieser wird in freier Anlehnung an ψ 129,8 καὶ αὐτὸς [Jahwe] λυτρώσεται τὸν Ισραὴλ ἐκ πασῶν τῶν ἀνομιῶν αὐτοῦ umschrieben. Der Ersatz von τὸν Ισραὴλ durch τὸν λαὸν αὐτοῦ [sc. Ἰησοῦ] im Matthäus-Text ist schwerlich zufällig, sondern dürfte theologisch begründet sein. Denn der Evangelist gebraucht »Israel« durchgängig im traditionellen Sinn für das jüdische Volk (vgl. 2,6.20 f.; 8,10; 9,33; 10,6 u.ö.). Auf dieses lässt sich die abgewandelte Wendung τὸν λαὸν αὐτοῦ nicht mehr einschränken. Gemeint ist vielmehr das dem Messias Jesus zugehörende Gottesvolk im Sinne der Abraham für die Völker gegebenen Verheißung, die sich in dem Davids- und Abrahamssohn Jesus erfüllt hat. Auch hier wird erneut die Verklammerung der Perikope mit dem bis auf Abraham zurückgeführten Stammbaum deutlich; nicht zufällig ist in diesem der naheliegende Begriff »Israel« vermieden. Die universale soteriologische Bedeutung Jesu wird auch durch die Wahl des von Matthäus besonders häufig und mit Vorliebe gebrauchten Verbums σῴζειν (für λυτροῦσθαι ψ 129,8) unterstrichen, mit dem er in V. 21 den Jesus-Namen erläutert (das Prädikat σωτήρ fehlt jedoch im Matthäus-Evangelium). Eine förmliche Übersetzung von »Jesus« (יֵשׁוּעַ) analog V. 23 wird freilich nicht gegeben. Der Evangelist konnte das Verständnis des Namens offensichtlich auch bei Christen im Bereich des hellenistischen Judentums voraussetzen. Vgl. dazu die Erläuterung des Namens Josua / Jesus in Philo, mut. 121: Ἰησοῦς δὲ

40 Gegen *A. Schlatter*, Der Evangelist Matthäus (s. Anm. 28), S. 13; *X. Léon Dufour*, L'Annonce à Joseph, in: Mélanges Bibliques (FS A. Robert), Paris 1957, S. (390-397) 369 f. u.a.

41 Gegen *M. Dibelius*, Die Formgeschichte des Evangeliums (s. Anm. 39), S. 125; *K. Stendahl*, Quis et unde? (s. Anm. 1), S. 102; mit *G. Strecker*, Der Weg der Gerechtigkeit (s. Anm. 18), S. 54.

σωτηρία κυρίου, ἕξεως ὄνομα τῆς ἀρίστης. Aus dem Fehlen einer eigentlichen Übersetzung lässt sich also nicht die Annahme eines älteren, im semitischen Sprachraum verfassten Textes rechtfertigen, der nachträglich im Sinne der im genuinen Judentum unerhörten und erst im hellenistischen Bereich möglichen Vorstellung von der jungfräulichen Geburt des Messias kraft göttlicher Zeugung umgeformt sei[42].

In typisch matthäischer Stilisierung schiebt der Evangelist in V. 22 f. das Reflexionszitat aus Jes 7,14 LXX (vgl. 8,8.10) ein, das auch Lk 1,27 ff. anklingt, hier dagegen im vollen Wortlaut aufgenommen ist (unter leichter Abwandlung der 2. Person Singular καλέσεις in die 3. Person Plural καλέσουσιν[43]. Nur das griechische Äquivalent παρθένος für hebräisch הָעַלְמָה (Mädchen, junge Frau) ermöglicht die Deutung der Stelle auf die Jungfräulichkeit Mariens vor Jesu Geburt. Diese ist wie in Lk 1,26-38 so auch in Mt 1,18-25 ausgesagt, mit dem Unterschied jedoch, dass sie dort den Inhalt der Legende bildet, bei Matthäus aber – schon hinreichend erklärt – vorausgesetzt wird. Die Pointe liegt bei ihm nicht mehr in dem Wunder selbst, sondern in der Ausdeutung des eigens übersetzten Namens Emmanuel (עִמָּנוּ אֵל). Er wird dem Namen Jesus nicht als irdisch-menschlicher Zweitname gleichgeordnet, auch nicht zu einem christologischen Hoheitstitel erhoben, wohl aber bringt er die Heilsbedeutung Jesu umfassend zum Ausdruck: In ihm ist Gott selbst »bei uns«. Das Jesajawort wird damit in eine Glaubensaussage der Gemeinde transformiert (καλέσουσιν). Diese Stelle im Anfang des Evangeliums korrespondiert seinem letzten Satz 28,20 καὶ ἰδοὺ ἐγὼ μεθ' ὑμῶν κτλ. Der Name Emmanuel umspannt also das ganze Evangelium.

In V. 24 f. lenkt der Erzähler von der Reflexion auf den Vorgang der Szene selbst zurück und führt ihn durch den Bericht von Josefs gehorsamem Verhalten gegenüber der Weisung des Engels nach seinem Erwachen zum Abschluss: Er nimmt Maria als seine Ehefrau an, aber unter Verzicht auf die Geschlechtsgemeinschaft mit ihr bis zur Geburt des Kindes (ἐγίνωσκεν geläufige Umschreibung des Beischlafes) und gibt dem Neugeborenen den verordneten, wirkungsvoll an das Ende der Perikope gesetzten Namen »Jesus«. Dabei wird das aus heidnischen Sagen bekannte Motiv, dass der männliche Ehepartner nach der Erzeugung des Kindes in dem unberührten Schoße der Mutter durch die Gottheit sich »bis zur Geburt« (ἕως οὗ ἔτεκεν) des geschlechtli-

42 Gegen *R. Bultmann*, Die Geschichte der synoptischen Tradition (FRLANT 29), Göttingen [9]1979, S. 316 f.; mit *G. Strecker*, Der Weg der Gerechtigkeit (s. Anm. 18), S. 54.

43 Näheres zum Text bei *K. Stendahl*, The School of St. Matthew and its Use of the Old Testament (ASNU 20), Uppsala 1954, S. 97 ff.; *G. Strecker*, Der Weg der Gerechtigkeit (s. Anm. 18), S. 55 ff.

chen Umganges mit ihr enthalten müsse, aufgenommen[44], aber dem eigentlichen Duktus der Erzählung ein- und untergeordnet.

Im Rückblick lassen sich traditionsgeschichtlicher Standort und Intention der Matthäus-Perikope einigermaßen deutlich bestimmen: Anders als bei Lukas und in der Ausschmückung der wunderbaren Geburt Jesu in der apokryphen Überlieferung (Protev 11; 13; OdSal 19,6 ff.; Sib VIII,469-472; PsMt; AscJes 11[45]) ist das Interesse des Matthäus nicht auf den Vorgang, sondern auf seine Konsequenzen und Bedeutung gerichtet. Darum die theologische Umstilisierung der Legende und ihre Zuordnung zum Stammbaum; sogar der Verzicht auf den Gottessohntitel (vgl. dagegen Lk 1,32); die dominierende Rolle des Josef – nicht der Mutter; die Betonung der Heilsbedeutung Jesu zwar als legitimer Davidssohn, aber unter umfassender Ausdeutung auch dieses Titels im Sinne einer *interpretatio Christiana* der Namen »Jesus« und »Emmanuel«. Das verarbeitete Traditionsgut bildet dabei nur noch die Bauelemente; die Reflexionsstufe der Perikope ist dagegen eine andere, gegenüber Lukas sekundäre[46]. Sie setzt eindeutig das hellenistische Judenchristentum als Entstehungsboden voraus. Nur hier ließ sich das schon im genuinen Judentum nachweisbare, aber keineswegs im Sinne einer jungfräulichen Geburt gemeinte Theologumenon der schöpferischen Kraft des Geistes Gottes mit Jes 7,14 LXX verknüpfen.

Sozusagen auf einer dritten, bei Matthäus erreichten Traditions- und Reflexionsstufe bedurfte nun aber auch die Frage nach der Funktion des »Vaters« Jesu und damit die Frage der irdischen Gestalt des Messias einer neuen Antwort. Wie die weitere Entwicklung in der apokryphen, speziell gnostischen Überlieferung zeigt, konnte sich zunehmend mehr die Tendenz entfalten, die Geschichtlichkeit Jesu preiszugeben und an mythisierende Spekulationen auszuliefern; ihre Spuren sind sogar auch in antignostischen Schriften erkennbar. Josef, soweit überhaupt noch erwähnt, musste darüber zu einer Schattenfigur werden[47]. Matthäus dagegen (bzw. die von ihm verarbeitete Tradition) hat die Frage nach der Funktion des Vaters mit allem Nachdruck positiv beantwortet, ihn in den Mittelpunkt gerückt und damit das Gefälle von der Geschichtlichkeit Jesu zum Mythos umgekehrt. Der »Vater«

44 Belege bei *M. Dibelius*, Jungfrauensohn und Krippenkind. Untersuchungen zur Geburtsgeschichte im Lukas-Evangelium, in: ders., Botschaft und Geschichte. GAufs. I, hg. v. G. Bornkamm, Tübingen 1953, S. (1-78) 45 f.; *U. Luz*, Das Evangelium nach Matthäus. 1. Teilbd.: Mt 1-7 (EKK I/1), Zürich / Einsiedeln / Köln / Neukirchen-Vluyn 1985, S. 106, Anm. 54.

45 Näheres bei *M. Dibelius*, Jungfrauensohn und Krippenkind (s. Anm. 44), S. 47 ff.

46 Vgl. *G. Strecker*, Der Weg der Gerechtigkeit (s. Anm. 18), S. 53 f.

47 Belege bei *M. Dibelius*, Jungfrauensohn und Krippenkind (s. Anm. 44), S. 50 ff.

Jesu ist dazu erkoren, dem Kinde seinen entscheidenden Platz in der Heilsgeschichte zu geben.

3. Die Schicksale des Messias-Kindes (2,1-23)

Die eschatologische Erfüllung des Alten Testaments durch Jesus als den verheißenen Messias ist auch das Thema des zweiten Kapitels. Dieses schildert, nach Inhalt und Darstellungsweise vom ersten abgehoben, in zusammenhängender Erzählung die Geschichte des Jesuskindes nach seiner Geburt und deutet seine wechselvollen Schicksale im Lichte der Schrift als gottgelenktes Geschehen. Die wiederum reichlich eingewobenen alttestamentlichen Zitate dienen hier nicht mehr primär der Erläuterung der Person Jesu als Abrahams-, Davids- und Gottessohn, sondern der Orte, mit denen seine erste Geschichte verknüpft ist: Bethlehem in Judäa (V. 5 f.), Ägypten (V. 15), Rama (V. 18), Nazareth (V. 23).

In der Aufreihung dieser Ortsnamen dokumentiert sich eine von der lukanischen Vorgeschichte abweichende Tradition, der zufolge die Davidsstadt Bethlehem als ursprünglicher Wohnort der Eltern Jesu galt und das galiläische Nazareth, nicht wie die berühmten israelitischen Stätten durch alttestamentliche Weissagungen ausgezeichnet, erst nachträglich notgedrungen zu ihrer und seiner Heimat werden sollte. Bei Lukas wird umgekehrt die Reise der vor- und nachher in Nazareth ansässigen Eltern nach Bethlehem in den Tagen der Niederkunft Marias eigens begründet. Dem hier und da verschieden motivierten Ortswechsel entspricht eine verschiedene Chronologie des Geburtsjahres Jesu: Nach der wahrscheinlich richtigen matthäischen Datierung fällt es in die letzte Regierungszeit Herodes I. (37–4 v.Chr.), nach der des Lukas in das Jahr der ersten Registrierung (Zensus) der neuen römischen Provinz Judäa unter Augustus (6 n.Chr.). Die Zeitrechnung mit der Geburt Jesu als Ausgangspunkt begegnet erst ab dem 7. Jahrhundert und setzt sich im Mittelalter langsam durch. Doch divergiert in der frühchristlichen Überlieferung auch die Tradition über den Geburtsort Jesu. Nur Matthäus und Lukas geben Bethlehem als solchen an. Bei Markus und Johannes, die keine Geburtsgeschichten enthalten, gilt Jesus als Nazarener (Mk 1,24; 10,47 u.ö.; vgl. Joh 1,45 f.; 18,5.7; 19,19), wird auch niemals der schon früh ihm beigelegte Hoheitsname »Sohn Davids« mit Bethlehem in Verbindung gebracht, in Joh 7,41 f. seine Herkunft aus Galiläa von den Juden sogar als dogmatischer Einwand gegen seine Messianität ins Feld geführt (vgl. auch Joh 1,46). Auch die übrigen neutestamentlichen Schriften rekurrieren nirgends auf Bethlehem als Jesu Geburtsstadt. Wahrscheinlich ist die relativ späte und nur partiell bezeugte Bethlehem-Tradition ein Postulat jüdisch-christlicher Apologetik aus der alttestamentlichen Weissagung Mi 5,1(.3).

Das Kapitel gliedert sich in vier Einzelszenen. Von diesen ist nur die erste, die Anbetung der Magier 2,1-12, eine breit erzählte, in sich geschlossene Legende. Die drei übrigen (Flucht nach Ägypten 2,13-15, Bethlehemitischer Kindermord 2,16-18, Rückkehr nach Nazareth 2,19-23) setzen jede mit einem knapp gehaltenen Bericht ein, um dann in ein Schriftzitat auszumünden (V. 15.18.23). Unverkennbar sind hier, in 2,1-12 nicht ebenso eindeutig, die Schicksale des Jesuskindes und seiner Eltern in freier Anlehnung an die vor allem aus Josephus, Ant. 2,9,2 bekannte hellenistisch-jüdische Moselegende berichtet, wenn auch unter Verzicht auf den Erzählungsstil der späteren Mose-Haggada. Diese Legende hat den biblischen Bericht mit Einzelzügen ausgeschmückt, zu denen Mt 2 weitgehende Parallelen bietet: Pharao erfährt durch zukunftskundige Hofastrologen von der bevorstehenden Geburt eines hebräischen Knaben, der die Herrschaft der Ägypter vernichten und die Israeliten befreien und mächtig machen wird. Darüber erschrocken, befiehlt der König die Tötung aller neugeborenen israelitischen Söhne, doch das Mosekind bleibt durch eine göttliche Traumoffenbarung an den Vater bewahrt.
Über diese Einzelzüge aus der Geburts- und Kindheitsgeschichte des Mose hinaus sind in die Geschichte des Jesuskindes aber auch Züge aus der späteren Flucht des Mose vor Pharao (nach Midian) und seiner Rückkehr (nach Ägypten) verwoben und sogar durch wörtliche Anklänge an Ex 2 und 4 in Mt 2,13 ff.20 f. kenntlich gemacht (vgl. Mt 2,13 f.: μέλλει … ζητεῖν … τοῦ ἀπολέσαι ... καὶ ἀνεχώρησεν mit Ex 2,15 LXX: ἐζήτει [Pharao] ἀνελεῖν Μωυσῆν· ἀνεχώρησεν ... κτλ, ähnlich auch 3Βασ 11,40 und die entsprechenden Anklänge in Mt 2,20). Diese Parallelität gilt für die vorangehende Magiergeschichte nicht im selben Maße. Sie zielt, wie schon ihr Anfang (V. 1 f.) und vollends ihr Schluss (V. 9-12) zeigen, eindeutig auf die Anbetung der von dem Stern des Messias wunderbar belehrten und geleiteten »Weisen aus dem Osten« vor dem neugeborenen Kind, unter Verwendung von Einzelmotiven, die mit der Moselegende nichts zu tun haben. Erst die Zwischenszene 2,3-8 bringt Herodes ins Spiel und damit gewiss Kontraste, Spannung und Tiefe in die Erzählung, ohne jedoch ihren Höhepunkt am Ende auch nur im Geringsten zu trüben. Auch verlautet nichts davon, dass die Magier ihre Kunde direkt dem Könige überbringen. So figurieren sie keineswegs als die ihm hörigen, ihn warnenden Ratgeber, sondern bleiben die arglosen Fremden, die Herodes erst nach der hochoffiziellen Befragung der jüdischen Theologen in geheimer Sitzung als Werkzeuge seiner Bosheit missbrauchen will. Doch kommt ihr Zug zu dem Kinde zu seinem Ziel. Vielleicht war die Legende als solche nicht auf das nachfolgende Geschehen angelegt und ist möglicherweise einmal isoliert umgelaufen. Sie »verträgt kei-

nen blutigen Epilog«[48]. In der von Matthäus benutzten Fassung seiner Vorlage muss sie allerdings schon den Zwischenaufenthalt der Magier in Jerusalem und damit den Kontrast zwischen dem Verhalten der Heiden und der Repräsentanten des jüdischen Volkes enthalten haben, in jedem Fall also sozusagen die Brückenpfeiler, welche den in der vorliegenden Ausgestaltung des Erzählungszusammenhanges ausgebauten Übergang zur folgenden Herodeshandlung bzw. zu den Schicksalen des bedrohten Jesuskindes und seiner Bewahrung tragen[49].

Die Analogien zwischen Mt 2 und der jüdischen und biblischen Moselegende sind immerhin so offenkundig, dass es nicht angeht, hierfür nur auf »gewöhnliche Sagenmotive«[50] zu rekurrieren. Aber berechtigen diese engen Beziehungen dazu, sie im Sinne einer Mose-Christus-Typologie (»Wie der erste Erlöser, so der letzte Erlöser«) zu interpretieren? Gegen diese Annahme sprechen, mindestens was den Matthäus-Text betrifft, gewichtige Gründe: das Fehlen aller Hinweise auf eine entsprechende Funktion beider etwa als Befreier, Führer, Gesetzgeber; die Tatsache, dass keines der alttestamentlichen Zitate in Mt 2 zu Mose irgendeine Beziehung hat und dass zahlreiche, notorisch aus anderen Zusammenhängen stammende Einzelzüge in die Jesusgeschichte eingeflochten sind. Daraus folgt, dass der matthäische Erfüllungsgedanke sich nicht ohne Weiteres auf das besagte typologische Grundschema einengen lässt.

3.1. Die Anbetung der Magier (2,1-12)

Die Versuche, den *zeit- und religionsgeschichtlichen Hintergrund* der in der Evangelien-Literatur singulären Magiergeschichte aufzuklären, gehen weit auseinander. Kaum der Erwähnung bedarf noch die bis in neuere Zeit öfter wiederholte Umdeutung des Messiassternes in eine Planetenkonjunktion des Jupiter und Saturn im Jahre 7 n.Chr. Sie scheitert nicht nur am Text, der eindeutig von einem Wunderstern redet, sondern darf heute trotz ihrer ehrwürdigen Tradition (J. Kepler) nahezu als eine exegetische und formgeschichtliche Todsünde gelten[51]. Auch die Hypothese, die Legende sei dem Bericht von einer Huldigungsgesandtschaft von Magiern unter Führung des armeni-

48 *M. Dibelius*, Die Formgeschichte des Evangeliums (s. Anm. 39), S. 125; anders *A. Vögtle*, Messias und Gottessohn. Herkunft und Sinn der matthäischen Geburts- und Kindheitsgeschichte (tP), Düsseldorf 1971, S. 57 f.; *U. Luz*, Das Evangelium nach Matthäus, Bd. I (s. Anm. 44), S. 114.

49 Ausführlich zu der ganzen Frage *U. Luz*, Das Evangelium nach Matthäus, Bd. I (s. Anm. 44), S. 114.

50 *P. Nepper-Christensen*, Das Matthäusevangelium. Ein judenchristliches Evangelium? (AThD 1), Aarhus 1958, S. 169.

51 Abschreckendes Beispiel: *E. Stauffer*, Jesus. Gestalt und Geschichte (DTb 332), Bern 1957, S. 35 f.

schen Königs Tiridates zu Nero 66 n.Chr. nachgebildet[52], wird ihrem Charakter nicht gerecht und erklärt das Sternmotiv nicht. Ebenso reichen die Argumente für einen möglichen Zusammenhang mit dem arabischen Dusareskult[53] nicht zu. Desgleichen bleibt die Vermutung von M. Dibelius[54] unsicher, in der Legende sei ein ursprünglich mythisches Theologumenon, welches das Erscheinen des Erlösers zu Beginn eines neuen Äon als aufgehenden Stern verkündete (vgl. IgnEph 19,2), in erzählerische Form umgesetzt und so aus dem mit dem Messias identischen Erlöser ein seine Geburt anzeigender Stern geworden. Als Erfüllung der Bileam-Weissagung von dem »aus Jakob aufgehenden Stern« (Num 24,17) hat schon die altkirchliche Exegese (Justin, dial. 106,4; Irenaeus, epid. 58; haer. III,9,2) Mt 2,2 verstanden. Auch im Judentum wurde der Seherspruch messianisch gedeutet[55] und dieselbe Prädikation verwendet: für den eschatologischen Priesterkönig Test Lev 18,3; für den »Lehrer der Gerechtigkeit« in der essenischen Damaskusschrift VII,18 (unter ausdrücklicher Zitierung von Num 24,17). Diese Deutung hat E. Lohmeyer[56] weiter ausgebaut und Num 22-24 im Ganzen als Grundlage von Mt 2,1-12 erweisen wollen, unter Hinweis darauf, dass auch der heidnische Seher Bileam nach Num 23,7 LXX ἐκ Μεσοποταμίας / ἀπ᾽ ἀνατολῶν von dem Moabiterkönig zur Verfluchung Israels, aus der jedoch durch göttliche Intervention ein Segensspruch wird, herbeigeholt wird. In der Tat scheint der Matthäus-Text auf Num 24,17 LXX ἀνατελεῖ ἄστρον anzuspielen. Doch bietet der Gesamtkomplex der alttestamentlichen Texte zu wenige Anhaltspunkte für diese Annahme, und die Funktion des Sternes ist hier und da zu verschieden. Diese Differenz lässt sich allenfalls bei einer nachträglich assoziierenden Interpretation, schwerlich jedoch bei der Frage der Entstehung der Legende ignorieren. Vollends übertrifft die Verklammerung der Bileam- und Mosetradition aufgrund der Tatsache, dass in (späten) Midraschim gelegentlich die den Pharao betörenden Zauberer und Widersacher des Mose Jannes und Jambres (2Tim 3,8; vgl. Ex 7,11.22) als Begleiter des Bileam auftreten[57], noch die Kombinationslust der jüdischen Legende und über-

52 Vgl. *A. Dieterich*, Die drei Weisen aus dem Morgenlande, in: ZNW 3 (1902), S. 1-14.

53 Vgl. *R. Bultmann*, Die Geschichte der synoptischen Tradition (s. Anm. 42), S. 317 f.

54 *M. Dibelius*, Jungfrauensohn und Krippenkind (s. Anm. 44), S. 42 f., Anm. 68.

55 Vgl. *P. Billerbeck*, Kommentar zum Neuen Testament aus Talmud und Midrasch, Bd. I (s. Anm. 26), S. 76 f.

56 *E. Lohmeyer*, Der Stern der Weisen, in: ThBL 17 (1938), Sp. 289-299.

57 *M. Hengel / H. Merkel*, Die Magier aus dem Osten und die Flucht nach Ägypten (Mt 2) im Rahmen der antiken Religionsgeschichte und der Theologie des Matthäus, in: Orientierung an Jesus. Zur Theologie der Synoptiker (FS J. Schmid), hg. v. P. Hoffmann, Freiburg i. Br. / Basel / Wien 1973, S. (139-169) 144.

spielt den diametralen Gegensatz der Rolle der Magier (Astrologen) hier und in Mt 2. Auf eine ganz andere Fährte führt die Erklärung der Erzählung aus iranisch-persischer, apokalyptischer Weltkönigs- und Weltheilandserwartung aufgrund einer zwar nachchristlichen, aber nur oberflächlich christianisierten syrischen Chronik[58]. Auch diese Hypothese scheitert, weil an den Berührungspunkten der Texte der Primat der matthäischen Magiergeschichte zu deutlich erkennbar ist. Aus alledem ergibt sich, dass die Zeit- und Religionsgeschichte nicht einen einheitlichen Motivzusammenhang zur Erklärung ihrer Entstehung liefert, wohl aber einzelne Bausteine. Zu diesen gehören vor allem: die Erwartung eines Heil bringenden Weltherrschers im Augusteischen Zeitalter (wichtigste Texte: Vergils vierte Ekloge; Augustus-Inschriften); die auch im Judentum apologetisch aufgewertete, zeitgenössische Hochschätzung der Astrologie und im Zusammenhang mit ihr die Vorstellung von einem als kosmisches Omen erscheinenden Gestirn, von dem zahlreiche Geburtsgeschichten antiker Herrscher erzählen (Mithridates, Alexander Severus u.a.[59]); vor allem auch das in Sage und Geschichtsschreibung verbreitete Motiv von der Verfolgung eines zur künftigen Herrschaft bestimmten Kindes durch einen alten, seinen Rivalen fürchtenden König (belegt für Sargon I., Kyros, Romulus und Remus u.a.[60]), in Mt 2 angewandt auf den auch aus außerbiblischen Quellen als tückisch und skrupellos grausam bekannten Herodes. Nicht nur sein Porträt, auch das des sagenhaften heidnischen Königs Nimrod, der anlässlich der Geburt Abrahams 70.000 Kinder umbringen lässt, ist in der späteren jüdischen Sage nach dem Vorbild Pharaos ausgemalt worden[61].

Mit einer sorgfältig stilisierten redaktionellen Wendung leitet V. 1a zur ersten Szene und zu c. 2 im Ganzen über. Der menschliche Name Ἰησοῦς, mit dem die vorangehende Perikope schließt, steht hier ebenso gewichtig am Anfang; der Genitivus absolutus mit nachfolgendem ἰδού bei Matthäus häufig (11-mal, keinmal bei Markus, einmal bei Lukas). Erst jetzt werden die zuvor unerwähnt gebliebenen Orts- und Zeitumstände der Geburt Jesu nachgetragen und mit »Beth-

58 Vgl. *J. Widengren*, Iranische Geisterwelt. Von den Anfängen bis zum Islam, Baden-Baden 1961, S. 226 ff.

59 Weitere Belege schon bei *J. J. Wettstein*, Novum Testamentum Graecum, Bd. I (s. Anm. 30), S. 240; *C. Clemen*, Religionsgeschichtliche Erklärung des Neuen Testaments. Die Abhängigkeit des ältesten Christentums von nichtjüdischen Religionen und philosophischen Systemen, Gießen [2]1924 (Nachdr. Berlin / New York 1973), S. 192 ff.; *R. Bultmann*, Die Geschichte der synoptischen Tradition (s. Anm. 42), S. 318; *E. Klostermann*, Das Matthäusevangelium (s. Anm. 3), S. 12.

60 Ausführliche Tabelle bei *U. Luz*, Das Evangelium nach Matthäus, Bd. I (s. Anm. 44), S. 84.

61 Vgl. *A. Wünsche*, Aus Israels Lehrhallen, Bd. I: Kleine Midraschim zur späten legendarischen Literatur des Alten Testaments, Leipzig 1907 (Nachdr. Hildesheim 1967), S. 14-45.

lehem in Judäa« und »Herodes« die für das Weitere entscheidenden Namen genannt. Ohne Umschweife setzt die Erzählung jedoch mit der Ankunft der »Magier aus dem Osten« in Jerusalem ein, lässt sie in V. 2 sofort die christologisch gezielte Themafrage der ganzen Perikope stellen und in begründender Rückblende Anlass und Zweck ihrer Reise angeben. Zu beachten ist nicht nur, wie und was, sondern auch, was nicht erzählt wird. Nichts verlautet über Zahl, Vorgeschichte, Heimatland der Magier; jedes sie profilierende Attribut fehlt. Erst die spätere Legende, Kulttradition und Kunst haben aus ihnen – wohl entsprechend Dreizahl und Charakter ihrer Gaben (V. 11) – drei heilige Könige gemacht (so schon Tertullian, Marc. III,13; feststehende Tradition seit dem 5. Jahrhundert), ihre Gebeine verehrt (Mailand, Köln), ihnen Namen gegeben (Kaspar, Melchior, Balthasar) und sie auf die drei Altersstufen Jüngling, Mann, Greis oder drei Weltteile gedeutet[62]. Aus dem Matthäus-Text lässt sich nur entnehmen, dass sie als Sternkundige aus dem im Altertum für die Astrologie klassischen und auch im Judentum dafür bekannten Zweistromland (Chaldaea) vorzustellen sind. Andere Bedeutungen von μάγος kommen für unseren Text nicht in Betracht; weder die Bezeichnung einer persischen Priesterkaste, schon gar nicht der abwertende Sinn von Zauberer, Verführer[63], aber auch nicht ihre Charakteristik als »in der Finsternis Irrende«[64].

Dass die Frage der Magier theologisch verstanden sein will, zeigt die sinngemäße Übersetzung des Hoheitstitels ὁ βασιλεὺς τῶν Ἰουδαίων aus der Sprache der Nichtjuden in die jüdische Lehrsprache, in der sie Herodes vor den Hohepriestern und Schriftgelehrten wiederholt: ποῦ ὁ χριστὸς γεννᾶται (Präsens!). Bedeutungsvoll ist, dass der nichtjüdische Ausdruck nach unserer Stelle erst wieder, dann aber häufig in der Passionsüberlieferung aller Evangelien gebraucht wird (für Matthäus vgl. 27,11.29.37). Selbstverständlich meint die Wendung »sein Stern« einen Wunderstern. Ἐν τῇ ἀνατολῇ ist in V. 2 und 9 im Unterschied zu V. 1 (artikelloser Plural!) astronomisch, nicht geographisch zu verstehen. Indirekt spricht auch der Schluss des Magierspruches die volle Heilsbedeutung des Neugeborenen aus: προσκυνεῖν (bei Matthäus 13-mal, davon 3-mal allein in unserer Perikope; bei Markus nur 2-mal, bei Lukas 3-mal) hat im Matthäus-Evangelium stets religiöse Bedeutung, wie u.a. die mehrfache Ab-

62 Vgl. *H. Paulus*, Art. Drei Könige, in: RGG[3] 2, Tübingen 1958, Sp. 264 f.

63 Vgl. *G. Delling*, Art. μάγος κτλ, in: ThWNT 4, Stuttgart 1942, S. (360-363) 360-362; *W. Bauer*, Griechisch-deutsches Wörterbuch zu den Schriften des Neuen Testaments und der übrigen urchristlichen Literatur, Berlin / New York [5]1958 (2. Nachdr. 1971), Sp. 958 f. (Art. μάγος).

64 Gegen *A. Schlatter*, Das Evangelium des Matthäus ausgelegt für Bibelleser (EzNT 5), Calw / Stuttgart [2]1900, S. 14 f., Anm. *; *J. Schniewind*, Das Evangelium nach Matthäus (s. Anm. 3), S. 16.

wandlung oder Erweiterung des Markus-Textes zeigt[65]. Ihre Huldigung gilt also dem *göttlichen Weltherrscher*. Um so mehr hebt die Wiederaufnahme derselben Wendung durch Herodes (V. 8) dessen Verschlagenheit hervor. Der Stern hat die doppelte Funktion, den »Weisen« die Geburt des Messiaskindes anzuzeigen (V. 2) und ihnen den Weg zu ihm zu weisen (V. 9). Ihre Zerlegung gibt dem Evangelisten bzw. seiner Vorlage die Möglichkeit, nicht nur erzählerisch zu retardieren, sondern das Anbetungsziel der Magier wirkungsvoll mit der Herodesszene zu verknüpfen und das Folgende vorzubereiten. Einige Unstimmigkeiten für den Geschehensablauf müssen dabei in Kauf genommen werden: Warum ziehen die von dem Stern belehrten und geleiteten Magier überhaupt zuerst nach Jerusalem und bedürfen dort weiterer Auskunft? Ist der Stern während ihres Zwischenaufenthaltes in der jüdischen Hauptstadt verschwunden? Warum muss er erst erneut erscheinen, um ihnen den inzwischen von höchster jüdischer Lehrinstanz gewiesenen Weg zum nahegelegenen Bethlehem (ca. 7 km südlich von Jerusalem) zu zeigen? Und wie ist sein »Stehenbleiben« über der Geburtsstätte des Kindes vorzustellen? Von einem Stall oder einer Höhle ist nicht die Rede. Derlei Reflexionen werden angesichts des legendären Charakters und der theologischen Absicht der Erzählung gegenstandslos. In starkem Kontrast zu Frage und Kunde der Magier schildern die Verse 3-8 das Entsetzen des Herodes und »ganz Jerusalems« – widersinnigerweise in diesem Augenblick mit dem sonst verhassten König solidarisch –, die hochoffizielle Befragung der theologischen Autoritäten des jüdischen Volkes und die alsbald einsetzenden tückischen Machenschaften seines Herrschers. Anscheinend soll die summarische Wendung πᾶσα Ἱεροσόλυμα in V. 3 bereits auf die Passionsgeschichte vorausweisen, in der dasselbe Volk, das seinem Messias aus Davids Stamm zugejubelt hat (21,1-11), seine Kreuzigung fordert. Vgl. 21,10: πᾶσα ἡ πόλις, 27,25: πᾶς ὁ λαός. Im Duktus der Erzählung ist jedoch vor allem wichtig, dass aus dem Munde der maßgeblichen Vertreter des eigens von Herodes versammelten Synhedriums selbst in V. 5 f. die bündige Weissagung Mi 5,1(.3) gültig zu Gehör gebracht wird.

Der vom Evangelisten nicht mit der in Reflexionszitaten üblichen, auf ein zuvor geschildertes Geschehen bezogenen Erfüllungsformel eingeleitete, sondern in die Antwort der Synhedristen einbezogene Spruch V. 6 ist ein Mischzitat aus Mi 5 und 2Βασ 5,2. Er weicht in mehrfacher Hinsicht sowohl vom Masoretischen wie vom Septuaginta-Text des Prophetenwortes ab: 1. der seltene Landschaftsname »Ephrata« ist durch γῆ Ἰούδα ersetzt; 2. die geringe Bedeutung Beth-

65 Vgl. *H. Greeven*, Art. προσκυνέω κτλ, in: ThWNT 6, Stuttgart 1959, S. (759-767) 764 ff.

lehems (»du Bethlehem-Ephrat, du kleinster unter den Gauen Judas ...«) ist betont ins Gegenteil verkehrt: οὐδαμῶς ἐλαχίστη mit folgendem γάρ; 3. an die Stelle von ἐν χιλιάσιν (Tausendschaft, Gau) ist ἐν τοῖς ἡγεμόσιν getreten. Die matthäische Textfassung hat eine nicht unwichtige interpretierende Funktion; sie bereitet sowohl das Partizip ἡγούμενος in V. 6c (LXX: ἄρχων) als auch das letzte Satzglied V. 6d vor, abgekürzt nach 2Βασ 5,2: σὺ ποιμανεῖς τὸν λαόν μου τὸν Ἰσραήλ, καὶ σὺ ἔσει εἰς ἡγούμενον ἐπὶ τὸν Ισραήλ formuliert. Wahrscheinlich hat schon in der Vorlage des Matthäus eine verschiedene Vokalisation des hebräischen Urtextes (statt אַלְפֵּי = Gaue, אֲלֻפֵּי = Stammhäupter) die Lesung ἐν ἡγεμόσιν erleichtert[66]; 4. die wichtigste Änderung ist die Erweiterung der Micha-Weissagung durch den an David gerichteten Spruch 2Βασ 5. Da auch Mi 5,3 LXX die Wörter ποιμαίνειν und Ισραήλ enthält, kann das zusätzliche Zitat nur durch die Wendung τὸν λαόν μου motiviert sein. Sie nimmt 1,21 wieder auf und charakterisiert den messianischen Hirten damit als den, der Israel von seinen Sünden befreien wird. Die schon im Judentum geläufige messianische Deutung von Mi 5[67] ist damit im Sinne einer *interpretatio Christiana* weitergeführt. Ausdrücklich hebt Mt 9,36 die Sendung des Hirten Jesus zu der hirtenlosen Herde Israel hervor[68]. Schwerlich hat erst Matthäus die alttestamentlichen Texte in dieser Weise umgeformt. Anzunehmen ist vielmehr, dass er sich einer schriftgelehrte Arbeit voraussetzenden Zitatensammlung bedient hat[69]. Damit ist jedoch die Annahme, Matthäus habe lediglich das Zitat in seine Vorlage eingesetzt, noch nicht gerechtfertigt. Die Gestaltung der Magierszene im Ganzen verrät seine Hand[70].

Der Versammlung mit den Jerusalemer Autoritäten folgt in V. 7 f. die Geheimsitzung des Herodes mit den Magiern. Sie demonstriert mit ihren Einzelheiten – der Erkundigung über die Aufgangszeit des Sterns, dem Befehl, das Messiaskind ausfindig zu machen und ihm zu berichten, sowie der Erklärung des Königs, später selbst ihm huldigen zu wollen – die Perfidie des Herodes und die dem Kinde drohende Gefahr. Doch bleibt der schlicht erzählte, ganz auf den Ton überschwänglicher Freude gestimmte Schluss V. 9-12 von der Düsternis

66 Vgl. *K. Stendahl*, The School of St. Matthew and its Use of the Old Testament (s. Anm. 43), S. 100.

67 *P. Billerbeck*, Kommentar zum Neuen Testament aus Talmud und Midrasch, Bd. I (s. Anm. 26), S. 83; vgl. Lk 2,4.

68 Vgl. *R. Hummel*, Die Auseinandersetzung zwischen Kirche und Judentum im Matthäusevangelium (BEvTh 33), München 1963, S. 139 f.

69 Vgl. *K. Stendahl*, The School of St. Matthew and its Use of the Old Testament (s. Anm. 43), S. 99 ff.; *W. D. Davies*, The Setting of the Sermon on the Mount (s. Anm. 4), S. 208.

70 Gegen *G. Strecker*, Der Weg der Gerechtigkeit (s. Anm. 18), S. 57.

dieses Hintergrundes völlig unbeschattet. Hier wird nicht mehr geredet, nur noch gehandelt (beachte die Häufung der Verben!). In übergroßer Freude sehen die Magier den Stern erneut über sich und gelangen unter seiner Führung ans Ziel. Ἐχάρησαν χαρὰν μεγάλην σφόδρα (vgl. Jon 4,6): Pleonasmus mit Akkusativ des inneren Objekts[71]. Sie sehen »das Kind mit Maria, seiner Mutter« (ohne Erwähnung Josefs; Anknüpfung an 1,18-25). Die fußfällige Verehrung (Anbetung) entspricht orientalischer Sitte. Bemerkenswert ist die Aufzählung der Gaben, die die Magier aus ihren Schatzkästen darbringen. Zu θησαυρός in dieser Bedeutung vgl. W. Bauer, Wörterbuch, Sp. 714 f.; das Protevangelium des Jakobus spricht von πήρα = Ranzen, Reisesack. Bis in den Wortlaut ist die Formulierung V. 11 von alttestamentlichen Weissagungen geprägt; vgl. Jes 60,6 LXX: ἥξουσιν φέροντες χρυσίον καὶ λίβανον οἴσουσιν, ψ 71,10 f.: δῶρα (2-mal) προσοίσουσιν ... καὶ προσκυνήσουσιν αὐτῷ (πάντες οἱ βασιλεῖς πάντα τὰ ἔθνη δουλεύσουσιν αὐτῷ). Ohne ausdrückliches Zitat spielt damit der Evangelist, den Horizont der Szene bedeutungsvoll öffnend, unmissverständlich an den im Alten und Neuen Testament häufig begegnenden Gedanken der eschatologischen Völkerwallfahrt zum Zion an, durch die alle an dem verheißenen Heil teilhaben sollen[72]. Die aus dem Harz orientalischer Bäume bzw. Sträucher gewonnenen, Wohlgerüche verbreitenden Gaben Weihrauch und Myrrhe wurden im Altertum zu kultischen und privaten Zwecken verwendet. Zusammen mit Gold werden sie öfter als kostbare Geschenke genannt. In der späteren Auslegung sind sie symbolisch-christologisch ausgedeutet worden: Gold dem König, Weihrauch dem Gott, Myrrhe zur Einbalsamierung des Menschen; Matthäus deutet davon nichts an. Nur der Kuriosität halber sei ihre gelegentliche Deutung als materielle Mittel für die Bestreitung der Kosten der Flucht und während des Aufenthaltes der Eltern Jesu in Ägypten erwähnt[73]. V. 12 χρηματίζεσθαι, geläufig für »Weisung empfangen«, wird wie in V. 22 mit κατ' ὄναρ verbunden. Durch den Befehl Gottes wird der zuvor nur angedeutete Anschlag des Herodes vereitelt.

Die Anbetung des Kindes durch die ersten Heiden, Erfüllung göttlicher Verheißung und Ankündigung des endzeitlichen Heils zugleich, bleibt der klare Höhepunkt der Geschichte. Die kontrastierenden Züge der Erzählung: das Entsetzen der Repräsentanten des »Gottesvolkes«,

71 Vgl. *F. Blass / A. Debrunner / F. Rehkopf*, Grammatik des neutestamentlichen Griechisch (s. Anm. 37), § 153,1.

72 Vgl. dazu *J. Jeremias*, Jesu Verheißung für die Völker (FDV 1953), Stuttgart ²1959, S. 47 ff.

73 Vgl. *E. Klostermann*, Das Matthäusevangelium (s. Anm. 3), S. 17; *P. Bruin*, Die vier Evangelisten im Dienste ihres Herrn und Meisters, Luzern / Stuttgart 1981, S. 18.

das seiner Bestimmung nach auf den ihm verheißenen Messias warten soll und jetzt in der Stunde der Erfüllung sich ihm verweigert – im Gegensatz zu der Freude der Heiden; der eifersüchtige, grausame König im Kontrast zu dem neugeborenen Messiaskönig; die aus geheiligter Tradition über den Bringer des Heils so gut informierten Theologen, ihm räumlich nahe und doch denkbar fern, im Unterschied zu den heidnischen »Weisen« – alles das ist dem strahlenden Abschluss der Szene ein- und untergeordnet. Ihr extremer Kontrast wird die Szene der Verspottung des »Königs der Juden« durch die heidnischen Soldaten in der Passionsgeschichte sein (27,27-30).

3.2. Die Flucht nach Ägypten (2,13-15)

Der mit 2,13-15 einsetzende, in drei Szenen gegliederte zweite Teil des Kapitels ist erzählerisch anders gestaltet als die Magiergeschichte. Die Entsprechung von Weisung und Ausführung (V. 13 f.20 f.) und die schlichte Gleichförmigkeit einzelner Sätze rechtfertigen noch nicht, von einem episch-volkstümlichen Stil[74] zu reden. Vielmehr ist M. Dibelius zuzustimmen: »Es muß geradezu auffallen, wie kurz, wie wenig ›legendär‹ die Flucht nach Ägypten erzählt wird; da ist keine Rede von Nöten und Gefahren des Weges und göttlicher Beschirmung des Kindes auf der Reise«[75]. Diese stilistische Beobachtung gilt auch für die beiden anderen Szenen. In ihrem dramatischen Aufbau wirken zunächst der Kindermord als Mittelpunkt, Flucht und Rückkehr als Vor- und Nachspiel. Doch laufen die eigentlichen Fäden der Handlung von der ersten zur letzten Szene, die mittlere bildet zu den beiden anderen den wirksamen, motivierenden Hintergrund. Als Parallelen zur Moselegende vgl. Mt 2,13 f.: μέλλει ... ζητεῖν ... τοῦ ἀπολέσαι ... καὶ ἀνεχώρησεν mit Ex 2,15 LXX: ἐζήτει (Pharao) ἀνελεῖν Μωυσῆν ... (ähnlich auch 3Βασ 11,40) und die entsprechenden Anklänge in Mt 2,20. Die erheblichen sachlichen Differenzen sind freilich nicht zu übersehen: Ist Ägypten in Ex 2 das Land, aus dem der (erwachsene) Mose – nach Midian – flieht und in das er nach dem Tod seiner Verfolger (Ex 4,19; vgl. Mt 2,20) zurückkehrt, so hier das Zufluchtsland der Eltern Jesu und ihres Kindes.

Wegen dieser gravierenden Unterschiede nehmen neuere Exegeten als Grundlage für Mt 2,13-15 nicht die Moselegende an, sondern einen als Passa-Haggada verwendeten, Dtn 26,5-8 kommentierenden Laban-Jakob-Midrasch, in dem Laban die mörderischen Züge des Pharao angenommen hat und Jakob (Israel) vor dem ihn und seine Sippe verfolgenden Aramäer auf göttliches Geheiß sich nach Ägypten rettet. Nicht zufällig sei darum nach dem Kindermord die Klage von Jakobs

74 Vgl. *E. Klostermann*, Das Matthäusevangelium (s. Anm. 3), S. 17; *J. Schniewind*, Das Evangelium nach Matthäus (s. Anm. 3), S. 19.

75 *M. Dibelius*, Die Formgeschichte des Evangeliums (s. Anm. 39), S. 126.

Weib Rahel um ihre Kinder zitiert. Jakobs Flucht nach Ägypten in der angeführten Passa-Haggada enthalte bereits die für die jüdische Heilserwartung grundlegende Verheißung der endzeitlichen Erlösung Israels aus Schande und Verfolgung (vgl. Gen 46,4) und habe in diesem Sinn, wie auch das Zitat Hos 11,1 in Mt 2,15 bestätigt, strukturbildend auf die Gestaltung der Jesusgeschichte eingewirkt[76]. Diese Hypothese hat bei einigen Exegeten Beifall gefunden und sie in der Annahme bestärkt, in Mt 2 sei eine Mose-Christus-Typologie von einer typologischen Deutung Jesu als Begründer und Inbegriff des neuen, endzeitlichen Gottesvolkes überlagert[77]. Doch ist diese These anfechtbar, weil sie ohne zureichenden Anhalt am Text allzu disparate Erzählungszusammenhänge kombiniert, auch wenn jener Laban-Jakob-Midrasch zu der von der Mosegeschichte abweichenden geographischen Route Palästina-Ägypten-Palästina in Mt 2 eine Entsprechung bietet. Trotz aller Abweichungen der Jesusgeschichte von der Moselegende sind die Anspielungen auf diese so eindeutig, dass es nicht geraten ist, von dieser Grundlage auf andere Texte auszuweichen, weder auf die Laban-Jakob-Haggada noch auf den typologisch gedeuteten Auszug Israels aus Ägypten.

Allerdings lässt sich die Wahl Ägyptens als Zufluchtsland des Jesuskindes in der nur hier in der Evangelienliteratur bezeugten, historisch kaum verifizierbaren Tradition wohl am besten aus seiner Bedeutung für die Anfänge und Geschicke Israels erklären, schwerlich dagegen aus seiner gelegentlichen Erwähnung im Alten Testament als Fluchtziel in völlig anderen Zusammenhängen. Das Reflexionszitat in V. 15 ist in mehrfacher Hinsicht bemerkenswert:

1. Wie die übrigen, durchweg prophetischen Zitate in c. 2 ist Hos 11,1 zur Deutung einer der Stationen des Lebensweges Jesu angeführt, hier ad vocem Ägypten (V. 13.14); der bisher gewahrte Rahmen der Moselegende wird damit gesprengt, aber auch eine durch den Wortlaut des Hoseaspruches nahegelegte Beziehung zu Israel nicht ausgesprochen.

2. Nur hier und 1,22 wird das Zitat expressis verbis als Gottesspruch hervorgehoben, vermittelt durch einen (ungenannten) Propheten: ἵνα πληρωθῇ τὸ ῥηθὲν ὑπὸ κυρίου διὰ τοῦ προφήτου λέγοντος. Die Besonderheit dieser Einführungsformel hängt offensichtlich damit zusammen, dass an beiden Stellen die Gottessohnschaft Jesu ausge-

76 So zuerst *D. Daube*, The New Testament and Rabbinic Judaism, London 1956, S. 190; *ders.*, The earliest Structure of the Gospels, in: NTS 5 (1958/59), S. (174-187) 184 ff.

77 Referat und Kritik bei *A. Vögtle*, Messias und Gottessohn (s. Anm. 48), S. 42 ff.

sagt wird, und zwar in 2,15 erstmalig und ausdrücklich im exklusiv-titularen Sinn[78].
Dem entspricht 3. die mit dem hebräischen Urtext und der Übersetzung des Aquila (καὶ ἀπὸ Αἰγύπτου ἐκάλεσα τὸν υἱόν μου) übereinstimmende, von dem Plural in LXX (τὰ τέκνα αὐτοῦ) abweichende singularische Wendung: τὸν υἱόν μου (MT: לִבְנִי). Wahrscheinlich hat der Evangelist an dieser Stelle nicht selbst den Septuaginta-Text nach dem Urtext korrigiert, sondern eine Aquila verwandte Textform zitiert, ein Anzeichen dafür, dass er bzw. seine »Schule« unter Berücksichtigung des hebräischen Wortlautes am biblischen Text gearbeitet hat. In jedem Fall ist das Zitat nur bei Zugrundelegung der singularischen Textfassung beweiskräftig. Der υἱός-Titel hat auch sonst im Matthäus-Evangelium zentrale Bedeutung (vgl. 3,17; 4,1 ff.; 11,27; 16,16 f. u.a.). Er wird jedoch nirgends zu der Sohnesstellung Israels als Gottesvolk (Ex 4,22 f.) in Beziehung gesetzt. Das spricht dafür, dass auch in 2,15 für den Evangelisten nicht der Gedanke einer typologischen Entsprechung Israel – Christus maßgebend war.

3.3. Der Bethlehemitische Kindermord (2,16-18)

Der Bethlehemitische Kindermord ist das verchristlichte Gegenstück zum Wüten des Pharao in der Moselegende und spielt dementsprechend in der Geburtsstadt des von Herodes verfolgten Messiaskindes. Die jüdische Geschichtsschreibung (Josephus) weiß mehr als genug von den Mordtaten des verhassten Despoten an den letzten Gliedern und Anhängern der hasmonäischen Dynastie und an seiner eigenen Familie zu berichten (Josephus, Ant. 15,3.6 f.; 16,11; 17,7-10), aber nichts von dem grauenhaften Blutbad in Bethlehem. Auch die älteste Evangelienüberlieferung außerhalb von Matthäus weiß davon nichts; ebenso hat das hier Erzählte im weiteren Evangelium selbst keinerlei Spuren hinterlassen. Selbstverständlich sind auch die letzten Kapitel 21/22 des Protevangeliums des Jakobus (um 150), in denen – teils wörtlich, teils frei ausgesponnen – die Magiergeschichte und der Kindermord nach Mt 2 erzählt und in einem späteren Anhang weitere Legenden über die Rettung des ebenfalls bedrohten Johannesknaben und die Ermordung seines Vaters durch Herodes damit verknüpft werden[79], historisch wertlos. So ist an dem legendären Charakter der mit ihrem Kontext fest verbundenen Szene Mt 2,16-18 nicht zu zweifeln. Als ihr zeitgeschichtlicher Hintergrund ist jedoch die zuverlässig überlieferte, berüchtigte Grausamkeit des Herodes nicht unwichtig.

78 Vgl. *R. Pesch*, Der Gottessohn im matthäischen Evangelienprolog (Mt 1-2). Beobachtungen zu den Zitationsformeln der Reflexionszitate, in: Bib. 48 (1967), S. (395-420) 413; *A. Vögtle*, Messias und Gottessohn (s. Anm. 48), S. 73.
79 Texte bei *K. Aland* (Hg.), Synopsis Quattuor Evangeliorum. Locis parallelis evangeliorum apocryphorum et patrum adhibitis, Stuttgart [13]1985, S. 14-17.

Einen späten Widerhall davon hat noch der römische Schriftsteller Macrobius (um 400) erhalten, der einen auf die Ermordung von drei Herodessöhnen durch ihren Vater bezogenen, fälschlich mit dem Bethlehemitischen Kindermord verknüpften makabren Witz des Augustus kolportiert (sat. II 4,11): »*cum audisset inter pueros, quos in Syria Herodes rex Judaeorum intra bimatum* [vgl. Mt 2,16!] *iussit interfici, filium quoque eius occisum, ait: melius est Herodis porcum* [ὗν] *esse quam filium* [υἱόν].«
Theologisch liegt der Matthäus-Szene offensichtlich der apokalyptische Gedanke zugrunde, dass die messianische Zeit unter Wehen und Schrecknissen anbricht[80].
In Mt 2 als eine irdische Geschichte erzählt, ist dieses Motiv in Apk 12 in kosmisch-mythischen Bildern dargestellt. Unerachtet aller Unterschiede sind die Berührungen beider Texte unverkennbar. Auf dem Höhepunkt der »großen Drangsal« schaut der Seher ein himmlisch-göttliches Weib, das unter furchtbaren Schmerzen den Messias-Knaben gebiert, der die Heiden mit ehernem Stabe weiden soll. Ein gewaltiger Drache sucht ihr Kind zu verschlingen, aber es wird zum Himmel entrückt und das Weib, in die Wüste fliehend, findet dort für eine bemessene Zeit eine von Gott bereitete Stätte. Danach bricht auf Erden erst recht das wilde, aber ohnmächtige Wüten der widergöttlichen Mächte los, denn das bedrohte Messiaskind ist gerettet und wird seine Herrschaft aufrichten. Trotz ihrer völlig anderen Gestalt helfen diese Visionen, den eschatologischen Horizont auch von Mt 2 zu verstehen.
V. 16 verklammert die Szene mit der unterbrochenen Handlung der Magiergeschichte. Die Ausweitung der grausamen Maßnahme des Herodes auf »das ganze Gebiet« um Bethlehem und die Angabe der Altersspanne der betroffenen Kinder – »zweijährig und darunter« – illustriert die Brutalität des sich betrogen dünkenden Königs, der damit sicher zum Ziel zu kommen wähnt. Der Sinn des Reflexionszitates V. 17 f. ist umstritten. Die Einführungsformel τότε ἐπληρώθη scheint ebenso wie in 27,9 das sonst übliche finale ἵνα bewusst zu vermeiden, um das erzählte Schreckensgeschehen nicht direkt auf den Willen Gottes zurückführen zu müssen. Auch 13,13 ersetzt der Evangelist das markinische ἵνα durch ὅτι, weil er den Gedanken einer *praedestinatio ad malum* scheut[81]. Was aber veranlasst ihn, Jer 31 (LXX 38),15 zu zitieren? Der Matthäus-Text gibt den Prophetenspruch leicht gekürzt wieder, und zwar in deutlicher Anlehnung an den Masoretischen

80 Vgl. *W. Bousset*, Die Religion des Judentums im späthellenistischen Zeitalter, 3. Aufl. hg. v. H. Greßmann, mit einem Vorwort von E. Lohse (HNT 21), Tübingen [4]1966, S. 250 f.; *P. Volz*, Die Eschatologie der jüdischen Gemeinde im neutestamentlichen Zeitalter, Tübingen 1934, S. 147-163.
81 Vgl. *G. Strecker*, Der Weg der Gerechtigkeit (s. Anm. 18), S. 59, Anm. 5; 106, Anm. 2.

Text, wie vor allem die Wiedergabe von עַל־בָּנֶיהָ mit τὰ τέκνα αὐτῆς beweist. Zwar fehlen auch Anklänge an den Septuaginta-Text nicht (κλαυθμός, ὀδυρμός), aber die zu dem Bericht Mt 2,16 besser passende Klage über Rahels »Söhne« (LXX) hat in V. 18 keine Entsprechung. Ob der Evangelist auch hier eine unbekannte griechische Übersetzung benutzt oder aus dem Gedächtnis zitiert hat, ist nicht mehr auszumachen[82].

Sachlich wichtiger ist, dass das Jeremiawort, das von der Trauer Rahels, der Stammmutter der Ephraimiten und Benjaminiten, um die Verbannung ihrer Kinder handelt, weder zur Moselegende noch zum Geburtsort Jesu und zum Kindermord in einer eindeutigen Beziehung steht. Denn Bethlehem liegt in Juda südlich von Jerusalem, Rama dagegen zwei Wegstunden nördlich von der Hauptstadt. War dem Evangelisten also nur die Klage der Mutter um ihre Kinder wichtig – ohne Rücksicht auf die geographischen und stammesgeschichtlichen Verhältnisse? Dagegen spricht jedoch, dass alle übrigen Prophetenzitate in Mt 2 gezielt auf bestimmte Orte weisen (Bethlehem, Ägypten, Nazareth) und darum auch Rama nicht unreflektiert aus dem alttestamentlichen Text mit übernommen sein kann.

Eher könnte man daran denken, dass nach Gen 35,19; 48,7 sich Rahels Grabstätte »am Wege nach Ephrat, das ist Bethlehem« befand (also außerhalb ihres Stammesgebietes) und als solche bis heute verehrt wird[83]. Aber auch damit wird sie noch nicht zur Mutter der in Bethlehem ermordeten Kinder[84]. Ein völlig anderer Sinn ergibt sich, wenn man τὰ τέκνα αὐτῆς an unserer Stelle nicht unmittelbar auf die dem herodianischen Blutbad zum Opfer gefallenen Kinder, sondern auf Rahels spätere Nachkommen deutet, d.h. das Volk Israel, das nach dem Kontext von Mt 2 sich, Herodes hörig und alsbald ein Opfer von dessen Mordlust, seinem eigenen Messias verweigert und, wie in der Passionsgeschichte ausgesagt, durch dessen Verwerfung das Strafgericht Gottes über sich heraufbeschworen hat: »Sein Blut komme auf uns und unsere Kinder« (27,25). So verstanden, enthält das Zitat 2,17 f. nicht nur eine Vorausdarstellung des Bethlehemitischen Kindermords, sondern eine Reflexion des Evangelisten über das weitere Geschick Israels, das sich bereits im Entsetzen von »ganz Jerusalem« (2,3) über die Kunde von der Geburt des Messias zu seinem eigenen Verderben mit Herodes solidarisiert hat[85]. Das Zitat in Mt 2,17 f. um-

82 Näheres bei *K. Stendahl*, The School of St. Matthew and its Use of the Old Testament (s. Anm. 43), S. 102 f.; *G. Strecker*, Der Weg der Gerechtigkeit (s. Anm. 18), S. 58 f.

83 Vgl. *J. Jeremias*, Heiligengräber in Jesu Umwelt (Mt. 23,29; Lk. 11,47). Eine Untersuchung zur Volksreligion der Zeit Jesu, Göttingen 1958, S. 75 f.

84 *E. Klostermann*, Das Matthäusevangelium (s. Anm. 3), S. 18.

85 *A, Vögtle*, Messias und Gottessohn (s. Anm. 48), S. 69 f. u.a.

fasst dann beides: die Erinnerung an die warnende göttliche Ansage der Not, die Israel sich durch seinen Aufruhr gegen Gott und den ihm bestimmten Bringer des Heils bereitet hat, und zugleich die Ankündigung des in der weiteren Geschichte Jesu manifestierten selbst verschuldeten Gerichtes. Dass dieses letztere Motiv das Urteil des Evangelisten über das einst als Gottesvolk berufene Israel nachhaltig bestimmt, beweist außer 27,25 auch die matthäische Gestaltung der Winzerparabel (vgl. 21,41: κακοὺς κακῶς ἀπολέσει αὐτούς) und des nachfolgenden Gleichnisses vom königlichen Hochzeitsmahl (vgl. 22,7: ἀπώλεσεν τοὺς φονεῖς ἐκείνους).

3.4. Die Rückkehr nach Nazareth (2,19-23)

Die Rückkehr der Eltern Jesu mit ihrem Kind verläuft in zwei Etappen über das »Land Israel« (V. 20 f.) in »das Gebiet Galiläas« nach Nazareth (V. 22 f.). Die Erzählung ist im knappen Berichtsstil gehalten; es fehlt ihr das triumphale Pathos, mit dem Apk 12 die Rettung des Messiaskindes schildert. Zur redaktionellen Verknüpfung V. 19 vgl. 2,1.13. Bis V. 21 ist das Vorbild der frei abgewandelten Moselegende erkennbar. Vgl. zu V. 19 Ex 2,23; zu V. 20 Ex 4,19 f. LXX: τεθνήκασιν γὰρ πάντες οἱ ζητοῦντές σου τὴν ψυχήν. Die Auslassung von πάντες im Matthäus-Text ist durch die erneute Gefahr motiviert, die dem Kinde vonseiten des in Judäa regierenden Herodessohnes Archelaos droht (V. 22). Aus Josephus, Bell. 2,6,2; Ant. 17,13,2 ist bekannt, dass er seine kurze Herrschaft nicht weniger grausam als sein Vater führte und deshalb von Augustus entthront und nach Gallien verbannt wurde (6 n.Chr.). Die Vorlage war offensichtlich auf diese, den Rahmen der Moselegende sprengende Ausweitung der Jesusgeschichte noch nicht angelegt. Unverständlich bliebe sonst, warum der Engel in der (dritten) Traumoffenbarung (V. 19 f.) Josef in das »Land Israel« (übliche jüdische Bezeichnung für Palästina[86]) zurückkehren lässt und ihn nicht sofort vor dem neuen Tyrannen warnt. Der Evangelist selbst hat den nunmehr zweistufigen Rückweg bis zur Wohnungnahme der Eltern Jesu in Nazareth weitergeführt[87], um seinen Beinamen »Nazoräer« aus dem Namen seiner galiläischen Vaterstadt zu erklären (V. 23). Er bedient sich dabei der zuvor schon verwendeten Darstellungsmittel: einer zeitgeschichtlichen Anspielung, einer letzten (vierten) Traumoffenbarung an Josef (zu χρηματισθεὶς κατ' ὄναρ vgl. V. 12; zu ἀνεχώρησεν V. 14) und eines weiteren, abschließenden Reflexionszitates (V. 23). Aus der Gleichförmigkeit der Sätze wird jedoch deutlich, dass Matthäus die *theologische* Zielsetzung des ganzen zwei-

86 Vgl. *P. Billerbeck*, Kommentar zum Neuen Testament aus Talmud und Midrasch, Bd. I (s. Anm. 26), S. 90 f.

87 *M. Dibelius*, Die Formgeschichte des Evangeliums (s. Anm. 39), S. 126, Anm. 2.

ten und schon des ersten Kapitels nicht preisgegeben, sondern auch in dem letzten, scheinbar nur »biographischen« Abschnitt bewusst zur Geltung gebracht hat, indem er auch Nazareth, die letzte Station auf dem Weg des Jesuskindes, als Schlussglied in die Kette der vorher

genannten Ortsnamen und damit in den von Gott gelenkten, prophetisch geweissagten Geschehensablauf einfügt. Dieser Duktus des Ganzen ist für die umstrittene Exegese des »Schriftbeweises« V. 23 zu beachten. Dieses Reflexionszitat ist seit alters eine crux der Interpreten. Sie betrifft selbstverständlich nicht die eindeutige Ableitung des Beinamens Jesu Ναζωραῖος aus dem Namen seiner Heimatstadt, wohl aber die dafür angeführte Begründung aus den Propheten. Ersteres ist schon vor und außer Matthäus feststehende Tradition, vor allem ersichtlich aus der bei Markus durchgängig verwendeten Wortform Ναζαρηνός (1,24; 10,47; 14,67; 16,6). Bei Matthäus findet sich nur die breiter bezeugte Form Ναζωραῖος (26,71), ebenso wie bei Johannes (18,5.7; 19,19), in den lukanischen Schriften begegnen beide unterschiedslos, überwiegend jedoch Ναζωραῖος (4,34 = Mk 1,24; 24,19 gegenüber 18,37; Apg 2,22; 3,6; 6,14 u.ö.). Nirgends ist jedoch die Beziehung zu Nazareth zweifelhaft.

Etymologisch ist die Ableitung des Beinamens »Nazoräer« von Nazareth allerdings anfechtbar[88] und berechtigt zu der Annahme, dass sich in dieser Wortform die Erinnerung an eine alte, im Judentum übliche und im Orient verbreitete Sektenbezeichnung für Jesus und die Christen (Apg 24,3) erhalten hat, die sie als *noṣri* (Partizip von *nazar* = beobachten, halten; aram. *nasoraja*, gräzisiert Ναζωραῖος [-οι], d.h. als »Observanten« bestimmter Riten und Lehren kennzeichnen sollte und erst sekundär mit Nazareth in Verbindung gebracht wurde[89]. In der rabbinischen Literatur wird Jesus *jeschu-ha-notsri* genannt und die Christen *notsrim*[90]. Heute noch ist in der hebräischen Sprache *noṣri* ein Christ, *noṣrûl* das Christentum.

Von den bisherigen Reflexionszitaten unterscheidet sich 2,23 durch die scheinbar summarische und zugleich unbestimmte Einführungsformel im Plural (διὰ τῶν προφητῶν) mit ὅτι recitativum (gegen Zahns[91] kausale Deutung; vgl. 26,54; 16,21). Sie überrascht, weil das

88 Trotz *H. H. Schaeder*, Art. Ναζαρήνος κτλ, in: ThWNT 4, Stuttgart 1942, S. 879-884.

89 Lit. bei *W. Bauer*, Griechisch-deutsches Wörterbuch (s. Anm. 63), Sp. 1053 (Art. Ναζωραῖος); *H. Thyen*, Art. Nazoräer, in: RGG^3 4, Tübingen 1960, Sp. 1385; *K. Rudolph*, Die Mandäer, Bd. I: Prolegomena: Das Mandäerproblem (FRLANT 74), Göttingen 1960, S. 115 f.; *H. Braun*, Qumran und das Neue Testament, Bd. II, Tübingen 1966, S. 324.

90 Vgl. *G. Lindeskog*, Das jüdisch-christliche Problem. Randglossen zu einer Forschungsepoche (AUU.HR 9), Uppsala 1986, S. 58.

91 Gegen *Th. Zahn*, Das Evangelium des Matthäus (s. Anm. 3), S. 113 ff.

galiläische Nazareth im Alten Testament expressis verbis durch keine prophetische Weissagung ausgezeichnet, ja nirgends auch nur genannt wird. Die Erklärungsversuche gehen weit auseinander. Sie sind zumeist bemüht, bestimmte alttestamentliche Stellen ausfindig zu machen, die den Wortlaut des ὅτι-Satzes decken. Beispiele mögen genügen: Einige Exegeten leiten Ναζωραῖος von der Bezeichnung des Davididen Jes 11,1 als נֵצֶר (Reis, Spross) aus dem Stumpfe Isais ab unter Zuhilfenahme anderer Stellen, wo das bedeutungsgleiche צֶמַח gebraucht wird (Jes 4,2; Jer 23,5; 33,15 u.a.). Der Evangelist müsste dabei stillschweigend die sonst in der Regel ausdrücklich markierte Al-Tigri-Methode der rabbinischen Hermeneutik praktiziert haben, derzufolge bei Schriftbeweisen ein hebräisches Wort durch ein verwandtes, anders zu vokalisierendes ersetzt werden durfte. V. 23 wäre dann zu paraphrasieren: »Josef ließ sich in Nazareth nieder, damit erfüllet würde, was von den Propheten (durch die Worte נֵצֶר und צֶמַח) gesagt ist: Er soll נָצְרִי / Nazarener heißen«[92]. Aber wie sollte ein griechischer Leser dieses mysteriöse Wortspiel verstehen? Andere haben darum aus dem griechischen Alten Testament Ri 13,5.7 herangezogen[93], wo es von dem Nasiräer Simson heißt: ὅτι ἡγιασμένον ναζιραῖον (B: ναζίρ) ἔσται τῷ θεῷ τὸ παιδάριον ἐκ τῆς γαστρός. Vgl. auch 16,17 A: ὅτι ναζιραῖος (B: ἅγιος θεοῦ) ἐγώ εἰμι. Ähnlich E. Schweizer[94], der aus der Verbindung der Anrufe Jesu als Ναζαρηνός und ὁ ἅγιος τοῦ θεοῦ in Mk 1,24 auf einen Zusammenhang von Mt 2,23 mit der Erwartung des endzeitlichen Propheten schließt. Doch sprechen gegen diese Lösung die Einführung des Spruches als Prophetenwort, die unerklärbare Abwandlung des ι in ω[95] und die Tatsache, dass Jesus im Matthäus-Evangelium nirgends als »Nasiräer« geschildert wird (11,19!).

Gegenüber diesen und ähnlichen Lösungsversuchen ist kritisch zu fragen: Nötigt der Text zu einer Suche nach Prophetensprüchen, deren Wortlaut das Ναζωραῖος κληθήσεται deckt? Keineswegs. Erst wenn man sie aufgibt, zugleich aber die pluralische Wendung nicht unbestimmt-summarisch, sondern als Zusammenfassung aller Prophetenworte in c. 2 und 1 versteht, lässt sich Gewicht und Bedeutung des Schlusssatzes des matthäischen »Prologes« ermessen. Nach Verständnis und Darstellung des Evangelisten haben alle Zitate in ihrer Reihenfolge die gottgesetzten Stationen der Geschichte des Jesuskindes markiert und damit indirekt schon auf Nazareth hingewiesen. Un-

92 *P. Billerbeck*, Kommentar zum Neuen Testament aus Talmud und Midrasch, Bd. I (s. Anm. 26), S. 92 f.

93 Z.B. *H. H. Schaeder*, Art. Ναζαρήνος κτλ (s. Anm. 88), S. 883.

94 Ähnlich *E. Schweizer*, Er wird Nazoräer heißen, in: Judentum – Urchristentum – Kirche (FS J. Jeremias), hg. v. W. Eltester (BZNW 26), Berlin 1960, S. 90-93.

95 Vgl. *G. Strecker*, Der Weg der Gerechtigkeit (s. Anm. 18), S. 60.

ter diesem Aspekt nimmt Matthäus sie resümierend als Weissagung. Schwerlich in apologetischer Absicht gegenüber der jüdischen Kritik der Messianität Jesu wegen seiner Herkunft aus dem unmessianischen Nazareth, aber auch nicht nur in biographischem Interesse die Frühgeschichte Jesu bis hierhin führend, gibt er damit der geläufigen Bezeichnung »der Mann aus Nazareth« einen nahezu titularen, hoheitlichen Charakter.

Jesus, der Wegbereiter und der Vollender (Mt 3–4)

Nach dem, was Matthäus über Geburt und Kindheit Jesu berichtet hatte, geht er in c. 3 sofort zum Mannesalter Jesu über. Hier beginnt er mit der Verarbeitung der Markus-Vorlage und der Spruchquelle (Q). Der Markus-Aufriss ist in Grundzügen übernommen: Sendung, Wirkung, messianische Verkündigung des Täufers (Mk 1,1-8; Mt 3,1-6.11 ff.); Jesu Taufe (Mk 1,9-11; Mt 3,13-17); Versuchung (Mk 1,12 f.; Mt 4,1-11); Jesu Auftreten in Galiläa; Inhaltsangabe seiner Botschaft (Mk 1,14 f.; Mt 4,12-17); Berufung der ersten Jünger (Mk 1,16-20; Mt 4,18-22). Von da ab gruppiert Matthäus anders, aber gestaltet auch das Summarium 4,23-25 noch in Anlehnung an die Markus-Vorlage. Aus der zweiten Quelle stammen mindestens die überschießenden Parallelstücke in Matthäus und Lukas. Beide fügen an derselben Stelle nahezu wortgleich die Bußpredigt des Täufers ein (Mt 3,7-10; Lk 3,7-9), gehen aber auch in der Ankündigung des nach Johannes kommenden »Stärkeren« und seiner Geist- und Feuertaufe (Mt 3,11 f.; Lk 3,16 ff.) sowie in der Versuchungsgeschichte (Mt 4,1-11; Lk 4,1-13) gegen Markus zusammen.

Da schon die Bußpredigt des Täufers kaum ohne eine Einleitung nach Art von Mk 1,1-6 par. überliefert sein kann und vollends die Versuchungsgeschichte die Taufe Jesu voraussetzt, ist aus den gleichen Unterbrechungen des Markus-Zusammenhangs in Matthäus und Lukas, ihren Übereinstimmungen gegenüber dem Markus-Text und der Gleichartigkeit der Versuchungsgeschichte in beiden mit Sicherheit zu schließen, dass auch Q am Anfang bis zur Versuchung Jesu einen im Vergleich zu Markus reichhaltigeren, aber in der Szenenabfolge ähnlichen Perikopenkomplex enthalten haben muss. Die Annahme wird durch die Beobachtung gestützt, dass die sehr verschiedenartigen Umgruppierungen des Stoffes bei Matthäus und Lukas hernach genau an der Stelle einsetzen, wo sich keinerlei Anzeichen für Übereinstimmungen ihrer Quellen feststellen lassen. Das gilt für die programmatische Zusammenfassung der Botschaft Jesu Mk 1,14 f., die Mt 4,17 frei wiedergibt, während Lukas sie durch seine große Nazareth-Perikope ersetzt. Ebenso für die Berufung der ersten Jünger (Mk 1,16-20 par. Mt 4,18-22), die Lukas in der Erzählung von Petri Fischzug (Lk 5,1-11) aufgehen lässt. Matthäus hat den aus seinen beiden Quellen gespeisten Abschnitt selbstständig weiter ausgestaltet und ihm in höherem Maße, als bei den Seitenreferenten erkennbar, eine theologisch reflektierte thematische Geschlossenheit gegeben. Die dabei verwendeten Darstellungsmittel entsprechen auch sonst seiner Arbeitsweise: Umstellungen, Zusätze und Auslassungen schon in 3,1-6; leichte Abänderungen auch in 3,7-10, desgleichen in 4,1-11. Ferner: Das Erfüllungszitat 4,14-16 und die Johannes und Jesus aufs Engste einander zuordnende wortgleiche Inhaltsangabe ihrer Botschaft (3,2 = 4,17); zuletzt die plerophore Zusammenfassung verstreuter szenischer Notizen aus Markus zu dem abschließenden und zugleich das Folgende vorbereitenden Summarium 4,23-25. Alles das ist an den Texten im Einzelnen zu verdeutlichen.

1. Johannes der Täufer (3,1-12)

3,1-6 enthält eine Reihe von redaktionellen, aber auch inhaltlich bedeutsamen Abweichungen von der Markus-Vorlage. Der Evangelist ersetzt ihre Überschrift (Mk 1,1) – nach den ersten beiden Kapiteln nicht zu verwundern – in V. 1 durch die in seinem Evangelium häufige (so oder ähnlich 8-mal), auch im Alten Testament wiederholt begegnende (Ex 2,11.23; Jes 38,1 u.ö.) unbestimmte Zeitangabe ἐν (δὲ) ταῖς ἡμέραις ἐκείναις, doch vgl. Mk 1,9 (sie ist selbstverständlich nicht auf 2,23 bezogen).
Anders als die Markus-Vorlage, die Johannes erst in V. 4 nennt, führt Matthäus den als »Täufer« bekannt Vorausgesetzten schon in V. 1 ein und lässt ihn als »Prediger in der Wüste« zu Wort kommen. Seine Bezeichnung als κηρύσσων ἐν τῇ ἐρήμῳ basiert höchstwahrscheinlich auf der für die christliche Überlieferung schon traditionellen Wortverbindung von ἐν τῇ ἐρήμῳ und φωνὴ βοῶντος in Jes 40,3 LXX (im Hebräischen gehört die Ortsangabe zum folgenden Imperativ: »In der Wüste bahnt den Weg …«). Nur in dieser Textfassung ließ sich der Prophetenspruch als Schriftbeweis für die Auffassung von Johannes dem Täufer als Vorläufer Jesu verwenden.

Der matthäische Zusatz τῆς Ἰουδαίας ist topographisch inkorrekt; die sonst so benannte Gebirgswüste westlich des Jordan schließt die Flussniederung selbst nicht ein. Die Identifikation von Jordantäufer und Wüstenprediger entstammt somit der christlichen Reflexion.

Bereits im ersten Satz erklingt – nur bei Matthäus aus dem Munde des Täufers – der Ruf, der sich in 4,17 als Predigt Jesu und in 10,7 als den Jüngern aufgetragene Verkündigung wiederholt (an allen Stellen durch die Verben κηρύσσειν und λέγειν eingeleitet): »Kehrt um, denn genaht ist die Herrschaft der Himmel!« Damit ist das Thema angeschlagen, das im Evangelium entfaltet werden wird. In sprachlich knappster Form Zukunft und Gegenwart verklammernd, ist der Ruf eine eschatologische Zeitansage im Rahmen apokalyptischer Erwar-

tung und ein Appell an die Hörer, sich auf eine neue, alles verändernde Situation einzustellen. Die Brisanz der Ankündigung im Munde des Täufers tritt im Folgenden in ihrer Wirkung (V. 5 f.), in seiner Drohpredigt (V. 7-12) sowie in seinem späteren Schicksal (4,12) ans Licht. Μετανοεῖν / μετάνοια (das Nomen bei Matthäus nur 3,8.11, sonst immer das Verbum: 3,2; 4,17; 11,20 f.; 12,41) sind erst im hellenistischen Judentum und frühen Christentum zu zentralen religiösen Begriffen geworden und haben den umfassenden Bedeutungsgehalt des hebräischen תְּשׁוּבָה / שׁוּב aufgenommen.
Die Vokabeln sind auch in der Profangräzität – noch relativ selten in der klassischen Sprache, häufiger in der Koine – als Synonyma μεταμέλλεσθαι, μεταγιγνώσκειν – geläufig, aber ohne das spezifische Bedeutungsmoment der Hinwendung zu Gott. Die etymologisch zwar richtige Wiedergabe mit »Sinnesänderung«, »Reue« trifft nicht die Motivation, den totalen Charakter und den Richtungssinn der neutestamentlichen μετάνοια als Bewegung nach vorwärts, nicht rückwärts (reumütige Einkehr in sich selbst). Ebenso ist der Gedanke an »Buße« als satisfaktorische Leistung herauszuhalten. Als Antwort auf den göttlichen Entscheidungsruf ist μετάνοια / μετανοεῖν bei Matthäus ein Akt menschlichen Gehorsams, nicht Gottes Werk und Gabe[1]; »nicht sie selbst, aber ihre Ermöglichung ist vorgegeben«[2].
Die nur von Matthäus mit wenigen Ausnahmen durchgängig verwendete Umschreibung βασιλεία τῶν οὐρανῶν (מַלְכוּת שָׁמַיִם) entspricht jüdischer, den Gottesnamen scheu umschreibender Redeweise und ist gleichbedeutend mit βασιλεία τοῦ θεοῦ, bewahrt jedoch stärker den apokalyptisch-universalen Aspekt des Wortes und betont die Jenseitigkeit und Weltüberlegenheit Gottes[3].
Nur der erste Evangelist bezeichnet Jesus als κηρύσσων τὸ εὐαγγέλιον τῆς βασιλείας. Der Begriff βασιλεία verklammert somit doppelt c. 3 und 4.
Die Frage, ob der Evangelist den Inhalt der Predigt Jesu 4,17 an die des Johannes angeglichen hat oder umgekehrt, kann nur im zweiten Sinn beantwortet werden, denn 4,17 ist eindeutig freie Wiedergabe des Logions Mk 1,14 f. Dieses hat sichtlich auch auf 3,2 und 4,23 eingewirkt. Was aber unterscheidet dieselbe Aussage aus dem Munde des Johannes von der Jesu? Darauf antwortet das Schriftwort. Bei Markus steht es voran, Matthäus hat es nachgestellt; Markus hat ein

1 Gegen *J. Behm*, Art. μετανοέω, μετάνοια E. μετανοέω und μετάνοια im Neuen Testament, in: ThWNT 4, Stuttgart 1942, S. (994-1001) 996.

2 *G. Strecker*, Der Weg der Gerechtigkeit. Untersuchung zur Theologie des Matthäus (FRLANT 82), Göttingen 1962, S. 228.

3 So *A. Lindemann*, Art. Herrschaft Gottes / Reich Gottes IV. Neues Testament und spätantikes Judentum, in: TRE 15, Berlin / New York 1986, S. (196-218) 209; vgl. *U. Luz*, Das Evangelium nach Matthäus, 1. Teilbd.: Mt 1-7 (EKK I/1), Zürich / Einsiedeln / Köln / Neukirchen-Vluyn 1985, S. 144 f.

Mischzitat aus Mal 3,1 und Jes 40,3 (fälschlich als Jesaja-Zitat eingeführt), Matthäus reduziert es auf Jes 40,3. Die Funktion des Johannes als Wegbereiter und die Zeit seines Wirkens sind damit nachdrücklich qualifiziert: dem nachfolgenden Wirken Jesu zugeordnet, aber zugleich von ihm abgehoben.
Erst jetzt folgt, stilistisch geglättet, in V. 4 die Beschreibung von Kleidung und Speise des Johannes nach Mk 1,6 und in V. 5 die Erwähnung des Zulaufes zu seiner Taufe aus dem umliegenden Land, im Wesentlichen nach Mk 1,5; von Matthäus durch πᾶσα ἡ περίχωρος τοῦ 'Ιορδάνου (die Jordanebene) erweitert. Aber mit einer gewichtigen Änderung: Die markinische Beschreibung des Täufers als κηρύσσων βάπτισμα μετανοίας ist bereits durch 3,2 ersetzt und der finale Zusatz der Vorlage εἰς ἄφεσιν ἁμαρτιῶν getilgt, offensichtlich darum, weil der Evangelist der Johannestaufe diese erst dem Nachfolger vorbehaltene Wirkung nicht zuerkennt. Das schon vorweg in V. 4 über Kleidung und Lebensweise des Johannes Gesagte dient bei Matthäus ausschließlich der Illustration von V. 2-3. Bengel: »Habitus quoque et victus Johannis praedicabat, congruens cum doctrina et officio.«[4] Die Bedeutung der nur noch beiläufig in erzählender Form (ἐβαπτίζοντο) erwähnten Taufe des Vorläufers erschöpft sich in dem Sündenbekenntnis der ihm zuströmenden Täuflinge (3,6 = Mk 1,5).
Zusammenfassend ergibt sich: Unbeschadet seiner engen Anlehnung an die Markus-Vorlage, hat Matthäus dieser ersten Szene eine eigene Form gegeben, sie bereits stärker auf das Wirken des »Kommenden« ausgerichtet und die Gestalt Johannes des Täufers entschlossen unter das beherrschende Thema der μετάνοια gestellt. Dem entspricht das nun einsetzende Stück aus Q.

In der knappen Drohrede 3,7-10, fast wortgleich mit Lk 3,7-9, ist nichts, was nicht aus authentischer Täuferüberlieferung stammen, aber auch nichts, was nicht christliches Spruchgut sein könnte. Taufe, Bußruf, eschatologische Naherwartung kennzeichnen fraglos den historischen Täufer. Allerdings handelt die Rede ausschließlich von den beiden letzteren, nicht von seiner Taufe. Auch klingen einzelne ihrer Sprüche an Jesuslogien an. Das lässt vermuten, dass erst die christliche Tradition sie Johannes in den Mund gelegt[5], mindestens überformt hat. Zu einer mächtigen Bußpredigt zusammengefasst, enthalten sie typische Elemente alttestamentlich-prophetischer Gerichtspredigt: Anrede, ironische Frage, Ruf zur Umkehr, Warnung vor Selbstbetrug, (fiktives) Zitat der Hörer mit provokativer Entgegnung, Ankündigung

4 *J. A. Bengel*, Gnomon Novi Testamenti, Tübingen [3]1855, S. 28.
5 Vgl. *R. Bultmann*, Die Geschichte der synoptischen Tradition (FRLANT 29), Göttingen [9]1979, S. 123.

des nahen Gerichts. Ihr Sprachcharakter ist semitisch. Insbesondere entstammen ihre Vorstellungen, Hauptbegriffe und Metaphern der zeitgenössischen Apokalyptik. Gleich, ob vorchristlichen oder christlichen Ursprungs, bekundet das Stück in jedem Fall, dass die frühe Kirche dem Auftrag und Wort auch des Johannes bleibende Gültigkeit zuerkannt hat.

Die Adressierung an »Pharisäer und Sadduzäer« in V. 7 ist matthäische Redaktion; ebenso 12,24.38. Lukas hat in allen drei Fällen ὄχλοι, was nach dem für die Juden insgesamt geltenden Inhalt der Rede und der Fortsetzung V. 11 f. ursprünglich sein muss. Für Matthäus sind die Pharisäer die eigentlichen Gegner Jesu; wo andere Gruppen mitgenannt werden, stehen sie mit ihnen als den Führern in derselben Front. Das entspricht dem einheitlich pharisäisch geleiteten Judentum nach der Zerstörung Jerusalems zur Zeit des Evangelisten[6]. In ihr hatten die Sadduzäer ihre an den Tempeldienst gebundene Rolle ausgespielt. Dass Matthäus auch sie des öfteren eigens erwähnt, wenn auch ohne selbstständiges Interesse an ihnen und den speziell für sie charakteristischen Lehren, muss historisierende Gründe haben[7]. Zur Zeit Jesu bildeten die verschiedenen Gruppen noch keineswegs eine Einheit. Die Genitivverbindung γεννήματα ἐχιδνῶν, hier wie in den Jesuslogien 12,34; 23,33; Lk 3,7 bezeichnet die Art (Semitismus); das Bild der Giftschlange (ἔχιδνα) für Menschen begegnet vereinzelt in der Profangräzität[8], häufig in jüdischen Texten[9].

Fast immer ist das *tertium comparationis* das tödliche Gift. Vgl. die Beschreibung der »Söhne des Unheils« 1QH V,26 ff.: »Sie aber … [mit Ränken Bel]ials öffnen die lügnerische Zunge wie Schlangengift, das zu bestimmten Zeiten ausbricht, und wie Staubkriecher zielen sie mit [ihrem] G[ift, Gift] von Ottern, das man nicht bannen kann«. Das Ende der Stelle verrät die Herkunft der Metapher aus der Polemik der Psalmen gegen die Feinde. Vgl. Ps 58,5 f.: »Ihr Gift ist gleich dem Gift der Schlange, … der Otter, die ihr Ohr verschließt, dass sie nicht höre die Stimme der Beschwörer des bannspruchkundigen Zauberers« (auch hier חֶבֶר = Bannspruch wie in 1QH V,28); auch Ps 140,4, zitiert in Röm 3,13. Entsprechend der Gruppenbezeichnung für die Abtrünnigen und Feinde des wahren Gottesvolkes in dem Qumrantext geißelt auch das grimmige Scheltwort in Q und Matthäus die Bösartigkeit der Gegner.

6 Vgl. *R. Hummel*, Die Auseinandersetzung zwischen Kirche und Judentum im Matthäusevangelium (BEvTh 33), München 1963, S. 12 ff.

7 Vgl. a.a.O., S. 18 ff.

8 Vgl. *W. Bauer*, Griechisch-deutsches Wörterbuch zu den Schriften des Neuen Testaments und der übrigen urchristlichen Literatur, Berlin / New York [5]1958 (2. Nachdr. 1971), Sp. 655 (Art. ἔχιδνα).

9 Vgl. *P. Billerbeck*, Kommentar zum Neuen Testament aus Talmud und Midrasch, Bd. I: Das Evangelium nach Matthäus, München 1926 = [7]1978, S. 114.

Schwerlich darf in V. 7 der Gedanke eingetragen werden, die Angeredeten hätten vom bloßen Vollzug der Johannestaufe als *opus operatum* Bewahrung im Endgericht erwartet. Vielmehr ist der Vers allgemeiner und als Einleitung zu V. 8 zu verstehen. Die rhetorische Frage: τίς ὑπέδειξεν ὑμῖν φυγεῖν ἀπὸ τῆς μελλούσης ὀργῆς; (Satzkonstruktion semitisch, aber auch griechisch[10]) ist also zu umschreiben: »Wer hat euch weisgemacht, ihr würdet dem Gericht entrinnen?«
Die Abbreviatur »der kommende Zorn« ist einer der stehenden Ausdrücke der in der alttestamentlichen Vorstellung vom »Tag Jahwes« vorbereiteten jüdischen und christlichen Enderwartung für das Geschehen des eschatologischen göttlichen Strafgerichtes; Beispiele aus jüdischen Texten: 1Hen 55,3; 91,7; Jub 24,28.30; 1QM IV,1 u.a.; aus dem Neuen Testament: Röm 2,5.16; 5,9; 1Thess 1,10; 5,9; Kol 3,6; Eph 5,6; Apk 19,15 u.a.[11]
ποιεῖν καρπὸν (kollektiver Singular; Lukas: καρπούς) in V. 8 wieder semitisch und griechisch[12]; τῆς μετανοίας ist auf ἄξιον zu beziehen. Dem Gedankengang nach würde der Ruf zur μετάνοια genügen. Der vollere Ausdruck unterstreicht die in Taten sich erweisende Umkehr.
Die erneute Warnung in V. 9 enthält eine Steigerung von dem unbestimmten »Noch einmal Davonkommen« zu der Heilsgarantie, die die Angeredeten für sich beanspruchen. Sie wähnen, vulgärem jüdischem Glauben entsprechend, kraft ihrer leiblichen Abkunft von ihrem »(Stamm-)Vater Abraham« (geläufiger jüdischer Ehrentitel) an seinem »Segen« unverlierbaren Anteil zu haben. Dem liegt die auch auf die übrigen Erzväter ausgedehnte Vorstellung von einer Anrechnung ihrer Verdienste auf das Konto ihrer Nachkommen zugrunde. Vgl. aus den Midraschim (Homilien) LevR 36: »Wie der Weinstock auf trockene Hölzer sich stützt, während er selbst frisch (saftig) ist, so stützen sich die Israeliten auf das Verdienst ihrer Väter, obgleich sie schlafen.« GenR 48: »Dereinst wird Abraham am Eingang des Gehinnoms sitzen und keinen Beschnittenen aus Israel dort hinab lassen …«
Sicher wäre das Bild des Judentums karikiert, würde man die Gegenstimmen gegen dieses Garantiedenken und die Reflexionen über das Wesen des echten, nicht nur durch leibliche Abstammung qualifizierten Israeliten ignorieren (vgl. etwa Jes 63,16). Der Satz Justins, Dialogus cum Tryphone 140,2: »Eure Lehrer meinen, dass denen, die aus dem Samen Abrahams nach dem Fleisch sind, auch wenn sie Sünder

10 Vgl. *F. Blass / A. Debrunner / F. Rehkopf*, Grammatik des neutestamentlichen Griechisch, Göttingen [16]1984, § 149,1.
11 Vgl. *R. Bultmann*, Theologie des Neuen Testaments, Tübingen [9]1984, S. 78 f.; *H. Conzelmann*, Art. Zorn Gottes III. Im Judentum und NT, in: RGG[3] 6, Tübingen 1962, Sp. 1931 f.
12 *E. Klostermann*, Das Matthäusevangelium (HNT 4), Tübingen [2]1927, S. 23.

sind und untreu und ungehorsam gegen Gott, das ewige Reich werde gegeben werden«, ist zweifellos eine Vergröberung, auch wenn er eines der stärksten Motive jüdischen Glaubens ausspricht.
Die schroffe Entgegnung des Täufers mit autoritativer Einführungsformel (λέγω γὰρ ὑμῖν) stellt nicht die Abrahamverheißung und damit den Gottesvolkgedanken in Zweifel, wohl aber proklamiert sie in einem paradoxen Bildwort die freie Schöpfermacht Gottes, der sie wunderbar zur Erfüllung zu bringen vermag: ἐκ τῶν λίθων τούτων ἐγεῖραι τέκνα. Einige Exegeten wollen das befremdliche Bild aus dem Wortspiel אֲבָנִים (Steine) – בָּנִים (Söhne) erklären. Doch wird damit die Pointe verschoben; sie liegt nicht in der Kontrastierung λίθοι / τέκνα, sondern in ἐγεῖρειν ἐκ (Semitismus) = entstehen lassen aus[13]. Zu paraphrasieren also: Gott kann aus diesen (leblosen) Steinen dem Abraham Kinder hervorgehen lassen. Sollte darin eine Anspielung auf Jes 51,1 f. liegen: »Blickt hin auf den Felsen, aus dem ihr ausgehauen wurdet ..., blickt auf Abraham euren Vater und Sara, die euch gebar«, so wäre der Gedanke: wenn das leibliche Israel die Buße verweigert, kann Gott – wieder wie einst – Abraham aus dem Felsen ein neues (geistliches) Gottesvolk zum Leben erwecken[14]. Aber auch bei Verzicht auf diese allzu beziehungsreiche Exegese wird der Sinn kein wesentlich anderer: Die Unbußfertigkeit, die aus der Erwählung Kapital schlägt und sie in ein einklagbares Recht verkehrt, erniedrigt Gott zum Sklaven; er bleibt frei und mächtig, sich sein eigenes Volk zu schaffen, das nach seinem gebietenden und rettenden Willen lebt. Der Unterschied dieser Gedanken zu dem Separatismus der Qumrangemeinde ist evident[15], auch wenn in ihrer Theologie das vulgär-jüdische Denken ebenfalls durchbrochen ist[16].
Das Bildwort V. 10 gibt dem Bußruf des Täufers seine andringende Kraft: ἤδη δέ ...: Es ist bereits so weit! Das Gericht ist so nahe wie der wuchtige Schlag des Holzfällers, der nur noch ausholen wird, nachdem er mit der Axt an der Wurzel des Baumes die Zielstelle des Einschlages eingekerbt hat – Ausdruck gespanntester Naherwartung. Die Praesentia κεῖται, ἐκκόπτεται und βάλλεται sind Ausdruck »apodiktischer Gewißheit, nicht eines gewohnheitsmäßigen Geschehens«[17], was den keinen Raum für Einwände lassenden, an das Verstehen aller appellierenden Charakter des jedem vertrauten Bildes nicht aufhebt. In ihm ist der Gegensatz eigentlich der zwischen

13 Vgl. *J. Jeremias*, Art. λίθος, λίθινος, in: ThWNT 4, Stuttgart 1942, S. (272-283) 274 f.
14 Vgl. ebd.
15 Vgl. *H. Braun*, Qumran und das Neue Testament, Bd. II, Tübingen 1966, S. 237 ff.
16 Vgl. *G. Jeremias*, Der Lehrer der Gerechtigkeit (StUNT 2), Göttingen 1963, S. 331 f.
17 *E. Klostermann*, Das Matthäusevangelium (s. Anm. 12), S. 24.

fruchtbaren und unfruchtbaren Bäumen (Lk 13,6-9), nicht guten und schlechten Früchten. Das wohl nach Mt 7,19; 12,33 hinzugefügte Attribut καλόν schwächt den auf dem Substantiv καρπόν liegenden Nachdruck eher ab[18]. (εἰς) πῦρ, in V. 10.11.12 dreimal gewichtig am Satzende, meint jedesmal das Vernichtungsfeuer.
Wie schon im Alten Testament und Judentum ist von ihm in Sprüchen und Gleichnissen der Jesusüberlieferung (Mt 13,42; 18,8 f.; 25,41; Mk 9,43.45.47) in Schilderungen des Endgerichtes die Rede (Parallelausdrücke: ἡ γέεννα, τὸ πῦρ τὸ αἰώνιον, Gegenbegriffe: βασιλεία, ζωή[19]). In der Wendung τὸ πῦρ τὸ ἄσβεστον u.ä. Mt 3,12; Lk 3,17; Mk 9,43 ff. vermischen sich die Vorstellungen des (einmaligen) Vernichtungsfeuers und der (ewigen) Höllenstrafe (nach Jes 66,24).

Das augenfällige Geflecht von Übereinstimmungen und Differenzen in den drei synoptischen Berichten Mt 3,11 f.; Mk 1,7 f.; Lk 3,15-18 lässt sich nicht schematisch durch Zuweisung des allen Gemeinsamen an Markus als Grundlage, der kongruenten Abweichung in Matthäus, Lukas an Q und der restlichen Besonderheiten an die Redaktion der einzelnen Evangelisten auflösen[20]. Tatsächlich erweist sich Q als Primär-, Markus als Sekundärquelle. Der Vergleich beider zeigt, dass trotz enger Berührungen mit Markus Inhalt und Funktion der Verse im Kontext von Q wesentlich andere sind und diese Verschiedenheit sich bis in die Abweichungen im Einzelnen auswirkt. In Mk 1,7 f. beschließt der aus zwei aneinandergereihten Sätzen bestehende messianische Spruch den kurzen, dem Auftreten Jesu zueilenden Täuferabschnitt und ist wie dieser im Ganzen auf das eine und einzige Thema reduziert: Johannes, der Wegbereiter des (zeitlich) nach ihm kommenden Jesus. In Q dagegen ist die Gesamtkomposition und die »messianische Verkündigung« des Täufers auf das Kommen des eschatologischen Richters ausgerichtet. Hier ist das Spruchgefüge fest mit der vorangehenden Drohrede verklammert; es führt die Ansage über das endzeitliche Handeln des nahenden Weltrichters zu Ende. Möglicherweise waren 3,11 f. als rhythmisch gegliederte, aus zwei Vierzeilern bestehende Einheit überliefert, deren Text Matthäus rein bewahrt hat, während in Lukas das Gleichmaß der Zeilen durch Anpassung von 3,16 an Mk 1,7 zerstört worden ist[21]. Jedenfalls liegt das Schwergewicht in der Matthäus / Lukas-Version eindeutig auf der

18 Vgl. *J. Wellhausen*, Das Evangelium Matthaei, Berlin ²1914, S. 5.

19 Beispiele aus sonstiger vorchristlicher und christlicher Literatur bei *W. Bauer*, Griechisch-deutsches Wörterbuch (s. Anm. 8), Sp. 1446-1448 (Art. πῦρ); *F. Lang*, Art. πῦρ κτλ, in: ThWNT 6, Stuttgart 1959, S. (927-953) 927-948.

20 Gegen *E. Klostermann*, Das Matthäusevangelium (s. Anm. 12), S. 19: Markus »erheblich durch Umredigierung und Erweiterung aus der Redequelle verändert«.

21 Vgl. *A. Schlatter*, Der Evangelist Matthäus. Seine Sprache, sein Ziel, seine Selbständigkeit, Stuttgart ⁵1959, S. 76 f.

Kontrastierung nicht zweier innergeschichtlicher Gestalten, sondern des irdisch wirkenden Täufers und des himmlischen Weltrichters. Beide repräsentieren qualitativ völlig verschiedene Zeiten: der eine die letzte Weltenstunde, der andere den Jüngsten Tag. Unter diesem Aspekt ist die eigentümliche, nicht nur stilistisch bedingte[22] Verschränkung der Sätze zu beachten: In Q umrahmen die beiden bei Markus in einen Satz zusammengezogenen Hälften der Taufaussagen des Johannes (11a.d) die Ankündigung des »Stärkeren« (11b.c) und geben damit der Antithese: Ich – Er stärkeres Gewicht.
Auch die von Markus abweichende Doppelwendung ἐν πνεύματι ἁγίῳ καὶ πυρί in 11d (Lk 3,16) ist, wie die Gleichheit der Satzfolge und Wortlaut zeigen, Q zuzurechnen und in Matthäus / Lukas nicht unabhängig voneinander unter Einfluss von Mk 1,8 zustande gekommen[23]. Vollends gilt das für das abschließende, bis in den Wortbestand fast völlig gleichlautende Bildwort 3,12 (= Lk 3,17). Aus dem Vergleich ergibt sich, dass Matthäus / Lukas einen aus Q stammenden, in sich geschlossenen Überlieferungsblock verarbeitet haben, den Matthäus ziemlich unverändert wiedergibt, Lukas stärker an Markus anpasst. Unschwer lässt sich erkennen, dass die aus Lukas stammenden unmittelbar auf Jesus und seine in den Evangelien erzählte Geschichte deutbaren Aussagen fast durchweg allen drei Berichten gemeinsam sind. Im Unterschied zu ihnen lässt sich der apokalyptische Gedanken- und Vorstellungsgehalt der überschießenden Partien aus Q nicht direkt auf den irdischen Jesus anwenden, weil die drängende Nähe von Weltgericht und Feuertäufer für die innerzeitliche Geschichte eines anderen keinen Raum mehr lässt. Sie setzen darum der Verwendung des Täuferabschnittes als Einleitung in die Jesusüberlieferung von Q und vollends in die Evangelien nicht geringe Schwierigkeiten entgegen. Überlieferungsgeschichtlich lässt sich aus diesem Sachverhalt schließen, dass die Sprüche in der Fassung von Markus in höherem Maße christianisiert und dem Evangelium ohne Bruch eingepasst sind. Umso mehr stellt die unausgeglichene Spannung zwischen den auch in Q nicht fehlenden Aussagen, die auf Jesus vorausweisen, und den dominierenden anderen, welche den nahen Weltrichter ankündigen, die Auslegung vor weitgreifende Probleme. Sie treten bei Matthäus am schärfsten zutage; Lukas hat sie vor allem durch seine redaktionelle Einleitung 3,15 und den Q periodisierenden Schlusssatz 3,18 stärker verwischt.
Der unvermittelte, die Drohrede fortsetzende Einsatz in Mt 3,11a wird Q wiedergeben. Zur Antithese ἐγώ / αὐτός (11d) s.o. βαπτίζειν Terminus technicus = taufen, nicht untertauchen. Das Präsens (Matthäus / Lukas) anstatt des auf das Wirken des Täufers zurückblicken-

22 Gegen *E. Klostermann*, Das Matthäusevangelium (s. Anm. 12), S. 20.
23 Gegen *J. Wellhausen*, Das Evangelium Matthaei (s. Anm. 18), S. 6.

den, anschließenden Präteritums ἐβάπτισα Mk 1,8 (schwerlich Semitismus und präsentisch zu verstehen) entspricht der Zeitperspektive in Q: Jetzt – dann (nicht einst – jetzt). Ἐν ὕδατι / ἐν πνεύματι instrumental[24] für bloßen Dativ, also nicht zur Bezeichnung des Elementes, in das der Täufling eingetaucht wird. Ist εἰς μετάνοιαν nicht schon vorgegebene Überlieferung (s.o.), sondern matthäischer Zusatz, dann soll es wahrscheinlich βάπτισμα μετανοίας Mk 1,4 interpretieren, bezeichnenderweise aber erst hier nach 3,7-10 (3,8!), vielleicht sogar die markinische Wendung εἰς ἄφεσιν ἁμαρτιῶν korrigieren und die Beziehung der Johannestaufe zur μετάνοια unterstreichen, ohne die logische Schwierigkeit, dass diese Voraussetzung, nicht Frucht der Taufe ist, zu reflektieren[25]. Jedenfalls versteht Matthäus die Taufe des Johannes (gegen ihren historischen Sinn) nicht sakramental. Der eingeschobene Satz V. 11b.c, durch μὲν … δέ kräftig von 11a abgehoben, bereitet den verselbstständigten Nachsatz 11d und das eschatologische Bildwort 12 vor. Gegenüber Markus sind Subjekt und Prädikat vertauscht, das Verbum finitum ἔρχεται (Markus / Lukas) ist partizipial umschrieben und zum regierenden Subjekt gemacht, das Subjekt der Markus-Version dagegen zur prädikativen Aussage: ὁ δὲ ὀπίσω μου ἐρχόμενος ἰσχυρότερός μου. Scheinbar eine belanglose Differenz, die jedoch dem Satz eine andere Nuance gibt: Der Akzent liegt hier auf der unvergleichlich größeren Macht und Hoheit des Angekündigten. Auch ist ὁ ἐρχόμενος wohl absichtliche Anlehnung an die Sprache des Alten Testaments und eschatologischer Naherwartung (Ps 117,26; Hab 2,3; Dan 7,13 Theod; Hebr 10,37; Mt 11,3; Lk 7,19 f.). Aber die Wendung bleibt ebenso wie die näheren Bestimmungen, die den Verheißenen charakterisieren, noch merkwürdig in der Schwebe: Ist der (irdische) Jesus gemeint oder der (himmlische) Richter? Die selbstverständlich richtige Feststellung, dass für Matthäus und sicher auch seine Vorlage Jesus und der nahe Richter identisch sind, ist noch keine Antwort auf die Frage: Sind die einzelnen Aussagen über den Kommenden innergeschichtlich oder apokalyptisch zu verstehen? Meint ἔρχεσθαι Jesu Auftreten in der Öffentlichkeit, das temporal (mit Genitiv der Person) gebrauchte Adverb ὀπίσω ein historisches Nacheinander? Vergleicht der Komparativ zwei irdisch-menschlich auftretende Gestalten und die Gegenüberstellung ihrer Taufen zwei vergleichbare kultische Handlungen?

Bei Markus entstehen diese Fragen nicht. Alle Aussagen zielen eindeutig auf Jesus, der »in jenen Tagen« zur Taufe »kam« (1,9), versucht ward (1,12

24 Vgl. *F. Blass / A. Debrunner / F. Rehkopf*, Grammatik des neutestamentlichen Griechisch (s. Anm. 10), § 195, 1d.

25 Vgl. *G. Strecker*, Der Weg der Gerechtigkeit (s. Anm. 2), S. 227; *W. Trilling*, Das wahre Israel. Studien zur Theologie des Matthäus-Evangeliums (StANT 10), München 1964, S. 32 f.

f.) und nach der Auslieferung des Täufers in Galiläa zu predigen und wirken begann (1,14 f.), so gewiss mit seinem Erscheinen »die Zeit erfüllt und die Gottesherrschaft nahe herbeigekommen ist« (1,15). Auch Lukas, obwohl den Täuferabschnitt aus Q verarbeitend, ist bemüht, Klarheit zu schaffen: durch Streichung von ὀπίσω μου, möglicherweise um den Gedanken an eine Johannesnachfolge Jesu nicht aufkommen zu lassen; durch Angleichung an Markus und die deutlich markierte zeitliche Zäsur zwischen Johannes und Jesus in 3,19 f.

Anders im Matthäus-Evangelium (Q). Hier steht der Duktus der Täuferpredigt in der steilen Perspektive auf das baldige Kommen des Weltrichters. Gleichwohl lässt auch hier der Text auf die Frage nach dem Angekündigten keine strikte Alternative zu. Vielmehr sind geschichtliche und transzendent-apokalyptische Züge dicht ineinander gewoben. Das einprägsame Bildwort V. 11c veranschaulicht den geringsten Dienst des Sklaven, der nach orientalischer Sitte seinem Herrn die ausgezogenen Schuhe nachträgt (bei Plautus, Trinummus II, 1252 heißen Zofen *sandaligerulae* = Sandalenträgerinnen) oder dem ins Haus Eingetretenen abnimmt (beide Bedeutungen von βαστάζειν Mt 3,11 möglich; die letztere deckt sich ziemlich mit dem Lösen der Riemen Mk 1,7; Lk 3,16; Apg 13,25; Joh 1,27). Auch der Rabbinenschüler schuldet dem Lehrer diesen Dienst[26], den Johannes zu leisten nicht würdig (ἱκανός) ist. Das Bild, das als solches weder theologischen noch messianologischen Gehalt hat, scheint eher geeignet für den Vergleich menschlicher Personen. Ob auch dem Komparativ ἰσχυρότερος keinerlei theologische Bedeutungsnuance eignet, ist fraglich. P. Hoffmann[27] bestreitet sie, weil auch Johannes indirekt als ἰσχυρός gelte. Doch ist »Stärke« in biblischen und außerbiblischen Texten häufig Prädikat übermenschlicher Wesen: Gottes (Apk 5,12; 7,12), aber auch des Satan (Mt 12,29 par.) oder Eigenschaft des messianischen Königs (Jes 9,5; 11,2; PsSal 17,34-37[28]. In jedem Fall befremdet von der historischen Situation aus ein Selbstvergleich des Johannes mit dem jenseitigen Weltrichter, gleich, ob der Täufer Gott selbst oder einen transzendenten Mandatar Gottes (den Menschensohn?) als Richter erwartete. »Der ›Sitz im Leben‹ für einen solchen Vergleich war … erst in einer Situation gegeben, die Johannes und Jesus einander gegenüberstellte«[29]. Überlieferungsgeschichtlich folgt daraus, dass der Zwischensatz V. 11b.c höchstwahrscheinlich ein In-

26 Vgl. *P. Billerbeck*, Kommentar zum Neuen Testament aus Talmud und Midrasch, Bd. I (s. Anm. 9), S. 121.

27 *P. Hoffmann*, Studien zur Theologie der Logienquelle (NTA NF 8), Münster 1972, S. 32.

28 Weitere Belege bei *W. Bauer*, Griechisch-deutsches Wörterbuch (s. Anm. 8), Sp. 756-758 (Art. ἰσχυρός).

29 *P. Hoffmann*, Studien zur Theologie der Logienquelle (s. Anm. 27), S. 24.

terpretament der frühen christlichen Gemeinde ist, welche die Prophetie des Johannes auf Jesus deutete und der auch anderwärts nachweisbaren Traditionsschicht entstammt, in der sich die Auseinandersetzung der Urkirche mit der Täufersekte widerspiegelt[30].
Die Frage wird V. 11d erneut gestellt durch die von Markus abweichende, völlig ungleichartige Größen unter demselben Prädikat βαπτίσει verbindende Wendung ἐν πνεύματι ἁγίῳ καὶ πυρί als Kennzeichnung der »Taufe« des kommenden Richters. Die Gleichheit von Satzfolge und Wortlaut in Matthäus / Lukas spricht dafür, dass auch diese zweifache Bezeichnung der Gerichtstaufe schon in Q gestanden hat und nicht unabhängig voneinander in beiden Evangelien zustande gekommen ist[31]. Weder ist also καὶ πυρί in Markus »ausgefallen«[32] noch ἐν πνεύματι ἁγίῳ aus ihm übernommen.

In Mk 1,8 kontrastieren Wasser- und Geisttaufe, d.h. die Taufe des Johannes und die von dem Messias Jesus zwar nicht rituell praktizierte, aber inaugurierte, den heiligen Geist spendende Taufe. Dass auf diese hier vorausgewiesen wird, legt der Text nahe, und es entspricht der gemeinchristlichen Überzeugung, dass durch den Empfang der endzeitlichen Gabe des Geistes der Täufling in die eschatologische Gemeinde eingegliedert wird (Joh 3,5; Apg 2,38; 9,17; 1Kor 6,11; 12,13; 2Kor 1,22; Eph 1,13; 4,30; Tit 3,5 u.a.[33]). Hierin liegt ihr charakteristischer Unterschied zur Johannestaufe (Apg 19,1-6). Von dieser (nur) mit Wasser vollzogenen ist auch sonst die Rede, um »Johannes deutlich jenseits der messianischen Schwelle zu belassen«[34], zumeist jedoch nicht in spezieller Antithese zu dem einmaligen Akt der christlichen Taufe, sondern umfassender gemeint als Gegensatz zu dem Glauben begründenden Heilsgeschehen und der in der Gemeinde wirksamen Kraft des Geistes (Joh 1,26 f.31 f.; Apg 1,5; 11,16; 13,24 f.; 19,4). Das mag in Mk 1,8 mit eingeschlossen sein. Jedenfalls werden in allen diesen Stellen Taufe und Geistempfang nirgends mit dem Geschehen des Weltgerichtes in Zusammenhang gebracht, mit anderen Worten auf den »Jüngsten Tag« vertagt. Im Unterschied zu der Markus-Version, in welcher ἐν πυρί unvorbereitet und sinnlos wäre, überrascht in Q ἐν πνεύματι ἁγίῳ. Vorbereitet und in ihrem Sinn durch V. 10.12 gesichert ist allein die Feuertaufe als göttliches Strafgericht. Versuche, beide Größen, wie es das gemeinsame Verb fordert, zu einem Geschehen oder als zwei Seiten desselben zusammenzufassen, überzeugen nicht: Einige deuten πῦρ und πνεῦμα ἅγιον gleicherweise auf die eschatologische Läuterung und Reinigung, doch wi-

30 Vgl. *R. Bultmann*, Die Geschichte der synoptischen Tradition (s. Anm. 5), S. 117 f. 262; *C. H. Kraeling*, John the Baptist, New York / London 1951, S. 130; *P. Hoffmann*, Studien zur Theologie der Logienquelle (s. Anm. 27), S. 24 ff. 31 ff.
31 Gegen *J. Wellhausen*, Das Evangelium Matthaei (s. Anm. 18), S. 6 u.a.
32 Mit *E. Klostermann*, Das Matthäusevangelium (s. Anm. 12), S. 22.
33 Vgl. *R. Bultmann*, Theologie des Neuen Testaments (s. Anm. 11), S. 141.
34 *E. Dinkler*, Die Taufaussagen des Neuen Testaments. Neu untersucht im Blick auf Karl Barths Tauflehre, in: F. Viering (Hg.), Zu Karl Barths Lehre von der Taufe, Gütersloh 1971 = ^{2}1972, S. (60-153) 64.

derspricht das nicht nur dem Vernichtungsfeuer in V. 10.12, sondern nötigt auch, der »Taufe im heiligen (!) Geist« mindestens für eine postulierte Vorform des Spruches ihren enger oder weiter gefassten, eindeutig christlichen Sinn abzusprechen. Auch der Rekurs auf die zweifache Bedeutung von πνεῦμα (Geist / Windhauch) und das Verständnis der Doppelwendung als plerophore bildliche Beschreibung des Endgeschehens oder im Sinn eines Hendiadyoin (Taufe mit »feurigem Hauch«[35]) unterliegen gleichen Bedenken. Schließlich wird auch nicht den Angeredeten die eine Taufe zur Rettung, die andere zum Verderben verheißen, sondern das Gericht angedroht[36]. Erst recht ist es abwegig und schon durch καί ausgeschlossen, βαπτίζειν ἐν πυρί als Bild für die Ausgießung des Geistes an Pfingsten verstehen zu wollen (trotz Apg 2,3).

Der nicht aufzulösende Hiatus in der doppelten Charakteristik der angekündigten Taufe führt auch hier zu dem Schluss, dass schon Q eine ältere, wohl auf echte Täuferüberlieferung zurückgehende Fassung des Spruches voraufging, in der Johannes seine Wassertaufe der Feuertaufe (»Taufe« hier metaphorisch zu verstehen) des Weltrichters gegenüberstellt. Erst die Tradition der christlichen Gemeinde hat dem Wort durch Hinzufügung von (ἐν) πνεύματι ἁγίῳ eine Beziehung auf Jesus und ihre eigene Taufe bzw. ihre Geisterfahrungen gegeben. Was überlieferungsgeschichtlich sich zunächst als jäher Bruch und unvermittelter Sprung vom Eschaton zur Geschichte Jesu darstellt, reflektiert jedoch den theologisch höchst bedeutsamen Prozess, in welchem die Urgemeinde sich die Botschaft des Täufers aneignete und – nicht im Sinne einer »Bekehrung« von Johannes zu Jesus – die einander zugeordnete Sendung beider für gültig anerkannte. Die Klammer, die Johannes und Jesus unbeschadet ihrer Verschiedenheit verbindet, ist in den folgenden Tauf- und Versuchungsgeschichten angedeutet, in denen Jesus unter Herabkunft des Geistes auf ihn zum Sohn Gottes proklamiert und von diesem Geist in die Wüste getrieben seine Gottessohnschaft bewährt[37]. Doch redet 3,11d nicht nur von dem, was ihm widerfahren ist, sondern von dem Tun des Verheißenen und dem, was die von ihm Getauften empfangen sollen, d.h. aus der Perspektive der Gemeinde empfangen haben, aber eben damit auf das auch ihnen bevorstehende Gericht verweisend. Bei sparsamsten Mitteln und engstem Anschluss der Aussage an vorgegebene Überlieferung werden in 3,11 f. die für das Verständnis des weiteren Evangeliums leitenden christologischen Fragen und Erkenntnisse nicht begrifflich expliziert, wohl aber wie in einer ungefügen und spröden Abbreviatur signalisiert. Dem Zug der Prophetie des Täufers folgend, schildert das abschließende Bildwort V. 12 anschaulich Nähe und Vollzug

35 *P. Hoffmann*, Studien zur Theologie der Logienquelle (s. Anm. 27), S. 30.
36 Vgl. ebd.
37 Vgl. *G. Strecker*, Der Weg der Gerechtigkeit (s. Anm. 2), S. 216, Anm. 3.

des Gerichtes: Der Landmann hat »die Worfschaufel (schon) in seiner Hand« (vgl. ἤδη V. 10), um das auf der Tenne ausgedroschene Getreide (Matthäus: αὐτοῦ bringt einen allegorisierenden Zug hinein) gegen den Wind von der Spreu zu reinigen[38]. Die Ernte ist häufiges Bild für das Endgericht (Mt 9,37 f.; 13,39; Mk 4,29; Apk 14,15 f. u.a.). Hier geht es um ihren definitiv letzten Akt. Zwar ist in dem Spruch die Möglichkeit endlicher Rettung eingeschlossen und ausgesagt, aber der Akzent liegt auch hier auf dem drohenden Gericht. Die häufig hineingedeutete Unterscheidung von Geretteten und Verlorenen nach den beiden Bestimmungen der Taufe (Geist / Feuer) ist nicht zwingend[39]. In dem formelhaften Zusatz ἀσβέστῳ schlägt die Sachhälfte in die Bildhälfte hinein (V. 10).

2. *Die Taufe Jesu (3,13-17)*

Zweifellos liegt den Berichten über Jesu Taufe Markus zugrunde. Doch sprechen starke Gründe dafür, dass auch die Spruchquelle sie im Rahmen ihres einleitenden größeren Täuferabschnittes ähnlich wie Markus erzählt und nicht nur ihre Tatsache erwähnt hat[40].

a) Schwerlich kann die mit Sicherheit der Q-Tradition entstammende Version der folgenden Versuchungsgeschichte bei Matthäus / Lukas unmittelbar auf die Ankündigung des nahen Weltgerichtes durch den Geist- und Feuertäufer gefolgt sein. b) Der zweimalige Appell des Teufels in Mt 4,3 (= Lk 4,3) und 4,6 (= Lk 4,9) – ohne Parallele bei Markus – weist sichtlich auf die bei der Taufe erfolgte Proklamation des Gottessohnes zurück. c) Auch innerhalb der Taufgeschichte selbst weichen Matthäus und Lukas mehrfach zwar nicht wort-, aber sinngleich und jeweils an derselben Stelle von Markus ab: in der »objektiven« Schilderung des Offenbarungsgeschehens anstelle des bei Markus allein auf Jesus bezogenen εἶδεν; für den selteneren Ausdruck »Zerreißen« (Markus) bieten Matthäus / Lukas übereinstimmend das geläufigere »sich Öffnen« der bzw. des Himmel(s); beide fügen zu dem im Jüdischen ungewöhnlichen und missverständlichen absoluten τὸ πνεῦμα (Markus) erklärend hinzu: πνεῦμα θεοῦ (Matthäus), τὸ πνεῦμα τὸ ἅγιον (Lukas). Auch deutet die ungeschickte Verbindung von εὐθύς und ἀνέβη und das unmotivierte, auf den herabkommenden Gottesgeist beschränkte εἶδεν in Mt 3,16 auf sekundäre Anpassung an die Markus-Vorlage. Alle diese Einzelheiten berechtigen dazu, auch für Q einen Markus ähnlichen, wenngleich textlich nicht mehr rekonstruierbaren Taufbe-

38 Vgl. *G. Dalman*, Arbeit und Sitte, Bd. III: Von der Ernte zum Mehl (SDPI 6 / BFChTh.M 29), Gütersloh 1933, S. VII.

39 Mit *P. Hoffmann* gegen *A. Schlatter*, Der Evangelist Matthäus (s. Anm. 21), S. 80 f.; *F. Lang*, Art. πῦρ κτλ (s. Anm. 19), S. 943 u.a.

40 Gegen *R. Bultmann*, Die Geschichte der synoptischen Tradition (s. Anm. 5), S. 268.

richt anzunehmen. Auf alle Fälle setzt die Erweiterung der Taufszene durch das einleitende Gespräch zwischen Johannes und Jesus bei Matthäus den Rahmen des größeren Überlieferungskomplexes der Spruchquelle voraus, nicht nur den aufs Äußerste reduzierten und gestrafften Zusammenhang bei Markus.

Schon V. 13 enthält typische Züge der matthäischen Redaktion. Die lose Übergangspartikel τότε ist bei Matthäus überaus häufig (90-mal gegen Markus 6-mal, Lukas 14-mal). παραγίνεσθαι wie in 2,1; 3,1. Das schon 2,23 erwähnte Nazareth wird wie bei Lukas nicht mehr genannt. Die finale Satzkonstruktion (τοῦ c. inf. auch 11,1; 13,3; 24,45) wiederholt sich alsbald 4,1 im Eingang der Versuchungsgeschichte: τότε ὁ Ἰησοῦς ἀνήχθη εἰς τὴν ἔρημον ... πειρασθῆναι ὑπὸ τοῦ διαβόλου. Nach dieser kaum zufälligen Analogie soll offenbar schon 3,13 auf das in Jesu Taufe verwirklichte göttliche Vorhaben mit ihm vorausweisen und nicht nur Jesu Absicht aussprechen. Damit ist bereits das Motiv für seine Taufe und das Thema des Vorgespräches V. 14 f. angedeutet. Es verrät sprachlich und inhaltlich ganz die Hand des Evangelisten. Hier wie öfters (z.B. 4,23 ff.; 5,17 ff.; 8,18 ff.; 9,35 ff.; 18,21 f.) fügt er frei gestaltend oder unter Verwendung von Traditionsgut einen kurzen Abschnitt ein, der zum Verständnis eines nachfolgenden Textes oder Textkomplexes anleiten soll. Wie aus der apokryphen Überlieferung bekannt[41], haben Motiv und Vollzug der Taufe Jesu Reflexion und Phantasie der frühen Gemeinde intensiv beschäftigt. Doch dürfen ihre Gedanken nicht unbesehen in den matthäischen Dialog eingetragen werden. Für diesen lässt sich keine Vorlage erkennen. Vielmehr dürfte der Evangelist selbst sein Thema aus dem in Q vorgegebenen Kontext entwickelt und das Gespräch ganz auf Jesu Antwort hin entworfen haben[42]. Offensichtlich repräsentierte Q eine Jesusüberlieferung, in der die Täufertradition nicht vollständig eingeschmolzen und wie bei Markus auf den Vorläufergedanken reduziert, sondern in ihren wesentlichen Grundzügen bewahrt worden ist. Durch ihre Aufnahme sahen beide, Matthäus sowohl als auch Lukas, sich vor die Aufgabe gestellt, heterogene Traditionen miteinander auszugleichen. Lukas half sich in der Weise, dass er zwischen Johannes und Jesus eine scharfe Zäsur setzt, sie voneinander abrückt (3,19 f.) und den Täufer in der Taufszene nicht einmal erwähnt. Matthäus ist anders verfahren und sucht – wahrscheinlich in der Linie von Q – die Frage nach der Identität des nahen Weltrichters mit dem irdischen Jesus

41 Texte bei *K. Aland* (Hg.), Synopsis Quattuor Evangeliorum. Locis parallelis evangeliorum apocryphorum et patrum adhibitis edidit, Stuttgart ^{13}1985; dazu *H. Braun*, Entscheidende Motive in den Berichten über die Taufe Jesu von Markus bis Justin, in: ders., Gesammelte Studien zum Neuen Testament und seiner Umwelt, Tübingen ^{2}1967, S. 168-172.

42 Gegen *G. Strecker*, Der Weg der Gerechtigkeit (s. Anm. 2), S. 180.

theologisch zu verarbeiten. Das geschieht in dem von ihm gestalteten Vorgespräch. Es setzt in V. 14 mit der anfänglichen Weigerung des Täufers ein. διεκώλυεν Imperfekt de conatu[43]. Die Wahl des Verbums (nur hier im Neuen Testament) ist wahrscheinlich durch die Sprache des christlichen Taufrituals beeinflusst, in dem κωλύειν terminus technicus für die Frage nach einem Taufhindernis gewesen zu sein scheint. Vgl. Apg 8,37: τί κωλύει;[44] Die Frage des Johannes darf ebenso wenig wie Jesu Antwort als bloßer Ausdruck der Bescheidenheit beider verstanden werden, sondern zielt auf die im Zusammenhang mit der unmittelbar vorangegangenen Gerichtspredigt überraschende Diskrepanz zwischen dem für den nächsten Augenblick angekündigten Geist- und Feuertäufer und seinem Erscheinen in Jesu irdischer Gestalt als Täufling. Der erwartete Platzwechsel und Rollentausch hat nicht stattgefunden. Die Täuferfrage ist demnach zu umschreiben: Jetzt ist doch meine Zeit vorbei und deine Stunde gekommen – stattdessen kommst du zu mir? Die strenge Folge der Funktionen beider, der vorbereitenden Taufe des Johannes und der Gerichtstaufe des »Messias«, scheint außer Kraft gesetzt, die Entsprechung von Erwartung und Erfüllung in Frage gestellt.

In der Regel werden die Anstöße für die Weigerung des Täufers anders bezeichnet: Wozu bedurfte der aus dem Geist Erzeugte (1,20) noch der unvollkommenen Wassertaufe? Was brauchte der sündlose Gottessohn Bußtaufe und Sündenvergebung (so schon EvHebr nach Hieronymus, c. Pelag. III,2)? »Wie durfte der Stärkere sich … dem unwürdigen« Johannes »unterordnen«[45]? Aber weder wird im Matthäus-Text auf Jesu übernatürliche Herkunft noch auf seine Sündlosigkeit rekurriert, und auch der Rangunterschied beider ist missverstanden, solange er nicht in den durch den Kontext gegebenen Zusammenhang des qualitativen Unterschiedes von Endzeit und Jetztzeit gerückt wird. Vollends abwegig ist es, an den Text die historisch-psychologischen Fragen zu richten, wie denn der Täufer *vor* der Taufe in Jesus den verheißenen Messias erkennen und Jesus selbst sich seiner messianischen Sendung bewusst sein konnte. Derlei Reflexionen liegen dem Dialog völlig fern. Sein Thema wird nur aus der auf Jesu Sendung und Wirken im Ganzen zurückblickenden Betrachtung verständlich. Wie wenig der historische Johannes den Evangelisten interessiert, wird schon daran deutlich, dass seine Rolle allein darin besteht, Jesu Antwort zu provozieren, und dass von seiner Reaktion auf Jesu Wort und Taufe, bzw. das ihr folgende Offenbarungsgeschehen hernach nichts verlautet (anders Joh 1,31-

43 *F. Blass / A. Debrunner / F. Rehkopf*, Grammatik des neutestamentlichen Griechisch (s. Anm. 10), § 326.

44 Näheres bei *O. Cullmann*, Die Tauflehre des Neuen Testaments. Erwachsenen- und Kindertaufe, Zürich 1948, S. 65 f.; *J. Jeremias*, Die Kindertaufe in den ersten vier Jahrhunderten, Göttingen 1958, S. 65 ff.

45 *E. Klostermann*, Das Matthäusevangelium (s. Anm. 12), S. 25.

34). Nicht einmal der Taufakt selbst wird in 3,16 noch wie bei Markus erzählt, sondern vorausgesetzt (βαπτισθεὶς δέ).

Dem *theologischen* Sinn der Frage des Johannes entspricht genau Jesu Antwort in V. 15. Sie ist sein erstes Wort im ganzen Evangelium und erhält schon dadurch ein den Worten des Auferstandenen, mit denen nur Matthäus sein Buch beschließt, vergleichbares Gewicht. Die einleitende Weisung: »Lass (es) jetzt (geschehen)!« ist noch konkret auf die Weigerung des Täufers bezogen, der begründende Nachsatz dagegen, als umfassende Maxime formuliert, übergreift die Taufe und stellt sie in den großen Zusammenhang der messianischen Sendung Jesu.

Von hier aus ist der Qualitätswert des Zeitadverbs in dem Vordersatz zu bestimmen. Sprachlich lässt sich ἄφες ἄρτι ebenso als drängender Befehl (»unverzüglich«, »sofort«[46]) wie als dilatorische Beschwichtigung wiedergeben: »Für jetzt; später wird sich schon herausstellen, dass ich der Größere bin«[47]. Nach Meinung zahlreicher Ausleger erkennt Jesus damit die Berechtigung des Täuferspruches an, erledigt ihn aber dadurch, dass er seine Taufbereitschaft im Sinne von 17,27 als »Akkomodation« an eine im gegenwärtigen Stadium der Welt vorerst noch allgemein gültige, für ihn, den sündlosen Gottessohn, freilich unnötige göttliche Ordnung bezeichnet[48]. Aber von einer solchen Ordnung, die für Jesus selbst keinen Rechtsgrund mehr besitzt, sagt der Text nichts; er redet im Gegenteil alsbald von einer göttlichen Notwendigkeit. Sichtlich soll darum das betonte »Jetzt« auf das mit Jesu Taufe verknüpfte heilsgeschichtlich-christologische Offenbarungsgeschehen vorausweisen, von dem her seine Taufe ihre Rechtfertigung empfängt.

Die Phrase πρέπον ἐστίν (πρέπει) ist in den Evangelien singulär, aber in der Profangräzität wie in hellenistisch-jüdischer und christlicher Literatur geläufig für das, was normgerecht ist, sich ziemt, vor allem in paränetischer Sprache (Paulus, Pastoralbriefe, Ignatianen), aber auch in theologischen Urteilssätzen (z.B. Hebr 2,10; 7,26). Die nachfolgende Infinitivwendung weist auf alle Fälle auf ein pflichtgemäßes Verhalten, in das Jesus auch Johannes mit einbezieht (ἡμῖν). Aber welcher Art ist diese Verpflichtung? Ist sie als eine Frömmigkeitsforderung zu verstehen, der Jesus sich in Solidarität mit allen anderen – Israeliten oder mindestens der Gemeinde seiner Jünger – unterzieht? Die Antwort auf diese für die Christologie des ganzen Evangeliums

46 *W. Bauer*, Griechisch-deutsches Wörterbuch (s. Anm. 8), Sp. 218 (Art. ἄρτι).
47 *J. Wellhausen,* Das Evangelium Matthaei (s. Anm. 18), S. 7.
48 Vgl. *H. J. Holtzmann*, Die Synoptiker. – Die Apostelgeschichte (HC 1), Freiburg i. Br. 1889, S. 63; *J. Weiß*, Die drei älteren Evangelien, in: SNT 1, Göttingen [2]1907, S. (31-525) 245; *E. Klostermann*, Das Matthäusevangelium (s. Anm. 12), S. 25 u.a.

bedeutsame Frage ist nur aus der in jedem Wort die Sprache des Evangelisten bekundenden Wendung πληρῶσαι πᾶσαν δικαιοσύνην zu gewinnen. Sie ist in ihrer Knappheit ebenso weit gespannt wie unbestimmt und darum in ihrer Auslegung umstritten. Einzig ihr vergleichbar ist die programmatische Einleitung zu den Antithesen der Bergpredigt 5,17-20, vorab der Passus im Eingangssatz: οὐκ ἦλθον καταλῦσαι (sc. Gesetz und Propheten) ἀλλὰ πληρῶσαι. Wie eng sich beide Stellen berühren, ist offenkundig: hier wie da umfassende Aussagen über Jesu Sendung, hier wie da meint πληρῶσαι die volle Verwirklichung des göttlichen Willens. Die Kongruenz geht bis in die gleiche Wortfolge: πληρῶσαι (5,17) – πάντα (5,18) – δικαιοσύνη (5,20). Alles das weist darauf, dass die Grundbedeutung des in 3,15 erstmals begegnenden, in den anderen Synoptikern fast völlig fehlenden Zentralbegriffes δικαιοσύνη keine andere sein kann als in 5,6.10; 6,1.33; 21,32: ein menschliches Verhalten, das dem in der Schrift bezeugten Willen Gottes entspricht. Aber ist in 3,15 nur dies gesagt, dass Jesus mit seiner Taufbereitschaft gewillt ist, einer für alle verbindlichen Frömmigkeitsforderung zu genügen[49]?

Für diese Deutung seiner Gehorsamserklärung auf ein mit Johannes und den Jüngern solidarisches Verhalten ließe sich die nicht selten ethische Verwendung von πληροῦν anführen, z.B. in dem Preis der Märtyrer 4Makk 12,14, die »durch ihr edles Sterben ihre Frömmigkeit vollendet haben« (εὐγενῶς ἀποθανόντες ἐπλήρωσαν τὴν εἰς τὸν θεὸν εὐσέβειαν); ähnlich am Ende eines Tugendkatalogs Sib III,246 oder in christlicher Paränese Polyk 3,3: ἐὰν γάρ τις ... πεπλήρωκεν ἐντολὴν δικαιοσύνης. Vgl. auch Röm 13,8; Gal 6,2 u.a.[50]

Nur findet sich dieser Sprachgebrauch nirgends bei Matthäus! In 3,15 wie 5,17 ist πληρῶσαι ausschließlich von Jesus ausgesagt und lässt sich nicht auf die Jünger übertragen. In dieser exklusiv christologischen Anwendung koinzidiert das stereotype Passiv πληροῦσθαι in den matthäischen Erfüllungszitaten mit dem aktiven πληρῶσαι in den genannten Stellen. Ebenso korrespondieren πᾶσαν δικαιοσύνην in der Taufperikope und πάντα in 5,18, wo die Verbindlichkeit von jedem Tüttelchen des Gesetzes statuiert wird. Auf 3,15 angewendet, darf in die Aussage nicht das unmögliche Motiv eines von Jesus übernommenen strikten Gehorsams gegenüber jeder, also auch dieser (alttestamentlich unbelegbaren!) die Taufe betreffenden Rechtssatzung eingetragen werden, was überdies nur durch den Begriff δικαίωμα gedeckt wäre. Aus dem Gesagten folgt, dass an den beiden verglichenen Stellen der qualitative Unterschied zwischen Jesus und den Jün-

49 So *G. Strecker*, Der Weg der Gerechtigkeit (s. Anm. 2), S. 178 ff.
50 *W. Bauer*, Griechisch-deutsches Wörterbuch (s. Anm. 8), Sp. 1332 (Art. πληρόω).

gern nicht eingeebnet werden darf. Der enge Zusammenhang zwischen der von ihm erfüllten und von den Jüngern geforderten Gerechtigkeit wird damit in keiner Weise aufgehoben, wohl aber die im Gehorsam übernommene messianische Sendung Jesu zu dem den Jüngern gebotenen Verhalten in ein begründendes, dagegen nicht beispielhaftes Verhältnis gesetzt. Sinngemäß lassen sich darum 3,15 und 5,17 nach dem in 12,20 frei zitierten, aber auch in 3,17 vielleicht schon anklingenden, messianisch verstandenen Gottesspruch Jes 42,1 ff. verstehen: das Gottesrecht zum Siege führen. Schon Bengel hat darum zu Recht zu πρέπον ἐστίν auf Hebr 2,10; 7,26 verwiesen (fehlt leider unter den Randstellen unserer heutigen Ausgaben!). Jesu Übernahme der Johannestaufe darf also schwerlich in einem allgemeinen Sinn als »Toragehorsam«[51] verstanden und die matthäische Taufperikope nicht mit G. Strecker[52] unter die Überschrift: »Das Vorbild Jesu« gestellt werden.

Umgekehrt ist es freilich ebenso abwegig, mit zahlreichen anderen Exegeten Jesu Gehorsamserklärung passionstheologisch als Bereitschaft zur Übernahme seiner Taufe zum Tode (nach Lk 12,50) zu deuten[53], nach O. Cullmann[54] u.a. sogar als stellvertretendes, Sühne und Sündenvergebung für alle erwirkendes Leiden des *Ebed Jahwe* aus Jes 53[55]. Diese Interpretation verkennt, dass der Taufe Jesu in unserer Perikope nur im Blick auf das ihr folgende Offenbarungsgeschehen eine Bedeutung zukommt, auch ihr Vollzug nicht ausgedeutet wird, dass ferner in 3,17 zwar vielleicht Jes 42, aber bestimmt nicht Jes 53 anklingt und »alle Gerechtigkeit« keinesfalls mit »Gerechtigkeit für alle« umschrieben werden darf[56].

Zusammenfassung: Den Dialog 3,14 f. stellt der Evangelist entsprechend dem christologischen Gesamtcharakter von c. 3 und 4 unter den Leitgedanken der vollen Verwirklichung der »Gerechtigkeit« und damit der durch den Messias Jesus inaugurierten Heilszeit. Das Gespräch will darum nicht nur, wie gemeinhin erklärt wird, rückwärts gewandt das als anstößig empfundene historische Faktum der Taufe Jesu durch Johannes apologetisch rechtfertigen, sondern gibt der Taufe vorausweisend eine für Jesu irdische Geschichte wie für seine Jünger grundlegende Bedeutung. Ihre heilsgeschichtliche Notwendigkeit

51 *P. Stuhlmacher*, Gerechtigkeit Gottes bei Paulus (FRLANT 87), Göttingen ²1966, S. 191.

52 *G. Strecker*, Der Weg der Gerechtigkeit (s. Anm. 2), S. 178 ff.

53 Gegen *H. Ljungman*, Das Gesetz erfüllen. Matth. 5,17 ff. und 3,15 untersucht (AUL.T NF 50/6), Lund 1954, S. 100 ff.

54 *O. Cullmann*, Die Tauflehre des Neuen Testaments (s. Anm. 44), S. 11 ff.

55 Dagegen mit Recht *G. Strecker*, Der Weg der Gerechtigkeit (s. Anm. 2), S. 180, Anm. 1.

56 So auch *H. Ljungman*, Das Gesetz erfüllen (s. Anm. 53), S. 102 f.

erweist sich darin, dass sie zur Stunde seiner Offenbarung als Gottessohn wird.
Die in ihren Grundzügen mit den synoptischen Parallelberichten übereinstimmende Darstellung des Taufwunders in V. 16 f. redet ebenso wie die folgende Versuchungsgeschichte eine von allem Bisherigen unterschiedene Sprache. Die hier erzählten Geschehnisse sprengen die Grenzen welt- und zeitimmanenter Vorgänge. Sie haben apokalyptisch-kosmischen Charakter. »Die wahren Protagonisten treten nach vorn, und der letzte Akt des weltgeschichtlichen Dramas beginnt«[57]. Die Himmel öffnen sich, Gott tritt unmittelbar in Aktion: Sein Geist kommt herab, seine Stimme ertönt. Die zuvor erwähnten menschlichen Gestalten (Johannes, das Volk) verschwinden aus dem Blickfeld; alles konzentriert sich auf Jesus. Markus hat diesen Zug noch dadurch hervorgehoben, dass er nur Jesus die himmlischen Geschehnisse sehen und die göttliche Stimme an ihn gerichtet sein lässt. Auch sein Bericht ist freilich nicht als Schilderung einer subjektiven Vision Jesu, sondern wie in Matthäus / Lukas eines objektiven Ereignisses gemeint[58]. In keiner der drei synoptischen Versionen erzählt der Text nach alttestamentlicher und neutestamentlicher Art die Berufung eines Gottesbeauftragten, wozu stilgerecht ein Wort über die innere Situation des Betreffenden, der Auftrag selbst und seine Antwort gehören würde (vgl. Jes 6,1ff.; Jer 1,5 ff.; Apg 9,1 ff.; Apk 1,9 ff. u.a.), sondern schildert eine Christophanie. Formgeschichtlich ist die Perikope, will man den zu allgemeinen, wenngleich nicht falschen Begriff »Glaubenslegende«[59] präzisieren, als eine christologische Lehrerzählung zu bezeichnen, mit anderen Worten als ein Credo in erzählender Form. Ihr Interesse ist unbeschadet ihrer sachlich unangemessenen Verknüpfung mit der Johannestaufe nicht auf eine vergangene Episode der Vita Jesu gerichtet, sondern auf seine Würde und Bedeutung als Messias. Das bekunden die drei alttestamentlicher Prophetie und jüdisch-apokalyptischer Enderwartung entstammenden wunderbaren Vorgänge[60]. Schon in der Markus-Vorlage ist das Ertönen der Gottesstimme Höhe- und Zielpunkt der ganzen Szene, aber dieser dritte Akt trotz der wechselnden Satzkonstruktion den ersten beiden unter εἶδεν zusammengefassten parataktisch zugeordnet. Matthäus markiert eine deutlichere Klimax: Mit der bei ihm überaus häufigen, alttestamentlicher Erzählweise entsprechenden Wendung καὶ ἰδού (וְהִנֵּה) hebt er

57 *J. M. Robinson*, Das Geschichtsverständnis des Markus-Evangeliums (AThANT 30), Zürich 1956, S. 21.
58 Vgl. *R. Bultmann*, Die Geschichte der synoptischen Tradition (s. Anm. 5), S. 263 f.; *M. Dibelius*, Die Formgeschichte des Evangeliums, Tübingen [6]1971, S. 271, Anm. 1.
59 *R. Bultmann*, Die Geschichte der synoptischen Tradition (s. Anm. 5), S. 264.
60 Vgl. *E. Schweizer*, Art. υἱός κτλ D. Neues Testament, in: ThWNT 8, Stuttgart 1969, S. (364-395) 369, Anm. 236.

das Sich-Auftun der Himmel als erstes Element der Gottesoffenbarung von der Taufhandlung ab, gibt alsbald in dem selbstständigen und stärker gefüllten Satz καὶ εἶδεν πνεῦμα θεοῦ καταβαῖνον … ἐρχόμενον ἐπ᾽ αὐτόν der Ausrüstung Jesu mit dem Geist Gottes stärkeres Gewicht und lässt die Szene, abermals durch καὶ ἰδού hervorgehoben, nicht wie Markus in einer Anrede an Jesus, sondern in einer Messiasproklamation kulminieren.

a) Zur Öffnung des Himmels vgl. schon Ez 1,1 und Jes 63,19: »O dass du den Himmel zerrissest und führest herab«. Von besonderem Interesse ist die sichtlich judenchristlich glossierte Ankündigung des messianischen Hohepriesters TestLev 18,6 ff.: »Die Himmel werden sich öffnen, und aus dem Tempel der Herrlichkeit wird über ihn Heiligkeit kommen mit väterlicher Stimme wie von Abraham zu Isaak. Und die Herrlichkeit des Höchsten wird über ihm ausgesprochen werden, und der Geist des Verstandes und der Heiligung wird auf ihm im Wasser ruhen.« Im Blick auf die Versuchungsgeschichte ist auch die Fortsetzung zu beachten: »… Und Beliar wird von ihm gebunden werden, und er wird seinen Kindern Gewalt geben, auf die bösen Geister zu treten. Und er wird Wohlgefallen haben an seinen Geliebten bis in Ewigkeit«. Ähnlich TestJud 24,2 f.: »Und die Himmel werden sich über ihm öffnen, Geist als Segen des himmlischen Vaters auszugießen, und er selbst wird ausgießen Geist der Gnade auf euch … und werdet wandeln in seinen Geboten … Dann wird aufleuchten das Zepter meines Königreiches, und durch ihn wird ein Zepter der Gerechtigkeit für die Heiden aufgehen, zu richten und zu retten alle, die den Herrn anrufen«.
b) Auch die Herabkunft des Geistes ist ein Motiv eschatologischer Erwartung und kündet den Anfang der neuen Gotteszeit an. Ihren Hintergrund bildet die im Judentum bezeugte Erfahrung, dass in der Gegenwart der Geist der Prophetie erloschen sei[61]. Die Wortstellung καταβαῖνον ὡσεὶ περιστεράν zeigt an, dass Matthäus mit dem Bild der Taube nicht den Geist selbst verleiblicht (Lukas: σωματικῷ εἴδει), sondern sein Nahen illustriert. Bemerkenswert ist auch die Verdeutlichung ἐρχόμενον ἐπ᾽ αὐτόν (dieselbe Präposition auch bei Lukas gegen Markus: εἰς αὐτόν), die Jesus ein für allemal als Geistträger kennzeichnet (Joh 1,33: καταβαῖνον καὶ μένον ἐπ᾽ αὐτόν), wohl in Anlehnung an Jes 42,1 LXX: ἔδωκα τὸ πνεῦμά μου ἐπ᾽ αὐτόν (vgl. 61,1). Auch hier zeigt sich erneut, dass der Text anderes meint als eine prophetische Inspiration, dass nämlich an die Geistausrüstung des Messias gedacht ist (so schon Jes 11,2; PsSal 17,37; 18,7 u.ö.). Vgl. auch Mt 12,18.28.
c) Das Ertönen der Gottesstimme wird in der Exegese vielfach, aber irreführend im Sinne der aus rabbinischer Literatur bekannten jüdischen Vorstellung der *bat qol* (wörtlich: »Tochter der Stimme«) verstanden[62]. Auch diese erklingt in der Regel vom Himmel her, aber spricht zumeist die Ge-

61 Vgl. *E. Sjöberg*, Art. πνεῦμα κτλ C. III. רוּחַ im palästinischen Judentum, in: ThWNT 6, Stuttgart 1959, S. (373-387) 383, Z. 19 ff.
62 Vgl. *O. Betz*, Art. φωνή κτλ, in: ThWNT 9, Stuttgart 1973, S. (272-302) 281 ff.

genwartserfahrung aus, dass Gott sich nicht mehr unmittelbar, sondern nur noch im »Echo« vernehmen lässt. Hier erklingt seine Stimme direkt und zeigt damit den Anbruch der Heilszeit an.

Der Inhalt der Gottesstimme ist ein aus ψ 2,7: υἱός μου εἶ σύ und Jes 42,1 LXX: Ἰακωβ ὁ παῖς μου … Ἰσραηλ ὁ ἐκλεκτός μου (vgl. 44,2) zusammengezogenes Zitat. Je nachdem, welches Schriftwort man als Grundlage ansieht, verschiebt sich der Sinn nicht unerheblich. Ist der Skopus des Textes schon bei Markus und vollends bei Matthäus, Jesus als Gottessohn (= »Messias«) oder als Gottesknecht vorzustellen, etwa gar als den stellvertretend Leidenden nach Jes 53? Der Wortlaut aller drei synoptischen Berichte (einschließlich der textlich unsicheren Lukas-Version) spricht in der ersten Satzhälfte für ein nur geringfügig abgewandeltes Zitat aus dem Einsetzungsspruch an den messianischen König in Ps 2,7, nicht für Jes 42 als Grundtext[63]. Diese Erklärung wird dadurch bestätigt, dass der entscheidende, selbstverständlich christlich, nicht mehr national jüdisch verstandene »messianische« Hoheitsname des Gottessohnes nur in Ps 2 verankert und die Annahme durch nichts gerechtfertigt ist, der Gottesknecht der deuterojesajanischen Texte (παῖς) sei durch υἱός ersetzt[64]. Auch aus der abgeänderten Wortfolge (Markus / Lukas: σὺ εἶ, Matthäus: οὗτός ἐστιν) sind keine gegenteiligen Schlüsse zu ziehen. Die Verknüpfung mit Jes 42 ist dennoch deutlich, und nicht belanglos[65]. Sie unterstreicht nicht nur den alttestamentlichen Erwählungsgedanken (ὁ ἀγαπητός = ὁ ἐκλεκτός, vgl. Jes 44,2 LXX u.a.), sondern verklammert den Gottesspruch mit der Geistsendung wie Jes 42,1 LXX: ἔδωκα τὸ πνεῦμά μου ἐπ᾽ αὐτόν (vgl. auch Jes 61,1). So legitimiert die Kombination beider Zitate die Übernahme des alttestamentlich-jüdischen Messiasgedankens und lässt zugleich die *interpretatio Christia-*

63 Mit *R. Bultmann*, Die Geschichte der synoptischen Tradition (s. Anm. 5), S. 264, Anm. 1; *E. Klostermann*, Das Markusevangelium (HNT 3), Tübingen [3]1936, S. 9; *E. Lohmeyer*, Das Evangelium des Matthäus, hg. v. W. Schmauch (KEK.S), Göttingen [5]1962, S. 51, Anm. 2; *Ph. Vielhauer*, Erwägungen zur Christologie des Markusevangeliums, in: ders., Aufsätze zum Neuen Testament (TB 31), München 1965, S. (199-214) 206; *E. Schweizer*, Das Evangelium nach Markus (NTD 1), Göttingen [2]1968, S. 21 u.a., gegen *O. Cullmann*, Die Christologie des Neuen Testaments, Tübingen 1957, S. 65; *J. Jeremias*, Art. παῖς θεοῦ D. παῖς θεοῦ im Neuen Testament, in: ThWNT 5, Stuttgart 1954, S. (698-713) 699, Z. 3 ff.; *A. Vögtle*, Exegetische Erwägungen über das Wissen und Selbstbewußtsein Jesu, in: ders., Das Evangelium und die Evangelien. Beiträge zur Evangelienforschung (KBANT), Düsseldorf 1971, S. (296-344) 338 f.

64 Anders *D. Lührmann*, Das Markusevangelium (HNT 3), Tübingen 1987, S. 37 f.; vgl. *D. J. Verseput*, The Role and Meaning of the ›Son of God‹ Title in Matthew's Gospel, in: NTS 33 (1987), S. 532-556.

65 Gegen *Ph. Vielhauer*, Erwägungen zur Christologie des Markusevangeliums (s. Anm. 63), S. 206.

na dieses Hoheitsnamens wie auch die Abgrenzung des υἱὸς θεοῦ-Prädikates gegen eine hellenistisch-heidnische Ausdeutung erkennen. Dass speziell Matthäus sich gerade auch in dieser letzteren Front der Gottesknecht-Sprüche bedient, zeigen 8,17 und 12,18 ff. Während in Mk 1,11 der für die Inthronisation des messianischen Königs konstitutive Rechtsakt der Adoption noch durchschimmert, kann davon bei Matthäus / Lukas aufgrund ihrer »Vorgeschichten« keine Rede mehr sein. Der Gedanke einer »Messiasweihe« ist darum auf ihre Taufperikopen nicht mehr anwendbar. Vollends bei Matthäus hat der Gottesspruch durch die Abwandlung der 2. in die 3. Person Singular den Charakter einer öffentlichen Proklamation erhalten, freilich auch hier noch im Sinne eines eigenen, gewichtigen Aktes und nicht nur einer die Geistsendung begleitenden *vox interpres*[66]. Im Rückblick auf den Aufbau der matthäischen Taufperikope im Ganzen ist mit Sicherheit anzunehmen, dass das betont vorangestellte Demonstrativum οὗτός ἐστιν in seiner Bedeutung die Schilderung des Offenbarungsgeschehens in V. 16 f. übergreift und den einleitenden Dialog mit seinem programmatischen Satz V. 15 mitumfasst: »Dieser«, d.h. der, welcher »alle Gerechtigkeit erfüllt« und schon in seinem irdischen Wirken die Heilszeit heraufführt. Am Ende erklingt unter dem Kreuz aus dem Munde des römischen Offiziers – auch unter apokalyptischen Zeichen – die Bestätigung: ἀληθῶς θεοῦ υἱὸς ἦν οὗτος 27,54 (chiastisch umgeformt).

Trifft diese Auslegung zu, so lässt sich mindestens die Vermutung wagen, dass sich im Sinne des Evangelisten von der Taufperikope ein Bogen spannt zu dem Sendungswort des Auferstandenen an seine Jünger, das sie beauftragt, alle Völker zu lehren, was er als der Irdische geboten hat. Aber diesem Auftrag stellt der Evangelist den singulären und auch im Matthäus-Evangelium selbst erratisch wirkenden Taufbefehl 28,19 voran. Die Frage drängt sich auf, ob Matthäus das Offenbarungsgeschehen bei der Taufe Jesu, d.h. die Ausrüstung und Ermächtigung des Sohnes vom Vater durch den Geist, in einem Zusammenhang mit jener triadischen Taufformel verstanden hat. Ob theologisch bewusst reflektiert oder nicht, ist selbstverständlich nicht auszumachen. Eine explizite Äußerung vom Evangelisten darüber zu erwarten, würde seiner Aufgabe als Erzähler und Tradent widersprechen. Immerhin ist zu beachten, dass auch der von Matthäus gewählte Leitbegriff der δικαιοσύνη die Taufgeschichte Jesu mit den folgenden Abschnitten der Jüngerberufung, Jüngerbelehrung und Jüngersendung verklammert und entsprechend Vollmachtswort und Taufbefehl in der Schlussperikope, letzteres der frühchristlichen Taufpraxis zuwider, der künftigen Verpflichtung der Jüngerschaft in aller Welt auf seine Gebote vorangehen. In jedem Falle dürfte der besondere Beitrag

66 Ebd.

des Matthäus zum Verständnis der Taufe Jesu in der durch 3,15 gewiesenen Richtung zu suchen sein.

3. Die Versuchung Jesu (4,1-11)

Die enge Verknüpfung von Taufe und Versuchung Jesu ist auch für Q anzunehmen[67] und nicht erst durch die Zusammenarbeitung beider Quellen in Matthäus und Lukas zustande gekommen. Charakter und Sinn des zweiten Traditionsstückes in Q unterscheiden sich jedoch tiefgreifend von Markus. Möglicherweise sind die beiden Verse Mk 1,12 f. »Überrest einer ausführlicheren Darstellung des Kampfes zwischen Messias und Satan«[68], schwerlich aber Exzerpt aus einer Q-Perikope[69]. Auch die umgekehrte Annahme, in Q sei der knappe Markus-Bericht nachträglich in drei Akte zerlegt, überzeugt nicht. Gemeinsam ist allen synoptischen Berichten das auch sonst bekannte Motiv einer Versuchung von Gründern, Heroen und Frommen verschiedener Religionen (Buddha, Zarathustra, christliche Heiligenviten), ohne dass aus diesem allgemeinen Typus auf Abhängigkeiten geschlossen werden dürfte; die drei Evangelienberichte sind überdies durch ihre Verwurzelung in alttestamentlich-jüdischer Tradition verbunden.

Markus erzählt überhaupt nicht eigentlich einen Geschehensablauf, sondern stellt in mythischen Zügen, wenn auch »historisch« verankert, das Bild des Gottessohnes als Sieger über den Satan thematisch an den Anfang der Geschichte Jesu[70]. Die einzelnen Motive aus Altem Testament und apokalyptischer Tradition sind lose aneinandergereiht und nur angedeutet: Der Geist als unwiderstehliche Kraft treibt den von ihm Ergriffenen hinaus (ἐκβάλλει); die Wüste gilt als Wirkungsstätte des Satans; die 40 Tage sind nicht kalendarisch, sondern als heilige Vollzahl zu verstehen[71], hier besonders zu vergleichen die 40 Jahre der Erprobung und Bewahrung Israels in der Wüste (Dtn 2,7; 8,2.4; 29,4; Apg 13,18; Hebr 3,10.17 u.ö.), das Verweilen des Mose am Sinai (Ex 34,28), der Weg des Elia zum Horeb (1Kön 19,8); VitAd 6 ist von einem 40-tägigen Bußfasten Adams nach der Vertreibung aus dem Paradies die Rede. Auch die Erscheinungen des Auferstandenen über 40 Tage zwischen Ostern und Himmelfahrt Apg 1,3 gehören hierher. Höchstwahrscheinlich soll die Notiz »und er war unter den Tie-

67 S.o. S. 164 f.

68 *E. Klostermann*, Das Matthäusevangelium (s. Anm. 12), S. 11; *R. Bultmann*, Die Geschichte der synoptischen Tradition (s. Anm. 5), S. 270 u.a.

69 *S. Schulz*, Q. Die Spruchquelle der Evangelisten, Zürich 1972, S. 182.

70 Vgl. *J. M. Robinson*, Das Geschichtsverständnis des Markus-Evangeliums (s. Anm. 57), S. 24 ff.

71 Vgl. *H. Balz*, Art. τεσσεράκοντα κτλ, in: ThWNT 8, Stuttgart 1969, S. 134-139.

ren« nicht die Grausigkeit der Szenerie und die Tiefe der Anfechtung Jesu veranschaulichen, sondern Jesus als den zweiten Adam darstellen, der den durch den Sündenfall des ersten zerstörten paradiesischen Frieden heraufführt. Diese Heilserwartung ist schon durch die Schilderung der messianischen Heilszeit Jes 11,6 ff. vorbereitet und in Ps 91,13 den Frommen verheißen. Der neue Adam hat nicht mehr die wilden Tiere zu fürchten, sondern wird von ihnen gefürchtet und verehrt und von Engeln gespeist. Entsprechend in TestNaph 8: »Der Teufel wird von euch fliehen, und die wilden Tiere werden euch fürchten … und die Engel werden sich euer annehmen«[72]. Für diese Deutung von Mk 1,12 f., derzufolge die beiden letzten Satzglieder (Tiere / Engel) zusammengehören, sprechen auch Struktur und Proportionalität der Aussage sowie die Tatsache, dass Lukas zwischen Taufe und Versuchung den mit τοῦ Ἀδὰμ τοῦ θεοῦ endenden Stammbaum (3,23-38) eingefügt hat[73]. Anders als in Q wird Jesus in dem Markus-Bericht während der ganzen Dauer seines Wüstenaufenthaltes versucht und von den Engeln gespeist; von Fasten und Hungern verlautet nichts.

Auf die stark variierende Einleitung der Versuchungsperikope in Matthäus und Lukas und ihren Abschluss in Matthäus hat Markus unverkennbar eingewirkt. Ihre gemeinsame Substanz stammt jedoch eindeutig aus Q[74]. Auch sie ist wie die Taufe Jesu eine christologische Lehrerzählung. Nach einem Erlebnisbericht des historischen Jesus zurückzufragen, ist nicht nur müßig, sondern verfehlt auch die Jesu Sendung und Bedeutung im Ganzen in den Blick fassende, rückwärts gewandte Betrachtungsweise der späteren Gemeinde. Formal ist die Q-Erzählung nach Art zeitgenössisch-jüdischer Streitgespräche gestaltet, in denen die Gesprächspartner, hier der Versucher und Jesus, in dreifachem Gesprächsgang, unter Berufung auf die Schrift theologisch argumentieren, also ein Stück christlich-schriftgelehrter Haggada[75]. Abgesehen von anderen Einzelheiten, differiert jedoch die Reihenfolge der zweiten und dritten Versuchung. Wie zumeist mit Recht angenommen wird, hat Matthäus die ursprüngliche Anordnung erhalten.

Lukas, sonst zumeist zuverlässiger in der Wiedergabe der Q-Vorlage, scheint die Tempelszene an den Schluss gestellt zu haben, entweder

72 Weitere Belege und Literatur bei *R. Bultmann*, Die Geschichte der synoptischen Tradition (s. Anm. 5), S. 271, Anm. 2; *E. Schweizer*, Erniedrigung und Erhöhung bei Jesus und seinen Nachfolgern (AThANT 28), Zürich ²1962, S. 57 f.

73 Vgl. *E. Brandenburger*, Adam und Christus. Exegetisch-religionsgeschichtliche Untersuchung zu Röm. 5,12-21 (1. Kor. 15) (WMANT 7), Neukirchen-Vluyn 1962, S. 239 f.

74 Zu Unrecht von *D. Lührmann*, Die Redaktion der Logienquelle (WMANT 33), Neukirchen-Vluyn 1969, S. 56 bezweifelt.

75 Vgl. *A. Meyer*, Die evangelischen Berichte über die Versuchung Christi, in: FS Hugo Blümner, Zürich 1914, S. (434-468) 458; *R. Bultmann*, Die Geschichte der synoptischen Tradition (s. Anm. 5), S. 271 ff.

um den mehrmaligen Ortswechsel zu vermeiden oder – wahrscheinlicher – um Jesus von der heiligen Stätte des Tempels aus nach Abweisung des Versuchers für die Zeit seines Heilswirkens (4,13[76]) in Galiläa auftreten zu lassen.
Der Q-Vorlage und ihr folgend der Matthäus-Perikope sind derlei topographische Reflexionen fremd. Ihr Aufbau zeigt eine eindeutig sachliche Klimax, gekennzeichnet durch die wechselnde Szenerie (Wüste, Tempel, Weltenberg) sowie die verschiedene Verhaltensweise des Teufels, vor allem aber durch die Abfolge der von Jesus ihm entgegengehaltenen, im Ersten Gebot kulminierenden Schriftworte aus Dtn 8,3; 6,16; 6,13. Letztere geben der Erzählung im Ganzen ihre sinn- und kunstvoll gestaltete Einheit. Ihr Text ist ebenso wie der des vom Versucher angeführten Psalmzitates wörtlich der Septuaginta entnommen. Damit ist bereits ein wichtiges Indiz gegeben für das Milieu des hellenistischen Judenchristentums, in dem die Q-Perikope ihre Gestaltung erfahren haben muss (S. Schulz).
Zur Satzkonstruktion in V. 1 vgl. das zu 3,13 Gesagte. διάβολος und σατανᾶς (so durchgängig Markus) werden von Matthäus und Lukas promiscue gebraucht. ἀνήχθη scheint auf die hoch gelegene Wüste Juda westlich des Jordangrabens zu deuten. Oder ist wie in dem phantastischen Fragment des Hebräer-Evangeliums[77] an eine Entrückung zu denken? Anders als bei Markus, wo Jesu Versuchung und Speisung durch die Engel 40 Tage dauern, beginnt in Matthäus und Lukas (Q) die erste Versuchung Jesu erst hernach, und zwar bei Matthäus als Folge seines Hungers nach einer Fastenzeit über »40 Tage und Nächte« (V. 2, wohl in Anspielung auf das Fasten des Mose auf dem Sinai Ex 34,28; Dtn 9,9). Die Situationsschilderung wird damit zur Motivation speziell für den ersten Akt und die erst an den Schluss gesetzte, aus Markus übernommene Engelspeisung zu einer göttlichen Bestätigung seines Sieges über den Versucher. Eine ähnliche Exposition muss schon in der Q-Vorlage gestanden haben; sie fehlt auch in keiner der nachfolgenden Versuchungen. In allen dreien ist die »Messianität«, richtiger die Gottessohnschaft Jesu im Sinne der vorangegangenen Taufgeschichte vorausgesetzt (εἰ υἱὸς εἶ τοῦ θεοῦ) und wird nirgends – etwa gar ironisch im Blick auf ihr Fiasko – vom Versucher in Frage gestellt. Wie Jesus Gottessohn *werden* soll, ist hier und weiterhin nicht das Thema, sondern wie er seine »Messianität« erweist. Das Ansinnen des Versuchers in V. 3 entbehrt nicht einer schlüssigen, »theologischen« Logik. Ihre Prämissen scheinen zu stimmen, und ihre Folgerung erscheint zwingend: Als Gottessohn verfügt Jesus über die Kraft, in der gegenwärtigen ausweglosen Situation durch Verwand-

76 Vgl. *H. Conzelmann*, Die Mitte der Zeit. Studien zur Theologie des Lukas (BHTh 17), Tübingen ^{6}1977, S. 22.
77 Siehe *K. Aland* (Hg.), Synopsis Quattuor Evangeliorum (s. Anm. 41), S. 34.

lung »dieser« Steine in Brot sein gefährdetes Leben zu bewahren. Dabei ist mit keiner Silbe an eine Überwindung der materiellen Weltnöte als Zeichen seines messianischen Auftrages gedacht; von einer Speisung des Volkes verlautet nichts. Die Gedanken des Großinquisitors in Dostojewskis »Brüder Karamasoff« dürfen nicht in den Text eingetragen werden. Jesus geht mit keinem Wort auf die Argumente des Versuchers ein, sondern wehrt ihn in V. 4 mit dem ganz unmessianischen Schriftwort Dtn 8,3 ab. Aus ihm, nicht aus der offenkundigen Situation vernimmt er »das Gebot der Stunde«. Im Unterschied zu Lukas fügt Matthäus dem negativen Vordersatz den positiven Nachsatz im vollen Wortlaut hinzu: ἀλλ᾽ ἐπὶ παντὶ ῥήματι (LXX: τῷ) ἐκπορευομένῳ διὰ στόματος θεοῦ (Dtn 8,3 LXX). Unverkennbar enthält das Matthäus-Zitat entsprechend dem unmittelbaren Kontext Dtn 8,2.3a eine Anspielung auf die Mannaspeisung. Doch besteht kein Anlass, es wie weithin üblich im Sinne einer allgemeinen Wahrheit auf den Gegensatz von materieller Speise und ideellen Lebensgütern zu beziehen, auch wenn Dtn 8,3b zweifellos auf das Wort Jahwes abzielt, das für Israel Leben bedeutet (Dtn 30,15; 32,47; Sap 16,26[78]). Desgleichen ist die ebenfalls beliebte Erklärung nach Joh 4,34 abwegig[79]. Typisch hierfür Joh. Weiß: »Es ist das klassische Bekenntnis des höchsten, religiösen Idealismus, für den das Leben keinen Wert, ja keine Existenzmöglichkeit hat ohne die Gemeinschaft mit Gott«[80]. Übrigens ist auch Joh 4,34: »Meine Speise ist, dass ich den Willen dessen tue, der mich gesandt hat, und sein Werk vollende« keine allgemeine Sentenz, sondern eine christologische Aussage. Im Einklang mit Dtn 8,3 redet Mt 4,4 von der im Wort sich manifestierenden Schöpferkraft Gottes, der wunderbar vor Verderben errettet. So ist die Pointe der Erwiderung Jesu: Gott stellt seine Schöpferkraft in keines anderen eigenmächtige Verfügung, auch nicht in die des »Gottessohnes«. Das heißt zugleich: Jesus bewährt seine Gottessohnschaft, indem er unbeirrt in dem auf Gott wartenden Vertrauen verharrt und auf sein in der Schrift bezeugtes Wort sich verlässt. Darauf ist der erste Gesprächsgang ausschließlich konzentriert. Auch der häufig eingetragene Gegensatz zwischen eigennütziger Selbsthilfe und uneigennütziger Hilfe für andere ist im Text nicht angedeutet. Sichtlich wird in Jesu Erwiderung nicht das traditionell jüdische Messiasideal abgewehrt. Das erhellt schon daraus, dass »Sohn Gottes« kein genuin jüdischer Messiastitel ist[81] und der Messias nicht als der Wundertäter vorgestellt wird (nur die Messiaszeit wird vielfach mit wunderhaften Zü-

78 Vgl. *G. v. Rad*, Das fünfte Buch Mose. Deuteronomium (ATD 8), Göttingen [2]1968, S. 51.

79 Richtig *E. Klostermann*, Das Matthäusevangelium (s. Anm. 12), S. 28.

80 *J. Weiß*, Die drei älteren Evangelien (s. Anm. 48), S. 248.

81 Vgl. *E. Lohse*, Art. υἱός κτλ C. II. Palästinisches Judentum, in: ThWNT 8, Stuttgart 1969, S. (358-363) 361-363.

gen ausgemalt). Der Grundgedanke der ersten Entgegnung Jesu ist nicht die Ablehnung des Wunders überhaupt, wohl aber die Erklärung, »daß ein Wunder, das nicht im Gehorsam gegen Gott geschieht, sondern ihn herausfordert, ein satanisches wäre«[82]. Ließe er sich auf den Versucher ein, würde er die Züge des Antichristen annehmen (2Thess 2,9; Mk 13,22).

Auch in dem zweiten Gesprächsgang V. 5-7 fordert der Teufel von Jesus ein exzeptionelles Wunder, vergleichbar dem Flugwunder, durch das nach den apokryphen Petrusakten (act. Verc. 31 f.[83]) Simon Magus seine Göttlichkeit demonstrieren will. Doch wird mit der zweiten Versuchung Jesu nicht nur ein zweites stupendes Wunder dem ersten angereiht, sondern dem sich steigernden Gedankengang des Textes im Ganzen ein- und untergeordnet. Schon die gewandelte Szenerie bedeutet eine Steigerung: Die »heilige Stadt« ist geläufige Bezeichnung Jerusalems[84]. Die »Zinne« des Tempels (πτερύγιον) meint auf alle Fälle einen Dachvorsprung oder »Giebel«.

Wo er zu suchen ist, ist umstritten[85]. τοῦ ἱεροῦ spricht für eine hervorragende Stelle des Tempelbezirkes (im weiteren Sinn[86]), nicht des eigentlichen Tempelhauses ναός[87]. Am besten dürfte dazu ein Platz auf der Südseite oder Südostecke der sogenannten στοὰ βασιλική passen, die nach Josephus, Ant. 15,12 schwindelerregend hoch das Kidrontal überragt[88]. An einen Sprung in den Abgrund zu denken, legt auch das vom Teufel angeführte Psalmwort nahe und macht die Lokalisierung drastischer und wahrscheinlicher als die von J. Jeremias[89] vorgeschlagene Oberschwelle eines Tempeltores, was überdies für griechische Leser verständlicher durch τὸ ὑπέρθυρον bezeichnet wäre[90].

Doch liegt die eigentliche sachliche Steigerung im Fortgang von der ersten zur zweiten Versuchung darin, dass der Versucher Jesus nun

82 *R. Bultmann*, Die Geschichte der synoptischen Tradition (s. Anm. 5), S. 273.

83 *W. Schneemelcher* (Hg.), Neutestamentliche Apokryphen in deutscher Übersetzung, Bd. II: Apostolisches, Apokalypsen und Verwandtes, Tübingen [5]1989, S. 284 f.

84 Vgl. *W. Bauer*, Griechisch-deutsches Wörterbuch (s. Anm. 8), Sp. 17 (Art. ἅγιος).

85 Vgl. *G. Schrenk*, Art. ἱερός κτλ, in: ThWNT 3, Stuttgart 1938, S. (221-284) 235.

86 *W. Bauer*, Griechisch-deutsches Wörterbuch (s. Anm. 8), Sp. 1442 (Art. πτερύγιον).

87 Vgl. *E. Klostermann*, Das Matthäusevangelium (s. Anm. 12), S. 28.

88 Vgl. *G. Dalman*, Orte und Wege Jesu (BFChTh.M 1), Gütersloh [3]1924 (Nachdr. Darmstadt 1967), S. 311 f.

89 Zuletzt *J. Jeremias*, Neutestamentliche Theologie. Erster Teil: Die Verkündigung Jesu, Gütersloh [4]1988, S. 76.

90 *W. Bauer*, Griechisch-deutsches Wörterbuch (s. Anm. 8), Sp. 1442 (Art. πτερύγιον).

beim Wort nimmt, unverhohlener als *advocatus dei* redend mit der Schrift operiert und unter Hinweis auf die in ihr gültig verbriefte Zusage des göttlichen Schutzes (ψ 90,11 f. – unter Weglassung von V. 11b: τοῦ διαφυλάξαι σε ἐν πάσαις ταῖς ὁδοῖς σου) das Ansinnen an Jesus richtet, sein bedingungsloses Vertrauen auf Gott unter Beweis zu stellen. Wieder ist auch diese zweite Szene auf das Verhältnis zu Gott konzentriert und nicht auf die Wirkung hin ausgearbeitet, die Jesu Sprung bei der staunenden Menge erzielen würde; der sich leicht aufdrängende, von den meisten Auslegern betonte, möglicherweise aber schon durch die Szenerie nicht wahrscheinliche Gedanke eines »Schauwunders« ist nicht ausgesprochen. Jesus wehrt den zweiten Angriff mit Dtn 6,16 ab. »Gott versuchen« begegnet hier wie oft im Alten Testament als Ausdruck des Ungehorsams (Ex 17,2.7; Num 14,22; Ps 78,41.56; 95,9; vgl. 1Kor 10,9; Hebr 3,7 ff.), der den eigenen Willen Gott aufzuzwingen, ihn gefügig zu machen sucht und seine Hilfe zur Bedingung für weitere Gefolgschaft und Treue macht. Das besagt, dass die zweite Versuchung das zentrale Motiv, mit dem die erste geschlossen hat, variiert, indem Jesus das unbeirrte Vertrauen zu Gott vor jeder Entstellung in eine Herausforderung Gottes bewahrt und diese mit aller Bestimmtheit in die klar gezogenen Grenzen des Gehorsams gegenüber dem Anspruch Gottes zurückweist. So zeigt auch diese Szene den Gottessohn in einer aller »messianischen« Macht und Herrlichkeit baren Gestalt.

In der dritten Versuchung V. 8-10 knüpft der Teufel an diese Niedrigkeit Jesu an durch das Angebot, ihn zum Herren der Welt zu machen. Abermals ist die Steigerung deutlich – schon an ihrer umfassend ausgeweiteten Szenerie. Der »sehr hohe Berg«, der den Blick über alle Reiche der Welt eröffnet (so bei Matthäus; Lukas schildert den Vorgang als visionäre Entrückung), ist ein aus Märchen und Mythus bekanntes Motiv[91] und will selbstverständlich auf keiner Landkarte gesucht werden. Vgl. 2Bar 76,3: »So steige nun auf den Gipfel dieses Berges hinauf, und alle Länder dieser Erde sollen vor dir vorüberziehen…«. Der Teufel fordert kein neues Wunder, ebenso wenig appelliert er nochmals an Jesu Gottessohnschaft und diskutiert auch nicht mehr wie ein Schriftgelehrter, sondern lässt die Maske fallen. Mit der »unverhohlene[n] Geste dessen, der nicht überzeugen, … sondern nur unterwerfen kann«[92], führt er jetzt seine eigene, auch von jüdischem und christlichem Glauben nicht bestrittene Herrschaft über die Welt als gegebene Wirklichkeit ins Feld. Vgl. Lk 4,6: ὅτι ἐμοὶ παραδέδοται καὶ ᾧ ἐὰν θέλω δίδωμι αὐτήν. Jüdische Belege bei P. Billerbeck, I, S. 149; IV, S. 501 ff.; aus dem Neuen Testament Joh

91 Vgl. *A. Meyer*, Die evangelischen Berichte über die Versuchung Christi (s. Anm. 75), S. 460 ff.

92 *L. Steiger*, Erzählter Glaube. Die Evangelien, Gütersloh 1978, S. 143.

12,31; 14,30; 16,11 (ἄρχων τοῦ κόσμου τούτου); 2Kor 4,4 (ὁ θεὸς τοῦ αἰῶνος τούτου).

Aus diesen Unterschieden der dritten Versuchung gegenüber den ersten beiden auf ein ursprünglich selbstständig umgelaufenes Traditionsstück der frühen palästinischen Gemeinde schließen zu wollen[93], ist gleichwohl misslich; alle drei sind jedenfalls in der Q-Vorlage, die sichtlich nach dem volkstümlichen Gesetz der Dreizahl gestaltet ist, durch die sachliche Steigerung hinreichend motiviert.

Auch diese Versuchung ist keine Absurdität, sondern darum im höchsten Maße versucherisch, weil der Versucher sich auf Realitäten beruft und für ihre Anerkennung als Preis »nur« den Akt der Anbetung (προσκυνεῖν) fordert. Der Gefährlichkeit dieser letzten Versuchung entspricht das nun gleichfalls unverhüllte schroffe Abwehrwort Jesu ὕπαγε, σατανᾶ. Bengel[94]: »*tentasti, ut explorares, quis ego sim: et ego tibi dico, quis tu sis*«. Dieselbe Zurückweisung trifft Petrus nach der ersten Leidensverkündigung (Mk 8,33 = Mt 16,23; an beiden Stellen von Lukas getilgt, in der Versuchungsgeschichte schon der veränderten Reihenfolge geopfert). Vor allem aber bringt das gewichtig ans Ende gestellte Schriftwort Dtn 6,13 eine letzte Steigerung. Es ist dem Kontext des *Sch^ema Israel* entnommen und unterstreicht mit der hier wie schon in V. 7 (= Dtn 6,16) solennen Wendung κύριον τὸν θεόν σου, dem Verbum προσκυνεῖν (nicht φοβεῖσθαι) und dem hinzugefügten μόνῳ dem Septuaginta-Text folgend den alleinigen Herrschaftsanspruch Gottes. Der Zentralgedanke der dritten Szene, vorbereitet schon durch die ersten beiden Versuchungen, ist somit eindeutig: Jesus gibt für alles in der Welt den Gehorsam gegenüber dem in der Schrift bezeugten Willen Gottes nicht preis, bewährt damit als der Gerechte par excellence seine Gottessohnschaft und wird als solcher von Gott bestätigt (V. 11).

Die energische und konsequente Ausrichtung der drei Versuchungsszenen auf die durchaus unmessianischen und niemals messianisch gedeuteten Schriftworte in den Entgegnungen Jesu sind ein starkes Argument für die besonders von A. Schlatter[95] und R. Bultmann[96] vertretene Auffassung der Perikope im Ganzen als einer paränetischen Lehrerzählung für die Gemeinde ohne eine spezifisch christologische Abzweckung. Bis heute steht ihr die Auslegung schroff gegenüber, dass die Erzählung darauf abzielt, die Messianität bzw. Gottessohnschaft Jesu mit bestimmten als teuflisch abgewehrten zeitgenössischen Messiasbildern zu konfrontieren. Die Frage stellt sich in

93 *F. Hahn*, Christologische Hoheitstitel. Ihre Geschichte im frühen Christentum (FRLANT 83), Göttingen [4]1974, S. 175 f.

94 *J. A. Bengel*, Gnomon Novi Testamenti (s. Anm. 4), S. 33.

95 *A. Schlatter*, Der Evangelist Matthäus (s. Anm. 21), S. 108. 112.

96 *R. Bultmann*, Die Geschichte der synoptischen Tradition (s. Anm. 5), S. 274.

der Tat angesichts des merkwürdigen Missverhältnisses zwischen der Schlichtheit des dreifach in Jesu Erwiderungen ausgesprochenen Grundgedankens und dem Aufwand und Ausmaß der vom Versucher an ihn gerichteten Ansinnen. Diese lassen sich nicht ohne Weiteres unter die Versuchungen subsumieren, »in denen grundsätzlich jeder Gläubige steht«[97], zumal das Angebot der Weltherrschaft den Umkreis des menschlich Erschwinglichen weit übersteigt. Das hat zahlreiche Ausleger veranlasst, den messianischen Charakter der drei Versuchungen mit Nachdruck zu verteidigen. Aber was ist ihre Stoßrichtung, und wie lässt sich der Sitz der Erzählung im Leben der überliefernden Gemeinde genauer bestimmen? Gilt ihr Angriff dem alttestamentlich-jüdischen Gedanken, dass dem Messias die Herrschaft über die Welt gebührt? Schwerlich! Diesen hat auch das frühe Christentum – wie immer auch neu verstanden – rückhaltlos übernommen. J. Dupont deutet unter Auswertung des Kontextes der vier Schriftzitate die drei Versuchungen antitypologisch auf den Gegensatz zwischen dem widerspenstigen alten Gottesvolk während des Wüstenzuges und dem durch Jesus begründeten neuen: Er besteht die Versuchungen, an denen Israel einst gescheitert ist[98]. Doch wird dabei in jedem Falle die Pointe verschoben. Weder lässt sich die Mannaspeisung mit dem eigenmächtigen Wunder der ersten Versuchung in Zusammenhang bringen noch der Sprung von der Tempelzinne mit der Massa-Episode Ex 17,1-7, noch gar der Weltenberg mit dem Nebo, von dem aus der sterbende Mose das Gelobte Land überblickt (Dtn 34,1-4). Ebenso wenig lassen sich Zusammenhänge unserer Perikope mit der Messianologie der Qumrangemeinde erkennen[99] und die drei Versuchungen nach einer prophetischen (Wüste), priesterlichen (Tempel) und apokalyptischen Messiasidee (Weltenberg) aufgliedern[100]. Wieder anders deutet P. Hoffmann[101] die Q-Erzählung einheitlich auf die zeitgenössischen Enderwartungen der Zelotenbewegung. Danach soll Jesus nach dem Willen des Versuchers wie andere charismatische Volksführer in der Wüste (Josephus, Bell. 2,258 ff.; 7,478; Apg 5,36) das Manna vom Himmel herabfallen lassen, als Messias auf dem Dach des Tempels erscheinen, um dem Volk die Erlösungsstunde anzusagen (PesR 36 [162a][102]) und das wiederholt bezeugte Orakel erfüllen, »zu jener Zeit werde einer aus jüdischem Land die Herrschaft über den ganzen Erdkreis antreten« (Josephus, Bell. 6,312 f.[103]). Aber auch diese zunächst bestechende Erklärung erweist sich

97 Ebd.
98 Vgl. *J. Dupont*, Die Versuchungen Jesu in der Wüste (SBS 37), Stuttgart 1969, S. 10-21.
99 Dagegen mit Recht *H. Braun*, Qumran und das Neue Testament, Bd. I, Tübingen 1966, S. 12.
100 Vgl. *G. Baumbach*, Das Verständnis des Bösen in den synoptischen Evangelien (ThA 19), Berlin 1963, S. 108 f.
101 *P. Hoffmann*, Die Versuchungsgeschichte in der Logienquelle, in: BZ NF 13 (1969), S. 207-223.
102 Vgl. *P. Billerbeck*, Kommentar zum Neuen Testament aus Talmud und Midrasch, Bd. I (s. Anm. 9), S. 151.
103 Vgl. *M. Hengel*, Die Zeloten. Untersuchungen zur jüdischen Freiheitsbewegung in der Zeit von Herodes I. bis 70 n. Chr. (AGJU 1), Leiden ^{2}1976, S. 243 ff.

als brüchig, weil die erste Versuchung nichts von einem dem Volke zuteil werdenden Wunder sagt, die zweite nichts von einer Erscheinung des Messias auf dem Tempel zur Proklamation der Befreiung und in der dritten die Motive von Sieg und Gericht über die Feinde völlig fehlen. Näher liegt eine polemische Spitze gegen die Missdeutung der Gottessohnschaft Jesu im Sinne eines hellenistischen göttlichen Wundermannes und seiner Wunder als Magie[104], deren sich die frühe Christenheit zumal im außerjüdischen, heidnisch beeinflussten Raum zu erwehren hatte als einer Verfremdung ihres Glaubens und Wirkens auch in den eigenen Reihen (vgl. Mt 7,21-23; 24,23 ff. und die Auseinandersetzung des Paulus mit seinen christlichen [!] Widersachern). Spielt die dritte Versuchung auf die Selbstvergottung des den Fußfall fordernden Kaisers Gaius Caligula (37–41 n.Chr.) an (Josephus, Ant. 19,1,1; 18,4,5 ff.), so weist sie auf den Konflikt mit der Weltmacht Rom. L. Schottroff sieht den historischen Hintergrund in der Situation des Hungers bzw. der Verfolgung der Logienpropheten[105].

Wie der Evangelist die Erzählung versteht, deutet er durch Entsprechungen an, wie sie schon in den ersten drei Kapiteln zu beobachten waren. Sie finden sich alle in oder im Zusammenhang der Passionsgeschichte: die erste als wörtliche Wiederholung in der Antwort an Petrus nach der ersten Leidensankündigung 16,23; die Ablehnung der Selbsthilfe in 26,52-54; in drastischer Korrespondenz zur zweiten Versuchung die Rufe der Spötter unter dem Kreuz (»Bist du Gottes Sohn, so steige herab vom Kreuz«) 27,40 und 43. Nahe legt sich auch das dreifache Ringen Jesu in Gethsemane um den völligen Gehorsam gegenüber dem Willen Gottes und sein letzter Schrei mit den Worten des 22. Psalms. W. Stegemann hat in einer Auslegung der Versuchungsgeschichte auf diesen Zusammenhang hingewiesen und von daher ihre theologische Dimension zu erschließen versucht: Sie »thematisiert … in besonderer Weise das Problem der Niedrigkeit des irdischen Weges Jesu als ›Sohn Gottes‹« und sorgt – noch vor seinem Beginn – »dafür, daß dessen Ende als Entäußerung des einzigartigen Gottesverhältnisses Jesu durchsichtig wird«[106]. Stegemann versteht die Erzählung als Hilfe für die durch die Niedrigkeit ihres Herrn im

104 So *S. Eitrem*, Die Versuchung Christi. Mit einem Vorwort von A. Fridrichsen (Beih. zu NTT 25 [1924]), Kristiania 1924, S. 23; *A. Fridrichsen*, Le Problème de Miracle dans le Christianisme Primitif (EHPhR 12), Strasbourg / Paris 1925, S. 86 ff.; *W. Bousset*, Kyrios Christos. Geschichte des Christusglaubens von den Anfängen des Christentums bis Irenaeus (FRLANT 21), Göttingen [2]1921, S. 55; *R. Bultmann*, Die Geschichte der synoptischen Tradition (s. Anm. 5), S. 275; *F. Hahn*, Christologische Hoheitstitel (s. Anm. 93), S. 303; *S. Schulz*, Q. Die Spruchquelle der Evangelisten (s. Anm. 69), S. 186 f. u.a.
105 *L. Schottroff*, Schafe unter Wölfen. Die Wunderpropheten der Logienquelle, in: dies. / W. Stegemann, Jesus von Nazareth – Hoffnung der Armen (UB 639), Stuttgart / Berlin / Köln [3]1990, S. (54-88) 72 ff.
106 *W. Stegemann*, Die Versuchung Jesu im Matthäusevangelium. Mt 4,1-11, in: EvTh 45 (1985), S. (29-44) 44.

Glauben angefochtene Gemeinde (unter Verweis auf 28,17) und zugleich als Rechtfertigung ihres Glaubens an die Gottessohnschaft Jesu gegenüber den Juden. Einen eindrucksvollen Kontrast zur dritten Versuchung bildet am Schluss des Evangeliums das Wort des Auferstandenen: »Mir ist gegeben alle Gewalt im Himmel und auf Erden« (28,18).

Wie auch ihr Zusammenhang mit der Taufgeschichte und ihr mythischer Vorstellungsrahmen zeigt, ist der Inhalt der Versuchungsgeschichte eine christologische Aussage (vergleichbar dem Hymnus Phil 2,1-11 und Stellen wie Hebr 5,8) und hat als solche eine Schlüsselfunktion im Matthäus-Evangelium. Doch enthält das erzählte Geschehen zugleich eine das auch von der Jüngerschaft geforderte Verhalten begründende Bedeutung. In diesem Sinn gehören Christologie und Paränese unlösbar zusammen und bilden nicht wie häufig missverstanden eine Alternative. Treffend hat Calvin diesen Sachverhalt formuliert: »*In publica omnium fidelium persona tentatus fuit.* Darum wissen die Glaubenden: *tentationes, quae nobis contingunt, non esse fortuitas vel Satanae libidine moveri absque Dei permissu, sed Spiritum Dei praeesse nostris certaminibus quo fides nostra exerceatur.*«

Der Schlussvers der Versuchungsgeschichte setzt einen deutlichen Akzent und hebt die vorbereitenden Szenen von der nun beginnenden Geschichte des Wirkens Jesu ab.

Einige Ausleger[107] rechnen den Komplex c. 3,1-4,16 zum Prolog und lassen erst mit Jesu erster Predigt 4,17 den Hauptteil des Evangeliums beginnen[108]. E. Krentz nennt zwei formale Gründe: a) die sich in 16,21 wiederholende Formel ἀπὸ τότε ἤρξατο ὁ Ἰησοῦς … 4,17 markiert jeweils einen Einschnitt[109]; b) in 4,16 erreichen die Reflexionszitate ab 1,23 die vollkommene Siebenzahl[110]. Diesen formalen Argumenten steht in 3,1 f. der auffallend hervorgehobene Auftakt gegenüber, der von Jesu verborgener Vorgeschichte zu seinem sichtbaren Auftreten im Evangelium überleitet. 4,12, wo der Markus-Faden wieder aufgenommen wird, ist die inhaltlich bedeutsame Einleitung für das folgende Geschehen. Auch sind V. 17 und der ihn interpretierende V. 16 nicht auseinanderzureißen. Vielmehr ist neben starken Akzenten mit gleitenden Übergängen zu rechnen[111].

107 *E. Lohmeyer*, Das Evangelium des Matthäus (s. Anm. 63), S. 33; *E. Krentz*, Der Umfang des Matthäus-Prologs. Ein Beitrag zum Aufbau des ersten Evangeliums, in: J. Lange (Hg.), Das Matthäus-Evangelium (WdF 525), Darmstadt 1980, S. 316-325; *W. Stegemann*, Die Versuchung Jesu im Matthäusevangelium (s. Anm. 106), S. 35.

108 *U. Luz*, Das Evangelium nach Matthäus, Bd. I (s. Anm. 3), S. 25 erst mit 4,23.

109 *E. Krentz*, Der Umfang des Matthäus-Prologs (s. Anm. 107), S. 317.

110 A.a.O., S. 319.

111 Zur Abneigung des Matthäus gegen »Abgrenzungen« s. *U. Luz*, Das Evangelium nach Matthäus, Bd. I (s. Anm. 3), S. 19.

In den drei auf Taufe und Versuchung Jesu folgenden Perikopen hat Matthäus Überlieferungsstücke, die in der Markus-Vorlage lose aufgereiht sind, zu einer einheitlichen Komposition ausgestaltet: »Jesu Auftreten in Galiläa« ist bedeutsam erweitert und abgewandelt; »die Berufung der ersten Jünger« nur mit geringfügigen Eingriffen wiedergegeben; in dem abschließenden Sammelbericht löst sich der Evangelist am stärksten von Markus.

4. Jesu Auftreten in Galiläa (4,12-17)

Das Ereignis der Verhaftung des Täufers soll im Matthäus-Bericht V. 12 wohl das »Entweichen« Jesu nach Galiläa motivieren (wie 2,14.22; 12,15; 14,13) und nicht nur als Zeitangabe dienen (wie 2,13; 9,24; 15,21; 27,5). Dafür sprechen die Änderung des Markus-Textes (μετὰ τὸ παραδοθῆναι ... ἦλθεν ὁ Ἰησοῦς) und der Kontext[112]. Dass Herodes Antipas, der Verfolger und Mörder des Johannes, auch in Galiläa regierte, ist dabei außer Acht gelassen.
Der sachliche Zusammenhang zwischen Jesu erstem Auftreten und der Verhaftung des Johannes ist in dem Wort παραδοθῆναι angedeutet, das in Leidensankündigungen und Passion Jesu wieder erscheinen wird.
Dass die Predigt des Johannes ungerechtem politischen Verdacht ausgesetzt war, berichtet Josephus: Die dem Täufer zuströmende Menge habe die Furcht des Antipas vor einem Aufrührer erregt, »obwohl Johannes ein edler Mann war, der die Juden ermahnte, Gerechtigkeit gegen einander und Frömmigkeit gegen Gott zu üben« (Ant. 18,5,2).
Das Interesse des Erzählers richtet sich in V. 13 sofort auf das Gebiet, in dem Jesus auftritt: Anstelle seiner Heimatstadt Nazareth (die seltenere Schreibweise Ναζαρά nur hier und Lk 4,16; die Handschriften schwanken) macht Jesus nach Matthäus alsbald Kapharnaum (Kapernaum) zu seinem Wohnort und Mittelpunkt seines Wirkens.

Anders Lukas, der unsere Galiläa-Perikope durch die große Szene von Jesu erster Predigt in Nazareth ersetzt (4,16-30) und mit seiner Verstoßung daselbst den Ortswechsel begründet. Dass auch Matthäus eine ähnliche Nazareth-Szene voraussetze, aber weggelassen habe[113], lässt sich dem Text nicht entnehmen.

Die näheren, geographischen Angaben τὴν παραθαλασσίαν ἐν ὁρίοις Ζαβουλὼν καὶ Νεφθαλίμ sind auf die folgende Weissagung hin formuliert und künden bereits die providentielle Bedeutung der Land-

112 Gegen *G. Strecker*, Der Weg der Gerechtigkeit (s. Anm. 2), S. 65, Anm. 3.
113 *G. Strecker*, a.a.O., S. 64 f.; *G. D. Kilpatrick*, The Origins of the Gospel according to St. Matthew, Oxford 1950 (Nachdr. 1946), S. 82. 93 f.

schaft an. Mit θάλασσα ist hier wie im Folgenden der See Genezareth gemeint (vgl. V. 15.18 u.ö.). Im Text und Kontext von Jes 8,23; 9,1 wird auch den von den Assyrern vereinnahmten Gebieten der Nordstämme die baldige Rettung durch den neu geborenen Davididen geweissagt.
V. 14: ἵνα πληρωθῇ ... ist typische matthäische Einführungsformel.

Die Textvorlage für das Zitat Jes 8,23; 9,1 in V. 15 f. lässt sich nicht mehr sicher ermitteln[114]. Ihr Wortlaut deckt sich weder mit der Septuaginta noch mit dem hebräischen Text, Einflüsse beider sind gleichwohl erkennbar. In jedem Fall ist aber auch mit dem Anteil interpretierender Arbeit des Evangelisten zu rechnen. Aus dem Genus der Verben sowie aus der Apposition ὁ λαός κτλ geht hervor, dass γῆ Ζαβουλών und γῆ Νεφθαλίμ Nominative (nicht Vokative wie in der Septuaginta) sind und also Subjekt des Satzes. Das doppelte γῆ ohne Artikel entspricht dem hebräischen Text. Auch die im Griechischen ungewöhnliche präpositionale Akkusativwendung ὁδὸν θαλάσσης = versus ist dem hebräischen דֶּרֶךְ הַיָּם nachgebildet[115]; ähnlich in Dtn 11,30 LXX; 3Βασ 8,48. πέραν τοῦ Ἰορδάνου = עֵבֶר הַיַּרְדֵּן meint die Dekapolis (V. 25). Die Aufzählung der Landschaften kulminiert in Γαλιλαία τῶν ἐθνῶν. Das unbestimmte גְּלִיל הַגּוֹיִם des hebräischen Textes (»Gebiet der Heiden«) ist hier wie schon in der Septuaginta zum Landschaftsnamen geworden. Vgl. 1Makk 5,15: Γαλιλαία ἀλλοφύλων. Die matthäische Lesart in V. 16 καθήμενος, wiederholt in τοῖς καθημένοις, unterstreicht die Not des Volkes in dem verachteten Land und schafft einen wirksamen, bei Matthäus durch den parallelismus membrorum der Sätze noch verstärkten Kontrast zu den Heilsaussagen: φῶς εἶδεν μέγα / φῶς ἀνέτειλεν αὐτοῖς. Für beide Verben ist von Matthäus in bewusster Änderung des hebräischen und des Septuaginta-Textes der Indikativ Aoristi gewählt: a) εἶδεν gegen רָאוּ (hebräisch), ἴδετε (LXX); b) φῶς ἀνέτειλεν ... gegen נָגַהּ (hebräisch), λάμψει (futurisch! LXX). Die Abwandlung der Weissagung in eine Erfüllungsaussage ist offenkundig[116]. Dazu stimmt der in Epiphanietexten wiederholt begegnende, übertragen gebrauchte astrale Terminus ἀνατέλλω (bzw. ἀνατολή). Vgl. Lk 1,78; 2Petr 1,19; IgnMagn 9,1; IgnRöm 2,2; Clem Alex, Excerpta ex Theod. 74[117]. Der bildliche Gebrauch der Kontrastbegriffe Licht / Finsternis (bzw.

114 Vgl. *K. Stendahl*, The School of St. Matthew and its Use of the Old Testament (ASNU 20), Uppsala 1954, S. 104 ff.; *G. Strecker*, Der Weg der Gerechtigkeit (s. Anm. 2), S. 66-69.

115 Vgl. *F. Blass / A. Debrunner / F. Rehkopf*, Grammatik des neutestamentlichen Griechisch (s. Anm. 10), § 161,1.

116 Vgl. *K. Stendahl*, The School of St. Matthew and its Use of the Old Testament (s. Anm. 114), S. 105.

117 *F. J. Dölger*, Sol Salutis. Gebet und Gesang im christlichen Altertum (LF 4/5), Münster [2]1925, S. 149 ff.

Todesschatten) findet sich schon in der Heilssprache des Alten Testaments und des Judentums, ist aber auch dem Griechentum bekannt[118].

Noch wird durch das »Galiläa der Heiden« der Horizont nicht universal ausgeweitet[119]. Die Völker / Heiden werden erst nach Jesu Passion und Auferstehung in das Heilsgeschehen einbezogen. Aber diese Ausweitung kündigt sich schon in der zitierten Galiläa-Weissagung an, und sicher nicht zufällig sendet im Epilog des Matthäus-Evangeliums (28,16 ff.) der Auferstandene – wiederum in Galiläa (!) – die Jünger aus, »alle Völker« zu Jüngern zu machen. (Eine apologetische Absicht, mit dem Jesaja-Wort dogmatische Einwände gegen die Messianität des Galiläers Jesus abzuwehren [wie Joh 7,41], ist an unserer Stelle nicht angedeutet.) Im unmittelbaren Kontext ist die Funktion des Jesaja-Wortes eine andere, nämlich die Bedeutung des Augenblickes zu markieren (ἀπὸ τότε ἤρξατο κτλ) und zum Folgenden überzuleiten.

Damit ist bereits der einzige, aber auch entscheidende Unterschied zwischen der Zusammenfassung der Predigt Jesu in V. 17 und der mit den gleichen Worten wiedergegebenen des Täufers (3,2) genannt. So gewiss der Evangelist Johannes und Jesus durch die wortgleiche Inhaltsangabe ihrer Botschaft engstens verbindet, unterscheidet er sie dadurch, dass er 3,2 die Wegbereiter-Verheißung folgen und 4,17 das Erfüllungswort vorangehen lässt.

Matthäus rückt damit so erheblich von Mk 1,15 ab, dass die Frage sich aufdrängt, ob jedenfalls diesem Bericht Markus überhaupt als Vorlage gedient hat und unsere Stelle nicht gar als ein gewichtiges Indiz gegen die Priorität des Markus zu werten ist. Beides ist jedoch zu verneinen. Doch bleibt zunächst auffallend, dass das erste und letzte Glied in dem viergliedrigen Spruch Mk 1,15 bei Matthäus fehlen: πεπλήρωται ὁ καιρός und πιστεύετε ἐν τῷ εὐαγγελίῳ. Für beides lassen sich jedoch Gründe angeben. Die Auslassung des ersten Satzgliedes aus Mk 1,15 wird verständlich, wenn sie in den Gesamtzusammenhang von Mt 3-4 rückt. Wie gezeigt, stellte die Verarbeitung der sehr verschiedenen Traditionen aus Markus und Q den Evangelisten vor die Frage nach dem Verhältnis von apokalyptischer Endzeit und irdischer Heilszeit. Matthäus hat sie im Sinne seiner Theologie intensiv reflektiert, indem er an unserer Stelle die heilsgeschichtliche Wende in dem Gang der Lebensgeschichte Jesu verankerte und durch die verschiedenen alttestamentlichen Schriftworte zu 3,2 und 4,17 zur Geltung brachte. Dem Sinne nach ist die markinische Wendung πεπλήρωται ὁ καιρός darin aufgegangen. An die Stelle des ple-

118 Vgl. *H. Conzelmann*, Art. φῶς κτλ, in: ThWNT 9, Stuttgart 1973, S. (302-349) 335.

119 Vgl. *W. Trilling*, Das wahre Israel. Studien zur Theologie des Matthäus-Evangeliums (StANT 10), München 1964, S. 136 f.

rophoren Eingangssatzes Mk 1,15 ist darum bei Matthäus die schlichtere, in den Grenzen des irdischen Lebens Jesu bleibende Wendung ἀπὸ τότε ἤρξατο ὁ Ἰησοῦς getreten, die hier wie 16,21 einen neuen Zeitabschnitt markiert. Vollends wird verständlich, warum er das letzte Satzglied aus Mk 1,15 nicht aufnahm. Aus der offensichtlich in Anlehnung an Markus formulierten Wendung 4,23: καὶ κηρύσσων τὸ εὐαγγέλιον τῆς βασιλείας lässt sich mit Sicherheit entnehmen, dass Matthäus den Text der Vorlage sehr wohl kannte. Doch vermeidet er hier wie auch sonst konsequent den Markus geläufigen Terminus technicus τὸ εὐαγγέλιον = (christliche) Heilsbotschaft, mit dem Genitivus auctoris τοῦ θεοῦ (1,14), dem Genitivus objectivus Ἰησοῦ Χριστοῦ (1,1) oder absolut und mit πιστεύειν verbunden (1,15). An den wenigen Stellen, wo εὐαγγέλιον bei Matthäus begegnet, ist der Begriff anders als bei Markus immer durch τῆς βασιλείας determiniert (4,23; 9,35; 24,14) und Bezeichnung für die Reichspredigt des irdischen Jesus (einzige Ausnahme: 26,13). Dieser unterschiedliche Sprachgebrauch erklärt auch die Divergenz an unserer Stelle.

Die inhaltliche Gleichsetzung der Johannes- und Jesuspredigt hat wiederholt zu kritischen Bedenken und zu der Annahme Anlass gegeben, »daß der Satz Mt 4,17 nur in seinem zweiten Teil, also ohne das vorangehende μετανοεῖτε für die Verkündigung Jesu bezeichnend ist«[120]. Von der Textüberlieferung aus ist die Frage nicht zu entscheiden; die spärlich bezeugte Auslassung von μετανοεῖτε und γάρ in k $sy^{s.c}$ und bei einigen Vätern hat kein durchschlagendes Gewicht. Als authentisches Täufer- und Jesuswort sind 3,2 und 4,17 – ebenso wie Mk 1,15 – in der Tat nicht anzusehen, sondern als Formulierungen der Evangelisten. Das berechtigt jedoch nicht dazu, Jesus selbst den Ruf zur Umkehr abzusprechen und ihn zu seiner Reich-Gottes-Botschaft in Gegensatz zu stellen. Vielmehr gehört beides in Jesu Verkündigung unabdingbar zusammen, insofern freilich gewandelt, als in ihr μετάνοια die Hinwendung zu dem jetzt eröffneten *Heil* bedeutet und ihre Verweigerung die Verweigerung des Heils (Mt 11,2 u.a.).

120 *E. Jüngel*, Paulus und Jesus. Eine Untersuchung zur Präzisierung der Frage nach dem Ursprung der Christologie (HUTh 2), Tübingen [5]1979, S. 175, Anm. 5.

5. *Die Berufung der ersten Jünger (4,18-22)*

Im Unterschied zu der vorigen Perikope gibt Matthäus die Berufung der ersten Jünger in der Szenenfolge und im Wesentlichen auch nach dem Wortlaut der Markus-Vorlage wieder (anders Lk 5,1-11). Die wenigen Abweichungen sind fast alle nur terminologischer und stilistischer Art.

Beispiele: 18 περιπατῶν δὲ παρὰ τὴν θάλασσαν für παράγων παρὰ τὴν θάλασσαν; Hinzufügung von δύο ἀδελφούς (ebenso in V. 21); βάλλοντας ἀμφίβληστρον für ἀμφιβάλλοντας; 19 Weglassung von ὁ Ἰησοῦς (nach V. 17 unnötig) und γενέσθαι (doch s.u.); 21 ἐκεῖθεν für ὀλίγον; Zusatz: μετὰ Ζεβεδαίου τοῦ πατρὸς αὐτῶν, wofür in V. 22 der schon zweimal genannte Name, aber auch μετὰ τῶν μισθωτῶν gestrichen wird; εὐθέως (Markus: εὐθύς) ist zu ἀφέντες, nicht zu ἐκάλεσεν gehörig wie bei Markus, aber seiner Satzlogik entsprechend. Der Schlusssatz wird damit sowie durch ἠκολούθησαν αὐτῷ für ἀπῆλθον ὀπίσω αὐτοῦ strenger V. 20 parallelisiert.

Anders ist die Anfügung des neuen, dem erstgenannten Simon verliehenen Jüngernamens τὸν λεγόμενον Πέτρον in V. 18 zu beurteilen; sie wiederholt sich in 10,2 und weist auf 16,18 voraus (beide Stellen nur bei Matthäus). Die Berufungsszene wird damit für die griechisch sprechende Gemeinde aktualisiert. Nimmt man den Markus- und Matthäus-Text für sich, so ließe sich fragen, ob nicht der erste den zweiten voraussetzt und ihn aufgelockert und ausgeschmückt habe. Die Differenzen bei Matthäus entsprechen jedoch seiner sonstigen Arbeitsweise: Verzicht auf überflüssiges Detail, häufige Verwendung gleichlautender Formulierungen und ein über Markus hinaus gesteigertes Interesse an dem 10,2-4 vollzählig benannten Zwölferkreis mit »Simon, genannt Petrus« an der Spitze. Matthäus hat also auch hier den *literarisch* bereits fixierten Markus-Text bearbeitet, ohne damit jedoch seinen Charakter zu verändern.
Seiner Form nach gehört die Doppelszene zur Gattung der »biographischen Apophthegmata«[121], d.h., ihre Pointe liegt in dem Wort Jesu, mit dem er die Angeredeten aus ihren bisherigen beruflichen und familiären Bindungen in seine Nachfolge ruft. Alles Übrige dient der redaktionellen Verknüpfung und der Veranschaulichung dieses Wortes und seiner souveränen Wirkung. Näherhin über die historischen Umstände zu reflektieren, also etwa warum Jesus gerade diese vier berief und welche vorherigen Begegnungen mit ihm sie veranlassten, seinem Rufe unverzüglich zu folgen, oder auch aus den geringfügig differenzierten Angaben des Textes auf einen sozialen Unterschied der Brüderpaare zu schließen, alles das ist nicht nur müßig, sondern

121 *R. Bultmann*, Die Geschichte der synoptischen Tradition (s. Anm. 5), S. 26 f.

verfehlt den Text, der allgemein Gültiges aussagen, nicht eine individuelle Episode erzählen will (»ideale« Szene). Sein Thema ist durch die beiden metaphorischen Motivworte »Menschenfischer« und »Nachfolge« eindeutig gekennzeichnet. Wie der alltägliche Wortsinn des ersten überraschend gesteigert und abgewandelt wird (vgl. zu Mk 1,17), so bedeutet auch das zweite hier wie oft – besonders häufig bei Matthäus – nicht mehr nur »hinterhergehen«, sondern ist fester Ausdruck für Jüngersein. Das so begründete Verhältnis des Berufenden und der Berufenen ist nicht das einer gleichrangigen Partnerschaft. Die Hauptperson im Bericht ist der berufende Meister[122], die Jünger erscheinen einzig als die, denen sein Hoheitsakt widerfährt; von ihrer »Nachfolge« wird darum in einfachen, stereotypen Wendungen, ohne jeden Ausdruck der Bewunderung für ihre heroische Entschlossenheit geredet.

Dass die Aufnahme der Szene zwischen den allgemeinen Stücken V. 12-17 und V. 23-25 nicht eben glücklich und nur durch die Markus-Vorlage bedingt sei[123], ist zu bestreiten. In der Komposition der folgenden Abschnitte nach sachlichen Themen beweist gerade Matthäus ein solches Maß von Freiheit gegenüber der Markus-Vorlage (anders Lukas), dass die Belassung der Perikope an dieser Stelle umso mehr beachtet sein will. Der Evangelist hebt ihren Platz sogar eigens hervor, indem er sie mit V. 12-17 und V. 23-25 umrahmt. Er bezieht damit die Berufung der ersten Glieder des Jüngerkreises, wenn auch noch nicht im Sinne ihrer Einsetzung zu Aposteln[124], so doch einer Ankündigung ihres Apostolates ausdrücklicher noch in den Anfang des Wirkens Jesu in Galiläa ein.

6. Jesus wirkt in die Weite (4,23-25)

Anstelle der Folge einzelner Szenen in Mk 1,21-39, aber anknüpfend an deren summarischen Schlussvers gibt Matthäus schon hier am Anfang in einem breit ausgestalteten Sammelbericht ein umfassendes Bild der weit ausstrahlenden galiläischen Wirksamkeit Jesu, das mit der gängigen Überschrift »Reisepredigt« oder »Reisetätigkeit« in unseren Synopsen nur mangelhaft getroffen ist. Das Ausmaß seiner Wirkung unterstreicht die Plerophorie der Wendungen: ἐν ὅλῃ τῇ Γαλιλαίᾳ, εἰς ὅλην τὴν Συρίαν, (θεραπεύων) πᾶσαν νόσον καὶ πᾶσαν μαλακίαν ἐν τῷ λαῷ, (προσήνεγκαν) πάντας κτλ, ἠκολούθησαν … ὄχλοι πολλοί. Dem entsprechen die gehäuften Aus-

122 Vgl. a.a.O., S. 27.
123 *E. Klostermann*, Das Matthäusevangelium (s. Anm. 12), S. 31.
124 *J. Wellhausen*, Das Evangelium Matthaei (s. Anm. 18), S. 11.

drücke für die Gebrechen der Leidenden und die Aufzählung der Landschaften.

Gleichwohl enthält der Text zahlreiche Anklänge an verstreute Stellen der Markus-Vorlage: vgl. zu V. 23 καὶ περιῆγεν διδάσκων Mk 6,6, κηρύσσων τὸ εὐαγγέλιον Mk 1,14; zu V. 24 ἀπῆλθεν ἡ ἀκοὴ αὐτοῦ Mk 1,28, προσήνεγκαν αὐτῷ πάντας τοὺς κακῶς ἔχοντας κτλ Mk 1,32.34; zu V. 25 καὶ ἠκολούθησαν αὐτῷ ὄχλοι πολλοί Mk 3,7; 5,24; Δεκάπολις Mk 5,20; 7,31; Ἱεροσολύμων καὶ Ἰουδαίας καὶ πέραν τοῦ Ἰορδάνου Mk 3,8.

Inhaltlich setzt das Summarium 4,12-17 fort. Das Gewicht liegt jedoch jetzt nicht mehr auf dem Augenblick des Auftretens Jesu, sondern auf der Beständigkeit vor allem seiner Heilandstätigkeit. Die kompositorische Bedeutung des Abschnittes erhellt daraus, dass er den sorgfältig disponierten Teil Kap. 3-4 (»Wegbereiter und Vollender«) abschließt, zugleich aber in V. 23 die Stichworte nennt, nach denen die folgenden Teile, die Jesu Wirken in seinen Worten (5-7) und seinen Taten (8,1-9,34) zum Inhalt haben, gegliedert sind (διδάσκων / κηρύσσων / θεραπεύων). Beide werden von den fast wortgleichen Versen 4,23 und 9,35 umrahmt und damit auch die Aussendungsrede c. 10 eröffnet.
Das geographische Wirkungsfeld Jesu ist auch hier Galiläa, aber dieses wird zum Mittelpunkt der sich darum gruppierenden Gebiete im Norden (Syrien), Osten (Dekapolis) und Süden (Judäa und Peräa), in die die Kunde über ihn dringt und von denen her ihm die Volksmenge zuströmt. Auch hier wird deutlich, dass die Grenzen zwischen Juden- und Heidenland noch nicht definitiv durchbrochen sind[125]; die phönizischen Städte Tyrus und Sidon sowie das Judäa südlich benachbarte Idumäa (Mk 3,8) werden nicht genannt. Aber die künftige Einbeziehung auch der Heidenwelt in das Heilsgeschehen entsprechend der alttestamentlichen Weissagung 4,15 (»Galiläa der Heiden«) kündigt sich von Neuem ereignishaft an. Die Gliederung des Sammelberichtes ist durch die drei Satzanfänge καὶ περιῆγεν V. 23, καὶ προσήνεγκαν V. 24, καὶ ἠκολούθησαν V. 25 klar markiert: Jesu Predigt und Heilen, die Wirkung seines Tuns, der Andrang des Volkes.
Die nur bei Matthäus begegnende Doppelwendung διδάσκων ... καὶ κηρύσσων in V. 23 (vgl. auch 9,35; 11,1) ist kein Pleonasmus, sondern kennzeichnend für die in seinem Evangelium am stärksten herausgearbeitete Zuordnung von Gesetzeslehre und Reichsbotschaft in der Predigt Jesu. Dass hier spezifisch matthäischer Sprachgebrauch vorliegt, zeigt der Vergleich mit der Markus-Vorlage. In dieser ist der Begriff »lehren« inhaltlich nicht festgelegt und wird ebenso dort gebraucht, wo Jesus am Sabbat, in den Synagogen und im Tempel als

125 Vgl. *W. Trilling*, Das wahre Israel (s. Anm. 119), S. 135 f.

Lehrer und Ausleger der Schrift auftritt (Mk 1,21 f.; 6,2.6b; 12,14.35; 14,49), wie in der Einleitung zu seinen Gleichnissen (4,1 f.), bei der Tempelreinigung (11,17) sowie in der Belehrung der Jünger über Leiden und Auferstehen des Menschensohnes (8,31; 9,31). Matthäus dagegen gebraucht beide Verben nicht synonym, sondern redet von Jesu »Lehren« nur im Zusammenhang der ersten Gruppe (Mt 7,29 = Mk 1,22; Mt 13,54 = Mk 6,2; Mt 22,16 = Mk 12,14; Mt 26,55 = Mk 14,49); ebenso in eigenen, von Markus unabhängigen redaktionellen Wendungen wie Mt 5,2; 21,23. Aber er vermeidet διδάσκειν konsequent bei Aussagen, die Jesu spezifische Botschaft vom Himmelreich (13,3) und das Schicksal des Menschensohnes (16,21; 17,2) zum Inhalt haben; auch zu Mk 2,13; 10,1; 11,17; 12,35 fehlt die Matthäus-Parallele. Die aufgezeigte terminologische Gesetzmäßigkeit wird weder durch die häufige Anrede Jesu als διδάσκαλος, und zwar durch Nichtjünger (8,19.21; 9,11; 12,38 u.ö.), noch durch das Staunen des Volkes über seine »Lehre« (22,33) und seine einzigartige Stellung als »Lehrer« (23,8) in Frage gestellt. Auch darf sie nicht durch den zweifellos richtigen Hinweis relativiert werden, dass im Matthäus-Evangelium seine Lehre »einen Entscheidungsruf einschließt …, andererseits der βασιλεία-Begriff ethisierend interpretiert« wird[126]. Vielmehr zeigt sich in der Verbindung von διδάσκειν und κηρύσσειν die für die Theologie des Matthäus charakteristische Polarität von Gebot und Heilszusage in Jesu Predigt. – Auch die Verbindung πᾶσαν νόσον καὶ πᾶσαν μαλακίαν – hier wie 9,35; 10,1 – findet sich nur bei Matthäus; sie entspricht ähnlichen alttestamentlichen Wendungen (Dtn 7,15; 28,59.61; vgl. auch Jes 53,4 [Mt 8,17]; TestJos 17,7).

Entgegen der Abtrennung in den Synopsen von Huck-Lietzmann und Aland ist καὶ ἀπῆλθεν ἡ ἀκοὴ αὐτοῦ εἰς ὅλην τὴν Συρίαν in V. 24 als Abschluss zum Vorangehenden zu ziehen[127] wie in den ebenfalls abschließenden Wendungen Mt 9,26; Mk 1,28. Mit Syrien ist dann die (nördliche) »Umgebung von Galiläa« gemeint, in die vorerst nur die Kunde von Jesu Taten dringt. Erst καὶ προσήνεγκαν setzt neu ein und schildert die durch sein Wirken ausgelöste, von allen Seiten andringende Bewegung. Die allgemeine Angabe »Kranke« wird durch drei Gruppen veranschaulicht: Besessene (wie 8,28), Mondsüchtige (nach 17,15 = Epileptiker) und Lahme (wie 8,6; 9,2).

καὶ ἠκολούθησαν αὐτῷ ὄχλοι πολλοὶ κτλ schließt das Summarium wirkungsvoll ab. Wie häufig hat ἀκολουθεῖν hier selbstverständlich nicht den prägnanten Sinn von »Nachfolge«, sondern schildert den Zulauf der Menge[128].

126 Gegen *G. Strecker,* Der Weg der Gerechtigkeit (s. Anm. 2), S. 127 f.

127 Vgl. *W. Trilling,* Das wahre Israel (s. Anm. 119), S. 135.

128 Belege bei *W. Bauer,* Griechisch-deutsches Wörterbuch (s. Anm. 8), Sp. 61 (Art. ἀκολουθέω, unter 1.).

Jesus, der Erfüller und Ausleger des Gesetzes (Mt 5,17-20 und 15,1-20)

1. Der Erfüller des Gesetzes (5,17-20)

Der Abschnitt Mt 5,17-20 ist literarkritisch, traditionsgeschichtlich und in der Theologie des Matthäus wohl der problemreichste des ganzen Evangeliums. Er hat auch in der sonstigen Jesusüberlieferung nicht seinesgleichen. Schon der Anschluss an V. 16 gelingt nur mit Mühe. Angenommen, V. 20 und die in der weiteren Bergpredigt, zumal in 5,21-28, angeführten konkreten Beispiele für die von den Jüngern geforderte bessere Gerechtigkeit folgten unmittelbar auf das Stichwort ὑμῶν τὰ καλὰ ἔργα (V. 16), würde sich ein glatter Zusammenhang ergeben. Gelegentliche Versuche, ihn durch Streichung einzelner Verse herzustellen, sind jedoch nur erwähnenswert, weil sie umso deutlicher anzeigen, dass Matthäus gerade nicht sofort eine Aufreihung einzelner Weisungen folgen lässt, sondern an dieser Stelle ein sehr differenziertes theologisches Lehrstück einbaut, um das rechte Verständnis der Antithesen vorzubereiten. Freilich, eine eher befremdliche Einleitung, weil sie mit ihren gewichtigen Sätzen über Jesu nicht nur positive, sondern »superlative«[1] Stellung zum Gesetz zu dem in stereotypen Wendungen immer erneut erklärten Gegensatz hernach: »Ihr habt gehört ... Ich aber sage euch« in starker Spannung steht. Sichtlich hat erst der Evangelist den Spruchkomplex V. 17-20 aus Einzelsätzen verschiedener Art, Herkunft und Form zu einem gedanklich geordneten Ganzen zusammengefügt: Wie die im Einzelnen abweichende Parallelversion Lk 16,17 zeigt, ist V. 18 in seinem Kern vormatthäisch, wohl aus Q stammendes Traditionsgut, aber von Matthäus interpretierend erweitert und durch den programmatischen Satz V. 17 eingeleitet. Der locker angefügte V. 19 zieht aus V. 18 eine konkrete Folgerung. V. 20, deutlich von V. 17-19 abgehoben und abermals wie V. 18 mit »Ich sage euch« neu einsetzend, ist höchstwahrscheinlich wie V. 17 von Matthäus als Abschluss und zugleich als Überschrift zu den Antithesen gebildet. Doch gibt der Evangelist selbst in V. 17 den Standort an, von dem aus er alle weiteren Aussagen in c. 5 und der Bergpredigt im Ganzen verstanden wissen will, durch die Voranstellung eines als Selbstprädikation Jesu formulierten

1 *J. Wellhausen*, Das Evangelium Matthaei, Berlin ^{2}1914, S. 17.

christologischen Satzes, der wie andere von Jesu »Gekommensein« redende Worte (9,13; 10,34 f.; 15,24; 20,28) das Ziel seiner Sendung zusammenfasst. Gesetz und Gerechtigkeit werden von Matthäus also nicht als allgemeine Probleme zur Sprache gebracht, sondern stehen von vornherein unter dem Aspekt ihrer durch Jesus geschehenen Erfüllung. Die nur bei Matthäus begegnende Wendung μὴ νομίσητε ὅτι (5,17; 10,34) ist, wie aus V. 18 f. zu entnehmen, wahrscheinlich gegen einen in der Gemeinde gelehrten und praktizierten Irrglauben gerichtet, der die Ära des Gesetzes mit Jesu Kommen für abgetan erklärte und den durch ihn inaugurierten, mit seiner Auferstehung besiegelten neuen Äon proklamierte. Schwerlich hat die Warnung also nur den Sinn einer rhetorischen Kontrastierung[2]. Dass die in V. 19 kritisierte Lehrweise im frühen Christentum vertreten wurde und sogar Epoche machte, ist aus dem Gegensatz der »Hellenisten« zur judenchristlichen Urgemeinde und aus der Geschichte und Theologie des Paulus hinreichend bekannt; die aus späterer marcionitischer Überlieferung bekannte, Mt 5,17 in sein Gegenteil verkehrende Version: οὐκ ἦλθον πληρῶσαι τὸν νόμον, ἀλλὰ καταλῦσαι[3] bietet dafür ein besonders krasses Beispiel. Aber schon die von Matthäus ausgestalteten Warnungen vor keineswegs fiktiven falschen Propheten (s. 7,15 ff.; 24,4 ff.) lassen vermuten, dass er auch die in 5,19 abgewehrten falschen Lehrer in ihre Reihe stellte.

Die Doppelwendung »Gesetz oder Propheten« (gleichbedeutend mit Gesetz und Propheten, die disjunktive Verbindung ist durch die Negation bedingt[4]) wird meist als Bezeichnung der beiden in den Synagogengottesdiensten verlesenen Hauptteile des alttestamentlichen Kanons verstanden (so auch im Neuen Testament: Mt 11,13; Lk 16,16; Joh 1,45; Apg 13,15; 24,14; 28,23; Röm 3,21). Doch liegt hier wie in den gleichfalls kompositorisch hervorgehobenen Versen 7,12; 22,40 offenbar ein spezieller, aus dem deuteronomischen Geschichts- und Prophetenverständnis entwickelter und bis in die jüdische und frühchristliche Literatur nachwirkender Sprachgebrauch vor, demzufolge Moses und die Propheten als von Jahwe zu Israel Gesandte, aber von seinem Volk verworfene Gesetzes- und Bußprediger gelten, in deren

2 Gegen *G. Strecker*, Der Weg der Gerechtigkeit. Untersuchung zur Theologie des Matthäus (FRLANT 82), Göttingen 1962, S. 137, Anm. 4; *R. Walker*, Die Heilsgeschichte im ersten Evangelium (FRLANT 91), Göttingen 1967, S. 135; *W. Trilling*, Das wahre Israel. Studien zur Theologie des Matthäus-Evangeliums (StANT 10), München 1964, S. 171.

3 *A. v. Harnack*, Marcion. Das Evangelium vom fremden Gott. Eine Monographie zur Geschichte der Grundlegung der katholischen Kirche (TU 45), Leipzig ²1924, S. 235.

4 *F. Blass / A. Debrunner / F. Rehkopf*, Grammatik des neutestamentlichen Griechisch, Göttingen ¹⁶1984, § 445,2.

Reihe auch 5,12 schon die Jünger gestellt hat[5]. Demnach wäre mit dem Doppelausdruck Inbegriff und Summe des im Gesetz bekundeten und jeweils in Predigt und Lehre aktualisierten Gotteswillens gemeint und hier nicht zusätzlich an die durch Jesus erfüllten prophetischen Weissagungen gedacht. Dementsprechend ist in V. 18 f. nur von Gesetz und Geboten die Rede und wird die Tora in einigen der Antithesen nicht wortgetreu zitiert.

Die wichtigsten Fragen des Textes sind durch den seit alters umstrittenen, sehr verschieden, meist mit Umschreibungen wiedergegebenen Begriff πληροῦν gestellt (καταλῦσαι ... πληρῶσαι finale Infinitive des Aorist). Da er auch hier als Schlüsselwort in einem christologischen Satz begegnet, ist bei seiner Klärung davon auszugehen, dass das Verb längst vor unserer Stelle die trotz verschiedener Bezugsfelder doch im ganzen Matthäus-Evangelium einheitlich durchgehaltene Bedeutung geradezu einer »christologischen Kategorie«[6] erhalten hat und (wie nicht anders zu erwarten) diesen vorgegebenen Wortsinn in 5,17 mit einbringt, ohne ihn erst aus dem folgenden Kontext zu gewinnen. Was aber besagt πληρῶσαι in Anwendung auf »Gesetz und Propheten«? Aus dem Gegenbegriff καταλῦσαι (»auflösen, zerstören«, übertragen: »Gesetze und Gebote abschaffen, für ungültig erklären, annullieren«[7]) ergibt sich, dass in jedem Falle πληρῶσαι den Wortsinn: »anerkennen, ausführen, verwirklichen« mit einschließen muss[8]. Aber erschöpft das den spezifischen matthäischen Sprachgebrauch? Schon V. 17 zeigt, dass die positive Aussage nicht nur wie in V. 19 die Negation aufhebt, sondern sie überbietet, was die »Verwirklichung« zwar nur verstärkt, aber zugleich in einen weiteren Zusammenhang stellt als nur den des unmittelbar in V. 18 f. folgenden Kontextes. Offensichtlich deckt sich das auf Jesus angewandte Begriffspaar καταλῦσαι / πληρῶσαι nicht ohne Weiteres mit dem auf die in V. 19 charakterisierten Lehrer (λύειν / διδάσκειν bzw. ποιεῖν). Mit anderen Worten: Die Intention von V. 17 ist sicher nicht die,

5 *O. H. Steck*, Israel und das gewaltsame Geschick der Propheten. Untersuchungen zur Überlieferung des deuteronomistischen Geschichtsbildes im Alten Testament, Spätjudentum und Urchristentum (WMANT 23), Neukirchen-Vluyn 1967, S. 291 passim; *K. Berger*, Die Gesetzesauslegung Jesu. Der historische Hintergrund im Judentum und im Alten Testament, Teil 1: Markus und Parallelen (WMANT 40), Neukirchen-Vluyn 1972, S. 209-227.

6 *H.-Th. Wrege*, Die Überlieferungsgeschichte der Bergpredigt (WUNT 9), Tübingen 1968, S. 37.

7 Vgl. *W. Bauer*, Griechisch-deutsches Wörterbuch zu den Schriften des Neuen Testaments und den Schriften der übrigen urchristlichen Literatur, Berlin / New York [5]1958 (2. Nachdr. 1971), Sp. 819. 955-957 (Art. καταλύω, λύω).

8 So auch in der Profangräzität; Belege bei *W. Bauer*, a.a.O., Sp. 1330-1333 (Art. πληρόω); *G. Delling*, Art. πλήρης κτλ, in: ThWNT 6, Stuttgart 1959, S. (283-309) 285 f.

Jesus als einen Meisterrabbi zu kennzeichnen, der durch seine Auslegungskunst die anderen in den Schatten stellt.
Wie aber fügt sich die Aussage in den unsere Stelle übergreifenden, prägnanten Sprachgebrauch des Matthäus? Eine direkte Übernahme des in den matthäischen Reflexionszitaten ausgesprochenen Erfüllungsgedankens verbietet sich schon darum, weil hier nicht von gottgelenkten, geweissagten und in Jesu Leben, Taten und Leiden verwirklichten Ereignissen die Rede ist und das Verb dementsprechend nicht im Passiv gebraucht wird. Umso mehr scheint es geboten, 5,17 im Sinne von 3,15: πληρῶσαι πᾶσαν δικαιοσύνην zu verstehen, wo nicht nur dieselbe Aktivform begegnet, sondern auch deutliche Berührungen mit dem Wortfeld von 5,17-20 (πληρῶσαι, πάντα, δικαιοσύνη) vorliegen. Einige Ausleger deuten darum auch unsere Stelle auf Jesu eigenes praktisches Befolgen der Gottesgebote. So mit Entschiedenheit A. Schlatter: πληρῶσαι besage nicht, »jetzt werde das Gesetz erklärt, entwickelt und reicher gemacht, als es bisher war, sondern … daß er [sc. Jesus] das, was die Schrift als den göttlichen Willen verkündigt habe, tue« und er gekommen sei, dem bisher übertretenen Gesetz »den ganzen Gehorsam zu leisten«[9]. Von Jesu eigenem Gehorsam ist andernorts, aber nicht hier die Rede, sondern ausschließlich von Jesu Lehre; die *Jünger* sind gerufen, seine Worte zu hören und zu tun (7,24 ff.). Dennoch besteht unbeschadet der Anwendung des Erfüllungsgedankens auf Jesu Lehre in 5,17 ff. keinerlei Grund, für πληρῶσαι eine grundsätzlich andere Bedeutung anzunehmen als in den übrigen Aussagen und den Begriff wider den allgemeinen und vollends den matthäischen Sprachgebrauch als eine Art hermeneutischen Terminus technicus traditionell jüdischer und christlicher Gesetzessprache zu interpretieren. Vielmehr hat das Verb deutlich auch hier die gleiche Funktion wie sonst in dem matthäischen Gedanken- und Vorstellungsgefüge von Verheißung und Erfüllung. Das aber besagt: Auch und gerade Jesu Verkündigung des ganzen Gotteswillens wird von Matthäus als heilszeitliches und endgültiges Offenbarungsereignis proklamiert und in diesem Sinne zu einem tragenden Element seiner Theologie im Ganzen. Mit dieser Interpretation sind die in der Auslegung weit verbreiteten Bemühungen abgewehrt, den Wortsinn von πληρῶσαι aus dem nachfolgenden Kontext zu erschließen und ihn – zumeist in Form von Umschreibungen (richtig auslegen, die innerste Intention des Gesetzes, den wahren, in ihm verborgenen Willen

9 *A. Schlatter*, Der Evangelist Matthäus. Seine Sprache, sein Ziel, seine Selbständigkeit, Stuttgart [5]1959, S. 154; ähnlich *Th. Zahn*, Das Evangelium des Matthäus (KNT 1), Leipzig [2]1905, S. 209 ff.; *J. Schniewind*, Das Evangelium nach Matthäus (NTD 2), Göttingen 1937, S. 52; *W. Gutbrod / H. Kleinknecht*, Art. νόμος κτλ, ThWNT 4, Stuttgart 1942, S. (1016-1084) 1054; *E. Thurneysen*, Die Bergpredigt (TEH NF 105), München [5]1963, S. 26 (sogar unter Eintragung des paulinischen Stellvertretungsgedankens: »an unserer Statt«).

Gottes herausstellen und zum vollen Ausdruck bringen und dergleichen) – gleichsam von rückwärts in V. 17 einzutragen (typisch z.B. die Formulierung E. Klostermanns in seiner auf diesen Sinn abzielenden Paraphrase: »… und insofern [!] vollenden«[10]). Auch wenn dabei unbestritten Richtiges und Wichtiges über Jesu Stellung zum Gesetz, seine grundsätzliche Bejahung des Gesetzes, ebenso wie über die Motive seiner kritischen Auslegung unter dem Vorrang des Liebesgebotes[11] zur Sprache kommt, wird solche Interpretation nicht der Aussagerichtung des Textes selbst gerecht und damit nicht dem Aspekt, den der Programmsatz für alles Folgende *eröffnet.*

Als religions- und traditionsgeschichtlicher Hintergrund für diese Ausgestaltung der matthäischen Christologie wird auch hier erneut weisheitliches Gedankengut erkennbar, in dem zwar nicht der Erfüllungsgedanke selbst, wohl aber in der Figur der Weisheit als der zu den Menschen gesandten göttlichen Lehrmeisterin, die allen, welche sie aufnehmen, die rechte Einsicht in das Gesetz gibt und sie zu seiner Verwirklichung befähigt, die Vorstellung von dem Gottgesandten und seiner Lehre als Offenbarungsgeschehen vorgebildet ist. Gleich die nächsten Sätze unseres Abschnittes sollen die ausgesprochene Vermutung stützen und die Zielrichtung zeigen, in der Matthäus die vorgegebenen Traditionen ausgearbeitet hat.

Zahlreiche Forscher haben versucht, den Wortsinn von πληρῶσαι in 5,17 aus hebräischen bzw. aramäischen Äquivalenten zu erheben. Unsere Interpretation hat diese Versuche außer Betracht gelassen, weil von ihnen von vornherein keine Sicherheit zu erwarten ist. Abgesehen davon, dass sie durchweg die zu bestreitende Authentizität, mindestens eine semitische Grundlage des Eingangssatzes voraussetzen, zumeist ohne genügende Rücksicht darauf, dass Matthäus in jedem Falle sein Evangelium für griechisch sprechende Leser und Hörer schrieb, gehen sie zwangsläufig immer schon von einem Wortverständnis aus, anstatt es zu beweisen. Sie differieren darum nicht zufällig: Vielfach wird קום (aramäisch קום) = aufrichten, übertragen, ausführen (Befehle, Gebote, Gelübde usw.) als Grundwort vorgeschlagen, in Av 4,9[12] auch mit dem oppositionellen בטל vernachlässigen; von anderen מלא = vollmachen / erfüllen (im Gegensatz zu קום in Septuaginta häufig mit πληροῦν wiedergegeben). Als rabbinische Reaktion auf den Matthäus-Spruch ist immerhin seine höhnische Wiedergabe in dem (späten) Rabbinenspruch bShab 116a-b[13] erwähnenswert: »Ich, *awon gillajon* [Verdrehung von *euangelion* in sein Gegenteil], bin nicht ge-

10 *E. Klostermann*, Das Matthäusevangelium (HNT 4), Tübingen ^{2}1927, S. 41.

11 *E. Schweizer*, Das Evangelium nach Matthäus (NTD 2), Göttingen ^{5}1986, S. 65 u.a.

12 *P. Billerbeck*, Kommentar zum Neuen Testament aus Talmud und Midrasch, Bd. I: Das Evangelium nach Matthäus, München 1926 = ^{7}1978, S. 241.

13 A.a.O., S. 241 f.

kommen, um von dem Gesetz Moses wegzunehmen, sondern um hinzuzufügen, bin ich gekommen«.[14] J. Jeremias[15] nimmt diesen Gegensatz »vermindern« / »ergänzen, vervollständigen« für 5,17 als ursprünglich an, was jedoch mit dem matthäischen Sprachgebrauch nicht in Einklang zu bringen und vollends nicht auf V. 18 f. anwendbar ist, wo nicht von einer Insuffizienz des Gesetzes, sondern von verkürzter und unverkürzter Befolgung der Gebote geredet wird.

Nachdrücklich durch die in den Herrenworten des Matthäus-Evangeliums häufige, stets vorangestellte Formel ἀμὴν λέγω ὑμῖν bekräftigt (Matthäus: 31-mal, Markus: 13-mal, Lukas: 6-mal; Johannes: 25-mal), folgt auf den christologischen Eingangssatz in V. 18 die Begründung mit einem wohl aus Q stammenden Spruch, zu dem Lk 16,17 eine einfachere, möglicherweise fragmentarische Version bietet. Beiden Fassungen ist nicht nur der Grundgedanke der ohne Abstriche bleibenden Geltung des Gesetzes gemeinsam, sondern auch seine drastisch zugespitzte Formulierung. Die Unterschiede sind freilich erheblich: Bei Lukas veranschaulicht das Wort die Unauflöslichkeit des Gesetzes durch einen Vergleich mit der Dauerhaftigkeit der bestehenden Welt (»leichter ist es, dass …«), der Matthäus-Text dagegen argumentiert nicht vergleichsweise, noch dazu mit einer irrealen Möglichkeit, sondern redet von dem Vergehen der Welt, bis zu dem »am Gesetz nicht gerüttelt werden darf«[16].

In seinem Kern gibt Mt 5,18 par. Lk 16,17 den gut *jüdischen Lehrsatz* von der Unvergänglichkeit und Unauflöslichkeit des Gesetzes wieder. Reichliche Belege dafür bietet die Literatur des späteren Judentums; z.B.: »Diese [sc. die Weisheit] ist das Buch der Gebote Gottes und das Gesetz, das in Ewigkeit bleibt« (Bar 4,1; vgl. auch Jub 2,23; 6,14 u.a.). Es ist »unvergänglich« (Sap 18,4), »unsterblich« (Josephus, Apion. 2,38), nach Philo ein Spiegelbild der ewigen Ordnung des Kosmos, »fest, unbeweglich, unerschüttert, wie mit Siegeln der Natur selbst versiegelt und bleibt beständig … bis jetzt …«, aber auch für alle Zukunft, »solange Sonne und Mond und der ganze Himmel und die Welt bleiben«; trotz aller wechselnden Geschicke »wurde nichts, auch nicht das Geringste von den Geboten geändert« (Philo, Mos. 2,14 f.; vgl. auch 2Bar 77,15; 4Esr 9,37[17]). – Jota und Häkchen mei-

14 Vgl. dazu *K. G. Kuhn*, Giljonim und sifre minim, in: Judentum – Urchristentum – Kirche (FS J. Jeremias), hg. v. W. Eltester (BZNW 26), Berlin 1960, S. (24-61) 24 f.

15 *J. Jeremias*, Neutestamentliche Theologie, Erster Teil: Die Verkündigung Jesu, Gütersloh [5]1988, S. 86 ff.

16 *D. Lührmann*, Die Redaktion der Logienquelle (WMANT 33), Neukirchen-Vluyn 1969, S. 116.

17 Näheres bei *P. Billerbeck*, Kommentar zum Neuen Testament aus Talmud und Midrasch, Bd. I (s. Anm. 12), S. 245 f.; *W. Bousset*, Die Religion des Judentums im späthellenistischen Zeitalter (HNT 21), hg. v. H. Greßmann, Tübingen

nen die unscheinbarsten Bestandteile der geschriebenen Tora, ersteres nicht den griechischen Buchstaben, sondern das hebräische Jod als kleinsten der hebräischen Quadratschrift und κεραία (Haken, Strichlein) nicht etwa die zur Unterscheidung einzelner Buchstaben – z.B. ה von ח, ד von ר, ב von כ – dienenden winzigen Striche, die den Sinn der Worte ja immerhin beträchtlich verändern können (wie rational / national), sondern kleinste Verzierungen an ihnen. Das besagt: Das Gesetz gilt bis zum letzten Tüttelchen, weil es von Gott stammt. Vgl. z.B. die skurrile Rabbinenfabel von der Beschwerde des kleinen Jod vor dem Höchsten im Himmel über die Gesetzesübertretungen König Salomos und der Antwort: »Salomo und tausend seinesgleichen werden vergehen, aber ein Strichelchen von dir wird nicht vergehen« (ExR 6 [72b])[18]. Nach jüdischem Gesetzesverständnis haben die Lehrer aus den »Krönchen« zwar eine Fülle von Einzelbestimmungen (Halachot) entwickelt, Gott selbst aber hat den Zierat angefertigt. Darum sind auch die Vätersprüche verbindlich und werden auf den Empfang der Tora durch Moses auf dem Sinai zurückgeführt.

Wie sofort deutlich, erhält die matthäische Fassung des Spruches eine von den zitierten jüdischen Sätzen, aber auch von der lukanischen Parallele abweichende Akzentuierung durch die beiden zusätzlichen Temporalsätze am Anfang und Ende. Nach Meinung einiger Ausleger ist der erste nur eine den Sinn von Lk 16,17 nicht verändernde Umschreibung für »niemals«[19]. Doch spricht die wortgleiche finale Wendung ἕως ἄν zu Beginn beider Temporalsätze dafür, dass sie wie in V. 18d so auch in V. 18b terminierend zu verstehen ist (»solange bis ...«). Das kann im ersten Fall jedoch sicher nicht besagen, das Gesetz sei nur bis zur Äonenwende gültig, aber nun in dem mit Jesu Kommen angebrochenen neuen Äon abgetan. Mit solcher Argumentation hätte der Evangelist nicht nur das aufgenommene Logion gewaltsam um seinen Sinn gebracht, sondern auch den in V. 17 ff. abgewehrten Gegnern bedenklich Vorschub geleistet und seine eigene Gegenposition in Frage gestellt. Der Gedanke an eine schon erfolgte Äonenwende ist demnach herauszuhalten und darf auch nicht in der Form eingetragen werden, Jesu Wort spreche in V. 17 von der mit seinem Kommen eröffneten, in Jer 31,31 ff. geweissagten Heilszeit, in welcher der Gotteswille ohne geschriebenes Gesetz den Menschen »ins

[3]1926, S. 120; *G. F. Moore*, Judaism in the First Centuries of the Christian Era. The Age of the Tannaim,Bd. I, London 1950, S. 266 ff.

18 Parallelstellen und weitere z.T. amüsante Belege bei *P. Billerbeck*, Kommentar zum Neuen Testament aus Talmud und Midrasch, Bd. I (s. Anm. 12), S. 244. 247 ff.

19 *E. Klostermann*, Das Matthäusevangelium (s. Anm. 10), S. 41; *G. Strecker*, Der Weg der Gerechtigkeit (s. Anm. 2), S. 144.

Herz geschrieben« werde[20]; auf die Jeremiaweissagung von dem Neuen Bund bezieht sich jedoch der Matthäus-Text mit keiner Silbe. Wohl aber soll offensichtlich der erste ἕως ἄν-Satz das in V. 17 vorangestellte, negierte καταλῦσαι näher erläutern und die Geltung des im Gesetz offenbarten Gotteswillens betonen. Das legt die Vermutung nahe, dass auch der zweite wohl erst von Matthäus hinzugefügte, den Text überladende Passus (ἕως ἂν πάντα γένηται) eine ebenfalls interpretierende, diesmal aber auf πληρῶσαι bezogene Funktion hat. Doch scheint die Formulierung dafür zu sprechen, dass der zweite Temporalsatz wie der erste, nur mit anderen Worten vom Weltende spricht, also V. 18b wiederholt. Einige Ausleger halten ihn daher für eine spätere Glosse im Matthäus-Text[21] oder erklären die Entstehung des matthäischen Satzes aus einer Verschmelzung zweier Versionen desselben Spruches[22]. Die Deutung der Abschlusswendung auf das Weltende kann für sich die auffallend engen, bis in den Wortbestand gehenden Berührungen von V. 18b und d mit dem Satz der Parusierede in Anspruch nehmen: ἀμὴν λέγω ὑμῖν ὅτι οὐ μὴ παρέλθῃ ἡ γενεὰ αὕτη ἕως ἂν πάντα ταῦτα γένηται. ὁ οὐρανὸς καὶ ἡ γῆ παρελεύσεται, οἱ δὲ λόγοι μου οὐ μὴ παρέλθωσιν (Mt 24,34 f.; Mk 13,30 f.). Hinzu kommt, dass auch eine Reihe anderer matthäischer Herrenworte nach dem gleichen Schema gebaut sind (10,23; 16,28; 26,29): jeweils ein an die Jünger gerichtetes Jesuswort, mit derselben Bekräftigungsformel einsetzend, derselben verstärkten Negation im Vordersatz (οὐ μή mit Konjunktiv des Aorists = »keinesfalls«) und demselben ἕως ἄν (»bis dass«) im Nachsatz, der ein eschatologisches Geschehen ankündigt, – aller Wahrscheinlichkeit nach eine aus der Apokalyptik stammende Spruchform[23].

Aufgrund dieser Beobachtung nehmen K. Berger und E. Schweizer an, dass nicht wie zumeist angenommen V. 18d matthäischer Zusatz sei, sondern umgekehrt zum ursprünglichen Bestand gehöre und erst Matthäus den Spruch durch Hinzufügung von V. 18b mit Bestandteilen aus der Q-Tradition aufgefüllt habe. Nach Herkunft und eigentli-

20 So schon *J. Schniewind*, Das Evangelium nach Matthäus (s. Anm. 9), S. 52 und besonders *L. Goppelt*, Theologie des Neuen Testaments, Erster Teil: Jesu Wirken in seiner theologischen Bedeutung, hg. v. J. Roloff, Göttingen 1975, S. 154 ff.

21 So schon *A. Merx*, Die vier kanonischen Evangelien nach ihrem ältesten bekannten Texte, Bd. II/1: Das Evangelium Matthaeus nach der syrischen im Sinaikloster gefundenen Palimpsesthandschrift, Berlin 1902; *E. Klostermann*, Das Matthäusevangelium (s. Anm. 10), S. 41.

22 *E. Lohmeyer*, Das Evangelium des Matthäus, hg. v. W. Schmauch (KEK.S), Göttingen [5]1962, S. 108; vgl. dazu *H. Hübner*, Das Gesetz in der synoptischen Tradition. Studien zur These einer progressiven Qumranisierung und Judaisierung innerhalb der synoptischen Tradition, Witten 1973, S. 15-22.

23 *K. Berger*, Die Amen-Worte Jesu. Eine Untersuchung zum Problem der Legitimation in apokalyptischer Rede (BZNW 39), Berlin 1970, S. 73 f.; *E. Schweizer*, Das Evangelium nach Matthäus (s. Anm. 11), S. 62.

chem Zweck sei der Spruch eines der gegen »dieses Geschlecht« (d.h. das ungehorsame Israel) gerichteten Drohworte, das ihm das Gericht ansagt, wobei nicht die befristete Geltung des Gesetzes die Pointe bildet, sondern das In-Kraft-Bleiben des Gesetzes mit allen seinen Einzelgeboten als Norm des Endgerichtes[24]. Aber allzu viele, vom Text nicht gedeckte Gedankenglieder werden dabei eingetragen. Weder ist der Satz eine Androhung des nahen Weltgerichtes, noch das verstockte Israel sein Adressat. Die zutreffende formgeschichtliche Beobachtung behält gleichwohl ihre Bedeutung für die Interpretation der matthäischen Fassung des Spruches, weil sie auf alle Fälle die starke Einwirkung jener apokalyptischen Spruchform auf die redaktionelle Gestaltung von V. 18 sichtbar macht, auch wenn über seine Interpretation allein der Kontext zu entscheiden hat. Trotz der wörtlichen Anklänge an 24,34 f. spricht der Zusammenhang gegen die Deutung von ἕως ἂν πάντα γένηται auf die kosmischen Endereignisse, weil sich keinerlei Grund für die Wiederholung der ersten präzisen Zeitangabe in dieser zweiten unpräzisen erkennen lässt und sich eine noch dazu abschwächende Tautologie ergäbe; vor allem aber weisen Funktion und Inhalt des Satzes im Ganzen des Abschnitts darauf, dass γίνομαι in V. 18d entgegen dem sonst überwiegenden Gebrauch für Ereignisse hier wie in der dritten Bitte des Herrengebetes (6,10; vgl. auch 26,42) auf die Verwirklichung des Gotteswillens im Gehorsam der Jünger zu deuten ist. Nur so ergibt sich nicht nur ein klarer Anschluss an V. 18c und V. 19[25], sondern erhält der Zusatz die Kraft einer selbstständigen, das Stichwort πληρῶσαι (V. 17) interpretierenden Aussage, die auf die Verwirklichung des Gotteswillens abzielt und damit die vorangehende Anerkennung der unverbrüchlichen Geltung des Gesetzes wirksam weiterführt und abschließt[26]. In der Matthäus-Fassung des Spruches soll demnach die erste Erweiterung die Dringlichkeit des Jüngergehorsams einschärfen, die Abschlusswendung dagegen die Existenz der Jünger in der noch bestehenden Welt in ein heils- und endzeitliches Licht rücken. Auch V. 19 ist vormatthäisch, judenchristlicher Tradition zuzurechnen, vom Evangelisten ohne erkennbaren Eingriff

24 *K. Berger*, a.a.O., S. 73 f.

25 Mit *W. Trilling*, Das wahre Israel (s. Anm. 2), S. 169 ff.; *G. Barth*, Das Gesetzesverständnis des Evangelisten Matthäus, in: G. Bornkamm / G. Barth / H. J. Held, Überlieferung und Auslegung im Matthäusevangelium (WMANT 1), Neukirchen-Vluyn [7]1975, S. (54-154) 60 ff.; *G. Strecker*, Der Weg der Gerechtigkeit (s. Anm. 2), S. 143 f.; u.a. gegen *E. Klostermann*, Das Matthäusevangelium (s. Anm. 10), S. 41; *O. Hanssen*, Zum Verständnis der Bergpredigt. Eine missionstheologische Studie zu Mt 5,17-18, in: Der Ruf Jesu und die Antwort der Gemeinde. Exegetische Untersuchungen (FS Joachim Jeremias), hg. v. E. Lohse gemeinsam mit Ch. Burchard u. B. Schaller, Göttingen 1970, S. (94-111) 97. 106; *H. Hübner*, Das Gesetz in der synoptischen Tradition (s. Anm. 22), S. 15-19.

26 Richtig *E. Schweizer*, Das Evangelium nach Matthäus (s. Anm. 11), S. 64 zu ἕως ἂν in V. 18d: »damit bis dahin …«.

wiedergegeben. Nur locker durch Ausdeutung der Phrase ἰῶτα ἓν ἢ μία κεραία auf »eines dieser geringsten Gebote« angeschlossen, enthalten die beiden im Stil der Rechtssprache antithetisch gebauten Konditionalsätze die Folgerung für die z.Zt. des Matthäus akute Kontroversfrage. Auf jüdischer und judenchristlicher Argumentationsebene ist V. 19 mit dem allgemeinen Dogma der Ewigkeit und Unantastbarkeit des Gesetzes, wie es noch in der lukanischen Parallelversion zu V. 18 ausgesprochen ist, zureichend begründet. Matthäus hat jedoch den Horizont des zwischen den Vertretern einer konservativen Gesetzesauffassung und den liberalen Hellenisten strittigen Problems durch die seine Interpretation enthaltende Fassung von V. 18 und durch seine Verklammerung mit dem christologischen Eingangssatz ausgeweitet und der Frage damit einen neuen theologischen Aspekt gegeben. Dass in V. 19 christliche Lehrer vorausgesetzt sind, erhellt daraus, dass ihre Charakteristik auf »Schriftgelehrte und Pharisäer« zumal im Matthäusevangelium am wenigsten zutrifft. Diesen wird zwar häufig Heuchelei (6,2 ff.; 15,7 ff.; 23,13 ff. u.ö.), die Außerachtlassung der Hauptsache im Gesetz (23,23) u.a. vorgeworfen, niemals aber, sie nähmen es mit dem Buchstaben nicht genau. Auch wird den laxen Gesetzeslehrern in V. 19 noch ein Platz in der Basileia zugestanden, wenn auch nur der niedrigste. Das von Matthäus übernommene Traditionsstück selbst brandmarkt sie also noch nicht schlechthin als antinomistische und libertinistische Ketzer. Anzunehmen ist freilich, dass auch sie sich vermutlich für ihre freie Lehre und Praxis auf Jesus berufen haben. Schwerlich aber war ihre Position etwa im gleichen prinzipiellen Sinne wie die paulinische Lehre von Gesetz und Rechtfertigung ausgearbeitet. Erst für Matthäus stehen sie deutlich in der Kampflinie von V. 17. Dennoch ist unwahrscheinlich, dass Matthäus in V. 17-19 gezielt gegen Paulus (Röm 10,4!) polemisiert, wie Bultmann[27] für möglich hält, dagegen höchstwahrscheinlich gegen gesetzeskritische und -freie Anschauungen der »Hellenisten«, die anfangs den Verfolgungseifer des Juden Paulus erregten und hernach zu den Voraussetzungen der Theologie des Apostels gehörten. Als authentische Herrenworte können jedoch weder V. 18 noch V. 19 gelten, weil sie sich mit Jesu Stellung zum Gesetz nicht in Einklang bringen lassen. Ebenso wenig kann aber auch der Evangelist selbst den jüdischen Kernsatz noch im genuin jüdischen bzw. judenchristlichen Sinn verstanden haben, wie schon die folgenden Antithesen zeigen. Vielmehr bedient er sich seiner offensichtlich im Sinne eines hyperbolischen Bildwortes für die von Jesus geforderte bessere Gerechtigkeit. Zusammen mit V. 17 bildet V. 20 die redaktionelle Klammer um V. 18 f., von dem Vorangehenden außer durch den erneuten Einsatz auch

27 *R. Bultmann*, Theologie des Neuen Testaments, durchges. u. erg. v. O. Merk, Tübingen [9]1984, S. 58.

durch die direkte Anrede der Jünger – hier wie auch sonst bei Matthäus im Kontrast zu den »Schriftgelehrten und Pharisäern« – und die Wiederaufnahme des matthäischen Zentralbegriffes der »Gerechtigkeit« (3,15; 5,6.10) abgehoben. Das zuvor Gesagte wird durch den neuen Abschluss- und Überleitungsspruch gesteigert und verschärft. Während in der Vorlage den in V. 19a getadelten Lehrern noch der geringste Platz im Himmelreich belassen wurde, bleibt den vor Jesu Gerechtigkeitsforderung versagenden Jüngern die Basileia definitiv verschlossen (οὐ μή). Die Stilisierung des Spruches V. 20 ist dem Kontext angepasst: Die komparativisch-pleonastische Redeweise (περισσεύειν πλεῖον) schließt an den gleichfalls quantifizierend formulierten Gedanken der Nichtreduzierbarkeit des Gesetzes in V. 18 f. an und kennzeichnet damit auch die jüdischen Lehrautoritäten als solche, die dem im Gesetz offenbarten Gotteswillen nicht genügen, kehrt aber ebenso wieder am Ende der Antithesen in der Frage: »Was tut ihr Besonderes?« (τί περισσὸν ποιεῖτε;) (V. 47). Der sichtlich von Matthäus selbst nach Art anderer Frömmigkeitsregeln gebildete »Einlassspruch« (7,21; 18,3; 19,23 f.; 21,31; 23,13) hat demnach die Doppelfunktion, die grundsätzliche Erörterung 5,17 ff. abzuschließen und zugleich als Überschrift die folgenden Antithesen einzuleiten.

Dass die jüdisch-traditionelle Redeweise in V. 20 inhaltlich mit Sicherheit nicht als ein quantitatives Übersoll an guten Werken, mit anderen Worten im Sinne eines potenzierten, im Einhalten auch der geringsten Einzelgebote noch penibleren »Pharisäismus« verstanden werden darf, ist im Kontext ebenso durch Form und Inhalt der nachfolgenden Antithesen wie auch durch den einen qualitativ neuen Gehorsam bezeichnenden Begriff der Vollkommenheit (s. 5,48) angezeigt, aber auch durch den durchweg Herrenworte interpretierenden matthäischen Begriff der δικαιοσύνη. Auf ihn muss an dieser Stelle etwas näher eingegangen werden.

Auch das zeitgenössische Judentum redet von Gerechtigkeit überaus häufig als Inbegriff des in »Gesetz und Propheten« offenbarten Gotteswillens und füllt ihn – ähnlich wie die matthäischen Antithesen – inhaltlich vor allem mit Sozialgeboten[28]. In hellenistisch-jüdischen Texten ist er weithin nicht anders zu verstehen als das griechische Wort Gerechtigkeit, nämlich als Normbegriff für das rechte mitmenschliche Verhalten[29]. In der griechischen Ethik ist Gerechtigkeit (gerecht usw.) nicht eigentlich ein religiöser, sondern ein ausschließlich an den allgemein gültigen Normen eines sozialkonformen Lebens orientierter Begriff. Im Unterschied dazu wurzelt der alttestamentlich-jüdische Begriff der צְדָקָה mit Derivaten (in der Septuaginta ganz

28 *K. Berger*, Die Amen-Worte Jesu (s. Anm. 23), S. 38 ff.
29 *A. Dihle*, Art. Gerechtigkeit, in: RAC 10, Stuttgart 1978, S. (233-360) 303 ff.

überwiegend mit δικαιοσύνη, δίκαιος etc. übersetzt) in der Gemeinschaft, die der Gott Israels mit seinem Volk durch Erwählung, Bund und Gesetz begründet hat, so gewiss diese Gottesbeziehung im mitmenschlichen Verhalten bewahrt und bewährt sein will. Wer dieser von Gott gestifteten Gemeinschaft und seinen zu Heil und Leben seines Volkes gegebenen Geboten die Treue hält, der ist gerecht. Auch in der durch das Zerbrechen der politischen Einheit des Volkes eingeleiteten und vollends durch die Katastrophe des Exils grundlegend veränderten Zeit hat Israel diesen Glauben durchgehalten und nun erst recht zur Grundlage seiner eigenen Existenz werden lassen, aber auch darüber hinaus die nicht-israelitische Völkerwelt einbezogen. »In Gerechtigkeit« berufen und »zum Licht der Heiden« bestimmt, weiß Israel sich als Knecht Gottes dazu ausgesandt, das Gottesrecht zu den Völkern zu bringen (Jes 42,1 ff.). Eine Variante dieses Gedankens ist auch die schon zu Mt 5,14 erwähnte, für die Heilszeit erwartete Wallfahrt der Völker zum Zion, um Weisung und Rechtsspruch von Jahwe zu empfangen. Da wird man Israel »Kinder der Gerechtigkeit« nennen (Jes 61,3 LXX: γενεαὶ δικαιοσύνης). Für den Spruchkomplex Mt 5,17-20 und die Ausbildung der in ihm verarbeiteten Traditionen sind wieder von besonderer Wichtigkeit Terminologie und Gedanken der späteren weisheitlichen und apokalyptischen Literatur des Judentums: vor allem die häufige Verwendung des zusammenfassenden Begriffes »Gerechtigkeit« als stehender Terminus für die Frommen, »welche die Worte der Weisheit annehmen und kennen, die Wege des Höchsten beobachten, auf dem Wege seiner Gerechtigkeit wandeln und mit den Gottlosen nicht sündigen« und darum im Endgericht gerettet werden (1Hen 99,10; vgl. PsSal 14,2 u.a.). Vgl. dazu die Ausdeutung des Unkraut-Gleichnisses in Mt 13,43: »Dann werden die Gerechten leuchten wie die Sonne in ihres Vaters Reich« (nach Dan 12,3). Charakteristisch und häufig ist dabei die Redeweise vom Gesetz als einem unteilbaren Ganzen und dementsprechend von der Gerechtigkeit als einer ebenso alles umfassenden Grundhaltung gegenüber dem Gesetz[30]. Überaus häufig darum die Betonung von »allem«, was Gott befohlen oder verworfen hat; so z.B. in den Qumrantexten, in immer erneuter Polemik gegen die, welche das Gesetz nicht in allen seinen Stücken halten: 1 QS I,3 f.17; V,1.8; IX,25; CD II,16 u.v.a.[31]. Sie fin-

30 *P. Volz*, Die Eschatologie der jüdischen Gemeinde im neutestamentlichen Zeitalter, Tübingen 1934, S. 79 ff.; *D. Rössler*, Gesetz und Geschichte. Untersuchungen zur Theologie der jüdischen Apokalyptik und der pharisäischen Orthodoxie (WMANT 3), Neukirchen-Vluyn [2]1962, S. 77 ff.

31 *G. Barth*, Das Gesetzesverständnis des Evangelisten Matthäus (s. Anm. 25), S. 66 f.

det sich jedoch ebenso in rabbinischen Sprüchen[32] wie in hellenistischer Literatur (4Makk 5,20; Philo, LA III,241.). Gehorsam gegen das Gesetz heißt, es ganz halten (vgl. auch Gal 5,3; Jak 2,10); nicht selten steht dafür zusammenfassend »Gerechtigkeit« als Verwirklichung des ganzen im Gesetz offenbarten Gotteswillens (Sib III,246; TestIss 4,6; TestGad 3,12 u.a.).

Nicht uninteressant ist, dass in der hellenistisch-jüdischen Literatur dieser Grundsatz gelegentlich dazu dient, die Überlegenheit des von dem einen wahren Gott gegebenen Gesetzes propagandistisch-apologetisch gegenüber allen anderen hervorzuheben und die Vielfalt auch seiner Anweisungen bezüglich reiner und unreiner Tiere, Speisen und dergleichen sinnbildlich auf den einen Zweck hin auszudeuten, die Menschen zu einem gerechten Leben miteinander zu führen; vgl. Arist 144: »Die heiligen Gebote sind um der Gerechtigkeit willen angeordnet« (δικαιοσύνης ἕνεκεν σεμνῶς ταῦτα ἀνατέτακται); 147: »in Gerechtigkeit sollten die Menschen ihr Leben führen« (δικαιοσύνῃ συγχρῆσθαι); 168: »alles (im Gesetz) ist zur Gerechtigkeit angeordnet« (πάντα κεκανόνισται πρὸς δικαιοσύνην) (s. den ganzen Abschnitt 140-169). Unverkennbar ist hier wie auch sonst häufig der Begriff δικαιοσύνη (dafür oft φιλανθρωπία) an den griechischen Tugendbegriff angeglichen, seine Verankerung in dem durch Mose gegebenen, »fehllosen göttlichen Gesetz« (ἀκέραιον νομοθεσίαν ὡς οὖσαν θείαν Arist 31) wird gleichwohl nicht preisgegeben.

Weit über einzelne Wort- und Motivparallelen hinaus hat dieser Exkurs erneut wesentliche Elemente der späteren weisheitlichen und apokalyptischen Theologie des Judentums als religions- und traditionsgeschichtlichen Hintergrund speziell der redaktionellen Textpassagen in Mt 5,17-20 aufgewiesen. In der Verarbeitung dieser, vor allem hellenistisch-jüdischen Traditionen heben sich freilich nun erst recht die Grundzüge der Theologie des Matthäus von diesem Hintergrund ab: seine Christologie, sein Verständnis von Gesetz und Geschichte, aber auch seine Ekklesiologie und Eschatologie: besonders deutlich in der alles Folgende bestimmenden Voranstellung des christologischen Eingangssatzes, der die heilszeitliche Erfüllung von »Gesetz und Propheten« in dem Gekommensein Jesu proklamiert und die Forderung der besseren Gerechtigkeit mit dem Kommen der von ihm verkündeten Basileia begründet.
Aus dem zuletzt Gesagten ergibt sich, dass sich die theologischen Aussagen in Mt 5,17-20 nicht ohne Weiteres unter die Alternativfrage stellen lassen: Gerechtigkeit durch Werke oder durch Glauben? Dass die zentralen Sätze der Theologie des Paulus vom Ende des Gesetzes,

32 *P. Billerbeck*, Kommentar zum Neuen Testament aus Talmud und Midrasch, Bd. III: Die Briefe des Neuen Testaments und die Offenbarung Johannis, München 1926 = ^{6}1975, S. 755.

der Rechtfertigung der Gottlosen durch Christi Versöhnungstod und die den Glaubenden geschenkweise zugesprochene Gerechtigkeit Gottes dem Evangelisten historisch und theologisch fremd sind, steht allerdings außer Zweifel. Die Abwehr aller apologetischen Harmonisierungsversuche ist darum fraglos gerechtfertigt. Fragwürdig bleibt gleichwohl das neuerdings verbreitete »rein ethische« Verständnis der Gerechtigkeit bei Matthäus und ihrer Wiedergabe mit dem allgemeinen Begriff der »Rechtschaffenheit« im Sinne der griechischen Kardinaltugend[33], weil sie ihn aus seinem, auch im Matthäus-Evangelium nicht preisgegebenen alttestamentlich-jüdischen Bezugsrahmen löst und seine Besonderheit ausblendet. Sie wird dem auch für Matthäus entscheidenden Gedanken der allein durch Jesu Sendung begründeten Gottesbeziehung nicht gerecht.

Ich brauche nicht noch einmal zu versichern, dass mir nichts ferner liegt, als mit dieser Bemerkung die paulinische Relation von Indikativ und Imperativ sozusagen durch eine Hintertür doch wieder in die Matthäus-Exegese einzuschmuggeln. Wohl aber möchte ich darauf aufmerksam machen, dass das Instrumentarium unserer exegetischen Begriffe (ethisch, Tugend etc.) nicht so astrein und unverfänglich ist, wie wir in der Regel stillschweigend voraussetzen, sondern, ob wir wollen oder nicht, durch unsere griechisch-römische Tradition geprägt und besetzt ist und zwangsläufig Assoziationen impliziert, die in der Denkweise des Matthäus nicht Raum haben. Unsere gebotene Kritik den Texten gegenüber sind wir in gleichem Maße auch unserer hermeneutischen Terminologie schuldig. Dass sich das in unserer Matthäus-Exegese m.E. noch nicht zur Genüge herumgesprochen hat und als Desiderat empfunden wird, belastet die derzeitige exegetische Diskussion nicht nur unserer Stelle, sondern des ganzen Evangeliums aufs Schwerste.

Auch die in den nachösterlichen Worten 5,17 ff. angeredeten Jünger haben die durch Jesu Sendung eröffnete Gottesbeziehung nicht erst zu begründen. Vielmehr ist ihre Gegenwart und Zukunft in der noch bestehenden Welt durch die geschehene »Erfüllung« heilszeitlich geprägt, auch wenn sie das ihnen eröffnete Heil preisgeben und verlieren können. Die Begriffe Gerechtigkeit bei Matthäus und Paulus sind demnach nicht eigentlich kommensurabel, eher entspricht der paulinische dem Begriff Reich Gottes bei Matthäus[34].

Der theologische Standort des Evangelisten auf dem Kampffeld der zu seiner Zeit kontroversen Frage nach dem Gesetz – innerhalb der Gemeinde wie auch in der Auseinandersetzung zwischen Kirche und Ju-

33 *J. Dupont,* Les Béatitudes, Tome III: Les Évangélistes (EtB), Paris 1973, S. 209-384; *G. Strecker*, Der Weg der Gerechtigkeit (s. Anm. 2), S. 157 f. u.a.

34 *H. Conzelmann*, Grundriß der Theologie des Neuen Testaments (EETh 2), München [3]1976, S. 169.

dentum – lässt sich vor dem aufgezeigten Hintergrund einigermaßen deutlich bestimmen. Vorausgesetzt ist ein breites Spektrum verschiedener und widerstreitender Gesetzesauffassungen, von der Bestreitung seiner Verbindlichkeit im hellenistischen Christentum bis zu einem orthodox-jüdischen und judenchristlichen Nomismus, aber auch Jesu eigene, weder mit dem einen noch mit dem anderen konforme Stellung zum Gesetz (Antithesen, Streitgespräche u.a.). In diesem Widereinander nimmt der Evangelist zwar das judenchristliche Logion mit seiner Anwendung in 5,18 f. auf, aber verarbeitet es mit Hilfe weisheitlicher Motive. Freilich nicht unbesehen, weil Jesus an die Stelle der Weisheit getreten ist und auch der den Jüngern gebotene volle und ganze Gehorsam nicht mehr nur unter den Aspekt der Vergeltung im Gericht, sondern in das eschatologische Licht der kommenden Gottesherrschaft gestellt ist. Umso dringlicher sind sie mit der Weisung (V. 20) vor die Frage gestellt, ob ihnen der Einlass in die Basileia dereinst gewährt oder verweigert wird.

2. Der Ausleger des Gesetzes (15,1-20)

Der erste Abschnitt der Perikope Mt 15,1-9 par. Mk 7,1-13 ist ein typisches Streitgespräch Jesu mit Pharisäern und Schriftgelehrten über die nach jüdischer Lehre verbindliche, von Jesu Jüngern missachtete Vorschrift, sich vor jeder Mahlzeit die Hände zu waschen. Ihm folgt, redaktionell davon abgehoben, in 15,10-20 par. Mk 7,14-23 ein an die Menge und die Jünger gerichteter grundsätzlicher Teil, in dem Jesus die Angeredeten über die wahren Gründe der Verunreinigung des Menschen belehrt. Unbeschadet des in beiden Teilen gemeinsamen Spruchgutes ist seine Verarbeitung in Matthäus charakteristisch verschieden.

So bereits in der stark verkürzten Exposition (V. 1-3), der überleitenden stereotypen Zeitpartikel τότε, der Einführung der Gegner Jesu als geschlossene Gruppe, die, eigens aus Jerusalem zur Inspektion nach Galiläa gekommen, Jesus wegen des eklatanten Verstoßes seiner Jünger gegen die »Überlieferung der Väter«, d.h. der Schriftgelehrten[35], zur Rede stellt, der Streichung der in Mk 7,3 f. sichtlich für nicht mehr den Juden zugerechnete Leser bestimmten Parenthese, deren Inhalt Matthäus bei seinen Hörern und Lesern als bekannt voraussetzen kann, und vor allem in der antithetisch parallelisierten Frage und Gegenfrage: V. 2 διὰ τί *οἱ μαθηταί σου* παραβαίνουσιν *τὴν παράδοσιν τῶν πρεσβυτέρων;* V. 3 διὰ τί καὶ *ὑμεῖς* παραβαίνετε

35 *G. Bornkamm*, Art. πρέσβυς κτλ, in: ThWNT 6, Stuttgart 1959, S. (651-683) 661 f.

τὴν ἐντολὴν τοῦ θεοῦ διὰ τὴν παράδοσιν ὑμῶν; (παραβαίνετε verschärft Markus: οὐ περιπατοῦσιν κατά ...).
In engem Zusammenhang damit steht die Vorordnung des in Mk 7,10 ff. erst am Schluss zitierten Elterngebotes aus dem Dekalog Ex 20,12; Dtn 5,16 und die Androhung der Todesstrafe für seine Übertreter Ex 21,17; Lev 20,9, in Matthäus eingeführt mit ὁ γὰρ θεὸς εἶπεν (Mk 7,10: Μωϋσῆς γὰρ εἶπεν), sowie im Kontrast zu dem von Gott gegebenen Gebot der anklagende Verweis auf die von der pharisäischen Lehre autorisierte jüdische Praxis, durch die Erklärung bestimmter den Eltern zustehender Güter als »Opfergabe« sie ihrer Nutzung zu entziehen (V. 4-6). δῶρον ὃ ἐὰν ἐξ ἐμοῦ ὠφεληθῇς (= »Opfer sei, was dir von mir zugute gekommen wäre«; V. 5) ist griechische Wiedergabe der in Mk 7,11 zitierten hebräischen Versagungsformel κορβᾶν, mit der man derlei Güter als Gott bzw. dem Tempel geweiht vor profanem Gebrauch durch andere sicherstellte[36].
Da in V. 5 mit ὑμεῖς δὲ λέγετε die pharisäischen Lehrer für den Satz verantwortlich gemacht und in V. 6b diese der Außergeltungssetzung des Gottesgebotes schuldig gesprochen werden, ist der Anfang des Nachsatzes V. 6a οὐ μὴ τιμήσει (doppelte Negation + Ind. Fut.) nicht als Konzession, sondern als Anordnung, ja geradezu als »ein Gegengebot, d.h. ein Verbot der Befolgung des Gottesgebotes zugunsten der rabbinischen Tradition« zu fassen und darum nicht wie zumeist zu übersetzen: »der *braucht* nicht zu ehren« (sc. mit Gaben[37]), sondern: »der *soll* (= darf) nicht ehren«[38].
Erst jetzt lässt Matthäus in V. 7-9 das in Mk 7,6 f. an den Anfang der Schriftworte gestellte Prophetenwort Jes 29,13 LXX als Schlussfolgerung folgen, begründet mit den Sprüchen zum 4. Gebot und eröffnet mit der schroffen Anrede der Gegner als »Heuchler« (vgl. 23,13.15. 23.25.27.29). Die erste Satzhälfte des Zitates (V. 8) geißelt ihren »Lippendienst«, mit anderen Worten die Diskrepanz zwischen ihrem

36 Zu Herkunft und Praxis, aber auch zur Kritik der Formel im zeitgenössischen Judentum vgl. *P. Billerbeck*, Kommentar zum Neuen Testament aus Talmud und Midrasch, Bd. I (s. Anm. 12), S. 711 ff.; *K. H. Rengstorf*, Art. κορβᾶν κτλ, in: ThWNT 3, Stuttgart 1938, S. 860-866.

37 *Th. Zahn*, Das Evangelium des Matthäus (s. Anm. 9), S. 516; *E. Klostermann*, Das Matthäusevangelium (s. Anm. 10), S. 131; *J. Schniewind*, Das Evangelium nach Matthäus (s. Anm. 9), S. 175; *E. Schweizer*, Das Evangelium nach Matthäus (s. Anm. 11), S. 211, und *U. Wilckens*, Das Neue Testament. Übersetzt und kommentiert, Hamburg 1970; *W. Jens*, Am Anfang der Stall – am Ende der Galgen: Jesus von Nazareth, seine Geschichte nach Matthäus, Stuttgart ²1972; Zürcher Bibel, Einheitsübersetzung u.a.

38 *A. Schlatter*, Das Evangelium des Matthäus ausgelegt für Bibelleser (EzNT 1), Calw / Stuttgart ²1900, S. 236; *P. Billerbeck*, Kommentar zum Neuen Testament aus Talmud und Midrasch, Bd. I (s. Anm. 12), S. 711 u. besonders *H. Krämer*, Eine Anmerkung zum Verständnis von Mt 15,6a, in: WuD NF 16 (1981), S. 67-70.

fromm erscheinenden »Gottesdienst« und der wahren Beschaffenheit ihres Herzens (ὑπόκρισις), der Zweitsatz (V. 9) dagegen die Nichtigkeit ihrer Lehre als Außerkraftsetzung des Gottesgebotes durch menschliche Satzungen (ἀκυροῦν). Durch diese Umgruppierung und Neuakzentuierung der in Markus locker gereihten Sprüche profiliert Matthäus ihren sachlichen Zusammenhang beträchtlich schärfer als die Markus-Vorlage, ebenso aber gleicht er den Argumentationsgang formal stärker den rabbinischen Schuldebatten an, in denen ebenfalls in der Regel ein Gesetzestext am Anfang steht und im Weiteren eine umstrittene Lehrmeinung über ihn durch Anführung anderer Schrift- und Väteraussagen erhärtet wird. Anders freilich als dort diskutiert Jesus weder die Tora noch die gängige Überlieferung als formale Autorität, sondern unter inhaltlichen Kriterien. Damit rückt, wie der folgende Abschnitt bestätigt, die Erörterung der Frage Rein – Unrein in den engsten Zusammenhang der Antithesen der Bergpredigt.
Wie in Markus sind auch in Matthäus die Sprüche des *zweiten* Teiles V. 10-20 von dem vorausgehenden Streitgespräch redaktionell abgesetzt und nicht mehr an die Φαρισαῖοι καὶ γραμματεῖς, sondern an den ὄχλος und die μαθηταί gerichtet. Auch wenden die folgenden Sprüche die zuvor erörterte Spezialfrage nach der Verbindlichkeit der rituellen jüdischen Vorschrift der Händewaschung vor der Mahlzeit ins Grundsätzliche und handeln von dem, was den Menschen in Wahrheit verunreinigt. Die Generalantwort darauf gibt wie in Mk 7,15 in Form eines Regelsatzes das durch den Aufruf zum Hören und Verstehen Mk 7,14 par. Mt 15,10 nachdrücklich hervorgehobene Logion Jesu V. 11 am Anfang, das den Menschen selbst und was aus seinem Inneren dringt als Ursache und Quelle seiner Verunreinigung benennt. Dieses Leitwort wird in der weiteren Spruchreihe variiert und näher erläutert. Den in Mk 7,15 ungleichmäßig formulierten Doppelspruch gibt Matthäus gestrafft in einem antithetischen parallelismus membrorum wieder. Auch ist die für jüdische Ohren besonders anstößige Wendung Mk 7,15 (οὐδέν ἐστιν) in Matthäus vermieden und die in Mk 7,15.18.21 umständlich umschriebene Antithese ἔξωθεν / ἔσωθεν in Mt 15,11 in εἰς τὸ στόμα / ἐκ τοῦ στόματος verändert, ohne damit inhaltlich von Markus abzuweichen. Augenfällige matthäische Elemente sind dagegen die beiden Gerichtsworte über die Pharisäer in dem vom Evangelisten eingefügten Zwischengespräch Jesu mit den Jüngern, die Umgestaltung des in Mk 7,21 f. vorgegebenen »Lasterkataloges«, der, was den Menschen verunreinigt, durch Beispiele erläutert und der zu der Eingangsfrage der Gesamtperikope zurücklenkende Abschluss der Spruchfolge in 15,20.
Der doppelte Aufruf »Hört und versteht« (V. 10), ähnlich zu Beginn einer weisheitlichen Belehrung in Sap 6,1, konzentriert die Aufmerksamkeit auf das die folgende Spruchreihe regierende Logion Jesu. Das wahrhaft revolutionäre Wort V. 11, das die Verunreinigung des Menschen einzig und allein auf ihn selbst zurückführt und alles, was ihm

von außen begegnet, als Ursache und Quelle für sie bestreitet, hat nicht zufällig in der rabbinischen Überlieferung keine Parallele. Denn es setzt nicht nur die »Väterüberlieferung«, sondern die im Alten Testament selbst gebotene Unterscheidung von reinen und unreinen Speisen (Lev 11; Dtn 14) außer Kraft. Bedenkt man, dass noch in der im zeitgenössischen Judentum unvergessenen Zeit der Makkabäer nicht wenige Israeliten für die strikte Observanz der alttestamentlichen Speise- und Reinheitsvorschriften den Märtyrertod erlitten und im Diasporajudentum gerade sie als besonders weise Schutzmaßnahmen des göttlichen Gesetzgebers gegen die Vermischung des Gottesvolkes mit heidnischen Fremdvölkern galten und gelten (vgl. z.B. Arist 139 ff.), wird der schockierende Charakter des Jesuswortes erst voll verständlich. Da der Spruch keinerlei jüdische, aber auch keine spezifisch christlichen Motive erkennen lässt, wird er mit Recht zur ältesten palästinischen Überlieferung, ja zu den mit Sicherheit authentischen Herrenworten gezählt. Das in ihm Ausgesagte darf freilich nicht im Sinne aufgeklärter griechischer oder moderner Religions- und Kultkritik verstanden werden, die das Gottesgesetz auf eine bloße »Gesinnungsethik« reduziert. Vielmehr spricht sich in ihm ein radikal neues Gesetzesverständnis aus, in dem wie in den Antithesen der Bergpredigt das Gesetz nicht mehr unter dem Aspekt der Schutzbedürftigkeit des Frommen vor den anderen, sondern des Schutzes des anderen »vor dem, wozu ich fähig bin«[39], ausgelegt ist.

Das von Matthäus an dieser Stelle eingefügte, die Pharisäer erneut ins Spiel bringende Zwischengespräch Jesu mit den Jüngern (V. 12-14) dient nicht nur der äußeren Verknüpfung der beiden Teile der Gesamtperikope, sondern trifft mit Wahl und Bedeutung des in Matthäus besonders häufig begegnenden Verbs σκανδαλίζειν in der einleitenden Jüngerfrage sehr genau den Schock, den Jesu Logion V. 11 bei den maßgebenden Lehrern des Volkes auslösen musste, aber tendiert, hier auf Jesu Wort bezogen und absolut gebraucht, als Gegenbegriff zu »glauben« über eine subjektive Entrüstung hinaus auf die objektive Bedeutung »sich ärgern an; zu Fall kommen«, nämlich an Jesus und seiner Botschaft (vgl. 11,6), ersichtlich aus den beiden folgenden Gerichtsworten Jesu über die Pharisäer[40]. Das erste schilt die Pharisäer als eine nicht von Gott (mit anderen Worten vom Teufel) stammende, zum Verderben bestimmte Pflanzung (vgl. 13,24 ff.36 ff.), in deutlich polemischer Anspielung an die aus der alttestamentlichen Heilssprache bekannte, auf Israel angewandte Metapher (Jes 5,1 ff.; 60,21; Jer 17,8; 45,4; Ps 1,3), die im späteren Judentum bestimmten Gruppen

39 *D. Lührmann*, ... womit er alle Speisen für rein erklärte (Mk 7,19), in: WuD NF 16 (1981), S. (71-92) 84.

40 *G. Stählin*, Art. σκάνδαλον κτλ, in: ThWNT 7, Stuttgart 1964, S. (338-358) 350.

häufig als Selbstbezeichnung diente (PsSal 14,2 f.; Jub 1,16; 7,34; 1Hen 10,16 u.ö.[41]; ebenso in Qumran 1 QS VIII,5; XI,8; 1 QH VI,15; CD I,7 u.a.). Auch das Kontrastmotiv Pflanzen / Ausreißen ist traditionell (Jer 1,10; Dan 4,14.20.26 LXX; Sir 49,7). Anderer Art und Herkunft ist das auch in Lk 6,39 (Q) überlieferte Logion Mt 15,14, dort als Doppelfrage formuliert und in den Zusammenhang der Sprüche vom Richten angeordnet, aber ebenfalls als παραβολή (Bildwort) gekennzeichnet; als sprichwörtliche Wendung findet sich der Spruch auch in der Profanliteratur (Plato, polit. 8,554b; Hor. ep. 1,17,3 f.; Philo, virt. 7). In Matthäus ist der Spruch jedoch in deutlicher Anlehnung an Jes 24,18; Jer 48,43 f. als Gerichtswort stilisiert und nur bei ihm auf die Pharisäer bezogen. εἰς βόθυνον πεσοῦνται variiert und bestätigt die Drohung in V. 13b. Für diese Deutung spricht auch, dass das Verdikt »blinde Blindenführer« (23,16.24; ebenfalls 5,9) sichtlich eine im zeitgenössischen Judentum mit Stolz für Israel und seine Lehrer beanspruchte Selbstprädikation aufgreift, aber in ihr Gegenteil verkehrt. Vgl. besonders Röm 2,19: πέποιθάς τε σεαυτὸν ὁδηγὸν εἶναι τυφλῶν (sc. der Heiden) und Josephus, Apion.: »Ich möchte kühnlich behaupten, dass wir Juden in Bezug auf das meiste und beste für die anderen die Führer sind«; ähnlich 1Hen 105,1; Sib III,1947 u.v.a.[42]. Als Anlass für die Einfügung des Zwischenstückes durch den Evangelisten lässt sich die z.Zt. des Matthäus noch lebhaft fortdauernde Auseinandersetzung seiner Gemeinde mit dem pharisäisch geführten Judentum vermuten. In diese Richtung scheint auch die Unmut und Ungeduld dämpfende Wendung: ἄφετε αὐτούς = »lasst sie (gewähren)!« (vgl. Mk 14,6; Joh 12,7; Apg 5,39) zu gehen, mit der Jesus die Jünger auf das *kommende* Gericht verweist, in welchem *Gott* über ihren Konflikt mit dem pharisäischen Judentum entscheiden wird. Bis dahin wird auch dem Judentum noch eine Frist der Besinnung gewährt.

Typisch matthäische Besonderheiten weist auch der Schlussabschnitt der Perikope auf, obwohl er in den Grundzügen mit Mk 7,17-23 übereinstimmt. Dass Petrus als Sprecher der Jünger Jesus um Erklärung des »Gleichnisses« bittet (V. 15), entspricht 16,16 par. 22 par.; 17,4 par. 24 ff.; 18,21; 19,27 par. Da Mk 7,17: ἐπηρώτων αὐτὸν οἱ μαθηταὶ αὐτοῦ τὴν παραβολήν weder ein ausgeführtes Gleichnis noch ein Bildwort vorangeht und auch in Matthäus keinerlei Bezug auf die vorangehenden Gerichtsworte V. 13 f. genommen, sondern wie in Mk 7,19 in drastischer Verdeutlichung das Wort von dem, was

41 Vgl. *P. Billerbeck*, Kommentar zum Neuen Testament aus Talmud und Midrasch, Bd. I (s. Anm. 12), S. 720 f.

42 Zum übertragenen Gebrauch von τυφλός vgl. *W. Schrage*, Art. τυφλός κτλ, in: ThWNT 8, Stuttgart 1969, S. (270-294) 291 ff.

den Menschen nicht »verunreinigt«, wiederholt wird, kann mit παραβολή nur das Themawort V. 11 / Mk 7,15 gemeint und als ein näherer Erläuterung bedürftiger pointierter Ausspruch (מָשָׁל) bezeichnet sein. Anders als in Mk 7,18, wo die Jünger erneut wie in 4,13 wegen ihres noch immer fortdauernden Unverständnisses von Jesus getadelt werden, formuliert Matthäus, der sie schon in V. 12 ff. im vollen Sinne als zu Jesus gehörende Gesprächspartner eingeführt hat, die Gegenfrage Jesu milder: ἀκμὴν (= noch) καὶ ὑμεῖς ἀσύνετοί ἐστε; – eine zwar geringfügige und doch für das Jüngerbild des Matthäus bezeichnende Korrektur, denn sie sind für ihn zwar schon die Glaubenden, aber zugleich die in ihrem Glauben und Verstehen Schwachen, vom »Kleinglauben« bedroht (vgl. 8,26; 14,31; 16,8). In dieser abgeschwächten Weise verarbeitet und korrigiert Matthäus auch sonst die markinische Parabeltheorie (13,10 ff. u.ö.[43]). Kaum zu beantworten ist die Frage, warum von Matthäus in dem sonst, von einigen Kürzungen abgesehen, der Markusvorlage folgenden Text der Passus Mk 7,19c ausgelassen ist: καθαρίζων πάντα τὰ βρώματα = »Womit er alle Speisen für rein erklärte« (καθαρίζειν hier wie Apg 10,15; 11,9 deklarativ), der im markinischen Kontext durchaus konsequent aus dem auch von Matthäus als handfestes Argument angeführten natürlichen Verdauungsprozess die Sinnwidrigkeit der jüdischen Speisevorschriften folgert und darum nicht als spätere Glosse angesehen werden darf[44]. E silentio zu argumentieren, ist in jedem Falle misslich. Doch lässt sich vermuten, dass Matthäus den für jüdische Ohren besonders anstößigen Satz geflissentlich vermieden hat. Auch ist anzunehmen, dass die im frühen Christentum noch längere Zeit zwischen Juden- und Heidentum kontroverse Frage nach der Verbindlichkeit der alttestamentlichen Speisevorschriften (Gal 2,11 ff.; Apg 10 f.; 15,28 ff.; auch 1Kor 8-10; Röm 14 f.) auch in der Gemeinde des Matthäus noch nicht definitiv beigelegt war. In jedem Falle ist zu beachten, dass Worte wie Röm 14,14.20 Spitzensätze, nicht Gemeinplätze sind und andere wie 1Tim 4,4 f.; Tit 1,15 nicht am Anfang stehen, sondern eine längere Entwicklung voraussetzen. Kennzeichnend für Matthäus ist vor allem, dass er das aus dem Innersten des Menschen kommende Böse (ἐκ γὰρ τῆς καρδίας ἐξέρχονται διαλογισμοὶ πονηροί ...) nicht wie Mk 7,21 f. durch einen aus hellenistisch-christlicher Literatur bekannten »Lasterkatalog« konkretisiert, sondern wie in den Antithesen der Bergpredigt erneut auf das Herzstück der göttlichen Gebote, den Dekalog, rekurriert und die in V. 19 aufgezählten Sünden nach

43 Vgl. dazu *G. Barth*, Das Gesetzesverständnis des Evangelisten Matthäus (s. Anm. 25), S. 99 ff.; *H. Conzelmann*, Art. συνίημι κτλ, in: ThWNT 7, Stuttgart 1964, S. (886-894) 892 f.

44 *D. Lührmann*, ... womit er alle Speisen für rein erklärte (s. Anm. 39), S. 85, Anm. 53.

Reihenfolge und Inhalt den das Verhalten zum Mitmenschen betreffenden Geboten des Dekalogs entsprechen. Der Matthäus-Text zeigt damit der Gemeinde, dass sie, nicht ihre pharisäischen Gegner, das von Jesus nicht aufgelöste, sondern vollmächtig ausgelegte Gottesgesetz für sich hat (V. 20a). Der auf das Streitgespräch Jesu mit den Pharisäern zurückkehrende Schlusssatz gibt der Gesamtperikope einen sachlichen Zusammenhang.

Das Vaterunser (6,7-15)

Den dreiteiligen Abschnitt 6,1-18 hat Matthäus durch die Einfügung des Herrengebetes erweitert und dieses in V. 7 f. durch eine formal und inhaltlich sich deutlich von V. 5 f. abhebende eigene Anweisung zum rechten Beten eingeleitet und durch das in V. 14 f. angefügte, die fünfte Bitte interpretierende Logion abgeschlossen. Die adversative Wendung προσευχόμενοι δέ (V. 7) ist an 6,6.17 angeglichen. Etymologie und Wortbedeutung des im Neuen Testament nur hier, in der außerbiblischen Gräzität nur zweimal belegten βατταλογεῖν ist umstritten. Schlatters etymologische Ableitung vom Zusammenlesen der dornigen Zweige des Battastrauches ist abwegig, passt auch nicht zu dem parallelen Ausdruck πολυλογία. Unsicher ist auch die Annahme einer sprachlichen Zwitterbildung aus aramäisch אמר בטלתא (= leeres Zeug reden, faseln[1]). Möglicherweise ist es Analogiebildung zu βατταρίζειν (stottern; entsprechend βατταρισμός, βατταριστής[2]) und onomatopoietisch zu verstehen[3]. Durch πολυλογία ist auf alle Fälle der Sinn »plappern, viele Worte machen« gesichert. Zu denken ist dabei an beschwörende Zauberformeln, entweder durch beharrliche Wiederholung derselben Gebete oder durch endlose Reihungen von Namen und Eigenschaften der Gottheit, um sie durch Lobpreisungen zur Hilfe zu bewegen, schwerlich dagegen an die Abwehr des Zungenredens in der christlichen Gemeinde[4]. Der Gedanke, der Tadel gelte denen, die nichtige irdische Dinge und nicht die für die Seele nützlichen erbitten[5], trägt ein fremdes Motiv ein. »Heidnisch» ist vielmehr, wie der Begründungssatz zeigt, die Sorge, die widerstrebende Gottheit müsse erst aufgerüttelt, über die Not des Beters ins Bild ge-

1 *F. Blass / A. Debrunner / F. Rehkopf*, Grammatik des neutestamentlichen Griechisch, Göttingen [16]1984, § 40, Anm. 3; *W. Bauer*, Griechisch-deutsches Wörterbuch zu den Schriften des Neuen Testaments und den Schriften der übrigen urchristlichen Literatur, Berlin / New York [5]1958 (2. Nachdr. 1971), Sp. 273 (Art. βατταλογία).

2 Vgl. *H. G. Liddell / R. Scott*, A Greek-English Lexicon, Oxford [9]1940, s.v.

3 *G. Delling*, Art. βατταλογέω, in: ThWNT 1, Stuttgart 1933, S. 597 f.

4 Gegen *F. W. Beare*, Speaking with Tongues. A Critical Survey of the New Testament Evidence, in: JBL 83 (1964), S. (229-246) 229.

5 *Gregor von Nyssa*, Fünf Homilien auf das Gebet des Herrn, in: PG 44, S. 1120-1193.

setzt und mürbe gemacht werden (*fatigare deos*, Horaz, Carminum 1,2,26; Seneca, ep. 31,5; Martial 7,60,3). Anders motiviert ist die Kritik des wortreichen Gebetes Koh 5,1: »denn Gott ist im Himmel, du aber bist auf Erden, darum mache nicht viele Worte«; vgl. auch Sir 7,14. Ähnlich rabbinische Sprüche, z.B. Ber 33b: »Einer ging vor R. Chanina (um 225) vor das Vorlesepult; er sprach: Gott, Großer, Held, Furchtbarer, Herrlicher, Starker, Gefürchteter, Mächtiger, Gewaltiger, Wirklicher und Verehrungswürdiger!« und wird an die drei von Mose Dtn 10,17 gelehrten Gottesprädikate: großer, starker und furchtbarer Gott! gewiesen, mit dem Gleichnis: »Gleich einem König von Fleisch und Blut, der tausendmaltausend Golddenare besaß, und man pries ihn wegen eines Silberdenars; war das nicht eine Schande für ihn?[6] Nichtsdestoweniger hat das Judentum eine Vorliebe für wortreiche Gebete, und die schon z.Zt. Jesu besonders geschätzten, das Achtzehngebet und das Kaddisch, enthalten gehäufte Lobsprüche und Bitten[7]. Aus dem wortreichen Gebet spricht ebenso der heidnische Wahn, dadurch Gottes Erhörung zu erlangen (V. 7b), und die Angst, er wisse über die Bedürfnisse des Beters noch nicht Bescheid (V. 8b). Die Abwehr solchen Betens ist von Matthäus in deutlicher Anlehnung an das Logion 6,31 f. par. formuliert: οἶδεν γὰρ ὁ πατὴρ ὑμῶν ὧν χρείαν ἔχετε πρὸ τοῦ ὑμᾶς αἰτῆσαι αὐτόν. Beide Stellen sind durch die bei Matthäus besonders häufige Gottesbezeichnung »euer (himmlischer) Vater« der Gebetsanrede zugeordnet, in V. 8 (in א[1] B sa mae durch Voranstellung von ὁ θεός erweitert) voraus-, in V. 32 darauf zurückweisend. Das zeigt, dass die Begründung nicht mit einem allgemeinen Gottesbegriff argumentiert, zu dem apriori die Eigenschaft der Allwissenheit gehört, sondern als Erfahrungszusage der Vorsorge des Vaters für seine Kinder gemeint ist. Vgl. die ähnlich aktuelle Zusage Jes 65,24. Anders als im stoischen Vorsehungsglauben, aber auch in der skeptischen Gebetskritik der griechischen Aufklärung, die die Unabänderlichkeit des Schicksals gegen das Bittgebet ins Feld führt, kann es darum in Jesu Verkündigung und im urchristlichen Glauben die in der Stoa aus dem Vorauswissen Gottes gezogene Konsequenz der Verwerfung des Bittgebetes nicht geben, etwa im Sinne der Sentenz des Popularphilosophen Maximus von Tyros (um 200 n.Chr.), V 3: »Also wird er (Gott) weder den Bittenden geben wider Gebühr (οὔτε οὖν εὐχομένοις δώσει παρὰ τὴν ἀξίαν) noch wird er den Nichtbetern nicht geben, was (ihnen) gebührt (οὔτε οὐκ εὐχομένοις δώσει κατὰ τὴν ἀξίαν).«[8] Wie überhaupt der im Titel einer eigenen Schrift desselben Autors charakteristisch formulierte

6 *P. Billerbeck*, Kommentar zum Neuen Testament aus Talmud und Midrasch, Bd. I: Das Evangelium nach Matthäus, München 1926 = [7]1978, S. 405 f.

7 A.a.O., S. 404 f.

8 *Maximus Tyrius*, Philosophumena, edidit H. Hobein, Leipzig 1910, S. 56.

Topos »Darf man beten?« (δεῖ εὔχεσθαι) weder in Jesu Botschaft noch im Urchristentum als Grundsatzfrage behandelt wird, und zwar darum nicht, weil hier der Gedanke der Allmacht und Vorsehung Gottes die Freiheit seines väterlichen Handelns gerade mit einschließt. Die Unterlassung des Bittgebetes wäre deshalb widersinnig; sie würde besagen, dass ein Kind nicht mehr zu seinem Vater spräche. Von dem Kindesrecht Gebrauch zu machen im Vertrauen zu Gottes väterlicher Güte, ist die Absicht der Einleitung zum Vaterunser und das Motiv der Kritik an Länge und Wortschwall der Gebete.

Die redaktionelle Einführung in V. 9 hebt das Vaterunser vom heidnischen Beten ab und bezeichnet es ausdrücklich als Gebet der Jünger, d.h. der christlichen Gemeinde, das sie von anderen unterscheidet (»Darum sollt *ihr* folgendermaßen beten«). Darin liegt zwar sicher nicht ihre Verpflichtung auf ein bestimmtes, andere Gebete ausschließendes Gebetsformular. Doch wird das Vaterunser damit ebenso wenig als bloßes Muster für rechtes Beten bezeichnet. Vielmehr zeigen Form, Inhalt und Überlieferung des Textes, dass es auf Wiederholung angelegt und also zum Gebrauch bestimmt ist und ihm von vornherein eine für jegliches Beten Richtung weisende Funktion eignet[9]. Das Vaterunser ist im Neuen Testament außer an unserer Stelle auch in Lk 11,2-4 überliefert, dort aber in anderem Rahmen und abweichender, in zahlreichen Handschriften sekundär an Matthäus angeglichener Fassung. Ihr gegenüber enthält der Matthäus-Text Erweiterungen: Sowohl in der Anrede wie in der Zahl der bei Lukas fünf, bei Matthäus sieben Bitten; darüber hinaus differiert auch der Wortlaut in dem, was beiden gemeinsam ist, nicht unerheblich. Mit Recht hat sich in der neueren Forschung die Erkenntnis durchgesetzt, dass die Unterschiede beider Versionen nicht aus der verschiedenen Wiedergabe derselben literarischen Vorlage durch die Evangelisten zu erklären sind, sondern beide das ihnen vertraute liturgische Formular ihrer Gemeinden wiedergeben, ähnlich der ebenfalls variierenden Tradition der Abendmahlsworte Jesu Mk 14,22-24 parr. Der liturgische Charakter des Vaterunsers tritt stärker bei Matthäus als bei Lukas zutage und vollends in der von Matthäus nur geringfügig unterschiedenen Version der Didache, die in 8,2 das Herrengebet in Zusammenhang von Taufe, Fasten und Eucharistie überliefert und erstmals mit einer Doxologie beschließt[10]. In Did 8,2 wird das Vaterunser ausdrücklich als das vom Herrn in seinem Evangelium gebotene Gebet (ὡς ἐκέλευσεν ὁ κύριος ἐν τῷ εὐαγγελίῳ αὐτοῦ) eingeführt und in einer im Wesentlichen mit Matthäus übereinstimmenden Fassung. Trotzdem darf man nicht sofort behaupten, die Didache habe es aus dem *literarischen* Matthäus-Evangelium übernommen, denn mit εὐαγγέλιον αὐτοῦ wird hier die *mündliche* Predigt Jesu bezeichnet[11]. Der Verfasser oder besser der Kompilator der Didache

9 *H. Greeven / J. Herrmann*, Art. εὔχομαι κτλ, in: ThWNT 2, Stuttgart 1935, S. (774-808) 803.

10 *H. Köster*, Synoptische Überlieferung bei den Apostolischen Vätern (TU 65), Berlin 1957, S. 203 ff.

11 Ebd.

zitiert es nicht literarisch, sondern übernimmt es aus Liturgie und Praxis seiner Gemeinde, freilich in einer dem Matthäus engstens verwandten Gestalt. So wie das Sch^{e}mone esre schon im Judentum der damaligen Zeit dreimal gebetet wurde, so soll nach Did 8,3 auch das Vaterunser dreimal täglich gebetet werden. Die Vermittlung der *Tradition* erfolgte also *durch die Liturgie*, die jeder Christ kannte; es bedurfte dafür nicht eines Rückgriffes auf literarische Zeugnisse. Das wird in der Didache nicht zuletzt auch durch die *Doxologie* bestätigt, die hier zum ersten Mal begegnet, und zwar in zweigliedriger Gestalt (»denn dein ist die Kraft und die Herrlichkeit in Ewigkeit«); erst in späten Textzeugen ist sie in der uns bekannten, in der katholischen Praxis jedoch bis heute nicht üblich gewordenen dreigliedrigen Gestalt (Reich, Kraft, Herrlichkeit – Amen) eingedrungen.
Nur am Rande sei erwähnt, dass auch Marcion[12], sicher wieder repräsentativ für seine Kirche, das Vaterunser in einer Lukas verwandten, aber auch von ihm charakteristisch abweichenden Textform überliefert: »Vater, es komme dein heiliger Geist auf uns und reinige uns. Es komme dein Reich. Dein Brot, das bestimmte, gib uns täglich. Und erlass uns unsere Sünden. Und lass uns nicht hineingetragen werden in Anfechtung.« Also fünf Bitten. Doch steht an Stelle der ersten Bitte die um den heiligen Geist (sekundär).
Die Frage der Priorität des Lukas- oder Matthäus-Textes ist demnach nicht literarkritisch zu lösen, wohl aber aufgrund liturgischer Überlieferungsgesetze dahin zu beantworten, dass die kürzere, liturgisch weniger durchgeformte lukanische Fassung die ältere ist. Für die nachträgliche Streichung der dritten und siebten Bitte sowie der sonstigen matthäischen Überschüsse im Text lassen sich keine Gründe angeben, für die Erweiterungen dagegen sehr wohl. Auch ergibt der Vergleich, dass der ungefügere lukanische Text vollständig in der Matthäus-Fassung enthalten ist und deren Erweiterungen sich durchgängig an entsprechender Stelle finden, nämlich am Ende der Anrede πάτερ wie am Ende der Du-Bitten (3. Bitte) und der Wir-Bitten (7. Bitte)[13]. Das schließt nicht aus, dass Matthäus in Einzelheiten den älteren Wortlaut bietet. Der Aufbau ist in jedem Fall in beiden Texten der gleiche: Nach der Anrede zuerst zwei (Lukas) bzw. drei (Matthäus) auf die Sache Gottes ausgerichtete Bitten, danach die bei Lukas drei, bei Matthäus vier von »unserer« Sache handelnden Bitten. Gemeinsam ist beiden Versionen auch der Charakter des Gemeindegebetes, auch wenn es nicht nur für den gottesdienstlichen, sondern zugleich für den individuellen Gebrauch bestimmt war. In der Didache ist daraus geradezu die Vorschrift geworden, es dreimal täglich wie das Achtzehngebet im Judentum morgens, mittags und abends zu beten (8,2).
Nach Sprache und Gedankengut ist das Vaterunser nicht ein spezifisch christliches, sondern ein aus jüdischer Überlieferung geschöpftes Gebet.

12 Vgl. *A. v. Harnack*, Marcion: Das Evangelium vom fremden Gott. Eine Monographie zur Geschichte der Grundlegung der katholischen Kirche (TU 45), Leipzig ^{2}1924, S. 207*.

13 Vgl. *J. Jeremias*, Neutestamentliche Theologie, Erster Teil: Die Verkündigung Jesu, Gütersloh ^{4}1988, S. 189 f.

Schon J. J. Wettstein bemerkt zu Mt 6,9: »*Tota haec oratio ex formulis Hebraeorum concinnata est.*« Die seitdem in Fülle gesammelten Belege aus Synagogengebeten und rabbinischen Sprüchen haben diesen Satz wenigstens weithin bestätigt. Von besonderer Bedeutung ist neben dem in die Zeit Jesu zurückgehenden, für die ersten drei Bitten wichtigen Kaddisch-Gebet vor allem das in seinem ältesten Bestand möglicherweise schon vorchristliche Hauptgebet der Synagoge Sch^e^mone esre, d.h. Achtzehnbittengebet, schlechthin als die תְּפִלָּה bezeichnet. Die ältere palästinische Rezension bringt nach einer langen Lobpreisung, darunter in 3: »*Heilig* bist du und furchtbar *dein Name*« usw., im Hauptteil (4-14) u.a. folgende Einzelbitten in 6: »*Vergib uns, unser Vater*« usw., in 7: »Sieh unser *Elend* an … und *erlöse uns* um deines Namens willen«, in 9: »… und sättige die Welt von den Schätzen deiner Güte«, in 11: »… und *sei König* über uns du, Jahwe allein.« Aus dem am Schluss des Gottesdienstes gebeteten Kaddisch vgl.: »(1) Verherrlicht und *geheiligt werde* sein großer Name in der Welt, die er nach *seinem Willen* geschaffen. (2) Er bringe sein *Reich* zur Herrschaft … zu euren Lebzeiten und in euren Tagen … (3) Angenommen werden möge euer Gebet und euer Wunsch samt dem Wunsch des ganzen Hauses Israel vor *eurem Vater, der im Himmel ist*« usw. Das Sch^e^mone esre ist nicht zuletzt auch darum von besonderem Interesse, weil es an zahlreichen Stellen in der Wiederholung gleicher Suffixe eine Art Reim (End-, nicht Wortreim) erkennen lässt, auf den auch verschiedene Versuche der Rückübersetzung des griechischen Vaterunser-Textes nach Matthäus und Lukas ins Aramäische geführt haben (in der ersten Hälfte *-aḵ* »dein«, in der zweiten *-na* »unser«)[14].

1. Die erste Bitte (V. 9)

Unerachtet der engen sprachlichen und inhaltlichen Berührungen mit jüdischen Gebeten ist die Eigenart des Vaterunsers gleichwohl unverkennbar. Sie zeigt sich in der Einfachheit und inhaltsreichen Kürze des Gebetes, in der Auswahl dessen, was aufgenommen ist und was nicht. Dabei fällt besonders der Verzicht auf den für die vergleichbaren jüdischen Gebete charakteristischen Wortreichtum der Lobpreisungen in die Augen und die durchgängige Beschränkung auf Bitten. Von einem bloßen Exzerpt kann keine Rede sein. Denn die im Vaterunser erreichte äußerste Reduktion erfolgt mit der Kunst einer Aussparung, durch die jedes Wort nicht vermindert, sondern aufs Stärkste befrachtet und intensiviert und die Gedanken auf das gesammelt werden, was nach Jesu Verkündigung im Blick auf Gott und die Betenden als allein wesentlich gilt. Weder die Bezeichnung noch die Anrufung Gottes als Vater (V. 9) sind als solche etwas völlig Neues, sondern auch dem Judentum aus alttestamentlicher Tradition vertraut.

14 Vgl. *K. G. Kuhn*, Achtzehngebet und Vaterunser und der Reim (WUNT 1), Tübingen 1950, S. 44.

Im Alten Testament ist das zwar nicht allzu häufig, aber das an gewichtigen Stellen gebrauchte Vaterprädikat Ausdruck für das einzigartige Verhältnis Jahwes zum Volk Israel (oder auch zu dem als sein Sohn berufenen König: 2Sam 7,14; Ps 89,27 f.): Dtn 32,6; Jes 63,16; 64,8; Jer 31,9; Mal 1,6; 2,10. Desgleichen in den Apokryphen und Pseudepigraphen: Jub 1,24 f.28; TestJud 24; 3Makk 5,7; 6,3.8. Erst im späthellenistischen Judentum geht die Vater-Sohn-Beziehung allmählich auf das Gottesverhältnis des oder der einzelnen Frommen über: Sap 2,16; 14,3; Sir 23,1; ebenso in die Sprache der Rabbinen[15]. Anders als in den außerbiblischen Religionen, die ihre Götter als Vater bezeichnen, verbinden sich in den alttestamentlich-jüdischen Texten mit dem Vaternamen Gottes die Motive der Erwählung, der Hilfe und Rettung, der väterlichen Fürsorge und Vergebung, aber auch des gebietenden Willens, dagegen nicht kosmologische und genealogische Vorstellungen. Der Gedanke einer physisch-mythologischen Beziehung zwischen Gott, Welt und Mensch wird geradezu geflissentlich gemieden und von Gott vergleichend als Vater geredet (Ps 103,13) oder auch in einem alle irdisch-menschliche Vaterschaft übersteigenden, unvergleichlichen Sinn (Jes 63,15 f.). Aufs Ganze gesehen reden Altes Testament und Judentum ungleich zurückhaltender und seltener als die Religionen ihrer Umwelt von Gott als Vater (die Freud'sche Klassifizierung des Alten Testaments als Vaterreligion ist eine grobe Verzeichnung). Wie die Gottesbezeichnung »Unser Vater« in Synagogengebeten und rabbinischer Literatur seit dem 1. nachchristlichen Jahrhundert geläufig ist, so auch der Zusatz: »der im Himmel ist«[16]. Trotz dieser Übereinstimmungen im Wortlaut besteht insofern ein bezeichnender Unterschied in der Gebetsanrede darin, als der Vateranruf im Judentum in der Regel den Charakter eines zusätzlichen Attributes hat und als ein Gottesprädikat unter anderen begegnet (»O Herr, mein Vater und Gebieter«, »... Gott meines Lebens«, »unser Vater, unser König«), oft »wie ein verlorenes Wort in einer fremden Welt«[17]. Im Vaterunser dagegen kommt der Vateranrede schlechthin zentrale Bedeutung zu, und sie bedarf keiner Auffüllung durch andere Gottesprädikate. Auch erscheint sie merkwürdig unvermittelt, ohne begründende Bezugnahme auf die Heilsgeschichte Israels wie im Eingang des Sch^{e}mone esre, noch gar vorbereitet durch Reflexionen über das Wesen Gottes und seine Eigenschaften. Wie andere synoptische Jesusworte über Gottes Vatersein begründet sich auch die Anrede überhaupt nicht in einem feststellenden Lehrsatz (»Gott ist [euer] Vater«),

15 *P. Billerbeck*, Kommentar zum Neuen Testament aus Talmud und Midrasch, Bd. I (s. Anm. 6), S. 392 ff.

16 A.a.O., S. 394 f. 410.

17 *W. Bousset*, Die Religion des Judentums im späthellenistischen Zeitalter, 3. Aufl. hg. v. H. Greßmann, mit einem Vorwort von E. Lohse (HNT 21), Tübingen ^{4}1966, S. 378.

sondern richtet sich unmittelbar an den nahen Gott, der sich als Vater der Menschen erweist und erweisen wird, als Schöpfer in seinem gegenwärtigen Wirken (Mt 5,45.48; 10,29 f.), wie als eschatologischer Retter in seinem künftigen Handeln. Wahrscheinlich liegt der bloßen Vateranrede in beiden Fassungen des Herrengebetes das in der Gebetssprache des zeitgenössischen Judentums ungewöhnliche aramäische Wort *Abbā* (Mk 14,36) zugrunde, das mit Sicherheit als Jesu Gebetsanruf anzunehmen ist und mit nachfolgender griechischer Übersetzung auch in die heidenchristliche Gemeinde Eingang gefunden hat (Röm 8,16; Gal 4,6). Das vokativisch gebrauchte, der Alltags-, keineswegs nur der Kleinkindersprache entstammende ἀββᾶ ist geläufige Bezeichnung für den menschlichen Vater[18] und galt offenbar darum im Judentum für die religiöse Sprache als zu profan und distanzlos. Doch fasst es gerade als solches das von Jesus verkündete Geschehen der Wendung Gottes zur Welt zusammen. »Der Erhabene wird der Nahe und Vertraute«[19]. Entsprechend wird das eine Wort »Vater« im Munde der Jünger bzw. der Gemeinde zur Antwort auf das Geschehen und Widerfahren der Nähe Gottes und zum Leit- und Schlüsselwort für das ganze Gebet. Auch der Zusatz in der Matthäus-Fassung »der im Himmel« entrückt ihn nicht erneut in eine ferne Transzendenz, sondern eröffnet die Dimensionen des Geschehens, in das die Beter einbezogen sind[20].

ἁγιασθήτω τὸ ὄνομά σου – der Parallelismus mit der zweiten und dritten Bitte zeigt, dass auch die *erste* nicht nur eine doxologische Erweiterung der Anrede ist, ebenso wenig eine Art Selbstaufforderung[21], sondern so wie die anderen eine an Gott gerichtete, eschatologische Bitte. Bengel: »Modus in *sanctificetur* eandem vim habet, quam *veniat* et *fiat*, adeoque est rogatio, non doxologia expressa.«[22] Der »Name Gottes« steht hier wie häufig im Alten Testament für Gott selbst, meint also nicht einen Eigennamen, der ihn von anderen Göttern unterscheidet, auch nicht seine Eigenschaft als Vater, vielmehr benennt er ihn als den, der sich selbst, seine Macht, seinen Willen, seine Gegenwart vor der Welt bekunden möge. Das in der außerbiblischen Gräzität seltene, aber in der Septuaginta häufige, von dem Ad-

18 *P. Billerbeck*, Kommentar zum Neuen Testament aus Talmud und Midrasch, Bd. II: Das Evangelium nach Markus, Lukas, Johannes und die Apostelgeschichte, München [5]1969, S. 49 f.

19 *G. Schrenk / G. Quell*, Art. πατήρ κτλ, in: ThWNT 5, Stuttgart 1954, S. (946-1024) 987.

20 Anders *K. G. Kuhn*, Achtzehngebet und Vaterunser und der Reim (s. Anm. 14), S. 34.

21 *J. Weiß / W. Bousset*, Die drei ältesten Evangelien (SNT 1), Göttingen [3]1917, S. (31-525) 277.

22 *J. A. Bengel*, Gnomon Novi Testamenti, Tübingen [3]1855, S. 47.

jektiv ἅγιος gebildete transitive Verb ἁγιάζειν[23] hat an den Bedeutungsmomenten des hebräischen Stammwortes קדשׁ und seiner Derivate teil. »Heilig« ist in der kultisch-gesetzlichen und prophetischen Sprache des Alten Testaments und im nachbiblischen Judentum geradezu Synonym für Gott selbst in seiner Hoheit und Unterschiedenheit von allem Welthaften und Nichtgöttlichen (Lev 19,2; 20,7 f.; Jes 6,3; 57,15; Hab 3,3 u.v.a.[24]); desgleichen gilt als »heilig« alles, was seiner Sphäre zugehört. Doch bezeichnet »heilig« Gott zugleich als den, der seine überwältigende Größe Scheu und Schrecken erregend vor der Welt erweist. In diesem Sinne ist vor allem sein »Name« heilig (Lev 20,3; 22,2.32; Dtn 32,51; Jes 40,25; 43,15 u.a.). Entsprechend bedeutet das kausative ἁγιάζειν (in LXX häufig für קדשׁ Niph., Pi., Hiph.) für Gott aussondern, weihen oder auch ihn und was ihm gehört, heilig halten, als heilig behandeln. Der Aktionsbegriff »heiligen« wird im Alten Testament nicht selten mit Gott als Subjekt verbunden.

Die unpersönlich passivische Form des Verbs umschreibt nach jüdischer Weise ehrfürchtig den Imperativ ἁγίασον. Inhaltlich rückt die Bitte damit in die nächste Nähe der zweiten, die das Kommen der Herrschaft Gottes erfleht. Aber sagt sie nichts anderes als diese? Das ist schon darum unwahrscheinlich, weil das so kurz und konzis formulierte Gebet keine Wiederholungen duldet. Mindestens für die Matthäus-Fassung ist darum die Annahme eines besonderen Inhalts der ersten Bitte überzeugender, der die zeitgenössische jüdische Enderwartung zum Hintergrund hat. In dieser spielt der Gedanke eine bedeutsame Rolle, dass die Messiaszeit anbrechen wird, wenn Israel in Buße und Gehorsam die Tora erfüllt, d.h. den Namen Gottes heiligt. Vgl. Sifra 18,6: »Wenn ihr meinen Namen heiligt, so werde ich auch meinen Namen um euretwillen heiligen«[25]; Tanna d^{e}be Elijjahu 21: »Heilige deinen Namen wegen derer, die deinen Namen heiligen«[26]. Im Rahmen dieses auch sonst im Matthäus-Evangelium deutlich nachwirkenden traditionellen Theologumenons hat spätestens der Evangelist selbst den zentralen Gedanken der von Jesus erfüllten und in ihm zur Erscheinung gekommenen Gerechtigkeit ausgebildet und ineins damit das darauf begründete, im ersten Evangelium leitende Verständnis der schon jetzt angebrochenen Heils- und Entscheidungszeit, die dem endgültigen Kommen der Basileia vorausgeht. Zu dieser

23 *F. Blass / A. Debrunner / F. Rehkopf*, Grammatik des neutestamentlichen Griechisch (s. Anm. 1), § 108,3; *O. Procksch / G. Kuhn*, Art. ἅγιος κτλ, in: ThWNT 1, Stuttgart 1933, S. (87-116) 112 f.

24 *P. Billerbeck*, Kommentar zum Neuen Testament aus Talmud und Midrasch, Bd. III: Die Briefe des Neuen Testaments und die Offenbarung Johannis, München 1926 = ^{6}1975, S. 762 f.

25 *P. Billerbeck*, Kommentar zum Neuen Testament aus Talmud und Midrasch, Bd. I (s. Anm. 6), S. 413.

26 A.a.O., S. 411.

Transformation vorgegebener jüdischer Tradition passt nicht nur die offenkundige Angleichung der Anrede an jüdische Gebete, sondern erst recht die Hinzufügung der dritten Bitte. Auch wird diese Auslegung gestützt durch den der ersten Bitte verwandten Gedanken in dem von Matthäus formulierten Logion 5,16b, in dem zwar nicht von der »Heiligung« des Gottesnamens, wohl aber in geläufiger Synonymik von der »Verherrlichung eures himmlischen Vaters« durch die Nichtchristen angesichts der »guten Werke« der Jünger die Rede ist. Mit dieser Interpretation der ersten Bitte ist weder ihr Charakter als wirkliche Bitte noch ihre eschatologische Ausrichtung bestritten, aber ihr Sinn als »indirekt eschatologisch« verstanden[27].

2. Die zweite Bitte (V. 10a)

Wie im Kaddisch-Gebet folgt auf die erste Bitte um die Heiligung des Namens Gottes die zweite, Gott möge seine Herrschaft endgültig in der Welt aufrichten (V. 10a). Auch sie redet in der Sprache der alttestamentlichen Prophetie und Psalmen und jüdischer Enderwartung. Dennoch hat sie weder im Alten Testament noch in jüdischen Gebeten eine wörtliche Parallele. In den Propheten ist zwar häufig vom »Kommen« des (Gerichts-)Tages Jahwes die Rede (Am 5,18.20; Hos 5,9; Jes 2,17; 13,6.9; 22,5; 34,8; Jer 46,10; Jo 1,15; 2,1 f. u.a.) und in der rabbinischen Literatur vom »Offenbarwerden« der Königsherrschaft Gottes am Ende der Zeiten[28]. Doch redet das Judentum vom Königtum Gottes auffallend spät, relativ selten und ohne eigenständigen Inhalt, vielmehr abstrakt, formelhaft und in der Regel mit anderen Inhalten und Vorstellungen wie z.B. im Anfang des Kaddisch mit dem Kommen des Messias oder in apokalyptischen Texten mit dem Kommen des transzendenten Menschensohn-Weltrichters und Retters verbunden; häufig auch in Verbindung mit Aussagen über die zukünftige jenseitige Welt Gottes (עוֹלָם הַבָּא), die in rabbinischen Texten in der Regel dort erscheint, wo in den synoptischen Evangelien von der βασιλεία τοῦ θεοῦ geredet wird[29]. Auf diesem zeitgenössischen Hintergrund ist bedeutsam, dass Jesu Reich-Gottes-Botschaft nicht nur den aus dem Alten Testament bekannten Gedanken wiederholt, dass Gottes Königsherrschaft von Geschlecht zu Geschlecht währt, sondern darin aufgeht, den verheißenen, in der Gegenwart sich bereits zeichenhaft ankündigenden Sieg Gottes über die

27 Vgl. zum Ganzen *R. Asting*, Die Heiligkeit im Urchristentum (FRLANT 46), Göttingen 1930, S. 75-85.
28 Ebd.
29 *P. Volz*, Die Eschatologie der jüdischen Gemeinde im neutestamentlichen Zeitalter, Tübingen 1934, S. 166 f.

widergöttlichen Mächte auszurufen und den ihn sehnlich Erwartenden das Heil zuzusagen. Auch hier ist mit der nahenden Basileia ein in Zeit und Geschichte sich ereignendes weltwendendes und -endendes Geschehen gemeint, aber ein durch Gottes Tat allein gewirktes, nicht ein idealer Weltzustand, der mehr und mehr durch menschliche Anstrengung verwirklicht werden soll. Im Lichte dieses Geschehens ruft Jesus zur Umkehr und zur Bereitschaft, alles daran zu setzen und das angebotene Heil anzunehmen, und verkündet die »Einlassbedingungen«, ohne die keiner in die Basileia Gottes »eingehen« wird. Die engen Berührungen der zweiten Bitte mit Jesu Reichsbotschaft sind offenkundig. Dennoch hebt sich ihre Akzentuierung in dem für die Jünger bestimmten Gebetsformular von der übrigen Jesusüberlieferung eigentümlich ab und scheint vielmehr der Welt- und Glaubenserfahrung der frühen palästinischen Gemeinde zu entsprechen, dass das Kommen der Gottesherrschaft noch aussteht. Darum die flehende Bitte um ihren Anbruch, ähnlich dem Gebetsruf: »Es komme die Gnade und es vergehe die Welt … Maranatha« (Did 10,6). Im Unterschied zu diesem ist sie jedoch nicht christologisch, sondern in engster Anlehnung an Jesu Botschaft formuliert und fasst in dem einen Wort »deine Herrschaft« ihre Erwartung zusammen[30].

3. Die dritte Bitte (V. 10b.c)

Die bei Lukas fehlende dritte Bitte (V. 10b.c) ist vermutlich schon in vormatthäischer Tradition hinzugefügt worden. Im Unterschied zu den vorangehenden Bitten zweigliedrig formuliert, schließt sie die eröffnende Bittenreihe ab. Sie hat offensichtlich die Funktion, die erste und zweite zu interpretieren. Ihren Zusammenhang mit beiden zeigt bereits ihre sprachliche Form an: asyndetische Anreihung, Voranstellung des Verbs im passiven Imperativ Aoristi, am Ende das gleiche Personalpronomen. Aber auch ihr Inhalt zielt auf ein umfassendes eschatologisches Geschehen, das Gott allein auszurichten vermag und das menschliches Vermögen übersteigt: *Er* möge *seinen* Willen endlich und endgültig auch auf Erden und also in der Welt der Menschen verwirklichen. Der Ton liegt vernehmlich auf den letzten Worten: καὶ ἐπὶ γῆς. Wie ist das zu verstehen, und wie ist es nicht gemeint? Der Gedanke der *Entsprechung zwischen göttlichem und menschlichem Willen* in der dritten Bitte besagt nicht das gleiche wie der in der stoischen und schon zuvor in der sokratischen Philosophie zentrale Gedanke der Ergebung in das Walten der Vorsehung, der auf das land-

30 Vgl. *E. Gräßer*, Das Problem der Parusieverzögerung in den synoptischen Evangelien und in der Apostelgeschichte (BZNW 22), Berlin / New York [3]1977, S. 95-101.

läufige Verständnis der Vaterunser-Bitte bis heute eingewirkt hat. Nach griechisch-stoischer Lehre waltet der Wille der Gottheit in den Welt- und Lebensschicksalen, und der Mensch ist gehalten, seinen eigenen Willen mit dem göttlichen in Ergebung und Einklang zu bringen. Epict. diss. IV 7,20: »Für besser achte ich, was Gott will, als was ich will«; Epict. ench. 8: »Trachte nicht danach, dass das Geschehende geschieht, so wie du es willst, sondern wolle die Geschehnisse, wie sie geschehen, und du wirst Glück haben«; Sen. ep. 74,20: »Wohl gefallen soll dem Menschen, was immer Gott gefallen hat (*placeat / placuit*)«[31]. Analog diesem individuellen Ergebungsgedanken wird weithin die nur im Matthäus-Evangelium wörtlich wie 6,10b lautende Bitte Jesu in Gethsemane 26,42 verstanden und nach ihr auch die dritte Vaterunser-Bitte. Ist vielleicht gar die zusätzliche Bitte im matthäischen Vaterunser-Text schon in früher Zeit dem Gethsemanegebet Jesu nachgebildet[32]? Diese Annahme ist ganz unwahrscheinlich. Der traditionsgeschichtliche Prozess dürfte gerade umgekehrt verlaufen sein[33], zumal 26,42 den im zweiten Halbsatz der Vaterunser-Bitte enthaltenen und durch ihre Zuordnung zu den vorangehenden Bitten unterstrichenen universalen Sinn von 6,10b nicht deckt.

Auch im jüdischen Glauben spielt die Übereinstimmung von göttlichem und menschlichem Willen eine entscheidende Rolle, aber nicht im Sinne stoischen Denkens. Entsprechend der radikalen Transzendenz im biblischen Gottesverständnis gilt hier nicht der Welt- und Lebenslauf als solcher schon als Manifestation des göttlichen Willens. Vielmehr ist dieser allein in der Tora offenbar und will auch und gerade im Widerstreit mit der Welt von den Frommen getan werden. Die Maxime menschlichen Handelns lautet darum nicht: Füge dich in die nach Gottes Willen ablaufenden Welt- und Lebensgeschicke. Sondern: Halte seine Gebote. »Tu Seinen Willen wie deinen Willen, damit Er deinen Willen wie Seinen Willen tue« (Av 2,4). Dementsprechend betet der Priester: »Herr der Welt, wir haben getan, was du über uns bestimmt hast; tue du an uns, was du verheißen hast« (Sota 39a). Sprachlich und inhaltlich steht die dritte Bitte diesem jüdischen Gedanken ungleich näher. Sie bedient sich der im ganzen Alten und Neuen Testament ungewöhnlichen, nur bei Matthäus vorkommenden Wendung »der Wille des Vaters« oder »der Wille meines / eures Vaters im Himmel«, die im Rabbinat durchaus geläufig ist (vgl. Av

31 Weitere Belege bei *E. Lohmeyer*, Das Vater-Unser, Göttingen ^{5}1962, S. 79 u. 215, Anm. 9.

32 *M. Dibelius*, Die dritte Bitte des Vaterunsers, in: ders., Botschaft und Geschichte. GAufs., Bd. 1, hg. v. G. Bornkamm, Tübingen 1953, S. (175-177) 176.

33 *G. Barth*, Das Gesetzesverständnis des Evangelisten Matthäus, in: G. Bornkamm / G. Barth / H. J. Held, Überlieferung und Auslegung im Matthäusevangelium (WMANT 1), Neukirchen ^{7}1975, S. (54-154) 135, Anm. 3.

5,20)[34]. Auch ist mit dem göttlichen Willen Mt 7,21; 12,50; 18,14; 21,31; 26,42 wie in rabbinischen Aussprüchen nicht allgemein der Welt- und Lebensablauf gemeint, sondern Gottes gebietender Wille, der vom Menschen getan werden will[35]. Doch redet die dritte Bitte nicht eigentlich von einem menschlichen Tun, sondern wie die beiden ersten Bitten davon, dass Gott selbst seine Sache auch auf Erden zum Siege führen möge. Aber was heißt das? Gibt darauf der vergleichende Nachsatz Antwort? ὡς setzt Himmel und Erde vergleichend, wenn nicht gar begründend (ὡς = καί) zueinander in Beziehung[36], was D und einige altlateinische Textzeugen durch Auslassung von ὡς verwischt haben. Schwerlich sind Himmel und Erde darum wie häufig im Alten Testament nur plerophorer Ausdruck für das Weltganze als Gottes Schöpfung, Herrschafts- und Wirkensbereich (Gen 1,1; 2,1; Dtn 10,14; Ps 69,35; 89,12; 115,15 u.v.a.; im Neuen Testament: Mt 5,34 f.; 11,25; 28,18; Apg 4,24; 14,15; 17,24; Apk 10,6; 14,7 u.a.). Auch sind sie in der dritten Bitte nicht als Inbegriff speziell der vergänglichen Schöpfung zu verstehen (Mt 5,18; 24,35). Ebenso wenig werden sie als Bereiche göttlichen und menschlichen Handelns kontrastiert (16,18; 18,18) oder des Unvergänglich-Beständigen und Vergänglich-Unbeständigen (6,19 f.). Auch der jüdische Gedanke eines Einklanges zwischen der oberen Welt der Engel und der unteren der Menschen[37] ist in der Bitte nicht angedeutet. Damit entfällt die Wiedergabe der Bitte: Mögest du sowohl im Himmel als auch auf Erden deinen Willen verwirklichen[38]. Vielmehr sind beide im Sinne von oben und unten oder auch zeitlich: wie schon / nun auch … einander zugeordnet. Das könnte im Sinne des aus apokalyptischer Tradition stammenden, in einigen Jesusworten der Evangelien anklingenden mythischen Motivs von dem im Himmel bereits errungenen Sieg über den Satan und seinem endgültigen Sturz gemeint sein (Lk 10,18; Joh 12,31; 16,11), das Apk 12,7-10 mit der Ausrufung des nunmehr aufgerichteten Königtums Gottes verbunden ist. Aber weder die zweite noch die dritte Bitte enthalten auch nur eine Anspielung darauf, noch lässt die aus den ers-

34 Weitere Belege bei *P. Billerbeck*, Kommentar zum Neuen Testament aus Talmud und Midrasch, Bd. I (s. Anm. 6), S. 467; *A. Schlatter*, Der Evangelist Matthäus. Seine Sprache, sein Ziel, seine Selbständigkeit, Stuttgart [5]1959, S. 258.

35 Vgl. *G. Dalman*, Die Worte Jesu. Mit Berücksichtigung des nachkanonischen jüdischen Schrifttums und der aramäischen Sprache, Bd. 1, Leipzig [2]1930, S. 314 f.; *G. F. Moore*, Judaism in the first centuries of the Christian era. The age of the Tannaim, Bd. II, Cambridge, Mass. [8]1958, S. 205; *G. Schrenk*, Art. θέλω κτλ, in: ThWNT 3, Stuttgart 1938, S. (43-63) 53; *W. Trilling*, Das wahre Israel. Studien zur Theologie des Matthäus-Evangeliums (StANT 10), München 1964, S. 118.

36 *F. Blass / A. Debrunner / F. Rehkopf*, Grammatik des neutestamentlichen Griechisch (s. Anm. 1), § 453,1.2.

37 *P. Billerbeck*, Kommentar zum Neuen Testament aus Talmud und Midrasch, Bd. I (s. Anm. 6), S. 420.

38 Gegen *E. Lohmeyer*, Das Vater-Unser (s. Anm. 31), S. 88 f.

ten drei und letzten zwei Bitten sprechende Welterfahrung die Eintragung dieses mythischen Motivs in die dritte Bitte zu. Sie besagt darum: Wie dein Wille im Himmel gilt und du es verheißen hast, so setze deinen Willen auch auf Erden durch und lass uns an deinem Sieg teilhaben! Sprachlich, obschon nicht inhaltlich, bietet dazu eine entfernte Parallele 1Makk 3,60: »Doch wie es der Wille des Himmels ist, so möge er tun!« Das spezifisch matthäische Sprach- und Gedankengut der Bitte[39] stellt die Frage nach ihrem Verständnis im Zusammenhang des ganzen Evangeliums. Entscheidend ist dafür die durchgängige Verbindung des Begriffs θέλημα mit γίνεσθαι[40] zur Bezeichnung des stets auf die zukünftige Basileia und das Endgericht bezogenen göttlichen Heilswillens. Wie in V. 10b.c meint der Wille Gottes im Matthäus-Evangelium auch sonst häufig das, was er *an* Menschen geschehen lassen will, nicht das von ihnen zu Vollbringende, d.h. Summe und Inbegriff seiner Gebote (13,28; 18,23; 20,14 f.; 26,39; 27,43[41]); ebenso im übrigen Neuen Testament, z.B. Joh 1,13; 4,34; 5,30; Apk 4,11. Diesem Sprachgebrauch gemäß und im Einklang mit den ersten beiden Bitten erbittet demnach auch die dritte Gottes machtvolles eschatologisches Handeln, nämlich die Manifestation seines Heilswillens unter allen Völkern (Mt 28,19 f.). Im traditionell-apokalyptischen Sinn ist sie freilich keine »eschatologische« Bitte[42], sofern sie »mit dem Weiterbestand der ›Erde‹ rechnet und ein Nachlassen der eschatologischen Erwartung und Spannung voraussetzt«[43]. Wohl aber ist auch sie von dem charakteristisch matthäischen Gedanken geprägt, dass durch Jesu Erfüllung von Gesetz und Propheten und die von den Jüngern nicht nur geforderte, sondern ihnen ermöglichte Gerechtigkeit die jetzt noch währende Weltzeit ihr Signum als Heils- und Entscheidungszeit erhalten hat. In diesem Sinn sind die Zeit des irdischen Jesus und die seiner Gemeinde in die Enderwartung einbezogen. So verstanden ist die Bitte nicht weltabgewandt, sondern vollzieht eine »gottgemäße Wendung zur Welt«[44]. Auch sie spricht die Erfahrung des Widerstreites zwischen der gegenwärtigen Welt

39 *G. D. Kilpatrick*, The Origins of the Gospel According to St. Matthew, Oxford 1950 (Nachdr. von 1946), S. 21.

40 *W. Trilling*, Das wahre Israel (s. Anm. 35), S. 187 f.

41 Vgl. *H. Braun*, Spätjüdisch-häretischer und frühchristlicher Radikalismus. Jesus von Nazareth und die essenische Qumransekte (BHTh 24), Bd. II, Tübingen [2]1969, S. 129, Anm. 3.

42 *W. Trilling*, Das wahre Israel (s. Anm. 35), S. 146. 190 ff.; *H. Frankemölle*, Jahwebund und Kirche Christi. Studien zur Form- und Traditionsgeschichte des »Evangeliums« nach Matthäus (NTA NF 10), Münster 1974, S. 275 ff.

43 *Ph. Vielhauer*, Vaterunser-Probleme, Rez. zu: E. Lohmeyer, Das Vater-Unser ([2]1947), in: VF (1949/50), S. (219-224) 224; *M. Dibelius*, Evangelium und Welt, Göttingen 1929, S. 66 ff.

44 *G. Ebeling*, Vom Gebet. Predigten über das Unser-Vater, Tübingen 1963, S. 52.

und dem Willen Gottes aus, aber zugleich das unbeirrte Vertrauen zu seiner Zusage. Sie »zwingt nicht den Himmel auf die Erde herab und bittet auch nicht, daß die Erde dem Himmel gleiche«[45]. Im Gegenteil, sie belässt und behaftet die Betenden in ihrer irdisch-geschichtlichen Existenz (vgl. die vierte bis siebte Bitte).

4. Die vierte Bitte (V. 11)

Die vierte in allen Versionen des Vaterunsers überlieferte Bitte (V. 11) eröffnet den zweiten, von den Bedürfnissen und Bedrohungen der Beter handelnden Teil des Gebets. Im Unterschied zu den asyndetisch aneinander gereihten ersten Bitten sind die folgenden durch Konjunktionen verbunden (καί … καί … ἀλλά …), die Verben sind aktivisch formuliert, und das gleiche Personalpronomen ἡμῖν / ἡμᾶς wiederholt sich in allen weiteren Sätzen. In der vierten Bitte gehen die Verständnismöglichkeiten am weitesten auseinander. ἄρτος bezeichnet hier wie alttestamentlich לֶחֶם Nahrung überhaupt (*victus*), nicht nur den Brotlaib[46]. Bis heute ungeklärt ist jedoch die Bedeutung des sinnentscheidenden Beiwortes ἐπιούσιος, das nur in christlicher Literatur vorkommt, und zwar stets im Zusammenhang mit dem Vaterunser, außerchristlich dagegen nicht nachweisbar ist, mit Ausnahme eines einzigen verstümmelten Papyrus aus dem 5. Jh. n.Chr. Bereits Origenes bemerkt in de orat. 27,2, dass »sich das Wort bei keinem griechischen Schriftsteller … findet und auch in der Volkssprache nicht vorkommt, sondern von den Evangelisten gebildet zu sein scheint« (Letzteres durch den genannten Papyrus widerlegt). Die altkirchlichen Bibelübersetzungen geben keinen sicheren Anhalt zur Erklärung des Wortes. Sie geben ἐπιούσιος sehr verschieden wieder: mit »beständig« (*perpetuus*, syr^{s+c}); »für unseren Bedarf nötig« (*necessarius*, $syr^{pl.h}$); »zukünftig« (*veniens*, Sah); »für morgen« (Kopt; EvHebr bzw. EvNaz); »täglich« (*cottidianus*, it); »überirdisch« (*supersubstantialis*, vg)[47]. Auch die zahlreichen Versuche, den Wortsinn von ἐπιούσιος etymologisch aufzuhellen, differieren aufs Stärkste. In Frage kommen folgende Ableitungen: a) von ἐπί und dem Partizip von εἶναι = ἐπὶ τὴν οὖσαν sc. ἡμέραν = »für den betreffenden (gegenwärtigen) Tag bestimmt» oder auch die Auflösung in die Bestandteile ἐπί + οὐσία = »das zum Dasein nötige Brot«. Gegen beide Möglichkeiten spricht jedoch, dass οὖσα ohne Zufügung von ἡμέρα nicht belegt und der

45 *M. Dibelius*, Die dritte Bitte des Vaterunsers (s. Anm. 32), S. 177.

46 *W. Bauer*, Griechisch-deutsches Wörterbuch (s. Anm. 1), Sp. 219 f. (Art. ἄρτος).

47 Weiteres bei *W. Foerster*, Art. ἐπιούσιος, in: ThWNT 2, Stuttgart 1935, S. (587-595) 588.

abstrakte Begriff οὐσία für Dasein, Existenz ungeläufig ist; auch wäre im klassischen Griechisch, wenn auch nicht unbedingt in der Koine, das ι elidiert. b) vom Partizip ἐπιών (von ἐπιέναι = herankommen), d.h. entweder von ἐπιοῦσα sc. ἡμέρα = der morgige bzw. der nach jüdischer Tagesrechnung bereits am Vorabend anbrechende Tag; möglich auch von ἐπιέναι = die Zukunft. Sprachlich besser und wohl mit Recht in der neueren Auslegung bevorzugt ist die Deutung »für den kommenden Tag«, zumal sie sich dem Sinne nach mit dem hebräischen מָחָר *quod dicit crastinum* deckt, das Hieronymus, wie er ausdrücklich vermerkt (fragm. 7), im Hebräer-Evangelium gelesen hat (gemeint ist das fragmentarisch erhaltene, aus dem griechischen Matthäus-Evangelium ins Aramäische zurückübersetzte Nazaräer-Evangelium).
Damit sind freilich die für die Auslegung entscheidenden Fragen noch offen: Ist mit »morgen« der nächste Erdentag oder der jenseitige eschatologische Vollendungstag gemeint? Und damit engstens verbunden: Ist das in der vierten Bitte erbetene Brot das zur Fristung des Lebens notwendige irdische Brot, oder erfleht sie den Anbruch der Heilszeit, die Teilnahme an dem verheißenen messianischen Freudenmahl und also nicht irdisches, sondern das himmlische, geistliche Brot? Seit der Alten Kirche werden beide, die materielle und die spirituelle Deutung mit Nachdruck vertreten. Die letztere in der neueren Auslegung u.a. besonders von J. Jeremias (unter Berufung auf Hieronymus), allerdings ohne den menschlich-irdischen Alltag und die zukünftige Heilszeit völlig voneinander zu trennen: Gemeint sei in der Bitte, »dass mitten in der Profanität des Alltags die Kräfte und Gaben der kommenden Welt wirksam sein mögen … Jetzt schon, hier schon, heute schon gib uns das Lebensbrot, mitten in unser armes Leben hinein«[48]. Aber diese die schlicht formulierte Bitte überfrachtende Deutung wird der Tatsache nicht gerecht, dass ἄρτος gerade nicht durch einen Zusatz (wie z.B. ἀληθινός oder τῆς ζωῆς [Joh 6,32.35.48]) näher bestimmt ist und um »unser« Brot gebeten wird, nicht – wie bei übertragener Bedeutung zu erwarten wäre – um »dein« Brot (so in der Vaterunser-Version des Marcion). Auch ist die Berufung auf das von Hieronymus gelesene מָחָר misslich, weil es selbst nur einen Interpretationsversuch des griechischen ἐπιούσιος darstellt und Hieronymus es seinerseits nochmals in *supersubstantialem* (= überirdisch) umdeutet. Sollte das besagte hebräische Wort zutreffend sein, so war es vermutlich im Sinne von »für den nächsten Tag« gemeint und sollte wie in Spr 30,8 das zum Leben nötige Brot bezeichnen. Anzunehmen ist,

48 *J. Jeremias*, Neutestamentliche Theologie, Erster Teil (s. Anm. 13), S. 193 f.; *ders.*, Das Vater-Unser im Lichte der neueren Forschung, in: ders., Abba. Studien zur neutestamentlichen Theologie und Zeitgeschichte, Göttingen 1966, S. (152-171) 165-167.

dass die später ungebräuchlich gewordene griechische Wendung ἄρτος ἐπιούσιος für die zeitgenössischen Leser und Hörer des Matthäus- und Lukas-Evangelium unmissverständlich und eindeutig, also nicht ein mehr- bzw. doppeldeutiges Beiwort war, das zugleich das für die irdische Existenz Unentbehrliche wie das Heilsnotwendige ausdrücken sollte[49]. Die schlicht »hausbackene« Deutung wird auch durch den (zufällig?) einzigen profanen Papyrusbeleg gestützt[50], der in einem Ausgabenverzeichnis neben anderen für Erbsen, Stroh usw. und persönliche Zwecke auch solche für ἐπιουσί … enthält (Endbuchstaben fehlen; zu ergänzen -ων, womit entweder die »Tagesration« = *diaria* oder »Sonstiges« gemeint sein muss). So aber kann damit nur ein geringwertiges Quantum bezeichnet sein. Aller Wahrscheinlichkeit nach ist ἐπιούσιος auch in der Brotbitte des Vaterunsers nicht als Zeit-, sondern als Maßangabe zu verstehen[51]. Damit erledigt sich die sonst nur schwer zu beantwortende Frage nach dem Verhältnis von ἐπιούσιον zu dem nachfolgenden σήμερον: Ersteres beschränkt die Bitte quantitativ, letzteres zeitlich auf das »heute«. Vorausgesetzt ist in ihr die Situation der einfachen Leute, die, ohne Vorratswirtschaft auf lange Sicht zu treiben, daran denken müssen, am Abend soviel im Haus zu haben, dass am nächsten Tag die hungrigen Mäuler der Familie satt werden. Sie mutet den Betern also nicht eine Glaubensartistik zu, die von Gott erwartet, er werde zu gegebener Stunde die Nahrung wie Manna vom Himmel fallen lassen. Dem Sinne nach ist die Wiedergabe »unser täglich Brot« daher nicht falsch. Der Einwand, die Bitte um das »Brot für morgen« vertrüge sich nicht mit dem auch rabbinisch belegten Verbot Jesu, für den morgigen Tag zu sorgen (6,34), überzeugt nicht, weil Sorgen und Bitten wohl zu unterscheiden sind (Phil 4,6). Inhaltlich sind der vierten Bitte die Worte Jesu verwandt, die nicht zufällig im Zusammenhang von Gebet und Sorge überliefert sind und in ähnlicher Weise nur vom Notwendigsten reden (Mt 6,25 ff. par.; 7,9 f. par.; Lk 11,5 ff.[52]. Charakteristisch anders etwa die gut alttestamentliche neunte Bitte des Achtzehngebetes: »Segne für uns, Herr, dieses Jahr … und sättige die Welt von den Schätzen deiner Güte«. Umstritten ist in der neueren Auslegung die Frage nach dem Motiv dieser Beschränkung. Einige Exegeten finden ihren Grund in der gespannten Erwartung des unmittelbar bevorste-

49 So je verschieden *J. Schniewind*, Das Evangelium nach Matthäus (NTD 2), Göttingen 1937, S. 82; *E. Lohmeyer*, Das Vater-Unser (s. Anm. 31), S. 107; *K. G. Kuhn*, Achtzehngebet und Vaterunser und der Reim (s. Anm. 14), S. 41; *J. Jeremias*, Das Vater-Unser im Lichte der neueren Forschung (s. Anm. 48), S. 167.

50 *F. Preisigke*, Sammelbuch Griechischer Urkunden aus Ägypten, Bd. 1, Straßburg 1915 (Nachdr. Berlin / New York 1974), S. 522 ff., Nr. 5224.

51 *A. Fridrichsen*, ΑΡΤΟΣ. Eine Nachlese, in: SO 9 (1930), S. (62-68) 68; *W. Foerster*, Art. ἐπιούσιος (s. Anm. 47), S. 593 f. u.v.a.

52 Vgl. *H. Schürmann*, Das Gebet des Herrn, Freiburg i.Br. 1958, S. 65.

henden Weltendes und des Anbruches der Heilszeit, die die hier betende Gemeinde nur noch um das Existenzminimum beten lässt[53]. Doch ist die Bitte nach Matthäus und Lukas schwerlich aus dem Gesichtskreis des Beters gesprochen, für den die Welt mit ihren alltäglichen Sorgen bereits versunken ist, weil ihr Ende naht, sondern ist die Bitte derer, die mitten in der Welt stehen und mit ihrer Dauer rechnen[54]. Das zeigt eindeutig die gegenüber dem Matthäus-Text sicher sekundäre iterative Formulierung der Bitte bei Lukas: τὸν ἄρτον ἡμῶν τὸν ἐπιούσιον δίδου ἡμῖν τὸ καθ' ἡμέραν. Aber auch der dem Vaterunser zugeordnete Kontext in der Bergpredigt (6,25 ff.) deutet darauf, dass auch Matthäus die Brotbitte nicht im Sinne einer hochgespannten Naherwartung des Weltendes, sondern aus dem Glauben an den Schöpfer, der väterlich für seine Kinder sorgt, verstanden wissen will[55]. Die Geltung der Bitte speziell auf die einmalige Situation der zur Mission ausgesandten Jünger, die für die Ausrichtung ihres Verkündigungsauftrages von irdischen Sorgen und Geschäften freigestellt sein sollen, einzuengen[56], ist durch nichts gerechtfertigt und widerspricht ihrer Zuordnung zu den folgenden gleich gebauten Bitten.

5. Die fünfte Bitte (V. 12)

Die fünfte Bitte (V. 12) bittet um den Erlass unserer Schulden. Auch sie hat im Sch^e^mone esre (6. Bitte) eine Parallele: »Vergib uns, unser Vater, denn wir haben gesündigt gegen dich …«, aber mit dem Unterschied, dass in dieser von dem Verhalten des Beters gegenüber dem Bruder nichts verlautet (obwohl das gleiche Motiv sonst auch im Judentum eine zentrale Rolle spielt). Der im Griechischen ganz ungewöhnliche und auch im Neuen Testament und in der urchristlichen Literatur singuläre Gebrauch von ὀφειλήματα (Did 8,2: ὀφειλή) im Sinne von τὰς ἁμαρτίας Lk 11,4 und παραπτώματα Mt 6,14 beweist das höhere Alter der matthäischen Version, weil er den spätjüdischen Sprachhintergrund noch erkennen lässt. Im Griechischen ist ὀφείλημα Terminus technicus der Rechts- und Handelssprache und bezeichnet eine Schuldsumme (*debitum*) oder auch eine Pflichtleistung (Röm 4,4), aber niemals getanes Unrecht (*culpa*). Noch die Septuaginta gebraucht das Wort nur im letzteren Sinn. Dagegen ist im

53 *K. G. Kuhn*, Achtzehngebet und Vaterunser und der Reim (s. Anm. 14), S. 43 f.; *S. Schulz*, Q. Die Spruchquelle der Evangelisten, Zürich 1972, S. 90 f.
54 *M. Dibelius*, Evangelium und Welt (s. Anm. 43), S. 71; *E. Gräßer*, Das Problem der Parusieverzögerung in den synoptischen Evangelien und in der Apostelgeschichte (s. Anm. 30), S. 102 f.
55 Gegen *S. Schulz*, Q (s. Anm. 53), S. 91.
56 So *H. Schürmann*, Das Gebet des Herrn (s. Anm. 52), S. 66 ff.

späteren Judentum hebräisch חוֹב, aramäisch חוֹבָה geläufiger Ausdruck für Sünde, ohne jedoch seine juristisch-kommerzielle Grundbedeutung preiszugeben. Vielmehr wird das Gott/Mensch-Verhältnis grundsätzlich als das von Gläubiger und Schuldner verstanden[57]. Auch in zahlreichen Gleichnissen Jesu, die das Verhältnis des Menschen zu Gott am Bild einer Schuldverhaftung und -verpflichtung veranschaulichen (Mt 18,23 ff.; 25,14 ff. par.; Lk 7,41 ff.; 16,1 ff.), ist dieser Sprachgebrauch vorausgesetzt. Ihm entspricht der in der Profangräzität gleichfalls unbekannte, dagegen im Alten und Neuen Testament geläufige religiöse Gebrauch von ἀφιέναι / ἄφεσις im Sinne von (Sünden) vergeben[58]. Das deutsche Wort »Schuld« in der Doppelbedeutung von *debitum* und *culpa* ist offensichtlich biblischen Ursprungs. Mit den religiösen Begriffen ἀφεῖναι, ὀφείλημα, ὀφειλέτης sind Sünde und Unrecht nicht mehr primär auf Schuldgefühl, Einsicht und Reue bezogen, sondern als Verstoß gegen eine unerbittliche Verpflichtung gekennzeichnet. Sie besagen, dass der »Schuldner« mit dem, was er schuldet, objektiv im »Rückstand« und das Verhältnis zu seinem Partner heillos gestört ist, aber auch dass Gott, der das ihm Geschuldete fordert oder erlässt, der Richter ist und bleibt. Ist in diesem Sinne der Gerichtsgedanke in die Vergebungsbitte des Vaterunsers eingeschlossen, so gibt sie dennoch kein Recht, ihren Inhalt gleichsam auf den äußersten Siedepunkt apokalyptischer Naherwartung zu bringen und von einer letzten, unwiederholbaren Möglichkeit zu reden[59], vielmehr ist sie »ebenso wie die vierte auf dauernde Wiederholung angelegt. ... Wann es mit der Möglichkeit zur Vergebung einmal ein Ende haben wird, ist nicht angedeutet«[60]. Auch der Aorist ἀφήκαμεν in dem matthäischen Begründungssatz (Lukas wiederum iterativ ἀφίομεν) redet nicht exklusiv von einer letzten Möglichkeit. Das Problem der matthäischen Formulierung liegt vielmehr in dem anstößigen Gedanken, dass sie das eigene Verhalten des Beters seinem Nächsten gegenüber Gott als Vorbild vor Augen zu stellen scheint, nach dem auch er sich richten möge, und damit die Erhörung der Bitte mit der eigenen Leistung motiviert. J. Jeremias beseitigt diesen Anstoß durch den Rückgang auf die auch hier durchschimmernde aramäische Sprachgrundlage, derzufolge der Aorist ein perf. praes. wiedergebe und im Sinne zweier gleichzeitiger Handlungen (perfectum coincidentiae) zu übersetzen sei: »wie auch wir *hiermit* unseren

57 Vgl. *F. Hauck*, Art. ὀφείλω κτλ, in: ThWNT 5, Stuttgart 1954, S. (559-565) 561. 565; *E. Lohmeyer*, Das Vater-Unser (s. Anm. 31), S. 112 ff.

58 Vgl. *R. Bultmann*, Art. ἀφίημι κτλ, in: ThWNT 1, Stuttgart 1933, S. 506-509.

59 So *S. Schulz*, Q (s. Anm. 53), S. 92.

60 *E. Gräßer*, Das Problem der Parusieverzögerung in den synoptischen Evangelien und in der Apostelgeschichte (s. Anm. 30), S. 103.

Schuldnern vergeben«[61]. Doch bleibt zu fragen, ob die griechisch sprechenden Leser und Hörer des Matthäus aus dem Tempus nicht ein »erst / dann« heraushören mussten und sollten im Sinne von Sir 28,2: ἄφες ἀδίκημα τῷ πλησίον σου καὶ τότε δεηθέντος σου αἱ ἁμαρτίαι σου λυθήσονται[62]. Näher liegt darum das Verständnis des Nachsatzes nach Analogie von Mt 5,23 f.: ἐὰν οὖν προσφέρῃς τὸ δῶρόν σου ἐπὶ τὸ θυσιαστήριον κἀκεῖ μνησθῇς ὅτι ὁ ἀδελφός σου ἔχει τι κατὰ σοῦ, ἄφες ἐκεῖ τὸ δῶρόν σου ἔμπροσθεν τοῦ θυσιαστηρίου καὶ ὕπαγε πρῶτον διαλλάγηθι τῷ ἀδελφῷ σου, καὶ τότε ἐλθὼν πρόσφερε τὸ δῶρόν σου. Das logische Verhältnis beider Satzhälften ist demnach im Sinne einer conditio sine qua non zu verstehen und damit der absurde Gedanke abgewehrt, das Gottesverhältnis des Beters tangiere nicht sein Verhältnis zum Nächsten (Mk 11,25; Mt 6,14 f.; 18,35). Nicht minder absurd ist freilich der Gedanke, damit sei ein Anspruch begründet. Das zeigt vollends das Gleichnis Jesu 18,23-35 (Matthäus!), in dem der Erlass der immensen Schuld des Schalksknechtes *vorangeht* und im Lichte des ihm Widerfahrenen seine Weigerung, dem Mitknecht seine läppische Schuld zu erlassen, in ihrer Abgründigkeit erst eigentlich sichtbar wird. Angewandt auf 6,12 heißt das: Gott um Vergebung bitten ohne die realisierte Bereitschaft, dem Nächsten sein Unrecht zu vergeben, ist eine Farce.

6. Die sechste Bitte (V. 13a)

Die mit Lk 11,4c wörtlich übereinstimmende, in der kürzeren Form des Vaterunsers abrupt am Ende stehende sechste Bitte (V. 13a) ist in der erweiterten Version mit der zugefügten siebten (V. 13b) durch ἀλλά engstens verbunden. Doch enthalten beide offensichtlich je eigene Aussagen und nicht nur ein und dieselbe in negativer und positiver Formulierung. Wie in den sieben Gleichnissen c. 13 und den sieben Weherufen gegen Schriftgelehrte und Pharisäer c. 23 rundet die siebte Bitte nicht nur formal die Siebenzahl ab. Sonderung und Zuordnung beider Bitten sind darum gleicherweise zu beachten. Der außerbiblisch seltene Begriff πειρασμός hat an zahlreichen Stellen der alttestamentlich-jüdischen Literatur den Sinn einer *Prüfung*, durch die Jahwe Gehorsam und Treue seines Volkes oder auch den Glauben Einzelner (Abraham u.a.) auf die Probe stellt (Gen 22,1; Ex 15,25 f.; 16,4; Dtn 8,2; 2Chr 32,31; Jdt 8,25-27; Sir 2,1; Sap 11,10). Dabei ist

61 *J. Jeremias*, Neutestamentliche Theologie, Erster Teil (s. Anm. 48), S. 195.

62 Ähnliche rabbinische Aussprüche über die Zuordnung von menschlichem und göttlichem Verhalten bei *P. Billerbeck*, Kommentar zum Neuen Testament aus Talmud und Midrasch, Bd. I (s. Anm. 6), S. 424 ff.

das Motiv einzig die erzieherische Weisheit Gottes, also nicht die Absicht, den Versuchten in die Gottlosigkeit zu stoßen (ausdrücklich abgewehrt Sir 15,11 ff.). Nicht selten preist und erbittet der Fromme darum die Anfechtung als Probe der Bewährung (Ps 26,2; 66,10; 139,23; Sir 2,5; 4,17). Rabbinische Belege bei P. Billerbeck, I, S. 135 f. Ebenso im Neuen Testament: Jak 1,2; 1Petr 1,6. Daneben finden sich Aussagen, die von der Versuchung im Sinne einer *Verführung* durch den Widersacher (ἀντίδικος) Gottes sprechen, der die Frommen zum Abfall bringen und von Gott trennen will. Dieselben Vorgänge, die in der älteren biblischen Literatur auf Jahwe als Urheber zurückgeführt sind, werden in jüngeren Texten sogar als von Gottes Widersacher ausgehende Versuchungen geschildert (2Sam 24,1 gegen 1Chr 21,1; Gen 22,1 gegen Jub 17,6; Ex 4,24 / Jub 48,2 f.). Unvermittelt steht noch im Neuen Testament beides nebeneinander (Jak 1,2 / Jak 1,13; 1Petr 1,6 / 5,8)[63].
In der sechsten Bitte wird von der Versuchung nicht als einer Bewährungsprobe des Glaubens geredet, die der Beter preisen, ja gar für sich erbitten kann, sondern als von einer den Glauben bedrohenden äußersten Gefahr, der der Beter allein gelassen erliegen müsste. Nicht nur die lukanische Schlussbitte, auch die sechste und siebte des Matthäus-Textes sind ein Hilferuf angesichts der Übermacht des Bösen. Sie redet von der Versuchung in gleicher Weise wie das Wort Jesu in Gethsemane an seine Jünger: »Wachet und betet, dass ihr nicht in Versuchung kommt!« (26,41 parr.). Dass der Satan der Versucher ist und auf den Abfall der Glaubenden zielt, ist im Neuen Testament vielfach ausgesagt (Mt 4,3; Lk 8,12 f.; 1Thess 3,5; 1Kor 7,5; Eph 6,13 ff.; 1Tim 6,9; 1Petr 5,8; Apk 2,10). Zahlreiche Verben, Wendungen und Bilder im Wortfeld von πειράζειν / πεῖρας umschreiben die Versuchung als ein unberechenbar einbrechendes Widerfahrnis. Sie hat ihre »Zeit«, ihre »Stunde«, sie »kommt«, die Betroffenen »geraten« und »fallen« in sie hinein wie in eine »Schlinge« (παγίς) und »stürzen« ins Verderben; der Widersacher geht umher wie ein Löwe und sucht sie zu »verschlingen« (καταπιεῖν). Die Drastik dieser Aussagen zeigt, dass mit Versuchung die Möglichkeit eines definitiven Scheiterns des Glaubens vor Gott gemeint ist. Derselbe Sinn ist auch in der sechsten Bitte in dem transitiven, räumlich vorgestellten εἰσφέρειν = »in Versuchung bringen / führen« festgehalten (in der Septuaginta kausativ für בוא Hiphil, aramäisch Aphel). An Gott gerichtet ist sie ganz vom Standort des Beters gesprochen, der seine eigene Unver-

63 Vgl. zu πειρασμός *H. Seesemann*, Art. πεῖρα κτλ, in: ThWNT 6, Stuttgart 1959, S. 23-37; zu διάβολος *W. Foerster / G. v. Rad*, Art. διαβάλλω κτλ, in: ThWNT 2, Stuttgart 1935, S. (69-80) 71 ff.; zu בליעל in Qumran und der spätjüdischen Satanologie *W. Foerster / K. Schäferdiek*, Art. σατανᾶς in: ThWNT 7, Stuttgart 1964, S. (151-165) 152 ff.

lässlichkeit und Schuldverhaftung (fünfte Bitte!) kennt und weiß, dass Gott allein ihn vor jener satanischen Möglichkeit bewahren kann. Sie besagt demnach: Bringe uns nicht in Versuchung! Vgl. bBer 60ᵇ: »Bringe mich nicht in die Gewalt der Sünde und nicht in die Gewalt der Schuld und nicht in die Gewalt der Versuchung und nicht in die Gewalt der Verachtung«[64]. Allgemeine Reflexionen darüber, ob Gott oder der Satan Urheber der Versuchung ist, und der Jak 1,13 f. abgewehrte frevlerische Gedanke an eine Selbstentschuldigung des Menschen, der Gott für die Versuchung (= Verführung) die Verantwortung zuschiebt, sind von der Vaterunser-Bitte fernzuhalten. In dem offenkundigen Bestreben, ihn auszuschließen, hat darum schon Marcion im Sinne einer bloßen Zulassung der Versuchung abgeschwächt: μή ἄφες ἡμᾶς εἰσενεχθῆναι. Ebenso paraphrasierend Tertullian, de orat. 8: *»ne patiaris induci ab eo utique qui temptat.«* Ähnlich permissiv noch J. Jeremias: »Laß nicht zu, daß wir der Anfechtung anheimfallen«[65]. In der Tat zielt die Bitte darauf, Gott davon zurückzuhalten, selbst den Beter zum Abfall zu »verleiten« und ihn an das Verderben »auszuliefern«. Doch übersteigt das in ihr erbetene Handeln Gottes den Gedanken einer bloßen Zulassung[66]. Sie unterscheidet auch nicht wie Paulus 1Kor 10,13 zwischen einer nur menschlichen und einer übermenschlichen Versuchung, was Hieronymus u.a. nach ihm veranlasst hat, auch in die Vaterunser-Bitte zu ergänzen: *»in tentationem, quam ferre non possumus«*. Ebenso wenig spricht sie den Trost aus, dass Gott in seiner Treue »zugleich mit der Versuchung auch den Ausweg schaffen wird« (1Kor 10,13). Vielmehr verbleibt sie in der auch im Alten Testament unbeirrt bezeugten Gewissheit, dass Gott allenthalben die Wege seines Volkes wie des Einzelnen bestimmt und lenkt und mächtig ist über alle widergöttlichen Gewalten. Zugleich hält sie den Beter fest in den Grenzen seines eigenen Vermögens. Einige Ausleger deuten die Bitte speziell auf die eine große Endversuchung zum Abfall in der unmittelbar bevorstehenden letzten Zeit der vor Anbruch des neuen Äons kommenden Drangsale, die nach spätjüdischer und christlicher Erwartung die Welt heimsuchen werden[67].

64 *P. Billerbeck*, Kommentar zum Neuen Testament aus Talmud und Midrasch, Bd. I (s. Anm. 6), S. 422.

65 *J. Jeremias*, Neutestamentliche Theologie, Erster Teil (s. Anm. 48), S. 196.

66 *E. Lohmeyer*, Das Vater-Unser (s. Anm. 31), S. 136 f.; *K. Weiß*, Art. προσφέρω κτλ, in: ThWNT 9, Stuttgart 1973, S. (57-89) 66 f.

67 Reichliches Material bei *P. Billerbeck*, Kommentar zum Neuen Testament aus Talmud und Midrasch, Bd. IV/2: Exkurse zu einzelnen Stellen des Neuen Testaments, München 1928 = [6]1975, S. 977 ff. (Exkurs zu Mt 24,3 ff.); *W. Bousset*, Die Religion des Judentums im späthellenistischen Zeitalter (s. Anm. 17), S. 250 f.; *P. Volz*, Die Eschatologie der jüdischen Gemeinde im neutestamentlichen Zeitalter (s. Anm. 29), S. 147 ff.; *H. Braun*, Art. πλανάω, in: ThWNT 6, Stuttgart 1959, S. (230-254) 239 ff. 247 ff.; *G. Bertram*, Art. ὠδίν κτλ, in: ThWNT 9, Stuttgart 1973, S. (668-675) 671 ff. Von neueren Exegeten vertreten oder erwä-

Gegen diese exklusiv apokalyptische Deutung spricht jedoch der mit Ausnahme von Apk 3,10 einhellige Sprachgebrauch der neutestamentlichen Schriften, die vom πειρασμός als einem den Gläubigen in ihrer irdisch-geschichtlichen Existenz widerfahrenden Geschehen reden (Mk 14,38 parr.; Lk 8,13; 22,28.46; Apg 20,19; 1Kor 10,13; Gal 4,14; 6,1 u.ö.). Auch wird der Endpeirasmos in den einschlägigen jüdischen und christlichen apokalyptischen Texten bzw. ihrem Kontext stets unmissverständlich als solcher näher gekennzeichnet. Vor allem aber handelt es sich in ihm um ein apokalyptisch determiniertes Geschehen[68], das nach Mk 13 parr. und besonders Mt 24 in den letzten Tagen auch über die Glaubenden kommen *muss*, in der sechsten Bitte jedoch um eine Versuchung, die über den Beter hereinbrechen kann, Gott aber ihm ersparen möge. Alle diese Gründe sprechen dafür, dass die hier gemeinte Versuchung auf das Leben der Glaubenden inmitten dieser Weltzeit zu beziehen ist[69], aber freilich bereits in das Licht der Zukunft Gottes, seines Gerichtes und seiner Herrschaft gestellt wird und von daher ihr Gewicht erhält. In diesem Sinne ist die sechste Bitte allerdings eschatologisch gemeint und steht in engem Zusammenhang mit der traditionell jüdischen und christlichen Eschatologie; diese ist in ihr nicht preisgegeben, wohl aber im Sinne der gerade von Matthäus ausgearbeiteten Konzeption der Geschichte und Enderwartung tiefgreifend modifiziert[70].

7. Die siebte Bitte (V. 13b)

Erst die in der erweiterten matthäischen Fassung des Vaterunsers zugefügte siebte Bitte (V. 13b) redet eindeutig von der endzeitlichen und endgültigen Rettung aus der Gewalt des Bösen. Sie bildet zu der sechsten die positive Entsprechung und wird darum von vielen mit

gen die apokalyptische Deutung des πειρασμός in der Vaterunser-Bitte: *H. Schürmann*, Das Gebet des Herrn (s. Anm. 52), S. 92 f.; *K. Stendahl*, Matthew, in: M. Black / H. H. Rowley (Ed.), Peake's Commentary on the Bible, Sunbury-on-Thames [9]1977, S. (769-798) 779, unter 680j; *P. Bonnard*, L'évangile selon Saint Matthieu (CNT 1), Neuchâtel 1963, S. 87; *K. G. Kuhn*, Achtzehngebet und Vaterunser und der Reim (s. Anm. 14), S. 45 f.; *J. Jeremias*, Das Vater-Unser im Lichte der neueren Forschung (s. Anm. 48), S. 169 f.; *ders.*, Neutestamentliche Theologie, Erster Teil (s. Anm. 48), S. 195 f.; *S. Schulz*, Q (s. Anm. 53), S. 92 f.

68 Zu 4Esr und syrBar vgl. *W. Harnisch*, Verhängnis und Verheißung der Geschichte. Untersuchungen zum Zeit- und Geschichtsverständnis im 4. Buch Esra und in der syr. Baruchapokalypse (FRLANT 97), Göttingen 1969, S. 248 ff.

69 *M. Dibelius*, Jesus (SG 1130), Berlin [3]1960, S. 100 f.

70 Ähnlich *E. Lohmeyer*, Das Vater-Unser (s. Anm. 31), S. 134 ff., bes. 143 ff.; *K. G. Kuhn*, Πειρασμός im Neuen Testament und die damit zusammenhängenden Vorstellungen, in: ZThK 49 (1952), bes. S. (200-222) 218 ff. (mit Belegen aus den Qumrantexten).

dieser zusammen als *eine* Bitte verstanden. So schon Tertullian, de fuga in persecutione 2: »*Respondet clausula interpretans quid sit ›ne nos deducas in tentationem‹; hoc est enim: sed devehe a malo.*« Doch führt sie steigernd über die vorangehende hinaus und enthält darin eine eigene Aussage, dass sie auf die verheißene Heilszeit ausgerichtet ist, in welcher alle irdischen Anfechtungen ein Ende nehmen. ῥύειν oder ῥύεσθαι (mediales Deponens, in der Septuaginta häufig für נצל Hiphil) = »retten, beschirmen, befreien«, bezeichnet in der Gebetssprache der Psalmen ein machtvolles Eingreifen Jahwes in höchster Not (Feindschaft, Verfolgung, Frevel usw.): Ps 53,9; 90,3 u.a., aber auch die Erlösung aus eigener Sünde: Ps 38,9; 39,13 f.; 78,9 u.a. Im Neuen Testament und der übrigen christlichen Literatur ist das Verb gegenüber dem mehr als 100-mal gebrauchten σῴζειν relativ selten; in den Evangelien außer Mt 27,43 (Schmähung des Gekreuzigten); Lk 1,74 (Lobgesang des Zacharias) nur in der matthäischen Schlussbitte des Vaterunsers, in den Briefen (vor allem Paulus und Deuteropaulinen) häufiger, und zwar als starker, zumeist alttestamentlich gefärbter und eschatologisch geprägter Ausdruck der christlichen Heilssprache (Röm 7,24; 11,26; Kol 1,13; 1Thess 1,10; 2Tim 4,18; 2Petr 2,9)[71]. Die seit alters kontroverse Frage, ob mit ἀπὸ τοῦ πονηροῦ *der* oder *das* Böse gemeint ist, ist nicht mit Sicherheit zu entscheiden und sachlich unerheblich.

Der Böse ist im Judentum keine gängige Bezeichnung für den Satan, wenn auch als solche verständlich[72], sondern erst in urchristlicher Gemeindesprache nachweisbar: Eindeutig ὁ πονηρός in der Ausdeutung des Gleichnisses vom Sämann Mt 13,19 (= ὁ σατανᾶς Mk 4,15; ὁ διάβολος Lk 8,12); ebenso Eph 6,16; 1Joh 2,13 f.; 3,12; 5,18.19; Barn 2,20; 21,3 u.a. An anderen Stellen lassen Artikel und Kasus beide Deutungen zu. Doch sprechen im Matthäus-Evangelium Kontext und überwiegender Sprachgebrauch für das Neutrum. So 13,38 υἱοὶ τοῦ πονηροῦ (oppos. υἱοὶ τῆς βασιλείας), da ὁ διάβολος erst im nächsten Satzglied der allegorischen Deutung des Unkrautgleichnisses ausdrücklich genannt wird (V. 39). Desgleichen 5,37 und vollends 5,39, weil πονηρός unmöglich auf den Teufel bezogen werden kann (Jak 4,7; 1Petr 5,9; Eph 6,14 ff.). Unsicher ist auch Joh 17,15 (τηρεῖν ἐκ τοῦ πονηροῦ im Gegensatz zu αἴρειν ἐκ τοῦ κόσμου); die neutrische Deutung ist jedoch auch hier vorzuziehen, weil der Teufel sonst im Johannes-Evangelium ὁ διάβολος oder ὁ ἄρχων τοῦ κόσμου τούτου genannt wird (anders 1Joh). *Das Böse* ist in der ur-

71 Vgl. *E. Lohmeyer*, Das Vater-Unser (s. Anm. 31), S. 134 ff., bes. 143 ff.; *K. G. Kuhn*, Πειρασμός im Neuen Testament und die damit zusammenhängenden Vorstellungen (s. Anm. 70), bes. S. 218 ff. (mit Belegen aus den Qumrantexten).

72 *P. Billerbeck*, Kommentar zum Neuen Testament aus Talmud und Midrasch, Bd. I (s. Anm. 6), S. 422 f.

christlichen Literatur auch anderwärts wie bereits in jüdischer Gebetssprache zusammenfassender Ausdruck für alles Gottwidrige, sowohl für das Böse, in das die Christen sich in ihrem Tun verstricken können, als auch für das, was vonseiten gottfeindlicher Menschen und Mächte über sie hereinbricht: 1Thess 5,22; 2Thess 3,2; Did 3,1. Ein Indiz für das neutrische Verständnis von τοῦ πονηροῦ in der siebten Bitte – entsprechend jüdischem Sprachgebrauch – ist die Bitte in dem Eucharistiegebet der Didache (10,5), die vernehmlich an das vorangehende Vaterunser 8,2 = Mt 6,13 anklingt: μνήσθητι, κύριε, τῆς ἐκκλησίας σου τοῦ ῥύσασθαι αὐτὴν ἀπὸ παντὸς πονηροῦ. Ihre Fortsetzung 10,6 bestätigt ebenso wie die ersten und letzten Bitten des Vaterunsers den umfassend eschatologischen Sinn auch von πονηρόν in der siebten Bitte. Es geht darum nicht an, die Wendung auf jederlei innerzeitliche Übel auszuweiten bzw. einzuschränken. Aus der Bitte spricht das Grauen vor der definitiven Gottesferne, aus der es keine Rettung mehr gibt, aber erst recht das Vertrauen auf die Erlösung aus der Übermacht des Bösen[73].

Die *Doxologie* gehört nicht zum ursprünglichen Bestand des Vaterunsers, sondern ist erst in seinem gottesdienstlichen Gebrauch hinzugekommen. Sie fehlt in den ältesten Handschriften ℵ B D it vg Tert Or Cypr, aber ist in zweigliedriger Form durch Did 8,2 bereits für den Anfang des 2. Jahrhunderts sowie durch spätere Handschriften, Übersetzungen und einige Kirchenväter bezeugt. Nach Art ähnlicher alttestamentlicher und jüdischer Doxologien gebildet[74], ist sie Aneignung und Antwort der Gemeinde auf das von einem Vorbeter gesprochene Gebet. Gleiche Funktion hat auch das in der Textüberlieferung vereinzelt hinzugefügte oder an die Stelle der Doxologie gesetzte Amen. Die mangelhafte Überlieferung der Doxologie berechtigt nicht zu der Annahme, das Vaterunser sei im Gottesdienst jemals ohne eine Lobpreisung mit ἀλλὰ ῥῦσαι ἡμᾶς ἀπὸ τοῦ πονηροῦ (Matthäus) oder καὶ μὴ εἰσενέγκῃς ἡμᾶς εἰς πειρασμόν (Lukas) geschlossen worden. Die Gebetsschlüsse wurden jedoch im jüdischen Gottesdienst entweder frei formuliert (im Judentum »Siegel« genannt) oder nach einem fixierten Text. Die nachträgliche Anfügung der Doxologie lässt darauf schließen, dass die feste Form sich erst allmählich herausbildete[75].

Deutlich ist die matthäische Fassung des Vaterunsers gegenüber der lukanischen Kurzform in Wortlaut und liturgischer Stilisierung stärker

73 Vgl. *G. Harder*, Art. πονηρός, in: ThWNT 6, Stuttgart 1959, S. (546-566) 560 ff.; *W. Kasch*, Art. ῥύομαι, in: a.a.O., S. (999-1004) 1003 f.

74 1Chr 29,11 f.; Rabbinisches bei *P. Billerbeck*, Kommentar zum Neuen Testament aus Talmud und Midrasch, Bd. I (s. Anm. 6), S. 423 f.

75 *A. Schlatter*, Der Evangelist Matthäus (s. Anm. 34), S. 217; *J. Jeremias*, Das Vater-Unser im Lichte der neueren Forschung (s. Anm. 48), S. 153. 170 f.; *ders.*, Neutestamentliche Theologie, Erster Teil (s. Anm. 48), S. 196.

jüdischen Gebeten angeglichen, ohne jedoch seine Eigenart zu verlieren. Diese zeigt sich, verglichen mit dem jüdischen Achtzehnbittengebet, in der äußersten Konzentration auf das unbedingt Nötige und Dringende. In den ersten drei auf die rettende Zukunft Gottes gerichteten Bitten ebenso wie in den folgenden vier, die von den elementaren Bedürfnissen und Bedrohungen der Beter in ihrer irdischen Existenz reden; nicht nur unter Verzicht auf den Pomp liturgischer Lobpreisungen Gottes wie in den ersten und letzten Benediktionen des Achtzehngebetes, sondern auch auf apokalyptische Ausmalung des neuen Äons. Desgleichen fehlt im Vaterunser jede Bezugnahme auf Erwählung, Geschichte und Zukunft des irdisch-national ausgesonderten Gottesvolkes. Die in dem »Wir« des Vaterunsers sprechende Gemeinschaft ist einzig durch Gott, den Vater seiner Kinder, die Heiligung seines Namens, das Kommen seiner Herrschaft, die Verwirklichung seines Willens begründet. Eigenartig ist dabei im Vaterunser vor allem der Vorrang der drei ersten eschatologischen Bitten[76]. Anders das Achtzehngebet. Dieses enthält in seinem von Lobpreisungen umrahmten Mittelteil (4-9) zuerst sechs Bitten für das gegenwärtige Leben des jüdischen Volkes in dieser Welt (Torakenntnis, Umkehr, Vergebung, Beistand in Nöten, Heilung, Fruchtbarkeit des Feldes). Dann erst ersuchen sechs höchst konkret gehaltene, zukunftsgerichtete Bitten (10-14) um Freiheit, Sammlung der Zerstreuten, eigene Gerichtsbarkeit, Verdammung der Abtrünnigen, Vernichtung der heidnischen Fremdherrschaft, Annahme der wahren Proselyten, endzeitlichen Lohn, Wiederaufrichtung Jerusalems und des Tempels, baldige Sendung des davidischen Messias. Keineswegs lassen sich die Voranstellung der ersten drei eschatologischen Bitten im Vaterunser und die für alle charakteristische, erstaunliche Reduktion aus einer bis zum Äußersten gesteigerten apokalyptischen Naherwartung der judenchristlichen Gemeinde und ihrem rigorosen Gehorsam gegenüber Mosegesetz und pharisäischer Überlieferung erklären[77]. Das hätte im matthäischen Text des Vaterunsers einen anderen Niederschlag gefunden und wird auch durch seinen Kontext im Matthäus-Evangelium nicht bestätigt. Vielmehr steht sowohl im Text selbst als auch in dem auf das Vaterunser bezogenen folgenden Kontext (6,19 ff.) die Existenz des Beters in der noch fortbestehenden Welt im Blickfeld, ohne dass damit die eschatologische Gewissheit preisgegeben wäre.

76 *K. G. Kuhn*, Achtzehngebet und Vaterunser und der Reim (s. Anm. 14), S. 40 ff.

77 Gegen *S. Schulz*, Q (s. Anm. 53), S. 92 f.

8. Doppelspruch von der Vergebung (V. 14 f.)

Ein auch unabhängig vom Vaterunser überlieferter, den Frömmigkeitsregeln der Gemeinde zuzurechnender Spruch, den Matthäus zu einem antithetisch parallelisierten Doppelspruch (V. 14 f.) erweitert und zur Erläuterung der fünften Bitte angefügt hat. Auf selbstständige Überlieferung deutet auch das zweimalige παραπτώματα statt V. 12 ὀφειλήματα. Der Gedanke, dass Gottes Vergebung die Bereitschaft, dem Nächsten zu vergeben, zur Bedingung hat, ist auch dem Judentum vertraut (s. zu V. 12). Vgl. Sir 28,2 und den mehrfach überlieferten rabbinischen Spruch: »Sooft du barmherzig bist (indem du deinem Nächsten vergibst), erbarmt sich der Allbarmherzige deiner (indem er dir vergibt)«. Dasselbe mit Hinzufügung des entsprechenden negativen Satzes Shab 151b[78]. Für die zentrale Bedeutung des Gedankens in der Verkündigung Jesu vgl. nochmals Mt 18,21 f.23 ff. Der dort im Gleichnis veranschaulichte Gedanke der Unverhältnismäßigkeit der zuvor von Gott empfangenen Gnade gegenüber dem, was der Begnadete seinem Nächsten schuldet, ist in 6,14 f. nicht ausgesprochen, sondern menschliches Tun und göttliches Verhalten im Schema von Tat und Folge einander zugeordnet. So auch in 5,23 f. (ὕπαγε πρῶτον διαλλάγηθι τῷ ἀδελφῷ σου, καὶ τότε ἐλθὼν πρόσφερε τὸ δῶρόν σου). Überlieferungsgeschichtlich ist dieser noch in keiner Weise verchristlichte, sogar das Bestehen des Gottesdienstes im Tempel noch voraussetzende Spruch[79] sicher der älteste und seine auf das Gebet bezogene Fassung in Mk 11,25 par. Mt 6,14 f. die jüngere. Auch in Did 14,2, wo δῶρον durch θυσία (d.h. die Eucharistie) ersetzt ist, ist 5,23 f. verchristlicht[80]. Durch die Erweiterung des Spruches und den negierten Hauptsatz am Schluss οὐδὲ ὁ πατὴρ ὑμῶν ἀφήσει τὰ παραπτώματα ὑμῶν – mit betonter Entsprechung von τὰ παραπτώματα αὐτῶν in V. 14a und τὰ παραπτώματα ὑμῶν in V. 15b – hat Matthäus den Spruch der fünften Bitte angepasst. Die so fast zu einem Drohwort werdende zweite Spruchhälfte bereitet damit zugleich die später folgenden Sprüche vom Richten vor (7,1 ff.).

Zum Vaterunser im Ganzen

Wir haben von Anfang an uns klar gemacht, wie stark dieses Gebet ein eschatologisches Gebet ist: auf Gottes Zukunft und Sieg gerichtet

78 *P. Billerbeck*, Kommentar zum Neuen Testament aus Talmud und Midrasch, Bd. I (s. Anm. 6), S. 425.
79 *R. Bultmann*, Die Geschichte der synoptischen Tradition (FRLANT 29), Göttingen [9]1979, S. 140.
80 Vgl. *H. Köster*, Synoptische Überlieferung bei den Apostolischen Vätern (TU 65), Berlin 1957, S. 214.

(erste bis dritte Bitte). Und doch fehlen ihm alle apokalyptischen Farben und schwärmerisch ausgemalten Züge. Warum? Weil es hier *wirklich nur noch um Gott geht*: um sein väterliches Kommen, seinen Namen, seine Herrschaft, seinen Willen – um Gott selbst, den Vater und Herrn, nicht mehr verstellt von flammenden Bildern, sondern in andringender und zugleich erflehter Nähe. Aber gerade so geht es in Wahrheit um uns!

Ebenso fehlen im Vaterunser alle Züge, die im Achtzehnbittengebet so vorherrschend sind: vom besonderen Schicksal eines natürlich-irdischen Gottesvolkes. Kein Wort über das Gottesvolk im alttestamentlich-jüdischen Sinn! Und trotzdem ist nicht nur vom Einzelnen die Rede, sondern von einem Wir – Uns. Ein neues Gottesvolk also, wenn dieser Ausdruck hier überhaupt noch gebraucht werden darf, eine neue Gemeinschaft, die durch diesen einen Gott (»Vater unser …«) ist, was sie ist, und aus dieser Wirklichkeit allein lebt. Kein heiliger Rest, sondern eine Schar in sehr menschlicher Armut und kreatürlicher Bedürftigkeit, in Schuld vor Gott, bedroht von Versuchung, unlauter vom Argen, aber so gerade zum Gebet gerufen und zum Gebet ermächtigt.

Jesu Vollmacht in seinen Taten (8,1–9,34)

Den Grundstock des auf die Bergpredigt folgenden Abschnittes bilden zehn Wundergeschichten, die Matthäus fast alle Markus entnommen hat, aber in abweichender Folge, freier Bearbeitung sowie erweitert durch Stücke anderer Herkunft und anderen Charakters wiedergibt und zu einem Komplex zusammengezogen hat, während sie sich bei Markus auf die Kapitel 1 f., 4 f., 10 verteilen und bei Lukas noch weiter verstreut sind. Die Leitgedanken der matthäischen Anordnung sind in den wortgleichen Rahmensätzen 4,23 und 9,35 ausgesprochen, die c. 5-7 und c. 8 f. voneinander abheben, aber zugleich zu einem Block zusammenschließen: Er lehrte und verkündigte … und heilte jede Krankheit und jedes Gebrechen.

Matthäus	Markus	Lukas
8,1-4	1,40-45	5,12-16
8,5-13		7,1-10
8,14-16	1,29-34	4,38-41
8,17		
8,18	4,35	
8,19-22		9,57-62
8,23-27	4,36-41	8,22-25
8,28-34	5,1-20	8,26-39
9,1-8	2,1-12	5,17-26
9,9-17	2,(13.)14-22	5,27-39
9,18-26	5,21-43	8,40-56
9,27-31	(10,46-52)	(18,35-43)
9,32-34		

Auch wenn die dreigliedrigen Summarien am Anfang und Ende (διδάσκων, κηρύσσων, θεραπεύων) den Inhalt von c. 5-7 und c. 8 f. nicht exakt wiedergeben, ist die in ihnen neu ausgesprochene Absicht der Komposition nicht zweifelhaft, zuerst die Vollmacht Jesu in seiner Lehre bzw. seiner Verkündigung und jetzt in seinen Taten beide Mal zusammenhängend darzustellen. Die zehn Wunder sind ganz überwiegend Heilungen: der Aussätzige, der Knecht des Hauptmanns, Petri Schwiegermutter, Stillung des Sturmes, die Besessenen von Gadara, der Gelähmte, die Tochter des Synagogenvorstehers und die Blutflüssige, die beiden Blinden, der Stumme.

Schwerlich ist dabei an die Bedeutung der Zehn und anderer Zahlen in jüdischer Spruchdichtung und Zahlenspekulation zu denken, z.B. Av 5,4 f.: »Zehn Wunder geschahen unseren Vätern in Ägypten und zehn am Meer ... Zehn Wunder geschahen unseren Vätern im Heiligtum.« Die Zahl selbst wird hier nicht einmal genannt, geschweige denn ihre etwaige typologische Bedeutung reflektiert (vgl. dagegen 1,17); sie ist überhaupt nur mit einiger Mühe festzustellen und eher verwischt als markiert.

Dagegen ist die matthäische Reihe offensichtlich auf die später in 11,5 unter dem Stichwort τὰ ἔργα τοῦ Χριστοῦ (Matthäus!) in Jesu Antwort an den Täufer aufgezählten messianischen Wunder in dem Prophetenwort Jes 35,5 f. (29,18 f.) ausgerichtet. Dass Matthäus schon bei der Komposition von c. 8 f. diese prophetische Verheißung vorgeschwebt haben muss, ist daraus zu ersehen, dass er in 9,27 ff.32 ff. das in c. 8 f. verarbeitete Erzählungsgut aus Mk 1 f. und 4 f. am Ende seines Wundertatenzyklus selbstständig durch die Heilung der beiden Blinden und des Stummen ergänzt hat. Das »christologische« Leitmotiv der Perikopenreihe in c. 8 f. ist darin offenkundig.
Doch sind damit die Grundgedanken, die Matthäus bei der Gestaltung der beiden Kapitel geleitet haben, nicht erschöpft. Sowohl die Abfolge ihrer Perikopen als auch ihre Bearbeitung im Einzelnen zeigen, dass für Matthäus die Gemeinde der Jünger und damit Wesen und Situation der nachösterlichen Kirche z.Zt. des Evangelisten im Blick stehen. Das tritt vor allem in der Wiedergabe der aus Q stammenden, in den Markus-Zusammenhang eingefügten Erzählung 8,5-13 (Juden und Heiden) zutage, aber auch in charakteristisch matthäischen Zügen in den aus Markus übernommenen Perikopen 8,19-27 (Nachfolge / Sturmstillung), 9,1-8 (Sündenvergebung). Diese und weitere ekklesiologische Elemente im Matthäus-Text, auf die bei der Einzelexegese zu achten sein wird, zeigen, dass die Überschrift »Wunder Jesu« den Inhalt der beiden Kapitel nicht vollständig deckt[1]. Doch geben sie kein Recht, das hinreichend markierte Gesamtthema der matthäischen Komposition »Der Messias der Tat«[2] durch die Überschrift »Das Wunder der Kirche«[3] zu ersetzen. Vielmehr gehören die ekklesiologischen Züge sozusagen als Ad-hoc-Elemente zu den interpretatorischen Motiven, mit Hilfe deren der Evangelist hier wie schon in der vorangehenden Bergpredigt einzelne Perikopen ausdeutet und spätere

1 Soweit mit Recht *Ch. Burger*, Jesu Taten nach Matthäus 8 und 9, in: ZThK 70 (1973), S. (272-287) 280 passim.

2 *J. Schniewind*, Das Evangelium nach Matthäus (NTD 2), Göttingen 1937, S. 103.

3 *Ch. Burger*, Jesu Taten nach Matthäus 8 und 9 (s. Anm. 1), S. 287.

Partien seines Evangeliums vorbereitet. Sie zeigen, dass die matthäische Ekklesiologie nicht ein neues und eigenes Thema ist, sondern ein wesentlicher Bestandteil seiner Christologie. Unter diesem Aspekt ist die von Matthäus christologisch reflektierte Darstellung der Lehre (c. 5-7) und der Taten Jesu (c. 8 f.) für sein Evangelium von grundlegender Bedeutung.

Innerhalb der Gesamtkomposition c. 8 f. bilden die ersten drei Heilungen eine durch das Reflexionszitat abgeschlossene Gruppe. Zwei davon stammen aus der schon 7,28 f. = Mk 1,21 f. erkennbaren bis 9,17 reichenden Perikopenreihe aus Mk 1 f. Doch weicht die matthäische Szenenfolge ab; die bei Mk 1,40-45 an dritter Stelle erzählte Heilung des Aussätzigen ist an den Anfang gestellt und die Austreibungsszene in der Synagoge zu Kapernaum ist übergangen. Beides dürfte sowohl topographisch als auch kompositorisch motiviert sein: Matthäus wollte den Inhalt des Mk 1,27 in einem Satz zusammengefassten Ausrufes der Menge: »Was ist das? Eine neue Lehre in Vollmacht! Sogar den unreinen Geistern gebietet er, und sie gehorchen ihm« thematisch aufgliedern und hat die keine eigene Ortsangabe enthaltende Aussätzigenheilung der auf dem Weg *nach* Kapernaum lokalisierten Centurio-Geschichte zugeordnet, um dann erst die *in* Kapernaum spielende Szene 8,14 f. folgen zu lassen.

Unwahrscheinlich ist die Vermutung, der Evangelist habe geflissentlich den Ausdruck »neue Lehre« vermieden, weil nach seinem Verständnis die vorangegangene Bergpredigt keine radikal neue Lehre, sondern die Erfüllung des Gesetzes zum Inhalt habe[4]. Unbeschadet 5,17 hätte auch Matthäus die von ihm selbst antithetisch formulierten Sprüche 5,21 ff. und Jesu Lehre im Ganzen (7,29) als διδαχὴ καινή kennzeichnen können; vgl. auch 9,16 ff.

1. Heilung eines Aussätzigen (8,1-4)

In jedem Fall hat die Komposition des Matthäus durch den Verzicht auf Mk 1,23 ff. und die Voranstellung von 8,1-4 par. Mk 1,40-45; Lk 5,12-16 einen für die Intentionen des ganzen Evangeliums ungleich aussagekräftigeren Anfang erhalten, weil die »Reinigung« einem nach alttestamentlich-jüdischer Anschauung und Praxis kultisch Unreinen widerfährt, der einem Toten gleich geachtet und von der religiösen und sozialen Gemeinschaft abgesondert war (vgl. Lev 13 f. und den rabbinischen Traktat Negaim[5]). Der geschilderte Vorgang tangiert

4 *W. D. Davies*, The Setting of the Sermon on the Mount, Cambridge 1964, S. 100.

5 Näheres *P. Billerbeck*, Kommentar zum Neuen Testament aus Talmud und Midrasch, Bd. IV/2: Exkurse zu einzelnen Stellen des Neuen Testaments, München 1928 = [6]1975, S. 745 ff.

darum nicht nur den Kranken, sondern das Volk als Kultgemeinde und Jesu Verhältnis zu ihr.

Der inkorrekt mit Genitivus absolutus[6] eingeleitete V. 1 ist matthäische Redaktion und dient der szenischen Verklammerung mit c. 5-7: καταβάντος δὲ αὐτοῦ ἀπὸ τοῦ ὄρους entspricht 5,1 ἀνέβη εἰς τὸ ὄρος, ἠκολούθησαν αὐτῷ ὄχλοι πολλοί wiederum 5,1 ἰδὼν δὲ τοὺς ὄχλους (vgl. auch 7,28; 4,25). Die in der zweiten Satzhälfte wieder aufgenommenen Stichworte sollen also weder die Jesus folgende Menge als solche charakterisieren, »die gehört haben und von ihm lernen wollen«, noch soll er selbst hier schon »als der Herr seiner entstehenden Gemeinde«[7] gezeigt werden. Auch wenn die Menge bei der folgenden Heilung als anwesend vorgestellt ist, wird sie von Matthäus nicht näher qualifiziert.

Der Gang der Handlung wird im engen Anschluss an die Markus-Vorlage wiedergegeben (V. 2 f.); in der Bitte des Kranken sowie in Jesu Antwort, Verhalten und dem nachfolgenden Logion V. 4 sogar nahezu wörtlich, auch Lukas variiert nur geringfügig. Die zur Topik antiker und zahlreicher neutestamentlicher Wundergeschichten gehörenden Züge sind auch im Matthäus-Text enthalten: Bitte, Antwort, Geste (Handausstrecken, Berühren) und Machtwort des Wundertäters, Feststellung der erfolgten Heilung; möglicherweise enthält auch V. 4 den typischen Zug der Demonstration. Doch weist der Text zugleich einige für die matthäische Wiedergabe von Wunderheilungen auch sonst charakteristische Besonderheiten auf: Hier wie häufig fügt Matthäus die aus der Sprache des Alten Testaments bekannte, ein neues Geschehen ankündigende Demonstrativpartikel ἰδού ein (8,2.24.29. 32.34 usw.). Vor allem aber beschränkt er das erzählerische Detail auf das Allernötigste und konzentriert den Bericht auf Jesu Gespräch mit dem Kranken. Die Form der Wundergeschichte wird dadurch aufs Stärkste der Form der »Apophthegmen« angenähert[8], in denen alle szenischen Angaben nur das die Pointe des Ganzen enthaltende Jesuswort einleiten[9]. Von dem Affekt Jesu (Mk 1,43) wird nicht geredet, dafür aber dreimal auf engstem Raum in kettenartiger Verbindung von der hier entscheidenden Handlung der Reinigung: καθαρίσαι, καθαρίσθητι, ἐκαθαρίσθη ἡ λέπρα – zuletzt in der gegenüber Markus

6 *F. Blass / A. Debrunner / F. Rehkopf*, Grammatik des neutestamentlichen Griechisch, Göttingen [16]1984, § 423,1.

7 *W. Grundmann*, Das Evangelium nach Matthäus (ThHK 1), Berlin 1968 = [6]1986, S. 247.

8 *R. Bultmann*, Die Geschichte der synoptischen Tradition (FRLANT 29), Göttingen [9]1979, S. 376 f.; vgl. auch a.a.O., S. 235.

9 Vgl. zum Einzelnen *H. J. Held*, Matthäus als Interpret der Wundergeschichten, in: G. Bornkamm / G. Barth / H. J. Held, Überlieferung und Auslegung im Matthäusevangelium (WMANT 1), Neukirchen [7]1975, S. (155-287) 202 ff. 221 ff. u.ö.

besonders verknappten Aussage. Wenn auch der Begriff ἐξουσία (7,29) im Matthäus-Bericht nicht fällt und erst 8,9; 9,6.8 wieder begegnet, ist das Thema auch hier die Vollmacht Jesu, zur Genüge deutlich angezeigt durch ἐὰν θέλῃς / θέλω. Auch wird seine Hoheit noch eigens hervorgehoben durch das im Matthäus-Evangelium besonders häufig gebrauchte (Matthäus: 52-mal, Markus: 5-mal, Lukas: 10-mal), zumeist eine ehrerbietige Haltung bekundende und außer von den Jüngern auch von Hilfe Begehrenden ausgesagte Verb προσέρχεσθαι (8,2.5; 9,20.28; 21,14 u.a.), desgleichen durch den für die Anbetung göttlicher Wesen geläufigen Terminus προσκυνεῖν, den Matthäus auch 9,18; 14,33; 15,25; 20,20 in Abänderung des Markus-Textes wählt, und durch die Anrede κύριε (letztere auch Lk 5,12).
Alle drei synoptischen Berichte kulminieren in dem fast wortgleichen Befehl Jesu an den Geheilten, niemand etwas zu sagen, sondern sich dem Priester zu zeigen und das im Mosegesetz Lev 13 f. angeordnete Opfer darzubringen (V. 4). Anders aber als in den Paralleltexten gibt Matthäus dem Logion eine stärkere Bedeutung dadurch, dass er den Vers durch Wiederaufnahme des Subjekts ὁ Ἰησοῦς von der Handlung selbst abhebt und mit ihm unter Weglassung von Mk 1,45 par. Lk 5,15 f. den Bericht abschließt. Das Verhältnis des Jesuswortes zur vorangehenden Wundergeschichte wird damit ein merklich anderes. Es gehört nicht mehr zum eigentlichen Tatbericht, sondern erhält die Funktion eines selbstständigen Interpretamentes, das nicht schon aus der Heilung seinen Sinn erhält, vielmehr umgekehrt dieser ihren Sinn verleiht, indem es ihre eigentliche Pointe ausspricht[10].

Offensichtlich hat das älteste vormarkinische Traditionsstück bis zu seiner Gestaltung durch Matthäus schrittweise eine nicht mehr in allen Einzelheiten aufzuhellende Entwicklung durchlaufen. Bultmann[11] vermutet, dass die Worte ὅρα μηδενὶ μηδὲν εἴπῃς, ἀλλά … 1,44 redaktionelle Zusätze des Markus seien (im Sinne der sein Evangelium im Ganzen beherrschenden Theorie der verborgenen Messianität Jesu) und der ursprüngliche Text stilgerecht mit dem Gebot σεαυτὸν δεῖξον τῷ ἱερεῖ κτλ als Demonstration der erfolgten Heilung geschlossen habe. Nach Dibelius dagegen gehört der Befehl Jesu zum Grundbestand der Erzählung und besagte, die Heilung sollte erst gelten, »wenn der Kranke durch priesterliche Kontrolle und Reinigungsopfer als rein dargestellt ist ›ihnen (d.h. den Menschen) zum Zeugnis‹«[12]. Das von Markus freilich auf das Messiasgeheimnis gedeutete Schweigegebot wäre demnach ursprünglich befristet gemeint[13]. Doch sprechen seine häufige Wiederkehr in zahlreichen markinischen Wunderheilungen, seine absolute Formulierung und der Umstand, dass das Gebot hier

10 A.a.O., S. 243.
11 *R. Bultmann*, Die Geschichte der synoptischen Tradition (s. Anm. 8), S. 227.
12 *M. Dibelius*, Die Formgeschichte des Evangeliums, Tübingen [7]1971, S. 70.
13 Ähnlich *K. Kertelge*, Die Wunder Jesu im Markusevangelium. Eine redaktionsgeschichtliche Untersuchung (StANT 23), München 1970, S. 73.

und öfters sich schlecht in den Kontext einfügt (schon in Mk 1,40 ff.; Lk 5,12 ff., vollends aber in Mt 8,1 ff. ist es angesichts der anwesenden Menge undurchführbar), gegen diese Deutung und nötigen zu der Annahme, dass die trotz ihrer Variation im Einzelnen einheitlichen Schweigegebote ein erst von Markus redaktionell eingebrachtes Theologumenon aussprechen[14]. Anzunehmen ist darum, dass es Absicht des vormarkinischen Traditionsstückes war, Jesus als den Träger der Vollmacht Gottes im Gegenüber zu den Vertretern des Gesetzes darzustellen, Markus aber die Erzählung im Sinne des sein Evangelium leitenden Gedankens auswertete, dass das eigentliche Geheimnis der Person Jesu während seines irdischen Wirkens noch nicht offenbar werden konnte und sollte. Eine ganz andere Erklärung gibt G. Theißen[15]: Unter Hinweis auf das häufige Vorkommen von Geheimhaltungsgeboten in antiken Zaubertexten[16] rechnet auch er das Schweigegebot in allen synoptischen Wunderheilungen zur Tradition, aber erklärt seine Übernahme in die auf judenchristliches Milieu (Tempel, Opfer, Gesetz) weisende Aussätzigenheilung damit, dass die frühe, noch am jüdischen Kult festhaltende Gemeinde in Konfliktszeiten gut daran tat, ihr Christentum zu verschweigen. Aber dieses für die Markus-Vorlage vermutete situationsbedingte Motiv ist höchst unwahrscheinlich und ohne Anhalt am Text; es reimt sich weder mit dem generellen Charakter des Gebots noch wird es durch die allerdings auffallend ähnlichen magischen Formeln gestützt, weil diese durchwegs auf die Einweihung in Formeln und Praktiken, die den Eingeweihten zur Magie befähigen, abzielen.

Für Matthäus stellen sich alle diese nicht mehr sicher zu entscheidenden Fragen nach Vorformen der Überlieferung nicht mehr. Seine Tradition heißt in diesem Fall eindeutig Markus. Umso mehr aber ist zu fragen, was das Schweigegebot hier besagt, weil Matthäus das Leitmotiv des bis zur Auferstehung verborgenen Geheimnisses der Messianität Jesu zwar nicht völlig preisgegeben hat (vgl. 9,30; 12,16 u.ö.), aber hinter einer anders gearteten christologischen Konzeption zurücktreten lässt. Da V. 4 durch die wenn auch geringfügigen redaktionellen Eingriffe des Evangelisten (Neueinsatz, Stellung am Schluss der Perikope) geradezu den Charakter einer Grundsatzaussage erhalten hat, ist mit Sicherheit anzunehmen, dass in dem aus Markus übernommenen Schweigegebot nicht nur die vorgegebene Tradition nachwirkt, sondern seine Bewahrung durch Gedanken der matthäischen Christologie motiviert ist. Höchstwahrscheinlich blieb dieser Zug dem Evangelisten darum wichtig, weil ihm schon hier in seiner

14 So bereits *W. Wrede*, Das Messiasgeheimnis in den Evangelien. Zugleich ein Beitrag zum Verständnis des Markusevangeliums, Göttingen 1901 = ^{4}1969, S. 33 ff.

15 *G. Theißen*, Urchristliche Wundergeschichten. Ein Beitrag zur formgeschichtlichen Erforschung der synoptischen Evangelien (StNT 8), Gütersloh 1974, S. 148 f.

16 A.a.O., S. 144 f.

Darstellung der Geschichte Jesu das Bild des Gottesknechtes vorschwebte, der nach Jes 42,1-4 seine Stimme nicht laut auf den Straßen ertönen lässt. Ausdrücklich fügt er das Prophetenzitat an das ähnliche Schweigegebot 12,16 ff. und zitiert Jes 53 bereits in 8,17.
Eine eigene und verstärkte christologische Akzentuierung hat im Matthäus-Text auch die Sendung des Geheilten zum Priester unter Berufung auf Moses erhalten. Sie unterstreicht erneut Jesu Loyalität gegenüber dem Gesetz und bietet Moses als Anklagezeugen gegen das ungläubige Volk auf. In diesem Sinne ist aller Wahrscheinlichkeit nach die ebenfalls aus Markus übernommene, aber von Matthäus durch ihre Stellung am Schluss hervorgehobene generalisierende Wendung zu verstehen: εἰς μαρτύριον αὐτοῖς. Die nach alttestamentlichem Vorbild (Gen 31,44; Dtn 31,26; Jos 24,27) geprägte Formel begegnet wiederholt in den Synoptikern, und zwar ihrem Ursprung gemäß in anklagender Bedeutung; vgl. Mk 6,11; Lk 9,5 (εἰς μαρτύριον ἐπ' αὐτούς); Mt 10,18 (εἰς μαρτύριον αὐτοῖς); Mk 13,9. Auch Mt 24,14 meint nicht: »Zeugnis zum Heil auch für sie«[17]. Ebenso dürfte mit den meisten neueren Auslegern Mk 1,44 par. als Belastungszeugnis gegen, nicht als Heilszeugnis für zu verstehen sein[18]. Das gilt vollends für Matthäus, der die Perikope als erste auf die stark polemisch akzentuierte Bergpredigt folgen lässt (5,20; 6,1 ff.) und in die anschließende Erzählung vom Centurio das Klagewort über Israels Unglauben mit dem Spruch wider die »Söhne des Reichs« erweitert. So richtet sich auch 8,4 gegen das ungläubige Volk, das seinen Messias verwirft, obwohl er das Gesetz erfüllt und Moses auf seiner Seite hat.

2. *Heilung des Knechts des Hauptmanns von Kapernaum (8,5-13)*

Da die Erzählung vom Hauptmann von Kapernaum (8,5-13) nur bei Lukas (7,1-10) eine Parallele hat, ist sie mit Sicherheit der Spruchquelle zuzurechnen, die auch sonst Jesu Wundertaten erwähnt (Lk 11,14 par. Mt 12,22 f.; Lk 10,13 ff. par. Mt 11,21 ff.; Lk 10,20 par. Mt 12,28 f.; Lk 10,23 f. par. Mt 13,16 f.), aber außer dieser keine ausgeführten Wundergeschichten bietet[19]. Beide Fassungen differieren nicht unerheblich. Die Übereinstimmungen beschränken sich auf die z.T. wortgleichen Gesprächspartien Mt 8,8-10 par. Lk 7,6b-8; in der Gestaltung der Exposition ist zweifellos Matthäus ursprünglicher, da-

17 *H. v. Campenhausen*, Die Idee des Martyriums in der Alten Kirche, Göttingen 1936, S. 25.
18 *H. Strathmann*, Art. μάρτυς κτλ, in: ThWNT 4, Stuttgart 1942, S. (477-520) 508 f.
19 Zur Auslegung vgl. *G. Theißen*, Urchristliche Wundergeschichten (s. Anm. 15), S. 85. 183 f. u.ö.

gegen sekundär in der Einfügung des Lk 13,28 f. erst an späterer Stelle überlieferten Verheißungs- und Drohwortes in Mt 8,11 f. sowie in dem von Lk 7,10 abweichenden Schluss Mt 8,13. Anzunehmen ist jedenfalls, dass in dem beiden zugrunde liegenden Überlieferungsstück Heilungstat Jesu und Dialog von Anfang an miteinander verbunden waren, sei es im Stil der mit knapper erzählerischer Einleitung versehenen Apophthegmata[20], sei es in Form einer stilgerecht erzählten Geschichte nach Art von Joh 4,46 ff.[21] Auf alle Fälle liegt das Konstante in den verbalen Textelementen, das Variable dagegen im Narrativen. Das deutet darauf, dass in der von Matthäus und Lukas verschieden verarbeiteten Tradition die Perikope die Grundzüge einer Wundergeschichte bot, vergleichbar dem verschlüsselten Bass in einem Musiksatz, der für die Auflösung gewisse Freiheiten offenlässt. Außer Frage steht auch, dass sie schon in Q unmittelbar auf die in der lukanischen Feldrede wie in der matthäischen Bergpredigt verschieden ausgestaltete Spruchkomposition folgte (Lk 7,1) und für ihre Anfügung das Thema Glaube / Unglaube maßgebend war, das dem Thema des Schlussgleichnisses Mt 7,24 ff. par. Lk 6,47 ff.: Hören und Tun bzw. Nichttun sachlich korrespondiert.[22]

Im erzählerischen Detail, aber auch in der sachlichen Akzentuierung weicht der offensichtlich sekundäre *Lukas-Bericht* beträchtlich von Matthäus ab: Anstelle eines direkten Dialoges Jesu mit dem Hauptmann wird die Bitte um Heilung von jüdischen Ältesten überbracht und die Entgegnung des Centurio von einer zweiten Gesandtschaft ausgesprochen (in 1. Pers. Sing.!). Auch ist der abseits bleibende Bittsteller kein gewöhnlicher Heide, sondern ein als »Gottesfürchtiger« charakterisierter verdienter Freund des jüdischen Volkes[23]. Ausdrücklich wird darum seine Würdigkeit betont (V. 4), die seine Unwürdigkeitserklärung als Demutsäußerung illustriert (V. 7). Der Gegensatz Heiden / Juden tritt infolgedessen völlig zurück, und die bestimmte Aussage »bei keinem in Israel« (Matthäus) ist abgeschwächt zu »nicht einmal in Israel« (V. 9). Schwerlich zu Recht folgert E. Haenchen daraus: »Hier versuchen *Judenchristen* mit letzter Energie den Strom einer Erzählung in ein anderes Bett zu leiten und aus einer Geschichte, mit der das Heidenchristentum seinen Glauben pries, eine andere zu machen, nach der die Heiden nur berücksichtigt werden können, wenn sie besondere Verdienste um Israel aufweisen können.«[24] Vielmehr entsprechen diese Änderungen der für Lukas charakteristischen heilsgeschichtlichen Konzeption

20 *R. Bultmann*, Die Geschichte der synoptischen Tradition (s. Anm. 8), S. 39.

21 *D. Lührmann*, Die Redaktion der Logienquelle (WMANT 33), Neukirchen-Vluyn 1969, S. 57.

22 Vgl. a.a.O., S. 58; *H. Köster / J. M. Robinson*, Entwicklungslinien durch die Welt des frühen Christentums, Tübingen 1971, S. 54.

23 *K. G. Kuhn*, Art. προσήλυτος, in: ThWNT 6, Stuttgart 1959, S. (727-745) 743, Anm. 168.

24 *E. Haenchen*, Johanneische Probleme, in: ZThK 56 (1959), S. (19-54) 26 f.

vom Christentum als legitimer Fortsetzung des Judentums und damit auch dem lukanischen Verständnis des Glaubens, an dem der Evangelist an dieser Stelle sich weniger interessiert zeigt als an der Person des Hauptmanns[25]. Anders als bei Matthäus, der der Erzählung eine prinzipielle Bedeutung gibt (s.u.), endet Lukas darum mit einem stilgerecht episodischen Schluss 7,10. – Auch Joh 4,46-53 liegt sichtlich eine wenn auch von Matthäus / Lukas sehr verschiedene Version der Geschichte zugrunde. In ihr ist der Bittsteller der Vater des Kranken und überhaupt kein Heide mehr, sondern ein königlicher Beamter des Herodes Antipas, auch ist der Vorgang wie bei Lukas zur Fernheilung eines Sterbenden gesteigert, hervorgehoben durch die zeitliche Übereinstimmung zwischen Jesu Machtwort (V. 50) und der geschehenen Genesung (V. 52). Bedeutungsvoll ist auch hier der zweimal, aber jeweils verschieden akzentuierte Glaube des Bittenden, in V. 50 als Glaube auf das Wort Jesu hin, in V. 53b dagegen als Glaube im Vollsinn nach Vollendung des Wunders. In dieser Gestalt hat Johannes die Perikope aus seiner Semeiaquelle als zweites in Galiläa geschehenes »Zeichen« aufgenommen, freilich nicht ohne Kritik eines bloßen Mirakelglaubens im Sinne des johanneischen Verständnisses von Glaube und Leben (V. 48).

In der Matthäus-Perikope ist der Hilfe Suchende eindeutig ein Heide. Von dem Motiv seines Glaubens ist bereits ihr Eingang in V. 5 f. geprägt. Zu προσέρχεσθαι siehe V. 2. Die Bitte des römischen Centurio ist zwar nicht ausgesprochen, aber in παρακαλῶν und der begründenden Bemerkung über das Leiden des Kranken unmissverständlich enthalten. παῖς bezeichnet zwar öfters die Altersstufe eines Kindes (2,16; 17,18; 21,15; Lk 2,43; 8,54), aber zumeist und auch hier den Untergebenen (Diener, Bursche; Lukas: δοῦλος).
Jesu Antwort (V. 7) lässt sich als Zusage oder als abwehrende Frage fassen; also entweder: »Ich werde kommen und ihn heilen« (vgl. 8,3; Lk 7,6) oder: »*Ich* (der Jude) soll kommen ...?!« Je nachdem verändert sich der Sinn der Erwiderung des Centurio: Im ersten Fall würde der heidnische Bittsteller geradezu zum Anwalt des Gesetzes, der Jesus einen Verstoß gegen dasselbe ersparen will. Das läge zwar in der Linie der lukanischen Charakteristik des Hauptmanns als »Gottesfürchtiger«, der seine Anerkennung der jüdischen Religion zu allem noch durch Einhalten des im Gesetz gebotenen Abstandes bekundet (Lk 7,7a). In der Matthäus-Erzählung dagegen würde nach dieser Deutung der Heide seine, obschon nicht ausdrücklich, so doch unmissverständlich vorgebrachte Bitte korrigieren und jetzt erst Jesus an das bisher noch nicht geltend gemachte Hindernis erinnern, dass er als Jude durch das Betreten eines heidnischen Hauses sich verunreinigen

25 *G. Strecker*, Der Weg der Gerechtigkeit. Untersuchung zur Theologie des Matthäus (FRLANT 82), Göttingen 1962, S. 99, Anm. 2.

würde[26]. Vorzuziehen ist darum unbedingt das Verständnis der Antwort Jesu als erstaunte Frage[27]. Dafür spricht auch das betonte ἐγώ an ihrem Anfang. Ebenso die Selbstbezeichnung des Centurio in seiner Entgegnung οὐκ εἰμὶ ἱκανός, die nicht sofort, wie zumeist gedeutet, nach Jes 6,5; Lk 5,8 als subjektives Sündenbekenntnis zu verstehen ist, sondern einen objektiven Qualitätsmangel und in diesem Sinn einen Unwert ausspricht. Diese auch sonst gängige Wortbedeutung von ἱκανός = »befugt, befähigt, tauglich« hat sich auch in der Unterscheidung zwischen ἄξιος, ἔντιμος und ἱκανός Lk 7,2.4.6 erhalten und entspricht exakt dem Täuferwort Mt 3,11 par.; vgl. auch 2Kor 3,5 f. und ἱκανοῦν 2Kor 3,6; Kol 1,12.

Die Erwiderung des Hauptmanns (V. 8) ist dann konzedierend, entsprechend der Antwort der Kanaanitin auf Jesu abwehrende Worte 15,24.26 zu paraphrasieren: Ja, du hast recht; mir dem Heiden steht es in der Tat nicht zu, dich zum Eintritt in mein Haus zu nötigen. Aber es bedarf dessen auch nicht; ein Wort aus deinem Munde genügt, und mein Knecht wird gesund. Mit anderen Worten: Er resigniert nicht, sondern beweist wie jene Frau seinen Glauben durch sein unbeirrtes Vertrauen zu der Vollmacht des Wortes Jesu und überwindet damit sein Bedenken.

Genau auf diese ἐξουσία in Jesu Wort zielt die Begründung, die der Hauptmann – im wahrsten Sinn des Wortes überwältigend, nämlich Jesus überwindend (wie die Kanaanitin 15,27) – seiner Bitte gibt (V. 9). Vom Gesetz verlautet jetzt nichts mehr. Vielmehr argumentiert er in einem Schluss a minori ad maius als Offizier von der militärischen Befehlsgewalt her, der er untersteht und über die er selbst verfügt, auf die wirkende Kraft des Wortes Jesu. Die Vertauschung von Partizipium und Verbum finitum εἰμι – ἔχων (ebenso Lk 7,8) geht wohl auf die Vorlage zurück; obschon stilistisch ungeschickt, betont sie die zum Vergleich herangezogene allgemein weltliche Ordnung. Sparsam mit Worten, spricht der Bericht die Anwendung des Gedankens nicht aus, weder die Tatsache, dass jene Kommandogewalt am Lager dieses Kranken ihre Grenze findet, noch den Schluss auf die göttliche Voll-

26 *W. Bousset*, Die Religion des Judentums im späthellenistischen Zeitalter, 3. Aufl. hg. v. H. Greßmann, mit einem Vorwort von E. Lohse (HNT 21), Tübingen [4]1966, S. 93.

27 Mit *E. Klostermann*, Das Matthäusevangelium (HNT 4), Tübingen [2]1927, S. 74; *R. Bultmann*, Die Geschichte der synoptischen Tradition (s. Anm. 8), S. 39; *H. J. Held*, Matthäus als Interpret der Wundergeschichten (s. Anm. 9), S. 184; *J. Jeremias*, Neutestamentliche Theologie, Erster Teil: Die Verkündigung Jesu, Gütersloh [4]1988, S. 161 ff. u.a.; gegen *A. Schlatter*, Der Evangelist Matthäus. Seine Sprache, sein Ziel, seine Selbständigkeit, Stuttgart [5]1959, S. 274 f.; *J. Schniewind*, Das Evangelium nach Matthäus (s. Anm. 2), S. 106; *E. Schweizer*, Das Evangelium nach Matthäus (NTD 2), Göttingen [5]1986, S. 138; *W. Grundmann*, Das Evangelium nach Matthäus (s. Anm. 7), S. 252.

macht Jesu, aber redet gerade so umso eindrücklicher, und bereitet sowohl Jesu Erstaunen als auch sein Wort an die Begleiter vor.

θαυμάζειν wird selten von Jesus ausgesagt; wie hier V. 10 und Lk 7,9 auf den Glauben des Centurio bezogen, so umgekehrt Mk 6,6 motiviert durch den in seiner Vaterstadt erfahrenen Unglauben. Im Einklang mit anderen Herrenworten wird an unserer Stelle das rückhaltlose Vertrauen, dass die in Jesu Vollmachtswort wirksame Kraft Gottes auch unabänderlich erscheinende Situationen wenden kann, πίστις (oppos. ἀπιστία) genannt (9,2.22.29)[28]. Die Matthäus-Fassung unterscheidet sich von Lk 7,9 durch wenige, aber gewichtige Züge: durch die bereits erwähnte schroffe Formulierung »bei keinem ... in Israel«, die betonte Voranstellung von »solchen Glauben« und die Bekräftigungsformel »Amen«, die bei Matthäus eine in V. 11 f. weitergeführte Rede an Jesu Begleiter einleitet[29]. Der Einzelspruch V. 10 erhält dadurch den Charakter einer grundsätzlichen Aussage, die den Heiden Anteil am kommenden Gottesreich verheißt, aber dem ungläubigen Israel das Gericht verkündet. Unmissverständlich figuriert der Centurio jetzt nicht mehr nur als ein beliebiger Bittsteller, dem seine Bitte gewährt wird, sondern als Beispiel und Prototyp der zum Heil berufenen glaubenden Heiden. Die in V. 10 Angeredeten sind zwar zunächst die Juden, aber zugleich mit ihnen die »nachfolgende« Jüngergemeinde; nicht zufällig vermeidet der Evangelist hier den nach 8,1 zu erwartenden Ausdruck ὄχλοι πολλοί (Lk 7,9!) und ersetzt ihn durch τοῖς ἀκολουθοῦσιν[30].

V. 11 f. sind redaktionelle Einfügung des Matthäus aus dem Spruchgut von Q. Sie sprengen den Rahmen der Szene und geben ihr einen umfassend eschatologischen Horizont. Lk 13,28 f. bringt sie in anderem, nämlich demselben Zusammenhang, den Matthäus bereits im Schlussteil der Bergpredigt herangezogen hat; vgl. 7,13 f. par. Lk 13,23 f.; 7,22 par. Lk 13,26 f. Aus der Lukas-Fassung ist noch zu erkennen, dass dem Doppelspruch zwei selbstständige Logien zugrunde liegen (Wechsel des Subjekts: 2. Pers. Plur. in V. 28, 3. Pers. Plur. in V. 29; lose Verbindung durch καί). Erst Matthäus hat sie geschickt zu einem antithetisch gebauten Spruch zusammengezogen und umgestellt: Die Verheißung an die Heiden geht dem Gerichtswort über Israel voran. Durch die matthäische Reihenfolge wird ebenso der Anschluss an Jesu Dialog mit dem Heiden hergestellt wie dem Drohwort an Israel höchster Nachdruck verliehen. Beide Sprüche waren offen-

28 Vgl. *D. Lührmann*, Glaube im frühen Christentum, Gütersloh 1976, S. 29 f.; *G. Theißen*, Urchristliche Wundergeschichten (s. Anm. 15), S. 140 f.

29 *H. J. Held*, Matthäus als Interpret der Wundergeschichten (s. Anm. 9), S. 185 f.; *K. Berger*, Die Amen-Worte Jesu. Eine Untersuchung zum Problem der Legitimation in apokalyptischer Rede (BZNW 39), Berlin 1970, S. 77, Anm. 63.

30 *H. J. Held*, Matthäus als Interpret der Wundergeschichten (s. Anm. 9), S. 185 f.

sichtlich schon in Q unter der Antithese Juden / Heiden durch das Stichwort βασιλεία τοῦ θεοῦ verbunden[31]. Trotz der weitgehenden Übereinstimmungen ist der Sinn des Doppelspruchs bei Matthäus und Lukas ein verschiedener. In der lukanischen Version ist das hier vorangestellte Drohwort Jesu an seine verstockten Zeitgenossen im jüdischen Volk gerichtet: Sie werden dereinst in der letzten Zukunft erkennen müssen, dass sie von dem endzeitlichen Heil ausgeschlossen sind, während andere aus aller Welt sich seiner erfreuen. Wie bereits zu 7,22 f. bemerkt, hat Lukas dieses in den Logien Jesu wiederholt begegnende Beschämungsmotiv mit Zügen aus einem Mt 25,1 ff. ähnlichen Gleichnis verwoben (Lk 13,22-30). Das in dem Logion Mt 8,11 verarbeitete Gedanken- und Vorstellungsgut des Matthäus ist alttestamentlichen Ursprungs. Das Motiv der Völkerwallfahrt ist aus der prophetischen Weissagung bekannt: Jes 2,1 ff.; 60,1 ff.; Hag 2,6 ff. u.a.[32]; ebenso das im späteren Judentum und frühen Christentum verbreitete Bild vom endzeitlichen Freudenmahl (Jes 25,6 ff.; 1Hen 62,14; 1 QS VI,4 f.; 1 QSa II,11 ff; rabbinische Belege: P. Billerbeck, V/2, S. 1154 ff.; aus dem Neuen Testament: Mk 14,25; Mt 22,1 ff.; Apk 19,9). Die Erzväter Abraham, Isaak, Jakob sind nicht nur Repräsentanten der jüdischen Tradition, sondern auch Garanten der Israel gegebenen Bundesverheißungen und darum vornehmste Teilnehmer an dem den Gerechten bereiteten Gottesmahl[33]. Keineswegs traditionell ist jedoch die für Jesu Prophetie und Gleichnisse und die daraus erwachsene synoptische Überlieferung charakteristische Verbindung des Bildes mit der Ankündigung der Gottesherrschaft, ausgestaltet unter mannigfaltigen Aspekten: Einlass und Ausschluss, engste personale Gemeinschaft, Sattwerden als Inbegriff überschwänglicher Freude und ewigen Heils (Lk 12,35 ff.; 14,15.16 ff.; 22,30 u.a.). Die noch nicht mit christologischen Reflexionen gefüllte Anwendung des Mahlbildes berechtigt dazu, jedenfalls Mt 8,11 par. Lk 13,29 der ältesten Traditionsschicht authentischer Herrenworte zuzurechnen[34].
Das gilt *nicht* im gleichen Maße für das von Matthäus nachdrücklich ans Ende gesetzte Gerichtswort (V. 12). Denn der Evangelist spricht mit ihm, obschon in traditioneller, durch Q vermittelter Sprache, den Gerichtsgedanken des vorgegebenen Herrenwortes in einer für die matthäische Geschichtstheologie kennzeichnenden Weise aus. Das fraglos in der lukanischen Version ursprünglicher formulierte Motiv der für Israel beschämenden eschatologischen Konfrontation mit den Heiden ist bei Matthäus umgeformt zu einer im Ablauf der Geschichte

31 *G. Strecker*, Der Weg der Gerechtigkeit (s. Anm. 25), S. 100; *D. Lührmann*, Die Redaktion der Logienquelle (s. Anm. 21), S. 86 f.
32 Vgl. *J. Jeremias*, Jesu Verheißung für die Völker, Stuttgart 1956, S. 47-62.
33 *P. Billerbeck*, Kommentar zum Neuen Testament aus Talmud und Midrasch, Bd. IV/2 (s. Anm. 5), S. 1164.
34 *N. Perrin*, Rediscovering the Teaching of Jesus (NTLi), London 1967, S. 161 f.

Jesu sich bereits abzeichnenden und ankündigenden definitiven Verwerfung Israels: Die Heiden sollen *anstelle* der Juden Erben der Israel gegebenen Verheißung werden. Mit anderen Worten: In die Endgeschichte ist die die Kirche begründende »Heilsgeschichte« unmissverständlich hineingeschrieben. Von der heilsgeschichtlichen Prärogative Israels redet der in Abweichung von der direkten Anrede Lk 13,28 von Matthäus in 3. Person formulierte Ausdruck οἱ υἱοὶ τῆς βασιλείας, eine sprachlich wie υἱοὶ βροντῆς Mk 3,17, τοῦ αἰῶνος τούτου (oppos. τοῦ φωτός) Lk 16,8, γεέννης Mt 23,15 u.a. gebildete hebraisierende Wortverbindung: υἱός mit Genitiv der Sache, an der jemand teilhat bzw. die ihn charakterisiert; inhaltlich nicht genuin jüdisch und auch im Neuen Testament nur noch Mt 13,38 in der vom Evangelisten der Unkrautparabel angefügten, dort auf die Glieder der christlichen Gemeinde bezogenen Deutung. An unserer Stelle ist dieser Ausdruck auf das von Gott erwählte, aber nun um seines Unglaubens willen definitiv verworfene jüdische Volk angewendet, um seine nunmehr vertane Anwartschaft auf das endzeitliche Reich auszusprechen[35], also nicht im Sinne der paulinischen Hoffnung für Israel Röm 9-11. Dass diese matthäische Konzeption die Verwerfung und das Ende des irdischen Jesus voraussetzt, werden spätere Aussagen des Matthäus-Evangeliums zeigen; außer 21,33 ff. (Winzerparabel) vgl. besonders die matthäische Umgestaltung des Gleichnisses vom Hochzeitsmahl 22,1 ff. εἰς τὸ σκότος τὸ ἐξώτερον bezeichnet den jenseitigen Strafort: 22,13; 25,30; Jud 13; 2Petr 2,17. Die adjektivische Steigerung des Adverbs ἔξω steht für den Superlativ[36]. Zur Formel geworden, kollidiert die Wendung nicht mit der herkömmlichen Lokalisierung der Hölle in der Tiefe der Erde. V. 12b ἐκεῖ ἔσται ὁ κλαυθμὸς καὶ ὁ βρυγμὸς τῶν ὀδόντων ist traditionelle Ausmalung der Gehenna als Ort der Verzweiflung; vgl. 1Hen 108,3 ff.[37] Außer Lk 13,28 findet sich die Wendung stets refrainartig nur Mt 8,12; 13,42.50; 22,13; 24,51; 25,30.

Zum Verständnis des Matthäus-Spruches ist zu beachten, dass er, zugleich an die christliche Gemeinde adressiert, besagen will: »Israel stand … ursprünglich in einer ähnlichen Zuordnung zur endzeitlichen

35 *W. Trilling*, Das wahre Israel. Studien zur Theologie des Matthäus-Evangeliums (StANT 10), München 1964, S. 88 ff.; *R. Hummel*, Die Auseinandersetzung zwischen Kirche und Judentum im Matthäusevangelium (BEvTh 33), München 1963, S. 146 ff.

36 *F. Blass / A. Debrunner / F. Rehkopf*, Grammatik des neutestamentlichen Griechisch (s. Anm. 6), § 62.

37 Vgl. *P. Billerbeck*, Kommentar zum Neuen Testament aus Talmud und Midrasch, Bd. I: Das Evangelium nach Matthäus, München 1926 = [7]1978, S. 478, 673).

Basileia wie post Christum die Kirche«[38]. Vgl. 21,43. Diese Perspektive ist in dem schroffen Urteil des Evangelisten über Israel mitenthalten. Schwerlich ist Jesu Wort 8,10 und seine Ausweitung durch die angefügten Sprüche V. 11 f. als Begründung der Heidenmission und als Aufforderung zu ihr zu verstehen. Der Gedanke der eschatologischen Völkerwallfahrt ist nicht schon mit der 28,19 den Jüngern befohlenen Heidenmission identisch, und der Centurio ist ebenso wie die Kanaanitin 15,21 ff. eine Ausnahme[39]. Wohl aber ist mit Sicherheit anzunehmen, dass schon die Spruchquelle, vollends aber die matthäische Gestaltung der Centurio-Perikope die Heidenmission der nachösterlichen Kirche voraussetzen[40].
Wie schon die Einleitung der Geschichte ist auch der die Rahmenhandlung stilgerecht zu Ende führende Schluss anders als Lk 7,10 von dem Motiv des Glaubens geprägt, aufgenommen in der in allen drei Synoptikern mehrfach begegnenden stereotypen Wendung ὡς ἐπίστευσας γενηθήτω σοι, ähnlich 9,22 = Mk 5,34 = Lk 8,48; Mk 10,52 = Lk 18,42; Lk 7,50; 17,19. Matthäus hat dieses Motiv am stärksten reflektiert und ausgearbeitet. Das zeigen die seiner Redaktion zugehörenden Verse 9,29 und 15,28 sowie die Verarbeitung des an die Jünger gerichteten Herrenwortes vom Berge versetzenden Glauben am Ende der Heilung des Epileptischen 17,20, dort unter Auslassung des Gespräches mit dem zweifelnden Vater (Mk 9,20-24). Im Rahmen von Mt 8,5-13 und im Anschluss an V. 10 ff. besagt V. 13 nicht mehr nur, dass dem Centurio seine Bitte gewährt wird, sondern dass er im Gegensatz zu den Juden durch seinen Glauben Anteil erhält am Reich Gottes[41]. Der matthäische Bericht bekommt durch diese durchgehaltene Akzentuierung paradigmatische Bedeutung[42].

3. Heilung der Schwiegermutter Petri (8,14-17)

Auch in der Markus-Vorlage läuft die kurze, dort bereits 1,29-31 erzählte Geschichte von der Heilung der Schwiegermutter Petri in einen Sammelbericht aus (1,32-34). Bei Matthäus beschließt beides den Zyklus 8,1-16; V. 17 bildet eine deutliche Zäsur. Die topographischen Angaben der matthäischen Redaktion sind mit einiger Sorgfalt gegeben. Kapernaum ist der Schauplatz von V. 5-13 und 14-16 und weiterhin – nur vorübergehend durch V. 18-27 und 28-34 unterbrochen –

38 *R. Hummel*, Die Auseinandersetzung zwischen Kirche und Judentum im Matthäusevangelium (s. Anm. 35), S. 147.
39 *G. Strecker*, Der Weg der Gerechtigkeit (s. Anm. 25), S. 99 ff.
40 *D. Lührmann*, Die Redaktion der Logienquelle (s. Anm. 21), S. 86 f.
41 *H. J. Held*, Matthäus als Interpret der Wundergeschichten (s. Anm. 9), S. 185.
42 *M. Dibelius*, Die Formgeschichte des Evangeliums (s. Anm. 12), S. 261, Anm. 3; vgl. auch a.a.O., S. 53 f.

der geographische Rahmen der mit 9,1 einsetzenden weiteren Szenen bis 9,34[43]. Der Heilungsbericht V. 14 f. ist drastisch gekürzt. Die schon bei Markus spärlichen, in Lk 4,38 f. um einige Züge vermehrten Details sind auf ein Minimum reduziert; Begleitumstände und Nebenpersonen sind übergangen. Unter Vermeidung des bei Markus und Lukas mehrfachen Subjektwechsels ist der Matthäus-Bericht auf Jesus und die Kranke konzentriert: Er sieht die im Fieber Liegende, ergreift selbst die Initiative (so nur hier), berührt ihre Hand, das Fieber weicht, und die Geheilte steht auf und bedient *ihn* (Matthäus: αὐτῷ, Markus und Lukas: αὐτοῖς). Die von zahlreichen Auslegern hervorgehobene Tatsache, dass die drei in 8,1-15 Jesu Hilfe Erfahrenden – der Aussätzige, der Heide, die Frau – deklassierte Personen sind, wird im Matthäus-Text nicht eigens als gemeinsames Merkmal betont (vgl. auch die abschließende summarische Charakteristik der Kranken).
Die Zeitangabe ὀψίας γενομένης in V. 16 hat sich aus Markus erhalten, aber ihren begründenden Sinn verloren; dort bezeichnet sie das Ende der Sabbatruhe (1,21) und damit die Zeit, in der man Kranke heranschleppen konnte. Dagegen hat die von Matthäus angefügte, deutlich V. 8 (ἀλλὰ μόνον εἰπὲ λόγῳ) aufnehmende Notiz, dass Jesus die Geister durch das Wort (λόγῳ) austreibt, starkes Gewicht. Das an 4,23 f.; 9,35 angeglichene Summarium dient Matthäus dazu, aus dem Vorhergehenden die in V. 17 lehrhaft formulierte, die christliche Gemeinde angehende Summe zu ziehen[44]. Eingeleitet durch die stereotype matthäische Zitationsformel ὅπως πληρωθῇ o.ä. deutet das Zitat die Heilungen Jesu als Erfüllung der prophetischen Gottesknechtweissagung. Wie die zahlreichen für Matthäus charakteristischen Reflexionszitate (1,22 f.; 2,15.17 f.23; 4,14-16; 8,17; 12,17-21; 13,35; 21,4 f.; 26,56; 27,9 f.) gibt auch dieses den zitierten Text Jes 53,4 als Einzelwort ohne Rücksicht auf seinen Kontext wieder, und zwar in einer von der Septuaginta abweichenden, eng am hebräischen Wortlaut bleibenden Textform (vgl. die Differenzen: ἀσθενείας statt ἁμαρτίας, ἔλαβεν statt φέρει, ἐβάστασεν statt περὶ ἡμῶν ὀδυνᾶται), mithin nicht in der spiritualisierenden Weise wie die Septuaginta (auch das Targum Jonathan[45]).

Ob der Text von Matthäus selbst stammt[46] oder – wahrscheinlicher – auf eine »schriftgelehrte« Zitatensammlung der vormatthäischen Gemeinde zurückgeht[47], lässt sich nicht mehr sicher entscheiden. Für die Ad-hoc-

43 *G. Strecker*, Der Weg der Gerechtigkeit (s. Anm. 25), S. 94 f.
44 *H. J. Held*, Matthäus als Interpret der Wundergeschichten (s. Anm. 9), S. 161.
45 *P. Billerbeck*, Kommentar zum Neuen Testament aus Talmud und Midrasch, Bd. I (s. Anm. 37), S. 482 f.
46 *A. Schlatter*, Der Evangelist Matthäus (s. Anm. 27), S. 281 f. u.a.
47 *G. Strecker*, Der Weg der Gerechtigkeit (s. Anm. 25), S. 66. 82 ff.

Verwendung einzelner Schriftworte verweist K. Stendahl[48] mit Recht auf die Zitatbehandlung in 1 QpHab.

Das Motiv vom stellvertretenden, sühnenden Leiden des Gottesknechtes aus Jes 53 klingt mit keiner Silbe an. Die in der späteren Kirche vorherrschend gewordene Deutung der alttestamentlichen Weissagung auf Jesu Leiden und Sterben darf auch nicht stillschweigend eingetragen werden[49]; mit Ausnahme des Abendmahlsberichtes 26,28 ist sie auch sonst im Matthäus-Evangelium nicht nachzuweisen. Auch an unserer Stelle ist hier nicht von Krankheit und Tod des Gottesknechtes die Rede, sondern von seiner Vollmacht und seinem sieghaften Wirken; nicht anders in dem zweiten von Matthäus angeführten Gottesknechtzitat 12,18 ff. Aus diesem Zusammenhang erhellt, dass ἔλαβεν, ἐβάστασεν im Sinne von »fortnehmen, wegtragen, beseitigen« zu verstehen sind (5,40; 15,26; 3,11)[50]. Doch gibt der 12,18 ausdrücklich, 8,17 durch das Zitat als solches Jesus gegebene Titel des Gottesknechtes seiner ἐξουσία einen sehr bestimmten Sinn: Er bezeichnet ihn als den, der Gottes Willen gehorsam ausrichtet – ebenso durch seine Botschaft wie durch seine Taten. Damit ist gesagt: Nicht schon seine Machttaten als solche beglaubigen ihn (wie in heidnischen Wundergeschichten den θεῖος ἀνήρ), sondern sie erhalten ihre Beglaubigung aus dem auf ihn weisenden prophetischen Gotteswort[51].

4. Nachfolgergespräche und Stillung des Sturmes (8,18-27)

8,18-27 ist ein kunstvolles Beispiel matthäischer Redaktion. Die Szenenfolge aus Mk 1 f. wird erst 9,1 wieder aufgenommen und weitergeführt, zuvor aber als weiteres Beispiel der messianischen Taten Jesu die bei Markus erst 4,35-41 par. Lk 8,22-25 erzählte Stillung des Sturmes eingefügt. Dem ganzen Matthäus-Abschnitt ist die in Anlehnung an Mk 4,35 formulierte verknüpfende Notiz vorangestellt: ἰδὼν δὲ ὁ Ἰησοῦς ὄχλον περὶ αὐτὸν ἐκέλευσεν ἀπελθεῖν εἰς τὸ πέραν. Der Vorgriff auf den späteren Markus-Zusammenhang, aus dem auch die Heilung der Besessenen im Gebiet der Gadarener 8,28 ff. sowie die Erweckung der Tochter des Jairus und die Heilung der blut-

48 *K. Stendahl*, The School of St. Matthew and its Use of the Old Testament (ASNU 20), Uppsala 1954, S. 200.

49 Gegen *J. Schniewind*, Das Evangelium nach Matthäus (s. Anm. 2), S. 109.

50 Vgl. *W. Bauer*, Griechisch-deutsches Wörterbuch zu den Schriften des Neuen Testaments und den Schriften der übrigen urchristlichen Literatur, Berlin / New York [5]1958 (2. Nachdr. 1971), Sp. 918 unter 1b (Art. λαμβάνω); 272 f. unter 3a (Art. βαστάζω).

51 *H. J. Held*, Matthäus als Interpret der Wundergeschichten (s. Anm. 9), S. 242. 250.

flüssigen Frau 9,18 ff. genommen sind, ist eindeutig durch die Absicht des Matthäus motiviert, aus den bei Markus auf die c. 1 f. und 4 f. verteilten Wundern einen in sich geschlossenen repräsentativen Zyklus von Machttaten Jesu auszugestalten und sie szenisch einleuchtend zusammenzuordnen. Chronologisch-biographisch werden darum im Matthäus-Text sowohl die Sturmstillung als auch die folgende Gadarener-Perikope ausdrücklich als ein Intermezzo gekennzeichnet: 9,1 kehrt der aus Stadt und Gebiet jenseits des Sees vertriebene Jesus wieder nach Kapernaum zurück. Doch ist die matthäische Anordnung der Szenen nicht nur von diesem pragmatischen Motiv geleitet, sondern zugleich und vor allem von dem thematischen Motiv der Jüngerschaft und Nachfolge. Daraus erklärt sich die Voranstellung der nicht aus Markus, sondern aus Q aufgenommenen Nachfolgergespräche 8,19 f.21 f., die Lk 9,57-60 völlig anders eingeordnet sind. Diese beiden Gesprächsszenen sind typische Beispiele für die in der synoptischen Überlieferung zahlreichen »Apophthegmata«, d.h. »Stücke, deren Pointe ein in einen kurzen Rahmen gefasstes Jesuswort bildet«[52]. An diesem in der Regel am Ende stehenden Ausspruch haftet das ganze Interesse, die einleitende knappe, nicht selten differierende Erzählung oder Situationsangabe zielt jeweils auf das Logion ab, sofern sie nicht überhaupt aus ihm herausgesponnen ist[53].

Im Unterschied zu Lk 9,57 wird der zuerst genannte προσελθών (Entsprechendes fehlt bei Lukas) von Matthäus ausdrücklich als ein noch nicht zum Jüngerkreis gehörender jüdischer Lehrer (γραμματεύς) eingeführt (V. 19; Lukas: τις); dem entspricht die bei Lukas fehlende Anrede διδάσκαλε (anders V. 21). Als solcher repräsentiert er den jüdischen Schulbetrieb mit seiner festen Bindung an das Lehrhaus als Mittelpunkt des Torastudiums[54] im Gegensatz zu der radikal andersgearteten Nachfolge Jesu als bedingungslose, ungesicherte Schicksalsgemeinschaft mit ihm. Zu ἀκολουθεῖν in diesem prägnanten Sinn vgl. 4,20. Die Antwort Jesu ist damit bereits vorbereitet.

0Das Lk 9,58 wörtlich gleich überlieferte Bildwort V. 20 dämpft die Begeisterung des Nachfolgebereiten (V. 19: ἀκολουθήσω σοι ὅπου ἐὰν ἀπέρχῃ) und gibt ihm die völlige Ungeborgenheit des Meisters zu bedenken, die auch den Jünger erwartet. Das Logion rückt damit in die nächste Nähe der nicht wenigen zweifellos authentischen Nachfolgesprüche Jesu, die vor einer unbedachten Bereitschaft, ihm zu folgen, warnen und von den Jüngern den Verzicht auf jegliche Sicherung

52 *R. Bultmann*, Die Geschichte der synoptischen Tradition (s. Anm. 8), S. 8.

53 A.a.O., S. 64 ff.; *Ph. Vielhauer*, Geschichte der urchristlichen Literatur. Einleitung in das Neue Testament, die Apokryphen und die Apostolischen Väter, Berlin / New York [4]1985, S. 298 ff.

54 *M. Hengel*, Nachfolge und Charisma. Eine exegetisch-religionsgeschichtliche Studie zu Mt 8,21 f. und Jesu Ruf in die Nachfolge (BZNW 34), Berlin 1968, S. 60 f.

der eigenen Existenz fordern (Lk 9,59-62; 12,51 ff.; 14,26 ff. u.a.). Ein Sonderproblem ist jedoch durch die im Matthäus-Evangelium hier zum ersten Mal begegnende, in den Evangelien überaus häufige Selbstbezeichnung »Menschensohn« gestellt.

Der ungriechische Ausdruck ὁ υἱὸς τοῦ ἀνθρώπου ist sklavisch wörtliche Wiedergabe der aramäischen Wortverbindung בַּר אֱנָשׁ (hebräisch בֶּן־אָדָם), determiniert בַּר אֱנָשָׁא, die in der Alltagssprache die Zugehörigkeit des Einzelnen zur Gattung Mensch ausdrückt; zu übersetzen also: Mensch, ein oder der Mensch (generisch). Aus diesem Sprachgebrauch lassen sich jedoch die von einer bestimmten Gestalt redenden synoptischen Menschensohnaussagen nicht direkt herleiten, sondern werden zumindest in ihrer Mehrzahl erst dadurch verständlich, dass das aramäische Idiom in der spätjüdischen Apokalyptik in Anlehnung an Dan 7,13 f. eine spezielle Bedeutung erhielt und zur Bezeichnung des Gott zugeordneten, überweltlichen »Menschensohnes« wurde, der am Ende der Tage vom Himmel her als endzeitlicher Weltrichter und Retter der Erwählten erscheinen wird. In diesem Sinne reden von ihm stets in 3. Person die zahlreichen futurisch formulierten Menschensohnworte Jesu (Mk 8,38 f. / Lk 12,8 f. par. Mt 10,32 f.; Mk 13,26; 14,62; Mt 10,23; Lk 17,22 ff.). Deutlich hebt sich von dieser ersten Gruppe von Herrenworten eine zweite, anders geartete, aber gleichfalls einheitlich geprägte, nur in der Markus-Tradition überlieferte Gruppe ab. In ihnen ist nicht vom endzeitlichen Erscheinen des Menschensohnes die Rede, sondern – im Vorstellungsrahmen der jüdischen Apokalyptik undenkbar – von seinem bevorstehenden Leiden, Sterben und Auferstehen (Mk 8,31; 9,31; 10,33 f.; 14,21). Diese ein Summarium der Passions- und Ostergeschichte bildenden Sprüche zeigen, dass der in der griechisch sprechenden Urkirche nicht mehr verständliche und darum bald außer Kurs gesetzte apokalyptische Christustitel »Menschensohn« im palästinischen Urchristentum für den irdischen Jesus als Hoheitsname sehr früh im Gebrauch war. Mit Sicherheit ist anzunehmen, dass diese zweite Gruppe von Aussagen von der zurückblickenden Gemeinde gestaltet worden ist. Von den beiden ersten ist jedoch noch eine dritte, zahlenmäßig zwar geringe, auch inhaltlich nicht einheitliche, aber durch die Markus- und Q-Tradition gut bezeugte Gruppe von kurzen Einzelsprüchen zu unterscheiden, die nicht von der Parusie, auch nicht von Sterben und Auferstehen des Menschensohnes, sondern von seinem Erdenwirken reden, mithin weder die Anschauungen der spätjüdischen Apokalyptik, noch die Glaubensanschauungen der christlichen Gemeinde aussprechen (Mk 2,10.28; aus Q: Mt 8,20; 11,19).

Was besagt in den zuletzt genannten Herrenworten die Selbstbezeichnung Jesu als »Menschensohn«? Die Antworten auf diese Frage gehen im Blick auf Mt 8,20 par. Lk 9,58 weit auseinander: Nach Schlatter weist υἱὸς τοῦ ἀνθρώπου hier nicht (wie Mt 24,30; 26,64) auf den Dan 7,13 Verkündeten, sondern sei in Antithese zu υἱὸς τοῦ θεοῦ gewählt, um Jesu Menschlichkeit auszudrücken[55]. Doch geht es allein um den Gegensatz des »Menschensohnes« zu den Tieren. Auch soll die Selbstbezeichnung schwerlich das dürftige Erdendasein Jesu als das vorläufige Verborgensein seiner Menschensohnwürde ausdrücken, die in Bälde in endzeitlicher Herrlichkeit offenbar werden solle[56]. Auch diese Gegenüberstellung ist durch nichts angedeutet und wäre den zeitgenössischen Hörern Jesu unverständlich geblieben. Nach E. Schweizer soll Jesus die Ez 2,1 ff.; 3,1 ff. u.ö. an den Propheten gerichtete Anrede »Menschenkind« (בֶּן־אָדָם) aufgenommen und mit dem in der jüdischen Weisheit verbreiteten Motiv des leidenden Gerechten verbunden haben[57]. Doch heißt letzterer nicht »Menschensohn«, sondern Gottessohn, und das kollektivische »Menschenkind« ist zwar als Anrede an den Propheten möglich, aber bliebe ebenso wie sein aramäisches Äquivalent oder der geprägte apokalyptische Begriff Menschensohn als Selbstbezeichnung und damit als Umschreibung für »ich« unverständlich[58]. Nach anderer Erklärung war das Logion seinem ursprünglichen Sinne nach überhaupt kein Nachfolgespruch Jesu und »Menschensohn« nicht als Selbstbezeichnung gemeint, sondern ein isolierter pessimistischer Weisheitsspruch, der – ob von Jesus aufgenommen, geprägt oder, christologisch missverstanden, ihm später in den Mund gelegt – bildhaft die Heimatlosigkeit und Ungeborgenheit des Menschen im Gegensatz zu den Tieren aussprach[59]. Doch überzeugt auch diese Erklärung nicht. In den Evangelien wird Jesus nicht als heimat- und obdachlos dargestellt (9,1; auch nicht Lk 13,31-33), und Sprichwörter und poetische Zeugnisse beklagen zwar nicht selten die Mühsal und Flüchtigkeit menschlichen Lebens (Hi 7,1; 14,1 ff.14 u.a.; Hom. Od. 18,130 f.), aber bezeichnen nicht eigentlich Unstet- und Flüchtigsein als typisches Menschenlos.

Statt der öfters als Parallele angeführten Schilderung des Soldatenschicksals bei Plutarch, Tib. Gracch. 9, p. 82c und der entfernt ähnlichen Charakteristik der Lebensweise des Kynikers Epiktet, Diss. 3,22,45 ff. wäre m.E.

55 *A. Schlatter*, Der Evangelist Matthäus (s. Anm. 27), S. 285 f.

56 *M. Dibelius*, Jesus (SG 1130), Berlin [3]1960, S. 80 ff.

57 *E. Schweizer*, Das Evangelium nach Markus (NTD 1), Göttingen [2]1968, S. 94 ff.

58 *H. Conzelmann*, Grundriß der Theologie des Neuen Testaments (EETh 2), München [3]1976, S. 154.

59 *R. Bultmann*, Die Geschichte der synoptischen Tradition (s. Anm. 8), S. 27. 102; *ders.*, Jesus, Die Unsterblichen (Die geistigen Heroen der Menschheit in ihrem Leben und Wirken, Bd. 1), Berlin 1929, S. 45. 143; *Ph. Vielhauer*, Jesus und der Menschensohn. Zur Diskusion mit Heinz Eduard Tödt und Eduard Schweizer, in: ders., Aufsätze zum Neuen Testament (TB 31), München 1965, S. (92-140) 123 ff.; *H. Braun*, »Der Fahrende«, in: ders., Gesammelte Studien zum Neuen Testament und seiner Umwelt, Tübingen [3]1971, S. (1-7) 7.

eher an Weg und Geschick des Apostels 2Kor 11,26 f. zu denken. Doch redet auch diese Stelle nicht allgemein vom Menschen.

Vor allem aber würde das so verstandene Logion schlecht zu Mt 6,26 ff.; 10,29 ff. passen, wo der Mensch als der durch die Fürsorge des Schöpfers unvergleichlich Ausgezeichnete den außermenschlichen Geschöpfen gegenübergestellt wird. Auch die Version des Spruches 86 im Thomas-Evangelium, in der das Nachfolgemotiv fehlt, stützt nicht die Deutung auf den Menschen überhaupt[60], weil der nur hier im Thomas-Evangelium mit dem urchristlichen Titel »Menschensohn« benannte Jesus in gnostischer Umdeutung als Prototyp der »Söhne des Menschen« (EvThom 106), d.h. der wahren, der Welt absagenden Gnostiker figuriert[61]. Vom Menschen allgemein ist auch hier nicht die Rede. Da der aramäische Begriff בַּר אֱנָשָׁא nirgends als Umschreibung eines bloßen »ich« belegt ist[62] und also für Jesu Hörer unverständlich gewesen, aber auch die Selbstbezeichnung Jesu mit dem Titel des apokalyptischen Himmelswesens »Menschensohn« nicht verstanden worden wäre, ist als Sinn des Spruches vermutet worden: Die Tiere haben ihre Schlupfwinkel, aber ein Mensch wie ich, Jesus, ist heimatlos[63]. Einfacher als diese immer noch mit einem ungewöhnlichen Sprachgebrauch rechnende Erklärung ist doch wohl die Annahme, dass der Titel hier und 11,19, möglicherweise auch Mk 2,10.28 erst später in der christlichen Überlieferung eingesetzt worden ist, um Hoheit und Geschick des von seiner Umwelt angefeindeten Jesus hervorzuheben[64]. Dieser Deutungsversuch dürfte m.E. den Vorzug haben, dem Logion seinen Charakter als Nachfolgewort zu erhalten und zugleich der oben dargestellten Aneignung und Anwendung des apokalyptischen Titels »Menschensohn« durch die christliche Gemeinde gerecht zu werden. Die Überlieferung hat demnach aller Wahrscheinlichkeit nach ein in seinem Kern authentisches Nachfolgelogion interpretierend wiedergegeben.

V. 21 f. stimmt mit Lk 9,59 f. z.T. wörtlich überein. Ein Unterschied besteht jedoch darin, dass die drei Gesprächspartner in Lk 9,57-62

60 Gegen *H. Köster / J. Robinson*, Entwicklungslinien durch die Welt des frühen Christentums (s. Anm. 22), S. 159, Anm. 34.

61 *W. Schrage*, Das Verhältnis des Thomas-Evangeliums zur Synoptischen Tradition und zu den koptischen Evangelienübersetzungen. Zugleich ein Beitrag zur gnostischen Synoptikerdeutung (BZNW 29), Berlin 1964, S. 168 ff.

62 *C. Colpe*, Art. υἱὸς τοῦ ἀνθρώπου, in: ThWNT 8, Stuttgart 1969, S. (403-481) 408.

63 A.a.O., S. 435; *J. Jeremias*, Neutestamentliche Theologie, Erster Teil (s. Anm. 27), S. 250.

64 *H. E. Tödt*, Der Menschensohn in der synoptischen Überlieferung, Gütersloh [5]1984, S. 113 f.

(der dritte ähnlich pointierte Dialog V. 60 ff. fehlt bei Matthäus) undifferenziert mit τις – ἕτερος – ἕτερος eingeführt werden, während Matthäus den zweiten ausdrücklich als einen bereits zum Jüngerkreis Gehörenden von dem γραμματεύς der ersten Szene abhebt und Jesus entsprechend mit κύριε anreden lässt. ἕτερος δὲ τῶν μαθητῶν weckt zwar den Eindruck, als gehöre auch jener erste zu den Jüngern. Doch verrät der »sorglose Zusatz«[65] wohl nur die enge Anlehnung an den vorgegebenen Q-Text, obschon Matthäus ihn anders profiliert. Die matthäische Differenzierung entspricht durchaus dem auch sonst für das erste Evangelium charakteristischen doppelten Forum der von Jesus Angeredeten; vgl. das Nebeneinander von ὄχλοι und μαθηταί in 5,1. In 8,21 sind die μαθηταί gleichbedeutend mit den Zwölf (10,1). Durch die Unterscheidung zwischen jüdischem Lehrer und Jünger in 8,19.21 erhalten auch die beiden Herrenworte einen verschieden nuancierten Sinn: War die Pointe des ersten die Aufforderung an den γραμματεύς, zu bedenken, was ihn in der Nachfolge Jesu erwartet, ist der Skopos der zweiten Szene, dem Jünger, der sich für ihn entschieden hat, die alle sonst geltenden Prioritätspflichten außer Kraft setzende Vordringlichkeit der Nachfolge vor Augen zu halten. Das geschieht in einem Wort von äußerster Schärfe. Wie in der Antike auch sonst, gilt auch im Judentum die Bestattung der nächsten Familienangehörigen als eine von allen anderen Pflichten dispensierende, unbedingte religiöse und menschliche Pflicht (Tob 4,3; 6,15). Vgl. Ber 3,1a[66]: »Wer seinen Toten vor sich liegen hat, ist frei von der Sch[e]ma-Rezitation, vom (Achtzehn-)Gebet u. von den Gebetsriemen (u. von allen Pflichtgeboten, die in der Tora genannt sind, B[e]rakh 18[a]).« Auf diesem Hintergrund lässt sich die provozierende Anstößigkeit der ähnlich wie 10,37 par. um der Nachfolge willen auch den Bruch mit der Familie fordernden Antwort Jesu ermessen. In dem Wortspiel ἄφες τοὺς νεκροὺς θάψαι τοὺς ἑαυτῶν νεκρούς ist das zweite Vorkommen von νεκρούς wörtlich, das erste übertragen gemeint (wie nicht selten in jüdischer, griechischer und christlicher Literatur; vgl. Eph 2,1.5; Kol 2,13; 1Joh 3,14 u.a.): Es stellt »die für Jesu Ruf Verschlossenen auf gleiche Stufe mit den Gestorbenen«[67]. Offensichtlich hat auf die Gestaltung der synoptischen Nachfolgerszenen die Prophetenberufung Elisas durch Elias eingewirkt (3Βασ 19,20 f.: κατέλιπεν … τὰς βόας καὶ κατέδραμεν ὀπίσω Ηλίου … καὶ ἐπορεύθη ὀπίσω Ἠλίου καὶ ἐλειτούργει αὐτῷ), die in der rabbinischen Überlieferung mehrfach, aber niemals mit gleicher Schärfe auf

65 *E. Klostermann*, Das Matthäusevangelium (s. Anm. 27), S. 77.

66 *P. Billerbeck*, Kommentar zum Neuen Testament aus Talmud und Midrasch, Bd. I (s. Anm. 37), S. 488.

67 *R. Bultmann*, Art. νεκρός κτλ, in: ThWNT 4, Stuttgart 1942, S. (896-899) 898.

das Lehrer-Schüler-Verhältnis angewendet wurde[68]. Kaum nötig zu sagen, dass der sachliche Grund für Jesu Forderung nichts zu tun hat mit der von Sokrates erklärten Nutzlosigkeit anderer und seines eigenen Leichnams (Xenophon, Memorabilia 1,2,53 ff.; Platon, Phaidon 115c-e[69]). Vielmehr fordert Jesu Wort in Vollmacht, Sitte und Gesetz (souverän) durchbrechend, angesichts der nahenden Gottesherrschaft bedingungslose Nachfolge. Der bei Matthäus fehlende Zusatz Lk 9,60b: σὺ δὲ ἀπελθὼν διάγγελλε τὴν βασιλείαν τοῦ θεοῦ, der zu der Aussendungsrede 10,1 ff. überleitet, hat schwerlich schon in der gemeinsamen Quelle gestanden.

Auch in der matthäischen Erzählung der Sturmstillung (8,23-27) hat die überlieferte Perikope ihren Charakter als Wundergeschichte und das Motiv bewahrt, Jesus als Herrn über die drohenden Gewalten darzustellen. Aber diese Züge treten in der Wiedergabe des Matthäus zurück und sind überlagert von dem anderen Motiv, beispielhaft an dem Geschehen Not und Verheißung der Nachfolge sichtbar zu machen. Diese Besonderheit seines Textes tritt im Vergleich mit den Paralleltexten Mk 4,35 ff. par. Lk 8,22 ff. unmissverständlich zutage. Die Wiedergabe der Geschichte differiert in diesen beiden Texten nur unerheblich. Ebenso ist ihre Einordnung die gleiche; sie folgt unvermittelt auf die Gleichnisrede Mk 4, die Lukas in verkürzter Gestalt bietet. M. Dibelius hat Gattung und Stil der Markus/Lukas-Geschichte mit Recht als novellistisch bezeichnet[70]. Ihre Merkmale sind die Lebendigkeit und der Realismus der Darstellung, die Konzentration auf das Ereignis des Wunders (Jesu Befehlswort an die tobenden Wellen ist die Mitte), damit verbunden die anschauliche Ausmalung von Einzelzügen (Schilderung von Sturm und Seenot, Jesu Schlafen im Heck auf einem Kissen) und der Verzicht auf jeden erbaulichen Klang (vgl. den Hilferuf der Jünger Mk 4,39 par. Lk 8,24). Sturm und Stille stehen in wirkungsvollem Kontrast. Matthäus hat diese Details nicht völlig preisgegeben; vgl. V. 24.26 (ἐγερθεὶς ἐπετίμησεν), auch bei ihm hat der Kontrast von Anfang und Ende (σεισμὸς μέγας – γαλήνη μεγάλη) alles Gewicht. Aber er hat der Perikope einen neuen Zusammenhang gegeben (»der Messias der Tat«), die Details nicht unerheblich modifiziert und dem Ganzen dadurch einen neuen Sinn gegeben, dass er der Geschichte die beiden Nachfolgerszenen vorangestellt hat. Im Rahmen der sachlich gruppierten Wundergeschichten ist die Aufnahme beider an dieser Stelle höchst auffallend; Lukas hat sie wie gezeigt in den Zusammenhang seiner großen Aussendungsrede gestellt. Im

68 *M. Hengel*, Nachfolge und Charisma (s. Anm. 54), S. 18 ff.

69 Vgl. *H. Hommel*, Herrenworte im Lichte sokratischer Überlieferung, in: ZNW 57 (1966), S. 1-23, bes. 19 f.

70 *M. Dibelius*, Die Formgeschichte des Evangeliums (s. Anm. 12), S. 66 ff.

Unterschied dazu dienen sie bei Matthäus dazu, die ihnen folgende Erzählung zu interpretieren. Das zeigt bereits die Wiederholung des Stichwortes ἀκολουθεῖν aus 8,19.22 in dem Eingangssatz

Mt 8,23: καὶ ἐμβάντι αὐτῷ εἰς τὸ πλοῖον ἠκολούθησαν αὐτῷ οἱ μαθηταὶ αὐτοῦ.	Mk 4,36: καὶ ἀφέντες τὸν ὄχλον παραλαμβάνουσιν αὐτὸν ὡς ἦν ἐν τῷ πλοίῳ κτλ

Nachdem soeben der Begriff der Nachfolge bei Matthäus prägnante Bedeutung erhalten hat, kann nicht zweifelhaft sein, dass sie auch in 8,23 mitgehört werden soll, ohne dabei ihren wörtlichen Sinn als Hinterhergehen zu verlieren. Die Sturmstillungsgeschichte wird so zum Paradigma der Nachfolge, und der Evangelist zu ihrem Exegeten. Dazu stimmen eine Reihe weiterer Eigenheiten. Nur bei Matthäus ist der Hilferuf der Jünger ein Stoßgebet: κύριε, σῶσον, ἀπολλύμεθα, gegen Markus: διδάσκαλε, οὐ μέλει σοι ὅτι ἀπολλύμεθα. Nur bei ihm erklingt das den »Kleinglauben« der Jünger tadelnde Wort Jesu, noch ehe er den Elementen Schweigen geboten hat. Auch der Begriff ὀλιγόπιστος in der bei Markus anders formulierten Frage (Mk 4,40: τί δειλοί ἐστε; οὔπω ἔχετε πίστιν;) ist ein Lieblingswort des Matthäus; gemeint ist ein Glaube, dessen Reichweite zu gering ist, der erlahmt, wo er sich erweisen soll, im Sturm (8,26; 14,31), in der Sorge (6,30; 16,8) und sonstiger Not (17,20). Zu beachten ist auch die für einen Seesturm durchaus ungewöhnliche Verwendung des Begriffs σεισμός (Mk 4,37: λαῖλαψ μεγάλη ἀνέμου), der hier sicher nicht den speziellen Sinn von Seebeben hat[71], vielmehr gerade auf einen umfassenden Horizont verweist, da er in der Sprache der Apokalyptik zusammen mit anderen eschatologischen Phänomenen die Schrecken der letzten Zeit anzeigt (Mk 13,8; Mt 24,7; Apk 6,12; 8,5 u.ö.[72]). Von da aus wird auch die »große Stille«, die das von Matthäus ans Ende gestellte Drohwort Jesu an die tobenden Elemente bewirkt (ἐπιτιμᾶν aus Markus ist Terminus technicus für das Bändigen dämonischer Gewalten: 17,18; Mk 9,25 u.ö.), transparent für den eschatologischen Frieden im Gegensatz zur Angst inmitten der Welt (Joh 16,33). Wie in den Paralleltexten endet auch die matthäische Perikope mit einem erstaunten Ruf, hier jedoch nicht wie bei Markus und Lukas aus dem Munde der Jünger, sondern der Menschen. Furcht und Erstaunen der Betroffenen (Mk 4,41!) sind typische Züge in Epiphanieschilderungen und gehören als »Chorschluss« auch zum Stil solcher Wundererzäh-

71 *W. Bauer*, Griechisch-deutsches Wörterbuch (s. Anm. 50), Sp. 1479 (Art. σεισμός).

72 *G. Bornkamm*, Art. σείω κτλ, in: ThWNT 7, Stuttgart 1964, S. (195-199) 197 f.

lungen[73]. Der Rahmen einer solchen ist bei Markus und Lukas bis zum Schluss eingehalten, bei Matthäus dagegen durch die szenisch unvermittelte Einführung der »Menschen« gesprengt. Vorstellbar sind sie nicht mehr als die damals beteiligten, sondern repräsentieren offenbar proleptisch im Sinne des Erzählers diejenigen, denen in der späteren Verkündigung diese Geschichte von der Macht Jesu begegnet. Indem der Horizont der matthäischen Erzählung dergestalt sich über den Kreis der Jünger auf die Menschen ausweitet, wird sie aus einer Darstellung der Nachfolge, in der Jesu Jünger Anfechtung und Rettung, Sturm und Stille erfahren, zugleich zu einem Ruf hinein in diese Nachfolge und Jüngerschaft[74].

5. Heilung der Besessenen von Gadara (8,28-34)

Die schon in der Markus-Vorlage auf die Sturmstillung folgende Dämonenaustreibung 8,28-34 par. Mk 5,1-20; Lk 8,26-39 hat Matthäus um mehr als die Hälfte gekürzt, ohne jedoch ihren massiven, ja grotesken Charakter preiszugeben. Aber er hat das merkwürdige, nicht nur im heidnischen Ostjordanland spielende, sondern auch von kräftigen heidnischen Zügen geprägte Traditionsstück anders als Markus ausgedeutet. Auf außerjüdisches Milieu weisen u.a. die dem Judentum als unrein geltenden Schweine (vgl. 7,6). Der genauere Vergleich mit Markus und Lukas lässt erkennen, dass die matthäischen Kürzungen auch hier nicht nur formal und stilistisch bedingt, sondern zugleich theologisch-sachlich motiviert sind.

Die Exposition V. 28 gibt im Wesentlichen Mk 5,1-5 (Lk 8,26 f.) wieder. Nur die Ortsangabe differiert: In Markus / Lukas sind die Landbesitzer Bewohner der ca. 50 km südöstlich vom See abgelegenen Stadt Gerasa (die handschriftliche Überlieferung schwankt; vgl. Mk 5,1). Matthäus nennt als ihre Heimatstadt das nur 10 km vom Ufer gelegene, also immer noch vom Schauplatz der Handlung reichlich weit entfernte Gadara. Außerdem sind bei Matthäus aus dem einen

73 *M. Dibelius*, Die Formgeschichte des Evangeliums (s. Anm. 12), S. 54 f.

74 Zu der seit der erstmals von Matthäus konsequent durchgeführten Ausdeutung der überlieferten Wundergeschichte auf das Schiff der Kirche und ihrer Nachwirkung in und seit der Alten Kirche vgl. *E. Peterson*, Das Schiff als Symbol der Kirche in der Eschatologie, in: ders., Frühkirche, Judentum und Gnosis. Studien und Untersuchungen, Rom / Freiburg i.Br. / Wien 1959, S. 92-96; *K. Kertelge*, Die Wunder Jesu im Markusevangelium (s. Anm. 13), S. 98; *K. Goldammer*, Navis Ecclesiae. Eine markante altchristliche Darstellung der Schiffsallegorie, in: ZNW 40 (1941), S. 76-86 und *J. A. Bengel*s schöne Notiz ad vocem πλοῖον: »*Jesus habebat scholam ambulantem: et in ea schola multo solidius instituti sunt discipuli, quam si sub tecto unius collegii sine ulla sollicitudine atque tentatione* (ohne alle Aufregung und Anfechtung) *vixissent.*« (Gnomon Novi Testamenti, Tübingen [3]1855, S. 59)

Besessenen zwei geworden, wohl infolge der volkstümlichen Beliebtheit der Zweizahl (vgl. 9,27; 20,30[75]). Weitere Einzelheiten (Markus / Lukas) übergehend, beschränkt sein Bericht sich auf die Erwähnung ihrer unheimlichen Behausung und ihrer Gefährlichkeit für die Passanten. χαλεποί (zu ergänzen: zu bändigen) = wild, gefährlich.
Erst von V. 29 ab berühren die matthäischen Abweichungen die Substanz des Berichtes nicht unerheblich. Bei *Markus* wehrt der herzugelaufene Besessene Jesus mit einer beschwörenden Formel ab (wie Mk 1,24), in Antwort auf dessen ungeschickt nachgetragenen exorzistischen Befehl an den unreinen Geist, »aus dem Menschen« auszufahren (Mk 5,7 f.). Bis dahin ist in der Markus-Vorlage der Partner der Handlung bald der Besessene, bald der ihn tyrannisierende, aus seinem Opfer redende Geist; beide sind noch ungeschieden. Nach dem Bannwort Jesu sind beide nicht mehr eins. Der folgende Dialog wird von da ab nur noch zwischen dem Wundertäter und dem ausgefahrenen, seiner Behausung verlustig gegangenen Dämon geführt. Jesus nötigt ihn, seinen Namen zu nennen (»Legion«) und sich damit als eine Summe von »vielen« Dämonen zu demaskieren (vgl. Lk 8,30). Aus dem einen ist damit eine Vielheit geworden, die im weiteren Dialog im Plural redet (Mk 5,10.12 f.) und – heimatlos geworden – um die von dem Exorzisten ihnen gewährte Erlaubnis bittet, in die Schweineherde zu fahren, und mit ihr alsbald ins Verderben rennt (Mk 5,10-13). Mit diesem breit erzählten, dramatischen Vorgang ist im Markus-Bericht Höhepunkt und Ziel des Wunders erreicht. Was folgt, ist ihr stilgemäßer Abschluss: Flucht und Bericht der Hirten in der Stadt und der Zulauf ihrer Bewohner, die alsbald den zuvor Besessenen ordentlich bekleidet und vernünftig sich gebarend finden und die erstaunliche Tat Jesu bestätigen (Mk 5,14-17). Das Wunder besteht somit in der wörtlich zu verstehenden »Austreibung«, d.h. in der Beendigung der heillosen Okkupation des Besessenen durch den Dämon und in der Wiederherstellung der Identität des Geheilten mit sich selbst. Im *Matthäus-Text* ist der Wortlaut der Vorlage in V. 29 weitgehend beibehalten (Satzstruktur, Abwehrformel der Dämonen, Anrede Jesu als Gottessohn), ausgelassen ist jedoch die dämonische Gottesbeschwörung und das exorzistische Wort Jesu (Mk 5,7d.8) und vor allem das »Legion«-Motiv völlig anders verarbeitet, nämlich schon in den abgewandelten Dämonenschrei einbezogen: ἦλθες ὧδε πρὸ καιροῦ βασανίσαι ἡμᾶς; (hier wohl besser nach Mk 1,24 als Ausruf, nicht als Fortsetzung der Frage zu fassen, obwohl auch Letzteres möglich ist). In jedem Fall meint der Plural hier nicht mehr nur die unreinen Geister, von denen die beiden Besessenen befallen sind, sondern die Gesamtheit der widergöttlichen Gewalten, repräsentiert durch die

75 *R. Bultmann*, Die Geschichte der synoptischen Tradition (s. Anm. 8), S. 191 f.

hier gegen Jesus sich aufbäumenden Dämonen. Das zeigt die aus dem Wortfeld des Markus-Berichtes völlig herausfallende matthäische Wendung πρὸ καιροῦ, vom Evangelisten in Anlehnung an die jüdisch-apokalyptische Erwartung formuliert, dass im Endgericht der Satan mit allen seinen Mächten definitiv besiegt werden soll.

Zu καιρός als Terminus für die von Gott bestimmte Gerichts- und Endzeit vgl. 13,30; 21,34; 1Petr 1,5; 5,6; Apk 1,3; 22,10[76]; aus jüdischer Literatur 1Hen 16,1; 55,4[77]; 1 QS IV,18-20. Zu dem Vorstellungsgehalt von πρὸ καιροῦ vgl. Mk 1,24; Lk 10,18; Joh 12,31; 16,11[78]; breit ausgeführt in ActThom 33. 45. 76[79].

Aus dem apokalyptischen Horizont der Aussage erhellt, dass die Ortsbestimmung ὧδε von Matthäus mit Bezug auf Jesu messianische Sendung *in die Welt* eingefügt ist und der Abwehrschrei demnach besagt: Der Messias ist bereits vor der Zeit erschienen, den teuflischen Mächten ein Ende zu bereiten. Die Wortbedeutung des aus Mk 5,7 beibehaltenen βασανίζειν, sonst = »quälen, strafen, foltern«, ist dabei eschatologisch ausgeweitet und im Sinne von ἀπολέσαι Mk 1,24 zu verstehen, ähnlich der eschatologischen Deutung des σεισμός in Mt 8,24. Unter dem dergestalt eröffneten umfassenden Aspekt erklärt sich die Auslassung der Mk 5,9 ff. breit ausgemalten Vervielfältigung des unreinen Geistes zu einer Legion böser Geister in diesem Fall nicht nur aus der allgemeinen Tendenz des Evangelisten, das erzählerische Detail zu reduzieren, sondern aus dem sachlichen Motiv, die Dämonen als Figurationen der gesamten satanischen Macht darzustellen.

Durchaus realistisch und vorlagegetreu wird gleichwohl die Episode mit der Schweineherde in V. 33 ff. berichtet, zwar gestrafft, aber in einzelnen wunderhaften Zügen sogar noch gesteigert und verdeutlicht: Die Herde befindet sich »weitab« (μακρὰν ἀπ᾽ αὐτῶν); der markinische Erzählstil ist durch einen Befehl Jesu an die Dämonen ersetzt: ὑπάγετε = »Weg mit euch!« (unter Vermeidung der exorzistischen Formel Mk 5,8), εἰσῆλθον durch ἀπῆλθον εἰς τοὺς χοίρους, ἐπίγνοντο (vorstellbar eher von Schweinen als von Dämonen) durch ἀπέθανον.

76 *G. Delling*, Art. καιρός κτλ, in: ThWNT 3, Stuttgart 1938, S. (456-465) 460 ff.

77 *P. Billerbeck*, Kommentar zum Neuen Testament aus Talmud und Midrasch, Bd. IV/1: Exkurse zu einzelnen Stellen des Neuen Testaments, München 1928 = [6]1975, S. 527.

78 *G. Strecker*, Der Weg der Gerechtigkeit (s. Anm. 25), S. 86 ff.

79 Vgl. *G. Bornkamm*, Mythos und Legende in den apokryphen Thomas-Akten. Beiträge zur Geschichte der Gnosis und zur Vorgeschichte des Manichäismus (FRLANT 49), Göttingen 1933, S. 41 f.

Wichtiger sind die Abweichungen in V. 32 f.: In den Botenbericht der zur Stadt geflohenen Hirten ist von Matthäus bereits aufgenommen, was Mk 5,16 – unter erneutem Subjektwechsel – die herzugelaufenen Bewohner der Stadt erst draußen von den Augenzeugen erfahren: πῶς ἐγένετο τῷ δαιμονιζομένῳ καὶ περὶ τῶν χοίρων, von Matthäus jedoch charakteristisch abgewandelt: ἀπήγγειλαν πάντα καὶ τὰ τῶν δαιμονιζομένων. Ist hier das Nachwirken des markinischen Wortlautes noch unmittelbar erkennbar, so ist doch ebenso deutlich, dass das Interesse des Erzählers auf die Vernichtung der Dämonen abzielt, nicht auf die Schweine, und dass die Besessenen hier nur noch insofern Aufmerksamkeit verdienen, als an ihnen bereits »vor der Zeit« das die Episode transzendierende eschatologische Ende der widergöttlichen Gewalten sichtbar geworden ist. Die Mk 5,15 f. par. Lk 5,35 f. umständlich berichtete Konstatierung des Wunders ist bei Matthäus darum ausgelassen. Dafür aber lässt er »die ganze Stadt« zur »Einholung« Jesu ausziehen. Dieselbe Wendung εἰς ὑπάντησιν bzw. εἰς ἀπάντησιν wird in der Parusieschilderung 25,1.6 für die Einholung des Kyrios gebraucht. Sie ist Terminus technicus für den im Altertum geläufigen Brauch, Fürsten, siegreiche Feldherrn und hohe Würdenträger feierlich einzuholen, und ist von da in die eschatologische Bildersprache des frühen Christentums übernommen. Vgl. 1Makk 10,86; 11,2.6; Josephus, Bell. 3,9,1; Joh 12,13; 1Thess 4,17[80]. In unserer Erzählung erfolgt jedoch diese zu erwartende Einholung Jesu als Sieger gerade nicht, sondern wie in der Markus-Vorlage seine Ausweisung. Bei Matthäus fügt sich diese überraschende Wendung zwar schlecht zum Satzeingang, aber illustriert die vorerst auf Israel beschränkte Sendung Jesu. Mehr ist jedoch dem abrupten, knapp gefassten Schluss nicht zu entnehmen. Der Versuch, Jesu Ausweisung als Illustration zu dem Menschensohnwort 8,20 zu verstehen und die Gadarenerperikope zusammen mit der Seesturmgeschichte unter das Thema »Nachfolge« zu stellen, in diesem Fall als Veranschaulichung für das Risiko derselben[81], scheitert schon daran, dass dieses Stichwort im Matthäus-Bericht überhaupt nicht vorkommt. Vor allem aber übersieht diese Interpretation die Schlüsselfunktion der theologischen Aussage V. 29, dass Jesus schon »vor der Zeit«, d.h. vor dem Weltende in seiner irdischen Geschichte die widergöttlichen Gewalten besiegt und Matthäus damit die noch andauernde Gegenwart als Zeit der Kirche »heilsgeschichtlich« qualifiziert hat; unterstrichen durch die scheinbar geringfügige, in Wahrheit aber die episodisch erzählte Geschichte der Vorlage bedeutungsvoll transzendierende Umformung des Satzanfanges

80 Näheres s. *E. Peterson*, Die Einholung des Kyrios, in: ZSTh 7 (1930), S. 682-702; *M. Dibelius*, An die Thessalonicher I/II, An die Philipper (HNT 11), Tübingen [3]1937, S. 28 zu 1Thess 4,17.

81 *Ch. Burger*, Jesu Taten nach Matthäus 8 und 9 (s. Anm. 1), S. 285.

V. 34a. Dass Matthäus das Verhältnis von Gegenwart und Zukunft wie in seinem ganzen Evangelium sorgfältig reflektiert hat, zeigt die von ihm eingefügte Wendung in V. 29 πρὸ καιροῦ, die dem betonten ἐπὶ τῆς γῆς 9,6 und der Wendung καὶ ἐπὶ τῆς γῆς 28,18 entspricht[82]. Sie deklariert allerdings das Jetzt nicht schon als *End*zeit, wohl aber ordnet sie es dieser als *Heils-* und *Entscheidungszeit* zu und gibt ihm damit eine eminent positive Qualität, die sich nicht defizient als »uneschatologische Einordnung in die Historie«[83] charakterisieren lässt. Entgegen der These: »Von der markinischen … Dialektik des ›Schon jetzt‹ und ›Noch nicht‹ … ist bei Matthäus nur noch das ›Noch nicht‹ geblieben«[84], gilt darum: Die noch währende irdische Gegenwart und die noch ausstehende Zukunft stehen zueinander in einer höchst spannungsvollen Beziehung.

Die nächsten drei Perikopen setzen die unterbrochene markinische Szenenfolge fort. Wie in der Vorlage enthalten sie alle einen Konflikt Jesu mit Vertretern zeitgenössischer Gruppen, gegenüber denen seine Jünger sich zu behaupten haben, vorab den Autoritäten des offiziellen Judentums (9,1 ff.9 ff.), aber auch den Johannesjüngern (9,14 ff.). In der zweiten und dritten Szene wenden sich die Dialogpartner mit ihrer Kritik nicht an Jesus selbst, sondern an seine Jünger, aber nicht sie antworten, sondern er. Diese Stilisierung deutet in jedem Falle auf eine Debatte, die die spätere christliche Gemeinde mit ihren Gegnern und Rivalen über entscheidende, ihr Verhalten und Wesen gegenüber anderen kennzeichnende Besonderheiten ihrer Lebenspraxis zu führen hatte. Aus ihnen ergeben sich hier die Themen der zweiten und dritten Perikope: die Mahlgemeinschaft mit den Sündern und die Frage des Fastens. Matthäus hat darüber hinaus auch die in der ersten verhandelte Vollmacht der Sündenvergebung stärker als die Paralleltexte in die Besonderheiten der Jüngerschaft einbezogen und sie in aktualisierender Interpretation der Vorlage zum Gegenstand der Auseinandersetzung seiner Gemeinde mit ihren Gegnern gemacht.

6. Heilung eines Gelähmten (9,1-8)

Die Geschichte vom Gelähmten (9,1-8 par. Mk 2,1-12; Lk 5,17-26) ist in ihrer Form uneinheitlich. Sie beginnt und endet in Markus und Lukas als eine typische Wundergeschichte. Aber in diese ist das erste Streitgespräch Jesu mit den Schriftgelehrten eingewoben (Mk 2,6-10)

82 *H. J. Held*, Matthäus als Interpret der Wundergeschichten (s. Anm. 9), S. 256 f.
83 *G. Strecker*, Der Weg der Gerechtigkeit (s. Anm. 25), S. 88.
84 A.a.O., S. 88 f.

– und zwar wohl erst nachträglich, denn weder bereitet der Anfang der Erzählung das Auftreten der jüdischen Autoritäten vor, noch nimmt der einmütige Lobpreis Gottes am Schluss über der geschehenen Wundertat auf sie Bezug[85]. Indes sind jedenfalls im vorliegenden Markus-Text – wenn nicht schon für die vormarkinische Überlieferung anzunehmen – Jesu Vergebungswort und Heilungstat nicht »ganz äußerlich«[86] verbunden, sondern zu einer neuen Einheit verflochten, in der Jesu Vollmacht, Sünde zu vergeben und zu heilen, zueinander in Beziehung gesetzt sind. Vorausgesetzt, wenn auch hier nicht thematisiert, ist dabei die im Judentum wie in der außerjüdischen Antike verbreitete Vorstellung eines ursächlichen Zusammenhanges zwischen Lebensschicksal und Sünde. In der Perikope haftet jedoch an der individuellen Lebensgeschichte des Gelähmten keinerlei Interesse; das ihm zugesprochene Vergebungswort ebenso wie die ihm widerfahrende Heilung sind vielmehr von beispielhafter Bedeutung für die in beidem sich bekundende Vollmacht Jesu. Die enge Verflechtung beider miteinander zeigt sich in der überraschenden Stellung der ihnen zugeordneten Herrenworte: Das Vergebungswort erklingt, wo man im Gang der Erzählung Jesu Heilungstat erwartet (Mk 2,5), und umgekehrt sein Heilungswort antwortet auf die Frage der Gegner nach seinem Recht, Sünden zu vergeben (Mk 2,11); ausgedrückt vor allem auch in der in allen drei synoptischen Berichten gleichlautenden, Tempus und Satzkonstruktion wechselnden lebhaften Wendung Jesu zu dem Kranken: »damit ihr seht …, spricht er zu dem Gelähmten …«. Der eigentümlich verschränkte Aufbau der Markus-Perikope und ihre Grundzüge sind auch bei Matthäus erhalten. Doch ist auch hier wieder sein Bericht gegenüber Markus und Lukas im Interesse einer Konzentration auf das Wesentliche gestrafft und in Einzelheiten derart umgestaltet, dass die Jesus verliehene Vergebungsvollmacht zum Hauptmotiv der Perikope geworden ist.

Der zur matthäischen Redaktion gehörende V. 1 führt zu dem 8,18 vorübergehend verlassenen Schauplatz zurück und knüpft an die mit der prophetischen Weissagung aus Jes 9 verbundene Notiz 4,13 an, dass Jesus in Kapernaum seinen Wohnsitz nahm (»in seine Stadt«). Besonders auffällig ist das Fehlen des in Markus und Lukas höchst anschaulich geschilderten Andranges und der gewaltsamen Beförderung des Gelähmten vom durchgrabenen Dach aus in das Haus zur Demonstration des Glaubens seiner vier Träger. Schlatter fand darin eine Bestätigung für die These der Priorität des Matthäus; erst Markus habe diese von dem älteren Kurzbericht geforderte Sichtbarmachung

85 *E. Klostermann*, Das Markusevangelium (HNT 3), Tübingen ³1936, S. 22; *R. Bultmann*, Die Geschichte der synoptischen Tradition (s. Anm. 8), S. 12 ff. u.a.

86 *R. Bultmann*, a.a.O., S. 12.

ergänzt[87]. Doch erklärt sich die im Matthäus-Text V. 2 durch das bloße προσέφερον allzu schwach begründete Wendung καὶ ἰδὼν ὁ Ἰησοῦς τὴν πίστιν αὐτῶν gerade umgekehrt aus der Nachwirkung des übernommenen Wortlautes bei Markus, mit anderen Worten: Die matthäische Abweichung verrät auch hier wieder die Tendenz, die Vorlage im Interesse einer Konzentration auf das Wesentliche zu kürzen[88]. Weitere matthäische Eigenheiten sind die Einführung des bei Matthäus und Lukas überaus häufigen ἰδού (Matthäus: 62-mal, Lukas: 56-mal; Markus: 6-mal), die Ersetzung des vulgären κράβαττος (Mk 2,4.9) durch das feinere κλίνη Mt 9,2.6 (Lukas: κλίνη / κλινίδιον) und die Verstärkung des Zuspruches an den Gelähmten durch θάρσει (9,2; 14,27).

Der Akzent fällt damit sofort auf das Themawort des folgenden, durch das erneute καὶ ἰδού eröffneten Dialoges V. 3-7. Auch dieser ist zwar im Wesentlichen nach Markus wiedergegeben, jedoch charakteristisch gekürzt und stärker noch auf den Protest der Schriftgelehrten ausgerichtet: οὗτος βλασφημεῖ. Der Sinn ihres Vorwurfes ist in allen drei Berichten der gleiche: Er maßt sich ein Recht an, das Gott allein zusteht. Aber während er in Mk 2,7b par. Lk 5,21b durch die rhetorische Frage begründet wird: »Wer kann Sünden vergeben …?«, bezeichnet Jesus im Matthäus-Bericht die Gedanken der Gegner sogleich als böse und weist, wie Markus und Lukas, sie mit derselben Vexierfrage zurück: »Was ist leichter …?« In Matthäus und Lukas fehlen in der sonst mit Markus übereinstimmenden Doppelfrage die Glieder τῷ παραλυτικῷ in der ersten und καὶ ἆρον τὸν κράβαττόν σου in der zweiten Satzhälfte. Da das erste Mk 2,5 wiederholt und das zweite in Mk 2,11 wiederkehrt, auch die Pointe des Heilungswortes abschwächt, wird das Zusammentreffen der gleichen Differenzen in Matthäus und Lukas ebenso wie die Übereinstimmungen beider gegenüber Mk 2,3 (ἰδού / κλίνη) zufällig und stilistisch bedingt sein und reicht darum nicht aus, für Matthäus und Lukas eine andere Textvorlage als Markus zu postulieren[89].

Die Antwort auf die gestellte Doppelfrage kann nach der Logik der folgenden Sätze nur lauten: Das unkontrollierbare Wort der Vergebung, das Heilungswort muss sich unverzüglich und allen sichtbar ausweisen. Wie in den Parallelberichten ist auch bei Matthäus die Erwiderung Jesu nicht theologisch formuliert. Vielmehr nötigt er die Gegner zu einem Schluss von seiner ἐξουσία, zu heilen, auf seine ἐξουσία, Sünden zu vergeben. Dementsprechend ist im Matthäus-

87 *A. Schlatter*, Der Evangelist Matthäus (s. Anm. 27), S. 297.

88 *H. Greeven*, Die Heilung des Gelähmten nach Matthäus, in: WuD NF 4 (1955), S. (65-78) 67-69.

89 *G. Strecker*, Der Weg der Gerechtigkeit (s. Anm. 25), S. 220, Anm. 2; anders *Greeven*.

Text schon die den Einspruch seiner Gegner begründende zweite Frage Mk 2,7b par. Lk 5,21b τίς δύναται ἀφιέναι ἁμαρτίας εἰ μὴ εἷς ὁ θεός; weggelassen und in V. 8 die Wirkung des Wunders auf die Menge wie bei einer keinen Widerspruch zulassenden Epiphanie geschildert (ἰδόντες δὲ οἱ ὄχλοι ἐφοβήθησαν). Bis dahin hat Matthäus in die Substanz des vorgegebenen Berichtes kaum eingegriffen. Aber das Gotteslob am Ende zeigt, dass für Matthäus im Zug des Ganzen die Sündenvergebung das Entscheidende ist und dem Wunder nur eine dienende Bedeutung zukommt. Denn die Menge preist Gott nicht wie in Mk 2,12b par. Lk 5,26 für die geschehene Heilung, sondern dafür, »dass er solche Vollmacht den Menschen gegeben hat«. Eindeutig ist damit dieselbe Vollmacht gemeint wie die in V. 6 dem Menschensohn Jesus verliehene ἐξουσία, auf Erden Sünden zu vergeben. Die Entsprechung von ὁ υἱὸς τοῦ ἀνθρώπου und τοῖς ἀνθρώποις hat zu der Vermutung Anlass gegeben, in dem allen drei Berichten vorausgehenden Traditionsstück habe der von ihnen falsch übersetzte aramäische Allgemeinbegriff »Mensch« gestanden[90], demnach sei auch τοῖς ἀνθρώποις auf die Menschen insgesamt zu deuten. Im Rahmen der urchristlichen Überlieferung ist diese Interpretation jedoch extrem unwahrscheinlich und scheitert schon für Markus und Lukas daran, dass dann der Schluss von der ἐξουσία, zu heilen, auf die ἐξουσία zur Sündenvergebung keine Kraft hätte[91]. Vollends scheidet sie für den Matthäus-Bericht aus, in dem die singuläre Wendung »Menschensohn« nur als christologischer Hoheitstitel sinnvoll ist und mit »den Menschen« offensichtlich die christliche Gemeinde gemeint ist, der aufgrund der Bevollmächtigung des Menschensohnes Jesus die gleiche Vollmacht, auf Erden Sünden zu vergeben, verliehen ist[92]. Mit Recht hat darum Greeven[93] den Matthäus-Text in den Zusammenhang der Schlüsselgewalt der Kirche gerückt (16,19; 18,18; Joh 20,23). In die gleiche Richtung weisen weitere matthäische Eigenheiten: Die erwähnte rhetorische Frage Mk 2,7b ist ausgelassen, weil nicht schon der gegnerische Grundsatz: »Gott allein vermag Sünden zu vergeben« falsch ist, wohl aber die daraus gefolgerte, eine widersinnige Alternative einführende Bestreitung der Vollmacht des Menschensohnes, nicht erst im Weltgericht, sondern schon jetzt auf Erden Sünden zu vergeben (beachte die betonte Voranstellung von ἐπὶ τῆς γῆς). Die bei Matthäus verschärfte Gegenfrage Jesu an die

90 S.o. zu 8,20; *J. Wellhausen*, Das Evangelium Matthaei, Berlin ^{2}1914, S. 39 u.a.

91 *R. Bultmann*, Die Geschichte der synoptischen Tradition (s. Anm. 8), S. 13.

92 A.a.O., S. 14 mit Verweis auf *A. Schlatter*, Der Evangelist Matthäus (s. Anm. 27), S. 301: »Es zeigt sich in dem Plural τοῖς ἀνθρώποις die Überzeugung, ›daß die Vollmacht Jesu, Sünden zu vergeben, zum Besitz der Gemeinde geworden ist‹«.

93 *H. Greeven*, Die Heilung des Gelähmten nach Matthäus (s. Anm. 88), S. 76.

Gegner: »Warum denkt ihr Böses in euern Herzen?« bekommt damit geradezu den Sinn, den Vorwurf der Blasphemie an die Schriftgelehrten zurückzugeben. Aus dem Gesagten erhellt, dass Matthäus den vorgegebenen Markus-Text zwar sorgfältig wiedergegeben, aber ihm zugleich im Blick auf die gegenwärtige Auseinandersetzung seiner Gemeinde mit dem Judentum durch Verstärkung einiger seiner Konturen eine ebenso christologisch wie ekklesiologisch akzentuierte Auslegung gegeben hat.

7. Berufung des Zöllners Matthäus und Jesu Tischgemeinschaft mit Zöllnern und Sündern (9,9-13)

Unter Verzicht auf die Orts- und Situationsangabe Mk 2,13 (»am See«, Zulauf der Menge, Jesus lehrt) verbindet Matthäus die folgende Perikope (9,9-13 par. Mk 2,13-17; Lk 5,27-32) enger mit der vorangehenden Szene (καὶ παράγων ὁ Ἰησοῦς ἐκεῖθεν), wie er auch hernach die Johannesjünger bei dem Mahl mit den Sündern auftreten lässt (V. 14 τότε προσέρχονται αὐτῷ οἱ μαθηταὶ Ἰωάννου λέγοντες). Die Berufung des Zöllners bildet für das Weitere nur die Einleitung. Ohne Interesse am individuellen Detail und auf das Typische und Beispielhafte beschränkt (ἀκολούθει μοι. καὶ ἀναστὰς ἠκολούθησεν αὐτῷ, ähnlich der Berufung der ersten Jüngerpaare: 4,18 ff.), wird sie erst im nächsten Satz zur Illustration eines Grundzuges im Handeln Jesu, aber auch im Verhalten seiner Gemeinde ausgewertet: In ihrer auch den Zöllner einschließenden Zusammensetzung manifestiert sie Jesu Sendung (V. 13). Auffällig ist in dem sonst in Anlehnung an Mk 2,14 formulierten ersten Satz die Ersetzung von Levi wohl durch dessen später geläufig gewordenen Apostelnamen Matthäus, unter dem er auch in der Zwölferliste 10,3 erscheint; auch Mk 3,18 wird der Zöllner Matthäus, nicht Levi unter den Zwölf genannt, nicht Levi, aber ein weiterer Jakobus wie Levi Mk 2,14 als Alphäussohn bezeichnet.

Die Mahlgemeinschaft Jesu mit »Zöllnern und Sündern« (V. 10) will offensichtlich als irdische Vorausweisung auf das endzeitliche Heil verstanden sein (8,11 f.). Während in der szenischen Angabe Mk 2,15 ἐν τῇ οἰκίᾳ αὐτοῦ undeutlich bleibt, ob Jesus oder der Zöllner Gastgeber ist (nach Lk 5,29 eindeutig Levi), beseitigt Matthäus durch Auslassung von αὐτοῦ jeden Zweifel: Jesus gewährt den notorisch Verrufenen Tischgemeinschaft. Die unter dem Aspekt ihrer öffentlichen Einschätzung geprägte Gruppenbezeichnung »Zöllner und Sünder« fasst beide zu einer Kategorie zusammen (*ein* Artikel) und ist vermutlich schon jüdisch und jedenfalls vormatthäisch (vgl. zu 9,10 f.: Mk 2,15 f. par.; zu 11,19: Lk 7,34 par.). Nur Matthäus gebraucht für sie wiederholt auch die ähnliche, mit pharisäischem Affekt geladene Wendung »Sünder und Heiden« (5,46 f.; 18,17). Dem Gesetzestreuen ist die Tischgemeinschaft mit ihnen untersagt. Vgl. Ber 43b: »Der Gelehrtenschüler ... soll nicht in Gemeinschaft mit Am-haarez zu Tische liegen«[94]. Wie stark das Verbot der Mahlgemeinschaft mit Unreinen noch in der späteren judenchristlichen Gemeinde nachgewirkt hat, zeigen Apg 10 f. (11,3!) und der Konflikt des Paulus mit Petrus in Antiochia Gal 2,11 ff. Sehr wahrscheinlich ist auch für das synoptische Traditionsstück als »Sitz im Leben« die Auseinandersetzung der Gemeinde mit dem zeitgenössischen, pharisäisch geprägten Judentum über ihre Gemeinschaft mit Heidenchristen anzunehmen[95]. Folgerichtig erscheinen als Gesprächspartner auch nicht wie bei dem allgemein theologisch begründeten Protest 9,3 die Schriftgelehrten, sondern die Pharisäer als die maßgebliche Instanz für die Lehrentscheidungen in Fragen der praktischen Anwendung des Gesetzes (Halacha). Ihre an die Jünger gerichtete Frage ist darum jedenfalls bei Matthäus als Aufforderung zu verstehen, sich vor dem Gesetz zu rechtfertigen und entsprechend unmissverständlich mit διὰ τί eingeleitet (Markus: ὅτι), das zwar auch Lk 5,30 wählt, das aber nur bei Matthäus offensichtlich schon auf das von ihm in V. 13 eingefügte Schriftwort Hos 6,6 abzielt.

Zunächst freilich antwortet Jesus wie in der Vorlage mit dem sprichwörtlich formulierten Bildwort vom Arzt und den Kranken (V. 12), das allgemein verständlich Jesu Sendung erläutert. Doch bringt das in V. 13a.b wie später nochmals 12,7 eingeschobene Hoseawort einen typisch matthäischen Gedanken ein. Bezeichnenderweise leitet Matthäus das Zitat mit der in der rabbinischen Schulsprache geläufigen Formel ein: »Geht aber hin und lernt, was es heißt«[96]. Die Pointe dieser Zitationsweise liegt darin, dass sie sich an die pharisäischen Gegner als Gesetzesunkundige wendet, die sich über den wahren Sinn der von ihnen vertretenen Tora erst aus der Schrift belehren lassen müssen[97]. Das Hoseawort wird demnach nicht wie andere Prophetenworte als Weissagung auf bestimmte Geschehnisse in Jesu Leben und Geschichte angeführt, sondern als Inbegriff des im Gesetz bekundeten, im Liebesgebot sich zusammenfassenden Gotteswillens.

94 *P. Billerbeck*, Kommentar zum Neuen Testament aus Talmud und Midrasch, Bd. I (s. Anm. 37), S. 498 f.; *J. Jeremias*, Zöllner und Sünder, in: ZNW 30 (1931), S. 293-300; *R. Hummel*, Die Auseinandersetzung zwischen Kirche und Judentum im Matthäusevangelium (s. Anm. 35), S. 22 ff.

95 A.a.O., S. 38 ff. 53 ff.

96 *P. Billerbeck*, Kommentar zum Neuen Testament aus Talmud und Midrasch, Bd. I (s. Anm. 37), S. 499; *K. Stendahl*, The School of St. Matthew and its Use of the Old Testament (s. Anm. 48), S. 128 f.

97 *R. Hummel*, Die Auseinandersetzung zwischen Kirche und Judentum im Matthäusevangelium (s. Anm. 35), S. 39.

Hos 6,6 wird in der sonstigen alttestamentlichen Literatur nirgends zitiert, aber auch in der rabbinischen nur ganz selten und stets unter Voraussetzung der Beendigung des Opferkultes durch die Zerstörung des Tempels 70 n.Chr. als Weisung an die ausschließlich auf die Tora gestellte jüdische Gemeinde. Offensichtlich hat die christliche Gemeinde des Matthäus sich in der Zeit nach der Katastrophe in ihrer Auseinandersetzung mit dem Judentum auf das Hoseawort berufen und mit ihm den Sinn der Sendung Jesu erläutert[98].

Ausdrücklich leitet Matthäus darum V. 13c mit einem begründenden »denn« ein: Jesus ist »gekommen«, den in der Schrift kundgetanen Gotteswillen eschatologisch zu verwirklichen, das Gesetz nicht aufzuheben, sondern zu erfüllen (5,17). οὐ γὰρ ἦλθον καλέσαι δικαίους ἀλλὰ ἁμαρτωλούς transzendiert die Situation der irdischen Tischgemeinschaft, bedarf auch nicht der näheren Bestimmung: zur Nachfolge oder zur Umkehr (Lukas), sondern hat offenbar umfassende Bedeutung: zur Teilhabe an der Basileia Gottes. Die Frage, ob in dem Bildwort vom Arzt nicht »Gesunde« vorausgesetzt sind, die seiner nicht bedürfen, und entsprechend in dem Sendungswort »Gerechte«, oder ob von ihnen ironisch geredet sei, ist abwegig, weil sie eine gängige Differenzierung von Menschenklassen stabilisiert, die durch Jesu Antwort gerade radikal überholt ist.

8. Disput über das Fasten (9,14-17)

Der Disput über das Fasten (9,14-17 par. Mk 2,18-22; Lk 5,33-39) ist ziemlich genau nach Markus wiedergegeben. Dass das Traditionsstück aus der Auseinandersetzung der Urgemeinde mit anderen jüdischen Gruppen stammt, zeigt sich darin, dass die Jünger Jesu als eine feste, durch ihre kultische Praxis von den anderen unterschiedene Gemeinschaft erscheinen. Ihr abweichendes Verhalten wird schon in der Vorlage durch die den Kern der Perikope bildenden, bei Matthäus fast wörtlich gleichen Jesusworte Mk 2,19a.b.21 f. begründet und gerechtfertigt. Die Pointe dieser Logien ist jedoch eine verschiedene: Jesu erstes als Gegenfrage an die Dialogpartner formuliertes Wort begründet das Nicht-Fasten seiner Jünger Mk 2,19a, seine Fortsetzung in V. 19b dagegen setzt ihr Fasten erneut voraus, aber begründet dasselbe mit dem Tod Jesu, im Urtext sogar, wie es scheint, mit Bezug auf den Freitag als Tag der Kreuzigung: ἐν ἐκείνῃ τῇ ἡμέρᾳ. Diese Unstimmigkeit wird mithin durch die Unterscheidung zwischen der Zeit der irdischen Gegenwart Jesu und der Zeit der Gemeinde nach seinem Tod erklärt. In ihrer überlieferten Form deutet die Perikope darauf, dass die Urgemeinde die jüdische Fastensitte erst nachträglich, wenn-

98 A.a.O., S. 97 ff.

gleich in frühester Zeit wieder aufgenommen hat. Doch liegt dieser Prozess schon vor der Entstehungszeit des Traditionsstückes, in der die Wiederaufnahme des Fastens schon erfolgt war[99]. Vollends im Matthäus-Evangelium gehört das Fasten wieder zu den selbstverständlichen, vornehmsten Betätigungen der Frömmigkeit (vgl. 6,16-18). Der Evangelist hat darum die sachliche Inkongruenz der Markus-Perikope unverändert und ohne weitergehende Versuche eines Ausgleichs übernommen[100].

Die vage Situationsangabe der Vorlage ist von Matthäus durch die typische Überleitungswendung τότε προσέρχονται αὐτῷ, die das Folgende an die vorausgehende Mahlszene enger anschließt, ersetzt. Gesprächspartner sind bei ihm nur die Johannesjünger; sie äußern ihre Kritik in direkter Frage (V. 14). Das Verhältnis Jesu zum Täufer und seiner Jünger zu denen des Johannes ist außer in c. 3 f. auch 11,2-19; 14,1-12; 21,32 im Matthäus-Evangelium Thema. Hier figurieren sie als Repräsentanten der durch Jesus beendeten alten Zeit, Seite an Seite mit den Pharisäern. V. 15a lässt sich, isoliert genommen, durchaus als allgemeiner Erfahrungssatz verstehen, sei es im Sinne eines von Jesus verwendeten Sprichwortes oder eines von ihm geprägten Bildwortes: Freudenzeit und Fasten schließen einander aus. V. 15b dagegen ist ὁ νυμφίος eindeutig allegorisch gebraucht als Chiffre für den Messias Jesus (vgl. 22,2)[101]. Bei Matthäus schlägt dieser spezielle Wortsinn deutlicher als bei Markus schon in die erste Vershälfte hinein: πενθεῖν für νηστεύειν (Markus und Lukas) charakterisiert offensichtlich nicht nur allgemein das Fasten als Trauersitte, sondern setzt dafür die Totenklage um den Tod Jesu voraus; auch markiert das matthäische ἐφ' ὅσον eine bestimmtere Grenze für die Freudenzeit in der Gegenwart des irdischen Jesus als ἐν ᾧ (Markus und Lukas). Den tautologischen Satz Mk 2,19b hat Matthäus ebenso wie Lukas ausgelassen; ebenso das markinische ἐν ἐκείνῃ τῇ ἡμέρᾳ, und kennzeichnet damit die Dauer des nicht nur auf den Zeitpunkt des Todes Jesu beschränkten Fastens[102].

Die beiden doppelgliedrigen Bildworte V. 16 f. sind nach Sprichwortart formulierte allgemeine Erfahrungssätze, die sich mit gleichem oder größerem Recht auf anderes als die Fastenfrage anwenden ließen. Beide besagen: Neues und Altes verträgt sich nicht, ja ist füreinander verderblich. Im Bild: Der von einem frisch gewebten Stück Tuch genommene, einem zerrissenen Mantel aufgesetzte Flicken macht den Schaden nur schlimmer. Der in alte Schläuche gegossene neue Wein

99 *M. Dibelius*, Die Formgeschichte des Evangeliums (s. Anm. 12), S. 62 f.

100 Neuere Literatur s. *R. Bultmann*, Die Geschichte der synoptischen Tradition. Ergänzungsheft, bearb. v. G. Theißen u. Ph. Vielhauer, Göttingen [4]1971, S. 20.

101 *J. Jeremias*, Art. νύμφη κτλ, in: ThWNT 4, Stuttgart 1942, S. (1092-1099) 1095 f.

102 *G. Strecker*, Der Weg der Gerechtigkeit (s. Anm. 25), S. 189.

bringt sie zum Platzen und geht mit ihnen verloren. Beide Bildworte stellen die in der Perikope verhandelte kultische Frage in einen größeren, heilsgeschichtlich geprägten Zusammenhang. Die Besonderheiten des Matthäus-Textes sind durchweg stilistischer Art oder dienen der Verdeutlichung: V. 16 ἐπιβάλλειν für das seltene markinische ἐπιράπτειν (= annähen, aufsetzen); τὸ πλήρωμα, hier = Füllstück (Subjekt!); ebenso καὶ χεῖρον σχίσμα γίνεται wie bei Markus, nur der ungeschickte Passus ἀπ' αὐτοῦ τὸ καινὸν τοῦ παλαιοῦ (Markus) ist unmissverständlich ausgedrückt. Der diesmal von Matthäus breiter als bei Markus gefasste zweite Spruch wird von ihm mit dem zur negativen die positive Aussage hinzufügenden Zusatz V. 17 καὶ ἀμφότεροι συντηροῦνται beschlossen, um mit dem innerhalb der Bildvorstellung unnötigen, überschießenden Satzglied auf die gemeinte Sache zu deuten und zu sagen: Der neuen Botschaft müssen die neuen Weisungen für die Lebenspraxis der Gemeinde entsprechen, wenn anders beide Bestand haben sollen.

Der Spruch Mk 2,19 f. klingt auch in EvThom 104 an, hat aber dort den Sinn, das jüdische (und frühchristliche) Fasten scharf abzulehnen und ihm nur für die Parusie Raum zu lassen: »... sondern wenn der Bräutigam kommt aus dem Brautgemach, dann mögen sie (die Jünger) fasten und beten«[103]. Gesondert davon sind in EvThom 47 die beiden Bildworte Mk 2,21 f. par. überliefert, bezeichnenderweise jedoch ohne Beziehung auf das Fasten und kombiniert mit dem Logion vom Doppeldienst Mt 6,24 par. und sinnverwandten Bildworten anderer Herkunft – ein Beleg für die ursprüngliche Selbstständigkeit der beiden synoptischen Sprüche.

Merkwürdig bleibt, dass in der vorliegenden Fassung der Perikope sich die spätere Gemeinde, die das Fasten wieder in ihre Lebensordnung aufgenommen hat (vgl. Mt 6,16 ff.; Did 8,1), sich ausgerechnet auf das Herrenwort beruft, das Fasten und Freudenzeit in Gegensatz stellt, und auf die beiden die Unvereinbarkeit von »neu« und »alt« aussprechenden Bildworte. Widersetzt sie sich damit einem möglichen »gesetzlichen« Missverständnis ihrer religiösen Haltung in ihren eigenen Reihen oder auch in ihrer Umwelt? Die Frage drängt sich auf; bemerkenswert ist jedoch, dass sie hier theoretisch nicht reflektiert wird.

Nach der Fastenfrage unterbricht Matthäus erneut die Perikopenfolge der Markus-Vorlage und beschließt den Zyklus der messianischen Taten Jesu mit einer Dreizahl von Wundergeschichten. Die in Mk 2,23 ff.; 3,1 ff. folgenden Sabbatszenen verarbeitet er erst im Rahmen der Auseinandersetzung Jesu mit den Pharisäern in c. 12. 9,18-26 dagegen lenkt zu dem 8,23 ff.28 ff. vorweggenommenen Szenenkomplex aus

103 Vgl. dazu *E. Haenchen*, Die Botschaft des Thomas-Evangeliums (TBT 6), Berlin 1961, S. 50.

Mk 4 f. zurück, aber erweitert ihn um zwei Wundererzählungen, für die Markus keine Parallelen bietet, obwohl auch sie deutlich in Anlehnung an vorgegebene Tradition gestaltet sind. Der Leitgedanke, unter dem die drei Stücke zusammengeordnet sind, ist in dem später fallenden Stichwort τὰ ἔργα τοῦ Χριστοῦ 11,2 und seiner Entfaltung in dem an die Prophetie des Jesaja anspielenden Logion 11,5 ausgesprochen: τυφλοὶ ἀναβλέπουσιν ... κωφοὶ ἀκούουσιν ... νεκροὶ ἐγείρονται.

9. Erweckung der Tochter des Synagogenvorstehers und Heilung der Blutflüssigen (9,18-26)

Dass die Markus-Erzählung mit ihrer eigenartigen Verflechtung zweier Wunder Jesu, der Erweckung der Tochter des (Synagogen-) Vorstehers vom Tode und der Heilung der am Blutfluss leidenden Frau, dem Matthäus-Bericht (9,18-26; vgl. Mk 5,21-43; Lk 8,40-56) zugrunde liegt, zeigt nicht nur die auch in ihm bewahrte Einbettung des zweiten Wunders in das erste, sondern auch die bis in Einzelheiten des Wortlautes erkennbare Nachwirkung des Markus-Textes. Letzteres ist um so mehr zu beachten, als die matthäische Wiedergabe der Perikope sich ganz erheblich von der Vorlage unterscheidet. Der für den Gesamtaufbau der Perikope wichtigste Differenzpunkt besteht darin, dass Matthäus ihre Rahmengeschichte von Anfang an als Totenerweckung erzählt und sie darum ihre für den Markus/Lukas-Bericht charakteristische Spannung verloren hat. Folgerichtig hat darum die eingewobene Heilung bei Matthäus nicht mehr die Funktion, den Zeitraum zu schaffen, in dem die todkranke Tochter des Jairus stirbt; die Zwischenszene Mk 5,35 f.; Lk 8,49 f. ist deshalb bei Matthäus ausgelassen. Auch sind die bei Markus und Lukas verschachtelten Einzelszenen bei ihm deutlich voneinander abgegrenzt: in ihrem Anfang durch Neueinsätze (V. 18.20.23) und an ihrem Ende durch klare Abschlüsse (V. 22.26), und er hat jeder von ihnen ihr eigenes Thema gegeben.

Weitere Kürzungen betreffen die in den Parallelberichten breit ausgemalten Nebenumstände, zumal in der Schilderung von Dauer, Kostspieligkeit und Aussichtslosigkeit der Krankheit der Blutflüssigen, sowie ihr Bemühen, verborgen zu bleiben, die unehrerbietige Zwischenfrage der Jünger, die Entdeckung der verängstigten Frau und Jesu Trostwort an sie (Mk 5,27 ff.; Lk 8,44 ff.). Desgleichen fehlen bei Matthäus Jesu Aufruf an den Vater zu glauben (Mk 5,36; Lk 8,50) und in dem Schlussakt die ihn in das Haus begleitenden Jünger.

Die realistischen Züge der Markus-Erzählung hat Matthäus gestrafft, aber nicht ausgelassen, ja er lässt sie, wie gleich zu zeigen, in Einzelheiten sogar noch klarer hervortreten: Die Frage: τίς μου ἥψατο τῶν ἱματίων; (Mk 5,30 f.; Lukas feststellend und damit abschwächend:

ἥψατό μού τις) braucht der göttliche Wundertäter nicht zu stellen; die sofortige Genesung wird in V. 22 durch die sonst in Fernheilungen konstatierte Gleichzeitigkeit unterstrichen. Zur matthäischen Erzählweise vgl. G. Theißen: »Es ist etwas einseitig, wenn man sagt, Matthäus habe hier ›gestrichen‹, er reproduziert vielmehr die Erzählung nach einem einfacheren Grundmuster neu.«[104]

Die Eingangssätze (V. 18 f.) sind redaktionelle Bildung. Sie enthalten mehrere bei Matthäus häufige Stilmerkmale: Der Genitivus absolutus dient der engeren zeitlichen und örtlichen Verknüpfung mit der vorangegangenen Szene; vgl. 12,46 und 2,1.13.19; 8,1.5.28; 9,32; 17,23. 24[105]. Weiter matthäische Lieblingswendungen: ἰδού / καὶ ἰδού[106], προσέρχεσθαι (52-mal), προσκυνεῖν (13-mal). Da Matthäus die Rückfahrt nach Kapernaum bereits 9,1 berichtet hat, muss er den von Markus erst jetzt erwähnten Schauplatzwechsel korrigieren, um die Doppelgeschichte unmittelbar an die vorangegangene, vor einer größeren Öffentlichkeit spielende Szene 9,14 ff. anzuschließen. Streng genommen ist der Ausgangsort der Erzählung also noch das 9,10 berichtete Sündermahl, sachlich von Belang für die beiden Szenen freilich nur insofern, als es V. 19 ἐγερθείς erklärt und die in Mk 5,27 wichtige Einführung der Volksmenge überflüssig macht. Der bei Matthäus Ungenannte ist nach Mk 5,22 par. Lk 8,41 als Synagogenvorsteher vorzustellen. Das jüdische Milieu wird im Fortgang der Matthäus-Erzählung noch durch zusätzliche Züge gekennzeichnet (V. 20.23). Entsprechend ihrem Gesamtcharakter (s.o.) ist der Tod des Mädchens bereits vor der Bitte des Vaters eingetreten (Angleichung an 1Kön 17,17 ff.; 2Kön 4,17 ff.?). Sie lautet darum: ἡ θυγάτηρ μου ἄρτι ἐτελεύτησεν (Mk 5,23: ἐσχάτως ἔχει, Lk 8,42 ἀπέθνῃσκεν = lag im Sterben) ἀλλὰ ἐλθὼν ἐπίθες τὴν χεῖρά σου ἐπ᾽ αὐτήν, καὶ ζήσεται. Zahlreiche neuere Ausleger erklären diese matthäische Besonderheit als Steigerung, zwar nicht des Wunders, das ja auch nach Markus und Lukas wenngleich nicht als Totenerweckung beginnt, so doch als solche endet, wohl aber des Glaubens des ἄρχων, der das Äußerste zu bitten wagt[107]. Gegen diese Auslegung spricht jedoch, dass dann hier erst recht wie 8,10.13; 15,26 eine Bestätigung und Anerkennung der Größe solchen Glaubens durch Jesus zu erwarten wäre. Aber diese erfolgt weder im Anfang des Matthäus-Berichtes noch in seinem Schlussakt, in dem – gegen Mk 5,40 (!) – die Anwesenheit des Vaters nicht ein-

104 *G. Theißen*, Urchristliche Wundergeschichten (s. Anm. 15), S. 177.

105 *R. Bultmann*, Die Geschichte der synoptischen Tradition (s. Anm. 8), S. 376.

106 *E. J. Pryke*, ΙΔΕ and ΙΔΟΥ, in: NTS 14 (1967/68), S. 418-424.

107 *E. Klostermann*, Das Matthäusevangelium (s. Anm. 27), S. 83; *H. J. Held*, Matthäus als Interpret der Wundergeschichten (s. Anm. 9), S. 169 f.; *W. Grundmann*, Das Evangelium nach Matthäus (s. Anm. 7), S. 273 f.; *E. Schweizer*, Das Evangelium nach Matthäus (s. Anm. 27), S. 148; *Ch. Burger*, Jesu Taten nach Matthäus 8 und 9 (s. Anm. 1), S. 286 f.

mal erwähnt wird. In der Matthäus-Fassung ist also nicht der Glaube das beide Teile der Gesamtperikope verklammernde Thema; erst und nur in der Heilungsszene rückt er ins Zentrum. Eine verklammernde Funktion hat der Glaube eher in dem von Matthäus gerade ausgelassenen Zwischenstück Mk 5,35 f. (vgl. V. 34). Im Gesamtaufbau der Matthäus-Perikope haben demnach V. 18 f. den Charakter einer Exposition, die von vornherein auf die V. 23-26 erzählte Handlung abzielt und das ihr eigene Thema signalisiert. Insofern sind Anfang und Ende in der Tat eine in sich geschlossene »Lehrerzählung«, nur nicht »über den Glauben«[108], sondern über die *Auferweckung der Toten*, die 11,5 veranschaulicht (καὶ νεκροὶ ἐγείρονται) und damit in den thematischen Zusammenhang von 22,23 ff.; 27,52 f. rückt.
Trotz stärkerer Verselbstständigung und äußerster Straffung der Heilungsszene (s.o.) hält sich der Matthäus-Text sorgfältig an den markinischen Wortbestand, mit nur wenigen Änderungen und erläuternden Zusätzen: vgl. V. 20 γυνὴ αἱμορροοῦσα δώδεκα ἔτη (Mk 5,25), προσελθοῦσα ὄπισθεν ἥψατο τοῦ κρασπέδου τοῦ ἱματίου αὐτοῦ (Mk 5,27), V. 21 ἔλεγεν γὰρ … ἐὰν … ἅψωμαι … σωθήσομαι (Mk 5,28), V. 22 ὁ δὲ Ἰησοῦς στραφεὶς (Mk 5,30), καὶ ἰδὼν αὐτὴν (Mk 5,32), εἶπεν· θάρσει, θύγατερ· ἡ πίστις σου σέσωκέν σε (Mk 5,34). Die zugefügte Quaste am Gewand (V. 20), die an die Gebote Gottes erinnern soll, kennzeichnet den frommen Juden (Num 15,38 ff.; vgl. Mt 23,5); V. 21 μόνον verdeutlicht die Absicht der Frau, verborgen zu bleiben; V. 21 verstärkt; V. 22 θάρσει (9,2; 14,27) gibt dem Wort Jesu den Charakter des Zuspruchs.
Durch den Verzicht auf weiteres erzählerisches Detail rückt Jesu Wort vom rettenden Glauben V. 22 anders als in den Paralleltexten in den Mittelpunkt der Szene und wird geradezu zum eigentlichen Inhalt des Heilungswunders[109], zugleich aber in neuer Weise dem Thema der Rahmenerzählung, nämlich der Totenerweckung, ähnlich zugeordnet wie das negativ formulierte Logion 11,6 (καὶ μακάριός ἐστιν ὃς ἐὰν μὴ σκανδαλισθῇ ἐν ἐμοί) der in 11,5 vorangehenden Verkündung: καὶ νεκροὶ ἐγείρονται. Auch kehrt Matthäus die Ereignisfolge um: Das Wort Jesu geht dem Wunder voran und löst die in Mk 5,29; Lk 8,44b schon vorweg berichtete Heilung aus und wird dadurch zur Erklärung der in V. 21 (ἔλεγεν γὰρ ἐν ἑαυτῇ) indirekt ausgesprochenen Bitte der kranken Frau[110]. Damit erhält auch ihr Glaube eine andere Akzentuierung: Während Markus ihn als *erprobten* Glauben schildert, der unbeirrt die ihm entgegenstehenden Grenzen durchbricht und Hindernisse überwindet (dasselbe Motiv auch Mt 8,5 ff.; 15,21 ff.; 9,27 ff.), und Lk 8,47 – hier wie auch sonst – den *dankbaren* Glauben

108 *H. J. Held*, Matthäus als Interpret der Wundergeschichten (s. Anm. 9), S. 170.
109 A.a.O., S. 205.
110 Ebd.

der Frau hervorhebt, die, entdeckt, die ihr widerfahrene Heilung öffentlich verkündet (ἀπήγγειλεν ἐνώπιον παντὸς τοῦ λαοῦ κτλ), stellt Matthäus ihn als *bittenden* Glauben dar[111]. Im gleichen Sinn hat er bereits den erschreckten Ruf der Jünger in der Sturmstillung als Gebetsruf wiedergegeben (8,25) und schildert in der nächsten Perikope den Glauben der Blinden (9,27 ff.).
Wie die wörtlich gleiche Wiederkehr des Spruches 9,22 in Mk 5,34 par. Lk 8,48; Mk 10,52 par. Lk 18,42; Lk 7,50; 17,19 zeigt, ist die Verbindung von Glaube und Heilung in der synoptischen Jesusüberlieferung fest verankert und keineswegs ein allgemeines Stilelement der Gattung, sondern ebenso antik-heidnischen wie jüdischen Wundergeschichten fremd und mit einiger Sicherheit als ein authentisches Element in Jesu Verkündigung und Wirken zu bezeichnen, auch wenn sie in der Tradition formelhaft geworden ist und selbstverständlich sich nicht auf bestimmte Situationen fixieren lässt. Der Glaube wird stets von Jesus, nicht von anderen, festgestellt und ist in jedem Falle ein konstitutiver Bestandteil der Erzählung, nicht ein Begleitumstand[112]. πίστις / πιστεύειν bedeutet in allen Fällen: unbeirrtes Zutrauen zu Jesu Wunderkraft in ausweglos erscheinender Situation und ist durchgängig als ein aktives Verhalten geschildert. Die Durchbrechung gesetzter Grenzen und bisher erfahrener Möglichkeiten nimmt in den Berichten darum einen breiten Raum ein, und der auf Jesus gerichtete tätige Wille des Leidenden bzw. Mitleidenden wird als solcher von ihm als rettender Glaube anerkannt[113]. Der neutestamentliche Sprachgebrauch von σῴζειν hat eine große Spannweite[114]: Es wird in den Heilungsberichten häufig im leiblichen Sinn gebraucht (vgl. die Parallelwendungen Mk 5,29; Lk 8,44), aber besagt zugleich mehr als das Kurieren einer Krankheit oder eines Gebrechens, weil es den ganzen Menschen betrifft, und wird darum wie 8,25; 14,30 auf die Bewahrung vor dem Tode angewandt oder wie Lk 7,50 auf die Sündenvergebung. In der formelhaften Verbindung mit dem Glauben hat das Verb mit Sicherheit den weiteren Sinn der Rettung, ohne damit zur bloßen Metapher zu werden, aber auch ohne den Vollsinn der urchristlichen Heilssprache zu übernehmen[115].

111 *G. Theißen*, Urchristliche Wundergeschichten (s. Anm. 15), S. 138 ff.
112 Zu diesem Grundzug der neutestamentlichen Heilungswunder im Unterschied zu antik-heidnischen vgl. a.a.O., S. 133 ff. 142 f.
113 *H. J. Held*, Matthäus als Interpret der Wundergeschichten (s. Anm. 9), S. 266 ff.
114 *W. Foerster / G. Fohrer*, Art. σῴζω κτλ, in: ThWNT 7, Stuttgart 1964, S. (966-1024) 989 ff.
115 Zum Glauben in den synoptischen Wundergeschichten vgl. noch *G. Ebeling*, Jesus und Glaube, in: ders., Wort und Glaube[, Bd. I], Tübingen [3]1967, S. (203-254) 236 f.

Auch der Abschluss der Erweckungsgeschichte (V. 23-26) ist in deutlicher Anlehnung an den Markus-Text erzählt; vgl. ἔλεγεν ... οὐ γὰρ ἀπέθανεν τὸ κοράσιον ἀλλὰ καθεύδει. ... ὅτε δὲ ἐξεβλήθη ὁ ὄχλος εἰσελθὼν ἐκράτησεν τῆς χειρὸς αὐτῆς, καὶ ἠγέρθη τὸ κοράσιον. Aber er enthält ebenso typisch matthäische Straffungen und andere Eigenheiten:

Jesus geht allein in das Sterbehaus (V. 23; gegen Mk 5,37.40) und findet dort im Getümmel der Menge Flötenspieler, die nach jüdischer Sitte zu den notwendigen Requisiten einer Begräbnisfeier gehören und die Klagegesänge intonieren. Vgl. Ket 4,4: »Auch der Ärmste in Israel stellt nicht weniger als zwei Flötenspieler und ein Klageweib«[116].

Der barsche Befehl Jesu ἀναχωρεῖτε (V. 24) ersetzt die Frage Mk 5,39a und nimmt das Heraustreiben der Menge schon vorweg (V. 25: ὅτε δὲ ἐξεβλήθη ὁ ὄχλος). Der begründende Spruch: οὐ γὰρ ἀπέθανεν τὸ κοράσιον ἀλλὰ καθεύδει ist in allen drei Berichten nahezu wortgleich. »Schlafen« (καθεύδειν, häufiger κοιμᾶσθαι) im übertragenen Sinn ist zwar auch im klassischen Griechisch als Euphemismus für den Todesschlaf gebräuchlich[117], hier aber im Zusammenhang der jüdisch-apokalyptischen und urchristlichen Vorstellung der Totenauferstehung zu verstehen: Die Toten warten auf den Ruf Gottes, der sie erwecken wird (Jes 26,19; Dan 12,2; Joh 5,28 f.). Die auch Joh 11,11-13 motivisch verwendete Doppelsinnigkeit des Ausdrucks verursacht das Hohngelächter der Umstehenden. Die Totenerweckung selbst wird ganz knapp erzählt (V. 25), vor allem ohne den auch von Lukas ausgelassenen Weckruf in fremder aramäischer Sprache (Mk 5,41: ταλιθα κουμ, ebenso Mk 7,34; vgl. auch Mk 7,11 par. Mt 15,5); Matthäus vermeidet auch sonst tunlichst »Zauberpraktiken«. Das passivische ἠγέρθη (entsprechend ἔγειρε Mk 5,41) statt des intransitiven ἀνέστη Mk 5,42 dient der Verdeutlichung. Übergangen sind die weiteren, den Erfolg demonstrierenden Details Mk 5,42 f., insbesondere auch das von Markus in diesem Zusammenhang gewaltsam eingefügte, im Matthäus-Evangelium auch sonst zurückgedrängte Schweigegebot. Stattdessen endet sein Bericht positiv mit der Bekanntmachung der Geschichte »überall in jenem Land« (V. 26). Vorausgesetzt ist dabei offenbar, dass Erzähler und Leser sich fern von dem Schauplatz der Handlung (also Galiläa) befinden.

116 Vgl. Josephus, Bell. 3,9,5; *P. Billerbeck*, Kommentar zum Neuen Testament aus Talmud und Midrasch, Bd. I (s. Anm. 37), S. 521 f.

117 *R. Bultmann*, Art. θάνατος κτλ, in: ThWNT 3, Stuttgart 1938, S. (7-25) 13, Anm. 60.

10. Heilung zweier Blinder und eines besessenen Stummen (9,27-34)

Die beiden folgenden Heilungen (9,27-34) haben in der markinischen Szenenfolge keine Parallele. Das Motiv für ihre Anfügung ist wohl in der im Zusammenhang der Täuferfrage 11,2 von Matthäus christologisch formulierten rückblickenden Wendung τὰ ἔργα τοῦ Χριστοῦ zu suchen: Sie vervollständigen und beschließen nach den Stichworten τυφλοί / κωφοί 11,5 die Sammlung der messianischen Taten Jesu in c. 8 f. Auch verbindet das Glaubensmotiv beide mit der vorangehenden Erzählung. Das gilt eindeutig für die Blindenheilung (V. 28 f.), indirekt aber auch für den dämonisch besessenen Stummen, sofern das an ihm vollbrachte Wunder auf das doppelte Echo auf Jesu Taten, positiv die Akklamation der Volksmenge und negativ seine Verlästerung durch die Pharisäer, abzielt (V. 33 f.) und damit in seiner Konsequenz das Thema Glaube / Unglaube signalisiert. Darüber hinaus lässt sich aber noch ein weiteres Motiv vermuten: Alle Blindenheilungen in den Evangelien stehen an hervorgehobener Stelle und schließen einen größeren oder kleineren Komplex ab. Innerhalb der Synoptiker ist das beste Beispiel die mit Mt 9,27 ff. sich aufs Engste berührende Heilung des blinden Bartimäus vor Jericho Mk 10,46-52 par., die als Abschluss der thematisch sorgfältig disponierten Jüngerbelehrung 8,27-10,32 über das Geschick des Menschensohnes und die Nachfolge in Glauben und Leiden offensichtlich das Nachfolgemotiv beispielhaft veranschaulichen soll. Ebenso beschließt die nur von Markus erzählte Blindenheilung von Bethsaida 8,22 ff. den Abschnitt 8,1-26. Obwohl eine stilgerechte Wundererzählung, erhält auch sie aus ihrem Kontext zugleich transparenten Sinn (vgl. 8,18). Ausgearbeitet ist die Transparenz der Blindenheilung, die ihren realen Sinn nicht ausschließt, bekanntlich in Joh 9. Sie steht zwar nicht wie die synoptischen in einem ähnlich markierten kompositorischen Rahmen, ist aber auch darum bemerkenswert, weil ihr unmittelbar in c. 10 die große Rede vom Hirten und seiner Herde folgt (vgl. Mt 9,36). Der das Einzelgeschehen übergreifende, abschließende und überleitende Charakter der Perikope Mt 9,27-31 wird nicht zuletzt durch die szenisch und sachlich mit ihr verbundene Heilung des Stummen bestätigt (vgl. 9,33b).

Sprachlich enthält die gegenüber Mk 10,46 ff. par. äußerst kurz gefasste Erzählung V. 27-31 typisch matthäische Züge: Konstruktion der Satzanfänge in V. 27 wie 8,23; Zweizahl wie 8,28 ff.; 20,29 ff.; 26,60; V. 28 εἰς τὴν οἰκίαν (vgl. 9,10; nach 4,13 wohl das Haus Jesu); V. 28 f. πιστεύειν / πίστις als bittender Glaube; ἐν ὅλῃ τῇ γῇ ἐκείνῃ (vgl. V. 26). Ausgesprochen markinisch, von Matthäus sonst gemiedenes Element ist dagegen ἐμβριμᾶσθαι aus Mk 1,43 (Mt 8,3), das dort ebenso wie Mt 9,30 das vom Evangelisten sonst vielfach getilgte Schweigegebot einführt. Dieser Befund spricht dafür, dass Matthäus in der zu seinem Sondergut gehörenden Erzählung eine vorgegebene

Variante zu Mk 10,46 ff. verarbeitet, aber in seiner Weise stilisiert hat[118].

Mittel- und Höhepunkt der Perikope ist Jesu Gespräch mit den Blinden zusammen mit seinem Heilungswort und seiner Tat (V. 28-30a). Unter Verzicht auf Nebenpersonen und -umstände (vgl. die Abwehr des Blinden durch Jesu Begleiter Mk 10,48; Lk 18,39, aber auch Mt 20,31) ist bereits die Bitte der Blinden (V. 27) auf das folgende Gespräch gerichtet. Sie findet jedoch nicht sofort Erhörung. Vielmehr wechselt im Unterschied zu den Paralleltexten die Szene: Jesus bleibt nicht stehen (vgl. dagegen Mk 10,49 par.), sondern betritt das Haus, in das die Blinden ihm folgen. Dadurch entsteht in anderer Weise eine Verzögerung des Gesprächsablaufes, die jedoch um so mehr die Aufmerksamkeit auf den durch die Bitte der Hilfesuchenden vorbereiteten Dialog und Jesu Verhalten lenkt. Die traditionelle Messiasbezeichnung »Sohn Davids« ist schon früh von der judenchristlichen Gemeinde aufgenommen und als Hoheitstitel für den irdischen Jesus kerygmatisch bzw. konfessorisch verwandt worden (Röm 1,3 f.; 2Tim 2,8). Innerhalb der synoptischen Überlieferung spielt er bei Markus nur eine relativ geringe, bei Lukas (Kindheitsgeschichte!) eine gewichtigere Rolle, bei Matthäus dagegen weitaus die wichtigste (Sohn Davids bei Matthäus 10-mal, Markus 4-mal, Lukas 5-mal), abgesehen von lehrhaften Texten (1,1 ff.18 ff.; 22,41 ff.) vor allem in Heilungswundern, in denen Notleidende Jesu rettendes Handeln erflehen und ihn als Davids Sohn anreden. Mehrfach fügt erst Matthäus den Titel nachträglich ein (15,22; vgl. auch 12,23); nur 20,29 ist er durch Markus vorgegeben und offensichtlich nach diesem Vorbild auch der Bittruf 9,27 formuliert[119]. Erst durch diese Anwendung des Hoheitstitels auf den sich der Leidenden erbarmenden Jesus hat die jüdische Messiasbezeichnung einen überraschend neuen Inhalt bekommen, der ihr auch in urchristlichen Texten sonst nicht eignet. Mit dem Bittruf der Blinden ist der nun erst einsetzende Dialog V. 28 vorbereitet. In Jesu Frage wird der Inhalt des Glaubens fast definitorisch bestimmt, nämlich in dem schlichten Sinn, »Jesus Wunderbares zuzutrauen«[120], und

118 *G. Strecker*, Der Weg der Gerechtigkeit (s. Anm. 25), S. 199 f., Anm. 4; *J. Roloff*, Das Kerygma und der irdische Jesus. Historische Motive in den Jesus-Erzählungen der Evangelien, Göttingen [2]1973, S. 131 ff.; *G. Theißen*, Urchristliche Wundergeschichten (s. Anm. 15), S. 188; anders *R. Bultmann*, Die Geschichte der synoptischen Tradition (s. Anm. 8), S. 228; *H. J. Held*, Matthäus als Interpret der Wundergeschichten (s. Anm. 9), S. 211 ff.; *R. Hummel*, Die Auseinandersetzung zwischen Kirche und Judentum im Matthäusevangelium (BEvTh 33), München 1963, S. 118; *Ch. Burger*, Jesus als Davidssohn. Eine traditionsgeschichtliche Untersuchung (FRLANT 98), Göttingen 1970, S. 74 ff.

119 Vgl. *E. Lohse*, Art. υἱὸς Δαυίδ, in: ThWNT 8, Stuttgart 1969, S. (482-492) 489 ff.

120 *G. Theißen*, Urchristliche Wundergeschichten (s. Anm. 15), S. 141.

erfährt die Erhörung der Bitte. V. 29: κατὰ τὴν πίστιν ὑμῶν γενηθήτω ὑμῖν ähnlich wie 8,13: ὡς ἐπίστευσας γενηθήτω σοι und 15,28: γενηθήτω σοι ὡς θέλεις sind typisch matthäische Formulierungen[121].

Der Abschluss V. 30 f. bringt knapp die stilgerechte Konstatierung der erfolgten Heilung. Kaum verständlich ist jedoch, warum Matthäus an dieser Stelle, verschärft sogar durch die heftige Wendung aus Mk 1,43 (dort von ihm ausgelassen), das sonst von ihm oftmals übergangene Geheimhaltungsgebot beibehalten hat. Da der Evangelist es nicht im Sinne des markinischen Messiasgeheimnisses zu verwenden pflegt und mit Sicherheit hier auch nicht eine mit dem jüdischen Gedanken der Davidssohnschaft verbundene irdisch-politische Zukunftserwartung abwehren will[122], lässt sich das Schweigegebot wohl nur als Kontrastmotiv zu der durch die Geheilten im ganzen Land verbreiteten Kunde von ihm verstehen. Verwendet sind dabei von Matthäus selbst, wenn nicht gar schon in der voraus liegenden Tradition, verstreute traditionelle Erzählungsmotive (vgl. den refrainartigen Schluss in V. 26 und 31), die jedoch wie andere Einzelzüge in der Perikope völlig unausgeführt geblieben sind (Warum der Szenenwechsel? Wie konnten die Blinden folgen? Warum zürnt und gebietet er Schweigen?). Klar und vollständig ausgearbeitet ist allein der Dialog über den Glauben und die Erhörung der Bitte. Wichtig ist für Matthäus freilich auch die Bekanntmachung der Taten des Messias ringsum »in jenem Land« (vgl. V. 33b).

Die Heilung des stummen Besessenen (V. 32-34) ist eine Dublette zu 12,22 f. par. Lk 11,14. Da sie in Markus keine Parallele hat, dürfte sie ebenso wie 8,5-13 aus der Logienquelle stammen, die Jesu Wundertaten zwar erwähnt, aber außer diesen beiden sonst keine Erzählungen solcher Art bietet. Die Form einer ausgeführten Erzählung hat diese Austreibungsgeschichte freilich auch in Q nicht mehr gehabt, sondern dient in den Paralleltexten Mt 12 par. Lk 11 nur zur Einleitung der folgenden Verteidigungsrede Jesu gegen den Vorwurf seiner Gegner, er sei mit Beelzebub im Bunde. Aber ihre Rudimente sind dort noch deutlich erkennbar: »Angabe der Krankheit, Heilung, Bestätigung des Wunders, Staunen der Menge«[123]. Sprachlich berührt sich 9,32 ff. eng mit Lk 11,14; vgl. Satzkonstruktion und Wortbestand in V. 33. Die Beziehung zu Mt 12,22 f. dagegen zeigt sich darin, dass die in 9,27 ff.32 ff. unterschiedenen Leiden in 12,22 als Gebrechen eines Kranken aufgeführt werden (τυφλὸς καὶ κωφός) und das Staunen der Volksmenge sich nach 9,27 als Frage nach dem Davidssohn artiku-

121 *H. J. Held*, Matthäus als Interpret der Wundergeschichten (s. Anm. 9), S. 209.
122 *W. Grundmann*, Das Evangelium nach Matthäus (s. Anm. 7), S. 278.
123 *D. Lührmann*, Die Redaktion der Logienquelle (s. Anm. 21), S. 32.

liert. Gestaltung und Funktion der Dublette in c. 9 unterscheiden sich gleichwohl nicht unerheblich.
Der überleitende Genitivus absolutus knüpft an die Situationsangabe an; weitere Merkmale matthäischer Redaktion: ἰδού, προσφέρειν (4,24; 8,16; 9,2; 12,22 u.ö.). κωφός kann stumm, taub oder beides zugleich heißen; hier kommt nur das Erste in Frage. Die Erklärung des Gebrechens aus dämonischer Besessenheit entspricht vulgärantiker Anschauung. Besonders auffallend ist, dass im Unterschied zu den Paralleltexten die Austreibung bzw. Heilung überhaupt nicht erzählt, sondern nur konstatiert wird (V. 32.33a). Stattdessen eilt der Erzähler auf die entgegengesetzte Wirkung der Taten Jesu zu, den bewundernden Ruf der Menge und das Schmähwort der Pharisäer, beide in direkter Rede formuliert (V. 33b.34). Dass das Echo beider nicht speziell der nur flüchtig erwähnten Heilung des Stummen gilt, sondern den Abschluss zu dem Gesamtkomplex 8,1-9,34 bildet, erhellt insbesondere aus dem Ruf des Volkes. Auch er wird zwar nach Art stilgemäßer »Chorschlüsse« eingeführt (καὶ ἐθαύμασαν οἱ ὄχλοι) und ist seiner Formulierung nach kein solennes Glaubensbekenntnis (kein Hoheitstitel!). Auch das medial-passivische Deponens φαίνομαι sagt schlicht »sichtbar werden, vorkommen«[124], ist also nicht im Sinn einer Epiphanie oder eines apokalyptischen Offenbarungsgeschehens zu deuten. Desgleichen steht οὕτως für τοῦτο / ταῦτα = »Derartiges« (Markus 2,12) oder besser unter Einbeziehung des weiteren Zusammenhanges: »so große Dinge«. In dieser Ausweitung über eine Einzelszene auf c. 8 f. ist der Ruf der Menge jedoch nicht mehr nur ein üblicher Chorschluss, sondern hat im Sinne des Evangelisten den Charakter einer umfassenden Proklamation, akzentuiert darum durch Hinzufügung durch ἐν τῷ Ἰσραήλ, d.h. vor den Augen des von Gott erwählten Volkes. Unmissverständlich, wenngleich unausgesprochen, ist darin der hier nicht noch einmal wiederholte, weil unmittelbar zuvor gefallene Hoheitsname »Sohn Davids« (V. 27) eingeschlossen. So soll es jedenfalls der Hörer / Leser verstehen. Dass Matthäus die Menge hier noch nicht in dieser Weise reden lässt, hat seinen Grund darin, dass er im Verlauf seines Evangeliums eine deutliche Steigerung innehält: Was hier noch unausgesprochen ist, wird im Munde des Volkes in 12,23 zur offenen Frage und in 21,9.11(15) zum jubelnden Zuruf dem Sohn Davids. An allen diesen Stellen sind im Matthäus-Text die ὄχλοι den Pharisäern gegenübergestellt, die Jesus anklagen und verwerfen.
Die planmäßige Wiederkehr dieser Kontrastierung im Aufbau des Matthäus-Evangeliums spricht dafür, dass der in D, einigen Altlateinern und dem Sinaisyrer fehlende, sonst aber gut bezeugte V. 34 un-

124 *R. Bultmann / D. Lührmann*, Art. φαίνω κτλ, in: ThWNT 9, Stuttgart 1973, S. (1-11) 2.

bedingt im Text zu belassen und nicht aus 12,24 nachträglich eingedrungen ist[125]. Seine Weglassung dürfte sich aus der Angleichung an die sonst in neutestamentlichen Wundergeschichten üblichen »Chorschlüsse« erklären.

Im matthäischen Zusammenhang ist der Abschluss des großen exemplarischen Abschnittes c. 8 f. nicht nur rückwärts bezogen, bereitet auch nicht nur Jesu Auseinandersetzungen mit den Pharisäern in c. 12 vor, sondern ebenso, wenngleich unter anderen Aspekten, die folgende Aussendungsrede.

125 Gegen *R. Bultmann*, Die Geschichte der synoptischen Tradition (s. Anm. 8), S. 226; *E. Klostermann*, Das Matthäusevangelium (s. Anm. 27), S. 84; mit *G. Strecker*, Der Weg der Gerechtigkeit (s. Anm. 25), S. 101, Anm. 3; *W. Grundmann*, Das Evangelium nach Matthäus (s. Anm. 7), S. 280, Anm. 9 u.a.

Die Aussendung der ersten Jünger (Mt 9,35–11,1)

1. Vorbemerkungen

Die eigentümlich archaische, trotz außerordentlicher exegetischer Anstrengungen vergleichsweise oft stiefmütterlich behandelte synoptische Aussendungsrede ist zweifellos eine erstrangige Quelle für die Anfänge des Urchristentums. Folgende Beobachtungen lassen darauf schließen, dass für Entstehung und Sitz im Leben der in ihr und ihren synoptischen Vorformen verarbeiteten Überlieferung das erste Jahrzehnt nach Ostern anzunehmen ist:

1. Angeredet sind, wenn auch ohne biographisches Interesse an den Einzelnen, Jesu erstberufene Jünger, hier jedoch nicht wie sonst als seine ständigen Begleiter, sondern als die von ihm Bevollmächtigten und zu selbstständigem Wirken *Ausgesandten*, die sein Wirken in Wort und Tat fortsetzen sollen und sichtlich als Vorbilder die Mission der frühen Kirche repräsentieren; bezeichnenderweise ist demgemäß von einer gemeindeleitenden Funktion ihrer Gruppe oder Einzelner (vorab des Petrus) mit keinem Wort die Rede.

2. Ausdrücklich ist der Bereich ihres Wirkens und ihrer Verfolgungsleiden strikt *auf das palästinische Israel beschränkt* unter Ausschluss des heidnischen und sogar des samaritanischen Gebietes, in 10,5 f. direkt durch τὰ πρόβατα τὰ ἀπολωλότα οἴκου Ἰσραήλ (vgl. auch 9,36), in 10,23 indirekt durch οὐ μὴ τελέσητε τὰς πόλεις τοῦ Ἰσραήλ heilsgeschichtlich begründet, durch V. 23b: ἕως ἂν ἔλθῃ ὁ υἱὸς τοῦ ἀνθρώπου überdies durch die zeitliche Nähe des Weltendes. Auch Galiläa, Jesu eigenes Wirkungsfeld, wird den Jüngern nicht als Missionsgebiet zugewiesen.

3. Von Jesus bevollmächtigt und beauftragt, wie er die nahende Gottesherrschaft auszurufen, zu heilen und Dämonen auszutreiben (10,7 par. Lk 10,9), gleichen sie ihm auch in ihrer *Erscheinungsweise* als unstet, ohne Bindung an einen festen Wohnsitz (vgl. 8,19 f.21 f.), an Familie und Ortsgemeinschaft, Besitz und Beruf umherziehende charismatische Wanderprediger und Wundertäter, haben aber ebenso wie er vonseiten ihrer Umwelt Anfeindung und Verfolgung zu gewärtigen (10,17 ff.24 ff.).

4. Gleichwohl ist in der von Matthäus aufgenommenen und erweiterten Überlieferung *nichts von einer Absonderung* der Jünger und der Hörer ihrer Botschaft von ihrer jüdischen Umwelt gesagt. Bezeich-

nenderweise werden in 10,41 f. die Boten mit den alttestamentlich-jüdischen Ehrennamen »Propheten« und »Gerechte« als vorbildliche Fromme bezeichnet, bleibt auch ihre Verkündigung der nahen Basileia und des in Bälde kommenden Menschensohnes (10,23.32 f.) ganz im Rahmen spätjüdischer Heils- und Gerichtserwartung und unterstehen die missionierenden Jünger der synagogalen Rechtssprechung (10,17 ff.).

5. Entsprechendes gilt auch für *die Empfänger ihrer Botschaft*. Auch die, welche sie aufnehmen (10,11 ff.) oder sie auf ihrer Wanderschaft eilig mit einem Trunk kalten Wassers erquicken (V. 42), haben, wie aus diesem letzten Vers wohl zu schließen, gleichfalls mit derlei Nachstellungen zu rechnen. Im Zusammenhang damit ist zu beachten, dass die Synagogen nur als Gerichtsort genannt werden, dagegen nicht als gottesdienstliche Versammlungsstätte und Lehrhaus, wo die Jünger ebenso wie zuvor Jesus (4,23; 9,35; Lk 4,15 u.a.) predigend und lehrend auftreten. Mt 10 setzt demnach voraus, dass ihr Verhältnis zum Judentum sich gegenüber der Wirkungszeit Jesu bedeutend verschärft hat, aber auch von der Mission des Paulus in den Synagogen der Städte in der Diaspora – jedenfalls nach lukanischer Darstellung – sich wesentlich unterscheidet. Der Grund für diese palästinischen Verhältnisse ist zweifellos darin zu suchen, dass die Stellung der Jünger zu Jesus aufgrund seiner Kreuzigung und der Erscheinungen des Auferstandenen eine entscheidend andere geworden war als zuvor. Um so bemerkenswerter ist, dass sich in der Aussendungsrede noch keinerlei kerygmatisch ausformulierte, auf Tod und Auferstehung Jesu Bezug nehmende Glaubenssätze finden. Von grundlegender Bedeutung sind in ihr stattdessen die Teilhabe der Jünger an Auftrag und Vollmacht des Irdischen, die Schicksalsgemeinschaft mit ihm (V. 25.38 f.), der Empfang des Geistes Gottes (V. 19 f.) und die Erwartung des baldigen Kommens Jesu als eschatologischer Weltrichter und Retter (V. 23.32 f.).

6. Zu alledem passt die in c. 10 geschilderte *Art der Mission*. Noch in keiner Weise organisiert und von einer Missionsbasis aus gesteuert, richtet sie sich auf Einzelne bzw. Einzel»häuser«, die sich nicht zu Ortsgemeinden mit entsprechenden Ämtern, eigenen Lebensregeln und Gottesdiensten formieren und selbst zu Stützpunkten der weiteren Ausbreitung der Botschaft werden. Das Einzige, was sie von ihrer Umwelt unterscheidet, ist die Bereitschaft, mit der sie den wandernden Boten und ihrer Verkündigung Eingang gewähren.

Diese Eigenart der matthäischen Botenrede und ihrer synoptischen Vorformen zeigt sich aufs Deutlichste bei einem Vergleich mit der Didache, deren Endfassung wohl im anfangenden 2. Jahrhundert anzusetzen ist. Auch diese gibt detaillierte Anweisungen bezüglich Wanderapostel und -propheten (c. 11-13) und verarbeitet reichlich jüdisches Traditionsgut, aber ist für selbstständige, ortsgebundene Gemeinden mit eigener Kultordnung, festen Regeln für Fasten und Gebet, Taufe und Eucharistie, Katechumenen, Getauften und Amtsträgern bestimmt. Im Unterschied dazu ist die synoptische Botenrede ebensowenig wie die Bergpredigt weder in ihren Einzelstücken noch in ihrer Gesamtkomposition eine Kirchenordnung.

Entstehungszeit und ursprünglicher Geltungsbereich der in Mt 10 verarbeiteten Überlieferung lassen sich aber noch enger eingrenzen: Nichts deutet auf ihre Herkunft aus der Jerusalemer Urgemeinde oder auch nur auf Existenz und maßgebende Stellung derselben. Vorausgesetzt ist vielmehr das überwiegend dörfliche, höchstens kleinstädtische Milieu des Galiläa, dem Ursprungsland der von Jesus entfachten Bewegung, benachbarten palästinisch-jüdischen Hinterlandes. Die Wegstationen der Boten liegen in der Regel einen Tagesmarsch voneinander entfernt; dem entsprechen auch die Anweisungen für ihre mehr als kärgliche Ausrüstung. Ebenso fehlen alle Anzeichen dafür, dass ihr Missionsgebiet von hellenistischen Diasporajuden durchsetzt ist und in ihm das aus Gal 1 f. und der Apostelgeschichte bekannte Problem der Gesetzesobservanz akut werden konnte und musste, über dem es in der jüdischen Metropole zur Absonderung und Vertreibung der »Hellenisten« und damit zur Heidenmission in den außerpalästinischen großen Städten (Damaskus, Antiochia) kommen sollte. Das gilt insbesondere für die bekanntermaßen zur Zeit des Paulus und im Umkreis seiner Gemeinden heftig umstrittene Beschneidungsfrage. Von ihr ist in dem gegen Ende des 1. Jahrhunderts entstandenen Matthäus-Evangelium, für das die Heidenmission bereits eine Gegebenheit ist, zwar auch sonst nirgends die Rede, genauer gesagt wohl nicht mehr; in dem c. 10 zugrunde liegenden judenchristlichen Material aber scheint die Frage noch nicht akut geworden zu sein. Alles das weist in die Frühzeit noch vor dem anfangs feindseligen Wirken des Pharisäers Paulus wider die Gemeinde Jesu und seinem missionarischen Wirken unter den Heiden nach seiner Bekehrung und Berufung, d.h. in die Dreißigerjahre – mindestens, was den in Mt 10 vorausgesetzten Typus der Mission und den Grundstock der Überlieferung betrifft. Nicht zufällig lassen darum viele ihrer Einzelsprüche eine auffallende zeitliche und sachliche Nähe zu Wort, Wirken und Geschick Jesu erkennen, bietet die rabbinische Literatur zu dem Spruchgut der Rede reichliche Parallelen und ist die Sprache einzelner Logien aramäisch gefärbt. Dem entsprechen nicht zuletzt auch Form und Charakter der Überlieferung: kurze Verhaltensregeln für die Boten sowie prophetische Verheißungen und Drohworte in Sprüchen und Spruchgruppen angesichts der nahen Gottesherrschaft, noch durchaus vorchristologischen, nicht schon den Glauben *an* Jesus als eschatologischen Heilbringer aussprechenden Inhalts. Bezeichnenderweise kommen ὁμολογεῖν und ἀρνεῖσθαι in der Bedeutung »Glauben bekennen« (s.u. zu 10,32 f.) in der ganzen Rede nicht vor. Um so mehr aber ist sie geprägt von dem fraglos auf den vorösterlichen Jesus selbst zurückgehenden, in der späteren Missionsterminologie kaum noch begegnenden zentralen Nachfolgegedanken (10,37 ff.).

Was aber bedeutet dieser im Matthäus-Evangelium so breit ausgearbeitete Überlieferungskomplex *für Matthäus selbst und seine Gemeinde* Jahrzehnte später unter dem weltweiten Missionsbefehl des Auferstandenen 28,19 f.? Diese von Anfang an im Matthäus-Evangelium und zumal im Blick auf seinen Schluss sich aufdrängende Frage ist hier noch nicht erschöpfend zu beantworten. Wohl aber lassen sich aufgrund des bisher Gesagten einige erste historische und theologische Thesen formulieren:

1. Ob der wahrscheinlich nicht in Palästina beheimatete Evangelist die auf das dortige Israel beschränkte prophetische Mission noch aus eigener Anschauung kannte oder nur aus der ihm vorliegenden Überlieferung, ist schwer zu sagen. Sicher ist jedenfalls, dass sie für ihn nicht ein überholtes Phänomen der Vergangenheit, sondern auch für die Kirche seiner Zeit und ihre Zukunft von eminenter Gegenwartsbedeutung ist. Ebenso sicher ist jedoch, dass er bereits die alle Heidenvölker umspannende Mission voraussetzt und ihr nicht erst in seinem Epilog 28,16-20, sondern in seinem ganzen Werk die geschichtliche und theologische Begründung gibt.

2. In dieser auch durch Missionswerk und Theologie des Paulus, in gemilderter Form auch durch die Apostelgeschichte bezeugten Spannung beider Konzeptionen ist Matthäus offensichtlich alles daran gelegen, dass über dem universalen Missionsauftrag des Auferstandenen nicht jener andere des Irdischen als erledigt abgetan werde, die Anfänge nicht verschüttet werden und nichts von dem von Jesus ausgegangenen Wort und Geschehen verloren gehe. Denn nur der zu Israel gesandte, wenn auch von ihm abgelehnte Messias (21,33 ff.; 22,1 ff.) ist für Matthäus der Herr, dem alle Macht gegeben ist im Himmel und auf Erden, und der Auferstandene kein anderer als der Irdische (28,16 ff.).

3. Zu beachten bleibt in alledem, dass Matthäus auch in seiner Botenrede unbeschadet ihrer selbstständigen Gestaltung sich offenkundig primär als Tradent der Überlieferung versteht und nicht bemüht ist, sie auf seine eigene Zeit umzudeuten[1].

1 Zu Typus und Alter der in Mt 10 vorausgesetzten Mission vgl. bes. *G. Theißen*, Wanderradikalismus. Literatursoziologische Aspekte der Überlieferung von Worten Jesu im Urchristentum, in: ders., Studien zur Soziologie des Urchristentums (WUNT 19), Tübingen [3]1989, S. 79-105; *ders.*, Soziologie der Jesusbewegung. Ein Beitrag zur Entstehung des Urchristentums (TEH 194), München 1977. Zu den Anfängen der urchristlichen Mission von Galiläa aus vgl. *H. Kasting*, Die Anfänge der urchristlichen Mission. Eine historische Untersuchung (BEvTh 55), München 1969, bes. S. 82 ff.

2. Die Aussendung (9,35-10,16)

Wie die anderen »Reden« Jesu ist auch diese nach der Bergpredigt zweite eine große Komposition des Matthäus. Eingeleitet mit einem aus mehreren, in Matthäus und Markus verstreuten Stücken zusammengefügten Abschnitt 9,35-10,4, umfasst die eigentliche, in direkter Rede gehaltene Jüngerinstruktion 10,5b-42, wie 7,28 f.; 13,53; 19,1; 26,1 mit der fast gleichlautenden Formel 11,1: καὶ ἐγένετο ὅτε ἐτέλεσεν ὁ Ἰησοῦς usw. stereotyp abgeschlossen. Sie gliedert sich in zwei ungleiche Teile. Ihrem ersten 10,5-16 liegen zwei verschiedene Fassungen der Botenrede zugrunde, eine erste fragmentarisch in Mk 6,6b-13 vorliegende und eine zweite in Lk 10,1-12, deren mit Matthäus gemeinsamer Grundbestand Q zuzurechnen ist. Diese Doppelüberlieferung wird dadurch bestätigt, dass Lukas sie zweimal bringt, aber auf verschiedene Situationen und Jüngerkreise verteilt, in 9,1-6 nach Mk 6 in der Sendung der Zwölf, in c. 10 der 72 (70) Jünger. Matthäus hat beide Versionen zu *einer* Missionsinstruktion zusammengezogen und durch Anfügung eines zweiten Hauptteiles 10,17-42 mit Spruchgut anderer Art und Herkunft um ein Vielfaches erweitert. Trotz enger Verklammerung durch den Lk 10,3 am Anfang stehenden, in Mt 10,16 ans Ende gestellten Übergangsvers differieren beide Teile der matthäischen Komposition erheblich: Während der erste detaillierte Anweisungen für die Mission der erstberufenen Jünger gibt, ist von dieser im zweiten kaum noch ausdrücklich die Rede. Das Stichwort ἀποστέλλειν 10,5.16 findet sich nur noch 10,40, auch die zuvor mehrfach und betont genannten Zwölf (10,1.2.5) werden erst in dem redaktionellen Abschluss 11,1 wieder erwähnt. Thema sind vielmehr die Gefahren und Verfolgungsleiden, die Jesu Jünger insgesamt in seiner Nachfolge vonseiten der feindlichen Welt zu gewärtigen und unter seiner Verheißung zu bestehen haben. Verarbeitet sind von 10,17 ab Spruchgut aus der Synoptischen Apokalypse Mk 13 par. und weiterhin Nachfolgesprüche, die zumeist in Lk 12,2 ff.51 ff.; 14,26 f.; 17,33 ihre Parallelen haben, dort aber ohne ausdrücklichen Bezug zur Mission; das Ganze erweitert durch Einzelsprüche aus matthäischem Sondergut. Wie vor allem die abschließenden Verse 10,40 ff. zeigen, ist gleichwohl die Missionssituation der ersten Jünger von Matthäus festgehalten, obwohl von der Ausführung ihres Auftrages und der Rückkehr der Ausgesandten (Mk 6,12 f. par. Lk 9,6; Mk 6,30 par. Lk 9,10; 10,17) nichts verlautet und die gegenwärtige Kirche des Matthäus sichtlich mit im Blick steht und sich mitangeredet wissen soll. Der Evangelist markiert darum nirgends eine zeitliche Grenze zwischen dem vergangenen Einst der ersten Jüngersendung und seiner und seiner Gemeinde Gegenwart und entwirft auch in 10,5-16 kein von seinem und ihrem Standort aus gesehen anachronistisches Bild. Charakteristisch ist dafür schon die Gestaltung der Einleitung 9,35-10,4.

Das 4,23 fast wörtlich wiederholende Summarium 9,35 verklammert die folgende Spruchkomposition durch die Stichworte »Lehren«, »Verkünden«, »Heilen« sowohl mit der in der Bergpredigt 5-7 dargestellten Lehre Jesu wie auch mit der Sammlung seiner messianischen Taten 8,1-9,34 und bereitet damit das neue Thema vor: den Fortgang des Wirkens Jesu im Wirken seiner Jünger (10,1.7 f.). 9,35 entspricht ziemlich genau dem Wortlaut von Mk 6,6b, aber lehnt sich im Weiteren an Mt 4,23 an, jedoch mit einem engeren Horizont; aufgenommen ist aus dem früheren, auch den Zustrom der Leidenden aus den umliegenden nichtjüdischen Landschaften einbeziehenden Sammelbericht nur Jesu »Umherziehen in allen Städten und Dörfern« (sc. Israels 9,33) und sein Lehren in »ihren« Synagogen (10,6.23). Damit ist bereits das folgende Leitthema, die strenge Parallelisierung Jesu und seiner Jünger, angeschlagen. Dem entspricht die inhaltliche Entfaltung der typisch matthäischen Wendung κηρύσσειν τὸ εὐαγγέλιον 4,23; 9,35; 24,14 in 10,7 und die wörtliche Wiederaufnahme von 9,35d in 10,1: θεραπεύειν πᾶσαν νόσον καὶ πᾶσαν μαλακίαν, περιάγειν mit Angabe der Orte und Gebiete ist Terminus technicus für Wanderapostel Mk 6,6; Mt 23,15, analog πορεύεσθαι 10,6.7; Mk 16,15.
Der aus Mk 6,34 (Speisungswunder!) aufgenommene Einzelvers Mt 9,36 stellt die nachfolgende Sendung der Jünger unter das Erbarmen Jesu mit dem hirtenlosen Volk. Das von σπλάγχνα (eigentlich Eingeweide, übertragen für den Sitz der Gefühle) gebildete, mit starkem Affekt gefüllte mediale Verb σπλαγχνίζεσθαι = »Mitleid empfinden, sich erbarmen« ist jedenfalls in der vor- und außerbiblischen Profangräzität unbekannt, auch in der Septuaginta relativ selten, in wechselnder Bedeutung gebraucht und nur Spr 17,5 (ohne hebräische Entsprechung) eindeutig Bezeichnung für die menschliche Tugend der Barmherzigkeit. Um so reichlicher begegnet die Wortgruppe, stets positiv gewertet und oft synonym für oder in Verbindung mit ἔλεος, σπλάγχνα nach der Septuaginta in den spätjüdischen Testamenten der zwölf Patriarchen, ebenso für menschliches Mitleiden wie für Gottes endzeitliches Erbarmen bzw. das messianische Heil (TestSeb 8,2; TestNaph 4,5; TestLev 4,4; TestAss 7,7). Die synoptische Genitivverbindung σπλάγχνα ἐλέους (TestSeb 7,3; 8, 2.6; Lk 1,78, hebräisch חַסְדֵי רַחֲמִים 1 QS I,22, ähnlich II,1) dürfte eine in die Sprache des frühen Christentums übernommene hellenistisch-jüdische Neuübersetzung der im Alten Testament häufig gepaarten Begriffe חֶסֶד und רַחֲמִים Jes 16,5; Hos 2,21; Ps 25,6 u.a. sein. Beide Anwendungen von σπλαγχνίζεσθαι auf menschliches Verhalten und Gottes Erbarmen speziell in der Erscheinung des Messias haben in den synoptischen Evangelien ihre Entsprechung: die erstere in den Gleichnissen Jesu, die am Bild oder Beispiel der von einem Menschen anderen erwiesenen Barmherzigkeit die Größe des Erbarmens Gottes veranschaulichen (Mt 18,27; Lk 15,20) oder auch die Verwirklichung des göttlichen Liebesgebotes (Lk 10,33). Die letztere dagegen in den zahl-

reichen ausschließlich Jesu messianisches Verhalten schildernden Aussagen, die jeweils nicht nur seine momentane Mitleidsregung beschreiben, sondern von seinem Wirken als Messias handeln, indem sie die Hilfe ankündigen, die er Notleidenden gewährt: Mk 1,41; 9,22; Mt 20,34 (Heilungen); Mk 6,34; 8,2 par. Mt 14,14; 15,32 (Speisung); Lk 7,13 (Totenerweckung)[2].

Dass auch 9,36 messianisch zu verstehen ist, wird dadurch bestätigt, dass Jesus in der unmittelbar vorangehenden Heilungsgeschichte als »Sohn Davids« angerufen und seine Tat von der Menge als einzigartig »in Israel« gepriesen wird. Dieselbe Verknüpfung der Stichworte »Sohn Davids«, »verlorene Schafe des Hauses Israel«, »Heilen«, »Sich erbarmen« bei Matthäus auch 15,22.24.30.31.32; vgl. auch die erstaunte Frage 12,23, die mit dem »Sohn Davids«-Anruf beginnende und dem darauf antwortenden matthäischen Zusatz σπλαγχνισθεὶς δὲ ὁ Ἰησοῦς endende Perikope 20,29-34 und das vom Evangelisten eingefügte, überraschende Auftreten von Blinden und Lahmen im Tempel mit der Akklamation der Menge »Hosanna dem Sohn Davids« angesichts der Heilungswunder Jesu 21,14 f. (durchweg matthäische Redaktion!). Alle diese Stellen zeigen, dass Matthäus diese Zusammenhänge wie kein anderer bewusst ausgearbeitet hat. Alttestamentlicher Hintergrund speziell für V. 36b sind prophetische Abschnitte wie Jer 23,1-8; Ez 34, die eine Scheltrede wider die untauglichen Hirten mit der Verheißung verbinden, dass Jahwe selbst sich seiner Herde annehmen, ihr rechte Hirten geben und seinen »Knecht David« über sie einsetzen wird[3]. Die beiden von Matthäus dem alttestamentlichen Bildwort von der hirtenlosen Herde (Num 27,17; 1Kön 22,17; 2Chr 18,16; Jdt 11,19) zugefügten, auf die Menge bezogenen Partizipien Pass. Perf. ἐσκυλμένοι (σκύλλειν »schinden, ermüden«), ἐρριμμένοι (ῥίπτειν »zu Boden werfen«) malen das Elend des Volkes und bereiten 10,6 vor.

Mit dem Erntespruch V. 37 f. par. Lk 10,2 wechselt Matthäus zum Anfang der Sendungsrede in Q über, aber verselbstständigt den Spruch und verarbeitet ihn nicht schon als Stück der Rede selbst, sondern als weitere Begründung im Rahmen ihrer Einleitung. Paradoxerweise wird durch die matthäische Kombination beider Bilder die Not, in der Jesus das Volk sieht (V. 36), als Stunde der jetzt anhebenden Ernte Gottes bezeichnet[4]. Die Ernte ist in der Regel stehendes Bild für das Endgericht (vgl. Joel 4,13; 4Esr 4,28 ff.; 2Bar 70,2; Mk 4,29; Mt 3,12; 13,30.37 ff.; Apk 14,14 f.); in ihm erscheinen die Engel als Ern-

2 Vgl. dazu *H. Köster*, Art. σπλάγχνον κτλ, in: ThWNT 7, Stuttgart 1964, S. 548-559; dort Weiteres zum jüdischen und christlichen Sprachgebrauch.

3 Zu πρόβατα μὴ ἔχοντα ποιμένα vgl. *J. Jeremias*, Art. ποιμήν κτλ, in: ThWNT 6, Stuttgart 1959, S. (484-501) 491-496.

4 *J. Schniewind*, Das Evangelium nach Matthäus (NTD 2), Göttingen 1937, S. 121.

tearbeiter (Mt 13,41; 24,31). An unserer Stelle wird jedoch nicht das Verderben angedroht und sind die Arbeiter die zur Mission Ausgesandten (wie Joh 4,35). Der eschatologische Grundgedanke ist gleichwohl darin festgehalten, dass die mit ihrer Sendung eröffnete Zeit vor eine letzte Entscheidung stellt; vgl. den Fortgang der Rede (bes. 10,11 ff. par.). Auch kommt der Gedanke, dass die Ernte »Gottes eigene Sache«[5] ist, darin zur Geltung, dass der Sendungsauftrag nicht direkt an die Jünger ergeht, sondern sie aufgerufen werden, den »Herrn der Ernte« um die Sendung von Arbeitern zu bitten[6]. Wahrscheinlich hat zur Aufnahme des Spruches an dieser Stelle auch die in urchristlicher Literatur häufige Verwendung von Ausdrücken aus der Arbeitswelt für die Missionstätigkeit beigetragen (Mt 10,10; Lk 10,7; 1Kor 3,13 ff.; 9,6 ff.; 1Tim 5,18; 2Tim 2,15 f.; Did 13,2[7]). τοῖς μαθηταῖς – in Lk 10,2 zur Aussendung der 72 (70) schlecht passend – ist im matthäischen Kontext wohl durch die in V. 36 beklagte Treulosigkeit der Hirten Israels motiviert. Die Auswahl und Sendung tauglicher »Erntearbeiter« ist konkret nach Apg 13,1 ff. vorzustellen.

Gemessen an den Kriterien eines historischen Ablaufes erscheint der direkte Anschluss der Zwölf nach Mk 6,7 par. Lk 9,1 und der Liste ihrer Namen nach Mk 3,13-19 par. Lk 6,13-16 an den Erntespruch aus Q ungeschickt und hart. Denn dieser hat Wahl und Sendung der »Arbeiter« in die Offenheit der Entscheidung Gottes gestellt, während 10,1.2-4 die zwölf Jünger sichtlich mit den nach 9,38 erst zu erbittenden ἐργάται sofort gleichsetzen. Doch wird die Verbindung der Stücke aus Q und Markus aus der Art, wie Matthäus seine Vorlagen bearbeitet, verständlich. Seine Gemeinde von vornherein mit einbeziehend, lässt er sie alsbald die Vollmachtsübertragung an die Jünger als von Gott gewährte, geschichtliche Erfüllung der »Ernte«-Bitte verstehen. Dem entsprechen die matthäischen Abweichungen von der Vorlage: Die in Mk 6 und 3 eigens erzählte, dort durch ihren anderen Kontext motivierte Wahl und Berufung der Zwölf wird von Matthäus mehr vorausgesetzt als berichtet, ihre paarweise Sendung Mk 6,7; Lk 10,1 bleibt unerwähnt – nur in den Jüngerpaaren der Namensliste wirkt sie nach. Das Verbum finitum προσκαλεῖται Mk 6,7; 3,13 ist in Matthäus (auch Lukas!) der regierenden Aussage ἔδωκεν αὐτοῖς ἐξουσίαν πνευμάτων ἀκαθάρτων partizipial untergeordnet und diese Vollmacht in einem 4,23; 9,35 angeglichenen Folgesatz breit ent-

5 Ebd.

6 Zu ἐκβάλλειν = »ausschicken« vgl. *W. Bauer*, Griechisch-deutsches Wörterbuch zu den Schriften des Neuen Testaments und den Schriften der übrigen urchristlichen Literatur, Berlin / New York [5]1958 (2. Nachdr. 1971), Sp. 471 (Art. ἐκβάλλω).

7 Vgl. *D. Georgi*, Die Gegner des Paulus im 2. Korintherbrief. Studien zur religiösen Propaganda in der Spätantike (WMANT 11), Neukirchen-Vluyn 1964, S. 49 ff.

faltet: ὥστε ἐκβάλλειν αὐτὰ καὶ θεραπεύειν πᾶσαν νόσον καὶ πᾶσαν μαλακίαν. Der zweite Infinitiv ist wohl als Ergänzung des ersten, nicht als Parallelaussage zu fassen (»womit alle Krankheit auf Dämonen zurückgeführt würde«[8], also zwei gleichgestellte Betätigungsweisen der ἐξουσία). Selbst das in den Markus-Texten dominierende Stichwort ἀποστέλλειν (6,7; 3,14) wird von Matthäus verbal erst in V. 5a und nominal in 10,2 aufgenommen. Alle diese Eigenheiten zeigen, dass Matthäus den Akzent vor allem anderen auf die Jesus und den Jüngern gemeinsame Vollmacht legt und beide parallelisiert. Nicht minder charakteristisch ist, dass er in 10,1 ohne Weiteres, obwohl bisher erst fünf Jünger genannt sind (4,18 ff.; 9,9) die in Mk 3,14.16 (v.l.) vorbereiteten Zwölf als bekannte Größe einführt und sie durch den Zusatz μαθητάς den zuvor ohne nähere Angabe erwähnten Jüngern (5,1; 8,21.23; 9,10 ff.37) gleichsetzt, sie also nicht als Sondergruppe unterscheidet. Als die zuerst berufenen und bevollmächtigten Begleiter Jesu zwar hervorgehoben, figurieren sie doch hier wie im Weiteren (11,1; 19,28; 20,17; 26,20) ein für alle Mal als die Jünger par excellence, Prototypen und Vorbilder auch der späteren Jüngerschaft.

Die vom Evangelisten an dieser Stelle eingeschobene Namenliste der Zwölf V. 2-4 aus Mk 3,16-19 beginnt mit einer redaktionellen Überschrift, in der τοὺς δώδεκα durch δώδεκα ἀπόστολοι ersetzt ist.

Die Bezeichnung der Zwölf als *Apostel* begegnet im Matthäus-Evangelium nur hier und auch im Markus-Evangelium nur 6,30, beide Mal als gängiger Terminus für die erstberufenen Jünger Jesu insgesamt als Missionare; nur Lk 6,13 wird ihnen als einer Sondergruppe der Aposteltitel verliehen. In Mt 10,2 ist ἀπόστολοι möglicherweise in Anlehnung an das entsprechende Verb Mk 6,7; 3,14 gewählt, dann aber als bloße Funktionsbezeichnung[9]. Doch ist nicht ausgeschlossen, dass der im Sinaisyrer fehlende und im Matthäus-Evangelium auch nicht in der Parallele zu Mk 6,30 par. Lk 9,10 verwendete Begriff Apostel erst von späterer Hand zugefügt ist[10].

Die *Namenliste* V. 2-4 folgt im Wesentlichen Mk 3,16 ff., aber weist außer der zu 10,1 erwähnten Anordnung nach Jüngerpaaren weitere Besonderheiten auf: Die Sonderstellung des erstberufenen Simon Petrus in der Gemeindetradition wird durch ὁ λεγόμενος Πέτρος im Vorblick auf 16,18 ff. hervorgehoben (ὁ λεγόμενος Πέτρος schon

8 *E. Klostermann*, Das Matthäusevangelium (HNT 4), Tübingen ^{2}1927, S. 85.

9 *E. Schweizer*, Gemeinde und Gemeindeordnung im Neuen Testament (AThANT 35), Zürich 1959, S. 176.

10 Vgl. *H. v. Campenhausen*, Der urchristliche Apostelbegriff, in: Karl Kartelge (Hg.), Das kirchliche Amt im Neuen Testament (WdF 439), Darmstadt 1977, S. (237-278) 243 ff.; *G. Klein*, Die zwölf Apostel. Ursprung und Gehalt einer Idee (FRLANT 77), Göttingen 1961, S. 60 f.

4,18) und wie auch Lk 6,14 sein Bruder Andreas ihm zugeordnet. Der nur Mk 3,17 zugefügte aramäische Beiname der Zebedaiden ist ebenso wie Lk 6,14 ausgelassen. Charakterisierende Zusätze stehen im Matthäus-Evangelium durchweg bei dem jeweils zweiten Namen; daher wohl auch die Nachstellung des Matthäus mit dem auf seine Vergangenheit zurückweisenden Attribut »der Zöllner« (vgl. 9,9 f.). Wie der Beiname »der Kananäer« (Matthäus; Markus), d.h. »der Zelot« (Lukas), des im letzten Jüngerpaar neben Judas dem Iskarioten genannten anderen Simon, der wohl ebenso an dessen Vergangenheit erinnert, zeigt er an, welche Gegensätze in Jesu Jüngerkreis aufgehoben sind.

V. 5a ist ein geschickter, V. 1 par. Mk 6,7 weiterführender Übergang zum Abschluss der durch die eingeschobene Zwölferliste erweiterten Einleitung und zur Eröffnung der jetzt in direkter Rede einsetzenden Instruktion, unter Aufnahme von παραγγέλλειν aus Mk 6,8. Zusammen mit 11,1 dient er der Rahmung der matthäischen Komposition im Ganzen, am Anfang wie am Schluss sie als Jesu Anordnung und Befehl bezeichnend (παραγγείλας αὐτοῖς λέγων V. 5a; διατάσσων τοῖς δώδεκα μαθηταῖς αὐτοῦ 11,1). Zugleich markiert der redaktionelle Halbvers V. 5a durch ἀπέστειλεν ὁ Ἰησοῦς zusammen mit V. 16 ἐγὼ ἀποστέλλω den ersten Hauptteil der Rede, 10,5b-16. In ihm verarbeitet Matthäus vor allem die Q-Fassung der Botenrede (Lk 10,3-12), aber in durchaus selbstständiger Weise: Der Erntespruch Lk 10,2 ist bereits 9,37 f. in die matthäische Einleitung zur Rede einbezogen; den in Lk 10,3 folgenden Spruch bringt Matthäus erst am Ende (V. 16) und gewinnt damit nicht nur einen guten Übergang zu seinem zweiten Hauptteil, sondern mildert zugleich den harten Wechsel des Bildes von den »Schafen«, mit denen in Mt 9,36 Israel, in 10,16 dagegen die Jünger gemeint sind. Aber auch sonst sind die Abweichungen der Matthäus-Rede von ihren Vorlagen nicht unerheblich. Die wichtigste enthält der zum matthäischen Sondergut gehörende dreigliedrige Spruch V. 5b-6, den der erste Evangelist der Rede voranstellt. Seine beiden ersten Satzglieder verbinden in einem synthetischen parallelismus membrorum das strikte Doppelverbot, die Mission auf die Heiden und Samariter auszuweiten, und er mündet in die positive Weisung aus, sie auf Israel zu beschränken, in genauer, fast wörtlicher Entsprechung zu dem ebenfalls zum matthäischen Sondergut gehörenden Herrenwort von Jesu messianischer Sendung »allein zu den verlorenen Schafen vom Hause Israel« in 15,24. Offensichtlich ist 10,5 f. eine sekundäre aktualisierende Anwendung des späteren, grundsätzlich formulierten Jesuswortes auf die Jünger[11].

11 Nach H. Schürmann hat 10,5b.6 bereits in Q gestanden. Zur Kritik der Hypothese vgl. *P. Hoffmann*, Studien zur Theologie der Logienquelle (NTA NF 8), Münster 1972, S. 258 ff.

Der eine strenge Einheit bildende Spruch ist in V. 6 in Anspielung an die Septuaginta formuliert (vgl. 3Βασ 22,17; Jes 11,2; 53,6; Jer 27,6; Ez 34,2-4; Ps 118,176[12]) und klingt zugleich deutlich an Mt 9,36 an. Entsprechend den Kollektiva in 10,5b und alttestamentlichem Sprachgebrauch ist τὰ πρόβατα τὰ ἀπολωλότα οἴκου Ἰσραήλ explikativ auf ganz Israel zu beziehen, also nicht als Genitivus partitivus Bezeichnung für den »heiligen Rest« oder den עַם הָאָרֶץ[13]. Unmissverständlich ist damit schon in dem die Rede eröffnenden Spruch der die ganze Matthäus-Rede durchziehende Grundgedanke der Parallelisierung Jesu und seiner Jünger, ihres Wirkungsbereiches und Auftrages, ihrer Vollmachts- und Schicksalsgleichheit ausgesprochen, in Analogie zu dem in der deuteronomistischen Tradition ausgebildeten, auch im Judentum und der frühchristlichen Überlieferung nachwirkenden Vorstellung von den zu Israel gesandten Propheten[14].

Der LXX-Hintergrund zeigt sich auch im Sprachlichen: εἰς ὁδόν (abgekürzt ὁδόν) mit Genitiv der Richtung, ungriechisch wie εἰς πόλιν gebraucht[15], ist ein im griechischen Alten Testament geläufiger Hebraismus (Dtn 1,19; 11,30; Jdc 20,42; 3Βασ 8,44.48; Jes 8,23 [zitiert Mt 4,15]), erlaubt also keine Rückschlüsse auf ein authentisches aramäisches Herrenwort. Auch der artikellose Singular πόλιν im zweiten Satzglied ist schwerlich Fehlübersetzung der indeterminierten aramäischen Form מְדִינָה = Provinz im Unterschied zu dem determinierten מְדִינְתָּא = (Haupt)stadt[16]. Die Hypothese überzeugt auch darum nicht, weil der verwaltungstechnische Terminus im Gegenüber zu den vorher genannten Volksgruppen deplatziert wäre.

Der aus dem alttestamentlichen Gottesvolkgedanken resultierende religiöse Gegensatz Heiden / Juden hat auch sonst im Matthäus-Evangelium seine Spuren hinterlassen (5,47; 6,7.32; 10,18; 18,17 u.a.). Die Gleichstellung der Samaritaner mit den ersteren beruht auf ihrer Vermischung mit heidnischer Bevölkerung und Religion in nachexilischer Zeit und ihren von den jüdischen abweichenden religiösen Traditio-

12 *G. Strecker*, Der Weg der Gerechtigkeit. Untersuchung zur Theologie des Matthäus (FRLANT 82), Göttingen 1962, S. 107. 194 f.

13 *F. Hahn*, Das Verständnis der Mission im Neuen Testament (WMANT 13), Neukirchen-Vluyn 1963, S. 44, Anm. 6.

14 Vgl. *D. Lührmann*, Jesus und seine Propheten. Gesprächsbeitrag, in: J. Panagopoulos (Hg.), Prophetic Vocation in the New Testament and Today (NT.S 45), Leiden 1977, S. (210-217) 212 ff.

15 *F. Blass / A. Debrunner / F. Rehkopf*, Grammatik des neutestamentlichen Griechisch, Göttingen [16]1984, § 161,1; 166,2.

16 *J. Jeremias*, Jesu Verheißung für die Völker, Stuttgart 1956, S. 17, Anm. 64. 66; *ders.*, Art. Σαμάρεια κτλ, in: ThWNT 7, Stuttgart 1964, S. (88-94) 92, Anm. 29; dagegen *H. Kasting*, Die Anfänge der urchristlichen Mission (s. Anm. 1), S. 110, Anm. 135 mit Hinweis auf 11,1.

nen (2Kön 17,24 ff.; Esr 4,1 ff.; Sir 50,25 f.[17]. Ihre Verachtung als Unreine und Ketzer vonseiten der Juden spiegelt sich noch in der Überlieferung der Evangelien (Lk 9,52 ff.; 10,30 ff.; 17,1 ff.; Joh 4,5 ff.). Jesus hat sie nach ihrer Darstellung zwar nicht gemieden und ihr Gebiet auf dem Weg zwischen Galiläa und Judäa (Jerusalem) passiert, aber nicht für längere Zeit in ihm gewirkt. Auch für die älteste palästinische Urgemeinde war die Mission dort zunächst noch ein ernsthaftes, erst nach der Verfolgung und Zerstreuung der »Hellenisten« beigelegtes Problem (Apg 1,8; 8,5 ff.; 9,31; 15,31) – ein Indiz dafür, dass der Spruch Mt 10,5 ff. einer sehr alten Tradition zuzurechnen ist, jedoch schwerlich den authentischen Herrenworten. Vielmehr ist er höchstwahrscheinlich in einer Zeit entstanden, als die »hellenistische« Mission unter Nichtjuden bereits begonnen hatte und die Wanderpropheten des strengen Judenchristentums gegen sie Einspruch erhoben, zwar nicht um die Heiden definitiv vom Heil auszuschließen – das wäre einer Preisgabe der alttestamentlichen Prophetie gleichgekommen –, wohl aber in der Überzeugung, dass das Herzuströmen der Heiden nach der Sammlung des Gottesvolkes Israel bei Anbruch der Heilszeit durch Gott selbst herbeigeführt werde und eine Mission durch Menschen diesem eschatologischen Geschehen nicht vorgreifen dürfe[18].

Damit ist freilich die Frage noch nicht beantwortet, warum Matthäus den Spruch überhaupt aufbewahrt und geradezu programmatisch an den Anfang seiner Aussendungsrede gestellt hat, obwohl er und die Gemeinde seiner Zeit sich unter den weltweiten Sendungsbefehl des Auferstandenen 28,18 ff. gestellt wussten. Die Erklärung dieser Diskrepanz mit einer »historisierenden« Tendenz des Matthäus verbietet sich schon im Blick auf die Gesamtkomposition der Rede, die, wie gezeigt, zwischen einem überholten Einst und einer von Grund auf gewandelten Gegenwart nicht unterscheidet. Unter Hinweis auf den durch 28,18 ff. gekennzeichneten späteren Standort der matthäischen Gemeinde haben einige neuere Exegeten[19] den »Partikularismus« des

17 Vgl. *P. Billerbeck*, Kommentar zum Neuen Testament aus Talmud und Midrasch, Bd. I: Das Evangelium nach Matthäus, München 1926 = [7]1978, S. 538 ff.; *J. Jeremias*, Art. Σαμάρεια, a.a.O.

18 *E. Käsemann*, Die Anfänge christlicher Theologie, in: ders., Exegetische Versuche und Besinnungen, Bd. 2, Göttingen [3]1970, S. (82-104) 87; *O. H. Steck*, Israel und das gewaltsame Geschick der Propheten. Untersuchungen zur Überlieferung des deuteronomistischen Geschichtsbildes im Alten Testament, Spätjudentum und Urchristentum (WMANT 23), Neukirchen-Vluyn 1967, S. 306 f.

19 *F. W. Beare*, The Mission of the Disciples and the Mission Charge: Matthew 10 and Parallels, in: JBL 89 (1970), S. (1-13) 9; *H. Kasting*, Die Anfänge der urchristlichen Mission (s. Anm. 1), S. 111 ff.; *H. Conzelmann*, Geschichte des Urchristentums (GNT 5), Göttingen 1969, S. 48 f. und vor allem *H. Frankemölle*, Jahwebund und Kirche Christi. Studien zur Form- und Traditionsgeschichte des »Evangeliums« nach Matthäus (NTA NF 10), Münster 1974, passim.

Spruches 10,5 f. und seine judenchristliche Herkunft nachdrücklich bestritten und die These vertreten, Matthäus selbst habe ihn gebildet als Ausdruck und zur Vorbereitung des im Weiteren entfalteten »universalistischen« Zentralgedankens seines ganzen Evangeliums, dass der zu Israel gesandte Messias Jesus nicht anders als durch seine Verwerfung vonseiten seines Volkes zum Herrn und Heilbringer für alle geworden ist. In der Richtung dieser matthäischen Christologie und Geschichtstheologie wird man in der Tat die Antwort auf die Frage nach dem Verhältnis der ersten und letzten Sendung im Matthäus-Evangelium zu suchen haben. Dennoch scheitert die These matthäischer Abfassung des Logions m.E. an der schlichten Tatsache, dass in 10,5b auch die nur hier in Matthäus erwähnten Samariter von der Mission ausgeschlossen werden. Hätte der Evangelist auch dieses zweite, z.Zt. der Abfassung seines Werkes anachronistische, im Neuen Testament nirgends sonst in christologischem bzw. missionstheologischem Zusammenhang begegnende und überdies mit Jesu eigener Stellung zu den Samaritern sich schlecht zusammenreimende Verbot gebildet, so hätte er den Weg zu 28,18 ff. nicht eröffnet, sondern zusätzlich erschwert und blockiert. Das spricht dafür, dass er den archaisch anmutenden Spruch im Wesentlichen unversehrt aus palästinisch-judenchristlicher Tradition übernommen und der in ihm ausgesprochenen Weisung ihr durch 28,18 ff. allerdings relativiertes Recht belassen hat, um die Boten seiner eigenen Gemeinde in die Kontinuität zwischen Jesus und seinen Jüngern, ihre Auftrags-, Vollmachts- und Schicksalsgleichheit hineinzurufen. In diesem Sinn behält der Spruch allerdings »geradezu eine theologische Schlüsselfunktion«[20].

Auch V. 7 f. sind aufs Ganze gesehen von Matthäus gestaltet. Erst von V. 9 ab stimmen Inhalt, Wortwahl, Satzbau und trotz einiger charakteristischer Besonderheiten des Matthäus-Textes auch die Spruchfolge so weitgehend mit Lk 10 (9), in geringerem Maße auch mit Mk 6, überein, dass sich für alle drei Synoptiker eine in wesentlichen Punkten gleich strukturierte Missionsinstruktion erkennen lässt: Anweisungen für die Ausrüstung der Boten und ihr Verhalten in Häusern und Ortschaften, je nach ihrer Aufnahme oder Abweisung. Merkwürdigerweise variiert in ihr am stärksten der nur in Q enthaltene Jüngerauftrag, die Nähe der Gottesherrschaft zu verkünden und zu heilen, in Mt 10,7 f. voran-, in Lk 10,9 ans Ende gestellt; in den referierenden Sätzen Mk 3,14 f. ist er bereits indirekt vorweggenommen und klingt in 6,12 f. par. Lk 9,2.6 an, aber nicht in imperativischer Form. Wahrscheinlich ist er in Q sekundär, wenngleich sinngemäß zugefügt[21]. Aus dem synoptischen Vergleich ergibt sich, dass Matthäus die in

20 *H. Kasting*, Die Anfänge der urchristlichen Mission (s. Anm. 1), S. 111.

21 Zur Analyse vgl. *F. Hahn*, Das Verständnis der Mission im Neuen Testament (s. Anm. 13), S. 34.

Markus fragmentarisch, in Q dagegen breit ausgeführte, aber locker gefügte Spruchreihe selbstständig um- und ausgearbeitet hat, teils durch Erweiterung, teils aber auch durch Straffung sowie durch eine klare Disposition und ein deutliches Gefälle der Spruchreihe in Richtung auf das Gerichtswort 10,15 par. Lk 10,12, in offensichtlicher Angleichung an Jesu eigenes Wirken.

Diesem letzteren Zweck dienen bereits die von Matthäus in V. 7 f. vorangestellten Sprüche über den zweifachen Auftrag der Jünger. Analog 9,35 = 4,23: περιῆγεν wird die Wanderexistenz der Boten betont (πορεύεσθε / πορευόμενοι) und steht κηρύσσετε λέγοντες ὅτι ἤγγικεν ἡ βασιλεία τῶν οὐρανῶν gegenüber Lk 10,9 am Anfang. Beide Imperative werden entfaltet: κηρύσσετε rückblickend durch wörtliche Wiederholung der Botschaft Jesu 4,17, θεραπεύετε durch eine Aufzählung von Heilungen, die in den zuvor erzählten Wundertaten Jesu ihr Vorbild haben (9,18 ff.32 ff.; 8,1 ff.28 ff. und die Sammelberichte 4,23 ff.; 8,16 ff.; 9,35) und bereits auf die ἔργα τοῦ Χριστοῦ 11,2.5 vorausweisen, bis hin zu Totenerweckungen (das in C[3] K L Γ Θ 700* 𝔐 f [sy[p]] sa mae) fehlende νεκροὺς ἐγείρετε ist mit den besten Zeugen im Text zu belassen). Ob der Bußruf ausgelassen ist, weil die Botschaft vom Reich als solche ihn einschließt oder das Heilsangebot betont werden soll, ist kaum zu entscheiden; er fehlt auch 28,18 ff., nicht jedoch Mk 6,12. Die angefügte Weisung, das umsonst Empfangene auch umsonst weiterzugeben, ist vermutlich ein frei überlieferter Einzelspruch aus matthäischem Sondergut (vgl. Sprüche des Sextus 242), zu dem die alttestamentliche Prophetenerzählung 2Kön 5,16 (vgl. auch 1Sam 12,3) eine sachliche Parallele bietet. Aus V. 10b ist zu ersehen, dass in V. 9b geldliche Entlohnung gemeint, nicht an Kost und Quartier gedacht ist; Did 11,3-6.12; 13,1 f. wird beides ausdrücklich unterschieden. Vorausgesetzt ist hier wie weiterhin das Milieu frühchristlicher Wanderprediger in Palästina: Unstetigkeit (also auch Preisgabe von beruflichen und familiären Bindungen), durch Tagesmärsche erreichbare Entfernungen, Verzicht auf Reisegeld und -utensilien, Friedensgruß usw.[22]

Rabbinische Belege zeigen, dass der Grundsatz der Unentgeltlichkeit auch für die Toralehre Vorschrift war, z.B. DES 41: »Mache deine Torakenntnis zu etwas Unentgeltlichem und nimm keine Bezahlung dafür; denn Gott hat sie (die Tora) umsonst gegeben … und wenn du Bezahlung für die Worte der Tora nimmst, so wirst du erfunden als einer, der die ganze Welt(ordnung) zerstört(!)«; Bekh 29[a]: »Weil die Schrift sagt Dtn 4,5: ›Siehe ich habe euch Satzungen und Rechte gelehrt‹, d.h. wie (Mose) euch umsonst

22 *G. Kretschmar*, Ein Beitrag zur Frage nach dem Ursprung frühchristlicher Askese, in: ZThK 61 (1964), S. (27-67) 32 ff.; *G. Theißen*, Wanderradikalismus (s. Anm. 1).

gelehrt habe, so sollt auch ihr umsonst lehren!«[23] Die im Matthäus-Spruch geforderte Praxis steht in einer gewissen Spannung zu der ebenfalls auch dem Judentum nicht unbekannten Regel 10,10b.

In den Paralleltexten zu V. 9 f. wird den Boten untersagt, Geld auf die Wanderschaft *mitzunehmen* (Markus: μηδὲν αἴρωσιν, Lukas: μηδὲν αἴρετε, Markus / Matthäus: Gürtel, Lukas: Geldbeutel), im Matthäus-Evangelium im Anschluss an V. 8b: sich Geld *unterwegs* zu erwerben (μὴ κτήσησθε: »besorgt, verschafft euch nicht«. V. 10: ἄξιος γὰρ ὁ ἐργάτης τῆς τροφῆς αὐτοῦ), mit vollständiger Aufzählung aller Geldsorten: Gold, Silber (Lukas), Kupfer (Markus) – ein Anzeichen dafür, dass Wanderprediger u.U. gute Geschäfte machten; πήρα (Matthäus / Markus / Lukas) = »Reisesack«, »Ranzen« für das Nötigste, besonders Proviant, also speziell »Brotbeutel« (so bei Matthäus, der darum μηδὲν ἄρτον weglässt); kann aber auch den »Bettelsack« bezeichnen, den die auch für Syrien nachgewiesenen kynischen Wanderlehrer trugen[24]. Über Markus hinaus werden in Matthäus / Lukas (Q) sogar das Tragen von Sandalen und eines Wanderstabes verboten, der im Orient auch zur Abwehr gefährlicher Tiere und Wegelagerer diente, sowie in Matthäus das Mitnehmen von zwei Untergewändern zum Wechseln (fehlt bei Lukas). Das in Palästina kaum zu praktizierende Barfußgehen ist wohl kaum als Anspielung auf kultische Weisungen für das Betreten heiliger Stätten gemeint (Ex 3,5; Jos 5,15[25]), sondern als rigorose Demonstration der Wehrlosigkeit und Friedfertigkeit der Jünger[26]. Der von Lukas erst 10,7 angehängte Spruch will im matthäischen Zusammenhang wohl besagen: Ihr braucht für Leben und Unterhalt nicht vorzusorgen, das überlasst Gott (vgl. Mt 6,25 ff. in Verbindung mit den Sprüchen vom Schätzesammeln 6,19 ff. und Mammon 6,24), zielt also nicht so sehr auf die »*Bedürfnis*losigkeit«, sondern die eschatologisch begründete »*Sorg*losigkeit« der Boten[27]. Das von Lk 10,7: ἄξιος τοῦ μισθοῦ αὐτοῦ abweichende ἄξιος τῆς τροφῆς αὐτοῦ ist von Matthäus sichtlich in Angleichung an V. 8b gewählt. 1Tim 5,18 wird der Spruch wie in 1Kor 9,9 in Verbindung mit Dtn 25,4 in lukanischer Fassung als Schriftwort zitiert, Did 13,1 f. als Weisung für Gemeindepropheten und -lehrer nach der matthäischen Version.

23 Weiteres bei *P. Billerbeck*, Kommentar zum Neuen Testament aus Talmud und Midrasch, Bd. I (s. Anm. 17), S. 561 ff.

24 *W. Bauer*, Griechisch-deutsches Wörterbuch (s. Anm. 6), Sp. 1301 f. (Art. πήρα); *W. Michaelis*, Art. πήρα, in: ThWNT 6, Stuttgart 1959, S. 119-121.

25 *J. Schniewind*, Das Evangelium nach Matthäus (s. Anm. 4), S. 125.

26 *E. Schweizer*, Das Evangelium nach Matthäus (NTD 2), Göttingen [5]1986, S. 154.

27 *E. Klostermann*, Das Matthäusevangelium (s. Anm. 8), S. 87.

Neben den oben zu 10,8b angegebenen Belegen für die Unentgeltlichkeit der Toralehre kennt das Judentum auch den Grundsatz des Entlohnungsanspruches. Vgl. Tan כי תשא 119a: »Wer sich mit der Tora beschäftigt, hat von ihr seinen Lebensunterhalt.«[28] Das in den jüdischen Belegen vorausgesetzte Synagogenmilieu darf freilich nicht ohne Weiteres mit dem der frühchristlichen Wanderprediger gleichgesetzt werden. Doch hat auch im Urchristentum die Frage nach dem Unterhaltsrecht der Apostel und Propheten eine nicht geringe Rolle gespielt. Das zeigen nicht nur die Anordnungen in Did 11-13, sondern auch die Auseinandersetzungen des Paulus mit seinen Gegnern und der Gemeinde in Korinth. Dort galt seine Inanspruchnahme geradezu als Legitimation des wahren Apostels und wurde des Paulus' Verzicht darauf gegen die Legitimität seiner Berufung ausgespielt, so dass er sich genötigt sah, seinen Anspruch unter Anführung aller erdenklichen Argumente zu behaupten (1Kor 9,5 ff.; 2Kor 11,7), aber umso mehr sein eigenes von dieser Praxis abweichendes Verhalten aus der ihm aufgetragenen Botschaft zu begründen (1Kor 9,15-18)[29].

In V. 11-14 ist die lange, locker und unübersichtlich gefügte Spruchreihe Lk 10,5-11 gestrafft, klar disponiert und zu einer auf die Gerichtsdrohung V. 15 par. Lk 10,12 ausgerichteten Einheit zusammengefasst, jedoch unter tunlichster Beibehaltung des Wortschatzes der gemeinsamen Vorlage: εἰσέρχεσθαι, πόλις, οἰκία, δέχεσθαι, ἐξέρχεσθαι wie auch der vorgegebenen einleitenden, antithetisch parallelisierten konditionalen Relativsätze: εἰς ἣν δ' ἂν πόλιν ἢ κώμην εἰσέλθητε ..., καὶ ὃς ἂν μὴ δέξηται ὑμᾶς ...

Im Unterschied zu Lk 9,4; 10,5.8.10 (vgl. Mk 6,10), wo nacheinander von dem Eintritt in Häuser und Städte die Rede ist, nennt Matthäus, den Radius sofort weiter spannend und in deutlicher Anlehnung an 9,35, Städte und Dörfer und trägt den Jüngern als Erstes eine »Erkundung« auf, »wer darin wert ist«. Das wird in der Regel als »vorherige Prüfung«[30], »Vorsichtsmaßregel«[31], Mahnung zur Sorgfalt in der Quartierwahl[32] verstanden. Doch fragt man sich: Wer soll in einem noch fremden, noch nicht missionierten Ort ein solches Leumundszeugnis ausstellen? Aus der Fortsetzung des Satzes geht überdies hervor, dass die »Würdigkeit« (im Matthäus-Evangelium ein Zentralbe-

28 *P. Billerbeck*, Kommentar zum Neuen Testament aus Talmud und Midrasch, Bd. I (s. Anm. 17), S. 569; *ders.*, Kommentar zum Neuen Testament aus Talmud und Midrasch, Bd. III: Die Briefe des Neuen Testaments und die Offenbarung Johannis, München 1926 = [6]1975, S. 383 ff. 401.

29 Vgl. *D. Georgi*, Die Gegner des Paulus im 2. Korintherbrief (s. Anm. 7), S. 234 ff.

30 *E. Klostermann*, Das Matthäusevangelium (s. Anm. 8), S. 87

31 *J. Weiß / W. Bousset*, Die drei ältesten Evangelien (SNT 1), Göttingen [3]1917, S. (31-525) 298.

32 *A. Schlatter*, Der Evangelist Matthäus. Seine Sprache, sein Ziel, seine Selbständigkeit, Stuttgart [5]1959; ähnlich *E. Haenchen*, Der Weg Jesu. Eine Erklärung des Markus-Evangeliums und der kanonischen Parallelen, Berlin [2]1968, S. 229.

griff: 10,11.12.37 f.; 3,8; 22,8) der Betreffenden beim Eintritt in das Haus noch keineswegs ausgemacht ist, sondern sich erst in ihrer Reaktion auf den Friedensgruß der Boten entscheidet. Und was soll dann noch die in V. 11b vorangestellte, doch nur bedingt gültige Aufforderung, in demselben Haus zu bleiben? Alles das spricht dafür, dass der Erkundungsauftrag als Überschrift zu den in der Vorlage in zeitlicher Folge aufgereihten Verben (Eintreten, Grüßen, Bleiben / Nichtbleiben, Auszug) formuliert ist, mit anderen Worten als zusammenfassende Umschreibung *eines* den positiven und negativen Erfolg des Auftretens der Jünger übergreifenden Geschehens. Dabei ist die Satzkonstruktion der mit Lk 10 gemeinsamen Vorlage beibehalten, aber die in Matthäus schon durch die Beschränkung des Missionsfeldes auf Israel 10,5 f. überflüssig gewordene und durch 10,10b erledigte Anweisung ausgelassen, vorgesetzte Speisen nicht zu verweigern, die sich Lk 10,7a.8b doch wohl auf die rituellen Bedenken von Juden in nichtjüdischen Häusern bezieht; ausgelassen ist ebenso das Verbot des Quartierwechsels Lk 10,7b. Desgleichen fehlt der Lk 10,5 im Wortlaut vorangestellte Friedensgruß. Doch hat dieser auch in V. 12 f. seine volle Bedeutung als Heilszuspruch behalten, ohne besonderer Erläuterung zu bedürfen, und ist nicht nur ein konventionell-freundlicher Wunsch, sondern entsprechend dem Bedeutungsgehalt von hebräisch שָׁלוֹם eschatologisches Machtwort[33], d.h. Zusammenfassung der Heilsbotschaft (V. 7); daher im Matthäus- und Lukas-Evangelium die massiven Wendungen vom »Kommen« des Friedens auf das seiner würdige Haus (Matthäus) und seiner »Rückwendung« (Matthäus: ἐλθάτω ἡ εἰρήνη ... πρὸς ὑμᾶς ἐπιστραφήτω; Lukas: ἐπαναπαήσεται ἡ εἰρήνη ... ἐφ' ὑμᾶς ἀνακάμψει) zu den Boten als Friedebringern im Fall ihrer Abweisung. Nach dieser interpretierenden Straffung der vorgegebenen Überlieferung kann Matthäus V. 13b unmittelbar fortführend die auch Mk 6,11 par. Lk 9,5 folgende, in Lk 10,10 f. wohl sekundär zu einer öffentlichen Rede der Boten bei ihrem Auszug aus der Stadt der Verstockten umstilisierte Weisung anschließen, die die Jünger nach dem alttestamentlichen Schema Segen / Fluch zu dem im Judentum und Urchristentum bekannten Fluchgestus aufruft, den Staub von den Füßen bzw. dem Gewand abzuschütteln (V. 14; vgl. Neh 5,13; Apg 13,51; 18,6), als drastisches Zeichen, dass der zurückbleibende Ort als heidnisch gelten soll und die Boten mit seinen Bewohnern keine Gemeinschaft haben[34]. V. 14 erläutert den Spruch durch Hinzufügung ihrer Botschaft (ähnlich schon Markus) im

33 *(G. v. Rad /) W. Foerster*, Art. εἰρήνη κτλ, in: ThWNT 2, Stuttgart 1935, S. (398-418) 409 ff.

34 *P. Billerbeck*, Kommentar zum Neuen Testament aus Talmud und Midrasch, Bd. I (s. Anm. 17), S. 571.

Sinne von V. 7 und lenkt mit der generalisierenden Wendung τοὺς λόγους ὑμῶν zu V. 11 zurück.
Die auch Lk 10,12 folgende, dort mit den Weherufen über die galiläischen Städte verbundene Gerichtsdrohung (Lk 10,13 ff.; Mt 11,21 ff.), von Matthäus mit der in seinen Jesusworten am häufigsten, stets in Verbindung mit λέγω ὑμῖν begegnenden Beteuerungspartikel ἀμήν eingeleitet, zieht aus V. 11-14 die Summe (wie 6,2.5.16; 8,10), indem sie »jener Stadt« ein schlimmeres Schicksal ankündigt als das den Bewohnern von Sodom und Gomorrha widerfahrene. Zu ἀνεκτότερον und ἐν ἡμέρᾳ κρίσεως vgl. 7,22; 11,22.24; 12,36; 24,36. In engerer Anlehnung an das Alte Testament nennt der Matthäus-Text beide Namen der untergegangenen Zwillingsstadt am Toten Meer (Gen 13,10; 18,20; 19,24.28; 19,25). Als abschreckendes Beispiel erscheint Sodom (oder beides) in prophetischen Gerichtsworten (Jes 13,19; Am 4,11; Ez 16,46 ff. u.ö., vgl. auch Jub 36,10; rabbinische Belege: P. Billerbeck, Bd. I, S. 571 ff.; entsprechend im Neuen Testament: Mt 11,23 f.; Lk 17,29; Röm 9,29; 2Petr 2,6; Jud 7). In Lk 10,12 sind nur die Sodomiter genannt (weil dort speziell die Brandmarkung des Gastrechts beabsichtigt ist?[35]). In Q scheint der Spruch den Abschluss der die Boten Jesu als Träger seiner prophetischen Vollmacht schildernden Instruktion gebildet zu haben.
Die beiden ursprünglich wohl gesonderten, im Matthäus-Evangelium zu einem Doppelspruch zusammengezogenen Bildworte beschließen den ersten Hauptteil der Aussendungsrede. Wie aus der nur das Erste bietenden Lukas-Parallele 10,3 zu schließen, wird das Logion von den Schafen unter den Wölfen die Botenrede der gemeinsamen Vorlage eingeleitet und schon in ihr sekundär den Charakter eines Sendungswortes erhalten haben. Inhaltlich enthält es nicht eigentlich einen Auftrag, sondern schildert mit einem auch in jüdischer Literatur begegnenden Vergleich die Situation der Ausgesandten. Vgl. Tan 32b, wo Israel unter den Völkern mit einem Schaf unter Wölfen verglichen wird[36], dieselbe Metapher auch in Herodot IV 149[37]. Matthäus hat den Spruch ans Ende der vorangehenden Spruchreihe gestellt und zeigt die Jünger jetzt nicht mehr wie zuvor in der Rolle der Träger endzeitlicher Vollmacht, sondern als Bedrohte und Wehrlose, aber unter dem Zuspruch Jesu, der ihr künftiges Schicksal nicht als unvorhergesehenes Missgeschick erscheinen lässt, sondern es als notwendig in ihre Sendung einbezieht und sie damit ausrüstet für die Verfolgungen, von denen der zweite Teil der Rede handelt; V. 16 bekommt dadurch

35 *Th. Zahn*, Das Evangelium des Lucas (KNT 3), Leipzig 1913, S. 418, *E. Klostermann*, Das Lukasevangelium (HNT 5), Tübingen [2]1929, S. 116.
36 *P. Billerbeck*, Kommentar zum Neuen Testament aus Talmud und Midrasch, Bd. I (s. Anm. 17), S. 574.
37 Weiteres s. *G. Bornkamm*, Art. λύκος, in: ThWNT 4, Stuttgart 1942, S. 309-313.

zugleich überleitende Funktion. Das von Matthäus zugefügte ἐγώ ist nicht notwendig betont, sondern enspricht semitischer Redeweise (vgl. Mal 3,1 LXX, zitiert in Mt 11,10[38]). Zurüstenden Charakter hat auch das Bildwort V. 16b, das möglicherweise erst sekundär aus einer profanen sprichwörtlichen Redensart zu einem Herrenwort geworden ist[39]; vgl. Rabbi Jehuda ben Simon in MShir 2,14 (101a): »Gott sprach in Bezug auf die Israeliten: Bei mir sind sie einfältig, wie die Tauben, aber unter den Völkern sind sie listig, wie die Schlangen.«[40] Zur sprichwörtlichen Klugheit der Schlangen vgl. schon Gen 3,1 LXX von der Schlange: ὁ φρονιμώτατος πάντων τῶν θηρίων, woran an unserer Stelle jedoch nicht primär gedacht ist; wohl aber in dem vereinzelt bezeugten (א* Epiph) Singular ὄφις[41]. Die Verbindung beider Vergleiche mit Schlangen und Tauben beweist, dass die geforderte Klugheit nicht im Sinne von Verschlagenheit, List und also hier auch nicht im Sinne der in Lk 16,1-8 drastisch geschilderten Schlauheit des ungerechten Haushalters gemeint ist, sondern als die jeweils die Situation erfassende und ihre Möglichkeiten entschlossen nützende Klugheit (auf die freilich auch jene Parabel abzielt), ohne damit die Lauterkeit des Herzens (vgl. 6,22 f.) preiszugeben[42]. Der von Matthäus erweiterte Spruch ist instruktiv für die Stellung der frühen Kirche zum Martyrium: »Der Gedanke an eine läuternde oder werbende Kraft des Martyriums liegt absolut fern, und daß die Jünger in ihrer Arbeit nicht etwa die Leiden wollen oder als Mittel der Propaganda bejahen, erscheint selbstverständlich.«[43]

38 *F. Blass / A. Debrunner / F. Rehkopf*, Grammatik des neutestamentlichen Griechisch (s. Anm. 15), § 277,2.

39 *R. Bultmann*, Die Geschichte der synoptischen Tradition (FRLANT 29), Göttingen [9]1979, S. 107.

40 *P. Billerbeck*, Kommentar zum Neuen Testament aus Talmud und Midrasch, Bd. I (s. Anm. 17), S. 574 f.

41 Zu ἀκέραιος = »unverdorben, rein, lauter« vgl. *W. Bauer*, Griechisch-deutsches Wörterbuch (s. Anm. 6), Sp. 59 f. (Art. ἀκέραιος); *G. Kittel*, Art. ἀκέραιος, in: ThWNT 1, Stuttgart 1933, S. 209 f.

42 Vgl. *H. Greeven*, Art. περιστερά κτλ, in: ThWNT 6, Stuttgart 1959, S. (63-72) 69.

43 *H. v. Campenhausen*, Die Idee des Martyriums in der Alten Kirche, Göttingen 1936, S. 7.

3. Leiden in der Nachfolge (10,17-11,1)

3.1 Das Schicksal der Jünger (10,17-25)

Den zweiten Teil seiner Komposition eröffnet Matthäus in 10,17-22 mit einem schon hier vorweggenommenen Fragment aus der sogenannten Synoptischen Apokalypse Mk 13,9-13 par., das er in 24,9.13 nur noch verkürzt wiedergibt, und schließt daran in V. 23.24 f. eine Reihe von Einzellogien an. Durch diese Umstellung der eschatologischen Sprüche wird ihr zeitlich-geschichtlicher Horizont nicht unwesentlich verändert: Was nach Mk 13 par. Lk 21 sich erst am Anfang der endzeitlichen »Wehen« ereignen soll, nachdem »zuvor« das Evangelium allen Völkern verkündigt ist (Mk 13,10), ist hier in den Leidensweg der ersten Jünger einbezogen, den sie in der Nachfolge des irdischen Jesus zu gehen haben (V. 24 f.). Demzufolge resümiert Matthäus dort nur kurz und setzt unter Streichung von πρῶτον die Ankündigung der Evangeliumspredigt ἐν ὅλῃ τῇ οἰκουμένῃ verselbstständigt an das Ende der späteren Spruchfolge (24,14). Im Unterschied zu diesem weltweiten Geschehen ist der geographische (und zeitliche) Horizont der Leidenserfahrungen der Jünger in c. 10 auf Israel beschränkt (V. 23).

V. 17a: προσέχειν ἀπό = »sich in Acht nehmen vor«, bei Matthäus mehrfach in einleitenden oder abschließenden Warnungen: 7,15; 16,6.11 f. An unserer Stelle dem Abschnitt V. 17-25 und darüber hinaus V. 26-33 vorangestellt, markiert die Warnung προσέχετε δέ nicht einen Gegensatz zu V. 16 (δέ fehlt in D it^{var} sy^{s}), sondern erläutert die in V. 16 mit ὡς πρόβατα ἐν μέσῳ λύκων umschriebene Situation der von allen Seiten bedrohten Jünger. οἱ ἄνθρωποι meint hier wie öfters nicht eine unbestimmte, sondern qualifizierte Allgemeinheit, die gottfeindliche Menschenwelt (vgl. 10,32; Lk 6,22.26 u.a.), in 10,17 ff.26 ff. repräsentiert durch ihre regierenden und richterlichen Gewalten. Wie in der Vorlage verbindet παραδίδοναι = »ausliefern« V. 17.19.21; συνέδρια im Plural bezeichnet nicht den Hohen Rat in Jerusalem als oberstes jüdisches Gericht, sondern jüdische Lokalgerichte, die in den Ortssynagogen zusammentraten[44]; beide Satzhälften nennen also gleichartige Gerichtsverfahren. Die synagogale Strafe der Geißelung (vgl. 2Kor 11,24) bedeutet noch nicht den Ausschluss aus der jüdischen Gemeinde (Joh 9,22; 12,42; 16,2[45]). V. 17 ff. setzt demnach voraus, dass die Jünger noch der Jurisdiktion der Synagoge unterstehen und offensichtlich darum verfolgt werden, weil sie durch

44 *E. Lohse*, Art. συνέδριον, in: ThWNT 7, Stuttgart 1964, S. (858-869) 864 f.; *W. Schrage*, Art. συναγωγή κτλ, in: a.a.O., S. (798-850) 829.

45 *P. Billerbeck*, Kommentar zum Neuen Testament aus Talmud und Midrasch, Bd. III (s. Anm 28), S. 527 ff.

Verbreitung der Botschaft Jesu (ἕνεκεν ἐμοῦ) Ruhe und Ordnung des jüdischen Gemeinwesens gefährden[46]. Matthäus redet freilich von »ihren« Synagogen wie 7,29 von »ihren« Schriftgelehrten und 11,1 von »ihren« Städten (vgl. auch 4,23; 9,35; 12,9; 13,54), womit zwischen Synagogen und christlicher Gemeinde deutlich unterschieden wird[47]. Alles das weist in die Frühzeit der christlichen Mission und spiegelt Verhältnisse, die noch zur Zeit des Matthäus nicht überholt waren, auch wenn aus der matthäischen Umgestaltung des Gleichnisses vom großen Abendmahl 22,1 ff.9 ff. zu ersehen ist, dass die Ablehnung Jesu und seiner zunächst zu Israel gesandten Boten für den Evangelisten ein definitives Faktum ist und für seine Kirche eine neue Situation heraufgeführt hatte. Mit dieser veränderten Lage dürfte zusammenhängen, dass schon in der Markus-Vorlage (13,9) den jüdischen Prozessen gegen die Jünger auch solche vor heidnischen Gerichten, vor Statthaltern und Königen an die Seite gestellt werden. Das entspricht den in der Apostelgeschichte bereits schematischen Schilderungen, denen zufolge die Konflikte vorab des Paulus und seiner Begleiter mit den jüdischen Gemeinden alsbald zu gerichtlichen Maßnahmen seitens der staatlichen und kommunalen Behörden gegen sie führen (Apg 16,19 ff.; 17,1 ff.; 18,12 ff.; 19,23 ff.; 21,31 ff.; 22,22 ff.; 23,10 ff.; 24,1 ff.; 25-27). Matthäus jedoch scheint in V. 18 weniger dieses aus dem weiteren Raum des Römischen Imperiums bekannte Übergreifen innerjüdischer Konflikte auf staatliche und kommunale Verfolgungen vorzuschweben, als vielmehr ein gleiches Zusammenspiel jüdischer und heidnischer Gerichte schon auf palästinischem Boden wie zuvor in der Passion Jesu. Für diese Annahme spricht im weiteren Kontext die bereits in 10,5 f. ausgesprochene und in V. 23 wiederholte Beschränkung des Wirkungs- und Verfolgungsbereiches der Jünger auf die »Städte Israels«. Seit den Makkabäerkriegen ist freilich das Auftretenmüssen der Frommen vor heidnischen Behörden zu einer Art Topos geworden[48], so dass sich die plerophore Wendung ἐπὶ ἡγεμόνας δὲ καὶ βασιλεῖς nicht sicher verifizieren lässt. Der begrenzte geographische Rahmen der matthäischen Rede ist jedenfalls auch in diesem Abschnitt festgehalten und von einem Themawechsel von den ersten Verkündigern auf die Erfahrungen der späteren Gemeinde kann in V. 17 ff. nicht die Rede sein[49]; ein ähnliches Geschick der Prophe-

46 *D. R. A. Hare*, The Theme of Jewish Persecution of Christians in the Gospel According to St Matthew (MSSNTS 6), Cambridge 1967, S. 100 ff.

47 Ebd.

48 Belege bei *H. Braun*, Spätjüdisch-häretischer und frühchristlicher Radikalismus. Jesus von Nazareth und die essenische Qumransekte (BHTh 24), Bd. II: Die Synoptiker, Tübingen ²1969, S. 103, Anm. 2.

49 Gegen *G. Strecker*, Der Weg der Gerechtigkeit (s. Anm. 12), S. 41 f.; vgl. *O. H. Steck*, Israel und das gewaltsame Geschick der Propheten (s. Anm. 18), S. 315, Anm. 1.

ten verheißt auch der von Matthäus stärker umgestaltete Weheruf aus Q 23,34[50].

Die Gen 31,44; Dtn 31,26; Jos 24,27 nachgebildete, auch 8,4 par.; 24,14; Mk 6,11 par. Lk 9,5 verwendete Schlussformel εἰς μαρτύριον mit Dativ der Person ist im Sinne eines objektiven *Belastungszeugnisses* gegen die genannten jüdischen und heidnischen Richter (καὶ τοῖς ἔθνεσιν von Matthäus zugefügt) zu verstehen, nicht als werbendes Zeugnis, das sie bekehren und auch ihnen das Heil eröffnen soll[51]. Zugrunde liegt der alttestamentliche Gedanke, dass Gott selbst sein Recht wider die ihm feindliche Welt zum Siege führen wird. Dem entsprechen die folgende Zusage V. 19 f. und die ausschließlich von Feindschaft und Hass der Umwelt redenden, gehäuften Verben in V. 21 f.

Nur im lukanischen Geschichtswerk, dagegen nicht im Markus- / Matthäus-Evangelium werden die Jünger des Öfteren als »Zeugen« der Heilsgeschehnisse bezeichnet: Lk 24,48; Apg 1,8; 2,32 u.ö. Lk 21,13 wandelt die Rechtsformel (Markus / Matthäus) entsprechend ab: ἀποβήσεται ὑμῖν εἰς μαρτύριον. Der formelhafte Gebrauch von εἰς μαρτύριον mit Dativ im Sinn von »Belastungszeugnis« hat sich auch in der Alten Kirche noch vereinzelt erhalten[52]. Er findet sich jedoch nicht im Johannes-Evangelium, dafür dort um so öfter die ganz vom johanneischen Offenbarungsgedanken geprägten, ebenfalls forensischen Begriffe μαρτυρεῖν / μαρτυρία. Der seit den christlichen Märtyrerakten im kirchlichen Sprachgebrauch geläufig gewordene Wortsinn »Blutzeugnis« liegt im Neuen Testament noch nicht vor[53].

Die Spruchfolge der Vorlage ist in V. 19 ff. beibehalten. Wie Mk 13,11 par. Lk 21,14 f. wird in V. 19 f. die Aufzählung der Jüngerverfolgungen durch die Zusage des heiligen Geistes als Beistand in ihrer Bedrängnis unterbrochen.

Im Wortlaut differieren die Texte. Matthäus gibt im Wesentlichen Markus wieder, stimmt aber in: μὴ μεριμνήσητε πῶς ἢ τί … wörtlich mit Lk 12,11 überein (dort als Einzelspruch dem Wort vom Bekennen und Verleugnen angefügt), und formuliert die Zusage für ihn charakteristisch: ἀλλὰ

50 *O. H. Steck*, a.a.O., S. 29 ff.

51 *H. Strathmann*, Art. μάρτυς κτλ, in: ThWNT 4, Stuttgart 1942, S. (477-520) 508 ff.; *H. v. Campenhausen*, Die Idee des Martyriums in der Alten Kirche (s. Anm. 43), S. 25 f.; *A. Schlatter*, Der Evangelist Matthäus. Seine Sprache, sein Ziel, seine Selbständigkeit, Stuttgart ⁵1959, S. 339. 702; *N. Brox*, Zeuge und Märtyrer. Untersuchungen zur frühchristlichen Zeugnis-Terminologie (StANT 5), München 1961, S. 28; gegen *W. Trilling*, Das wahre Israel. Studien zur Theologie des Matthäus-Evangeliums (StANT 10), München 1964, S. 127 ff.

52 Belege bei *H. v. Campenhausen*, Die Idee des Martyriums in der Alten Kirche (s. Anm. 42), S. 25, Anm. 8.

53 *H. Strathmann*, Art. μάρτυς κτλ (s. Anm. 51), S. 511 ff .

τὸ πνεῦμα τοῦ πατρὸς ὑμῶν (5,16.48; 6,8.14 f.26.32; 10,29) τὸ λαλοῦν (»durch« wie 10,24.27 f.) ὑμῖν für τὸ γὰρ ἅγιον πνεῦμα διδάξει ὑμᾶς ἐν αὐτῇ τῇ ὥρᾳ ἃ δεῖ εἰπεῖν (Lk 12,12).

Alle Versionen wehren der Sorge der Jünger um das rechte Wort vor Gericht zu ihrer Verteidigung und verheißen die bereits in εἰς μαρτύριον αὐτοῖς angekündigte Wende: Nicht erst im Endgericht, sondern schon vor dem irdischen Tribunal werden die Angeklagten zur Anklage gegen ihre Kläger und Richter, die ängstlich Besorgten und Mundtotgemachten zu Redenden, sind die Ausgelieferten nicht verlassen, wird den tödlich Bedrohten das Heil verheißen.
Auch die Verbindung von öffentlich-gerichtlicher Verfolgung und innerfamiliärer Anfeindung bis zur Überantwortung an die Gerichte gehört zum festen Motivbestand apokalyptischer Rede, wiedergegeben in V. 21 f. nach Mk 13,12 f. und alsbald in 10,35 weiter ausgeführt, beide Mal in deutlicher Anlehnung an Mi 7,6; an unserer Stelle wie 24,13 wörtlich nach Mk 13,13b eschatologisch abgeschlossen: ὁ δὲ ὑπομείνας εἰς τέλος οὗτος σωθήσεται. Damit bricht in c. 10 das Fragment der Markus-Vorlage ab. Ihre Fortsetzung bringt Matthäus erst in der eschatologischen Rede 24,15-22 fast wörtlich nach Mk 13,14-20 par. In V. 23 jedoch fügt er einen nur von ihm überlieferten Einzelspruch an, der in seiner ersten Hälfte ebenso wie 24,16 = Mk 13,14 = Lk 21,21 eine Aufforderung enthält, in der bevorstehenden Not die Flucht zu ergreifen (φεύγετε / φευγέτωσαν), dort aber an die Bewohner Judäas gerichtet im Zusammenhang einer Aufzählung der endzeitlichen Drangsale, die Weltende und Parusie noch weit vorausliegen, hier dagegen an die (ersten) Jünger gerichtet in ihrer Verfolgung, die dem Ende unmittelbar vorangeht, und nicht als Unheilsweissagung, sondern als Trostwort gemeint: Noch ehe sie auf ihrer Flucht bis zu allen Städten Israels gelangt sein werden, wird der Menschensohn ihrer Not ein Ende machen. Dass der Spruch ursprünglich isoliert überliefert war, erhellt daraus, dass er zu den folgenden V. 24 f. in keiner erkennbaren Beziehung steht. Dagegen schließt er an das vorangehende Wort vom Gehasstwerden der Jünger von allen sinnvoll an. Im Unterschied zu V. 17 ff. ist in V. 23 freilich nicht von einer *unausweichlichen* Notsituation der Jünger die Rede, sondern von einer Situation, der sie ausweichen und entfliehen sollen. Demgemäß hat auch die begründende, feierlich mit ἀμὴν γὰρ λέγω ὑμῖν bekräftigte zweite Spruchhälfte den Charakter einer tröstlichen Zusage, nicht wie V. 22b den einer Verheißung für den, der die Verfolgungsnot bis zum Weltende durchsteht. Auch dies ein Argument für die ursprüngliche Selbstständigkeit von V. 23, und zwar in seinem vollen, von Matthäus wiedergegebenen Umfang, mag auch der Satzanfang ὅταν δὲ διώκωσιν ὑμᾶς dem in V. 19: ὅταν δὲ παραδῶσιν ὑμᾶς vom Evangelisten stilistisch angeglichen sein. Für die ursprüngliche Einheit von V. 23a+b schon in der vormatthäischen Überlieferung spricht endlich

auch das im Zusammenhang unvorbereitete Motiv der Flucht, in Verbindung mit der Parusieansage wie in Mk 13,14 ff.26 f., auch wenn dort beides zeitlich betont auseinander gezogen ist; ebenso die nur im Zusammenhang mit τᾶς πόλεις τοῦ Ἰσραήλ (V. 23b) verständliche Ortsbegrenzung ἐν τῇ πόλει ταύτῃ ... εἰς τὴν ἑτέραν (V. 23a). Zu klären ist jedoch vor allem der in der Geschichte der Auslegung seit alters umstrittene Wortsinn von τελεῖν. Das Aktivum hat einen weiten Bedeutungsspielraum. Sieht man von einigen hier sofort ausscheidenden Spezialbedeutungen ab (»eine Kulthandlung vollbringen«, »weihen« oder auch »eine finanzielle Verpflichtung erfüllen; zahlen«), so bleiben an unserer Stelle: a) eine Tätigkeit durchführen, zu Ende bringen (z.B. einen Plan, Auftrag, ein Werk usw.); b) eine Weg- oder Zeitstrecke durchmessen (ὁδόν, δρόμον, βίον o.ä)[54]. Je nachdem ergibt sich für V. 23 ein verschiedener Sinn; entweder: Die Parusie wird eintreten, ehe die Jünger ihren Missionsauftrag in allen Städten Israels ausgerichtet haben; oder: ehe sie auf ihrer Flucht bis zu allen Städten Israels gelangt sind.

Zu Unrecht hat W. G. Kümmel[55] die zweite Möglichkeit, οὐ μὴ τελέσητε auf den Fluchtraum der Jünger zu beziehen, und damit die herkömmliche Übersetzung: »ihr werdet nicht mit den Städten Israels zu Ende kommen ...« bestritten und entschieden die erste Deutung vertreten: »ihr werdet mit der Missionierung Israels nicht fertig werden bis ...« und daraus gefolgert, nur V. 23b gehöre zum ursprünglichen Bestand des Spruches; erst in Matthäus sei er erweitert und sekundär auf den Fluchtraum der Jünger bezogen worden. Doch spricht gegen diese These und die Annahme einer nachträglichen Änderung des Wortsinnes außer den bereits genannten Gründen nicht zuletzt die übereinstimmende Paraphrasierung des Textes bei den griechischen Auslegern der Alten Kirche: οὐ φθήσεσθε περιελθόντες τὴν Παλαιστίνην (Chrysostomus); οὐ μὴ γὰρ τελέσητε τὰς πόλεις τοῦ Ἰσραὴλ διωκόμενοι (Theophylakt); πρὸ τοῦ περιελθεῖν αὐτοὺς πάσας τὰς πόλεις τῶν Ἰουδαίων bzw. πρὸ τοῦ διελθεῖν ὅλην τὴν Παλαιστίνην (Euthymius Zig.)[56].

Ist darum V. 23a+b als Einheit anzusehen und schon für den vormatthäischen Text die Beziehung auf die Flucht der Jünger wahrscheinlicher, so ist doch sofort zu fragen, warum sie nicht angewiesen

54 Vgl. *W. Bauer*, Griechisch-deutsches Wörterbuch (s. Anm. 6), Sp. 1604 f. (Art. τελέω); *G. Delling*, Art. τέλος κτλ, in: ThWNT 8, Stuttgart 1969, S. (50-88) 58 ff.

55 *W. G. Kümmel*, Verheißung und Erfüllung. Untersuchungen zur eschatologischen Verkündigung Jesu (AThANT 6), Zürich ^{2}1953, S. 55; *ders.*, Die Naherwartung in der Verkündigung Jesu, in: ders., GAufs. 1933–1964 (MThSt 3), hg. v. E. Gräßer, O. Merk u. A. Fritz, Marburg 1965, S. (457-470) 465 ff.

56 Vgl. *M. Künzi*, Das Naherwartungslogion Matthäus 10,23. Geschichte seiner Auslegung (BGBE 9), Tübingen 1970, S. 178.

werden, über die Grenzen Palästinas zu entweichen und dort unter den Heiden zu missionieren, und darauf zu antworten: weil ihr Auftrag sie an Israel bindet. Als solchen wird ihnen zum Trost gesagt: »Ehe sie ihren Auftrag beendet haben werden, die Basileia in den Städten Israels zu proklamieren, wird der Menschensohn intervenieren, so bald!«[57] In diesem Sinne bleiben die Aufforderung zur Flucht und der Missionsauftrag der Jünger in jedem Fall unmittelbar aufeinander bezogen. Im Anschluss an die frühere Weisung V. 14 f. und die Geistverheißung V. 19 f. lässt sich das Trostwort möglicherweise auch so paraphrasieren: Fürchtet nicht, mit eurer Flucht euern Auftrag zu verraten; in der kurzen Zeit bis zur Parusie des Menschensohnes werdet ihr andernorts mehr als genug Gelegenheit finden, ihn auszurichten.

Nach G. Strecker[58] handelt 10,17 ff. überhaupt nicht mehr von der Aussendung der Jünger, sondern ausschließlich von dem Leidensgeschick der (späteren) Gemeinde. Matthäus könne demzufolge entgegen dem ursprünglichen Wortsinn mit πόλεις τοῦ ᾿Ισραήλ nicht mehr die Landschaft Palästina gemeint, sondern müsse »– entsprechend seinem heidenchristlichen Standort – an die von Juden bewohnten Städte des Erdkreises« gedacht haben[59]. Doch scheitert diese Deutung auf die außerpalästinische jüdische Diaspora im Römischen Reich an 10,5 f. (vgl. auch 10,14) und der auch im rabbinischen Sprachgebrauch geläufigen analogen Landesbezeichnung γῆ ᾿Ισραήλ 2,20 f.[60]. Damit fällt auch Streckers Annahme einer Sinnverschiebung im Matthäus-Text: der Spruch kündige hier nicht mehr die rasche Beendigung der Verfolgungszeit an, sondern spreche von der Verfolgung als einem typischen Geschick der Gemeinde, das erst mit der (noch fernen) Parusie sein Ende finden wird. Sollte dies von Matthäus gemeint sein, so würde vollends unverständlich, warum er die weitere Fortsetzung des in V. 17 ff. vorweggenommenen Fragmentes, das gerade an der zeitlichen Differenz zur Parusie und der Abfolge der ihr voraufgehenden letzten bzw. vorletzten Dinge ein so betontes Interesse bekundet, in c. 10 durch das Naherwartungslogion V. 23 ersetzt hat. Anzunehmen ist darum, dass der Evangelist den Spruch nahezu wörtlich nach der nur von ihm bewahrten Tradition angefügt hat, um den zuvor für das Bestehen der verfolgten Jünger vor Gericht geltenden Zuspruch V. 19 f. im Blick auf die letzte Zukunft zu ergänzen (beachte dabei die Stichwortverbindung εἰς τέλος V. 22b / οὐ μὴ τελέσητε V. 23), ohne die in dem Logion ausgesprochene Naherwartung in eine Fernerwartung abzuändern und ohne den Spruch in das Geschichtsbild der späteren Gemeinde vollständig zu integrieren. Wohl aber konnte und

57 *J. Jeremias*, Neutestamentliche Theologie, Erster Teil: Die Verkündigung Jesu, Gütersloh [4]1988, S. 137.
58 *G. Strecker*, Der Weg der Gerechtigkeit (s. Anm. 12), S. 41 f.
59 Ähnlich schon *G. D. Kilpatrick*, The Origins of the Gospel According to St. Matthew, Oxford 1950 (Nachdr. von 1946), S. 119.
60 *M. Künzi*, Das Naherwartungslogion Matthäus 10,23 (s. Anm. 56), S. 178, Anm. 3; *E. Schweizer*, Das Evangelium nach Matthäus (s. Anm. 26), S. 32.

sollte diese offensichtlich ihre eigenen Leidenserfahrungen in der Diaspora nach dem Vorbild jener ersten Boten verarbeiten[61].

In der räumlichen und zeitlichen Begrenzung auf Palästina berühren sich die Sprüche V. 23 und V. 5b-6 aufs Engste, doch sind die Missionsanweisung am Anfang und das später folgende Trostwort nach Form und Charakter zu verschieden, um sie auf ein und dieselbe Tradition zurückzuführen[62]. Als authentische Jesusworte sind beide schwerlich anzusehen, da eine selbstständige Jüngeraktion und ein Verfolgungsschicksal, wie sie V. 5 f. und V. 23 voraussetzen, für Jesu Lebzeiten noch nicht anzunehmen sind; ebenso wenig eine so konkret an Mission und Verfolgung der Jünger gebundene Voraussage des bevorstehenden Weltendes. Alles das spricht dafür, jedes der beiden Logien für sich als charismatische Prophetensprüche aus der Frühzeit der judenchristlichen Gemeinde und ihrer Mission anzusehen, die in der Überlieferung sehr bald zu Worten des vorösterlichen Jesus geworden sind[63].

Forschungsgeschichtlich bleibt von hohem Interesse, dass A. Schweitzer dem von ihm für authentisch gehaltenen Matthäus-Spruch 10,23 durch Verknüpfung mit Mk 6,30 eine Schlüsselfunktion für das messianische Selbstbewusstsein Jesu und die Geschichte des frühen Christentums und seiner Theologie zugesprochen hat und darauf seine Hauptthese gründete: Jesus habe mit Weltende und Parusie noch während die Jünger unterwegs waren, ihren Missionsauftrag im palästinischen Land auszurichten, und vor ihrer Rückkehr zu ihm gerechnet und habe von ihrer unerwarteten Rückkehr an seinen eigenen Auftrag darin gesehen, nach Jerusalem zu ziehen und dort durch sein Leiden die eschatologischen Drangsale auf sich zu nehmen, um damit den Anbruch der verheißenen Basileia Gottes zu er-

61 *D. R. A. Hare*, The Theme of Jewish Persecution of Christians in the Gospel According to St Matthew (s. Anm. 46), S. 110 ff.

62 Gegen den Versuch von *H. Schürmann*, Zur Traditions- und Redaktionsgeschichte von Mt 10,23, in: BZ NF 3 (1959), S. 82-88, V. 23 als ursprüngliche Fortsetzung dem Q-Spruch Lk 12,11 f. zuzuordnen, die Matthäus im Unterschied zu Lukas als eschatologisches Trostwort für die Verfolgten ohne Bezug auf ihren Missionsauftrag eingearbeitet habe. Anders, aber ebenso wenig überzeugend *J. Dupont*, »Vous n'avez pas achevé les villes d'Israel avant que le fils de l'homme ne vienne« (Mat X 23), in: NT 2 (1958), S. 228-244, demzufolge der erste Halbvers 23a aus dem Zusammenhang von Mt 23 / 24 stammen soll, der zweite dagegen ursprünglich auf 10,5b-6 gefolgt sei.

63 So schon *J. Wellhausen*, Das Evangelium Matthaei, Berlin ²1914, S. 48; *W. Bousset*, Kyrios Christos. Geschichte des Christusglaubens von den Anfängen des Christentums bis Irenaeus (FRLANT 21), Göttingen ²1921, S. 10, Anm. 3; *T. W. Manson*, The Sayings of Jesus, London ⁴1957, S. 182, und seitdem v.a. (ausführliches Referat bei *M. Künzi*, Das Naherwartungslogion Matthäus 10,23 [s. Anm. 56], S. 122 ff., 140 ff.).

zwingen[64]. Die Nichterfüllung von Mt 10,23 und die Verzögerung der Parusie sei damit zum Entstehungsgrund des späteren Christentums und Zentralthema der ihr Ausbleiben schrittweise verarbeitenden kirchlichen Theologie geworden. Indes basiert, wie heute kaum noch bestritten, Schweitzers dramatische Rekonstruktion der Geschichte Jesu auf einer unhaltbaren Kombination ganz verschiedener Überlieferungsstücke, des Naherwartungslogions Mt 10,23 mit der von Matthäus gerade nicht aufgenommenen redaktionellen Notiz Mk 6,30 par. Lk 9,10 und ist darum selbst als überholt den zahlreichen Jesusbildern zuzuzählen, deren Geschichte von der Aufklärung bis zum Anfang des 20. Jahrhunderts A. Schweitzer in seinem berühmten Meisterwerk dargestellt hat. Darüber sollte jedoch nicht vergessen werden, dass sein »produktives Missverständnis« ihn dazu führte, die heute allgemein anerkannte außerordentliche Bedeutung der Eschatologie sowohl in Jesu Verkündigung wie in Glauben und Theologie des Urchristentums zu entdecken bzw. wiederzuentdecken und damit der Forschung nach ihm entscheidende neue Anstöße zu geben.

In V. 24 f. schließt Matthäus ein weiteres zweigliedriges Logion zur Illustration der in V. 17-23 angekündigten Jüngerverfolgungen an. Beide Spruchhälften sind anderwärts eingliedrig isoliert überliefert, das erste Glied – möglicherweise mit Rücksicht auf den Kontext verkürzt[65] – in Lk 6,40 (μαθητής / διδάσκαλος), das zweite in Joh 13,16 (δοῦλος / κύριος, hier erweitert durch ἀπόστολος / ὁ πέμψας) und 15,20, nur dort wie in Matthäus auf die Entsprechung von Jesu und der Jünger Verfolgung bezogen. Beide Fassungen sind in Mt 10,24 zu einem tautologisch parallelisierten, sentenzhaft formulierten Doppelspruch zusammengezogen. Der vermutlich von Matthäus zugefügte, ähnlich wie 6,34 mit ἀρκετόν eingeleitete Spruch schließt die Spruchfolge V. 17 ff. ab, indem er die beiden vorangehenden Begriffspaare μαθητής / διδάσκαλος und δοῦλος / κύριος wiederholt und durch ein drittes erweitert. Die in V. 25b gegebene Anwendung besagt zunächst: Der Jünger und Knecht hat kein anderes Los zu gewärtigen als sein Meister und Herr. Sie ist offensichtlich nach einer in rabbinischer Literatur mehrfach belegten sprichwörtlichen Redensart formuliert[66], erhält im matthäischen Kontext aber eine ausdrückliche Beziehung auf die Person Jesu, jedoch nicht auf Kreuz und Auferstehung, sondern auf das Schicksal des Irdischen: Die gleichen Schmähungen wie ihm werden erst recht seinen Jüngern widerfahren (πολλῷ μᾶλλον: Schluss a minori ad maius). Der pharisäische Vorwurf, er stehe mit

64 *A. Schweitzer*, Geschichte der Leben-Jesu-Forschung (GTBS 77/78), Gütersloh ³1977, S. 416 ff.; frühere Selbstzeugnisse A. Schweitzers bei *M. Künzi*, Das Naherwartungslogion Matthäus 10,23 (s. Anm. 56), S. 1 ff. 116 ff.

65 *R. Bultmann*, Die Geschichte der synoptischen Tradition (s. Anm. 39), S. 103.

66 *P. Billerbeck*, Kommentar zum Neuen Testament aus Talmud und Midrasch, Bd. I (s. Anm. 17), S. 578.

Beelzebub, dem Obersten der Teufel, im Bunde, weist auf die redaktionelle Notiz 9,34 zurück und auf 12,24 voraus; sinngemäß ist hier im Unterschied zu den beiden ersten Korrelationen ὁ οἰκοδεσπότης den οἰκιακοί vorangestellt. Beide Bildworte finden sich mehrfach in matthäischem Sondergut, das erstere für Gott (20,1.11; 21,33; vgl. auch 13,27), das letztere hier eindeutig für die Jünger (anders der unbildliche Gebrauch nach Mi 7,6 in Mt 10,36). »Hier wird sichtbar, wie Matthäus ursprünglich eschatologisches Material für seine ekklesiologische Terminologie verwendet.«[67] Unmissverständlich variiert damit das dritte Begriffspaar den Gedanken der *familia dei* in 12,46 ff. Der Vollmacht Jesu teilhaftig, in der Kraft des Geistes Gottes Dämonen auszutreiben und in das Haus des Satans einzubrechen (12,28 f.), teilen sie auch mit ihm als die zu diesem Hausherrn gehörenden Hausgenossen die ihm widerfahrenen Lästerungen als »nichts Befremdliches« (1Petr 4,12-14). Die beiden Wendungen ἕνεκεν ἐμοῦ 10,18 und διὰ τὸ ὄνομά μου 10,22 erhalten durch diesen Abschluss eine betont tröstliche Wendung, und die folgenden Mahnungen zur Furchtlosigkeit den betonten Charakter einer Konsequenz (οὖν V. 26.31.32).

3.2 Wider die Menschenfurcht (10,26-42)

Die weitgehenden Berührungen im Wortlaut und die Übereinstimmungen in der Spruchfolge zeigen, dass die Komposition des Abschnittes Mt 10,26-42 par. Lk 12,2-9 in Q vorgegeben war, einschließlich der beiden auch Mk 4,22 und 8,38 als Einzelsprüche überlieferten und dort von Matthäus und Lukas nach Markus wiederholten Sprüche am Anfang und Ende[68]. Beide haben das Q-Stück jedoch verschieden eingeordnet: Während es im Lukas-Evangelium auf die Scheltrede wider die Heuchelei der Pharisäer (11,37-12,1) folgt, bringt Matthäus es im zweiten Teil seiner erweiterten Botenrede. μὴ οὖν φοβηθῆτε αὐτούς (V. 26a) ist wie V. 17a matthäische Übergangsbildung zur Verbindung der beiden Stücke 10,17 ff. und 26 ff.[69] Dreimal wiederholt (V. 26.28.31), schlägt die Eingangsmahnung das Thema der zweiten Spruchreihe an. αὐτούς ist wie V. 17a.32 f. auf »die Menschen« als die den Jüngern feindliche Umwelt zu beziehen, nicht speziell auf die Jesus schmähenden Pharisäer (V. 25b[70]). Das

67 *R. Hummel*, Die Auseinandersetzung zwischen Kirche und Judentum im Matthäusevangelium (BEvTh 33), München 1963, S. 155.

68 *D. Lührmann*, Die Redaktion der Logienquelle (WMANT 33), Neukirchen-Vluyn 1969, S. 49.

69 *R. Bultmann*, Die Geschichte der synoptischen Tradition (s. Anm. 39), S. 95. 359

70 Gegen *D. R. A. Hare*, The Theme of Jewish Persecution of Christians in the Gospel According to St Matthew (s. Anm. 46), S. 113, Anm. 2.

folgende οὖν V. 26a (vgl. V. 31.32) und das V. 26b eingefügte γάρ, beides im Matthäus-Evangelium überaus häufige Verbindungspartikel, zeigen an, dass Jesu Worte über den göttlichen Beistand der Verfolgten vor Gericht V. 19 ff. und das gleiche Leidensschicksal Jesu und der Jünger V. 24 f. mit den folgenden Verheißungen für die Zukunft ihrer Verkündigung und ihr eigenes Geschick im Matthäus-Evangelium einen festen Begründungszusammenhang wider die Menschenfurcht bilden. Schon die vorangestellte Mahnung V. 26a ist darum in der matthäischen Komposition nicht mehr nur wie in V. 17a eine Warnung, sondern hat den Klang einer festen Zusage.

Unerschrockenheit, Standfestigkeit, Todesmut im Martyrium sind seit der Makkabäerzeit zentrale Motive der jüdischen Geschichtsschreibung, Prophetenlegende und Paränese[71]; mit starker Nachwirkung auch in der frühchristlichen Literatur (5,11 f.; 23,29 ff.; Hebr 11,35 ff.; Apk 6,9 ff.; 11,3 ff. u.ä.). Anders jedoch als im Judentum steht zumal im matthäischen Kontext nicht der vorbildliche Toragehorsam des Märtyrers, sondern die »geschichtliche Mission und Botschaft« der Jünger Jesu im Blick[72]. Dieser »geschichtliche« Aspekt tritt im Matthäus-Text deutlicher noch als im Lukas-Evangelium darin zutage, dass in V. 26b par. der Spruch vom Verborgenen, das offenbar werden wird, und seine Anwendung in V. 27 par. folgen. Wahrscheinlich ist in dem zweigliedrigen Logion eine unserem Sprichwort »Es ist nichts so fein gesponnen ...« ähnliche profane Warnung aufgegriffen: Alles kommt an den Tag! (Koh 10,20[73]). Ohne ausdrückliche Deutung ist das Wort auch Mk 4,22 par. Lk 8,17 überliefert, doch weist seine Zuordnung im dortigen weiteren Kontext zu der markinischen Jüngerbelehrung über den Zweck der parabolischen Lehrweise Jesu Mk 4,10 ff. darauf, dass in ihm wie in Q eine »Reflexion auf zwei verschiedene Epochen der christologisch interpretierten Heilsgeschichte« ausgesprochen ist[74].

In Lk 12,2 f. ist der Sinn nicht eindeutig. Nach G. Friedrich[75] wendet sich Jesus erst in V. 4 betont den Jüngern zu und drohen V. 2 f. den Pharisäern an, ihre Heuchelei sei nutzlos und werde entlarvt werden;

71 *W. Bousset*, Die Religion des Judentums im späthellenistischen Zeitalter, 3. Aufl. hg. v. H. Greßmann, mit einem Vorwort von E. Lohse (HNT 21), Tübingen [4]1966, S. 189 f. 374; *P. Volz*, Die Eschatologie der jüdischen Gemeinde im neutestamentlichen Zeitalter, Tübingen 1934, S. 237 ff.; *H. Strathmann*, Art. μάρτυς κτλ (s. Anm. 51), S. 489 ff.

72 *H. v. Campenhausen*, Die Idee des Martyriums in der Alten Kirche (s. Anm. 43), S. 4.

73 *P. Billerbeck*, Kommentar zum Neuen Testament aus Talmud und Midrasch, Bd. I (s. Anm. 17), S. 578 f.

74 *H. Conzelmann*, Art. φῶς κτλ, in: ThWNT 9, Stuttgart 1973, S. (302-349) 336.

75 *G. Friedrich*, Art. κῆρυξ κτλ, in: ThWNT 3, Stuttgart 1938, S. (682-717) 703.

ebenso G. Strecker[76], der damit die 2. Pers. Plur. und die Passivformen erklärt. Doch spricht gegen diese Interpretation, dass auch in 12,1 die Jünger angeredet sind, also kein Anlass besteht, in V. 3.4 einen Personenwechsel (Pharisäer / Jünger) einzutragen; auch sind Reden, Hören, Verkünden im Matthäus- wie Lukas-Evangelium typische Missionsterminologie. Das Logion Mt 10,26b par. wird durch das wieder zweigliedrig formulierte folgende Wort unter Verwendung der geläufigen Metaphern von σκότος und φῶς[77] näher erläutert. Einige Ausleger finden in den Wendungen »ins Ohr sagen« (Lukas; Matthäus: hören) – »auf den Dächern verkünden« eine Anspielung auf den synagogalen Brauch, dass der Lehrer einem Sprecher zuflüstert, was er laut der Gemeinde bekannt geben soll, oder an die rabbinische Schulregel, gewisse Lehrstoffe unter vier Augen und nicht vor jedermann zu traktieren[78]. Beides widerspricht jedoch dem im Matthäus- wie Lukas-Evangelium gleicherweise bekundeten antiesoterischen Charakter der Botschaft Jesu und seiner Jünger[79]. Erst darin differieren die beiden Q-Tradenten an unserer Stelle nicht unerheblich, dass nur Lukas die einst im Verborgenen geschehene und die künftige Jüngerpredigt in aller Öffentlichkeit einander gegenüberstellt (ἀνθ' ὧν ὅσα ἐν τῇ σκοτίᾳ εἴπατε / ἐν τῷ φωτὶ ἀκουσθήσεται, καὶ ὃ πρὸς τὸ οὖς ἐλαλήσατε / ἐν τοῖς ταμείοις κηρυχθήσεται ἐπὶ τῶν δωμάτων). Welche Zukunft ihm dabei vorschwebt, ist nicht deutlich gesagt. Möglicherweise das Pfingstgeschehen Lk 24,49; Apg 1,4 ff.; 2,1 ff. In Mt 10,27 dagegen gibt die in Lukas erst den nächsten Spruch 12,4 einleitende Wendung λέγω ὑμῖν, in Matthäus leicht zu ὃ λέγω ὑμῖν abgewandelt und in 10,27 einbezogen, dem Logion den eindeutigen Sinn eines inhaltlich gefüllten Auftrages, nämlich die ihnen jetzt im Verborgenen zuteilwerdende *Botschaft Jesu* in der Öffentlichkeit, »im Licht«, »auf den Dächern« zu verkünden. Das heißt: Matthäus hat den Spruch »in eine Weissagung über das Verhältnis der Jüngermission zur Predigt Jesu verwandelt«[80]. Das Wort des Irdischen erhält dadurch grundlegende und ein für alle Mal verbindliche Bedeutung für die nachösterliche Verkündigung seiner Jünger. Gemeinsam bleibt beiden, der Matthäus- wie der Lukas-Version, der innergeschichtliche

76 *G. Strecker*, Der Weg der Gerechtigkeit (s. Anm. 12), S. 190.

77 *H. Conzelmann*, Art. σκότος κτλ, in: ThWNT 7, Stuttgart 1964, S. (424-446) 442; *ders.*, Art. φῶς κτλ (s. Anm. 74), S. 336.

78 *P. Billerbeck*, Kommentar zum Neuen Testament aus Talmud und Midrasch, Bd. I (s. Anm. 17), S. 579 f.; *E. Klostermann*, Das Matthäusevangelium (s. Anm. 8), S. 90; *J. Horst*, Art. οὖς κτλ, in: ThWNT 5, Stuttgart 1954, S. (543-558) 552, Anm. 91.

79 Vgl. *H. Braun*, Spätjüdisch-häretischer und frühchristlicher Radikalismus, Bd. II (s. Anm. 48), S. 18 ff.; *ders.*, Qumran und das Neue Testament, Bd. I, Tübingen 1966, S. 21.

80 *R. Bultmann*, Die Geschichte der synoptischen Tradition (s. Anm. 39), S. 99.

Horizont des Wortes. Anders aber als Lukas stellt Matthäus nicht mehr das Einst und Dereinst der Jüngerpredigt einander gegenüber, sondern verpflichtet ihre künftige Predigt auf den ihnen jetzt zuteil werdenden Auftrag. Angesichts von 24,14 und 28,19 f. ist zu vermuten, dass die matthäische Neufassung und Verwendung des Spruches an dieser Stelle der sonst streng auf den palästinisch-jüdischen Raum beschränkten matthäischen Aussendungsrede den Jüngern Weisung geben soll auch für ihre weltweit geöffnete Sendung zu »allen Dächern«. Von einer endzeitlichen Rehabilitierung der Boten ist weder 10,27 noch Lk 12,3 die Rede[81]. Eine solche lässt sich allenfalls aus V. 32 f. par. herauslesen. Doch haben die vier Antithesen: verhüllt / offenbar, verborgen / bekannt, im Dunkeln / im Licht, ins Ohr geflüstert (Matthäus: gehört; Lukas: + in den Kammern) / auf den Dächern verkündet sichtlich ein innerzeitlich-geschichtliches Zuvor und Hernach der Jüngerpredigt im Auge und wehren ihrer Furcht zu scheitern mit der Zusage: Das euch aufgetragene Wort wird keine Macht der Welt zum Schweigen bringen.

Erst die geschlossene Spruchreihe V. 28-31 par. Lk 12,4 ff. rüstet die Jünger für das ihnen drohende Martyrium. Ihr Aufbau ist in Matthäus / Lukas im Wesentlichen der gleiche: Gerahmt von den beiden gleichlautenden Imperativen V. 28a.31b, kontrastiert V. 28 die Menschen- und Gottesfurcht, gefolgt von zwei weisheitlichen Erfahrungssätzen V. 29 f. und beschlossen durch die charakteristisch jüdische Folgerung a minore ad maius (vgl. 6,25 ff.). Formale und inhaltliche Gründe deuten darauf, dass Matthäus ziemlich genau den Wortlaut von Q wiedergibt[82].

Der Matthäus-Text V. 28 parallelisiert streng antithetisch: μὴ φοβεῖσθε (Nebenform μὴ φοβηθῆτε) V. 28a und φοβεῖσθε V. 28 b korrespondieren; das adversativische δέ wird durch μᾶλλον = »vielmehr« verstärkt, vgl. 10,6; 25,9; 27,4 u.a. Entgegengesetzt sind das irdisch-zeitliche Schicksal, das den Jüngern von menschlichen Richtern droht, und das ewige, das ihnen von Gott im Endgericht widerfährt; τὸν δυνάμενον καὶ ψυχὴν καὶ σῶμα ἀπολέσαι ἐν γεέννῃ (Lukas: τὸν μετὰ τὸ ἀποκτεῖναι ἔχοντα ἐξουσίαν ἐμβαλεῖν εἰς τὴν γέενναν) meint also schwerlich den Teufel[83], sondern Gott als Richter. Außer dem Kontext spricht dafür auch der forensische Sinn von »Töten« und »Verderben« sowie der häufige Gebrauch von ὁ δυνάμενος in jüdischen und christlichen Gottesprädikationen; so besonders Jak 4,12: ὁ

81 Gegen *P. Hoffmann*, Studien zur Theologie der Logienquelle (s. Anm. 11), S. 132.

82 *S. Schulz*, Q. Die Spruchquelle der Evangelisten, Zürich 1972, S. 157 ff.

83 Gegen *W. Grundmann*, Das Evangelium nach Matthäus (ThHK 1), Berlin 1968 = [6]1986, S. 297; *D. Lührmann*, Die Redaktion der Logienquelle (s. Anm. 68), S. 50.

δυνάμενος σῶσαι καὶ ἀπολέσαι[84], ähnliche Prädikationen auch Jud 5; 2Petr 2,4[85].
Die lukanische Version 12,4 f. ist offenbar sekundär: Der strenge parallelismus membrorum ist durch rhetorische Wendungen am Anfang und Schluss V. 4a.5a/c und die Verwendung verschiedener Verben stilistisch aufgelockert, die für griechische Ohren befremdliche Phrase »die Seele töten« wohl geflissentlich in V. 5 konsequent aufgegeben[86]; der Ton liegt hier allein auf dem Gegensatz zwischen der zeitlichen Begrenzung des Handelns menschlicher Richter und der Tragweite der Entscheidung des göttlichen Richters (»und danach nichts darüber hinaus tun können« / »der nach dem Tod die Macht hat, in die γέεννα zu werfen«). Demgegenüber ist die Besonderheit des Matthäus-Spruches der sonst nirgends so eindeutig ausgesprochene Gedanke, dass die Seele den leiblich-physischen Tod überdauert und sich für eine befristete Zeit vom Leibe löst, um erst am Jüngsten Tag zusammen mit dem Leib ihr definitives Schicksal zu empfangen. Wo immer sonst von der ψυχή die Rede ist, bezeichnet sie fast durchweg wie alttestamentlich נֶפֶשׁ die Kraft des natürlichen Lebens bzw. den individuellen sterblichen Menschen in seiner spezifischen Lebendigkeit, seinem Willen, Fühlen, Empfinden usw.; ψυχή ist darum zumeist schlicht mit »Leben« zu übersetzen: Mt 6,25 par.; 16,25 f. par.; 20,28 par. u.a. (das Leben retten, verlieren, hingeben, jemandem nach dem Leben trachten oder – von Gott ausgesagt – es fordern Lk 12,20); das unwiederbringliche Leben gilt darum als der Güter höchstes Mt 16,26 par.[87] Doch beweist die völlig ungriechische Gerichtsvorstellung 10,28b, dass auch in diesem Logion nicht der griechische Gedanke der Seele als eines unsterblichen Wesensteiles des Menschen gemeint ist und vollends nicht die griechische Vorstellung ihrer Befreiung aus dem Gefängnis des Leibes im Tod. Zwar verrät seine Formulierung deutlich griechischen Einfluss, doch gibt sowohl die Unterscheidung von σῶμα und ψυχή in V. 28a wie die ebenso nachdrückliche Verbindung beider (καὶ ψυχὴν καὶ σῶμα ἀπολέσαι) V. 28b eindeutig dem alttestamentlich-jüdischen Gedanken Ausdruck: Gott allein als der ewige Richter hat Macht über den ganzen Menschen und kann ihn in der Hölle zunichte machen[88].

84 Vgl. *M. Dibelius*, Der Brief des Jakobus (KEK 15), Göttingen [8]1956, S. 211.
85 *A. Oepke*, Art. ἀπόλλυμι κτλ, in: ThWNT 1, Stuttgart 1933, S. (393-396) 395.
86 *A. Harnack*, Beiträge zur Einleitung in das Neue Testament, Bd. II: Sprüche und Reden Jesu, Leipzig 1907, S. 60; *E. Klostermann*, Das Lukasevangelium (s. Anm. 35), S. 133.
87 *E. Schweizer (/ G. Bertram / A. Dihle / E. Jacob / E. Lohse / K.-W. Tröger)*, Art. ψυχή κτλ, in: ThWNT 9, Stuttgart 1973, S. (604-667) 635 ff.
88 *E. Schweizer*, a.a.O., S. 645.

Beispiele für eine ähnliche Verschmelzung des alttestamentlich-jüdischen Gerichtsgedankens mit griechischer Denk- und Redeweise bietet auch die Literatur des hellenistischen Judentums. Vgl. SapSal 16,13 f.: »Hast du doch Macht über Leben und Tod, du fährst hinab zu den Pforten der Unterwelt (εἰς πύλας ᾅδου) und wieder herauf. Der Mensch dagegen kann wohl töten in seiner Bosheit, aber den entschwundenen Geist vermag er nicht zurückzubringen und die hinweggenommene Seele nicht zu befreien«; 4Makk 13,14: μὴ φοβηθῶμεν τὸν δοκοῦντα ἀποκτέννειν. Auch rabbinische Aussprüche reden von Gott, der für diesen und jenen Äon töten kann (Mekh II zu Ex 17,14; Tan פנחס 4,151[89]), lehrhaft entwickelt in der Vorstellung, dass die vom Leib geschiedene Seele in der Zwischenzeit bis zum Endgericht im Totenreich (ᾅδης) weilt, um dann erst im Endgericht zusammen mit dem Leib entweder in die Hölle (γέεννα) zum ewigen Verderben geworfen oder zum ewigen Leben auferweckt zu werden[90]. Für die jüdische Lehre von dem am Jüngsten Tag über Leib *und* Seele ergehenden Gerichtsspruch vgl. das hübsche Streitgespräch eines Rabbi mit dem Kaiser Antoninus Sanh 91a[91]. Dieselbe Vorstellung einer interimistischen Scheidung von Leib und Seele auch Mt 10,28, hier jedoch konzentriert auf den göttlichen Gerichtsspruch über den Menschen in seiner leib-seelischen Ganzheit[92].

Die bereits in Q unverbunden angefügten weisheitlichen Sprüche V. 29-31 par. Lk 12,6 f. erläutern die Eingangsmahnung V. 26 mit demselben Motiv wie 6,26-30. Ursprünglich wohl selbstständig überliefert, bekommen sie hier durch ihre Anwendung auf das Martyrium der Jünger besondere Aktualität und sind auch durch ihre Dreigliedrigkeit und das letzte resümierende Satzglied V. 31 der ganzen Spruchreihe angeglichen.

V. 29 besagt: Wenn schon den geringsten Geschöpfen nichts ohne Wissen und Willen des Schöpfers widerfährt, um wieviel mehr steht ihr unter der Fürsorge eures Vaters. Vgl. dazu Rabbi Schimeon ben Jochai: »Ein Vogel geht nicht zugrunde ohne den Himmel, um wieviel weniger der Mensch!«[93]

Der hyperbolische Spruch V. 30 vom Zählen der Haare überbietet noch die geläufige biblische Wendung: »Kein Haar soll von seinem

89 *A. Schlatter*, Der Evangelist Matthäus (s. Anm. 51), S. 345 f.

90 *J. Jeremias*, Art. γέεννα κτλ, in: ThWNT 1, Stuttgart 1933, S. 655 f.

91 *P. Billerbeck*, Kommentar zum Neuen Testament aus Talmud und Midrasch, Bd. I (s. Anm. 17), S. 581.

92 Über Auslegung und Abwandlung des Spruches bei den Apostolischen Vätern, den Apologeten und in der Gnosis vgl. *E. Schweizer (/ F. Baumgärtel)*, Art. σῶμα κτλ, in: ThWNT 7, Stuttgart 1964, S. (1024-1091) 1080, 1082, 1083.

93 *P. Billerbeck*, Kommentar zum Neuen Testament aus Talmud und Midrasch, Bd. I (s. Anm. 17), S. 583; dort weitere Belege.

(deinem) Haupte fallen« 1Sam 14,45; 2Sam 14,18; 1Kön 1,52; Apg 27,34.

V. 31 πολλῶν στρουθίων διαφέρετε ὑμεῖς wörtlich: »ihr seid mehr wert als viele Sperlinge«; gemeint ist jedoch: »ihr seid viel besser als Sperlinge«[94]. Obgleich ohne Sinnverschiebung differieren Matthäus und Lukas: Die Geringwertigkeit der Sperlinge als Arme-Leute-Nahrung wird Mt 10,29 mit einem As (lat. Lehnwort = 5 Pf) für das Paar, in Lk 12,6 mit zwei für fünf angegeben; entweder aus gängiger Marktpraxis zu erklären (in der nächsthöheren Einheit billiger) oder aus einem Schwanken des Geldkurses[95]. πεσεῖται ἐπὶ τὴν γῆν (Matthäus), d.h. in die Falle (Am 3,5; so schon richtig Origenes) ist härter und wohl ursprünglich gegenüber der den allgemeinen Vorsehungsgedanken betonenden lukanischen Version; umgekehrt unterstreicht das von Matthäus betont vorangestellte ὑμῶν und ἄνευ τοῦ πατρὸς ὑμῶν (Lukas: ἐνώπιον τοῦ θεοῦ) die Fürsorge des himmlischen Vaters für die Jünger. μὴ οὖν φοβεῖσθε und ὑμεῖς am Ende von Mt 10,31 markieren erneut den Begründungszusammenhang V. 26-31 (s.o.).

In dem gegenüber Lukas bedeutsam erweiterten matthäischen Zusammenhang 10,17-25.26-31 (s.o.) erhält der in Lukas neu einsetzende, hier mit abschließendem οὖν angefügte Spruch vom Bekennen und Verleugnen V. 32 f. par. Lk 12,8 f. schon durch seine Stellung besonderes Gewicht. Die in ihm ausgesprochene eschatologische Verheißung übersteigt die zuvor in V. 19 f.29 f. ergangenen zeitlichen Zusagen durch die Versicherung: Im Endgericht wird auch Jesus sich zu denen bekennen, die sich vor ihren irdischen Richtern zu ihm bekannt haben. Wirkung und Bedeutung des Spruches sind auch an seiner mehrfachen Überlieferung abzulesen: in den synoptischen Evangelien viermal, wenngleich in verschiedener Fassung und verschiedenem Zusammenhang, in Mt 10,32 f. par. Lk 12,8 f. (Q) antithetisch als Heilsverheißung und Drohwort, in Mk 8,38 par. Lk 9,26 dagegen nur als Drohwort im Anschluss an die Jüngersprüche über Leidensnachfolge und Selbstverleugnung; darüber hinaus enthalten deutliche Anklänge an den matthäischen Spruch auch 2Tim 2,12 in einer ausdrücklich als Tradition, obschon nicht als Herrenwort gekennzeichneten Spruchkette, sowie der als Wort des Erhöhten eingeführte Siegerspruch in dem Sendschreiben Apk 3,5; vgl. auch das Herrenwortzitat 2Clem 3,2. Aber auch die Wiedergabe der Q-Version differiert: Die lukanische Version unterscheidet zwischen dem Ich Jesu in den Vordersätzen 12,8/9 und dem in dritter Person genannten Menschensohn

94 Wohl Fehlübersetzung einer aramäischen Vorlage; *J. Wellhausen*, Das Evangelium Matthaei (s. Anm. 63), S. 49.

95 Vgl. *A. Deissmann*, Licht vom Osten. Das Neue Testament und die neuentdeckten Texte der hellenistisch-römischen Welt, Tübingen [4]1923, S. 234 f.

in den Nachsätzen (entsprechend Mk 8,38 par.). In Matthäus ist – sichtlich sekundär – diese Unterscheidung aufgehoben. Die breite, stark variierende Überlieferung zeigt, dass der Spruch ursprünglich selbstständig umlief.

Seiner Form nach gehört das Logion zu den zahlreichen einfach oder antithetisch formulierten Herrenworten, die knapp und erschöpfend die genaue Entsprechung zwischen dem irdischen Tun und Verhalten der Angeredeten und ihrem Ergehen im Endgericht ansagen, speziell zu den Logien, in denen dieselben im Vordersatz auf den Menschen als Subjekt bezogenen Verben im futurisch gehaltenen Nachsatz das im Eschaton über ihn ergehende Gerichtsurteil umschreiben (Mk 4,24; Lk 6,37 f.; Mt 7,1 f.; vgl. auch Mt 5,7; 6,14 f. u.a.). Diese Spruchform findet sich häufig auch in der weisheitlichen Paränese (Spr 13,13.20; 22,8; Sir 4,12.14; 7,1; 14,14 u.ö.) und in der dieselbe fortsetzenden jüdisch-apokalyptischen Literatur, wobei hier wie da die Vergeltung nicht selten als eine schon innerweltliche vorgestellt ist, oft jedoch und zunehmend als jenseitig eschatologische[96]; vgl. TestLev 13,5 f.; TestSeb 6,6; 8,1 ff.; äthHen 95,5 f.; aus dem Neuen Testament: 1Kor 3,17; 14,38; 2Kor 9,6; Jak 2,13; 4,10; Apk 18,6; 22,18 f. Das Besondere des Logions Mt 10,32 f. par. liegt indes nicht nur in der Entsprechung von Tat und Lohn (Strafe), sondern in der Korrelation eines irdischen und jenseitigen Gerichtsgeschehens. Das zeigt die forensische Terminologie in beiden Spruchhälften: Das doppelte präpositional verwendete ἔμπροσθεν[97] wird häufig gebraucht für Hintreten bzw. Vorgeführtwerden vor den Richter, auch den göttlichen: Mt 25,32; 27,11; Lk 21,36; 2Kor 5,10[98]. Aus der Parallelität der Sätze erhellt, dass ἔμπροσθεν τῶν ἀνθρώπων demnach nicht besagt: überall und vor jedermann. Vielmehr bezeichnet die determinierte Wendung »die Menschen« das gottfeindliche Forum des irdischen Tribunals (oppos. Lk 12,9: »vor den Engeln Gottes«). »Die Menschen« auch sonst häufig im Gegensatz zu Gott: Mk 8,33 par.; Mt 6,1.2.5; Lk 16,15 u.ö.; »in die Hände der Menschen« wird der Menschensohn ausgeliefert (Mk 9,31 par.); vor ihnen sollen die Jünger auf der Hut sein (Mt 10,17). Sinngleich dafür Mk 8,38: ἐν τῇ γενεᾷ ταύτῃ τῇ μοιχαλίδι καὶ ἁμαρτωλῷ. Termini der Rechts- und Prozesssprache sind vollends ὁμολογέω / ἀρνέομαι = »ein Geständnis ablegen« / »eine Schuld leugnen«[99]. Doch scheidet dieser gängige prozessuale Wortsinn beider Verben für Mt 10,32 f. par. Lk 12,8 f.

96 *K. Berger*, Zu den sogenannten Sätzen Heiligen Rechts, in: NTS 17 (1970/71), S. (10-40) 19 ff.

97 *F. Blass / A. Debrunner / F. Rehkopf*, Grammatik des neutestamentlichen Griechisch (s. Anm. 15), § 214,1.6.

98 *W. Bauer*, Griechisch-deutsches Wörterbuch (s. Anm. 6), Sp. 510 (Art. ἔμπροσθεν).

99 A.a.O., Sp. 1125 (Art. ὁμολογέω); 213 (Art. ἀρνέομαι).

aus, weil er sich nicht auf das Subjekt der beiden Nachsätze anwenden lässt und zuerst von den vor dem irdischen Gericht Stehenden ausgesagt in genauer Entsprechung dazu hernach das Verhalten und Tun des kommenden Richters umschreibt. Diese Entsprechung, auf die das Logion eindeutig abzielt, kommt ebenso wenig zustande bei Annahme der gleichfalls in der griechischen Rechtssprache häufigen weiteren Verwendung von ὁμολογέω = »öffentlich und verbindlich erklären« oder »seine Zustimmung geben« etwa bei Abschluss eines Vertrages bzw. im Gespräch der Behauptung des anderen »beipflichten« (so ungezählte Male z.B. in den platonischen Dialogen). Aus demselben Grund kommt aber auch die aus dem späteren christlichen Sprachgebrauch bekannte Bedeutung nicht in Frage: Jesus *als* Christus, Herrn oder Gottessohn (mit doppeltem Akkusativ) oder einen in ὅτι-Sätzen ausgesagten Glaubensinhalt bekennen (Röm 10,9; Joh 1,20; 9,22; 1Joh 4,2.15; IgnSm 5,2 u.a.[100]; Gegensatz: leugnen). Dagegen entsprechen sich Vorder- und Nachsatz in dem Spruch genau, wenn in beiden Spruchhälften die reflexive Bedeutung vorliegt: *sich zu jemandem bekennen, zu ihm stehen*; so hier: für ihn Partei nehmen und für die Zugehörigkeit zu ihm einstehen (Gegensatz: sie bestreiten oder die Verbindung mit ihm aufsagen). Das bestätigt der analoge Gebrauch von ἀρνέομαι in 10,33a/b par., in den Evangelien beispielhaft illustriert in der Verleugnung Petri: Mk 14,68.70 f. par.; Joh 18, 25.27. Dasselbe als jüdische Bannformel belegt[101], in den synoptischen Texten fast wortgleich überlieferte und in Markus / Matthäus ausdrücklich als Verfluchung bezeichnete Verleugnungswort: οὐδέποτε ἔγνων ὑμᾶς ergeht in Mt 7,23 (vgl. auch 25,12), feierlich mit τότε ὁμολογήσω αὐτοῖς eingeführt, aus dem Munde des Weltrichters und hebt dort ein für alle Mal die Gemeinschaft mit den bloßen Herr-Herr-Sagern auf, die Jesus als der kommende Richter in 10,32b denen zusagt, die ihm auf Erden die Treue gehalten haben. Dieser Wortsinn von ὁμολογεῖν ist im Griechischen ganz ungewöhnlich, und vollends ungriechisch ist die Konstruktion ὁμολογεῖν ἐν τινι. Wohl aber entspricht sie genau der im Semitischen gebräuchlichen Verbindung des Verbs mit präpositionalem בְּ. Vgl. z.B. jBer 13^{b},38: »Ein Mensch aus Fleisch und Blut hat einen Verwandten – wenn dieser reich ist, bekennt er sich zu ihm, ist er arm, verleugnet er ihn.«[102]

Die griechischen und lateinischen Väter Clemens Alexandrinus (Herakleon), Chrysosthomos und Tertullian haben an dem sprachlich befremdenden Matthäus-Text herumgerätselt und ihn mithilfe des theologischen μαρτύρι-

100 Vgl. a.a.O., Sp. 1125 f. (Art. ὁμολογέω).
101 *P. Billerbeck*, Kommentar zum Neuen Testament aus Talmud und Midrasch, Bd. I (s. Anm. 17), S. 469.
102 Deutsche Übersetzung von *Ch. Horowitz*, Der Jerusalemer Talmud in deutscher Übersetzung, Bd. 1, Tübingen 1975, S. 223.

ον-Gedankens erklären wollen, was sich schon wegen der gleichen Verb-Konstruktion in V. 32b verbietet[103]; bereits 2Clem 3,2 gibt das Logion in griechischer Konstruktion wieder.
Die Vermutung liegt darum nahe, dass die archaische semitisierende Wendung aus Q sich nicht zufällig in Mt 10,32 par. Lk 12,8 (nur hier!) erhalten hat, sondern die personale Beziehung von Jünger und Meister ausdrücken soll (vgl. 10,24 f.).
Trifft unsere Vermutung zu, so soll der oft vermerkte, in seiner inhaltlichen Bedeutung jedoch kaum reflektierte Semitismus das den Jüngern verheißene Heil als Erwiderung und endgültige Besieglung ihrer Treue zu dem irdischen Jesus durch den kommenden Weltrichter umschreiben. So verstanden, erklärt sich auch die keineswegs selbstverständliche Ersetzung des traditionsgeschichtlich als ursprünglich anzusehenden Terminus »Menschensohn« durch das doppelte Ich Jesu im Matthäus-Evangelium, denn er fügt den Titel Menschensohn sonst eher ein, als dass er ihn meidet (16,13.27 f.; 17,12; 19,28; 24,36; 26,2), und bezeichnet ihn in den seinem Sondergut entstammenden Texten 13,36 ff.; 16,27; 25,31ff. als den am Weltende richterlich fungierenden Beauftragten »seines himmlischen Vaters«. In der gleichen Funktion und nicht nur in der des Bürgen und Zeugen[104] wirkt auch Jesus Mt 10,32 f. Wird der Hoheitstitel dennoch an dieser Stelle vermieden, so ist anzunehmen, dass Matthäus hier nicht so sehr die durch Text und Kontext ohnehin zur Genüge gekennzeichnete Endgerichtssituation betonen wollte, sondern dies, dass der kommende Richter kein anderer als der irdische Jesus sein wird, der den Jüngern in ihrer Bedrängnis ein für alle Mal zusagt: Ich stehe zu euch! Dann aber stehen auch am Schluss des von Matthäus sorgfältig und eigenständig komponierten Redestückes 10,17-33 die zuvor angeredeten Jünger im Blick und nicht ihre (künftigen) Hörer, »die sich auf ihre Verkündigung hin zu Jesus bekennen«[105].

Zur neueren Diskussion der Entstehung des Logions Mt 10,32 f. par.

Noch Bultmann galt die auch durch Mk 8,38 par. Lk 9,26 bestätigte Unterscheidung zwischen dem kommenden Menschensohn und dem Ich des irdischen Jesus in Lk 12,8 f. (Q) als wichtiges Indiz für die Herkunft des Logions von Jesus selbst und als Ausdruck für Jesu prophetisches Selbstbe-

103 Vgl. *E. Nestle*, Zum neutestamentlichen Griechisch, in: ZNW 7 (1906), S. 279 f.; s. auch *ders.*, Zu Band 7, 279 f., in: ZNW 8 (1907), S. 241; *ders.*, Zu Band 7, 279 f.; 8, 241 (Mt 10,32; Lk 10,8), in: ZNW 9 (1908), S. 253.
104 *H. E. Tödt*, Der Menschensohn in der synoptischen Überlieferung, Gütersloh [5]1984, S. 83; dagegen mit Recht *F. Hahn*, Das Verständnis der Mission im Neuen Testament (s. Anm. 13), S. 36.
105 *D. Lührmann*, Die Redaktion der Logienquelle (s. Anm. 68), S. 52.

wusstsein[106], aber auch dafür, dass er mit dem Menschensohn nicht sich selbst bezeichnet habe, sondern den himmlischen Weltrichter der apokalyptischen Enderwartung (Letzteres darum, weil keines seiner Menschensohn-Worte etwas über die Entrückung und Verwandlung des irdischen in die Gestalt des himmlischen aussagt[107]). Im Gegensatz zu dieser Konzeption hat inzwischen in der kritischen Synoptikerforschung die These wachsende Zustimmung gefunden, das Bekenntniswort gehe wie *alle* überlieferten Menschensohn-Worte (d.h. außer den vom auf Erden wirkenden und den vom leidenden und auferstehenden auch die vom kommenden) nicht auf Jesus selbst zurück, sondern sei ein erst in der nachösterlichen palästinischen Gemeinde entstandener urchristlicher Prophetenspruch. Die Möglichkeit solcher Entstehung ist zwar nicht von vornherein zu bestreiten, beweist doch schon die vielfache Abwandlung des Spruches (s.o.) seine hohe Bedeutung für die spätere Gemeinde und ihren nicht geringen Anteil an seiner jeweils aktualisierenden Gestaltung. Gleichwohl ergeben sich aus der oben begründeten Exegese kritische Bedenken gegen die Beweiskraft der wichtigsten gegen seine Echtheit angeführten Gründe: (1) Hauptargument ist für E. Käsemann[108] die dem Spruch eigene Form strenger Entsprechung zwischen menschlichem Tun und göttlicher Vergeltung. Diese schon alttestamentliche (Gen 9,6), aber auch außerbiblisch belegte und im Neuen Testament mehrfach begegnende (1Kor 3,17; 14,38; 16,22) Spruchform beweise die Zugehörigkeit des Logions zur Gattung »heiliger Rechtssätze« und sei typisch für die Rede palästinisch-urchristlicher Propheten, die zu solcher Proklamation des Gottesrechtes durch die Ostergewissheit, die enthusiastische Geisterfahrung und Naherwartung der frühen Christenheit autorisiert das eschatologische *Jus talionis* in der Gemeinde aufrichteten[109]. Das besagte Formgesetz ist jedoch so weit verbreitet, sowohl in jüdischer Spruchweisheit und Apokalyptik als auch in kaum anfechtbaren Jesuslogien (s.o.), dass sich ihm kein zureichendes Argument für die Annahme eines derart eingeengten Entstehungsbereiches des Spruches entnehmen lässt[110]. – (2) Mit Recht haben Ph. Vielhauer[111] und H. Conzelmann[112] betont, dass der Eindruck, das Wort unterscheide zwischen Jesus und dem Menschensohn, auf einer Täuschung beruhe; unterschieden werden vielmehr nicht zwei Personen, sondern zwei *status*, zwei Epochen des Wirkens derselben Person. Doch gilt das, wie niemand bestreiten wird, für seine

106 *R. Bultmann*, Die Geschichte der synoptischen Tradition (s. Anm. 39), S. 135. 163.
107 Vgl. a.a.O., S. 30 ff.
108 *E. Käsemann*, Sätze heiligen Rechtes im Neuen Testament, in: ders., Exegetische Versuche und Besinnungen, Bd. 2, Göttingen [3]1970, S. (69-82) 78 f.
109 Grundlegend und bis heute nachwirkend dafür *E. Käsemann*, a.a.O.
110 Zur Kritik vgl. besonders *K. Berger*, Zu den sogenannten Sätzen Heiligen Rechts (s. Anm. 96).
111 *Ph. Vielhauer*, Jesus und der Menschensohn. Zur Diskusion mit Heinz Eduard Tödt und Eduard Schweizer, in: ders., Aufsätze zum Neuen Testament (TB 31), München 1965, S. (92-140) 105 f.
112 *H. Conzelmann*, Grundriß der Theologie des Neuen Testaments (EETh 2), München [3]1976, S. 155.

Wiedergabe in den Evangelien, dagegen nicht ohne Weiteres für den vorgegebenen Spruch selbst. Zu der nach wie vor nicht selbstverständlichen Differenzierung, die bezeichnenderweise im Matthäus-Evangelium aufgehoben ist, vgl. H. Braun: »sie ist im Munde des historischen Jesus ... immer noch wahrscheinlicher als auf dem Boden einer Gemeindebildung«[113]. Schließt aber Jesu einzigartiger Sendungsbeweis nicht den Hinweis auf eine andere Heilsgestalt, den vom Himmel kommenden Menschensohn, aus? Auf diesen wiederholt geäußerten Einwand ist u.E. zu antworten: Gerade weil der Gerichtsspruch des kommenden Richters im Einklang steht mit Jesu Wort und die Gemeinschaft mit dem Irdischen bestätigt, ist die Ankündigung des Kommenden in Sprache und Vorstellung zeitgenössischer jüdischer Apokalyptik durch Jesus nicht weniger begründet als die Identifizierung beider durch die spätere Gemeinde. – (3) Aus den angeführten Gründen ist auch der Einwand nicht stichhaltig, Jesus sei in dem Spruch bereits »als Gegenstand der Verkündigung« vorausgesetzt[114] und die in ihm gekennzeichneten Umstände wiesen in die erst nach Jesu Tod eingetretene »Situation der bekennenden Kirche in der Welt, die Zeit, in der das gesamte Verhältnis zu Jesus durch das Bekenntnis zu seiner Person bestimmt ist und in der man wegen dieses Bekenntnisses vor Gericht gezogen werden kann«[115]. Auch hier gilt, dass sicherlich die frühe Kirche das überlieferte Herrenwort in diesem Sinne verstanden und aktualisiert hat. Gleichwohl ist für die beiden Q-Fassungen charakteristisch, dass die beiden Verben Bekennen und Verleugnen noch einen durchaus *vor*christologischen, mit dem frühchristlichen terminologischen Sprachgebrauch nicht ohne Weiteres gleichzusetzenden Wortsinn bewahrt haben. Gleiches gilt wie gezeigt für den Gegenbegriff ἀρνέομαι, den N. Perrin zu Unrecht »kirchlich-liturgischer Sprache« zuschreibt[116]. – Ein durchschlagender Beweis für die historische Echtheit des Logions in der Lk 12,8 f. erhaltenen Fassung ist mit diesen Erwägungen selbstverständlich nicht zu führen oder gar der exakte Wortlaut seiner Urform zu rekonstruieren. Wichtiger ist jedoch ihr inhaltlicher Ertrag: *Die Treue oder Untreue in der Nachfolge entscheiden vor dem Gericht Gottes über Jesu Jünger. So verstanden ist der Spruch mit hoher Wahrscheinlichkeit ein authentisches Herrenwort.*

Im Folgenden hat Matthäus drei Spruchgruppen zu einer größeren, die Aussendungsrede abschließenden Einheit 10,34-42 komponiert. Die erste V. 34-36 hat nur in Lk 12,51-53 (Q) eine Parallele, die zweite V. 37-39 in Lk 14,26 f.; 17,33 (Q) und teilweise in Mk 8,34 f. par., die dritte V. 40-42 dagegen ist in enger Anlehnung an Mk 9,37.41 formuliert. Die Verschiedenheit des Kontextes und die Abweichungen des Wortlautes lassen erkennen, dass die Sprüche bzw. Spruchgruppen

113 Vgl. *H. Braun*, Gesammelte Studien zum Neuen Testament und seiner Umwelt, Tübingen ³1971, S. 348 (Anhang).
114 *Ph. Vielhauer*, Jesus und der Menschensohn (s. Anm. 111), S. 103.
115 *H. Conzelmann*, Grundriß der Theologie des Neuen Testaments (s. Anm. 112), S. 156.
116 *N. Perrin*, Rediscovering the Teaching of Jesus (NTLi), London 1967, S. 188.

ursprünglich als Einzelstücke überliefert waren. Matthäus hat ihnen jedoch einen klaren sachlichen Zusammenhang gegeben: Das vorangestellte Wort über Jesu Sendung gibt ähnlich wie in den übrigen großen Redekompositionen des Matthäus auch dieser eine eschatologische Ausrichtung, hier jedoch nicht als Schilderung der Endereignisse selbst, sondern der Drangsale, die dem Anbruch der messianischen Zeit auf Erden vorangehen. Die zweite Spruchreihe fordert von den Jüngern den unbedingten Gehorsam der Nachfolge bis zum Einsatz ihres Lebens; die zum Hauptthema der ganzen Rede zurücklenkende dritte endlich schließt Jesus und seine Boten zusammen und verheißt denen, die sie aufnehmen, ewigen Lohn.

Das programmatische dreimalige ἦλθον-Wort mit finalem Infinitiv (vgl. 5,17; Mk 2,17 par.; Lk 12,49; vgl. auch Mk 10,45 par.), negativ und positiv gewendet, wehrt mit höchstem Nachdruck der irrigen Meinung, mit Jesu Kommen sei das messianische Friedensreich bereits angebrochen. Obwohl die lehrhafte redaktionelle Einführungsformel μὴ νομίσητε ὅτι (außer 5,17 nur hier) matthäischen Stil verrät, ist die grundsätzliche Formulierung in V. 34 gegenüber dem Fragesatz Lk 12,51: δοκεῖτε ὅτι εἰρήνην παρεγενόμην δοῦναι ἐν τῇ γῇ; οὐχί, λέγω ὑμῖν ... wohl ursprünglicher. Dafür spricht auch die sichtlich der apokalyptischen Sprache entstammende Wendung βαλεῖν ἐπὶ τὴν γῆν. Vgl. Lk 12,49; EvThom 10: λέγει Ἰησοῦς· ἔβαλον πῦρ εἰς τὸν κόσμον. καὶ ἰδοὺ τηρῶ αὐτό ἕως ἂν πυροῖ, vgl. auch EvThom 16; Apk 14,16: καὶ ἔβαλεν ὁ καθήμενος ἐπὶ τῆς νεφέλης τὸ δρέπανον αὐτοῦ ἐπὶ τὴν γῆν, Josephus, Ant. 1,3,7: εὐμενῶς τε οὖν αὐτὸν (sc. Gott) προσδέχεσθαι τὴν θυσίαν παρεκάλει (sc. Noah) καὶ μηδεμίαν ὀργὴν ἐπὶ τὴν γῆν ὁμοίαν λαβεῖν (v.l. βαλεῖν). Entsprechend hier: βαλεῖν μάχαιραν (βαλεῖν, rabbinisch הֵטִיל = »stiften, bringen«); Lukas dafür im Ausdruck schwächer, aber dem Sinne nach gleich: δοῦναι διαμερισμόν. Abgewehrt wird damit die voreilige Übertragung der aus alttestamentlicher Prophetie bekannten Vorstellung vom Messias als Friedenskönig (Jes 9,5 f.; 11,1 ff.; Sach 9,9 f. u.ö.), üppig ausgemalt in der spätjüdischen Apokalyptik (1Hen 10,16 ff.; Sib III,652 f.; 750 ff.; 780 ff.). Wie aus dem Präteritum ἦλθον ersichtlich, blickt der Spruch auf Jesu abgeschlossenes Erdenwirken zurück. Er ist darum höchstwahrscheinlich erst in der frühen nachösterlichen Gemeinde entstanden[117]. Im schroffen Gegensatz zu dieser illusionären Erwartung deutet er die durch Jesu Kommen eröffnete Weltzeit im Sinne der das Ende ankündigenden apokalyptischen »Wehen«[118]. Aus dem Begriffspaar Friede – Schwert und dem eschatologisch-prophetischen Stil des Spruches erhellt eindeutig, dass μάχαιρα hier wie öfters übertragen gebraucht ist als Symbolwort für

117 *R. Bultmann*, Die Geschichte der synoptischen Tradition (s. Anm. 39), S. 166; *W. Trilling*, Das wahre Israel (s. Anm. 51), S. 171 f.

118 *P. Billerbeck*, Kommentar zum Neuen Testament aus Talmud und Midrasch, Bd. IV/2: Exkurse zu einzelnen Stellen des Neuen Testaments, München 1928 = ^{6}1975, S. 977 ff.

Unfrieden, gewaltsamen Tod oder speziell Krieg (Gen 31,26; Sib VIII, 120), der auch sonst unter oder an der Spitze anderer apokalyptischer Schrecknisse genannt wird (Erdbeben, Hungersnot, Verfolgung usw.), Mk 13,7 ff. par.; vgl. auch den Katalog eschatologischer Bedrohungen Röm 8,38.

Andere bildliche Verwendungen Jes 49,2; Apk 2,12; Hebr 4,12; Röm 13,4; Eph 6,16[119]. Die Übersetzung in W. Jens[120]: »Ich bin nicht gekommen, um Frieden zu bringen. Ich bin mit dem Messer (!) gekommen« (d.h. der Waffe der Zeloten) ist darum eine grobe Entstellung; verfehlt ist auch der für eine Übersetzung des *Matthäus*-Evangeliums unzutreffende Titel (»Am Anfang der Stall – am Ende der Galgen«).

Dass der gegenüber Lukas (διαμερισμός) stärkere matthäische Ausdruck speziell an Verfolgung und Martyrium denken lässt (V. 28.38; Röm 8,35), ist möglich, aber angesichts der umfassenden Wendung οὐκ εἰρήνην ἀλλὰ μάχαιραν unwahrscheinlich. Im Unterschied zu der traditionellen Messiaserwartung redet das Jesuswort nicht von einer Aufrichtung seiner Herrschaft durch Niederwerfung seiner Feinde, sondern von Erschütterungen und Konflikten, die er seinem Auftrag gemäß auf Erden heraufführen wird und seine Jünger leidend durchzustehen haben. Treffend Schlatter: »Nicht den Seinen gibt er das Schwert in die Hand; denn die Rede erneuert die Verpflichtung zur völligen Geduld, 5,39. Das Schwert nimmt der Gegner«[121]. Zu den durch Jesu Kommen ausgelösten apokalyptischen Nöten gehört auch das Zerreißen der engsten Familienbande (V. 35 f.). Sichtlich sind in die Verse schon die Erfahrungen der frühen Christenheit hineingeschrieben, formuliert aber sind sie obschon nicht als wörtliches Zitat von Mi 7,6 (im Einzelnen weicht der Text sowohl vom Griechischen als auch vom Hebräischen ab[122], so doch zumal in Matthäus in enger Anlehnung an die prophetische Weissagung und dem einleitenden ἦλθον-Wort parallelisiert, d.h. der Gemeinde zum »Trost im Leiden«[123] in Jesu Sendung und Willen ausdrücklich einbezogen. V. 35 f. bleiben auch darin der alttestamentlichen Weissagung näher als Lukas, dass sie dreigliedrig formuliert sind und in V. 36 das letzte Satz-

119 Vgl. *A. v. Harnack*, »Ich bin gekommen.« Die ausdrücklichen Selbstzeugnisse Jesu über den Zweck seiner Sendung und seines Kommens, in: ZThK 22 (1912), S. (1-30) 4 ff.

120 *W. Jens*, Am Anfang der Stall – am Ende der Galgen. Jesus von Nazareth, seine Geschichte nach Matthäus, Stuttgart ^{2}1972, S. 40.

121 *A. Schlatter*, Der Evangelist Matthäus (s. Anm. 51), S. 349 f.

122 *K. Stendahl*, The School of St. Matthew and its Use of the Old Testament (ASNU 20), Uppsala 1954, S. 90 f.

123 *R. Bultmann*, Die Geschichte der synoptischen Tradition (s. Anm. 39), S. 166.

glied des Micha-Spruches als zusammenfassender Abschluss verselbstständigt ist[124].

Durch V. 34 ff. vorbereitet und die Stichworte Vater / Mutter dem Sendungswort verbunden, folgen erneut drei Einzelsprüche V. 37-39 über die Bedingungen der Nachfolge Jesu: die ersten beiden, ebenfalls kombiniert, aber anders eingeordnet, auch in Lk 14,26 f., der zweite und dritte außerdem Mk 8,34 f. par. Auch hier ist die Doppelüberlieferung im Matthäus- und Lukas-Evangelium ein Indiz dafür, dass in Mt 10 par. Lk 14 Q-Tradition verarbeitet ist. Die matthäische Dreiergruppe ist klar disponiert: Die ersten beiden, jeweils konditional einsetzenden Sprüche (V. 37a/b partizipial, V. 38 relativisch formuliert) schließen refrainartig mit dreimaligem οὐκ ἔστιν μου ἄξιος. Auch der dritte (V. 39) beginnt mit einer Partizipialwendung und spricht ebenso einen Grundsatz der Nachfolge aus, aber ist nicht wie V. 38 mit καί angeschlossen, von V. 37/38 auch durch seine antithetische Formulierung unterschieden. Vor allem hebt er sich durch seine futurisch gehaltenen kontrastierenden Nachsätze (V. 39a/b) von den vorangehenden Sprüchen ab als warnender verheißender Abschluss der Dreiergruppe: ὁ εὑρὼν τὴν ψυχὴν αὐτοῦ ἀπολέσει αὐτήν, καὶ ὁ ἀπολέσας τὴν ψυχὴν αὐτοῦ ἕνεκεν ἐμοῦ εὑρήσει αὐτήν.

Die älteste Form des Logions V. 37 par. Lk 14,26 lässt sich nicht mehr ermitteln. Sichtlich enthalten beide Versionen primäre und sekundäre Züge: die knapp gefasste des Matthäus ist zweifellos älter als die langatmige Verwandtenliste im Lukas-Evangelium (Vater, Mutter, Ehefrau, Kinder, Brüder, Schwestern), dagegen dessen schroffes οὐ μισεῖ primär gegenüber der komparativischen Formulierung im Matthäus-Evangelium: ὁ φιλῶν … ὑπὲρ ἐμέ, »denn jenes kann nicht wohl aus diesem entstanden sein; auch ist durch das ὑπὲρ ἐμέ die Beziehung auf die Person Jesu verstärkt«[125]. Letzteres bestätigt die Annäherung der matthäischen Wendung an den Gebrauch von φιλεῖν bzw. μισεῖν im Sinne eines entschiedenen Glaubens an Jesus als Heilbringer in christologischen, homiletischen oder kultischen Texten 1Kor 16,22; 1Petr 1,8; Apk 2,4 und besonders Joh 8,42; 14,15.21.23 f.; 16,27b; 21,15 ff. Das rechtfertigt jedoch nicht die christologisch arg überzogene Interpretation des Matthäus-Spruches durch G. Stählin: »Jesus fordert für sich nicht das Gleichmaß der Nächstenliebe, sondern das Übermaß der Gottesliebe … Weil er wie Gott ist, redet und handelt, darum will er wie Gott geliebt werden.«[126] Auch das dreimalige matthäische »ist meiner nicht wert« (Lk 14,26.27.33:

124 Zur Nachwirkung von Mi 7,6 in der jüdischen Literatur vgl. *P. Billerbeck*, Kommentar zum Neuen Testament aus Talmud und Midrasch, Bd. I (s. Anm. 17), S. 586.

125 *R. Bultmann*, Die Geschichte der synoptischen Tradition (s. Anm. 39), S. 172.

126 *G. Stählin*, Art. φιλέω κτλ, in: ThWNT 9, Stuttgart 1973, S. (112-169) 127.

»kann nicht mein Jünger sein«) verstärkt die Beziehung auf Jesu Person. Vgl. auch ἄξιος in den Missionstexten Mt 10,11.13; 22,8; Apg 23,46 und angewandt auf bewährte Christen Apk 3,4; 16,6 sowie in dem Täuferwort Joh 1,27. In jedem Fall schwächt mindestens die matthäische Formulierung das rigorose Entweder-oder des Lukas-Textes ab, obwohl selbstverständlich auch dort das Verbum μισεῖν nicht als persönliche Abneigung, sondern von dem radikalen Gegensatz zwischen familiären Beziehungen und der Bindung an Jesus als Verkünder der nahenden Gottesherrschaft her verstanden sein will, und umgekehrt zielt gewiss auch der Matthäus-Text auf die gleiche kompromisslose Entscheidung, die im Fall des Konfliktes hier ein »Sowohl-als-auch« ausschließt wie zuvor in 8,21 f. das »erst noch« eines scheinbar Nachfolgewilligen.

Nicht auszuschließen ist, dass beide Textformen Übersetzungsvarianten eines für die Urform zu postulierenden hebräischen bzw. aramäischen שׂנא (wörtlich: »hassen«) sind, das im Alten Testament gelegentlich »weniger lieben, hintansetzen« bedeutet und in Dtn 21,15 ff.; Gen 29,31.33 LXX nicht mit griechischem Komparativ, sondern semitisierendem μισεῖν wiedergegeben wird (vgl. Mt 6,24; Lk 16,13). Doch ist diese Wortbedeutung auf das letzte, steigernde Satzglied in Lk 14,26: »ja sogar das eigene Leben« nicht anwendbar, in dem das Verb eindeutig in dem schroffen Sinn von »Abkehr, Absage, Selbsthingabe« gebraucht ist. Der vorliegende griechische Text fordert in jedem Fall die Exklusivität des Nachfolgerufes.

Das nächste Logion V. 38 ist in den Synoptikern fünfmal überliefert, dreimal in positiver Fassung: Mk 8,34 par. Mt 16,24; Lk 9,23, zweimal in negativer nach Q: Mt 10,38 par. Lk 14,27; vgl. auch EvThom 55; letztere ist zweifellos die ursprünglichere, nicht zuletzt auch darum, weil in ihr von der Nachfolge im bedingenden Vordersatz die Rede ist im Unterschied zu Markus, »wo sie schon den Glanz des Eigenwertes hat«[127]. In allen Varianten fordert der Spruch von den Jüngern die Bereitschaft zum Leiden und lässt sofort an Jesu Kreuzestod denken. Doch enthält erst der sekundäre Markus-Zusammenhang einen eindeutigen Bezug auf Jesu Tod; dort folgt das Logion unmittelbar der ersten Leidens- und Todesansage 8,31 par., während die beiden Q-Stellen keinerlei Hinweis solcher Art enthalten. Das deutet auf einen allmählichen Traditions- und Interpretationsprozess in Richtung auf eine *imitatio Christi* (vgl. dazu auch den Zusatz in EvThom 55: »... sein Kreuz trägt *wie ich*«) und macht wahrscheinlich, dass der Spruch auf den irdischen Jesus selbst zurückgeht, zwar nicht als bestimmte Voraussage seines gewaltsamen Todes (denn das hieße geradezu seiner Hinrichtung als politischer Aufrührer durch die Römer;

127 *R. Bultmann*, Die Geschichte der synoptischen Tradition (s. Anm. 39), S. 173.

Kreuzigungen waren diesen vorbehalten), wohl aber als ein von ihm aufgenommenes und auf die Jünger übertragenes, aus den alltäglichen Erfahrungen zelotischer Aufstände entstandenes Bildwort für Leiden und Opfer[128]. Aus der Tatsache, dass derlei Exekutionen nur im ersten vor- und nachchristlichen Jahrhundert römischer Fremdherrschaft an der Tagesordnung waren, dürfte sich auch erklären, dass das Bildwort nur in dem rabbinischen Satz belegt ist: »Abraham nahm das Brandopferholz und legte es auf seinen Sohn Isaak (Gen 22,6). Wie einer, der das Kreuz auf seiner Schulter trägt« (GenR 56 [36c][129]), analog der sonst gängigen rabbinischen Redensart: »Leiden (Züchtigungen) auf sich nehmen (קִבֵּל יִסּוּרִין)«. Dem Brauch, dass der Verurteilte den Querbalken selbst zur Richtstätte tragen musste (Joh 19,17), entsprechen die Verben in dem Logion: λαμβάνειν Mt 10,38, αἴρειν Mk 8,34 par. Mt 16,24, die stärker auf den Eintritt in die Nachfolge zielen (ähnlich Mt 11,29: ἄρατε τὸν ζυγόν μου), während βαστάζειν Lk 14,27 und der lukanische Zusatz καθ’ ἡμέραν 9,23 auf ihre Dauer gerichtet sind.

Eine ganz andere Erklärung hat E. Dinkler[130] vorgeschlagen. Auch er hält das Wort für historisch, aber bestreitet das Motiv des Jüngerleidens für die Urform des Spruches, weil frühe jüdische Belege fehlen (die oben zitierte einzige Stelle hält er für christlich beeinflusst). Nach Dinkler knüpft der ursprüngliche Spruch vielmehr an den auf Ez 9,4 ff. zurückgehenden, literarisch und archäologisch reichlich belegten jüdischen Brauch der kultischen Signierung (Tätowierung) an, bzw. der »Versieglung« der Erwählten Gottes mit dem in althebräischer Schrift vielfach als Kreuz oder Chi geschriebenen Tav (vgl. auch PsSal 15,6 ff.). Er paraphrasiert demzufolge: »Nimm dein … Eigentumssiegel auf, mache das von Ezechiel geforderte (!) Kreuz auf deine Stirn« (als Variante zu dem Gebot: μετανοεῖτε)[131]. Gegen diese Deutung spricht jedoch, dass der besagte jüdische Kultbrauch zwar in die frühchristliche Taufterminologie und die Bildersprache der Johannes-Apokalypse (7,3 ff.; 9,4) übernommen worden ist, doch in der Jesusüberlieferung der Evangelien nirgends sonst begegnet. Vor allem aber ist die vorgeschlagene Deutung vorstellungsmäßig nicht mit dem Wortlaut des Spruches in Einklang zu bringen. Denn wie soll man eine eingebrannte oder

128 *A. Schlatter*, Der Evangelist Matthäus (s. Anm. 51), S. 350 f.; *M. Hengel*, Die Zeloten. Untersuchungen zur jüdischen Freiheitsbewegung in der Zeit von Herodes I. bis 70 n. Chr. (AGJU 1), Leiden ^{2}1976, S. 266; *R. Bultmann*, Die Geschichte der synoptischen Tradition (s. Anm. 39), S. 177 f.

129 *P. Billerbeck*, Kommentar zum Neuen Testament aus Talmud und Midrasch, Bd. I (s. Anm. 17), S. 58.

130 *E. Dinkler*, Jesu Wort vom Kreuztragen, in: ders., Signum Crucis. Aufsätze zum Neuen Testament und zur Christlichen Archäologie, Tübingen 1967, S. 77-98.

131 A.a.O., S. 96; ebenso *H. Braun*, Spätjüdisch-häretischer und frühchristlicher Radikalismus, Bd. II (s. Anm. 48), S. 104, Anm. 4; *H. Köster / J. M. Robinson*, Entwicklungslinien durch die Welt des frühen Christentums, Tübingen 1971, S. 198.

sonstwie zum Schutz der Betreffenden angebrachte Eigentumsmarke »auf sich nehmen« und wie ein Joch »tragen« (Mt 11,29)? Es besteht daher kein Anlass anzunehmen, der Gedanke des Jüngerleidens sei erst in der späteren Gemeindeüberlieferung in das Herrenwort eingetragen[132].

Auch der dritte und letzte Spruch der matthäischen Reihe ist in den Synoptikern fünfmal überliefert, dreimal in Mk 8,35 par. Mt 16,25; Lk 9,24, zweimal in Q: Mt 10,39; Lk 17,33; außerdem als Einzelspruch in charakteristisch johanneisch erweiterter Fassung: Joh 12,25. Nur Markus hat den doppelten Zusatz ἕνεκεν ἐμοῦ καὶ τοῦ εὐαγγελίου, die Parallel-Überlieferung dazu in Matthäus / Lukas und Mt 10,39 dafür den einfachen ἕνεκεν ἐμοῦ. Ihr Fehlen in Lk 17,33; Joh 12,25 erweist sie eindeutig als christliche Interpretamente. In seinem Kern ist der Spruch eine provokativ formulierte paradoxe Weisheitsregel, die ohne alle lehrhaften Voraussetzungen den Hörer an sein Selbstverständnis und den Umkreis seiner Lebenserfahrungen verweist und so in seiner alltäglichen Lebenspraxis trifft. Sie besagt: Das Leben (zu ψυχή vgl. 6,25; 10,28) ist »so sehr jedem Verfügenwollen entzogen, daß es gerade dann verloren geht, wenn man es festhalten will, und gerade dann gewonnen wird, wenn man es preisgibt«[133]. Vorausgesetzt ist dabei, dass natürlicherweise dem Menschen sein Leben unersetzbar und »als der Güter höchstes« gilt (Mk 8,36 f. par.) und in diesem Sinne als Heil; er setzt darum alles daran, es zu »bewahren«, es zu »gewinnen«, zu sichern, »sich selbst zu verwirklichen«, und fürchtet nichts so sehr, als es »zu verlieren«. Für dieses Lebensverständnis sind Gewinn und Verlust des Lebens einander ausschließende Gegensätze. Dem gegenüber sagt der Spruch, dass beides zusammengehört und sich wechselseitig fordert; ja, im einen geschieht das andere.

Derselbe Grundgedanke findet sich ähnlich in rabbinischer Lehre ausgesprochen, und zwar bezeichnenderweise als Antwort auf die Frage: »Was soll der Mensch tun, damit er lebe? Sie erwiderten ihm: Er töte sich selbst. Und was soll der Mensch tun, damit er sterbe? Er belebe sich selbst (genieße sein Leben)«; bTam 66a (andere Ausgaben 32a)[134]. Dasselbe erläutert in dem mehrfach überlieferten Satz: Durch Gehorsam gegen die Tora und das Martyrium für sie bewahrt man die Seele; durch ihre (der Tora) Zugrunde-

132 Zu weiteren Deutungen vgl. *R. Bultmann*, Die Geschichte der synoptischen Tradition. Ergänzungsheft, bearb. v. G. Theißen u. Ph. Vielhauer, Göttingen [4]1971, S. 64; *J. Schneider*, Art. σταυρός κτλ, in: ThWNT 7, Stuttgart 1964, S. (572-584) 578 f.

133 *R. Bultmann*, Das Evangelium des Johannes (KEK 2), Göttingen [10]1968, S. 325 zu Joh 12,25.

134 *P. Billerbeck*, Kommentar zum Neuen Testament aus Talmud und Midrasch, Bd. I (s. Anm. 17), S. 588.

richtung richtet man die Seele zugrunde[135]. Auch die stoische Philosophie kennt den Gedanken, wenngleich in einem völlig anderen Sinne der gelassenen Distanz des Weisen gegenüber Lebensumständen und Schicksalsschlägen: Epiktet, Dissertationes 4,1,163 ff.; 3,20,4 ff.[136].

Die Aussagekraft dieser allgemeinen Wahrheit ist in dem Herrenwort nicht preisgegeben, doch erhält sie dadurch einen neuen exklusiven Sinn, dass ihr ausgesprochen oder unausdrücklich in allen Textformen des Logions eine Beziehung auf Weg und Geschick Jesu gegeben wird. In der Matthäus-Fassung ist die partizipiale Wendung ὁ εὑρών sichtlich dem Futurum εὑρήσει im letzten Satzglied angeglichen, aber als Kontrast zu verstehen: Während mit dem zweiten εὑρίσκειν eindeutig das Erlangen des Lebens im Endgericht gemeint ist, meint das erste entsprechend ὃς ἐὰν θέλῃ (Lk 17,33: ζητήσῃ) in den Parallel-Texten den elementaren Willen des Menschen, das eigene Leben zu bewahren bzw. sich selbst zu besorgen. »Leben« bekommt somit erst am Ende den Sinn eines göttlichen Heilsgutes (vgl. dazu den negativ formulierten Spruch 10,28). Die zunächst überraschende Verwendung desselben Verbs εὑρίσκειν auch in 10,39a erklärt sich unschwer aus seinem auch sonst belegten, zumal in der Septuaginta überaus häufigen übertragenen Gebrauch im Sinne von »etwas sich verschaffen, erlangen«[137], angewendet gleicherweise auf irdische Lebensgüter (Wohlbefinden, Gunst, friedliches Miteinanderleben) wie auf göttliche Heilsgüter (Gotteserkenntnis, Gnade, Erbarmen usw., vgl. Mt 11,29; so besonders in der Weisheitsliteratur). Schärfer noch als die Parallel-Texte bringt die matthäische Formulierung die gegensätzliche Entsprechung der beiden Spruchhälften zum Ausdruck, zugleich aber gibt sie durch ihre antithetische Parallelisierung vom Ende her dem ersten, durch ἀπολέσει αὐτήν in Frage gestellten »Finden« den Charakter eines trügerischen Unterfangens. Vollends aber erhält der Spruch im Matthäus-Evangelium seine nur ihm eigene Akzentuierung durch seine Einbeziehung in die Aussendungsrede und seine Ausrichtung auf das kommende Gericht.
V. 40-42 bilden den Abschluss der Aussendungsrede. Auch hier hat Matthäus vorgegebenes Spruchgut zu einer Folge von drei Sprüchen zusammengeordnet. Die beiden ersten sind durch das viermalige ὁ δεχόμενος V. 40a/b.41a/b, der zweite und dritte durch μισθόν V. 41a/b.42 stichwortartig verbunden. Die Überlieferungsgeschichte ist nicht mehr in allen Einzelheiten aufzuhellen. Deutlich ist jedoch, dass

135 Ebd.

136 Vgl. *H. Braun*, Das »Stirb und Werde« in der Antike und im Neuen Testament, in: ders., Gesammelte Studien zum Neuen Testament und seiner Umwelt, Tübingen [3]1971, S. 136-158.

137 *W. Bauer*, Griechisch-deutsches Wörterbuch (s. Anm. 6), Sp. 644 (Art. εὑρίσκω).

V. 40 und 42 die Logien Mk 9,37.41 (42) zugrunde liegen, dort aber anders, ohne jede Beziehung zur Jüngersendung verwendet. Für die Parallelität beider Stellen vgl. die konditionale Satzkonstruktion, die gleichen Verben δέχεσθαι, ποτίζειν, die gleichen Wendungen τὸν ἀποστείλαντά με und ἕνα τῶν μικρῶν τούτων und die beide Mal durch doppelte Negation verstärkte Zusage des (himmlischen) Lohnes. Anders als in Mt 10 ist jedoch in dem locker an Jesu Gleichnishandlung an einem Kind angeschlossenen Logion Mk 9,37 par. die ursprünglich wohl wörtlich gemeinte »Aufnahme eines solcher Kinder« sinnbildlich auf die zu Christus gehörenden »Geringen« gedeutet (9,41 f.), während in Mt 10,42 diese übertragene Wortbedeutung von vornherein vorausgesetzt und μικροί zur festen Jüngerbezeichnung geworden ist (μόνον εἰς ὄνομα μαθητοῦ). Für die Aufnahme des Spruches auch in Mt 10,40 ist um so wichtiger die entferntere Parallele Lk 10,16, weil sie erkennen lässt, dass die Botenrede auch in der Matthäus / Lukas gemeinsamen Vorlage (Q) mit einem sinngleichen Spruch geschlossen und die Komposition des Matthäus angeregt hat. Im Rahmen der von ihm gestalteten Rede haben die drei Sprüche offensichtlich die Funktion, die Leitmotive der Sendung und Aufnahme der Jünger aus dem ersten Teil (10,7 ff.11 ff.) wieder aufzunehmen und eigenständig weiterzuführen: der erste als Aussage darüber, was denen widerfährt, die Jesu Boten aufnehmen, der dritte als Zusage des Lohnes, der ihrer Wohltäter wartet, und der offenbar in Anlehnung an den ersten und dritten formulierte zweite Spruch als nähere Kennzeichnung der aufgenommenen oder erquickten Jünger.

Das erste, für die Dreiergruppe sinnbestimmende Logion V. 40 gibt Lk 10,16 (Q) in anderer Fassung wieder: ὁ ἀκούων ὑμῶν ἐμοῦ ἀκούει, καὶ ὁ ἀθετῶν ὑμᾶς ἐμὲ ἀθετεῖ· ὁ δὲ ἐμὲ ἀθετῶν ἀθετεῖ τὸν ἀποστείλαντά με. Ob die lukanische Antithese Zusatz ist oder – wahrscheinlicher – Matthäus unter Einwirkung von Mk 9,37 und mit Rücksicht auf den Verheißungscharakter des Schlussabschnittes, vielleicht auch auf das vorangegangene Drohwort (10,14), nur die positive Formulierung aufgenommen hat, ist nicht sicher zu entscheiden. Jedenfalls markiert das matthäische δεχόμενος (anstatt Lukas: ἀκούων) den Zusammenhang mit dem weiteren Kontext und ist das Verb hier wie schon 10,14 (ὃς ἂν μὴ δέξηται ὑμᾶς) in dem in der frühchristlichen Missionssprache geläufigen doppelten Sinn von »Gastfreundschaft gewähren« und »eine Botschaft annehmen«[138] gebraucht. Nur so wird die Klimax: ὁ ἐμὲ δεχόμενος δέχεται τὸν ἀποστείλαντά με sinnvoll. Die Präsenz Jesu (Gottes) in den Boten ist nicht als mystische Einswerdung, sondern im Sinne des jüdischen Rechtsgedankens zu verstehen, dass der Bote den Sendenden vollgül-

138 *W. Bauer*, Griechisch-deutsches Wörterbuch (s. Anm. 6), Sp. 352 (Art. δέχομαι).

tig vertritt und seiner Botschaft dieselbe Autorität zukommt, die dem Auftraggeber gebührt, wiederholt ausgesprochen in dem Grundsatz: »Der Gesandte (d.h. der Beauftragte, Bevollmächtigte) eines Menschen ist wie dieser selbst«, und in rabbinischen Aussprüchen mehrfach ausdrücklich auf die Autorität des Toralehrers angewendet, in dessen Lehre die Schechina (= Gegenwart Gottes) anwesend ist[139]. Dieser für die Ausbildung des urchristlichen Apostelverständnisses, aber auch die johanneische Christologie (vgl. die Variante Joh 13,20) grundlegende Gedanke ist auch in V. 40 ausgesprochen. Deutlicher noch als in Lk 10,16 sind mit τὸν ἀποστείλαντα (Matthäus) die Boten Jesu, die stellvertretend für ihn reden, als unstete Wanderpropheten und -charismatiker gekennzeichnet[140].
V. 41 ist vermutlich ein von Matthäus selbst in Analogie zu V. 40 gebildeter Zusatz[141], der offenbar nicht den zuvor Angeredeten weitere Arten von Wandermissionaren zuzählt, sondern das in V. 40 der ganzen Spruchkette übergeordnete ὑμᾶς mit den alttestamentlich-jüdischen Ehrenbezeichnungen »Propheten« und »Gerechte« für die Gemeinde z.Zt. des Evangelisten näherhin kennzeichnen und legitimieren soll: im ersten Fall als bevollmächtigte Verkünder des göttlichen Wortes, im zweiten als solche, die sich durch ihren unbedingten Gehorsam gegenüber dem Willen Gottes auszeichnen. Die Zusammenstellung beider ist typisch matthäisch; sie charakterisiert in 13,17; 23,29 die alttestamentlichen Gottesmänner, hier dagegen (vgl. auch das Nebeneinander von Propheten, Weisen und Schriftgelehrten 23,34) die von Jesus zu Israel gesandten Boten. Die dreimalige Wendung εἰς ὄνομα (41a/b.42) ist Wiedergabe des hebräischen לְשֵׁם = »›mit Rücksicht auf seine Eigenschaft als‹, ›als solchen‹, also nicht aus bloßer Gutherzigkeit«[142]. Zu der ausdrücklichen Betonung der Qualifikation der Sendboten in V. 41 f. ist die Warnung vor falschen Aposteln und Propheten in Did 11,3-8 zu vergleichen. Der bereits zu V. 42 überleitende zweimalige Nachsatz verheißt auch den Wohltätern der Propheten und Gerechten den diese erwartenden besonderen (himmlischen) Lohn.

139 *P. Billerbeck*, Kommentar zum Neuen Testament aus Talmud und Midrasch, Bd. I (s. Anm. 17), S. 590; *P. Billerbeck*, Kommentar zum Neuen Testament aus Talmud und Midrasch, Bd. II: Das Evangelium nach Markus, Lukas und Johannes und die Apostelgeschichte, München 1929 = [6]1974, S. 167.
140 Vgl. *G. Theißen*, Wanderradikalismus (s. Anm. 1), S. 88 f.
141 *D. Lührmann*, Die Redaktion der Logienquelle (s. Anm. 68), S. 111; *E. Schweizer*, Das Evangelium nach Matthäus (s. Anm. 26), S. 143.
142 *E. Klostermann*, Das Matthäusevangelium (s. Anm. 8), S. 93; vgl. *W. Bauer*, Griechisch-deutsches Wörterbuch (s. Anm. 6), Sp. 1136 (Art. ὄνομα).

Nach E. Meyer[143] geben die Jüngerbezeichnungen in V. 40 ff. die Organisation und Gliederung der entwickelten Christengemeinde wieder: Apostel (V. 40), Propheten (V. 41a), bewährte Christen (δίκαιοι V. 41b) und »die Masse der μικροὶ οὗτοι, der gewöhnlichen μαθηταί« (V. 42)[144]. E. Käsemann[145] hat diese These aufgenommen, aber in der richtigen Einsicht, dass 10,40-42 keine ursprüngliche Einheit, sondern matthäische Komposition sind, sie dahin abgewandelt, dass V. 41 eine alte Gemeindeordnung spiegelt, derzufolge die Propheten die Leitung der Gemeinde wahrnehmen und die Gerechten mit jüdischer Prädikation die Gemeindeglieder bezeichnen. Gegen diese Annahme spricht jedoch, dass beide nicht ortsgebunden, sondern unstet wandernd vorgestellt sind[146].

Der letzte Spruch V. 42 wiederholt und erweitert die Verheißung in V. 41 und steigert sie, eingeführt durch die prophetische Formel ἀμὴν λέγω ὑμῖν, zu der Aussage: Ja sogar die auch nur einem der Boten erwiesene geringfügigste Wohltat wird nicht unbelohnt bleiben. Zum Einzelnen: Der in Mk 9,41 dem von Matthäus ausgelassenen Zwischenstück 9,38-40 angefügte und offenbar schon vormarkinisch antithetisch mit 9,42 verbundene Spruch ist Mt 10,42 wohl ursprünglich überliefert: ἕνα τῶν μικρῶν τούτων (Markus: + παιδίων). »Einer dieser Geringen« (vgl. 18,6.10.14), hier synonym mit μαθητής, allgemein die Zwölf 10,1 übergreifende Jüngerbezeichnung[147], meint trotz 10,1; 11,1 sicher nicht *ein* Glied des historischen Zwölferkreises[148], dieser ist vielmehr transparent für die missionarisch wirksamen Christen in der gegenwärtigen Kirche des Matthäus[149]; ποτίσῃ hier wie öfters mit doppeltem Akkusativ; ποτίζειν wohl sprichwörtlich von einer geringen Wohltat (zu ergänzen ὕδατος), μόνον ist auf diese zu beziehen, αὐτοῦ dagegen auf ὃς ἂν (nicht μαθητοῦ). εἰς ὄνομα μαθητοῦ, wie V. 41 = »mit Rücksicht auf«, lässt erkennen, dass die Wohltäter der flüchtigen Wanderer in ihnen die Boten Gottes erkannt haben.

Der stereotype Abschluss 11,1 (vgl. 7,28 f.; 13,53; 19,1; 26,1) kennzeichnet die Rede nochmals wie 10,1.5a als Instruktion Jesu für die

143 *E. Meyer*, Ursprung und Anfänge des Christentums, Bd. 1: Die Evangelien, Stuttgart / Berlin 1924, S. 143, Anm. 1.

144 Ähnlich schon *J. Weiß* / *W. Bousset*, Die drei ältesten Evangelien (s. Anm. 31), S. 302 und *J. Wellhausen*, Das Evangelium Matthaei (s. Anm. 63), S. 51 f.

145 *E. Käsemann*, Die Anfänge christlicher Theologie (s. Anm. 18), S. 90.

146 Vgl. *E. Schweizer*, Das Evangelium nach Matthäus (s. Anm. 26), S. 156, Anm. 49.

147 Vgl. *O. Michel*, »Diese Kleinen« – eine Jüngerbezeichnung Jesu, in: ThStKr 108 (1937/38), S. 401-415.

148 Gegen *G. Strecker*, Der Weg der Gerechtigkeit (s. Anm. 12), S. 191 f., Anm. 5.

149 Vgl. *U. Luz*, Die Jünger im Matthäusevangelium, in: ZNW 62 (1971), S. (141-171) 159.

erstberufenen Zwölf. Es fehlt jedoch im Unterschied zu Mk 6,12 f. par. Lk 9,6; Mk 6,30 par. Lk 9,10 (10,17 ff.) jede Notiz über die Ausrichtung ihres Auftrages und ihre Rückkehr zu Jesus, vermutlich weil der auf Palästina beschränkte Horizont ihrer Mission im zweiten Teil der matthäischen Komposition keine Rolle mehr spielt und in ihm schon die spätere Gemeinde mit im Blick steht. Erst 12,1 erscheinen die Zwölf wieder nach Markus als Gefolgschaft Jesu. Auch die summarische Bemerkung über Jesu weiteres Lehren und Verkündigen »in ihren Städten« wird im Folgenden nicht näher ausgeführt.

Stattdessen fügt Matthäus im weiteren c. 11 in den Markus-Aufriss einen großen Komplex aus der Spruchquelle ein. Der erste Teil desselben 11,2-19 stimmt in Reihenfolge und Wortlaut der einzelnen Abschnitte so weitgehend mit Lk 7,18-35 überein, dass die Zusammenordnung 11,2-6 par., 7-11 par., 16-19 par. unter dem Sachthema: die Bedeutung Johannes des Täufers und Jesu für die kommende Basileia schon für die Redaktion der Matthäus / Lukas gemeinsamen Vorlage anzunehmen ist[150].

Auch das Spruchgut des zweiten Teiles, jedenfalls die Wehe über die galiläischen Städte 11,20 ff. par. und der Jubelruf Jesu 11,25 ff. par. (dagegen nicht der Heilandsruf 11,28 ff.) stammen aus der Vorlage. Lukas aber bringt sie nicht im Zusammenhang mit den Täuferstücken, sondern wohl in der ursprünglichen Anordnung von Q am Ende der Aussendung der Siebzig (10,13 ff.21f). Zwar ist auch im Matthäus-Evangelium im Weiteren von Johannes dem Täufer nicht mehr die Rede. Doch unterstreicht Matthäus den Zusammenhang mit 11,2-19 dadurch, dass er mit dem dreimal wiederholten Stichwort der von Jesus in Galiläa vollbrachten δυνάμεις (V. 20.21.23) das Eingangsmotiv der ἔργα τοῦ Χριστοῦ 11,2 (vgl. auch 11,19: ἀπὸ τῶν ἔργων αὐτῆς) weiterführt und damit seiner Komposition im Ganzen eine gezielte Ausrichtung auf Jesus als den Messias gibt. Ihr zweiter Teil erhält dadurch die Funktion, das bereits in 11,2-6 und 11,16-19 angeschlagene Doppelmotiv von Heilsangebot und Heilsversagung zu illustrieren, negativ in 11,20 ff. und positiv in 11,25 ff. Formal dienen dieser Verknüpfung beider Teile die typisch matthäischen Übergangswendungen τότε (ἤρξατο) 11,20 und ἐν ἐκείνῳ τῷ καιρῷ ἀποκριθεὶς ὁ Ἰησοῦς 11,25.

150 *D. Lührmann*, Die Redaktion der Logienquelle (s. Anm. 68), S. 24 ff.

Die Gleichnisrede (13,1-52)

1. Zum Aufbau der Gleichnisrede

An gleicher Stelle wie im Markus-Evangelium folgt im Matthäus-Evangelium auf die Sprüche von Jesu wahren Verwandten eine Sammlung von Gleichnissen Jesu. Mit hoher Wahrscheinlichkeit hat bereits Markus eine ältere, auf die drei Saatgleichnisse vom Sämann 4,3 ff. par., von der selbstwachsenden Saat 4,26 ff. (Sondergut) und vom Senfkorn 4,30 ff. par. beschränkte Gleichnissammlung aus mündlicher oder schriftlicher Überlieferung aufgenommen und in 4,10 ff.33 f. redaktionell verarbeitet[1]. Aber erst Matthäus hat sie zu einer großen, durch 13,1 f.51 ff. deutlich markierten Komposition ausgestaltet, unterstrichen dadurch, dass er den in Mk 3,23 (vgl. auch Lk 4,23; 6,29) schon früher eingeführten Begriff παραβολή für c. 13 aufgespart hat, um ihn hier als Themawort nicht weniger als 12-mal zu wiederholen; erst danach begegnet er verstreut für zahlreiche Einzelgleichnisse (15,15; 18,12 ff.23 ff.; 20,1 ff.; 21,28 ff.33 ff.). Die gewichtigen matthäischen Besonderheiten bestehen in der Ersetzung des Gleichnisses von der selbstwachsenden Saat durch die Unkrautparabel 13,24 ff. mit nachfolgender Deutung 13,36 ff. (Sondergut), der Erweiterung des Senfkorngleichnisses durch das sinnverwandte vom Sauerteig nach Q (beide auch dort zu einem Paar verbunden; in Lk 13,18 ff. jedoch in anderem Zusammenhang) und in der Ausweitung des szenisch abgesetzten zweiten, ausdrücklich nur an die Jünger gerichteten Teils der Rede 13,36 ff. durch die Gleichnisse von Schatz und Perle 13,44 ff. (Sondergut) und vom Fischnetz 13,47 ff. (Sondergut) zu insgesamt sieben Gleichnissen (vgl. die sieben Bitten der matthäischen Fassung des Vaterunsers 6,9 ff. und die sieben Wehe über die Pharisäer 23,11 ff.). Zu weiteren Eigenheiten des Matthäus vgl. die Exegese.

παραβολή (Singular und Plural) in der Bedeutung »Gleichnis« begegnet im Neuen Testament nur in der synoptischen Überlieferung (48-mal; davon Matthäus: 17-mal, Markus: 13-mal, Lukas: 18-mal), und zwar stets als Bezeichnung der wie keine andere für Jesu Verkündigung charakteristischen Lehrform. Sonst nur noch Hebr 9,9; 11,19, aber in der allgemeinen Bedeu-

1 *H. W. Kuhn*, Ältere Sammlungen im Markusevangelium (StUNT 8), Göttingen 1971, S. 24 ff. 99 ff.

tung »Typos«; Joh 10,6; 16,25.29 gebraucht statt des synoptischen Terminus das Synonym παροιμία in dem speziellen Wortsinn »verhüllende Bildrede«. Gleichnisse Jesu nach Art der synoptischen finden sich auch im Thomas-Evangelium. In der Septuaginta ist παραβολή fast durchweg Wiedergabe des hebräischen מָשָׁל (aramäisch מַתְלָ), das im Alten Testament und Judentum sehr verschiedene Redeformen (prägnanter Ausspruch, Sprichwort, weisheitliche Sentenz, aber auch Rätselwort, Fabel, Spottlied) bezeichnet, zumeist aber eine vergleichende Redeweise, die mit Hilfe eines Bildwortes oder ausgeführten Vergleiches etwas verdeutlichen soll, gegebenenfalls aber auch tiefsinnig verhüllt und dann die Bedeutung Rätselwort oder einer der Deutung bedürftigen Allegorie annimmt[2]. Dem vieldeutigen hebräischen / aramäischen Wort und seinem ebenso wenig eindeutigen profangriechischen Äquivalent[3] ist der Sinn des synoptischen Begriffes darum nicht schon sicher zu entnehmen, sondern nur aus Form und Gestalt des jeweiligen Textes[4]. Die auch in anderen Sprach- und Literaturbereichen verbreitete vergleichende Rede hat seit der alttestamentlichen Prophetie (2Sam 12,1 ff.; Jes 5,1 ff.; 28,13 ff.; Ez 15,1 ff. u.v.a.) in Spruchweisheit und Apokalyptik eine von den Rabbinen auf Salomo als Begründer zurückgeführte, in Schriftexegese und Lehre ausgiebig gepflegte Tradition[5] mit gleichen Stilelementen wie Jesu Gleichnisse: Häufig wird am Anfang eine einfache oder gedoppelte Frage gestellt, werden dieselben Vergleichspartikeln (wie – so) gebraucht oder setzt der Text unmittelbar wie mehrfach in den synoptischen Gleichnissen mit einer dem hebräischen לְ entsprechenden Dativwendung ein, die – für die Exegese wichtig! – Sache und Bild nicht eigentlich gleich-, sondern zueinander in Analogie setzt und darum wiederzugeben ist: »mit der gemeinten Sache verhält es sich wie mit einem ...«[6]. Anwendungen am Schluss können zugefügt werden, gegebenenfalls aber auch sich erübrigen[7].

Trotz dieser Gemeinsamkeiten sind Jesu Gleichnisse alles andere als bloße Kopien des Herkömmlichen, sondern von einer unverwechselbaren Ursprünglichkeit und Eigenart. Ihr Unterschied zu den rabbinischen Parallelen besteht vor allem darin, dass diese in der Regel einen Lehrsatz illustrieren oder bestimmte Feinheiten der Tora herausstel-

2 *E. Klostermann*, Das Matthäusevangelium (HNT 4), Tübingen [2]1927, S. 114 f.; *F. Hauck*, Art. παραβολή, in: ThWNT 5, Stuttgart 1954, S. (741-759) 744 ff.

3 *F. Hauck*, a.a.O., S. 741 ff.

4 *Ph. Vielhauer*, Geschichte der urchristlichen Literatur. Einleitung in das Neue Testament, die Apokryphen und die Apostolischen Väter, Berlin / New York [4]1985, S. 294.

5 *P. Billerbeck*, Kommentar zum Neuen Testament aus Talmud und Midrasch, Bd. I: Das Evangelium nach Matthäus, München 1926 = [7]1978, S. 653 ff.

6 Zu diesem und anderen Gleichnisanfängen *J. Jeremias*, Die Gleichnisse Jesu, Göttingen [9]1977, S. 99 ff.

7 Zu den vielfach ähnlich strukturierten Gleichnissen in der griechischen und römischen Literatur seit Homer vgl. *M. v. Albrecht / G. Knebel*, Art. Gleichnis, in: Lexikon der Alten Welt, Zürich / Stuttgart 1965, S. 1090-1092.

len; vgl. BerR 22: Mit dem Gleichnis »erfasst man die Worte der Tora, wie ein König mittels eines geringen Lampendochtes eine im Palast verlorene Perle findet« oder »wie einer mit einer Garnrolle durch ein Labyrinth gelangt« (MShirR 1,8; vgl. die griechische Sage vom Ariadnefaden!). Der Verdeutlichung dienen auch Jesu Gleichnisse (Mk 4,33b). Höchst bedeutsam aber ist, dass sich keines von ihnen auf eine fixierte Lehre bezieht oder der Exegese einer vorgegebenen Schriftstelle dient, sondern alle – im weitesten Sinne verstanden – identisch sind mit seiner Verkündigung der anbrechenden Gottesherrschaft. Diese ist für die Hörer zwar gewiss kein mysteriöses X (von Jahwes Königtum redet der israelitisch-jüdische Glaube seit alters), ebenso wenig aber eine feststehende Größe. Vielmehr ist ihr von Jesus verkündetes Kommen ein für sie unerwartetes Geschehen, an dem seine Gleichnisse ihnen Anteil gewähren wollen. Ihrem Wesen und Zweck nach sind sie darum mehr als ein didaktisches Mittel, das Jesu Hörern die Hauptstücke seiner Lehre plausibel machen und sie in ihr gewohntes Lebens- und Daseinsverständnis »integrieren« soll. Unzureichend, zumindest halbrichtig und die Hauptsache verschweigend, ist diese gängige Meinung, weil Jesu Bildworte und Gleichnisse unmissverständlich darauf zielen, die Angeredeten aus dem Gewohnten *herauszurufen*, hinein in ein schlechterdings erstaunliches Geschehen, ohne sie jedoch aus ihrer irdisch-menschlichen Erfahrungswelt in eine andere, sie übersteigende zu versetzen. Im Gegenteil, sie behaften die Hörer gerade bei der ihnen vertrauten Wirklichkeit und appellieren – bezeichnenderweise nirgends mit »religiös« gefärbten Argumenten – an das Verstehen des Hörers inmitten seiner Welt und Umwelt. In dieser Weise rufen sie, oft in überraschenden, hyperbolischen Bildworten und frappierenden Szenen zum Aufmerken, ausdrücklich oder unausdrücklich alle in dem Weckruf gipfelnd: »Wer Ohren hat, höre!« Die Gottesherrschaft hört dabei auf, eine feste Größe, ein vorgegebenes Thema, eine geheiligte Vokabel der Tradition zu sein; sie gerät in Bewegung, rückt dem Hörer auf den Leib, nimmt ihn mit, das Gleichnis erweist sich als »Sprachereignis«[8].

Seit A. Jülichers bahnbrechendem Werk, Die Gleichnisreden Jesu (1888/1899; ²1910)[9], weitergeführt von der klassischen Formgeschichte (M. Dibe-

8 Zu diesem von E. Fuchs eingeführten Begriff vgl. *E. Jüngel*, Paulus und Jesus. Eine Untersuchung zur Präzisierung der Frage nach dem Ursprung der Christologie (HUTh 2), Tübingen ⁵1979, S. 120 ff.; *ders.*, Gott als Geheimnis der Welt. Zur Begründung der Theologie des Gekreuzigten im Streit zwischen Theismus und Atheismus, Tübingen ⁵1986, S. 12 f. 312; *G. Ebeling*, Dogmatik des christlichen Glaubens, Bd. II: Der Glaube an Gott den Versöhner der Welt, Tübingen 1979, S. 442 ff.; s. jeweils Register unter »Gleichnis«.

9 *A. Jülicher*, Die Gleichnisreden Jesu. Zwei Teile in einem Band, Tübingen ²1910 = Nachdr. Darmstadt 1976.

lius; R. Bultmann), hat sich die Unterscheidung folgender Redetypen als brauchbares Hilfsmittel für die Exegese erwiesen:

a) *Bildworte*, in denen das verwendete Bild so für sich selbst spricht, dass es keiner Vergleichspartikel und keiner Erläuterung bedarf; z.B. Mt 5,14: »die Stadt auf dem Berge«.

b) Kaum davon unterschieden *Metaphern* (abgekürzte Vergleiche), die zwar angewandt, übertragen, übersetzt werden wollen, aber ebenfalls keiner eigentlichen »Entschlüsselung« bedürfen; z.B. Mt 7,13 f. par.: »enge Pforte, schmaler Weg«. Beiden (a/b) ist gemeinsam, dass manche von ihnen möglicherweise auf Sprichwörter zurückgehen, mindestens aber zu sprichwörtlichen Redensarten geworden sind; z.B. Mt 5,15 par.: »sein Licht nicht unter den Scheffel stellen«, Mt 7,4 f. par.: »Balken und Splitter im Auge« u.a.

c) Formal davon zu unterscheiden sind *ausdrückliche Vergleiche* (relativ selten); z.B. Mt 10,16: »... wie Schafe mitten unter die Wölfe«.

d) Zu in sich abgeschlossenen Erzählungen ausgestaltete *eigentliche Gleichnisse*, die entweder aus Natur und menschlichem Alltag bekannte Geschehnisse schildern oder auch nichtalltägliche, aber durchaus mögliche und um keinen Deut minder reale Einzelfälle erzählen (letztere von Jülicher als »Parabeln« bezeichnet). Auch für die erstgenannten gilt jedoch, dass sie keineswegs Banales aufgreifen, sondern in der Regel einen gerade wegen seiner »Alltäglichkeit« meist unbeachteten Zug des Geschehens bildlich verwenden (Senfkorn, Sauerteig u.a.). Beide von Jesus mit hoher Kunst gestalteten Arten von Gleichnissen sind, wie Jülicher überzeugend gezeigt hat, auf einen Sache und Bild gemeinsamen Vergleichspunkt konzentriert und verwehren der Auslegung, sich in der Ausdeutung ausmalender Nebenzüge zu verlieren.

e) Nach Struktur und Zweck von den genannten unterschieden sind die nur im Lukas-Evangelium überlieferten, ebenfalls als παραβολή eingeführten (12,16; 18,9) sogenannten *Beispielerzählungen*, in denen nicht zwei verschiedenen Wirklichkeitsbereichen angehörende Geschehnisse oder Verhaltensweisen verglichen, sondern Vorbilder für rechtes bzw. Beispiele für ein verfehltes Verhalten gegeben werden. Ihre Anwendung, ob ausgesprochen oder nicht, lautet dementsprechend: »Geh und tu desgleichen« (Lk 10,37) bzw. nicht desgleichen (Lk 12,16 ff.; 16,19 ff.; 18,9 ff.).

f) Völlig anderer Art als die genannten ist die durch Kombination mehrerer isolierter Metaphern gebildete *Allegorie*, d.h. eine von vornherein auf Dechiffrierung angelegte verschlüsselte Darstellung eines abstrakten Gedankens, in der alle Einzelheiten »anderes« meinen als im gewöhnlichen Sprachgebrauch (ἀλληγορεῖν) und Zug um Zug übersetzt und gedeutet werden will. Sie setzt, wie sofort deutlich, bei Hörern und Lesern ein besonderes, nicht in der gewohnten Erfahrungswelt aufgehendes Verständnis voraus und ist demnach eine esoterische Redeform. Im hellenistischen Judentum (Philo) weit verbreitet, findet sie sich reichlich auch in der frühchristlichen Literatur und in der Auslegungsgeschichte der späteren Kirche; vgl. schon Paulus, Hebräerbrief und die »Similitudines« im dritten Teil des Hermas, vereinzelt aber auch im synoptischen Gleichnisgut, zumal im matthäischen Sondergut (z.B. 13,36 ff.; 25,1 ff.) und in der matthäischen Verarbeitung vorgegebener Parabeln (21,32 ff.; 22,1 ff.). Zu ihren Erkennungsmerkmalen gehört vor allem die sichtlich in diesen Texten vorausge-

setzte, vor Jesu Tod und Auferstehung noch nicht denkbare, erst von der späteren Gemeinde ausgebildete Christologie und Ekklesiologie[10]. Aufgrund der sorgfältigen Textanalysen A. Jülichers ist heute kaum noch bestritten, dass Jesu Gleichnisse ihrem ursprünglichen Sinn nach echte, auf einen Vergleichspunkt hin entworfene Gleichnisse sind und die früh einsetzende, sehr rasch dominierend gewordene Tendenz, sie allegorisch zu interpretieren, ihren eigentlichen Sinn überdeckt und entstellt hat.
Berechtigte Kritik hat indes die Jülichers Auslegung weithin leitende Tendenz erfahren, aus Jesu Gleichnissen allenthalben allgemeine Lebenswahrheiten, vor allem moralische Grundsätze herauszulesen, im Einklang mit der Theologie des 19. Jahrhunderts, die die von Jesus verkündete Gottesherrschaft als eine zeitlose Idee, nicht als wunderbares, von jenseits hereinbrechendes eschatologisches Geschehen verstand[11]. Inzwischen haben neueste Ausleger unter wechselnden Fragestellungen, von denen hier nur die hermeneutische referiert sei, auch über diese Phase der kritischen Diskussion hinausgeführt und die seit Jülicher gebräuchlichen Auslegungskategorien überhaupt angefochten. Geleitet dabei von der zweifellos richtigen Einsicht, dass Jesu Gleichnisse von vornherein auf die kommende Basileia hin entworfen und so gestaltet sind, dass sie die Hörer an der Entdeckung der in ihnen, in vielen Gleichnisanfängen ausdrücklich als Satzsubjekt genannten Sache beteiligen, bestreitet diese Kritik das Recht der seit Jülicher üblichen Unterscheidung von Bild- und Sachhälfte, Inhalt und Form, eigentlicher und uneigentlicher Rede, weil damit das Wesen jeder echten Metapher, präjudizierend Sinn zu stiften[12] und die Sache selbst (*res significata*) überraschend neu und gültig zur Sprache zu bringen, verkannt sei, und das Bild bzw. Gleichnis (*res significans*) zu einem nur ausschmückenden, rhetorisch-didaktischen Stilmittel degradiert wird. Im Blick auf die unlösliche wechselseitige Bezogenheit von Form und Inhalt formuliert E. Jüngel darum den Interpretationsleitsatz: »Die Basileia kommt *im* Gleichnis *als* Gleichnis zur Sprache«[13], und erklärt die mit der Unterscheidung von Bild- und Sachhälfte verbundene »Suche nach einem tertium comparationis«[14] für unsachgemäß. Eher sei stattdessen von einem in der Sache selbst liegenden »primum comparationis« zu reden, dem die in Bild und Gleichnis enthaltenen Einzelzüge entsprechen; zugespitzt darum H. Weder: »Es gibt kein Drittes, das zwischen der Basileia und dem Gleichnis vermittelt. Viel-

10 Überblick in *Ph. Vielhauer*, Geschichte der urchristlichen Literatur (s. Anm. 4), S. 293 ff.; *H. Conzelmann / A. Lindemann*, Arbeitsbuch zum Neuen Testament, Tübingen 1975, bes. S. 84 ff.

11 Dagegen in verschiedener Weise besonders *C. H. Dodd*, The Parables of the Kingdom, London ^{4}1938, S. 25 ff.; *J. Jeremias*, Die Gleichnisse Jesu (s. Anm. 6), S. 115 ff. u.a.

12 *P. Ricoeur*, Stellung und Funktion der Metapher in der biblischen Sprache, in: Metapher. Zur Hermeneutik religiöser Sprache (EvTh.S), hg. v. P. Ricoeur u. E. Jüngel, München 1974, S. (45-70) 49 ff.

13 *E. Jüngel*, Paulus und Jesus (s. Anm. 8), S. 135.

14 A.a.O., S. 136.

mehr ist die Basileia nur *im* Gleichnis und nur *als* Gleichnis da.«[15] Es dürfte deutlich sein, dass in diesen Äußerungen nicht ein Spiel mit Worten getrieben, sondern Wesentliches zur Auslegung der Gleichnisse Jesu zur Sprache gebracht ist. Gleichwohl lässt sich auf das mit *tertium comparationis* gekennzeichnete herkömmliche Denkmodell nicht verzichten, weil es, vom Standort nicht des Erzählers, sondern des um Verstehen Bemühten entwickelt, in der Abwehr allegorischer Missdeutungen, mindestens des Vorurteiles, Jesu Gleichnisse seien »gestellte« Bilder, sich bewährt hat.

Der Stoff der Gleichnisse Jesu ist ganz überwiegend dem palästinisch-ländlichen Milieu entnommen, ein Indiz dafür, dass jedenfalls ihr Grundbestand auf den irdischen Jesus zurückgeht. Das wird auch dadurch bestätigt, dass die meisten von ihnen von einer Christologie und der Existenz nachösterlich formierter Gemeinden noch nichts erkennen lassen. Ihre historische Entstehungssituation lässt sich jedoch, wie schon die stark variierenden redaktionellen Rahmenangaben zeigen, in der Regel nicht mehr ermitteln. In die Überlieferung eingegangen, haben wir sie in jedem Fall nicht mehr *in statu dicendi*, sondern als *dictum* vor uns, wobei der Wechsel der zeitgenössischen Hörerschaft Jesu zur späteren Gemeinde als mitgestaltender Faktor der Überlieferung jeweils mit in Rechnung zu stellen ist. Diesen Hörerwechsel und damit die Anfänge der Rezeptions- und Wirkungsgeschichte der Gleichnisse Jesu lässt bereits Mk 4 und seine Verarbeitung in Mt 13 erkennen.

2. Die Einleitung der Gleichnisrede und das Gleichnis von der ausgestreuten Saat (13,1-9)

V. 1-3a wie Mk 4,1 f. redaktionelle Einleitung zu der Gleichnisrede im Ganzen. Besonderheiten des Matthäus: die bei ihm häufige Zeitangabe ἐν τῇ ἡμέρᾳ ἐκείνῃ, die auch hier einen Zusammenhang mit dem Vorangehenden herstellt (vgl. 11,25; 12,1). Die aus Mk 3,20.31 stammende Ortsangabe ἐξελθὼν ὁ Ἰησοῦς τῆς οἰκίας (in einigen Handschriften durch ἐκ, in anderen durch ἀπό verdeutlicht, in D it syr[s] weggelassen) überrascht, weil Matthäus zuvor das Haus nicht erwähnt hat (12,22 ff.46). Das nicht eben geschickte zweimalige καθίζεσθαι kennzeichnet Jesus gut jüdisch als Lehrer (vgl. 5,1; 23,2), ein Ersatz für die im Markus-Evangelium gehäuften Termini διδάσκειν, διδαχή.

Die Voranstellung des Gleichnisses von der ausgestreuten Saat (V. 3b-9) erklärt sich unschwer daraus, dass Säen (und Ernten) in griechi-

15 *H. Weder*, Die Gleichnisse Jesu als Metaphern. Traditions- und redaktionsgeschichtliche Analysen und Interpretationen (FRLANT 120), Göttingen 1978, S. 65.

scher wie in alttestamentlich-jüdischer Tradition gern als Metapher für die Ausbreitung von Lehren und sonstigem Gedankengut gebraucht wird[16]. Schon die Stellung der ersten Parabel enthält somit eine Deutung. Es besteht auch kein Anlass zu bezweifeln, dass sie von jeher auf diesen übertragenen Sinn zielte. Ebenso deutlich ist, dass sie – jedenfalls indirekt – wie alle folgenden als Gleichnis vom Himmelreich verstanden werden will, auch wenn das Stichwort βασιλεία τῶν οὐρανῶν nicht ausdrücklich fällt. Damit stellen sich sogleich Fragen, die erst in der weiteren Auslegung zu beantworten sind, jedoch nicht sofort im Vorgriff auf die in V. 18 ff. folgende Deutung (s.u.). Die Übereinstimmungen mit Markus gehen bis in den Wortbestand.

Die wenigen matthäischen Abweichungen sind fast durchweg stilistischer Art: geringfügige Kürzungen und Straffung der im Markus-Evangelium gleichmäßig mit καί gereihten Sätze durch Partizipialwendungen und Genitivus absolutus (V. 4.6.8.9); Gebrauch anderer Präpositionen bzw. Komposita (V. 7.8); Plural (ἃ ..., ἄλλα) statt Singular (V. 4.5.7); Umkehrung der Ertragsmengen der auf guten Boden gefallenen Saat in V. 8 – alles jedoch ohne erkennbare Sinnverschiebung.

Ohne Gleichnisformel einsetzend, schildert die Parabel in der Zeitform der Erzählung einen typischen Vorgang aus dem Landleben, freilich nicht einen alltäglichen, denn nicht immer wird wie hier der Aussaat eines Landmannes soviel Misserfolg auf einmal beschieden sein[17] (EvThom 9 fügt noch den Wurmfraß hinzu). Aber nichts ist der Deutung zuliebe konstruiert. Alles bleibt im Rahmen des Realen; ὁ σπείρων meint nicht einen Einzelfall. Der erste für moderne Hörer befremdliche Zug der Handlung, dass ein Teil der Saat auf den *Weg* fällt (V. 4), schildert keineswegs Ungeschick oder Unachtsamkeit des Bauern, sondern entspricht – für die Exegese nicht unwichtig – der zeitgenössischen palästinischen Gepflogenheit, *vor* dem Umpflügen des Ackers zu säen (Eggen ist noch nicht üblich). Der Vorgang ist demnach so vorzustellen, dass ein Teil des Saatgutes auf den erst später mitumgepflügten, festgetretenen Fußpfad fällt, der den Acker durchquert oder säumt, dort eine leichte Beute der Vögel wird[18]. Entsprechend das Weitere (V. 5 f.): Der von dem ungepflügten Boden sich

16 *W. Bauer*, Griechisch-deutsches Wörterbuch zu den Schriften des Neuen Testaments und den Schriften der übrigen urchristlichen Literatur, Berlin / New York [5]1958 (2. Nachdr. 1971), Sp. 1508 (Art. σπείρω); *S. Schulz / G. Quell*, Art. σπέρμα κτλ, in: ThWNT 7, Stuttgart 1964, S. 537-547.

17 *M. Dibelius*, Die Formgeschichte des Evangeliums, Tübingen [7]1971, S. 257.

18 Vgl. *G. Dalman*, Viererlei Acker, in: PJ 22 (1926), S. 120-132; *ders.*, Arbeit und Sitte in Palästina, Bd. II: Der Ackerbau (SDPI 5 = BFChTh.M 27), Gütersloh 1932, S. 179 ff.; *J. Jeremias*, Die Gleichnisse Jesu (s. Anm. 6), S. 7 f.; *ders.*, Palästinakundliches zum Gleichnis vom Säemann (Mk. iv. 3-8 par.), in: NTS 13 (1966/67), S. 48-53.

noch nicht abhebende *felsige Untergrund* mit seiner dünnen Erdkrume lässt die Saat in der warmen Sonne rasch, aber nur flüchtig aufsprießen, ohne dass die Körner zur Reife kommen. Im dritten Fall (V. 7) bereitet das kräftiger aufgehende *stachlige Unkraut* (Disteln) mit seinem dichten Wurzelgeflecht der Saat durch Ersticken ein schnelles Ende. In starkem Kontrast zu der dreimal vergeblichen Aussaat bringt nur das *gute Land* reichen, überreichen Ertrag (V. 8). Die enorme, für Palästina unvorstellbare Ertragszahl zeigt, dass hier die gemeinte Sache in das Bild hineinschlägt; die alles übersteigende Fruchtbarkeit des Bodens in der Heilszeit ist ein bekanntes Motiv der alttestamentlich-jüdischen Literatur[19]. Die in EvThom 9 fehlende, in Mk 4,9 dem Eingangsruf V. 3 korrespondierende eschatologische »Weckformel« Mt 13,9 (vgl. 11,15; 13,32) beschließt stereotyp die Sendschreiben der Johannes-Apokalypse (2,7.11 usw.). Sie ruft in unserer Stelle dazu auf, den Sinn der Parabel zu verstehen und zu beherzigen.

So einfach der erzählte Vorgang, ist der ursprüngliche Sinn des Gleichnisses wie nur bei wenigen anderen umstritten. Schon seine unterschiedlichen herkömmlichen Bezeichnungen »vom Sämann«, »vom viererlei Acker« weisen in verschiedene Richtungen. Beide entsprechen zwar dem weiteren Kontext: die erste seiner Benennung in Mt 13,18.36 nach einem markanten Stichwort, die zweite der in der späteren Deutung Mk 4,13 ff. par. zum beherrschenden Thema werdenden Verschiedenheit des Ackers; aber nicht eigentlich dem Text der Parabel selbst. Denn die Person des Sämanns wird nur in der Exposition erwähnt (V. 3b), hernach nicht mehr[20]. Irreführend sind darum Überschriften, die die Schwere seiner Arbeit hervorheben[21] oder auch seine subjektiven Eigenschaften[22]. Ebenso wenig ist aber auch die Beschaffenheit des Bodens als solche schon für die Parabel von Interesse (anders die Deutung s.u.). Entscheidend ist vielmehr das jeweils in den zweiten Satzhälften geschilderte verschiedene Schicksal der Aussaat. Am nächsten kommt der Sache darum der Titel »von der ausgestreuten Saat«[23]. Aber unter welchem Aspekt? Sicher zielt das Gleichnis

19 *J. Jeremias*, Die Gleichnisse Jesu (s. Anm. 6), S. 150; *F. Hahn*, Das Gleichnis von der ausgestreuten Saat und seine Deutung (Mk 4,3-8.14-20), in: Text and interpretation. Studies in the New Testament (FS M. Black), hg. v. E. Best u. R. McL. Wilson, Cambridge 1979, S. (133-142) 135.

20 *E. Linnemann*, Gleichnisse Jesu. Einführung und Auslegung, Göttingen ^{7}1978, S. 120 ff. u.a.

21 *E. Schweizer*, Das Evangelium nach Matthäus (NTD 2), Göttingen ^{5}1986, S. 193: »vom geplagten Bauern«.

22 *J. Jeremias*, Die Gleichnisse Jesu (s. Anm. 6), S. 149: »vom unverzagten Sämann«.

23 Vgl. *Chr. Dietzfelbinger*, Das Gleichnis vom ausgestreuten Samen, in: Der Ruf Jesu und die Antwort der Gemeinde. Exegetische Untersuchungen (FS J. Jeremias), hg. v. E. Lohse, Chr. Burchard u. Berndt Schaller, Göttingen 1970, S. (80-93) 82 f.;

nicht auf die allgemeine Wahrheit, »dass ein gewisses Maß von Enttäuschungen die unvermeidliche Begleiterscheinung jeder Arbeit ist«, aber keine unbelohnt bleibt[24]. Gegenüber dieser Deutung bezieht die neuere Auslegung die Parabel mit Recht konkret auf das verschiedene Schicksal der von Jesus bzw. seinen Jüngern verkündeten Botschaft von der Gottesherrschaft[25]. Doch lässt auch diese Einsicht noch sehr verschiedene Möglichkeiten offen, den Aussagesinn der Parabel zu bestimmen. Entscheidend ist in ihr offenkundig der Gegensatz zwischen dem ausbleibenden Ertrag der Saat in den drei ersten Szenen und dem erstaunlich großen am Schluss. J. Jeremias rechnet die Parabel darum zu den »Kontrast«- und »Wachstumsgleichnissen«, in denen für alttestamentlich-jüdisches Denken nicht der organische Reifeprozess, sondern wie in dem Doppelgleichnis von Senfkorn und Sauerteig 13,31 ff. das Wunder des göttlichen Handelns das Entscheidende sei[26]. Ähnlich N. A. Dahl[27], aber dahin mit Recht korrigiert, dass in dieser Parabel auch und gerade der gottgewirkte dynamische Zusammenhang von unscheinbarem Anfang und herrlichem Ende – also nicht nur der Kontrast – der eigentliche Vergleichspunkt ist. Ist das richtig, dann gehört nicht erst das noch ausstehende Ende, sondern schon der unscheinbare gegenwärtige Anfang zu dem im Gleichnis gemeinten eschatologischen Geschehen und stellt die Parabel im Ganzen in das Licht einer großen Gewissheit[28].

Ein erheblich anderer Sinn ergibt sich, wenn man mit J. Schniewind[29] und E. Schweizer[30] (beide zu Mk 4 und Mt 13) den Akzent auf den dreifachen Misserfolg legt. Dann redet der Text nicht primär von einer Gewissheit, sondern spricht in einem bewusst »grotesken«[31] Bild (dreiviertel seiner Saat lässt der Bauer verlorengehen!) angesichts der Verstockung Israels die bit-

F. Hahn, Das Gleichnis von der ausgestreuten Saat und seine Deutung (s. Anm. 19).

24 *J. Weiß / W. Bousset*, Die drei ältesten Evangelien (SNT 1), Göttingen [3]1917, S. (31-525) 109.

25 Vgl. *R. Bultmann*, Die Interpretation von Mk 4,3-9 seit Jülicher, in: Jesus und Paulus (FS W. G. Kümmel), hg. v. E. E. Ellis u. E. Gräßer, Göttingen 1975, S. 30-34.

26 *J. Jeremias*, Die Gleichnisse Jesu (s. Anm. 6), S. 145 ff.

27 *N. A. Dahl*, The Parables of Growth, in: ders., Jesus in the Memory of the Early Church, Minneapolis/Minnesota 1976, S. (141-166) 160 ff.

28 Vgl. dazu auch *F. Hahn*, Das Gleichnis von der ausgestreuten Saat und seine Deutung (s. Anm. 19), S. 137 f., der freilich ohne zureichenden Grund die spezielle Deutung auf Jesu und seiner Jünger Wort ablehnt und in dem Gleichnis nur allgemein »das sich durchsetzende Handeln Gottes zur Rettung der Menschen« geschildert findet.

29 *J. Schniewind*, Das Evangelium nach Matthäus (NTD 2), Göttingen 1937, S. 161.

30 *E. Schweizer*, Das Evangelium nach Matthäus (s. Anm. 21), S. 193.

31 *J. Schniewind*, Das Evangelium nach Markus (NTD 1), Göttingen 1933, S. 74.

tere Regel aus: »Der normale Erfolg des Wortes Gottes ist der Misserfolg«. Anfechtbar ist diese Auslegung jedoch, weil sie weder der extremen Kargheit des Bodens in Palästina noch den oben erwähnten Besonderheiten der Feldbestellung dort z.Zt. Jesu Rechnung trägt und nicht beachtet, dass hier wie oft das Gewicht der Textaussage auf dem Schluss, dem enormen Ertrag des guten Landes, liegt (»Achtergewicht«). – Anfechtbar ist auch die Deutung B. Gerhardssons[32], der das Schlüsselwort der Parabel in dem in Mk 4,3 ff.13 ff. mehrfach wiederholten Verb ἀκούειν findet und daraus folgert, beide Abschnitte seien eine auf zeitgenössisch-jüdischer Tradition basierende Erläuterung des Sch^{e}ma Israel (»Höre Israel«) Dtn 6,4 ff., welche die drei Imperative des von den Gliedern des Bundesvolkes täglich zu rezitierenden und gehorsam zu befolgenden Grundgebotes, Jahwe von ganzem Herzen, ganzer Seele und ganzer Kraft zu lieben, negativ und positiv illustriert. Dem widerspricht jedoch, dass dem Bildgut der Parabel eindeutige Anspielungen auf das wohl in Mk 12,28 ff. par., aber nirgends in Mk 4 zitierte Sch^{e}ma Israel fehlen.
Trotz enger Berührungen im Wortlaut trägt schließlich auch der u.a. von Bultmann zu einer möglichen Sinnbestimmung der Parabel herangezogene apokalyptische Text 4Esr 8,41 zu ihrem Verständnis nichts bei: »Denn wie der Landmann vielen Samen auf die Erde sät …, aber nicht alles Gepflanzte Wurzel schlägt, so werden auch die, die in der Welt gesät sind, nicht alle bewahrt bleiben.« Denn das synoptische Gleichnis selbst handelt noch nicht von der »Ernte« als Metapher für Weltende und -gericht und einer endgültigen Scheidung der Bösen und Guten wie Mt 13,24 ff.36 ff.47 ff. (Sondergut), mithin nicht von dem Ernteertrag des ganzen Feldes, sondern von dem unterschiedlichen Ertrag der einzelnen Saatkörner hier und jetzt.

Die im Gleichnis gemeinte Sache trifft darum am besten J. Jeremias: »*Allem Mißerfolg und Widerstand zum Trotz läßt Gott aus den hoffnungslosen Anfängen das herrliche Ende, das Er verheißen hat, hervorgehen*«[33] (ähnlich andere). Der Grundgedanke der Parabel berührt sich damit aufs Engste mit der prophetischen Weissagung Jes 55,10. Der Text bietet demnach keinen Anlass für das skeptische Urteil Bultmanns[34], hier wie in anderen Fällen sei der ursprüngliche Sinn des Gleichnisses im Laufe der Tradition unerkennbar geworden. Vollends unwahrscheinlich aber ist die These, die Parabel sei überhaupt nicht der Lehre Jesu zuzurechnen, sondern spiegele Jesu eigene Reflexion über den ungewissen Erfolg seines Wirkens[35]. Die Erfahrungen von Jesu Tod und Auferstehung mögen gewiss der späteren rückblicken-

32 *B. Gerhardsson*, The Parable of the Sower and its Interpretation, in: NTS 14 (1967/68), S. (165-193) 169 ff. 180 f.

33 *J. Jeremias*, Die Gleichnisse Jesu (s. Anm. 6), S. 150.

34 *R. Bultmann*, Die Geschichte der synoptischen Tradition (FRLANT 29), Göttingen ^{9}1979, S. 216.

35 *J. Wellhausen*, Das Evangelium Marci, Berlin ^{2}1909, S. 32; vgl. auch *E. Klostermann*, Das Markusevangelium (HNT 3), Tübingen ^{3}1936, S. 40; *R. Bultmann*, Die Geschichte der synoptischen Tradition (s. Anm. 34), S. 216.

den Gemeinde zu einer Bestätigung der Aussage der Parabel Jesu geworden sein, aber sind weder in ihrem Text noch in seiner nachfolgenden Deutung ausgesprochen und in beide nicht schon einzutragen[36].

3. Vom Sinn der Gleichnisrede (13,10-15)

Schon in der Markus-Vorlage sprengen die Verse Mk 4,10-12 (par. Mt 13,10-15; Lk 8,9 f.) den Zusammenhang: Die noch am Schluss der markinischen Gleichnisrede (4,31; vgl. auch 4,35 f.) vorausgesetzte Eingangssituation 4,1 f. (Jesus vom Boot aus die Menge in Gleichnissen lehrend) ist aufgegeben; Jesus ist allein mit den Jüngern. Auch folgt nicht sogleich die Deutung der eben erzählten Parabel. Thema ist vielmehr allgemein und grundsätzlich Jesu Reden in Gleichnissen vor dem Volk (Markus: ἠρώτων … τὰς παραβολάς, anders Lukas: τίς αὕτη εἴη ἡ παραβολή). Die Antwort gibt das im Markus-Evangelium betont wie 7,18; 9,29; 10,11 als Jesuswort eingeführte ungleich gebaute Logion 4,11 par., das als einziges in der synoptischen Überlieferung von dem »(nur) euch gegebenen Geheimnis der Gottesherrschaft« redet und befremdlicherweise in dem finalen Nachsatz V. 12 unter deutlicher Anspielung auf Jes 6,9 f. als Zweck der Gleichnisse angibt, dieses Geheimnis »jenen draußen« (d.h. den Nichtglaubenden) zu verhüllen und sie zu verstocken (V. 12). Eindeutig ist hier παραβολή entsprechend dem hebräischen מָשָׁל in dem verengten speziellen Wortsinn von »Rätselwort« gebraucht und also nicht als Verständigungs*hilfe*, sondern als Verständnis*verweigerung* bezeichnet[37]. Dieser Wortgebrauch und die damit verbundene strikte Unterscheidung von Jüngern und Volk steht in offenkundigem Widerspruch zu dem markinischen Kontext, demzufolge auch die Jünger wegen ihres Nichtverstehens getadelt werden (4,13) und umgekehrt in der redaktionellen Schlussbemerkung 4,33b die Gleichnisse Jesu als Anpassung an das begrenzte Fassungsvermögen des Volkes charakterisiert werden – ein Indiz dafür, dass das Zwischenstück 4,10 ff. einer späteren Traditionsstufe zugehört (s.u.).

Matthäus hat den bis in Gedankengang und Wortbestand noch erkennbaren Markus-Text um mehr als das Doppelte interpretierend erweitert, und zwar unter dem Leitmotiv der Sonderstellung der Jünger gegenüber der unverständigen Menge. So bereits in dem mit 13,1 ff. kollidierenden Zug, dass die Jünger zu Jesus »herantreten« (!) V. 10,

36 Gegen *Chr. Dietzfelbinger*, Das Gleichnis vom ausgestreuten Samen (s. Anm. 23), S. 91 ff.

37 *G. Haufe*, Erwägungen zum Ursprung der sogenannten Parabeltheorie Markus 4,11-12, in: EvTh 32 (1972), S. 413-421.

einer im Matthäus-Evangelium häufig Jüngergespräche und -belehrungen einleitenden Wendung (5,1; 8,25; 13,36; 14,15; 15,17; 18,1 u.a.). Entsprechend fragen diese ihn auch nicht nur wie im Markus-Evangelium summarisch nach dem Sinn der Gleichnisse – dieser Frage sind sie als Verstehende enthoben (V. 18.51) –, sondern gezielt: »Warum redest du *zu ihnen* (d.h. zum Volk) in Gleichnissen?« Auf diese Eingangsfrage hin: διὰ τί ἐν παραβολαῖς λαλεῖς αὐτοῖς; ist der Matthäus-Text kunstvoll ausgearbeitet. Ihr korrespondiert die Antwort Jesu V. 13a: διὰ τοῦτο ἐν παραβολαῖς αὐτοῖς λαλῶ, aber auch die Umstilisierung des vorgegebenen Markus-Textes in V. 11, erst recht aber durch die Aufteilung der beiden ungleichen Satzhälften aus Mk 4,11a/b auf zwei selbstständige Sätze (Mt 13,11.13) und die Erweiterung der Vorlage durch Einfügung der Negation: ἐκείνοις δὲ οὐ δέδοται zu einem in V. 12 näher erläuterten, klar gegliederten antithetischen Doppelspruch.

Der in unserem Abschnitt zentrale, fraglos erst sekundär auf Jesu Gleichnisse angewandte Begriff μυστήριον (Markus: Singular, Matthäus und Lukas: Plural) entstammt der griechischen Tradition (Mysterienkulte, Philosophie, Gnosis) und ist erst in hellenistischer Zeit in Sprache und Schrifttum des Judentums übernommen worden. In der weisheitlichen und apokalyptischen Literatur seit Daniel ist er stehender Terminus für die von Gott bzw. der Weisheit nur den Weisen und Frommen in Israel geoffenbarten »Geheimnisse«, in der Apokalyptik in Sonderheit seines endzeitlichen Weltplanes. Aber auch die rabbinische Schulsprache verwendet ihn – mehrfach als Lehnwort – mit verschiedenen Inhalten der Toralehre gefüllt[38], ähnlich die Qumrantexte; vgl. 1 QS III,23; IV,18 f.; 1 QpHab VII[39]. Die Herkunft der synoptischen Wendung τὸ μυστήριον τῆς βασιλείας aus weisheitlicher und apokalyptischer Tradition illustrieren besonders gut Sap 10,10: ἔδειξεν (sc. die Weisheit) αὐτῷ (sc. Jakob) βασιλείαν θεοῦ καὶ ἔδωκεν αὐτῷ γνῶσιν ἁγίων, sowie Dan 2,28.30.44 LXX (nur der Prophet aus Israel vermag dem babylonischen König seinen Traum von den sich ablösenden Weltreichen bis zur Aufrichtung des Gottesreiches zu deuten): ἔστι θεὸς ἐν οὐρανῷ ἀνακαλύπτων μυστήρια ... κἀμοὶ δὲ ... μυστήριον τοῦτο ἐξεφάνθη ... στήσει ὁ θεὸς τοῦ οὐρανοῦ βασιλείαν ἄλλην ... ἡ βασιλεία αὐτοῦ βασιλεία αἰώνιος[40].

Da die synoptische Wendung mehr vorausgesetzt als expliziert ist, lässt sich nicht mehr sicher sagen, an welche konkreten Inhalte gedacht ist, möglicherweise bei der singularischen Markus-Fassung an

38 *P. Billerbeck*, Kommentar zum Neuen Testament aus Talmud und Midrasch, Bd. I (s. Anm. 5), S. 659 f.

39 *G. Bornkamm*, Art. μυστήριον κτλ, in: ThWNT 4, Stuttgart 1942, S. (809-834) 820 ff.; *A. E. Harvey*, The Use of Mystery Language in the Bible, in: JThS.NS 31 (1980), S. 320-336.

40 A.a.O., S. 333.

das Christusmysterium, von dem das urchristliche Kerygma durchgängig in der Einzahl redet (1Kor 2,1 [v.l.]; 2,7 ff.; Kol 1,26 f.; 2,2; 4,3; Eph 3,4 ff.; 1Tim 3,16), bei der pluralischen im Matthäus- und Lukas-Evangelium an die das Kommen der Basileia betreffenden Lehren Jesu. Hier wie oft umschreiben das nach jüdischer Weise den Gottesnamen meidende Passiv und das Perfekt δέδοται / οὐ δέδοται Gottes Ratschluss und Wirken. Die endzeitliche Bedeutung dieses Geschehens unterstreicht der von Matthäus in Anknüpfung an die vorangehenden Stichworte aus Mk 4,25 vorgezogene Spruch V. 12: ὅστις γὰρ ἔχει, δοθήσεται αὐτῷ ..., der in sprichwörtlicher Wendung[41] das menschlicher Rechenkunst konträre Handeln Gottes im Eschaton umschreibt und durch den überschießenden Passus καὶ περισσευθήσεται wie im Gleichnis von den anvertrauten Talenten (25,29) dem, der die Gnade Gottes annimmt und recht mit ihr umgeht, überschwänglichen Reichtum verheißt[42], dem aber, der sich ihr verweigert, ihren definitiven Entzug androht. In alledem gibt Matthäus dem vorgegebenen Text nur schärfere und klarere Konturen, ohne eigentliche Sinnverschiebung. Eine gewichtige Differenz bringt erst der Anschluss der zweiten Satzhälfte des Spruches (V. 13b) – nicht wie Markus und Lukas mit finalem ἵνα, sondern mit kausalem ὅτι – in den Gedankengang ein. Er beweist, dass für Matthäus die Verstockung des Volkes nicht Zweck oder Folge, sondern der Grund für Jesu Rede in Gleichnissen ist[43] und in ihrer negativen Wirkung sich schon jetzt das Endgericht vollzieht[44]. Die Härte des Markus-Spruches ist damit zwar abgeschwächt, aber doch insofern nicht einfach beseitigt, als auch Matthäus das im Markus-Evangelium verkürzte Zitat aus Jes 6,9 f. fast wortgleich übernimmt, das dem Volk Israel unmissverständlich androht, Gott werde ihm nunmehr nach allen ihm gewährten Heilserweisen den Weg zu Umkehr und Heil versagen, in beiden Versionen nur dadurch unterschieden, dass für Matthäus bereits erfahrene Geschichte ist, was Markus als künftiges Gerichtsgeschehen ankündigt. V. 14 f. wiederholt das Zitat in seinem vollen Wortlaut nach der Septuaginta, wobei die Häufung der Negationen in den ersten und letzten Satzgliedern: καὶ οὐ μὴ συνῆτε ... οὐ μὴ ἴδητε ... μήποτε ἴδωσιν ... καὶ ἰάσομαι αὐτούς und der begründende Zwischensatz V. 15a die Strafabsicht Gottes gegenüber den Verblendeten nachdrücklich zum

41 *P. Billerbeck*, Kommentar zum Neuen Testament aus Talmud und Midrasch, Bd. I (s. Anm. 5), S. 660 f.

42 Zu theologischem bzw. eschatologischem Gebrauch von περισσεύειν in der urchristlichen Verkündigung vgl. *F. Hauck*, Art. περισσεύω κτλ, in: ThWNT 6, Stuttgart 1959, S. (58-63) 58 ff.

43 *R. Hummel*, Die Auseinandersetzung zwischen Kirche und Judentum im Matthäusevangelium (BEvTh 33), München 1963, S. 128.

44 *G. Strecker*, Der Weg der Gerechtigkeit. Untersuchung zur Theologie des Matthäus (FRLANT 82), Göttingen 1962, S. 106.

Ausdruck bringen. Dieser Duktus der Satzglieder macht es unmöglich, μήποτε in V. 15b statt final im Sinne von »vielleicht dass sie ...«, »falls sie nicht doch noch« und das Schlussglied des Zitates καὶ ἰάσομαι αὐτούς als bedingte Heilszusage zu verstehen[45].

Die gleichwohl bleibende Spannung zwischen dem auf die geschichtliche Erfahrung abhebenden Begründungssatz 13,13b und dem Zitat selbst legt die Annahme nahe, dass V. 14 f. nicht ursprünglich, sondern nachmatthäischer Zusatz ist. Sie wird dadurch gestützt, dass das Schriftzitat im vorliegenden Text das einzige aus Jesu Mund ist (alle andern sind matthäische Redaktion) und die Einführungswendung: καὶ ἀναπληροῦται αὐτοῖς ἡ προφητεία Ἠσαΐου ἡ λέγουσα von den übrigen zwar nicht uniform, aber stereotyp formulierten, stets auf Einzelzüge in Jesu Wirken und Geschichte bezogenen Zitaten fast in allen Details abweicht[46].

Zwar nicht schon die Singularität des synoptischen μυστήριον-Spruches und seine sekundäre Stellung im Kontext, wohl aber seine durch die Spezialbedeutung von παραβολή = Rätselwort ermöglichte pauschale Anwendung auf Jesu Gleichnisse sprechen dafür, dass die sogenannte Parabeltheorie nicht ein authentisches Herrenwort, sondern Bildung der rückblickenden schrifttheologischen Reflexion der nachösterlichen Gemeinde ist, weil Jesu Gleichnisse in ihrer unmittelbar auf den jeweiligen Hörer zielenden Erzählweise und der Luzidität ihrer Gestaltung (s.o.) sich unmöglich als absichtlich verhüllende Rede charakterisieren lassen. Nicht zuletzt spricht für die Annahme sekundärer Bildung, dass, wie aus Apg 28,26 f.; Joh 12,40 zu ersehen, Jes 6,9 f. als locus classicus des alttestamentlichen Verstockungsgedankens auch ohne spezielle Anwendung auf Jesu Gleichnisse im Urchristentum die einheitliche Funktion gehabt zu haben scheint, den Unglauben des jüdischen Volkes als gottverhängte Notwendigkeit auszusagen, ohne jedoch seine Schuldhaftigkeit zu mindern[47], zugleich aber den in der Offenbarung begründeten Glauben als Geschenk und Gnade Gottes zu begreifen. Über Markus hinaus hat Matthäus diesen letzten Gedanken durch Anfügung der Seligpreisung der Jünger als der »Sehenden« und »Hörenden« mit besonderem Nachdruck unterstrichen (V. 16 f.) und damit dem vorgegebenen Zwischen-

45 Gegen *J. Jeremias*, Die Gleichnisse Jesu (s. Anm. 6), S. 13 f.

46 *K. Stendahl*, The School of St. Matthew and its Use of the Old Testament (ASNU 20), Uppsala 1954, S. 129 ff.; *G. Strecker*, Der Weg der Gerechtigkeit (s. Anm. 44), S. 70, Anm. 3; J. *Gnilka*, Die Verstockung Israels. Isaias 6,9-10 in der Theologie der Synoptiker (StANT 3), München 1961, S. 103 ff.; *J. D. Kingsbury*, The Parables of Jesus in Matthew 13. A Study in Redaction-Criticism, London 1969, S. 38 f.

47 *G. Haufe*, Erwägungen zum Ursprung der sogenannten Parabeltheorie Markus 4,11-12 (s. Anm. 37), S. 418 f.

stück einen krönenden Abschluss gegeben[48]. Die ursprüngliche Fassung dieser unbestritten »echten« Seligpreisung aus Q (in ihrer Aussage 11,5 f. eng verwandt) hat offensichtlich Lk 10,23 f. erhalten (dort am Ende der Sendungsrede) und erst Matthäus durch betont vorangestelltes ὑμῶν δέ V. 16 im Gegensatz zu αὐτοῖς V. 10.13 und ἐκείνοις V. 11, durch Absolutsetzung der Verben »Sehen« und »Hören« (Lukas: ἃ βλέπετε / ἃ ἀκούετε) und δίκαιοι V. 17 statt βασιλεῖς (Lukas) dem vorangehenden Text angeglichen. Eine ähnliche Seligpreisung derer, die die verheißene Heilszeit erleben in PsSal 17,44; zu 13,17 vgl. 1Petr 1,10 ff. Durch diesen Abschluss erhalten im Matthäus-Evangelium die zuvor allgemein gehaltenen Gedanken des Abschnittes eine ausdrückliche und konkrete Zuspitzung auf die schon jetzt in Jesu Sendung und Wirken anbrechende Heilszeit (vgl. 12,28), auch wenn der Bezug auf die Person Jesu nicht direkt ausgesprochen ist.

4. Die Deutung des Gleichnisses vom Sämann (13,18-23)

Dass die im Anschluss an Markus erst jetzt folgende Deutung der Eingangsparabel nicht ursprünglich zu ihr gehört, sondern erst später entstanden ist, verrät bereits ihre in allen drei Synoptikern verschiedene redaktionelle Einführung; erst und nur Lk 8,11 versucht einen engen Zusammenhang herzustellen, indem er sie als Antwort Jesu auf die entsprechend abgewandelte Jüngerfrage 8,9 einleitet. Beweiskräftig sind aber erst andere Gründe: In typisch allegorisierender Art übersetzt die Deutung am Gleichnistext entlanggehend jeden Einzelzug, zwar in einigen Fällen in durchaus naheliegender Weise die Bildmotive als unmittelbar verständliche Metaphern aufgreifend, in anderen aber nicht ohne Gewaltsamkeit (die Deutung der pickenden Vögel auf den raubgierigen Satan!) und uneinheitlich (in Mk 4,14 wird der Same mit »dem Wort«, im Folgenden mit den je verschiedenen Hörern gleichgesetzt). Auch ist gegenüber dem Gleichnistext das Interesse der Deutung von der einheitlichen Handlung ganz auf ihre jeweils verschiedene Wirkung verlagert, und das Schwergewicht liegt in ihr nicht mehr auf dem überwältigenden Ende; von diesem ist vielmehr nur noch knapp ohne nähere Ausdeutung unter Wiederholung der aus dem Schluss der Parabel aufgenommenen Zahlenverhältnisse die Rede. Vor allem sprechen für die nachträgliche Entstehung der Deutung ihre aus der neutestamentlichen Briefliteratur und der Apostelgeschichte wohl bekannte Sprache der frühchristlichen Verkündigung und Paränese[49]. Dem entspricht die Schilderung der einzelnen Hörergruppen,

48 *J. D. Kingsbury*, The Parables of Jesus in Matthew 13 (s. Anm. 46), S. 37 ff.
49 Reichliche Belege bei *J. Jeremias*, Die Gleichnisse Jesu (s. Anm. 6), S. 75 ff.

ihrer Anfechtungen und Gefährdungen von außen und innen unter deutlicher Bezugnahme auf die Erfahrungen der späteren Gemeinde (Verfolgung, Versuchung, Sorge, Betrug des Reichtums usw.) und der starke paränetische Impetus der Deutung, offenkundig Ausdruck der Bemühung, die Hörer einer späteren Zeit – in der Sprache der Parabel selbst gesprochen – aus der Zuschauerhaltung des neutralen Betrachters am Feldrand und Wegrain herauszurufen und sich selbst als die von der Aussaat des Wortes Betroffenen zu verstehen, – in diesem Sinne durchaus »a moving sermon«[50] über das Gleichnis trotz aller Akzentverschiebungen.

Matthäus gibt die Markus-Vorlage im Wesentlichen unverändert wieder. Bemerkenswert ist jedoch seine von Mk 4,13 abweichende Einleitung, die in V. 18: ὑμεῖς οὖν ἀκούσατε τὴν παραβολὴν τοῦ σπείραντος ausdrücklich an die in V. 16 f. vorangehende Seligpreisung der Jünger anknüpft und diese nicht wie im Markus-Evangelium wegen ihres noch immer währenden Unverständnisses tadelt, sondern sie als solche anredet, die die Parabel bereits (im Vollsinn) »gehört«, d.h. verstanden *haben*. Streng genommen ruft die folgende Deutung ihnen darum nur in Erinnerung, was sie schon wissen und im Blick auf sie selbst keiner Erläuterung bedarf, wohl aber im Hinblick auf die hier durch sie repräsentierte spätere Gemeinde. Diese steht jetzt ausschließlich im Blickfeld. Entsprechend dieser von den Erstberufenen auf die gegenwärtige Gemeinde gerichteten Perspektive, derzufolge hier wie auch weiterhin im Matthäus-Evangelium konsequent die erstberufenen Jünger nicht wie im Markus-Evangelium als die bis zur Auferstehung Jesu Unverständigen, sondern als die mit der »Erkenntnis der Basileia« Beschenkten gelten, deutet Matthäus – unter Korrektur der erwähnten Unstimmigkeit der Markus-Vorlage (4,14.16 ff.) – die auf je verschiedenen Boden gestreute Saat einheitlich auf die in jedem Fall gemeinten Hörer, formuliert durchgängig das Satzsubjekt im Singular und die Verben im zeitlos gültigen Präsens (13,19 ff.) und erläutert durch Zusätze wie V. 19: παντὸς ἀκούοντος *τὸν λόγον τῆς βασιλείας καὶ μὴ συνιέντος*, ... ἐσπαρμένον ἐν *τῇ καρδίᾳ αὐτοῦ* und die entsprechenden Ergänzungen in V. 23: ἀκούων *καὶ συνιείς* und ὃς δὴ καρποφορεῖ *καὶ ποιεῖ* – alles das deutlich zur Aktualisierung des vorgegebenen Textes.

5. Das Gleichnis vom Unkraut unter dem Weizen (13,24-30)

An Stelle der nach Mk 4,26-29 zu erwartenden Parabel von der selbstwachsenden Saat folgt nur im Matthäus-Evangelium dieses auch in EvThom 57 überlieferte Gleichnis, vermutlich weil das im Markus-

50 *C. H. Dodd*, The Parables of the Kingdom (s. Anm. 11), S. 181.

Evangelium vorgegebene mit seiner uneingeschränkten Erfolgsverheißung (αὐτομάτη ἡ γῆ καρποφορεῖ 4,28) sowohl mit der differenzierenden Deutung der Sämannsparabel 13,18 ff. par. als auch mit dem Mt 13 im Ganzen durchziehenden Leitmotiv der Unterscheidung und Scheidung der in 13,10 ff. kontrastierten Gruppen nur schwer in Einklang zu bringen ist.

Trotz aller Unterschiede berühren sich Bildmotive und Wortbestand in Mk 4,26 ff. und Mt 13,24 ff. in nicht wenigen Einzelheiten: beide Mal ein »Saatgleichnis« mit gleichen oder ähnlichen Stichworten (Aussaat, Aufgehen, Fruchtbringen, Ernte); sogar vom »Schlafen« ist hier wie da die Rede, obschon in völlig verschiedenem Sinn: dort erwähnt als Ruhezeit des Landmannes, in der er die Saat sich selbst überlässt, hier als die vom Widersacher schnöde genutzte Schlafenszeit der Dorfbewohner. Vorgang und Skopus der matthäischen Parabel sind jedoch gegenüber dem Gleichnis Mk 4,26 ff. so völlig andere, dass der Matthäus-Text sich nicht als bloße Variante der Markus-Vorlage ansehen lässt[51].

Wie dem Gleichnis vom Sämann folgt auch der Unkrautparabel eine allegorische Ausdeutung, auch hier nicht sogleich, sondern erst in 13,36 ff. nach den Gleichnissen vom Senfkorn (par. Mk 4,30-32; Lk 13,18 f.) und vom Sauerteig (par. Lk 13,20 f.), vor allem aber in ihrem Inhalt dadurch von der Parabel abgehoben, dass ihre Deutung sich auf die wichtigsten Figuren und Größen ihrer Rahmenerzählung beschränkt und den im Zentrum der Parabel stehenden Dialog zwischen dem Gutsherrn und seinen Knechten übergeht. Damit entfällt in 13,36 ff. die Warnung des Herrn an die Knechte, nicht schon vor der Ernte Weizen und Unkraut voneinander zu scheiden (V. 29), und der Aussagegehalt der Deutung wird ein wesentlich anderer: unter dem Bild der Ernte eine breit ausgeführte Darstellung des künftigen Weltgerichtes. Entsprechend ist auch die Form der Rede verschieden: Erzählt das erste Stück in typischem Parabelstil ein obschon nicht alltägliches, so doch durchaus vorstellbares und hier sichtlich auf die gemeinsame Sache zugeschnittenes profanes Geschehen aus dem Landleben, so eröffnet das zweite die jenseitige Dimension des Weltendes. Angesichts ihrer ungewöhnlichen, ja »ungeheuerlichen« Züge, besonders was das Verhalten des »Feindes«, aber auch das Befremden der Knechte und die gehäufte Verwendung stehender Bilder (Sämann, Weizen – Unkraut usw.) betrifft, stellt sich freilich schon für die Parabel selbst die bis heute umstrittene Frage, ob nicht auch sie von vornherein als eine auf Probleme der späteren Gemeinde zugeschnittene

51 Gegen *K. Stendahl*, The School of St. Matthew and its Use of the Old Testament (s. Anm. 46), S. 785 unter 685e.

Allegorie zu verstehen ist[52] und nicht als echte Parabel, ohne damit ihre Besonderheit gegenüber der später folgenden Deutung verwischen zu wollen. Auf diese Frage hat die Einzelexegese unter Beachtung der Erzählweise des Textes zu antworten.

Typisch matthäisch wie 13,31.33; 18,23; 22,2; 25,1 eingeleitet (V. 24), ist die Parabel an die »Menge« adressiert (αὐτοῖς = τοῖς ὄχλοις, vgl. 13,3.10.13.34). ὡμοιώθη ἡ βασιλεία τῶν οὐρανῶν ἀνθρώπῳ (»die Himmelsherrschaft ist einem Menschen zu vergleichen, der ...«). In deutlicher Anlehnung an 13,3.18 (Mk 4,26) wird der Sämann unbestimmt allgemein eingeführt.

Unvermittelt bestimmt dagegen sein »Widersacher« (ὁ ἐχθρός) V. 25, bei dem Hörer und Leser gewiss sofort an den Teufel, den Erzfeind Gottes (vgl. 13,39) denken sollen. Aber die Situationsschilderung in der Exposition hält sich streng in den Grenzen einer echten Parabel, die anhand eines zwar nicht alltäglichen, aber täglich möglichen, jedenfalls durchaus vorstellbaren Einzelfalles aus dem bäuerlichen Leben einen zentralen Sachverhalt der Basileia-Botschaft Jesu veranschaulichen soll. Ungewöhnlich, ja unglaublich, aber in dieser schlechten Welt nicht ausgeschlossen und hier sichtlich im Blick auf die Pointe hin herausgegriffen, sind allerdings der listige Einfall des Bösewichtes, den Gutsherrn zu schädigen, und sein prompter Erfolg, das ärgerliche Neben- und Miteinanderaufgehen von Weizen und Unkraut (ζιζάνια semitisches Lehnwort = זונין, ein dem Weizen nicht unähnliches Unkraut[53]). Unverständlich für die Knechte V. 27 (πόθεν οὖν ἔχει ζιζάνια;), hingegen nicht für den geschädigten Gutsherrn V. 28a, der nur zu gut weiß, dass man ihm seine Ernte neidet, und darum sofort mit sicherem Blick für die Sachlage die ihm gestellte Frage beantwortet, ohne freilich den Täter mit Namen zu nennen: ἄνθρωπος (hier wie öfters = *quidam*) (vgl. dagegen V. 25). Auch in der zweiten, nicht eben klugen, aber desto beflisseneren Frage der Knechte: θέλεις οὖν ἀπελθόντες συλλέξωμεν αὐτά; (V. 28b) bleibt die Erzählung ganz im Rahmen eines profanen Geschehens. Denn sie soll sichtlich nur die Torheit ihres Übereifers bekunden und die Antwort ihres an Erfahrung und Weisheit weit überlegenen Herrn vorbereiten: Jetzt schon das Unkraut ausreißen hieße auch den Weizen vernichten! Ihr Vorhaben wäre demnach ebenso unzeitig wie unsinnig, denn die von ihnen vorgeschlagene Scheidung von beidem *wird* erfolgen, aber erst bei der noch ausstehenden Ernte. Darum die Weisung des οἰκοδεσπότης an die Knechte: »Lasst beides miteinander wach-

52 So schon *A. Jülicher*, Die Gleichnisreden Jesu, T. II: Auslegung der Gleichnisreden der drei ersten Evangelien (s. Anm. 9), S. 546 ff. u.a.; zuletzt *G. Barth*, Auseinandersetzungen um die Kirchenzucht im Umkreis des Matthäusevangeliums, in: ZNW 69 (1978), S. 158-177.

53 *W. Bauer*, Griechisch-deutsches Wörterbuch (s. Anm. 16), Sp. 671 (Art. ζιζάνιον).

sen bis zur Ernte!« (V. 30a) Auf die Zeit der Ernte, wenn die vermehrte Arbeit die zusätzliche Einstellung von Tagelöhnern nötig macht (vgl. 20,1 ff.), weist auch der Schluss, demzufolge der Gutsherr den Schnittern, nicht den zum ständigen Hofgesinde gehörenden Knechten, die dann fällige Scheidung von Unkraut und Weizen auftragen wird (V. 30b). Der Wortlaut des Auftrages soll gewiss jeden Hörer und Leser an die Endgerichtsankündigung des Täufers 3,12 erinnern (dort in umgekehrter Reihenfolge). Doch bleibt in der Parabel sogar dieser transparente Schlusssatz im Rahmen eines irdisch-natürlichen Geschehens, zu ersehen daraus, dass der Text nicht wie im Matthäus-Evangelium sonst häufig vom »ewigen« Feuer redet (3,12; 5,22; 13,42.50 u.ä), sondern auf den Brauch im holzarmen Palästina anspielt, das zuvor ausgeschiedene dürre Unkraut gebündelt im Herd zu verfeuern. Alles das ein Beweis dafür, dass der Charakter des Textes als einer »reine[n] Parabel«[54] bis zum Ende konsequent durchgehalten ist. Ihr Vergleichspunkt ist darum ausschließlich in dem in der später folgenden Deutung übergangenen Dialog zwischen den Knechten und dem Gutsherrn zu suchen (V. 27-30), mit anderen Worten in der Mahnung zur Geduld und der Abwehr ihres Übereifers.

Aus dem Gesagten erhellt, dass 13,24-30 nicht selbst schon eine erst von der späteren Gemeinde gebildete Allegorie ist[55], auch nicht eine »Mischform« (»allegorische Parabel«[56]) oder in seiner vorliegenden Fassung ein Gebilde, das unter verschiedenen Fragestellungen mehrere Bearbeitungsstufen durchlaufen hat[57]: Eine solche Analyse wird dem einheitlichen Duktus der Parabel und ihrem offensichtlich von vornherein intendierten, in V. 30a ausgesprochenen Skopus nicht gerecht.

Richtig ist zwar, dass das Mit- und Nebeneinander von Weizen und Unkraut (echten und falschen Christen) und damit die Scheidung beider für die Kirche nach Ostern zu einem in vielfachen Variationen sich stellenden, höchst aktuellen Problem wurde, zumal unter der sich verzögernden Parusie[58]. Doch ist damit nicht erst und nur ein spezifisches »Kirchenproblem« bezeichnet. Vielmehr ist die in V. 30a bildlich formulierte Weisung tief in Jesu Gebot, den anderen nicht zu richten (7,1 ff.), verwurzelt und die durch ihn, den Freund der Zöllner und Sünder (11,19; 9,11 u.a), entfachte und geprägte Bewegung durch

54 *R. Bultmann*, Die Geschichte der synoptischen Tradition (s. Anm. 34), S. 191 u.a.

55 *A. Jülicher*, Die Gleichnisreden Jesu, T. II (s. Anm. 52), S. 546 ff.

56 *J. D. Kingsbury*, The Parables of Jesus in Matthew 13 (s. Anm. 46), S. 75.

57 So zuletzt *H. Weder*, Die Gleichnisse Jesu als Metaphern (s. Anm. 15), S. 120 ff.

58 *E. Gräßer*, Das Problem der Parusieverzögerung in den synoptischen Evangelien und in der Apostelgeschichte (BZNW 22), Berlin / New York [3]1977, S. 147 f.

eben dieses Verhalten von vornherein zum Anstoß und Ärgernis für die maßgebenden Vertreter des zeitgenössischen Judentums geworden. So verstanden, bekundet die Parabel den radikalen Gegensatz Jesu und seiner Jünger zu den diversen Gruppen ihrer Zeit, die sich rigoros von den anderen separierten und als Sammlung und Darstellung des für die Messiaszeit verheißenen »heiligen Restes«, d.h. der wahrhaft Frommen gerierten (Pharisäer, Zeloten, Qumran)[59].

6. Die Gleichnisse vom Senfkorn und Sauerteig (13,31-33)

Die folgenden Texte illustrieren exemplarisch die Sorgfalt, mit der Matthäus die Markus-Vorlage und die Spruchquelle zusammengearbeitet hat: Die erstere zeigt sich darin, dass er an dieser Stelle das auch in Lk 13,18 f. überlieferte Senfkorngleichnis, im Markus-Evangelium das dritte und letzte, im Matthäus-Evangelium das dritte seiner sieben Reich-Gottes-Gleichnisse, folgen lässt und es – verwoben freilich mit Elementen seiner Q-Fassung – im Wesentlichen nach Mk 4,30-32 wiedergibt, ersichtlich aber auch daraus, dass in 13,34 f. der ursprüngliche Abschluss der »Rede« Mk 4,33 f. in charakteristischer Umgestaltung (s.u.) folgt. Die Verarbeitung der Matthäus und Lukas gemeinsamen Quelle dagegen beweist die auch in Lk 13,18-21 vollzogene Verknüpfung des Senfkorngleichnisses mit dem von Hause aus wohl selbstständig überlieferten sinnverwandten vom Sauerteig Mt 13,33 par. Lk 13,20 f. (noch das Thomas-Evangelium bringt beide in getrennten Sprüchen: 20 und 96).
Zur typisch matthäischen Einleitung: ἄλλην παραβολὴν παρέθηκεν αὐτοῖς λέγων V. 31 f. vgl. 13,24.33. Der Gleichnisanfang mit Dativ (»mit dem Himmelreich geht es zu wie mit einem Senfkorn«, entsprechend V. 33: »... wie mit [einem Stück] Sauerteig«) setzt auch hier nicht die Basileia mit einem Senfkorn (bzw. Sauerteig) gleich, sondern setzt das durch beide ausgelöste *Geschehen* in das Verhältnis einer wechselseitigen Entsprechung: hier wie da einen unscheinbaren geringen Anfang zu seiner erstaunlichen Wirkung. Wie besonders der breit ausgeführte Schluss des ersten Gleichnisses in allen drei Fassungen zeigt, liegt das Schwergewicht der Aussage offenkundig auf dem über alle Maßen großen Ende, gemessen jedoch an der scheinbar unverhältnismäßigen Differenz zwischen Anfang und Ende, Gegenwart und Zukunft: dargestellt unter dem Bild des sprichwörtlich kleinsten

59 Vgl. *J. Jeremias*, Der Gedanke des »Heiligen Restes« im Spätjudentum und in der Verkündigung Jesu, in: ders., Abba. Studien zur neutestamentlichen Theologie und Zeitgeschichte, Göttingen 1966, S. (121-132) 129 ff.; *H. Braun*, Spätjüdisch-häretischer und frühchristlicher Radikalismus. Jesus von Nazareth und die essenische Qumransekte (BHTh 24), Bd. II, Tübingen [2]1969, S. 58 f., Anm. 1, Abs. 3.

Samenkornes, das nach Markus zu einer mächtigen Staude, nach Matthäus / Lukas zu einem Baum heranwächst.

Die Durchführung des Bildes differiert geringfügig: in Q (Matthäus / Lukas) liegt der Ton auf dem enormen Wachstum (Matthäus: ὅταν δὲ αὐξηθῇ μεῖζον τῶν λαχάνων ἐστὶν καὶ γίνεται δένδρον, Lukas: ηὔξησεν καὶ ἐγένετο εἰς δένδρον), im Markus-Evangelium auf dem Kontrast zwischen »dem allerwinzigsten Samenkorn auf der ganzen Welt« (4,31b) und der weit ausgreifenden Ackerstaude (ποιεῖ κλάδους μεγάλους). Gemeint ist beide Mal die in Palästina auf dem Feld angebaute Senfstaude *sinapis nigra* (nach Theophrast, Hist. Plant. VII 1,1 f. zu dem γένος λαχανῶδες gehörend), die am See Genezareth bis 2 ½ - 3 m groß wird[60]; καὶ γίνεται δένδρον entweder hyperbolischer Ausdruck oder – wahrscheinlicher – im Vorgriff auf die in V. 32b anklingenden Schriftworte formuliert. Matthäus hat beide Motive, Wachstum (Q) und Kontrast (Markus), kombiniert und durch den Wechsel vom erzählenden Aorist (ἔσπειρεν) zu zeitlos schilderndem Präsens die Allgemeingültigkeit des Bildes unterstrichen.

Der Nachsatz ὥστε ἐλθεῖν τὰ πετεινά usw. (im Markus-Evangelium abgeschwächt durch ὥστε δύνασθαι) enthält eine Anspielung auf alttestamentliche Prophetensprüche, in denen vergängliche Weltreiche mit einem riesigen Baum verglichen werden, unter dessen Gezweig und Schatten die Vögel des Himmels, d.h. die Völker der Welt, Zuflucht und Schutz suchen (Ez 31,3 ff.; Dan 4,7 ff.17 ff.), aber auch dem Gottesvolk Israel Gleiches verheißen wird (Ez 17,22 f.). Durch diesen Schluss erhält das Gleichnis erst eigentlich seinen eschatologischen Sinn[61].
Das Gleichnis vom Sauerteig (V. 33) illustriert dasselbe Geschehen an dem Vorgehen der Hausfrau, beim Brotbacken eine winzige Menge Sauerteig als Gärmittel zuzusetzen, das das Mehl in Kürze zum Aufgehen bringt. Abermals ein alltäglicher, hier aber in seiner Transparenz durch die unverhältnismäßigen Maßangaben über alles Normale drastisch gesteigert: drei »Sat« Mehl (σάτον gräzisierte Form von aramäisch סָאתָא, hebräisch סְאָה, Name eines hebräischen Getreidemaßes), ausreichend für ½ Zentner Mehl und Brot für mehr als 100 Hausgenossen, eine Menge, die keine Hausfrau auf einmal verbäckt, wie in V. 32 eine volkstümliche Übertreibung, in der deutlich die gemeinte Sache, das Geschehen der kommenden Basileia, in das Bild hineinschlägt[62].

ζύμη (Sauerteig) hier eindeutig im positiven Sinn Bild für einen alles durchdringenden Wirkstoff (wie »Salz der Erde« 5,13), nicht wie von eini-

60 *J. Jeremias*, Die Gleichnisse Jesu (s. Anm. 6), S. 147 mit Hinweis auf *G. Dalman*, Arbeit und Sitte in Palästina, Bd. II (s. Anm. 18), S. 293.
61 *J. Jeremias*, Die Gleichnisse Jesu (s. Anm. 6), S. 146.
62 Ebd.

gen Auslegern vermerkt als Bild gewählt, um Jesu kritische Distanz zum jüdischen Kultgebot zu illustrieren, zur Passazeit nur ungesäuertes Brot zu essen, also ohne Anspielung auf das aus christlicher Tradition bekannte Verständnis von ζύμη in malam partem (16,6; Mk 8,15; Lk 12,1; 1Kor 5,6 ff.; Gal 5,9[63]). Ebenso abwegig ist es, in das Verb ἐγκρύπτειν (Lukas: Simplex) »hineintun« (nicht: verbergen) einen esoterischen Nebensinn einzutragen.

Angewandt auf die Gottesherrschaft sollen beide Gleichnisse nicht nur den allgemeinen Erfahrungssatz: kleine Ursachen – große Wirkungen illustrieren, und ihre Pointe besteht nicht nur in der Ankündigung des Kommens der Basileia, deren Erscheinen in Herrlichkeit für jeden Frommen ohnehin außer Zweifel steht, sondern liegt darin, dass mit dem unscheinbaren Wirken Jesu ihr Anfang schon geschehen ist und geschieht und das Allergrößte im Allergeringsten schon wirksam ist. Das Geringste hat es in sich! Mit Recht betont darum E. Fuchs die in beiden Gleichnissen enthaltene Provokation und formuliert: »So also geht es bei dem Anfang um das Ganze«, und Jesus »erläutert nicht nur Großes, sondern er *beruft* damit für die Basileia!«[64] Keine der beiden gängigen Bezeichnungen »Kontrast-« und »Wachstumsgleichnisse« deckt diesen Sachverhalt darum vollständig, die eine, weil sie die wechselseitige Bezogenheit von Ende und Anfang, Zukunft und Gegenwart nicht zum Ausdruck bringt, die andere, weil sie den Gedanken eines organischen Prozesses nahelegt, aus dem späterhin die beiden Gleichnissen fremde Idee einer allmählich die Welt erobernden Kirche bzw. einer sie schrittweise umgestaltenden Christlichkeit erwachsen konnte; vgl. die bis heute verbreitete, erbaulich-christliche Redeweise vom »Sauerteig«[65]. Zu der vom Ende her zu verstehenden Pointe treffend E. Jüngel: »Das Ende ist gewiß. Deshalb darf man dem unscheinbaren Anfang trauen ...; weil die Zukunft *wunderbar* ist, qualifiziert sie auch die Gegenwart Jesu als eine Zeit, in der die Zukunft mächtig ist«[66].

63 Vgl. *H. Windisch*, Art. ζύμη κτλ, in: ThWNT 2, Stuttgart 1935, S. (904-908) 908.

64 *E. Fuchs*, Das Zeitverständnis Jesu, in: Zur Frage nach dem historischen Jesus (GAufs., Bd. II), Tübingen 1960, S. (304-376) 346 f.

65 Dagegen m.R. *E. Schweizer*, Das Evangelium nach Matthäus (s. Anm. 21), S. 199 f.

66 *E. Jüngel*, Paulus und Jesus (s. Anm. 8), S. 153; vgl. auch *H. Weder*, Die Gleichnisse Jesu als Metaphern (s. Anm. 15), S. 132 f.

7. Der erste Abschluss der Gleichnisrede (13,34 f.)

Den Grundstock beider Verse bildet deutlich der ursprüngliche Schluss der Rede nach Mk 4,33 f. Aber Matthäus hat den Text der Vorlage abgewandelt: in V. 34 durch Auslassung der redaktionellen Bemerkung Mk 4,33b, Jesus habe zu ihnen, d.h. zum Volk, in Gleichnissen gesprochen, um ihrem begrenzten Fassungsvermögen aufzuhelfen (καθὼς ἠδύναντο ἀκούειν), sowie durch die Verarbeitung des auch für Matthäus hier und im Ganzen seiner Komposition eminent wichtigen Passus Mk 4,34b: κατ᾽ ἰδίαν δὲ τοῖς ἰδίοις μαθηταῖς ἐπέλυεν πάντα erst in 13,36 zu Beginn der zweiten Hälfte seiner über Markus hinaus beträchtlich erweiterten Gleichnisrede (s.u.). Das Motiv beider Änderungen ist unschwer zu erkennen: Matthäus hat sichtlich den im Markus-Evangelium unausgeglichenen Widerspruch bemerkt, dass nach der ersten Markus-Notiz durch die Gleichnisse Jesu auch der Menge ein gewisses Verständnis seiner Botschaft zuteil werden sollte, nach der zweiten dagegen ihr Verständnis nur den Jüngern vorbehalten ist, und sich bemüht, die im Markus-Evangelium unausgeglichen gebliebene Unklarheit unter dem in c. 13 konsequent durchgehaltenen Leitmotiv zu tilgen, dass den Jüngern »die Erkenntnis der Geheimnisse der Basileia« gegeben, dem verstockten Volk dagegen nicht gegeben ist (vgl. 13,10 ff.16.51). Dieses Motiv, beide zu unterscheiden und zu scheiden, unterstreichen in V. 34a auch die ausdrückliche Konfrontierung des hier wie häufig im Matthäus-Evangelium erneut namentlich genannten ὄχλος mit den μαθηταί (Markus: τοῖς ἰδίοις μαθηταῖς) und der umfassend und damit grundsätzlich formulierte Satzanfang: ταῦτα πάντα ἐλάλησεν ὁ Ἰησοῦς usw. Was aber besagt in diesem Zusammenhang die dritte Besonderheit des Matthäus, das von ihm in V. 35 wie 13,14 f. u.ö. final angefügte Erfüllungszitat aus Ps 78,2 (LXX: 77,2)?

Auffallend ist bereits seine Einführung als Prophetenspruch; nach jüdischer und christlicher Tradition (auch in Mt 1,23; 2,5.15; 21,4) gehören die Psalmen zu den »Schriften«, nicht zu den »Propheten«. Wenn nicht – was unwahrscheinlich – ein durch Zitierung aus dem Gedächtnis entstandener Irrtum des Evangelisten vorliegt, mag sich die kanonisch unkorrekte Wendung διὰ τοῦ προφήτου aus der vereinzelten Bezeichnung des Psalmsängers Asaph als Prophet (1Chr 25,2; 2 Chr 29,30), vielleicht auch aus der im Rabbinischen nicht ungewöhnlichen Verwendung von »Prophet« im weiteren Sinn für geistinspirierte Gestalten des Alten Testaments erklären[67] oder – wahrscheinlicher – aus Angleichung des Zitates an 4,14; 8,17; 12,17;

67 *P. Billerbeck*, Kommentar zum Neuen Testament aus Talmud und Midrasch, Bd. I (s. Anm. 5), S. 670.

13,14; 15,7, was in einigen Handschriften die sicher sekundär und sachlich falsche Eintragung von Ἠσαΐου verursacht hat (ℵ* Θ $f^{1.13}$ 33 *pc*; Hier^{mss})[68].

Die erste Hälfte des Zitates mit dem Stichwort ἐν παραβολαῖς gibt wörtlich die Septuaginta wieder, die zweite dagegen stimmt weder mit dem griechischen noch dem hebräischen Text genau überein, sondern ist eine wahrscheinlich von Matthäus selbst im Blick auf den weiteren Kontext frei formulierte Paraphrase (»ad hoc-Zitat«). Sie hat ihre Besonderheit in der Parallelisierung der beiden Aussagen: »Ich will *in Gleichnissen* sprechen« und: »Ich will *verkünden*, was seit Grundlegung (zu ergänzen: *der Welt* 25,34; Lk 11,50; Joh 17,27; 1Petr 1,20; aber auch Spr 8,23) *verborgen* war«; das synonym für φθέγξομαι (LXX) nur hier im Neuen Testament gebrauchte ἐρεύξομαι (eigentlich »laut ausrufen«) = »künden, verkünden«. Deutlich eröffnen die beiden feierlichen Verben nicht mehr wie der alttestamentliche Psalm einen Rückblick auf die vergangene Geschichte Israels, sondern weissagend die Ankündigung eines vom Standort des »Propheten« aus zukünftigen, vom Standort des Evangelisten und der Kirche seiner Zeit aus gesehen dagegen in Jesu Gleichnisverkündigung verwirklichten eschatologischen Geschehens. »Einst verborgen – jetzt offenbart«, – dieses aus der kerygmatischen Sprache der Frühkirche bekannte »Revelationsschema« (Röm 16,25-27; Kol 1,26; Eph 3,4-6; 1Petr 1,10-12 u.a.), bezogen auf Gottes endzeitlichen Heilsratschluss, liegt in seinen Grundelementen auch hier vor und will im Sinne der den Jüngern gegebenen, dem verstockten Volk dagegen verschlossenen »Geheimnisse der Basileia« (13,11 ff.) verstanden sein. Die Menge vernimmt demnach nur Jesu Parabeln, ohne zu erkennen, wer zu ihr spricht und was in und mit ihnen sich ereignet: die »prophetisch« geweissagte, in Jesus zur Erfüllung gekommene Offenbarung des endzeitlichen Heilswirkens Gottes. Ist das richtig, so war für den Evangelisten bei der Wahl gerade dieses Schriftwortes darum neben dem Stichwort παραβολή der in den beiden betont am Anfang stehenden, in der 1. Pers. Sing. formulierten pathetischen Verben ausgesagte Akt der Verkündigung ausschlaggebend. Christologische Reflexionen sind in dem Text freilich mehr angedeutet als expliziert und nur redaktionell zur Sprache gebracht, weil der Evangelist sich in erster Linie als Tradent versteht und sichtlich bemüht ist, die Grenzen seiner Tradition nicht zu verwischen. Im Rahmen seiner Komposition aber hat das aus Markus übernommene, von Matthäus umgestaltete Traditionsstück nun

68 Näheres in *E. Klostermann*, Das Matthäusevangelium (s. Anm. 2), S. 122 f.; *K. Stendahl*, The School of St. Matthew and its Use of the Old Testament (s. Anm. 46), S. 116 ff. *G. Strecker*, Der Weg der Gerechtigkeit (s. Anm. 44), S. 71 vermutet Zitierung aus einer Sammlung von Weissagungen (zur Testimonienfrage vgl. auch *H. Braun*, Qumran und das Neue Testament, Bd. II, Tübingen 1966, S. 304 ff.).

nicht mehr wie in der Vorlage die Funktion eines Redenschlusses, sondern die einer Zäsur und einer scharnierartigen Klammer, die zu der zweiten Hälfte der matthäischen Gleichnisrede überleitet[69].

8. Die Deutung des Gleichnisses vom Unkraut (13,36-43)

Erst jetzt folgt, vom Text der Parabel abgesondert und zu einem selbstständigen Ganzen ausgestaltet, die Deutung des Gleichnisses. Charakter, Inhalt und Sprache lassen mit einiger Sicherheit erkennen, dass das Stück erst später hinzugefügt ist (bezeichnenderweise fehlt es in EvThom 57) und – darauf deutet die einzigartige Häufung matthäischer Sprach- und Stilbesonderheiten – seine Entstehung dem ersten Evangelisten selbst verdankt[70]. Ihrer Gattung nach sind beide Texte völlig verschieden: V. 24 ff. eine stilechte Parabel, die bildkräftig zur Geduld mahnt und vor unsinnigem und zugleich vermessenem Übereifer warnt (s.o.); V. 37 ff. dagegen geradezu das Paradebeispiel einer Allegorie, die Zug um Zug die in der Parabel aufgeführten Größen aufschlüsselt und unter Übergehung ihrer ursprünglichen Pointe: »lasst beides miteinander wachsen …« von vornherein und ausschließlich auf die *Scheidung* beider im Endgericht abzielt. Der Aufbau des Textes ist wie bei Matthäus die Regel klar und durchsichtig: a) redaktionelle *Einleitung* (V. 36); b) allegorisierende »*Übersetzung*« der einzelnen Größen (V. 37-39); c) knappe *Schilderung* des Endgerichtes (V. 40-43a) mit abschließendem Aufruf zu hören (V. 43b).
Einsetzend mit dem hier wie oft einen neuen Abschnitt markierenden, als Klammer dienenden τότε in V. 36 (11,20; 12,22.30 u.ö.), verarbeitet Matthäus in szenischer Form den zuvor in V. 34 übergangenen Satz Mk 4,34b und gibt ihm damit sowohl für V. 36 ff. als auch für die weiteren Stücke seiner Komposition verstärkte Bedeutung (s.o.). Dem entsprechen die ausdrückliche Entlassung der ὄχλοι, Jesu und seiner Jünger Rückzug in »das Haus« (auch in 17,25 Ort der Jüngerbelehrung), das »Herantreten« der Jünger zu ihm (5,1; 8,25; 13,10 u.a.) und ebenfalls typisch für Matthäus ihre Bitte um Erklärung der Parabel und Jesu Antwort, beides in direkter Rede (13,10; 15,15).

69 Zu V. 34 f. vgl. noch *J. Gnilka*, Die Verstockung Israels (s. Anm. 46), S. 106 f. und bes. *J. D. Kingsbury*, The Parables of Jesus in Matthew 13 (s. Anm. 46), S. 88 f., der m.R. den angeblichen Widerspruch zwischen der Bezeichnung der Parabeln als Mittel der Verhüllung (V. 34) und als Instrument der Offenbarung (V. 35) als »only apparent« bestreitet (gegen *G. Strecker*, Der Weg der Gerechtigkeit [s. Anm. 44], S. 71).
70 Minutiöser Nachweis in *J. Jeremias*, Die Gleichnisse Jesu (s. Anm. 6), S. 79 ff. und *ders.*, Die Deutung des Gleichnisses vom Unkraut unter dem Weizen (Mt. 13,36-43), in: ders., Abba. Studien zur neutestamentlichen Theologie und Zeitgeschichte, Göttingen 1966, S. 261-265.

Ob der besser bezeugten Lesart διασάφησον, hier »erklären«, in 18,31 »melden«, die schwächer bezeugte φράσον vorzuziehen sei[71], ist strittig, macht in der Sache aber keinen Unterschied.

Der szenischen Einleitung folgt in sieben (!) gleichgebauten Satzgliedern eine am Text der Parabel entlanggehende allegorische Auflösung der in ihr vorgegebenen Metaphern (V. 37-39), die dem Hörer und Leser eine Art Deutekanon zum Verständnis des Gleichnisses an die Hand gibt und damit den dritten und letzten Teil, die Aussagen über das Endschicksal der Bösen und Guten (V. 40 ff.), vorbereitet; erst diese, durch ὥσπερ – οὕτως von V. 37 ff. abgehoben, bringen die eigentliche Auswertung und Anwendung der Parabel.

Beide Abschnitte V. 37-39 und 40-43 sind als solche nicht originär matthäisch. Eine Art *Deuteliste* enthält im Alten Testament schon die Traumdeutung Josephs vor Pharao Gen 41 und begegnet später als häufig praktizierte Methode der Auslegung von Träumen und Visionen in der jüdisch-apokalyptischen Literatur seit Daniel, vielfach aber auch in der Schriftexegese der Rabbinen und Qumrantexte, zumal in der Deutung von Gleichnissen, und hat im Schrifttum der Alten Kirche stark nachgewirkt[72]. Ebenso wenig ist der theologische Aussagegehalt spezifisch matthäisch, sondern zumeist jüdisch-christliches Gemeingut (also keineswegs »Geheimlehre«), wenn auch von Matthäus auf die in seiner Deutung der Parabel entscheidenden Aussagen über das Endgericht V. 40 ff. hin zielstrebig ausgerichtet und in typischen Begriffen und Wendungen formuliert.

Der matthäische *Deutungskatalog* unterrichtet nicht wie ein »Theologisches Wörterbuch« über die Bedeutungsvielfalt der in V. 37 ff. aufgeführten theologischen Begriffe, sondern sagt aus, in welchem speziellen Sinn jeder einzelne im Ablauf der in der Parabel erzählten Handlung verstanden sein will. Er folgt dabei den Schritten und Zeitstufen der Erzählung und formuliert die einzelnen Bedeutungen, ohne jeden Begriff erschöpfend zu definieren, gewissermaßen in Abbreviaturen, deren Sinn dem christlichen Hörer und Leser mehr oder weniger aus der Tradition bekannt oder durch den Kontext des Evangeliums hinreichend vorbereitet ist, um damit das erforderliche Begriffsmaterial für das Verständnis der nachfolgenden Gerichtsschilderung (V. 40 ff.) bereitzustellen. Diese letztere führt jedoch weiter, indem sie in Anlehnung an alttestamentliche Schriftworte eine andere räumliche und zeitliche Dimension eröffnet und von dem definitiven Schicksal der zuvor genannten Gruppen im Eschaton handelt. Wichtig ist darum, bei den Aussagen in V. 37-39 darauf zu achten, was und was in ihnen

71 So mit Hinweis auf 15,15 *J. Jeremias*, Die Gleichnisse Jesu (s. Anm. 6), S. 81, Anm. 9.

72 *J. Jeremias*, Die Deutung des Gleichnisses vom Unkraut unter dem Weizen (s. Anm. 70), S. 263 f.

(noch) nicht gesagt ist. Nur so lassen sich eine Reihe von bis heute umstrittenen Auslegungsfragen beantworten.
Das gilt bereits für die an 13,3.24 anklingende erste Gleichsetzung von »Sämann« und »Menschensohn« (V. 37), die mit dem urchristlichen Hoheitsnamen ὁ υἱὸς τοῦ ἀνθρώπου hier eindeutig wie 8,20; 9,6; 11,19; 12,8 u.ö. den *auf Erden* wirkenden irdischen Jesus bezeichnet[73], noch nicht wie in V. 41 den am Ende der Weltzeit als Weltrichter handelnden. Gegen diese Deutung scheint zwar die zweite Gleichsetzung von »Acker« und »Welt« (V. 38a) zu sprechen, die sofort an die Verkündigung des Evangeliums ἐν ὅλῳ τῷ κόσμῳ vor der Parusie 26,13 und die Sendung der Jünger zu allen Völkern durch den Auferstandenen und zum Herrn über Himmel und Erde Erhöhten denken lässt und diese Assoziation fraglos wecken soll[74].
Doch verbietet sich diese Auslegung, weil die erste Metapher des Sämannes ausschließlich den Zeitpunkt des anfangenden und grundlegenden Wirkens des Menschensohnes Jesus in den Blick fasst. Auch ist hier noch nicht von der »Kirche« zu reden, die der Auferstandene bauen *wird* (16,18), geschweige denn von der alle Völker umspannenden Gerichtsszene vor dem am Ende der Tage kommenden Menschensohn (25,31 ff.). »Acker« und »Welt« sind demnach gleichermaßen ein irdisch-geschichtlicher Raum und Bereich und als solcher Wirkungsfeld des irdischen Jesus. κόσμος ist demnach hier wie stets im Matthäus-Evangelium alttestamentlich-jüdischem Sprachgebrauch entsprechend[75] die geschaffene Welt, speziell der ganze Erdkreis, wo immer Menschen wohnen (4,8; 5,14; 18,7; 26,13), als solcher nicht schon wie oft in johanneischen Texten (Joh 12,31; 14,17; 16,11; 18,36 u.ä.) dualistisch-negativ qualifiziert, sondern dazu bestimmt, Jesu Botschaft von der kommenden Basileia zu vernehmen[76].
In eben dieser Welt aber gibt es wie auf dem Acker gute und schlechte Saat, beides hier wie in 13,19 ff. auf Menschengruppen gedeutet, d.h. solche ungeschieden bei- und nebeneinander, die in Hinsicht auf ihre Zugehörigkeit zur Basileia Gottes sich von Grund auf unterscheiden: »Söhne des Reiches« und »Söhne des Bösen« (V. 38b).

73 *H. E. Tödt*, Der Menschensohn in der synoptischen Überlieferung, Gütersloh [5]1984, S. 64 ff.
74 *A. Vögtle*, Das christologische und ekklesiologische Anliegen von Mt 28,18-20, in: ders., Das Evangelium und die Evangelien. Beiträge zur Evangelienforschung (KBANT), Düsseldorf 1971, S. (253-272) 267 ff.
75 *P. Billerbeck*, Kommentar zum Neuen Testament aus Talmud und Midrasch, Bd. I (s. Anm. 5), S. 671.
76 *H. Sasse*, Art. κοσμέω, κόσμος κτλ, in: ThWNT 3, Stuttgart 1938, S. (867-898) 883 ff.

υἱός mit Genitiv der Sache hier wie häufig im Semitischen Bezeichnung derer, die an dieser Sache teilhaben oder ihrer würdig sind[77]; οἱ υἱοὶ τῆς βασιλείας verkürzt für οἱ υἱοὶ τῆς βασιλείας τοῦ θεοῦ unjüdisch, da βασιλεία im jüdischen Sprachgebrauch stets eine nähere sachliche Bestimmung erfordert, absoluter Gebrauch aber im Matthäus-Evangelium nicht ungewöhnlich (4,23; 9,35; 13,19 u.ö.); ὁ πονηρός in der Kontrastbildung τῆς βασιλείας – τοῦ πονηροῦ, wie aus der Verknüpfung der vierten mit der fünften Deutung und 13,19 ersichtlich, nicht neutrisch, sondern maskulinisch aufzulösen = der Teufel[78] (V. 39a). »Teufelskinder« ähnlich wie Joh 8,44, dort aber von den ungläubigen Juden ausgesagt, hier dagegen nicht nur unter Einschluss, sondern wie aus dem Charakter der Deutung als Jüngerrede zu ersehen, ausschließlich und gezielt von denjenigen Gliedern der Jüngergemeinde Jesu gesagt, die sich im Sinne der Deutung der Sämannsparabel nicht bewähren und darum dereinst als Unkraut ausgeschieden und verworfen werden.

Damit ist bereits gesagt, dass die matthäische Wendung υἱοὶ τῆς βασιλείας nicht pauschal mit der Jüngergemeinde (»Kirche«) gleichzusetzen ist. Erst recht aber wäre es abwegig, jede Beziehung zu ihr als einer irdisch-geschichtlichen Größe zu bestreiten. Zur Klärung dieses Sachverhaltes ist die einzige andere Stelle im Matthäus-Evangelium, das Drohwort Jesu an das ungläubige Israel 8,11 f., aufschlussreich, das dieselbe Wendung »Söhne des Reiches« im Sinne des Anspruches der Juden als Anwärter auf das künftige Heil gebraucht, aber unmissverständlich ausspricht, dass diese Zugehörigkeit kein gesicherter, gleichsam einklagbarer Besitz ist, sondern sich erst im Gericht als rechtmäßig oder auch als Illusion erweisen wird. Hier nun angewandt auf die Jünger, heißt das, dass die ihnen zugesagte Teilhaberschaft an der Basileia zwar gewiss kein bloßes »Ideal« ist, wohl aber, dass ihre Gemeinschaft nicht eine fixierte und geschlossene, sondern in Richtung auf das Eschaton offene ist. Diese letzte, jenseitige Dimension eröffnen bereits V. 39b/c, die aus jüdischer und christlicher Tradition verständliche Gleichsetzung der »Ernte« mit dem »Weltende« und der »Schnitter« mit den »Engeln« in der sechsten und siebten Deutung.

Für »Ernte« = »Weltgericht« vgl. den in rabbinischen Texten wiederholt zitierten Prophetenspruch Jo 4,13[79], 4Esr 4,28 ff.; 9,17.21; aus dem Neuen Testament: Mk 4,29; Mt 3,12 par.; 13,30.39; Apk 14,14 ff.; vgl. auch Joh

77 *W. Bauer*, Griechisch-deutsches Wörterbuch (s. Anm. 16), Sp. 1650 (Art. υἱός).

78 *W. Foerster*, Art. ἐχθρός κτλ, in: ThWNT 2, Stuttgart 1935, S. (810-815) 813 f.

79 *P. Billerbeck*, Kommentar zum Neuen Testament aus Talmud und Midrasch, Bd. I (s. Anm. 5), S. 672 f.

4,33 ff.; Mt 9,37 f. (hier auf die Verkündigung der Jünger als endzeitliches Geschehen angewandt). Jüdisch-apokalyptische Belege für die im Matthäus-Evangelium wiederholt gebrauchte Wendung συντέλεια αἰῶνος (13, 39.40.49; 24,3; 28,20) in P. Billerbeck, Bd. I, S. 671. Jüdischer Herkunft ist auch die Vorstellung von den »Engeln« als Gehilfen Gottes im Endgericht[80]; im Matthäus-Evangelium sind sie fast durchweg die Begleiter des Menschensohnes bei seiner Erscheinung in Herrlichkeit in der Parusie 16,27; 25,1; in 13,41.49 figurieren sie ausschließlich als Strafengel (so auch Apk 14,14 ff.), in 24,31 zugleich als die, welche die Erwählten aus aller Welt einsammeln.

Mit ὥσπερ – οὕτως geht der lehrhaft aufzählende Katalog der allegorischen Einzeldeutungen in eine predigtartige kurze Schilderung des Endgerichtes über, die in futurisch formulierten Verben von dem unterschiedlichen Schicksal der zuvor einander schroff kontrastierten Gruppen der »Söhne des Reiches« und der »Söhne des Bösen« im Eschaton handelt. Auf ihr liegt das Schwergewicht des ganzen Abschnittes (V. 40 ff.). Der zeitliche und räumliche Horizont der Aussagen ist jetzt ein anderer: Der Menschensohn ist nicht mehr der auf Erden wirkende, sondern der am Ende der Tage erscheinende Weltrichter, derselbe Menschensohn wie zuvor, aber in anderer Gestalt und Funktion. Wie die Wendung ἐκ τῆς βασιλείας αὐτοῦ beweist, ist auch »sein Reich« derselbe irdisch-geschichtliche Bereich vor dem Weltende, in dem er, in der Sprache der Parabel gesprochen, als der Irdische die ausgesät hat, die an der zukünftigen Basileia teilhaben werden, mit anderen Worten die Jüngergemeinde *vor* der συντέλεια αἰῶνος. Nun aber geschieht die Aussonderung der δίκαιοι aus den vom Bösen Ausgesäten, die sich als Schein- und Falschjünger erwiesen und in der Gemeinde ihr Unwesen getrieben haben. Als solche kennzeichnet sie die Wendung τὰ σκάνδαλα (Anspielung auf eine nach dem Hebräischen revidierte Textfassung von Zeph 1,3[81]). Das Abstractum σκάνδαλον hier wie 16,23 personal gebraucht[82] für solche aus den eigenen Reihen, die andere zur Sünde und zum Abfall verleiten, also z.B. falsche Propheten (7,13 ff.) und Scheinjünger (7,21 ff.), aber auch die in dem Weheruf 18,7 gebrandmarkten Glieder der Gemeinde (allesamt matthäisch!). Auch der zweite Ausdruck τοὺς ποιοῦντας τὴν ἀνομίαν, nach jüdischem Verständnis Inbegriff eines das Gottesverhältnis zunichte machenden frevelhaften Verhaltens (7,23; 24,12), ist typisch matthäische Bezeichnung für ein innergemeindliches Phänomen. Auch mit ihm ist nicht irgendein moralwidri-

80 A.a.O., S. 672 f. 973 f.

81 *G. Stählin*, Art. σκάνδαλον κτλ, in: ThWNT 7, Stuttgart 1964, S. (338-358) 345 f.

82 *W. Bauer*, Griechisch-deutsches Wörterbuch (s. Anm. 16), Sp. 1492 (Art. σκάνδαλον).

ges Tun, das z.B. in Lasterkatalogen aufgeführt werden könnte, gemeint, sondern eine äußerste eschatologische Bedrohung der Gemeinde.

Das trostlose Ende dieser Verdammten ist hier wie 8,12; 13,50; 22,13; 24,51; 25,30 stereotyp in jüdischer Bildersprache geschildert; Belege für »Feuerofen« als Gerichtsstätte (= Hölle) und »Heulen und Zähneknirschen« als Ausdruck der Wut und Verzweiflung in P. Billerbeck, Bd. I, S. 673. Auch das Endschicksal der »Söhne des Reiches« ist in Anlehnung an die Schrift ausgemalt. Vergleiche Dan 12,3: »Die Weisen aber werden leuchten wie der Glanz der Himmelsfeste, und, die viele zur Gerechtigkeit geführt, wie die Sterne immer und ewig« (vgl. auch Ri 5,31; Sir 50,7; 1Hen 39,7; 104,2). »Gerechtigkeit« als Korrelatbegriff zu Basileia, wie im Matthäus-Evangelium seit der Bergpredigt Grundbestimmung wahren Jüngerseins (5,6.10.20; 6,1.33; 25,37. 45), zeigt, dass auch hier die jenen andern entgegengesetzten Glieder der Gemeinde gemeint sind, die aufgrund der in ihrem irdischen Dasein erbrachten Früchte (13,23) an dem zukünftigen Reich ihres Vaters teilhaben werden. Sinngemäß ist das letzte Wort des Abschnittes deshalb auch hier wieder wie in 13,9 der eindringliche paränetische Ruf zum Hören, d.h. zu sein und zu bewähren, wozu sie berufen sind (5,13-16).

Im Rückblick zeigt sich, dass in der Abfolge der Sätze V. 37-43 der Begriff βασιλεία in drei verschiedenen Verbindungen und Bedeutungsnuancen wiederkehrt, unterschieden, aber zugleich einander zugeordnet unter dem sich wandelnden Aspekt der durch εἰσιν (V. 38b), ἔσται (V. 40b) und τότε ... ἐκλάμψουσιν (V. 43) markierten Zeitstufen vor, bei (bzw. in) und nach dem Weltende: zuerst der Zeit *vor* dem Weltende, in der der irdische Menschensohn (Jesus) die »ausgesät« hat, die an der zukünftigen Basileia Anteil haben werden; danach der Zeit des Weltendes (Gericht), bei der der Menschensohn als der Weltrichter die »Söhne der Basileia« aus seinem Reich, d.h. dem irdischen Wirkungsbereich des Menschensohnes vor seiner Parusie, durch Aussonderung der »Söhne des Bösen« von diesen scheiden wird; und schließlich der Zeit des vollendeten Gottesreiches *nach* dem Gericht (βασιλεία τοῦ πατρὸς αὐτῶν), zu dem nur noch »die Gerechten« gehören werden. Deutlich unterschieden, wenngleich streng aufeinander bezogen, werden demnach sowohl die Zeit des ungeschiedenen Neben- und Miteinanders in der irdisch-geschichtlichen Jüngergemeinde und seiner definitiven Scheidung *im* Gericht als auch das Reich des Menschensohnes und das vollendete Reich des Vaters, ein im Matthäus-Evangelium zentraler Gedanke, der der Kirche seiner Zeit einprägen will, dass auch und gerade sie das Gericht vor sich hat und sich nicht als eine Gemeinschaft der *beati possidentes* verstehen soll. Vgl. dazu die matthäische Bearbeitung der Gleichnisse von den bösen Winzern 21,33 ff. und vom Großen Abendmahl 22,1 ff. und die für Matthäus besonders charakteristische Sentenz: »Viele sind berufen, aber wenige auserwählt« (22,14).

Unbeschadet ihrer eigenständigen Anwendung in der matthäischen Parabeldeutung, bewährt sich die ihr zugrunde liegende heilsgeschichtliche Unterscheidung und Verbindung der Herrschaft des Menschensohnes und der Basileia des Vaters mit dem wenngleich inhaltlich völlig anders gefüllten paulinischen Gedanken, dass der Sohn (Christus) seine Herrschaft am Ende Gott selbst zu Füßen legen wird (1Kor 15,28). Vgl. auch die Unterscheidung und Verbindung beider in Kol 1,12: Der Vater hat uns »tüchtig gemacht zum Erbteil der Heiligen im Licht«, indem er uns »herausgerissen hat aus dem Machtbereich der Finsternis und in den Herrschaftsbereich seines geliebten Sohnes versetzt hat«.

Trifft unsere Interpretation zu, so wird man mit Fug fragen dürfen, ob dem Evangelisten in seiner Deutung wirklich – wie zumeist angenommen – die ursprüngliche Pointe der Parabel (V. 30a) entgangen ist, ihm wenn nicht gar eine andere als passender erschien, oder ob er nicht – wenn auch einseitig (in der Tat hat er den ganzen Dialog zwischen Herrn und Knechten 13,28 ff. ungedeutet gelassen!) – die Wendung ἕως τοῦ θερισμοῦ nur weiter meditieren und damit letztlich dem Gleichnis im Blick auf die aktuelle Situation seiner Gemeinde auch der Mahnung zur Geduld eine weitere Motivation hat hinzufügen wollen.

9. Die Gleichnisse vom Schatz im Acker und der kostbaren Perle (13,44-46)

Die Gleichnisse vom Schatz im Acker und der kostbaren Perle (Sondergut) bilden wie V. 31 f.33 ein typisches Gleichnispaar, das an zwei verschiedenen Vorgängen denselben Sachverhalt erläutert. Dass sie auf dasselbe *tertium comparationis* abzielen, zeigt ihr bis ins Einzelne paralleler Aufbau: Beide erzählen von einem Menschen, der für einen einzigartigen Fund sein ganzes Hab und Gut darangibt, um in seinen Besitz zu gelangen. Nur das Bildgut variiert und damit die Handlungsweise der in den Gleichnissen aufgeführten Personen. Die Verschiedenheit ihres Berufes und ihrer sozialen Stellung (Landarbeiter / Perlenhändler) tut nichts zur Sache, ihr Verhalten und Tun läuft im Grunde auf dasselbe hinaus. Keinem der beiden Gleichnisse ist eine Anwendung, geschweige denn wie der Sämanns- und Unkrautparabel eine allegorische Ausdeutung zugefügt. Beide sprechen für sich selbst, zumal »Schatz« und »Perle« als Bild für Weisheit und Heil, deren Besitz alle irdischen Werte und Güter in den Schatten stellt, aus alttestamentlich-weisheitlicher Tradition auch sonst wohl bekannt sind (Spr 2,4; 3,14 f.; 8,10 ff.; Hi 28,15 ff.; Jes 33,6). Seit der Alten Kirche ist

dementsprechend, verstärkt durch den Einfluss der griechischen Philosophie, die Benennung Gottes als »höchstes Gut« und die Rede von »religiösen Werten« gängig geworden, mit der Konsequenz freilich einer tiefgreifenden Verwechslung von Bild und Wirklichkeit, denn die von Jesus verkündete Herrschaft Gottes will nicht dinghaft verstanden sein, sondern umschreibt eine personale Beziehung[83].
Ob beide Gleichnisse schon von Haus aus oder in vor-matthäischer Tradition gekoppelt waren wie die von Senfkorn und Sauerteig (Q) – Doppelgliedrigkeit ist ein altes, verbreitetes Gesetz der Logien- und Gleichnisüberlieferung[84] –, oder ob erst Matthäus ursprünglich selbstständige Stücke (das Thomas-Evangelium bringt sie gesondert) gepaart hat, ist kaum zu entscheiden. Wichtiger und für die Auslegung nicht gleichgültig ist die Frage, warum der erste Evangelist sie erst an dieser Stelle in dem nicht mehr an die Menge, sondern an die Jünger gerichteten zweiten Hauptteil seiner Komposition bringt (vgl. 13,36). Denkbar wären als Adressaten durchaus die ὄχλοι. Dann wären beide eine Aufforderung an Jesu Hörer, alles daranzusetzen, das Himmelreich zu gewinnen. Ihr Charakter als *Jünger*gleichnisse im Kontext des Matthäus-Evangeliums indes berechtigt zu der Annahme, dass für ihn das im ersten betont am Anfang des Relativsatzes stehende und im zweiten wiederholte εὑρών das entscheidende Gewicht trägt und das Motiv des beiden, Pflüger und Kaufmann, zugefallenen Fundes an die drei βασιλεία-Aussagen der vorangehenden Deutung der Unkrautparabel (V. 38.41.43) paränetisch interpretierend anknüpft; bezeichnenderweise aber nicht in Gestalt von Imperativen, die die Jünger zum Suchen und Finden der Basileia aufrufen, sondern sie als solche anreden, denen der »Fund« bereits zuteilgeworden *ist* (13,11). Als solche aber sind sie aufgefordert, ihm wie die erstberufenen Jünger 4,20.22 und die beiden Finder 13,44 ff. entschlossen zu entsprechen. Die Pointe der Gleichnisse ist dann nicht »das große Entweder-Oder …, ob er (der Mensch) sich für die Gottesherrschaft entscheiden und dann (!) ihr alles zum Opfer bringen will«[85]. Vielmehr gilt: »Wer von der *Freude* über solch einen Schatz bewegt ist, braucht sich nicht mehr zu entscheiden. Die Entscheidung ist schon gefallen. Der *Fund* hat sie dem Finder abgenommen«[86]. Die Freude des Tagelöhners ist dann zwar nicht das Hauptmotiv des ersten Gleichnisses und sinngemäß

83 Vgl. *J. Schniewind*, Das Evangelium nach Matthäus (s. Anm. 29), S. 167.
84 *R. Bultmann*, Die Geschichte der synoptischen Tradition (s. Anm. 34), S. 210.
85 *R. Bultmann*, Jesus (Die Unsterblichen. Die geistigen Heroen der Menschheit in ihrem Leben und Wirken, Bd. 1), Berlin [2]1929, S. 31.
86 *E. Jüngel*, Paulus und Jesus (s. Anm. 8), S. 143.

auch des zweiten[87] als Beweggrund für das Handeln beider Finder, wohl aber ein gewichtiges Nebenmotiv[88].
Dementsprechend wird in V. 44 das im lebhaft erzählenden Praesens historicum geschilderte Verhalten des ersten Finders nicht als eine heroische Leistung ausgemalt, sondern als ein durchaus vernünftiges Tun unter den unschwer vorzustellenden Umständen: Dass man Geld und anderes kostbares Gut draußen auf dem Acker abseits vom eigenen, mannigfaltig bedrohten Haus (6,19 f.; 25,18.25) vergräbt, um sie vor fremdem Zugriff zu sichern, ist zumal aus Kriegszeiten seit alters bis heute wohl bekannt, auch dass sie in Vergessenheit geraten und je und dann ein glücklicher Finder sie entdeckt; vgl. aus neuerer Zeit z.B. die Münzen- und Kupferrollenfunde in Qumran[89].

An der Frage, ob der glückliche Landmann sich juristisch und moralisch korrekt verhalten hat, ist die Erzählung nicht interessiert; formalrechtlich handelt er mindestens nicht inkorrekt, da nach jüdischem Recht gilt: »Mobilien werden beim Kauf von Immobilien miterworben« (Qid 1,5[90]). Aber auch an einen moralischen Makel ist offenbar nicht gedacht, da der nicht als leibeigener Sklave, sondern als freier Lohnarbeiter vorzustellende Finder in den Grenzen des ihm zustehenden Rechtes bleibt und, ohne sich den Schatz sofort heimlich anzueignen, ihn nur darum nochmals vergräbt, um sich seinen Besitz durch Ankauf des Ackers zu sichern. Von unmoralischen Verfehlungen wie in den Gleichnissen vom ungerechten Haushalter (Lk 16,1 ff.) und ungerechten Richter (Lk 18,1 ff.) ist in keiner Weise die Rede. Damit entfällt die von J. Schniewind[91] erwogene Annahme, das Gleichnis sei den »Grotesken« zuzurechnen, die »den Söhnen des Lichtes« zu ihrer Beschämung die Klugheit der »Söhne dieser Welt« als Beispiel vorhalten (Lk 16,1 ff.)[92], die Erzählung wolle die Pointe des Gleichnisses, die freudige Entschlossenheit des Mannes unterstreichen[93].

Das parallele zweite Gleichnis in V. 45 f. ist einem anderen, nicht dem Milieu der kleinen Leute, sondern dem eines Perlenkaufmannes entnommen, der eine besonders kostbare Perle findet und für ihren Erwerb alles, was er hat, aufgibt; εἷς anstelle des unbestimmten Artikels

87 *J. Jeremias*, Die Gleichnisse Jesu (s. Anm. 6), S. 199.
88 *G. Eichholz*, Gleichnisse der Evangelien. Form, Überlieferung, Auslegung, Neukirchen-Vluyn 1971, S. 118 f.; *J. D. Kingsbury*, The Parables of Jesus in Matthew 13 (s. Anm. 46), S. 113 ff.
89 Weitere Beispiele bei *G. Eichholz*, Gleichnisse der Evangelien (s. Anm. 88), S. 116.
90 *J. Jeremias*, Die Gleichnisse Jesu (s. Anm. 6), S. 198, Anm. 1.
91 *J. Schniewind*, Das Evangelium nach Matthäus (s. Anm. 29), S. 168.
92 Ähnlich *K. Stendahl*, The School of St. Matthew and its Use of the Old Testament (s. Anm. 46), S. 786 unter 685i.
93 Zur Rechtsfrage vgl. *J. D. M. Derrett*, Law in the New Testament. The Treasure in the Field (Mt. XIII,44), in: ZNW 54 (1963), S. 31-42.

(Aramaismus[94]) unterstreicht nicht die Einzigkeit, sondern die Kostbarkeit der Perle[95]. Die Besonderheiten des zweiten Gleichnisses gegenüber dem ersten – dort ein dingliches Vergleichsobjekt, hier ein Mensch; dort der Zufallsfund eines Ahnungslosen, hier der Erfolg planmäßigen Suchens eines Experten; der Zusatz ἀπὸ τῆς χαρᾶς nur in V. 44; der Wechsel πωλεῖν / πιπράσκειν und das verschiedene Tempus der Verben – sind stilistischer Art bzw. situationsbedingt, ohne Bedeutung für die gemeinte Sache.

Nach O. Glombitza ist das zweite Gleichnis nicht eine Parallelbildung zum ersten, sondern erst sekundär »durch die literarische Komposition in den Schatten des voraufgehenden V. 44 geraten und [wird] zu Unrecht als das Gleichnis von der kostbaren Perle bezeichnet und ausgelegt«[96]. Ursprünglich eine selbstständige Einheit, werde in ihm wie in anderen Gleichnissen Jesu (13,3; 20,1; 24,42 f.) das Himmelreich mit dem Verhalten eines Menschen (hier eines reichen Kaufmanns) verglichen und *Gottes* Handeln veranschaulicht, dem in seiner unbegreiflichen Liebe so viel an dem Besitz des Menschen (= Perle!) gelegen war, dass er für ihn den Menschensohn Jesus »zur Erlösung für viele« (20,28) dahingab; nicht zufällig nach Glombitza darum das Perfekt πέπρακεν, das die »einmalige Tat Gottes zur Erlösung des Menschengeschlechtes«[97] umschreibt. Zu dieser allegorisierenden Ausdeutung (im Sinne von Röm 8,31 ff.; Joh 3,16 u.a.) gibt der Text jedoch keinerlei Recht[98].

Ein frühes Beispiel abwegiger Allegorisierung beider Gleichnisse bietet bereits – wenn auch unter völlig anderen theologischen Voraussetzungen – das literarisch deutlich von Matthäus abhängige *Thomas-Evangelium*, wo in Logion 109 das *erste* nach umständlicher Schilderung der Unwissenheit der Vorbesitzer des Ackers zwar ebenfalls als Gleichnis für das Finden des Schatzes erzählt wird, aber mit der überraschenden Zuspitzung, dass der Pflüger den gefundenen Schatz gerade nicht in rechter Weise nutzt, sondern durch Zinsnehmen von anderen Kapital aus ihm schlägt und sich damit nicht als wahrer Gnostiker erweist. Denn wer den Schatz, d.h. das »Reich« und damit die wahre Gnosis erlangt, ist reich geworden (Logion 110) und hat um ihretwillen Verzicht zu leisten auf die Welt. Der Text hat darum hier

94 *F. Blass / A. Debrunner / F. Rehkopf*, Grammatik des neutestamentlichen Griechisch, Göttingen [16]1984, § 247,2.
95 Zu Fundorten, Handel und Preisen der im Altertum zu den Edelsteinen gerechneten Perlen vgl. *F. Hauck*, Art. μαργαρίτης, in: ThWNT 4, Stuttgart 1942, S. 475-477.
96 *O. Glombitza*, Der Perlenkaufmann. Eine Exegetische Studie zu Matth. XIII. 45-6, in: NTS 7 (1960/61), S. (153-161) 159.
97 Ebd.
98 Zur Kritik vgl. *J. Dupont*, Les Paraboles du Trésor et de la Perle, in: NTS 14 (1967/68), S. 408-417.

den Charakter eines »Warngleichnisses«[99]. Text und Deutung auch des *zweiten* Gleichnisses sind in Logion 76 gnostisch verschoben und entsprechend allegorisiert. Anders als im Matthäus-Evangelium ist der Händler im Thomas-Evangelium nicht als Perlenkaufmann vorgestellt und die Perle, für die er in seiner Weisheit seine übrige Ware verkauft, in schroffem Gegensatz gestellt zu allen irdischen Gütern (Anspielung auf Mt 6,19 f.). Gemeint ist mit ihr unmissverständlich das göttliche Selbst des Gnostikers, gleichbedeutend hier, wie das folgende »Ich bin«-Wort Jesu (Logion 77) zeigt, mit der Entscheidung für Jesus als Offenbarer[100].

10. Das Gleichnis vom Fischnetz (13,47-50)

Obwohl auch dieses zum matthäischen Sondergut gehörende letzte Gleichnis in Mt 13 eine selbstständige Einheit bildet, ist die Frage nach überlieferungsgeschichtlichen Vorformen unergiebig und müßig, weil jedenfalls der vorliegende Text bis ins Detail die gestaltende Hand des Matthäus verrät. Das gilt bereits für seine Stellung im Kontext: Wie allen seinen Redekompositionen gibt Matthäus mit ihm auch seiner Gleichnisrede eine Ausrichtung auf das Weltgericht, und zwar – wie sein Platz am Schluss des mit 13,36 einsetzenden zweiten Hauptteiles der Rede zeigt – mit spezieller Blickrichtung auf die Jünger, d.h. die Kirche[101]. Formal und inhaltlich ist das Gleichnis der Unkrautparabel eng verwandt und sein Abschluss V. 49 f. geradezu refrainartig wie V. 42 formuliert. Jedoch nicht eine bloße Wiederholung, vielmehr konzentriert und mit Schwergewicht auf der Aussage, dass am Weltende die zuvor von den Gerechten ungeschiedenen Untauglichen ausgesondert und der Vernichtung übergeben werden (die den Gerechten geltende Verheißung V. 43 wird in V. 49 f. nicht wiederholt). Auf dieses Ende hin will offensichtlich der ganze in V. 47 f. erzählte Vorgang verstanden werden und darum nicht eigentlich wie die Unkrautparabel selbst als Mahnung zur Geduld (V. 30a), sondern als indirekt paränetische Warnung an die Jünger vor Ungerechtigkeit und Untauglichkeit und damit vor dem Endschicksal der Verdammten.
πάλιν ὁμοία ἐστὶν ἡ βασιλεία τῶν οὐρανῶν ... (Einleitung wie V. 45). »Wiederum ist das Himmelreich einem Netz gleich, das in den See geworfen wurde und (Fische) aller Art zusammenbrachte; und als

99 Vgl. *A. Lindemann*, Zur Gleichnisinterpretation im Thomas-Evangelium, in: ZNW 71 (1980), S. (214-243) 232 f.
100 Vgl. a.a.O., S. 219 f.; dort Weiteres, bes. auch zur Kritik der These von C. H. Hunzinger, dem Logion liege eine ältere Version als Matthäus zugrunde.
101 Vgl. zu diesem matthäischen Kompositionsprinzip *G. Bornkamm*, Enderwartung und Kirche im Matthäusevangelium, in: ders., / G. Barth / H. J. Held, Überlieferung und Auslegung im Matthäusevangelium (WMANT 1), Neukirchen-Vluyn [7]1975, S. (13-47) 13 ff. (s.o. S. [9-42] 9 ff.).

es voll war ...« (V. 47 f.) beschreibt anschaulich das Handwerk der Fischer[102]. σαγήνη wohl zu unterscheiden von ἀμφίβληστρον = Wurfnetz 4,18, ist das Schleppnetz, das die Fischer nach der Ausfahrt vom Ufer aus mit Seilen wieder an Land ziehen, um dort am Boden hockend alsbald den Fang zu sichten, die guten Fische in Behältern sammelnd, die schlechten wegwerfend. Bis dahin reicht die stilgerecht erzählende Bildhälfte, die Anwendung setzt wie V. 40 erst mit οὕτως ἔσται V. 49 ein. Die Einzelzüge der Erzählung sind darum nicht schon im übertragenen Sinn zu verstehen, unerachtet der metaphorischen Verwendung mehrerer ihrer Termini wie Fischfang (»Menschenfischer«: vgl. 4,19; Lk 5,1 ff.; Joh 21,1 ff.), ἐπληρώθη, συνέλεξαν, ἔξω ἔβαλον in der missionarischen und ekklesiologischen Sprache des Urchristentums in transparent religiöser Bedeutung[103]. οὕτως ἔσται ἐν τῇ συντελείᾳ τοῦ αἰῶνος· ἐξελεύσονται οἱ ἄγγελοι καὶ ἀφοριοῦσιν ... Die weniger zum Bildstoff von V. 47 f. als zu dem der Unkrautparabel passende stereotyp formulierte Anwendung (13, 42.50; 22,13; 24,51; 25,30), die auf die Scheidung der Guten von den Schlechten im Endgericht abhebt, ist von Matthäus wahrscheinlich gewählt, um beide Gleichnisse eng zu verklammern[104].

Eine traditionsgeschichtlich und sachlich interessante Kontamination der beiden letzten Gleichnisse in Mt 13 bietet das Thomas-Evangelium in der Parabel vom großen Fisch (Logion 8). In ihrer Szenerie berührt sie sich mit dem Gleichnis vom Fischnetz, ihrer gekünstelten Durchführung und Absicht dagegen mehr mit dem Perlengleichnis. Anders als in Mt 13,47 f. ist in ihr der springende Punkt nicht die am Ende erfolgende Scheidung der brauchbaren und unbrauchbaren Fische, sondern die Klugheit des unter dem Bild eines klugen Fischers dargestellten wahren Gnostikers, der sich für das einzig Wahre, das »göttliche Selbst« in ihm, entscheidet und dafür alles Übrige, d.h. die Welt, »ohne Bedenken« wegwirft. Übergangen ist darum in EvThom 8 das zeitlich-eschatologische Moment in Mt 13,47 f. und stattdessen das Motiv der zeitlos-individuellen Entscheidung des Einzelnen um so mehr betont. Nicht zufällig ist darum in der gnostischen Version der Parabel vom Reich Gottes als Angebot der Gnade nicht mehr die Rede, sondern nur noch von der »Klugheit« des Menschen[105].

102 *J. D. Kingsbury*, The Parables of Jesus in Matthew 13 (s. Anm. 46), S. 120 f. trägt in die beiden Passiva βληθείσῃ und ἐπληρώθη zu Unrecht den Sinn des *Gottes* Handeln umschreibenden Passivum divinum ein und allegorisiert Wort für Wort.

103 Gegen *J. D. Kingsbury*, a.a.O., S. 124, der auch dieses Gleichnis fälschlich als »allegorical parable« bezeichnet.

104 Vgl. *G. Strecker*, Der Weg der Gerechtigkeit (s. Anm. 44), S. 10 ff. 218 f.

105 Vgl. *A. Lindemann*, Zur Gleichnisinterpretation im Thomas-Evangelium (s. Anm. 99), S. 216 und *H. Weder*, Die Gleichnisse Jesu als Metaphern (s. Anm. 15), S. 146 f. (dort weitere Literatur).

11. Der Abschluss der Rede (13,51 f.)

Eingeleitet durch Jesu Frage an die Jünger und ihre bejahende Antwort, die das Leitmotiv des ganzen Kapitels, ihr »Verstehen« der Botschaft vom Himmelreich im Gegensatz zu dem unverständigen Volk, noch einmal bekräftigt, und abgeschlossen durch das ursprünglich wohl selbstständige Logion vom wahren Schriftgelehrten, kennzeichnen die beiden vermutlich von Matthäus redaktionell gebildeten Verse die Gleichnisrede im Ganzen als »Lehrstück über das Reich Gottes«[106]. Ihre Stellung und Formulierung lassen erkennen, dass V. 51 nicht als didaktische Selbstversicherung Jesu, sondern als Verpflichtung der Jünger auf die ihnen zuteilgewordene »Erkenntnis der Geheimnisse des Gottesreiches« (13,11) und damit auf ihre in 5,13 ff. u.ö. ausgesprochene Bestimmung verstanden sein will.
V. 52 διὰ τοῦτο πᾶς γραμματεὺς μαθητευθεὶς τῇ βασιλείᾳ τῶν οὐρανῶν ὅμοιός ἐστιν ... ist darum etwa zu umschreiben: »Weil ihr die in den Gleichnissen enthaltene Botschaft verstanden habt, gilt von euch ...« Der solchermaßen eingeleitete, auf ihren künftigen Auftrag vorausweisende abschließende Gleichnisspruch dürfte nach Bultmann[107] ursprünglich zweigliedrig gelautet haben: »Wie ein Hausvater, der aus seinem Schatz Neues und Altes hervorholt, so ist ein Schriftgelehrter, der für das Himmelreich gelehrt ist«. Die unbefangen positive Verwendung der aus dem Judentum stammenden Bezeichnung γραμματεύς, die in den Evangelien und mit Ausnahme von 13,52; 23,34 auch im Matthäus-Evangelium sonst nur für jüdische Schriftgelehrte gebraucht wird, für die Jünger Jesu zeigt, dass der Begriff als solcher im Matthäus-Evangelium neutral ist und seine Qualifizierung erst durch die Zugehörigkeit zum Pharisäismus oder zur Jüngerschaft Jesu erhält[108] und es »Schriftgelehrte« wenn auch nicht als Inhaber eines festen Amtes, so doch im Sinne eines bestimmten Sendungsauftrages in der Gemeinde des Matthäus gab, ein nicht unwichtiges Indiz sowohl für die Herkunft des ersten Evangelisten aus dem (palästinisch-hellenistischen) Judenchristentum als auch für den Charakter der von ihm repräsentierten, noch tief in jüdischer Tradition verwurzelten, in lebhafter Auseinandersetzung mit dem zeitgenössischen Judentum stehenden Gemeinde[109].
Das matthäische Bild des rechten Schriftgelehrten berührt sich deutlich mit dem der Weisheitsliteratur: »Er erforscht den verborgenen Sinn der Rätselreden und vertieft sich in die Rätsel der Gleichnisse«

106 *W. Trilling*, Das wahre Israel. Studien zur Theologie des Matthäus-Evangeliums (StANT 10), München 1964, S. 146 u.a.
107 *R. Bultmann*, Die Geschichte der synoptischen Tradition (s. Anm. 34), S. 79.
108 *R. Hummel*, Die Auseinandersetzung zwischen Kirche und Judentum im Matthäusevangelium (s. Anm. 43), S. 17 ff. 26 ff.
109 *R. Hummel*, a.a.O.

(Sir 39,3[110]); vgl. dazu auch 13,35. Darüber hinaus führt jedoch die zugefügte Näherbestimmung des christlichen Schriftgelehrten: μαθητευθεὶς τῇ βασιλείᾳ τῶν οὐρανῶν. Zum Sprachlichen: Das Verb μαθητεύω Aktiv und Passiv hellenistische Weiterbildung aus μαθητής[111] findet sich außerhalb des Neuen Testaments relativ selten und nur in nachchristlicher Literatur (Einwirkung christlicher Sprache?), auch im Neuen Testament mit einziger Ausnahme von Apg 14,21 nur im Matthäus-Evangelium, hier aber in den gewichtigen redaktionellen Aussagen 13,57; 28,19 (vgl. auch den matthäischen Zusatz 27,57). Das passivische Partizip Perfekt lässt sich verschieden übersetzen: Je nachdem, ob man vom intransitiven μαθητεύεσθαι = Schüler sein, mehrfach mit Dativ der Person (27,57) oder Sache (13,52) ausgeht: »der geschult ist für das Himmelreich« bzw. »unterwiesen in ...« oder unter Zugrundelegung von transitivem μαθητεύειν = jemanden zum Jünger machen: »der ein Jünger geworden ist für das Himmelreich« (bzw. »des Himmelreiches«) – der Dativ ist dann als *dativus commodi*, schwerlich personifiziert als Dativ beim Passiv = μαθητής mit Genitiv zu fassen[112]. Für beide Übersetzungen lassen sich gute Gründe anführen: für die erste, engere aus dem Kontext von c. 13; für die zweite, umfassendere nicht nur aus 28,19, sondern auch daraus, dass in der fraglichen Wendung der Akzent sichtlich auf dem tiefgreifenden Unterschied zwischen dem jüdischen und dem Jesus nachfolgenden Schriftgelehrten liegt und den letzteren als einen solchen kennzeichnet, der im Gegensatz zu dem anderen niemals aus dem Status des »Schülers« zu dem des »Rabbi« aufrückt (23,7 ff.) und also stets »Jünger« bleibt[113]. Grundlegend ist in jedem Fall der ursprüngliche Wortsinn »unterweisen«, »in die Schule nehmen«[114]. Sachlich unterscheiden sich beide Übersetzungen demnach nur in Nuancen.

Trotz Angleichung in der Form (vgl. zu ὅμοιός ἐστιν 11,16; 20,1; 21,33; 22,2) ist der die Rede abschließende Spruch, wie aus dem Subjekt des Satzes ersichtlich, nicht den sieben vorangehenden Reich-Gottes-Gleichnissen zuzuzählen. Auch ist er, fast bis auf einen bloßen Vergleich reduziert (in der Auslegung seit alters freilich um so mehr

110 *E. Schweizer*, Das Evangelium nach Matthäus (s. Anm. 21), S. 205.

111 *K. H. Rengstorf*, Art. μανθάνω κτλ, in: ThWNT 4, Stuttgart 1942, S. (392-465) 465; *W. Bauer*, Griechisch-deutsches Wörterbuch (s. Anm. 16), Sp. 959 f. (Art. μανθάνω).

112 Näheres s. *F. Blass / A. Debrunner / F. Rehkopf*, Grammatik des neutestamentlichen Griechisch (s. Anm. 94), § 148,3; zur Annahme eines Deponens kritisch *G. Strecker*, Der Weg der Gerechtigkeit (s. Anm. 44), S. 192, Anm. 3.

113 *G. Bornkamm*, Jesus von Nazareth (UB 19), Stuttgart [11]1977, S. 127 ff.; *E. Schweizer*, Das Evangelium nach Matthäus (s. Anm. 21), S. 205. Ähnlich *G. Künzel*, Studien zum Gemeindeverständnis des Matthäus-Evangeliums (CThM.BW 10), Stuttgart 1978, S. 176 f. mit Literatur.

114 *G. Strecker*, Der Weg der Gerechtigkeit (s. Anm. 44), S. 192.

bis ins Detail allegorisch ausgedeutet[115]), kein ausgeführtes Gleichnis, vielmehr eine bildlich eingekleidete, sentenzhafte Anweisung an die Jünger, ihren Auftrag zu Verkündigung und Lehre als »zu Jüngern des Himmelreiches gewordene Schriftgelehrte« auszurichten, nämlich nach Art eines Hausvaters, der aus seiner Vorratskammer (θησαυρός) hervorholt, was zur Versorgung der Hausgenossen und Gäste erforderlich ist – »Neues und Altes«. Wie sofort deutlich, liegt der Akzent der Aussage auf dieser Verbindung; in ihr koinzidieren Bild und Sache. Was aber besagt das, angewandt auf den Auftrag der Jünger? Da der Spruch formelhaft knapp und allgemein gefasst ist, lässt sich sein ursprünglicher Sinn kaum noch ermitteln, wohl aber fragen, wie Matthäus ihn verstanden wissen will. Ein wichtiger Fingerzeig ist offenbar darin gegeben, dass »alt« und »neu« in der rabbinischen Schulsprache des Öfteren die Kontinuität von Tora und Lehre der Schriftgelehrten ausdrücken[116]. Nicht ausgeschlossen, dass der Matthäus-Spruch an diese jüdische Redeweise anknüpft. Doch kann er von Matthäus unmöglich in diesem traditionellen Sinn gemeint sein. Dagegen spricht bereits die Vorordnung des »Neuen vor dem Alten« und die Kennzeichnung der Lehre Jesu in 7,29 als eine von der der Schriftgelehrten radikal unterschiedene, bestürzend neue in Vollmacht (vgl. Mk 1,27); vgl. auch die drastischen Bildworte Jesu über die Unvereinbarkeit von »Alt« und »Neu« (Mk 2,21 ff. par.) sowie die Warnung vor dem Sauerteig der Pharisäer und Sadduzäer (Mt 16,5 ff. par.). Nicht minder nachdrücklich aber wehrt speziell Matthäus wie kein anderer der gegenteiligen Konsequenz, Jesu Lehre als Außerkraftsetzung von »Gesetz und Propheten« misszuverstehen, und insistiert darauf, dass Jesus gekommen ist, das ergangene Wort der Schrift zu »erfüllen« (5,17 ff.). Wie konsequent Matthäus diesen Erfüllungsgedanken über die Lehre Jesu auf seine Sendung und Geschichte im Ganzen ausweitet, zeigen zur Genüge deutlich auch in der Gleichnisrede c. 13 seine Schriftzitate. In diesem heilsgeschichtlich-eschatologischen Horizont will offenbar auch die Formel »Neues und Altes« verstanden sein. Es genügt darum nicht, das verbindende καί im Sinne einer bloßen Addition (»außer« dem bewährten Alten »auch« das Neue, »neben« dem einen »ebenso« das andere zu seinem Recht kommen lassen o.ä.) zu umschreiben, weil damit das für Matthäus Entscheidende, die wechselseitige Bezogenheit beider aufeinander, ausgespart bzw. eingeebnet wird. Der sentenzartige Abschluss der matthäischen Gleichnisrede berührt das große, in der urchristlichen und altkirchlichen Theologie mannigfach variierte Thema »Neues und Altes« und formuliert es in seiner Weise in klassischer, einen weiten Spielraum eröffnender Ein-

115 Vgl. *A. Jülicher*, Die Gleichnisreden Jesu, T. II (s. Anm. 52), S. 128 ff.
116 *P. Billerbeck*, Kommentar zum Neuen Testament aus Talmud und Midrasch, Bd. I (s. Anm. 5), S. 677.

fachheit, auch wenn er es mehr anvisiert als näherhin reflektiert und wie z.B. Paulus in 2Kor 3,6 ff. ausarbeitet. Er benennt damit auch die allgemeine Maxime, nach der Matthäus selbst »als traditionsverpflichteter Schriftgelehrter und zugleich als situationsgebundener schöpferischer ›Jünger‹ im Dienst der βασιλεία-Verkündigung«[117] sein Evangelium gestaltet hat. Die des Öfteren vertretene Meinung, Mt 13,51 f. enthalte ein Selbstporträt des Evangelisten, trifft insofern etwas Richtiges, ist nur allzu sehr auf seine Person und sein individuelles Werk eingeengt und wird der grundsätzlichen Bedeutung des Redenschlusses für das Verhältnis von Tradition und Verkündigung, Vergangenheit, Zukunft und Gegenwart der christlichen Lehre nicht gerecht, und ist auszudehnen nicht zuletzt auch auf die hier zwar noch nicht expressis verbis zur Sprache kommende Bewahrung der Botschaft des irdischen Jesus im Kerygma der nachösterlichen Gemeinde (vgl. 28,18 ff.).

117 *H. Frankemölle*, Jahwebund und Kirche Christi. Studien zur Form- und Traditionsgeschichte des »Evangeliums« nach Matthäus (NTA.NF 10), Münster 1974, S. 146.

Petrus bei Matthäus (14,22-33 und 16,13-23)

1. Der Seewandel Jesu. Der sinkende Petrus (14,22-33)

Die Erzählungen von der Speisung der 5000 und Jesu wunderbarer Erscheinung auf dem See vor den Jüngern müssen in der Überlieferung schon früh miteinander verknüpft worden sein. Das bestätigt in diesem Fall die gleiche Szenenfolge in Joh 6,1-21, nicht dagegen Lukas, der zu dem Komplex Mk 6,45-8,26 keine Parallele bietet und erst von Lk 9,18 ff. (Petrusbekenntnis) ab den Markus-Zusammenhang fortsetzt. Im *Matthäus-Evangelium* ist die Markus-Grundlage wieder bis in den Wortlaut zu erkennen, aber nur bis V. 27 und auch hier nicht ohne Besonderheiten. In V. 22 f. ist »nach Bethsaida« (Mk 6,45) ausgelassen, möglicherweise um den Widerspruch zu »nach Gennesaret« zwischen Mt 14,34 par. Mk 6,53 zu tilgen[1] oder wegen des Weherufes über Bethsaida in 11,21 par. Lk 10,13[2]. In jedem Fall verliert schon durch die Streichung der Ortsangabe die Erzählung von Jesu Erscheinung den Charakter eines ortsgebundenen pragmatischen Berichtes. Umso bestimmter ist der Blick im Eingang auf Jesus gerichtet, allein im Gebet auf »dem Berg« (hier wie Mk 6,46; Joh 6,15 ohne topographische Näherbestimmung, vgl. Mt 5,1; 8,1; 15,29; 17,1; 28,16), geschieden von der Menge, gesondert aber auch von den Jüngern, denen er hernach als göttlicher Retter erscheinen wird.

Auch die Erscheinung selbst (V. 24 ff.) weist einige matthäische Eigenheiten auf: Während Mk 6,48 sogleich die Bedrängnis der *Jünger* aus der Perspektive Jesu schildert und er ihnen unverzüglich zu Hilfe kommt (ἰδὼν αὐτοὺς βασανιζομένους ... ἔρχεται πρὸς αὐτούς ...) – mit dem unklaren Zusatz: »und wollte an ihnen vorübergehen« (um ihren Glauben zu prüfen oder ihnen den Weg zum Ufer zu zeigen?) –, schildert *Matthäus* zuerst mit deutlichem Anklang an 8,24 die Bedrängnis ihres *Bootes* »viele Stadien vom Land entfernt« (ein Stadion = ca. 200 m; Mk 6,47: ἐν μέσῳ τῆς θαλάσσης) und dann erst »um die vierte Nachtwache« (zwischen 3 und 6 Uhr früh, d.h. im Morgendämmern) Jesu Kommen zu ihrer Hilfe, unter Auslassung des

1 *G. Strecker*, Der Weg der Gerechtigkeit. Untersuchung zur Theologie des Matthäus (FRLANT 82), Göttingen 1962, S. 97.

2 *E. Klostermann*, Das Matthäusevangelium (HNT 4), Tübingen ²1927, S. 129.

markinischen Zusatzes, sonst aber ziemlich genau nach Markus: Sie halten ihn für ein Gespenst und schreien vor Furcht; nur die Doppelaussage Mk 6,49 f. ist in Mt 14,26 ineins zusammengezogen.

Wichtiger ist, dass im *Matthäus-Evangelium* das wörtlich nach Mk 6,50 wiedergegebene Wort Jesu V. 27, mit dem er sich zu erkennen gibt und die Jünger ermutigt, durch die weitere Erzählung eine völlig andere Bedeutung erhält als im Markus-Evangelium. Dort folgt darauf nach Jesu Betreten des Bootes sofort das Wunder der Sturmstillung (Mk 6,51a), aber nicht einmal dieses Wunder überwindet die Furcht der Jünger, sondern steigert sie vollends zu äußerstem Entsetzen (Mk 6,51b!), in dem sich erneut ihr schon bei der Speisung bewiesenes Unverständnis und ihre Herzenshärtigkeit bekunden (Mk 6,52).

Auch im Matthäus-Evangelium sind Angst und Entsetzen der Jünger nicht unterdrückt (V. 26), aber stehen nicht einfach im Gegensatz zu ihrem Glauben, sondern sind *in ihre Glaubenserfahrung selbst einbezogen.* Dies soll offensichtlich die von Matthäus in V. 28 ff. eingefügte Szene vom sinkenden Petrus illustrieren.

Als sekundärer Einschub erweist sich die Petrusszene V. 28-21 dadurch, dass die in Mk 6,50-51a unmittelbar aufeinanderfolgenden Sätze sie in Mt 14,27.32 umrahmen. Auch durch den Wechsel der Terminologie: Statt περιπατεῖν ἐπὶ τὴν θάλασσαν bzw. ἐπὶ τῆς θαλάσσης 14,25 f. = Mk 6,48 f. heißt es in 14,28 f. in enger Anlehnung an die Symbolsprache alttestamentlicher Psalmen (s.u.) περιπατεῖν ἐπὶ τὰ ὕδατα, wodurch die Bindung des Geschehens an die geographische Szenerie des galiläischen Sees an Bedeutung verliert, dafür aber der allgemeine Sinngehalt des Vorganges, seine unmissverständliche Transparenz, bereits stärker hervortritt. Literarisch fraglos ein »Einschub«, ist die Szene von Matthäus gleichwohl nicht mechanisch mit dem Kontext verknüpft, sondern Skopus und Schwergewicht der Gesamtperikope so eindeutig auf die Petrusszene verlegt, dass Jesu Seewandel in der matthäischen Neufassung nur mehr eine Art Rahmenerzählung bildet zu Petri Wandeln auf dem Wasser, mit anderen Worten zu der durch Jesu Selbstoffenbarung und Jüngerzuspruch ausgelösten, auf sein Wort konzentrierten Begegnung zwischen ihm und den Jüngern. Durch diese Erweiterung hat erst Matthäus den im Markus-Evangelium vorgegebenen Text zu einer Lehrerzählung vom Glauben, genauer vom angefochtenen Glauben ausgestaltet.

Herkunft und Entstehung der Petruserzählung sind umstritten. Zahlreiche Exegeten führen sie auf legendäre Petrusüberlieferungen der frühchristlichen Gemeinde zurück und nehmen an, dass Matthäus sie erstmals in die literarische Evangelienüberlieferung eingebracht habe. Da die V. 28-31 jedoch keine selbstständige Geschichte ergeben und bis ins Einzelne genau dem Markus-Kontext eingepasst sind, auch eine auffallend große Anzahl matthäischer Spracheigentümlichkeiten aufweisen (κελεύειν, καταποντίζειν, ὀλιγόπιστος, διστάζειν, προσκυνεῖν), spricht die größte Wahrscheinlichkeit dafür, dass Matthäus selbst die Szene gebildet und als eine Art Kommentar in Erzählform dem vorgegebenen Text eingefügt hat; freilich nicht »freihändig«, sondern, wie zu zeigen sein wird, in engster Anlehnung an die vorgegebene Überlieferung und darüber hinaus an die alttestamentlich-jüdische Gebetssprache und außerbiblische Vorstellungs- und Erzählmotive[3].

An der Person des Petrus haftet nicht eigentlich das Interesse der Erzählung; anders z.B. in den Petruslegenden Apg 3-12. Eher lässt sich vermuten, dass sich in ihr eine Erinnerung an die Ersterscheinung des Auferstandenen vor Petrus (1Kor 15,5; Lk 24,34) niedergeschlagen hat. Aber auch darauf hebt sie nicht eigentlich ab. Er figuriert vielmehr hier wie oft als Wortführer und Prototyp der Jünger – typisch ebenso in der Bekundung wie hernach im Versagen seines Glaubens –, nicht schon wie in 16,17 f. in seiner Sonderstellung innerhalb der Gemeinde, und antwortet als ihr Sprecher auf das an alle gerichtete Wort Jesu (V. 27). Nichts deutet darin auf einen Zweifel des Petrus (»wenn du's wirklich bist ...«). Ebenso wenig spricht seine Bitte ein sich vordrängendes Begehren aus nach einem nur ihm gewährten Sonderbeweis der Wundermacht Jesu[4] oder wie in 26,33 ff. einen speziell für ihn charakteristischen, die eigene Kraft überschätzenden Übereifer. Er wagt den Schritt vom Boot auf die Wellen vielmehr nicht im Vertrauen auf seine eigene Kraft, sondern bittet auf Jesu Vollmacht vertrauend um seinen Befehl, und Jesus gewährt die Bitte ohne Tadel und Warnung. Sie ist demnach eher eine erste Antwort des Glaubens (vgl. Lk 5,5b). Vgl. *J. A. Bengel*[5] zu κέλευσον: »Egregius motus fidei.« Dem entspricht die Gestaltung des Textes bis ins Einzelne: εἰ σὺ εἶ nimmt Jesu ἐγώ εἰμι-Wort gewissermaßen beim Wort und zeigt damit, dass es im Matthäus-Evangelium mehr besagt als »Ich bin Jesus«, sondern im Sinne der alttestamentlichen Selbstoffenbarungsformel Gottes Ex 3,14 verstanden sein will und der von Petrus Angerufene wie Gott selbst als der über die Wellen des Meeres schreitende Kyrios und Retter vorgestellt ist. Zu dieser im Alten Testament oft mit »Fürchte dich nicht« o.ä. (Gen 26,24; 28,13; 46,3) verbundenen Selbstoffenbarung Gottes und der mannigfach variierten Schilderung seiner Macht über die Elemente in der biblischen und nachbiblischen Hymnen- und Gebetssprache, in den älteren Texten meist an

3 *H. J. Held*, Matthäus als Interpret der Wundergeschichten, in: G. Bornkamm / G. Barth / H. J. Held, Überlieferung und Auslegung im Matthäusevangelium (WMANT 1), Neukirchen-Vluyn [7]1975, S. (155-287) 193 ff.; *G. Braumann*, Der sinkende Petrus. Matth. 14,28-31, in: ThZ 22 (1966), S. (403-414) 404 ff.; *R. Kratz*, Der Seewandel des Petrus (Mt 14,28-31), in: BiLe 15 (1974), S. 86-101; Näheres in der Einzelexegese.

4 Gegen *J. Schniewind*, Das Evangelium nach Matthäus (NTD 2), Göttingen 1937, S. 174.

5 *J. A. Bengel*, Gnomon Novi Testamenti, Tübingen [3]1855, S. 91.

den wunderbaren Durchzug Israels durch das Rote Meer anspielend, dann aber auch symbolisch auf andere Rettungstaten Gottes an seinem bedrängten Volk angewandt, vgl. Hi 9,8; Ps 18,17 f.; 32,6; 46,3 f.; 77,20; 124,2 ff.; 144,7; Jes 43,2 f.16 sowie in den Qumrantexten: 1QH II,27 f.; III,14 ff.; VI,22 f.[6]. Entsprechend ist das zweimalige κύριε in V. 28.30 nicht nur respektvolle Anrede, sondern wie in den Psalmen 69(70),5; 43(44),27; 45(46),8.12; 53(54),6 u.ä. Anrufung Jesu als göttlicher Retter, die bereits die Proskynese und Akklamation der Jünger V. 33 vorbereitet. Jesu Herrsein und Vollmacht unterstreicht auch das von Matthäus mit Vorzug von Jesus ausgesagte Verb κελεύειν. Petrus beschreitet demnach nicht einen eigenwilligen Weg, sondern auf Jesu Geheiß den Weg des Glaubens und erleidet dabei nicht ein unerwartet widriges Geschick, sondern beispielhaft die zum Weg der Nachfolge wesenhaft gehörende Anfechtung.
V. 29 überrascht durch die einfache Sequenz seiner Satzglieder: Jesu Befehl, Petri Seewandel und Kommen zu Jesus – wie schon V. 28 εἰ σὺ εἶ zu V. 27 ἐγώ εἰμι, so auch V. 29 καὶ ἦλθεν πρὸς τὸν Ἰησοῦν in genauer Entsprechung zu V. 25 ἦλθεν (sc. Ἰησοῦς) πρὸς αὐτοὺς περιπατῶν ἐπὶ τὴν θάλασσαν, als sei mit »und er kam zu Jesus« das Ziel der Episode erreicht. Doch ist unschwer zu erkennen, dass die Erzählung nicht auf ein prompt funktionierendes Mirakel abzielt, sondern darauf, den *Widerstreit zwischen dem Glauben des Jüngers und der ihm entgegenstehenden Wirklichkeitserfahrung* darzustellen.

Unsinnig und abwegig ist darum die Frage, warum Petrus nicht schon vor Verlassen des Bootes die ihm drohende Gefahr erkannt und bedacht habe[7]. Sichtlich sekundär ist aber auch die von zahlreichen Handschriften bezeugte, den Übergang von V. 29 zu V. 30 erleichternde Änderung von καὶ ἦλθεν in einen finalen Infinitiv (ἐλθεῖν), so als habe Petrus sein Ziel, zu Jesus zu kommen, *nicht* erreicht.

Gewahrt gemäß der fraglos ursprünglichen Lesart (א^{*vid} B 700 *pc* sy$^{s.c}$) Petrus erst nach Verlassen des Bootes Wind und Wellen (V. 30), so ist damit veranschaulicht, dass *erst der Jesus nachfolgende Jünger* »die Spannung zwischen Verheißung und Weltwirklichkeit erfährt«[8], und also der *Glaubende* nicht ein für alle Mal der Anfechtung enthoben und gegen den Zweifel gefeit ist, der Zweifel vielmehr den Glauben voraussetzt (nicht umgekehrt!). Dann aber erzählt die Szene nicht, wie Jesus gleichsam als ein deus ex machina seinen tollkühnen Jünger im

6 *E. Lövestam*, Wunder und Symbolhandlung, in: KuD 8 (1962), S. (124-135) 127 ff.

7 *E. Klostermann*, Das Matthäusevangelium (s. Anm. 2), S. 131: »sorglos naiv« (!) erzählt.

8 *G. Barth*, Glaube und Zweifel in den synoptischen Evangelien, in: ZThK 72 (1975), S. (269-292) 291.

letzten Augenblick vor den tödlichen Folgen seiner Unbedachtsamkeit bewahrt, sondern versinnbildlicht in ihrem Ablauf, dass der zu Jesus Kommende nun erst auf seinem Weg nach Verlassen des schützenden Bootes Bedrängnis und Anfechtung erfährt und verloren ginge, wenn Jesus sich ihm nicht zuwendete und seinen Glauben nicht zuschanden werden ließe. Das Einzige, was dem Bedrängten zu tun verbleibt, ist darum der in der Sprache der alttestamentlichen Klage- und Danklieder speziell des Einzelnen (vgl. bes. Ps 69,2 f.15 f.; Jon 2,3 ff.) formulierte Gebetsruf κύριε, σῶσόν με (V. 30; ähnlich 8,25: κύριε, σῶσον, ἀπολλύμεθα). Als solcher erfährt er seine Gegenwart und Hilfe. Im Text ist darum das Verb σῴζειν gewählt, das niemals als Stillung der Bedrängnis, sondern stets von dem rettenden Zugriff der Gottheit ausgesagt wird.
Desgleichen ist in V. 31 Jesu rettendes »Zugreifen« in der Bildersprache der Psalmen geschildert (Ps 18,17; 144,7)[9], hier aber verbunden mit Jesu Frage an Petrus: »Kleingläubiger, warum zweifeltest du?«, mit der er den Angeredeten beschämt und aus dem Zweifel zum Glauben zurückruft, um ihn erneut seine rettende Vollmacht erfahren zu lassen (vgl. 8,26).

»*Kleinglaube*« (ὀλιγοπιστία ὀλιγόπιστος) ist ein spezifisch matthäischer Begriff. Der Profangräzität (auch der Septuaginta) unbekannt, ist er dem rabbinischen קְטַנֵּי אֲמָנָה[10] nachgebildet. Dort bezeichnet er einen Mangel an Vertrauen auf die Güte Gottes, der wie einst so auch künftig für die Israeliten sorgen wird. Außer in Jesu Spruch wider die Sorge 6,30 = Lk 12,28 findet sich der Begriff im Neuen Testament nur im Matthäus-Evangelium (8,26; 14,31; 16,8; 17,20). Weder gleichbedeutend mit Unglaube (ἀπιστία) noch mit Glaube (πίστις) ist der Kleinglaube ein durch den Zweifel gebrochener, gewissermaßen zu kurz geratener Glaube, der im entscheidenden Augenblick versagt (auch διστάζειν nur bei Matthäus; 28,17), – in striktem Gegensatz zu dem ungebrochenen Glauben, der unscheinbar wie ein Senfkorn Berge versetzen kann (17,20). – In spruchweisheitlicher Paränese stellt auch Jak 1,5-8 den Glaubenden, der nicht zweifelt (μηδὲν διακρινόμενος), dem als ἀνὴρ δίψυχος einer vom Wind hin und her getriebenen Meereswoge gleichenden Zweifler gegenüber (zur Sache vgl. auch Herm mand IX,4-71, dort aber ohne den Vergleich mit der Meereswelle). Trotz der verschiedenen Anwendung des Bildes im Matthäus-Evangelium und im Jakobusbrief wird vermutlich die Kontrastierung von Glaube und Zweifel zum festen, von Matthäus der vorgegebenen Erzählung wirkungsvoll angepassten Motivgut der urchristlichen Paränese gehört haben.

9 Zu ἐπιλαμβάνεσθαι (Med.) c. gen. in LXX vgl. *G. Delling*, Art. λαμβάνω κτλ, in: ThWNT 4, Stuttgart 1942, S. (5-16) 9.

10 *P. Billerbeck*, Kommentar zum Neuen Testament aus Talmud und Midrasch, Bd. I: Das Evangelium nach Matthäus, München 1926 = ^{7}1978, S. 438 f.

Der Abschluss der Gesamtperikope V. 32 f. ist von Matthäus gegenüber Mk 6,51 f. entsprechend der Zwischenszene abgewandelt: Jesus und Petrus betreten das Boot (καὶ ἀναβάντων αὐτῶν, Markus: καὶ ἀνέβη) und der Wind legt sich (vgl. 8,26). Und erst recht V. 33 (gegen Mk 6,52): Die Jünger *huldigen* Jesus als dem göttlichen Kyrios und bekennen: ἀληθῶς θεοῦ υἱὸς εἶ. Zu προσκυνεῖν (in Matthäus: 13-mal; Markus: 2-mal, Lukas: 2-mal) vgl. Mt 2,2.8.11; 4,9 f.; 8,2; 9,18; 15,25; 20,20; 28,9.17. In seiner Neufassung gegenüber Markus hat der matthäische Abschluss der Perikope nicht nur die Funktion einer aus zahlreichen synoptischen und außerchristlichen Epiphanie- und Wundergeschichten bekannten stilgerechten Akklamation der fremden Zuschauer (vgl. 8,27 u.ö.), sondern den Vollsinn eines christlichen Bekenntnisses, vergleichbar dem in 16,16 als Interpretation des jüdischen Messiastitels zugefügten, für jüdische Ohren gotteslästerlichen Prädikat ὁ υἱὸς τοῦ θεοῦ τοῦ ζῶντος und dem Bekenntnis des heidnischen Centurio unter dem Kreuz 27,54: ἀληθῶς θεοῦ υἱὸς ἦν οὗτος (Markus / Matthäus), in schroffem Gegensatz zu der Jesu Verurteilung begründenden Frage des Hohepriesters in seinem Verhör vor dem Synhedrium 26,63 f. und der der Versuchungsgeschichte 4,3.6 nachgebildeten Verspottung des Gekreuzigten in 27,40.43 (Matthäus!).
Aller Wahrscheinlichkeit nach haben auf Entstehung und Gestaltung der in 14,22-33 verwobenen Erzählungen außer der alttestamentlich-jüdischen Tradition auch außerbiblisches und außerchristliches Vorstellungs- und Erzählungsgut einen nicht geringen, obgleich schwer abzuschätzenden und nicht vorschnell für die Frage nach einer überlieferungsgeschichtlichen Abhängigkeit auszuwertenden Einfluss geübt. In jedem Fall aber sind die zahlreichen religionsgeschichtlichen Parallelen für einen sachlichen Vergleich mit dem Matthäus-Text überaus aufschlussreich.

Für das weit verbreitete Motiv der *Rettung aus Seenot durch das wunderbare Eingreifen einer Gottheit* vgl. besonders aus einem Brief des im römischen Heer dienenden Ägypters Apion an seinen Vater BGU II 35b, Nr. 423[11]: εὐχαριστῶ τῷ κυρίῳ Σεράπιδι ὅτι κινδυνεύσαντος εἰς θάλασσαν ἔσωσε εὐθέως sowie aus Ael. Aristid. λαλιὰ εἰς Ἀσκλήπιον II 337,10: πλέουσιν καὶ θορυβουμένοις ὁ θεὸς χεῖρα ὄρεξεν und Vergil, Aeneis 6,370: *da dextram misero et tecum me tolle per undas*. Ebenso weit verbreitet ist die Vorstellung vom Schreiten einer Gottheit und göttlicher Wundermänner über das Meer[12]; unter anderen magischen Künsten aufgezählt z.B. in Lukian, Philopseudes 13. Vgl. auch Porphyrius, Vita Pythago-

11 *A. Deissmann*, Licht vom Osten. Das Neue Testament und die neuentdeckten Texte der hellenistisch-römischen Welt, Tübingen ^{4}1923, S. 147.
12 *L. Bieler*, ΘΕΙΟΣ ΑΝΗΡ. Das Bild des göttlichen Menschen in Spätantike und Frühchristentum, Wien 1935/1936 = Nachdr. Darmstadt 1967, S. 96 f.

rae 29; Dio Chrysostomus III,30 f.[13]. Aus der späteren christlichen Heiligenlegende vgl. z.B. die im Einzelnen freilich sehr anders ausgestaltete wunderbare Brotvermehrung durch den hl. Nikolaus und sein wiederholtes Erscheinen als Retter in Seenot. Sinnbildlich verstanden und christlich-gnostisch abgewandelt, besingt auch das Lehrgedicht der 39. Ode Salomos mit ähnlichen Bildern Christus als Prodromos auf dem Erlösungsweg über die Diesseits und Jenseits scheidenden »gewaltigen Ströme«: »Der Herr überbrückte sie durch sein Wort, / er betrat und überschritt sie zu Fuß. / Seine Fußstapfen stehen im Wasser unzerstört / … So ist der Weg denen bereitet, / die ihm nach hinübergehen …«[14]. Mit dem Motiv des zweifelnden und kleingläubigen Petrus berührt sich jedoch am engsten die buddhistische Erzählung Jataka 190 von einem frommen Buddhaschüler, der auf der Wanderschaft am Abend den Fluss Aciravati überqueren will, aber den Fährmann nicht antrifft und darum, »von freundlichen Gedanken an Buddha getrieben«, das Wasser wie auf festem Boden ein Stück weit überschreitet, bis seine Gedanken schwächer werden und seine Füße angesichts der Wellen versinken. Als seine Gedanken an Buddha aber wieder erstarken, kann er seinen Weg fortsetzen und vollenden[15].

Vergleicht man diese Paralleltexte mit Matthäus, so zeigt sich, dass ihnen ohne Ausnahme das im Matthäus-Evangelium entscheidende, von ihm in deutlicher Anlehnung an die Psalmen ausgestaltete *Gespräch* zwischen dem rettenden Herrn und seinem bedrängten Jünger fremd ist und speziell in der buddhistischen Erzählung die Rettung durch die Kraft der Meditation und Versenkung des todbedrohten Jüngers selbst erfolgt. Angesichts der zentralen Bedeutung des Dialoges zwischen Petrus und Jesus in 14,28 ff. trifft darum auch die in den Kommentaren viel zitierte, von einigen Exegeten freilich unkritisch übernommene, für den sachlichen Vergleich jedoch überaus aufschlussreiche Charakteristik der Petrusszene in Goethes Wort zu Eckermann (12.2. 1831)[16] nicht ihre Pointe: »Es ist dies eine der schönsten Legenden, die ich vor allen lieb habe. Es ist darin die hohe Lehre ausgesprochen, dass der Mensch durch Glauben und frischen Mut im schwierigsten Unternehmen siegen werde, dagegen bei anwandelndem geringsten Zweifel sogleich verloren sei.« Denn sie übergeht das im Hilferuf des ohnmächtigen Jüngers und im rettenden Zuspruch des vollmächtigen Herrn sich ereignende Glaubensgeschehen und ersetzt es durch eine

13 Deutsche Übersetzung der Texte bei *R. Kratz*, Der Seewandel des Petrus (s. Anm. 3), S. 94 f.

14 Übersetzung von *H. Greßmann*, in: E. Hennecke (Hg.), Neutestamentliche Apokryphen in deutscher Übersetzung, Tübingen ^{2}1924, S. 469.

15 Text in: *J. B. Aufhauser*, Buddha und Jesus in ihren Paralleltexten (KIT 157), Bonn 1926, S. 12; *R. Kratz*, Der Seewandel des Petrus (s. Anm. 3), S. 95 f.; *G. Barth*, Glaube und Zweifel in den synoptischen Evangelien (s. Anm. 8), S. 289, Anm. 70.

16 *J. P. Eckermann*, Gespräche mit Goethe in den letzten Jahren seines Lebens, hg. v. F. Bergemann, Wiesbaden 1955, S. 402.

allgemeine Lebensmaxime, derzufolge die Überwindung des Zweifels in das Vermögen des Menschen selbst gestellt ist (ähnlich J. Weiß / W. Bousset: »Vertrauen und Tapferkeit tut Wunder«[17]). Treffend dagegen J. A. Bengel zu ἐλθέ: »Qui se ultro (aus freien Stücken) offert, ab eo plus postulatur: magis tentatur: potentius servatur.«[18] In *diese* Tiefen und Höhen führt die Matthäus-Erzählung[19].

2. Petrusbekenntnis und erste Leidensweissagung (16,13-23)

Der Eingang der ersten Szene enthält eine Reihe redaktioneller Änderungen: Während Markus Jesu Gespräch mit den Jüngern »auf dem Weg« nach Caesaräa Philippi verlegt, ist in Mt 16,13a das Gebiet der an der Nordgrenze Galiläas gelegenen Stadt der Schauplatz der Handlung (τὰ μέρη Καισαρείας). Mit dieser geographischen Angabe grenzt Matthäus den Raum der bisherigen Wirksamkeit Jesu deutlicher von Judäa und Jerusalem, dem Ziel seiner Wanderschaft, ab (19,1). Sachlich gewichtiger ist die Umformulierung der das Gespräch mit den Jüngern eröffnenden Frage Jesu V. 13b: τίνα λέγουσιν οἱ ἄνθρωποι εἶναι τὸν υἱὸν τοῦ ἀνθρώπου (Markus: τίνα με λέγουσιν οἱ ἄνθρωποι εἶναι), die den in Mk 8,32 erst folgenden christologischen Titel bereits vorwegnimmt und in Mt 16,21 darum nicht eigens wiederholt ist. Thema und Duktus des Gespräches werden dadurch modifiziert: Wird in der Markus-Vorlage das χριστός-Bekenntnis des Petrus durch das nachfolgende Menschensohn-Wort interpretiert, so umgekehrt im Matthäus-Evangelium Jesu Menschensohnwürde durch Petri Bekenntnis zu ihm als Messias und Gottes Sohn. Die Szene erhält dadurch deutlicher und von vornherein den Charakter eines internen Lehrgespräches Jesu mit den Jüngern über die Bedeutung seiner Person; »der Menschensohn« ist demnach nicht nur »abgeschliffene Selbstbezeichnung«[20], sondern wie in 26,2 thematische Überschrift[21].

Die Antwort der Jünger über die Meinung der Leute V. 14 nennt verschiedene Propheten, deren Wiederkehr man vor dem Anbruch der

17 *J. Weiß / W. Bousset,* Die drei ältesten Evangelien (SNT 1), Göttingen ^{3}1917, S. (31-525) 328.

18 *J. A. Bengel*, Gnomon Novi Testamenti (s. Anm. 5), S. 29.

19 Aus der neueren Literatur bes. zu Mt 14,28 ff. außer den Kommentaren: *H. J. Held*, Matthäus als Interpret der Wundergeschichten (s. Anm. 3), S. 193 ff., 278 ff; *E. Lövestam*, Wunder und Symbolhandlung (s. Anm. 6); *G. Braumann*, Der sinkende Petrus (s. Anm. 3); *R. Kratz*, Der Seewandel des Petrus (s. Anm. 3); *G. Barth*, Glaube und Zweifel in den synoptischen Evangelien (s. Anm. 8), bes. S. 286 ff. 290 ff.

20 *E. Klostermann*, Das Matthäusevangelium (s. Anm. 2), S. 138.

21 *H. E. Tödt*, Der Menschensohn in der synoptischen Überlieferung, Gütersloh ^{5}1984, S. 139 f.

Messiaszeit erwartete (vgl. 11,7 ff.; 14,1 f.; 17,11 f.). Nur Matthäus nennt unter ihnen auch Jeremia, der sonst nirgends als *redivivus* unter den Vorläufern und Wegbereitern des Messias erscheint[22], – vermutlich weil auch er Verfolgung erlitt[23]. Die allesamt zu kurz gezielten diffusen Antworten des Volkes bilden den wirksamen Hintergrund für das Bekenntnis des Petrus (V. 16), das in allen drei Synoptikern Jesus eine einzigartige eschatologische Würde zuspricht (vgl. auch Joh 6,69). Mit dem entscheidenden Unterschied jedoch, dass nur im Matthäus-Evangelium dem traditionell-jüdischen Messiastitel der weitere ihn überhöhende Hoheitsname ὁ υἱὸς τοῦ θεοῦ τοῦ ζῶντος hinzugefügt ist; er verleiht seiner Antwort erst den Charakter eines vollen, keiner Erläuterung oder gar Korrektur bedürftigen christlichen Bekenntnises. Der zweite Titel ist keineswegs nur eine liturgische Erweiterung des ersten, vielmehr benennt er ihn mit dem im zeitgenössischen Judentum auch für den Messias nicht geläufigen, sondern anstößigen Titel »Gottes Sohn«, der in Jesu Verhör vor dem Hohen Rat die Entrüstung des Hohepriesters 26,63 par. und in der Kreuzigungsszene den Hohn des Volkes 27,40.43 (matthäisch!) erregt, – im Gegensatz zu dem Ausruf des heidnischen Centurio 27,54 par. Mk 15,39. In 16,16b ist dabei offensichtlich nicht an die wunderbare Geburt des Messiaskindes 1,18 ff., sondern daran gedacht, dass Gott selbst ihn rechtskräftig als Heilbringer für die Welt eingesetzt hat: 3,17; 4,3.6; 17,5, analog den kerygmatischen Kurzformeln der christlichen Heilsbotschaft Röm l,3 f.9; Gal 1,16; Mk 1,1 (v.l.); Apg 13,33. Der jüdische Christos-Titel ist damit so wenig wie in der Markus-Vorlage abgelehnt, aber durch seine Verbindung mit dem unter Juden verpönten Titel dem Kerygma und Credo der frühen christlichen Gemeinde angeglichen. Die nur von Matthäus überlieferten folgenden Worte Jesu an Petrus (V. 17-19) geben dem im Markus-Evangelium vorgegebenen Kontext dadurch einen anderen Duktus, dass sie das Bekenntnis des Apostels uneingeschränkt annehmen und Petrus in feierlich gehobener Sprache eine einzigartige Stellung und Vollmacht in der Gemeinde Jesu verleihen. Sie haben auch im Matthäus-Evangelium nicht ihresgleichen. Durch ihre Geltung als Magna Charta für den Primat des Papstes in der Römischen Kirche sind sie wie kaum ein anderer Evangelientext geschichtswirksam geworden und bis heute geblieben

22 *P. Billerbeck*, Kommentar zum Neuen Testament aus Talmud und Midrasch, Bd. I (s. Anm. 10), S. 730.

23 Vgl. *J. Carmignac*, Pourquoi Jérémie est-il mentionné en Matthieu 16,14?, in: Tradition und Glaube. Das frühe Christentum in seiner Umwelt (FS K. G. Kuhn), hg. v. G. Jeremias, H.-W. Kuhn u. H. Stegemann, Göttingen 1971, S. 283-298; *K. Berger*, Die Auferstehung des Propheten und die Erhöhung des Menschensohnes. Traditionsgeschichtliche Untersuchungen zur Deutung des Geschickes Jesu in frühchristlichen Texten (StUNT 13), Göttingen 1976, S. 256 f.

(der Vulgatatext von »Du bist Petrus …« steht in goldenen Lettern in der Kuppel von St. Peter in Rom).
In der neueren, besonders auch durch katholische Forscher geförderten Exegese besteht ein wachsender Konsensus darüber, dass Mt 16, (17.)18 f. zwar ein aus dem Sondergut übernommenes altes Traditionsstück darstellen, aber schwerlich auf den historischen Jesus selbst zurückgehen, weil der Inhalt der Sprüche sich mit Jesu an ganz Israel gerichteten eschatologischen Botschaft von dem unmittelbar bevorstehenden Anbruch der Basileia nicht in Einklang bringen lässt und der Gedanke an eine Begründung »seiner Kirche« auf Petrus von seiner übrigen Verkündigung nicht bestätigt wird. Aller Wahrscheinlichkeit nach stammt die Spruchreihe darum aus der Tradition der palästinisch-judenchristlichen Gemeinde vor Matthäus, in der Petrus – offensichtlich aufgrund seiner Zugehörigkeit zu den erstberufenen Jüngern (4,18 ff.; 10,2 par.) und der ihm als Erstem zuteilgewordenen Erscheinung des Auferstandenen (1Kor 15,5; Lk 24,34) – als die entscheidende Autorität in der Gemeinde Jesu galt. Für diese These scheint nicht nur ihre einheitliche Beziehung auf Petrus und ihre gedankliche Abfolge (Seligpreisung, Namenverleihung, Bevollmächtigung des Petrus) zu sprechen, sondern auch die auffallende Häufung von Semitismen in ihrem Wortlaut.

So schon in V. 17: die Anrede Simons mit seinem aramäischen Vaternamen Bar- (= Sohn des) Jona (anders Joh 1,42; 21,15 ff.: Johannes); der Makarismus mit zweiter Person; die typisch semitische Formel »Fleisch und Blut« für Mensch im Gegensatz zu Gott; vgl. Gal 1,16; 1Kor 15,50[24]; in V. 18: das auf die aramäische Namensform כֵּיפָא (= Fels) zugeschnittene, in der gräzisierten durch den Genuswechsel Πέτρος – πέτρα verwischte, wenngleich noch verständliche Wortspiel (im Deutschen und Englischen nicht exakt wiederzugeben, wohl aber im Französischen: »Tu es Pierre et sur cette pierre je bâtirai mon église«); der parallelismus membrorum; die Antithese δεῖν – λύειν und die gut jüdische Vermeidung des Gottesnamens durch die passive Form der Verben in V. 19.

Eine Reihe wichtiger Indizien deutet jedoch darauf, dass die drei Sprüche nicht von vornherein als Einheit konzipiert waren, sondern der Makarismus in V. 17 vom Evangelisten ad hoc als Übergang und Einleitung gebildet ist: Charakteristisch matthäisch ist die im ersten Evangelium überaus häufige dialogische Überleitungswendung ἀποκριθεὶς δὲ ὁ Ἰησοῦς εἶπεν (3,15; 4,4; 11,4.25 u.ö.), die Gottesbezeichnung ὁ πατήρ μου ὁ ἐν τοῖς οὐρανοῖς (7,21; 10,32 f.; 15,13;

24 *P. Billerbeck*, Kommentar zum Neuen Testament aus Talmud und Midrasch, Bd. I (s. Anm. 10), S. 730 f.

18,35); vgl. auch das Offenbarungsmotiv in 11,25.27[25]. Deutlich gilt die Seligpreisung V. 17 weniger dem jüdischen Messiastitel ὁ χριστός in V. 16b, sondern dem ihn überhöhenden und christlich präzisierenden zweiten Hoheitsnamen ὁ υἱὸς τοῦ θεοῦ τοῦ ζῶντος. Die darin ausgesprochene Steigerung entspricht offensichtlich dem Leitgedanken der matthäischen Spruchkomposition 13,11-17, zugleich aber der Argumentation des Paulus in der Verteidigung seiner apostolischen Sendung Gal 1,11 f.15 f. Dort derselbe Grundgedanke: Gott selbst hat den Apostel einer menschlich unerschwinglichen Offenbarung gewürdigt, entfaltet durch die gleiche Antithese einer durch Menschen vermittelten Belehrung und inhaltlich auf die Gottessohnschaft Christi bezogen.

Schwerlich ist jedoch aus dieser Sachparallele eine direkte Abhängigkeit der paulinischen Sätze von der synoptischen Caesarea-Philippi-Szene zu folgern[26] und aus ihnen die erklärte Absicht des Paulus herauszulesen, seinen eigenen Apostolat für die Heiden analog der Bevollmächtigung des Petrus zum Apostel für die Juden (Gal 2,9) zu begründen[27].

V. 17 erhält auch dadurch eine Sonderstellung, dass der zweite Spruch V. 18 über V. 17 hinweg direkt zu V. 16b zurücklenkt. In ihm bekennt sich gewissermaßen nun auch Jesus zu dem Apostel: κἀγὼ (diese Krasis häufig in Matthäus: 2,8; 10,32 f.; 11,28 u.a.) δέ σοι λέγω ..., indem er ihn unter Deutung seines Namens zum Fundament seiner künftigen Gemeinde (Kirche) macht und ihm in V. 18 f. eine einzigartige Autorität in ihr verleiht – alles das ausgesagt in Vorstellungen und sich überlagernden Bildern, die der jüdischen Tradition und Schulsprache entstammen. Vgl. besonders die überraschend engen Berührungen mit dem rabbinischen Gleichnis Jalq § 766[28], in dem Gott bei der Weltschöpfung mit einem König verglichen wird, der einen »Bau« aufführen wollte und seine Knechte immer tiefer graben ließ, aber allenthalben Wassersümpfe fand, bis er endlich auf Felsgestein (nämlich

25 *A. Vögtle*, Messiasbekenntnis und Petrusverheißung. Zur Komposition Mt 16,13-23 par., in: ders., Das Evangelium und die Evangelien. Beiträge zur Evangelienforschung (KBANT), Düsseldorf 1971, S. (137-170) 142 ff.

26 So *J. Dupont*, La Révélation du Fils de Dieu en faveur de Pierre (Mt 16,17) et de Paul (Ga 1,16), in: RSR 52 (1964), S. 411-420.

27 So *B. Gerhardsson*, Memory and Manuscript. Oral Tradition and Written Transmission in Rabbinic Judaism and Early Christianity (ASNU 22), Uppsala 1961, S. 266 ff.; ähnlich *A. Feuillet*, »Chercher à Persuader Dieu« (Ga I10), in: NT 12 (1970), S. (350-360) 355 ff. Zur Kritik vgl. *A. Vögtle*, Zum Problem der Herkunft von »Mt 16,17-19«, in: Orientierung an Jesus. Zur Theologie der Synoptiker (FS J. Schmid), hg. v. P. Hoffmann, Freiburg i.Br. / Basel / Wien 1973, S. (372-393) 373 ff.

28 *P. Billerbeck*, Kommentar zum Neuen Testament aus Talmud und Midrasch, Bd. I (s. Anm. 10), S. 733.

Abraham) stieß und ausrief: »Siehe, ich habe einen Felsen gefunden, auf dem ich die Welt bauen und gründen kann. Deshalb nannte er Abraham einen Felsen, s. Jes 51,1; ›Blicket auf den Felsen, aus dem ihr gehauen seid.‹« Die Entsprechungen sind evident: Gott / Jesus; Abraham / Petrus; Welt / Kirche (Gemeinde); Wassersümpfe / Hadespforten[29]. Zu beachten ist besonders die Anwendung des Bildwortes »Fels« dort auf die Person Abrahams, hier auf Petrus in persona, nicht auf Jesu Messianität und Gottessohnschaft, ebenso wenig auf Petrus' Charakter und seelische Eigenschaften, sondern auf seine Funktion als Garant und maßgebender Ausleger der Gebote Jesu[30]. In dieselbe Richtung weisen auch die Bildworte »Schlüsselgewalt« und »Binden und Lösen« (aramäisch אֱסַר und שְׁרָא), beides geläufige Termini für die Lehr- und Disziplinargewalt der Rabbinen, kraft derer sie jeweils ein Gebot für verbindlich oder unverbindlich erklären und jemanden schuldig- oder von Schuld freisprechen, aber auch gegebenenfalls von der Gemeinde ausschließen (bannen) bzw. wieder zulassen[31]. Die Bedeutungsbreite beider Verben in der rabbinischen Schulsprache spiegelt sich in ihrer Anwendung auf die Lehrautorität des Petrus in 16,19 und die disziplinare Funktion der Gemeinde in 18,18. Nach Ausweis der jüdisch-rabbinischen Terminologie in 16,1 f. besteht das Petrusamt in der einzigartigen, maßgebenden *Lehr*- und Disziplinargewalt. Seine Lehr- und Disziplinar-Entscheidungen haben Rechtskraft und werden am Jüngsten Tag vor dem Forum des himmlischen Gerichtes voll und ganz bestätigt und »ratifiziert«. Zur »Schlüsselgewalt« vgl. Jesu Wehe über die Schriftgelehrten und Pharisäer 23,13. Desgleichen sind die »Hadespforten«, als Bezeichnungen für Tod und Totenreich seit Homer (Il. 5, 646; 9, 312; Od. 14, 156) auch in der griechischen Literatur nicht unbekannt, besonders in alttestamentlich-jüdischer Gebetssprache verbreitet (Jes 38,10; Hi 38,17; Sir 51,9; Sap 16,13; PsSal 16,2 f.; 3Makk 5,51; 1QH VI,24[32]). οὐ κατισχύσουσιν αὐτῆς –»sie werden sie nicht überwältigen, besiegen« – impliziert die Vorstellung eines Kampfes, in dem die als personhafte Verderbensmächte gedachten

29 Näheres bei *Ph. Vielhauer*, OIKODOME. Das Bild vom Bau in der christlichen Literatur vom Neuen Testament bis Clemens Alexandrinus, in: ders., OIKODOME. Aufsätze zum Neuen Testament (TB 65), Bd. 2, München 1979, S. (3-168) 12 f. 66 f.; weitere Belege in *P. Billerbeck*, Kommentar zum Neuen Testament aus Talmud und Midrasch, Bd. I (s. Anm. 10), S. 732 ff.

30 *A. Schlatter*, Der Evangelist Matthäus. Seine Sprache, sein Ziel, seine Selbständigkeit, Stuttgart [5]1959, S. 507.

31 *P. Billerbeck*, Kommentar zum Neuen Testament aus Talmud und Midrasch, Bd. I (s. Anm. 10), S. 738 ff.; *G. Dalman*, Die Worte Jesu. Mit Berücksichtigung des nachkanonischen jüdischen Schrifttums und der aramäischen Sprache, Bd. I, Leipzig [2]1930, S. 175 ff.; *A. Schlatter*, Der Evangelist Matthäus (s. Anm. 30), S. 510 f.

32 Vgl. *J. Jeremias*, Art. πύλη κτλ, in: ThWNT 6, Stuttgart 1959, S. (920-927) 923 ff.

»Hadespforten« gegen die Gemeinde Jesu unterliegen und die von ihnen wie von einer Schleuse zurückgedämmten vernichtenden Fluten aus der Tiefe nicht über sie hinweggelassen werden[33]. Dass in V. 18 f. die Zeit der Gemeinde Jesu nach Ostern anvisiert ist, zeigen deutlich die im verheißenden Futur formulierten Verben οἰκοδομήσω, κατισχύσουσιν, δώσω, zweimal ἔσται, ebenso aber auch die unvermittelte Einführung des in der frühen Kirche zur Eigenbezeichnung gewordenen, in den Evangelien außer 18,17 (dort aber nicht umfassend, sondern für die versammelte Ortsgemeinde gebraucht) nur 16,18 begegnenden Begriffes ἐκκλησία. In der Septuaginta mit Vorzug griechisches Äquivalent für das vor Jahwe versammelte Gottesvolk Israel (קהל), ist die ἐκκλησία hier durch das betont vorangestellte Possessivpronomen μου christologisch bestimmt und als eine zwar auf Erden befindliche, aber wie eine »Vorhalle«[34] der endzeitlichen βασιλεία τῶν οὐρανῶν zugeordnete Größe vorgestellt, die, auf Petrus begründet und von ihm autoritativ verwaltet, die Bedrohung durch die Chaos- und Todesmächte unversehrt überstehen wird. Vorausgesetzt ist darin nicht nur das Ostergeschehen, sondern auch die Verzögerung von Parusie und Endgericht, auf die Jesus hier die Gemeinde durch die Bevollmächtigung des Petrus nach Analogie eines »supreme Rabbi«[35] in aller Form auf die Dauer der Weltzeit vorbereitet.

Exkurs: Zur Frage der Herkunft von Mt 16,17-19

Sind die von Matthäus in den Markus-Text eingefügten Sprüche auf dem Boden der frühen judenchristlichen Gemeinde entstanden, liegt es nahe, an die Jerusalemer Urgemeinde selbst zu denken. Diese Annahme verbietet sich jedoch, weil nach den sicher authentischen, auch von der Apostelgeschichte bestätigten Angaben des Paulus in Gal 1 f. der dort mehrfach namentlich genannte Kephas (Petrus) in Jerusalem zu Anfang zwar eine führende, aber keineswegs die ihm in Mt 16,18 f. zugesprochene Sonderstellung innehatte, sondern als einer unter anderen erscheint. So schon in der Notiz Gal 1,18 über den kurzen Besuch des Paulus bei ihm – wohlgemerkt nach drei Jahren selbstständiger Mission in der heidnischen Arabia –, vollends aber in dem Bericht über das sogenannte Apostelkonzil 14 Jahre später Gal 2,1 ff., wo er unter den »Säulen« der Jerusalemer Gemeinde erwähnt wird, aber erst hinter Jakobus, und zwar als der, dem die Mission unter den Juden obliegt (2,7 ff.). In dieser letzteren Funktion scheint er auch – abermals geraume Zeit später – die aus Juden- und Heidenchristen gemischte Gemeinde in Antiochia besucht zu haben und dort mit Paulus zusammengetroffen, in Jerusalem aber als maßgebende Autorität von dem Herrenbruder

33 Vgl. *S. Gero*, The Gates or the Bars of Hades? A Note on Matthew 16.18, in: NTS 27 (1980/81), S. 411-414.
34 *R. Bultmann*, Theologie des Neuen Testaments, Tübingen [9]1984, S. 40.
35 *B. H. Streeter*, The Four Gospels. A Study of Origins, London 1924, S. 515; *R. Hummel*, Die Auseinandersetzung zwischen Kirche und Judentum im Matthäusevangelium (BEvTh 33), München 1963, S. 63.

Jakobus abgelöst zu sein (2,11 ff.), von diesem durch Abgesandte energisch zur Ordnung gerufen, weil er das von Juden strikt einzuhaltende Verbot der Tischgemeinschaft mit Heiden missachtet habe. Wer aus dem durch die Intervention des Jakobus verursachten Streit, der zur Spaltung der Gemeinde in Antiochia führte, als »Sieger« hervorgegangen ist – Petrus bzw. Jakobus oder Paulus –, ist in Gal 2,11 ff. zwar nicht ausdrücklich gesagt. Doch hat Paulus, jedenfalls nach Ausweis seiner Briefe, fortan offenbar nicht länger in Antiochia gewirkt, sondern scheint das Feld der dortigen Gemeinde Kephas und seinen judenchristlichen Anhängern überlassen und selbst weiterhin in Kleinasien und Griechenland missioniert zu haben, ohne freilich definitiv mit Kephas zu brechen. Das lässt vermuten, dass die Worte von der Einsetzung des Petrus als Fundament der Kirche und seiner Bevollmächtigung Mt 16,18 f. in einer aus Juden- und Heidenchristen gemischten Gemeinde entstanden sind, in der Traditionen aus beiden Bereichen zusammentrafen und Petrus nach rabbinischem Vorbild für die Regelung der Fragen des rechten Verhaltens im Miteinander beider Gemeindegruppen nach judenchristlichen Grundsätzen als maßgebende Lehrautorität angesehen wurde, – möglicherweise in Antiochia selbst oder anderswo in dem Palästina benachbarten Syrien, aller Wahrscheinlichkeit nach der Heimat des Matthäus-Evangeliums.
Nach Bultmanns anderslautender Vermutung[36] besteht ein direkter Zusammenhang zwischen Mt 16,17 ff. und der Parole der gegen Paulus sich auf die Autorität des Kephas berufenden Partei in Korinth (1Kor 1,1 ff.; 3,1 ff.) und bilden die matthäischen Verse den ursprünglichen Schluss der Caesarea-Philippi-Szene, den Markus »vom Standpunkt des hellenistischen Christentums der paulinischen Sphäre aus« gestrichen habe. Gegen diese Annahme spricht jedoch, dass von einer antipetrinischen Tendenz im Markus-Evangelium nicht die Rede sein kann. Die Priorität des Markus und seine sekundäre Erweiterung durch Matthäus ist darum auch hier wie sonst anzunehmen.

Mit größerer Sicherheit ist die Frage zu beantworten, wie die von Matthäus eingefügten Worte Jesu an Simon Petrus im engeren und weiteren Kontext seines Evangeliums verstanden sein wollen. Wie aus den angeführten Belegen zu V. 18 f. zu ersehen, sind Bedeutung und Funktion des Apostels in der Gemeinde Jesu zwar nach dem Modell eines führenden Rabbi gekennzeichnet. Doch impliziert die Zuordnung der Sprüche V. 17 ff. zu V. 16b, dass die Petrus anvertraute Lehre nicht an der Tora als formaler Autorität orientiert ist, sondern an der im Bekenntnis des Petrus kerygmatisch zusammengefassten Heilsbotschaft und an Jesu den Willen Gottes vollmächtig auslegenden Geboten für das rechte Verhalten und Leben. Dieselbe antipharisäische Spitze wie 5,17 ff., die Streitgespräche über Rein und Unrein 15,1 ff.12 ff. usw. enthält offensichtlich auch 16,17 ff. Die Petrus anver-

36 *R. Bultmann*, Die Geschichte der synoptischen Tradition (FRLANT 29), Göttingen [9]1979, S. 277.

traute Lehre ist demnach eine neue Halacha[37]. Dem entspricht, dass die von Jesus verheißene nachösterliche ἐκκλησία im Matthäus-Evangelium nicht mehr auf Israel beschränkt ist und darum auch in 16,17 ff. weder von der Beschneidungsforderung noch von den jüdischen Reinheitsvorschriften das Geringste verlautet. Vorher wie nachher ist und bleibt deshalb Petrus im Matthäus-Evangelium in erster Linie Sprecher, Repräsentant und Prototyp der Jünger, angewiesen wie jeder andere gerade auch in seinen Schwächen und seinem Versagen auf Jesu Lehre und Hilfe, im Matthäus-Evangelium sogar noch öfter als in den synoptischen Paralleltexten (14,28 ff.; 15,15; 17,24 ff.; 18,28 ff.), ja in der Fortsetzung unserer Perikope noch schärfer als in der Markus-Vorlage als solcher dargestellt (16,22 f.). Die von Matthäus eingeleiteten und in den Markus-Text eingefügten V. 17-19 erweisen sich somit als ein archaisches Relikt aus judenchristlicher Tradition, dessen ursprünglicher Sinn schon im Matthäus-Evangelium charakteristisch abgewandelt ist. Vollends aber gibt weder das in Frage stehende Traditionsstück selbst noch seine Wiedergabe und Verarbeitung im Matthäus-Evangelium zureichenden Anhalt für eine auf dem Gedanken der Sukzession der päpstlichen Suprematie basierende theologische Lehre von der Kirche.

Das folgende Schweigegebot V. 20 führt den Markus-Bericht weiter, aber trotz aller bemühten Bindung an den Text der Vorlage mit einigen durch den Einschub von V. 17-19 bedingten Änderungen: Im *Markus*-Evangelium wiederholt es refrainartig den theologischen Grundgedanken seiner Geheimnistheorie (8,30), derzufolge die Messianität Jesu bis zu seiner Auferstehung verborgen bleiben soll. Im *Matthäus*-Evangelium dagegen ziehen die beiden V. 20 und 21 einleitenden Zeitangaben τότε und ἀπὸ τότε eine andere Grenze, nämlich auch hier die zwischen dem unverständigen Volk und den Jüngern, und eröffnen in V. 21 nur den letzteren das Jesus bevorstehende Geschick seines Leidens und seiner Auferweckung. Die im Markus-Evangelium als striktes Verbot formulierte Weisung Jesu (ἐπετίμησεν = »er bedrohte sie«) ist im Matthäus-Evangelium offenbar darum durch das nachdrücklich gebietende διεστείλατο (= »er befahl, schärfte ihnen ein«) ersetzt und dem Finalsatz eine ausdrückliche inhaltliche Beziehung zu dem vorangehenden Petrusbekenntnis gegeben: ἵνα μηδενὶ εἴπωσιν ὅτι αὐτός ἐστιν ὁ χριστός (Markus: ἵνα μηδενὶ λέγωσιν περὶ αὐτοῦ). Nach der feierlichen Annahme und Bestätigung des Bekenntnisses in V. 17 ist in den ersten Hoheitstitel χριστός sichtlich der ihn überhöhende, erst eigentlich christliche zweite Titel im Sinne von Credo und Kerygma der nachösterlichen

37 *R. Hummel*, Die Auseinandersetzung zwischen Kirche und Judentum im Matthäusevangelium (s. Anm. 35), S. 59 ff.

Gemeinde einbezogen[38]. Vgl. zu dem absoluten Gebrauch von χριστός Mt 1,17; 11,2; 23,10 und die mehrfach wiederkehrende Wendung ὁ λεγόμενος χριστός 1,16; 27,17.22. Auch die Fortsetzung weist Besonderheiten auf: Statt der losen Anknüpfung im Markus-Evangelium bildet die mit ἀπὸ τότε (V. 21) eingeleitete erste Leidensweissagung eine nur den Jüngern zuteilwerdende Belehrung, durch das von Matthäus gewählte Verb δεικνύειν als ein apokalyptisches Geschehen gekennzeichnet[39]. Die im Einzelnen variierende Terminologie der drei zu einem Passionssummarium ausgestalteten Weissagungen 16,21; 17,22 f.; 20,17 ff. par. ist den späteren Passionsberichten entnommen, aber zugleich den kerygmatischen Formeln der Gemeindetradition angeglichen; so deutlich in 16,21 par. Lk 9,22: τῇ τρίτῃ ἡμέρᾳ ἐγερθῆναι (auch 17,23; 20,19) wie 1Kor 15,3 ff. u.a. (Markus: μετὰ τρεῖς ἡμέρας ἀναστῆναι). Die Intention der Texte ist nicht nur, Jesus als den darzustellen, der »von den Ereignissen … nicht überrascht worden sei«, sondern sie als in Gottes Heilsplan begründete und in der Schrift geweissagte »Notwendigkeit« (δεῖ) zu deuten[40]. Die von Matthäus in 16,13 vorangestellte titulare Bezeichnung Jesu als υἱὸς τοῦ ἀνθρώπου (Mk 8,31) ist in V. 21 nicht eigens wiederholt, aber in 17,22 f.; 20,17 ff. wieder aufgenommen.

Der letzte, von Lukas ausgelassene, von Matthäus auf Jesus und Petrus konzentrierte Gesprächsgang der Szene V. 22 f. erhält gegenüber Markus dadurch noch schärfere Konturen, dass Petrus, in direkter Rede an Jesu göttliche Hoheit appellierend, ihn von seinem Leidensweg abzudrängen sucht: ἵλεώς σοι, κύριε (ergänze θεός = »das möge Gott gnädig abwenden«, »da sei Gott vor!«); als negative Beteuerungsformel auch äußerlich belegt, z.B. Inscr. Rom. 107,10: ἵλεώς σοι, Ἀλύπι = »[Serapis] helfe dir, Alypius«, in der Septuaginta gleichbedeutend mit ἵλεώς μοι (hebräisch חָלִילָה לִּי) Gen 43,23; 2Reg 20,20; 1Par 11,19[41]. Aber die »fromme« Fürsorge des Petrus schlägt nach Jesu Wort in satanische Auflehnung gegen Gottes Willen

38 *W. Wrede*, Das Messiasgeheimnis in den Evangelien. Zugleich ein Beitrag zum Verständnis des Markusevangeliums, Göttingen ⁴1969 (¹1901), S. 162: »Indessen ist doch das Entscheidende nicht sowohl die Heimlichkeit als die Besonderheit der Erkenntnis«.

39 Vgl. Apk 1,1 f. u.a.; *H. Schlier*, Art. δείκνυμι κτλ, in: ThWNT 2, Stuttgart 1935, S. (26-33) 28 ff.

40 *M. Dibelius*, Die Formgeschichte des Evangeliums, Tübingen ⁷1971, S. 228; *Ph. Vielhauer*, Geschichte der urchristlichen Literatur. Einleitung in das Neue Testament, die Apokryphen und die Apostolischen Väter, Berlin / New York ⁴1985, S. 341.

41 Vgl. *W. Bauer*, Griechisch-deutsches Wörterbuch zu den Schriften des Neuen Testaments und den Schriften der übrigen urchristlichen Literatur, Berlin / New York ⁵1958 (2. Nachdr. 1971), Sp. 743 (Art. ἵλεως); *F. Blass / A. Debrunner / F. Rehkopf*, Grammatik des neutestamentlichen Griechisch, Göttingen ¹⁶1984, § 128,7.

um. Er schilt darum denselben Petrus, den er durch die Seligpreisung ausgezeichnet und zum Fundament seiner Gemeinde gemacht hat, in deutlicher Anlehnung an die Versuchungsgeschichte 4,1 ff. als Verführer: σκάνδαλον εἶ ἐμοῦ[42]. Nach der höchsten Auszeichnung in 16,17 ff. jetzt die schroffe Zurückweisung[43]. Ob der Evangelist dabei an die Dialektik des prophetischen Bildwortes vom »Fels des Heils« (Jes 28,16) und vom »Stein des Anstoßes« (Jes 8,14 f.; vgl. Röm 9,33; 1Petr 2,6 ff.) gedacht hat, mag offen bleiben. Die schroffe Zurückweisung Jesu: ὕπαγε ὀπίσω μου, σατανᾶ ist sichtlich im Sinne von Mt 4,10 (V. 1) gemeint, nicht schon nach 16,24: ὀπίσω μου ἐλθεῖν / »Tritt wieder in meine Nachfolge!«, also: »Geh weg« (»mir aus den Augen!«). Zu beachten in Jesu Antwort: Nicht du bist im Begriff abzufallen, sondern du willst *mich* zum Abfall von Gott verleiten. Damit ist der Horizont eröffnet, unter dem die Perikope im Ganzen verstanden sein will: der radikale Gegensatz zwischen göttlichen und menschlichen Gedanken (Jes 55,8 f.).

42 *G. Stählin*, Art. σκάνδαλον κτλ, in: ThWNT 7, Stuttgart 1964, S. (338-358) 347 f.

43 *J. A. Bengel*, Gnomon Novi Testamenti (s. Anm. 5), S. 102: »Quo magis Petrum praedicarat beatum, eo magis nunc eum reprehendit«.

Stellenregister

Die kursiv gedruckten Seitenzahlen beziehen sich auf die Anmerkungen.

I. Altes Testament

II. Apokryphen und Pseudepigraphen des Alten Testaments

III. Qumranisches Schrifttum

IV. Jüdisch-hellenistische Literatur

V. Neues Testament

Matthäus-Evangelium

VI. Neutestamentliche Apokryphen

VII. Apostolische Väter

VIII. Kirchenväter, christliche Schriftsteller

IX. Rabbinische Literatur

X. Pagane Literatur

XI. Inschriften und Urkunden

Nachweis der Erstveröffentlichungen

Matthäus als Interpret der Herrenworte
in: Theologische Literaturzeitung, Jg. 79, Evangelische Verlagsanstalt, Leipzig 1954, Sp. 341-346.

Enderwartung und Kirche im Matthäus-Evangelium
in: The Background of the New Testament and its Eschatology (Studies in Honour of Charles Harold Dodd), hg. v. William David Davies u. David Daube, Cambridge University Press, Cambridge 1956 (Nachdr. 1964), S. 222-260; überarbeitet: Günther Bornkamm / Gerhard Barth / Hans Joachim Held, Überlieferung und Auslegung im Matthäusevangelium (WMANT 1), Neukirchener Verlag, Neukirchen-Vluyn 1960 ([7]1975), S. 13-47.

Der Aufbau der Bergpredigt
in: New Testament Studies, Jg. 24, Cambridge University Press, Cambridge 1978, S. 419-432.

Die Gegenwartsbedeutung der Bergpredigt
in: Universitas. Zeitschrift für Wissenschaft, Kunst und Literatur, Jg. 9, Bd. 2, Wissenschaftliche Verlagsgesellschaft, Stuttgart 1954, S. 1283-1296.

Die Sturmstillung im Matthäus-Evangelium
in: Wort und Dienst. Jahrbuch der Kirchlichen Hochschule Bethel, NF, Jg. 1, Verlagshandlung der Anstalt Bethel, Bethel 1948, S. 49-54 = Günther Bornkamm / Gerhard Barth / Hans Joachim Held, Überlieferung und Auslegung im Matthäusevangelium (WMANT 1), Neukirchener Verlag, Neukirchen-Vluyn 1960 ([7]1975), S. 48-53.

Die Binde- und Lösegewalt in der Kirche des Matthäus
in: Günther Bornkamm, Geschichte und Glaube, Zweiter Teil. Gesammelte Aufsätze, Bd. IV (BEvTh 53), Chr. Kaiser, München 1971, S. 37-50.

Der Auferstandene und der Irdische. Mt 28,16-20
in: Zeit und Geschichte (Dankesgabe an Rudolf Bultmann), hg. v. Erich Dinkler, J. C. B. Mohr (Paul Siebeck), Tübingen 1964, S. 171-191 = Günther Bornkamm / Gerhard Barth / Hans Joachim Held, Überlieferung und Auslegung im Matthäusevangelium (WMANT 1), Neukirchener Verlag, Neukirchen-Vluyn [4]1965 ([7]1975), S. 289-310.